Play Therapy in Action

놀이치료 사례집

Terry Kottman · Charles Schaefer 편저

김은정 · 정연옥 공역

학지사

Play Therapy in Action
by Terry Kottman and Charles Schaefer

역자서문

우리는 놀이를 할 때 자유롭고 즐거우며 창의적이 됩니다. 누구나 어린 시절 해가 저물도록 놀아도 아쉬웠던 기억들을 가지고 있을 것입니다. 놀이는 매우 강력하고 긍정적인 힘을 가지고 있습니다. 또한 놀이는 의사소통, 관계증진, 자존감 향상 등의 치유적인 요소들도 가지고 있습니다.

놀이치료는 놀이를 매개로 한 심리치료 기법입니다. 특히 아동이나 청소년의 경우 자신의 어려움이나 문제를 언어적으로 이해하고 표현하는 데 한계가 있습니다. 이때 놀이는 자신을 표현하는 중요한 도구가 됩니다.

2001년 예일대 교내 서점에서 이 책을 발견한 순간을 지금도 잊을 수 없습니다. 여러 가지 책들 중 이 책을 발견하고는 정말 나와 같은 일을 하는 사람에게는 꼭 필요한 책이라고 생각했습니나. 이 책은 놀이치료의 사례집으로서 각 심리치료 접근의 대가들이 자신의 이론적 입장에서 치료한 사례를 제시해 놓았습니다. 다른 책과는 달리, 내담자의 정보와 치료과정 및 결과가 아주 자세하게 기술되어 있습니다. 늘 좋은 사례에 목말라 있던 우리에게는 정말 단비 같은 책이라 생각되었습니다. 또한 이런 사례에 대한 구체적인 예시와 논평과 더불어, 각 이론적 입장에 대한 개관이 앞에 제시되어 있어서 놀이치료에 아주 익숙치 않은 분들도 도움을 받아 읽을 수 있도록 되어 있습니다. 이런 점 때문에 독자들은 다른 이론적 입장에서 어떻게 이론적 배경, 치료목표 및 치료과정이 다른지를 상세히 비교해 볼 수 있습니다. 무엇보다도 이 책은 다른 어떤 책보다 내담자 정보와 치료과정이 매우 상세히 기술되어 있는 것이 장점입니다.

따라서 이 책은 아동심리치료와 놀이치료에 관심이 많은 여러 전문가들에게 도움이 되리라 생각됩니다. 또한 아동의 놀이치료가 어떻게 진행되는지 알고 싶어 하는 일반인들에게도 도움이 될 것입니다.

역자가 이 책을 처음 읽었을 때는 번역까지는 할 생각이 없었습니다. 대학원 세미나를 하는 동안, 저를 비롯한 모든 독자들이 도움과 감동을 받아서 좋은 책을 나누는 기쁨을 만끽할 수 있었습니다. 그런 경험을 하면서 좀 더 많은 동료들과 이 책을 나누었으면 좋겠다는 소박한 바람으로 번역을 시작했습니다.

하지만 번역하는 과정은 책을 다시 쓰는 과정처럼 어려웠습니다. 공동역자인 정연옥 선생과 처음부터 다시 시작해야만 했습니다. 그러나 처음이 없었으면 지금이 없었으리라 생각합니다. 처음 세미나에 참석했던 유정, 민정, 차희, 미연, 싱글, 지현, 상미, 성준, 성하, 소연, 수연, 순말, 은정, 정미, 정은, 지혜에게도 고마움을 전합니다. 또한 이 두꺼운 책을 흔쾌히 출판하도록 허락해 주신 학지사 사장님과 최임배 부장님께도 감사드립니다.

역자 김은정, 정연옥

저자서문

지난 10년간 놀이 이론 및 실제에 대한 관심은 대단히 급증하였다. 매년 이 분야의 저작물과 발표 건수는 계속 늘어나고 있는 추세다. 아동 놀이치료에 대한 현재의 관심은 헐마인 허그-헬무스(Hurmine Hug-Hellmuth), 멜라니 클라인(Melanie Klein), 마거릿 로웬펠드(Margaret Lowenfeld), 데이비드 레비(David Levy), 버지니아 엑슬린(Virginia Axline) 같은 개척자들의 독창적인 연구에 그 뿌리를 두고 있다.

최근에는 아들러 이론가들, 인지행동주의자들, 가족치료자들, 게슈탈트 치료자들 등 다른 이론적 방향으로 접근하는 치료자들이 놀이치료의 치유력을 응용하는 것을 목격할 수 있다.

이 책의 목적은 여러 가지 이론적 관점을 가진 숙달된 임상가들이 놀이치료를 구체적으로 적용한 결과를 한 권의 책에 함께 소개하는 것이다. 어떤 하나의 이론적 또는 기술적 관점을 소개하려는 것이 아니라 이 분야에서 현재 시도되고 있는 다양한 접근방법들을 폭넓게 반영하는 것이다. 우리는 아동의 주요한 정신병리들이 치료자들에게 다른 성격의 문제를 제시하고 다른 접근방법을 요구한다고 믿는다.

이 책에 깔려 있는 또 다른 중요한 믿음은 심리치료 과정을 주의 깊고 상세하게 기술하는 기술적 연구가 학생들과 치료자들 모두에게 가장 쓸모 있고 실용적인 자료라는 것이다. 엑슬린(Virginia Axline)이 『딥스: 자기를 찾아서(Dibs: In Search of Self)』에 쓴 것과 같은 상세하고 풍부한 사례연구는 임상사례 발표의 탁월한 능력을 보여 주는 예가 된다. 엑슬린의 책은 놀이치료자가 되고자 하는 많은 독자들에게 영향을 주었다.

일반적인 아동의 사례가 아닌 특별한 사례를 통해 아동 정신병리와 심리치료를 연구하는 것이 얼마나 중요한지는 더 말할 필요가 없다. 특히 어떤 특별한 행동 문제를 갖는 특별한 아동의 행동 변화의 임상적 복잡성에 대해 더 큰 통찰을 얻고자 할 경우 매우 중요하다.

이 사례집은 내현화 장애, 외현화 장애, 외상 후 장애 등 많은 아동의 어려움에 대해 단계별 치료 지침을 제공해 주고 있다. 이 책은 사회사업, 정신의학, 임상심리학, 상담심리학, 학교 심리학, 표현 예술치료, 아동 생활치료, 정신과 간호 등을 포함하는 다양한 정신건강 분야의 학생들과 전문가들에게 도움이 될 것이다.

테리 코트만(Terry Kottman)
찰스 셰이퍼(Charles Schaefer)

차 례

1 서론

Terry Kottman, Ph.D.

테리 코트만(Terry Kottman, Ph.D.)

『놀이치료 사례집』은 놀이치료의 대표적인 17가지 접근법들에 대한 사례연구를 위한 책이다. 이 교재는 놀이치료 현장에서 성공적으로 사용할 수 있는 광범위한 적용들을 예시하기 위한 것이다. 그러나 이렇게 선택된 접근법들이 모든 것을 포괄하는 것은 아니며, 여기에 제시된 것보다 더 많은 다른 치료적 접근법들이 있다.

나는 지난 몇 년 동안 놀이치료 영역에서 학생들과 정신건강 전문가들을 훈련시키고 지도감독을 해 오면서, 놀이치료에 활용되는 여러 가지 다양한 방법에 대한 나의 생각을 공유하고자 했다. 이 책에 제시해 놓은 자료들은 전문적 훈련과 지도감독을 위한 보조자료다. 이 사례집은 이론과 기법들이 실제로 어떻게 적용되는지를 다룬다. 이 책은 놀이치료자에게 완전한 훈련 프로그램을 제공하기 위해서 고안된 것은 아니다. 셰이퍼(Schaefer) 박사와 나는 독자들이 향후 놀이치료 연구의 방향성을 확인하는 출발점으로 이 책을 활용하기를 바란다. 아동들을 개념화하고 개입하는 데는 다양한 방식이 있다. 각 전문가에게 최선의 접근법은 치료자가 자신감과 편안감을 느낄 수 있는 방법이며, 인간에 대한 견해들을 통합할 수 있고, 치료자 자신의 성격의 모든 다른 측면들을 표현하도록 허용하는 것이다.

셰이퍼 박사와 나는 사례연구가 해당 장에서 예시하는 이론의 핵심과 각 사례 아동의 영혼 및 특정한 놀이치료의 접근법 과정을 담고 있기를 원했고 정확히 반영되었다고 믿는다. 저자들은 마치 전문가 동료와 사례를 논의하는 것처럼 비공식적 1인칭으로 사례집을 저술하였다. 내담자와 그 가족들의 비밀을 보장하기 위해서, 저자들은 자신의 사례연구에서 핵심적인 치료과정의 특징들은 그대로 두었으나 확인될 수 있는 정보는 바꾸었다.

우리가 모든 저자들에게 각 장을 저술하는 데 일정한 형식을 따라 줄 것을 요청했기에 모든 사례연구들은 동일한 종류의 정보를 포함하고 있다. 저자들은 이론을 소개하는 절에서, 각 이론/접근에 대한 배경자료를 제공한다. 또한 중요한 이론적 구성개념과 용어, 이론에 대한 간략한 역사, 놀이치료에 대한 적용을 다루며, 내담자와 작업을 할 때 선택한 특정 기법, 전략 및 치료과정에 대해서도 논의한다.

'문제와 배경자료' 라는 절에서 저자들은 아동, 아동의 현재 문제와 배경자료 및 아동의 가족에 대해서 설명한다. 각 사례연구에서 이 부분은 관련성 있는 가족력, 의학력 및 교육력을 설명하는 것이다. 이 절에서 저자들은 다음과 같은 질문에 답한다.

1. 왜 내담자가 그들에게 의뢰되었는가?
2. 처음 내담자를 봤을 때 전문가적 입장은 어떤 것이었나?
3. 가족은 왜 그 특정 시점에 도움을 받으려고 찾아왔는가?
4. 암묵적 계약은 무엇일까? 즉, 저자가 현재 문제를 보는 방식과 가족이 문제를 기술하는 방식에 차이가 있는가?

각 장의 '이론적 개념화' 절에서는 특정 이론에 따른 저자의 내담자에 대한 사례개념화, 현 문제에 대한 분석 및 심리적 쟁점들을 포함한다. 이 절에서 저자들은 그들의 치료목표와 특정한 놀이치료 전략을 기술한다.

'놀이치료의 과정' 절에서는 아동과의 치료적 관계의 성장에 대한 기술과 치료자들이 사용한 개입과 기법들을 논의한다. 저자들은 치료의 각 국면을 기술한다. 무슨 일이 생겼는가? 아동이 제기하는 주제와 쟁점은 무엇인가? 저자들은 치료자의 역할, 한계 설정의 기법 및 종결 결정의 준거들도 논의한다. 만일 저자들이 부모와 작업을 했다면 그 상호작용에 대해서도 상세히 기술한다.

일부 장에서 저자들은 치료자와 내담자 간의 대표적인 상호작용에 대한 실제 내용을 선택적으로 수록하였다. 여러 명의 놀이치료자들은 자신의 반응, 생각 및 감정을 설명해 주는 많은 논평들을 실었고, 그것들은 그들이 놀이치료실에서 말하는 것과 행하는 것, 자신들이 예시한 이론 간의 관계를 설명해 준다.

모든 장의 '결과 및 추수' 절은 놀이치료의 결과에 대한 기술을 포함하며 그 사례의 성과에 대하여 이용 가능한 추수자료들을 제공한다. 저자들은 놀이치료 개입의 결과로 가족과 내담자에게 생긴 일을 설명한다.

우리는 저자들이 자신들의 내담자에게 사용한 놀이치료 형태와 사례에 대한 자신의 생각과 감정을 공방하는 장으로서 '논의' 절을 활용하기를 바랐다. 이런 과정을 돕기 위해서 우리는 저자들에게 다음과 같은 질문들을 고려해 보도록 요청했다.

1. 이 아동과 작업하기 위해서 특정한 종류의 놀이치료를 어떻게 사용했는가? 어떤 것이 잘되었고, 어떤 것이 잘되지 않았나? 무엇 때문에 그랬나?
2. 이 사례의 과정이나 성과에서 주목할 만한 것이 있었는가?
3. 이 아동과 가족의 미래에 대한 예후는 어떠한가?
4. 이런 치료과정에서 치료자는 자신에 대해 무엇을 배웠는가? 이론에 대해서 알게 된 것은 무엇인가?
5. 아동에 대해서 무엇을 배웠는가?
6. 놀이치료에 대해서 무엇을 배웠는가?
7. 사례를 되돌아볼 때 이 아동에게 효과적일 수 있었던 다른 전략은 무엇인가?
8. 다시 기회가 있다면 아동과의 상호작용에서 무엇을 변화시키고 싶은가?

1. 인간중심 이론 소개

1) 역사

인간중심 이론(Person-centered Theory)은 상담이론에서 출발하였다. 이 이론은 여러 가지 명칭을 거쳤는데, 처음에는 '비지시적'으로 명명되었다가 나중에 '내담자중심'으로, 그리고 지금은 '인간중심'이라는 용어로 변경되었다. 이론의 창시자인 칼 로저스(Carl Rogers, 1942, 1951)의 저서들은 상담에 대한 인간중심 접근법을 가장 잘 기술하고 있다. 로저스의 동료인 액슬린(Virginia Axline, 1947)과 도프만(Elaine Dorfman, 1951)은 아동을 위한 인간중심 놀이치료를 개척하고 고안했다. 인간중심 놀이치료에 기여한 다른 사람들로는 빅슬러(Bixler, 1949), 지노트(Ginott, 1959, 1961), 구어니(Guerney, 1983), 랜드레쓰(Landreth, 1982, 1991), 레보(Lebo, 1955), 무스타카스(Moustakas, 1959) 등이 있다.

1940년에 로저스는 전국적인 심리학 단체인 Psi Chi의 미네소타 총회에서 상담과 심리학에 대한 자신의 생각을 담은 논문을 발표했다. 이 논문이 큰 호평을 받으면서 로저스는 심리치료 분야에서 자신이 중요한 공헌을 했다고 믿게 되었다. 이 모임에서 로저스는 다음과 같은 개념을 발표했다.

① 사람들은 성장, 건강 및 적응에 대한 타고난 추동을 갖고 있다. 사람들은 항상 그들의 자기실현을 촉진시킬 것이라고 지각하는 방식대로 행동한다.
② 어떤 사건에 대한 감정적 측면이 지적 또는 인지적 측면보다 더 중요하다.
③ 즉각적인 치료적 상황이 개인의 과거력보다 치료과정에서 더 가치 있다.
④ 치료적 관계는 일종의 성장 경험이다. 내담자가 치료자를 진실되고 진지하게 대하고 자신을 분리된 인간으로서 따뜻하게 수용하고 가치를 인정해 주며, 내담자의 방식으로 내담자의 세계와 자기를 볼 수 있는 민감한 능력이 있는 존재로 지각하면, 내담자는 성숙과 자기통합의 방향으로 움직일 것이다.

로저스는 처음에 성공한 치료사례와 실패한 치료사례에서 내담자가 보이는 변화의 현상을 검토하고 평가했다. 그런 다음 그는 이런 사례들에서 무엇이 일어났는지를 설명하기 위하여 치료이론을 개발했다. 그는 치료과정을 관찰하면서 개인의 성격 발달과 행동을 개념화하였다. 그는 첫이론을 기술하면서 독자들에게 이론이란 단지 사람과 변화에 대하여 생각해 보는 방식일 뿐임을 상기시켰다. 사람이 그렇듯이 이론도 새롭게 이해됨에 따라 유동적이고 항상 변화한다. 그에게 변함 없는 사실로 남아 있던 것은 치료를 통해 성격과 행동이 변화한다는 현상이며, 그는 자신의 이론으로 이 현상을 설명하기 위해 노력했다.

2) 성격 발달과 행동

나는 로저스(1951)가 발표했던 것과 유사하게 명제 또는 원리의 형태로 이론을 소개할 것이다. 성격 발달과 행동에 관한 이론과 인간중심 치료의 과정에 대해 쓸 때 나는 내담자를 의미하는 단어로 아동(child)이라는 단어를 사용했다. 아동 대신에 사람(person)이나 성인(adult)이란 단어로 바꿔도 관계없다. 나는 편의상 여성 대명사를 사용했는데 이 사례연구에서 내담자가 여성이었기 때문이다. 그러나 이 이론은 남녀 모두에게 동일하게 적용된다.

모든 아동은 자신이 중심이 되어 있는 끊임없이 변화하는 경험의 세계에서 산다. 로저스(1942, 1951)는 이런 사적 세계를 경험장(experiential field)이라고 불렀다. 경험장은 유기체가 의식적으로 경험을 지각하는지 하지 않는지와 무관하게 유기체가 경험하는 모든 것을 포함한다. 우리는 감각기관을 통한 감각이나 신체적인 감각들 중 많은 부분을 의식적으로 지각하지는 않지만, 만일 그 감각이 어떤 욕구의 충족과 관련되어 있다고 지각한다면 그것을 의식하게 될 수 있다. 우리는 아마도 이런 사적 세계의 작은 부분만을 의식적으로 알고 있을 것이다. 내가 경험하는 감각들과 느끼는 충동들 중에는 어떤 조건하에서만 의식되는 것을 허용하는 것들이 많다. 이 명제의 중요한 측면은 오직 아동 자신만이 이 사적 세계를 완전하고 진정하게 알 수 있는 유일한 사람이라는 것이다.

아동은 경험장을 지각한 대로 경험장에 반응한다. 즉, 이 지각된 경험장이 아동에게는 '실재' 다. 아동은 (철학자들이 그것을 뭐라고 정하든 간에) 어떤 절대적 실재에 반응하는 것이 아니라 자신이 실재라고 지각하는 것에 반응한다. 언어학자들은 언어와 상징이 현실 세계와 갖는 관계는 지도와 그것이 나타내는 지역과의 관계와 같다는 점에 주목해 왔다. 비슷한 관계가 지각과 실재 사이에도 존재한다. '우리는 그 자체가 결코 실재일 수 없는 지각이라고 하는 '지도' 에 따라 살고 있다' (Rogers, 1951, p. 485). 아동은 지각이

'실재' 에 대해 더 믿을 만한 안내자가 될 수 있도록 항상 여러 가지 지각을 서로 점검하거나 덧붙여 나간다. 지각이 변하면 아동의 반응도 변한다.

아동은 경험장에 조직화된 전체로서 반응한다. 아동 행동의 특징 중 하나는 전체적, 조직적, 목표지향적 반응을 하는 경향이다. 자신의 지각된 욕구를 충족시키는 방법 중의 하나가 차단될 때 아동은 다른 방법을 개발할 것이다. 한 아동이 어린 동생이 태어난 후 사랑받지 못한다고 지각한다면 그 아동은 동생을 신체적으로 공격할지 모른다. 누군가 이런 행동을 막으면 아이는 불평을 하고 엄마에게 매달려서 학교에도 가지 않으려고 할 수 있다. 또 엄마가 아이의 이런 행동을 꾸짖으면 아이는 밤에 오줌을 쌀 수도 있다. 아동은 항상 전체의 조직화된 체계이고, 그 체계 내에서 어떤 부분의 변화(이 경우 동생의 출생)는 다른 부분의 변화(이 경우 불평하고 매달리는 행동과 학교에 가기 싫어하는 행동)를 유발한다.

아동은 자신을 실현하고 유지하며 향상시키고자 하는 기본적 욕구를 지닌다. 아동은 생리적, 심리적, 정서적, 지적, 본질적으로 사회적인 여러 가지 욕구들을 지니고 태어나는데 이 모든 욕구들은 자기실현이라는 한 가지 근본적 욕구의 다른 측면들일 뿐이다. 자기실현에 대한 욕구에 반응함에 따라 아동은 독립, 자치, 자율 규제, 자기 지배, 자기 책임, 사회성 등이 더 커지는 방향으로 움직이는 경향이 있다. 성장과 자기실현 쪽으로 나아가는 것이 원활하지만은 않다. 아동은 투쟁과 고통을 통해 성장과 향상 쪽으로 나아가야 한다. 아동이 경험에 대한 자신의 행동적 반응을 자유롭게 스스로 선택할 수 있는 힘을 지각하지 못한다면, 아동은 자기향상적 행동으로 퇴행적 행동을 잘못 선택할 수 있다.

행동은 아동이 지각하는 장에서 경험한 대로 자신의 욕구를 만족시키려는 아동의 목표지향적 시도다. 아동의 욕구는 생리적 긴장으로 나타나며, 그것이 지각되었을 때 긴장을 감소시키고 아동의 존재를 향상시키고자 하는 행동의 토대를 형성한다. 아동은 이런 욕구들을 의식적 또는 무의식적으로 지각한다. 여기서 행동은 경험장에 대한 아동의 반응의 표현이다. 과거의 사건들은 행동을 유발하지 않는다. 현재의 욕구와 긴장이 아동이 만족시키거나 줄이고자 노력하는 유일한 것이다. 물론 과거의 경험이 현재 경험의 의미를 수정할 수는 있지만 모든 행동은 현재의 욕구에 대한 반응이다.

정서는 아동의 목표지향적 행동을 수반하며 대체로 촉진한다. 불쾌하거나 흥분된 감정들

(분노, 불안, 공포, 좌절 등)은 아동의 목표추구적인 노력에 수반되는 경향이 있다. 진정되고 만족스러운 감정들(행복, 기쁨, 즐거움, 사랑 등)은 욕구가 충족되는 경험에 수반되는 경향이 있다. 정서적 반응의 강도는 행동과 아동의 자기실현 간의 지각된 관계에 따라 달라진다.

다음의 명제들을 살펴보면, 자기(self)의 발달에서 행동이 항상 아동을 향상시킨다는 명제에 대한 약간의 수정을 포함한다. 때때로 자기의 욕구를 충족시키는 것이 아동의 욕구를 충족시키는 것에 상반되기도 하고, 정서적 강도는 아동의 신체적 경험보다는 아동의 자기개념에 의해서 더 지배받게 된다.

행동은 아동 자신의 내적 참조틀로부터 가장 잘 이해될 수 있다. 아동을 이해하고 행동을 설명하기 위해서 치료자는 아동의 눈을 통해 아동의 경험 세계를 최대한 가까이 보려고 시도한다. 아동의 참조틀에 대한 지식은 의사소통에 좌우된다.우리는 놀이치료를 아동과의 언어적 의사소통으로 한정하지 않고, 아동에게 자신과 자신의 세계에 대한 관점을 투사하는 매개체로서 놀이를 제공한다. 장난감은 아동의 언어이고 놀이는 의사소통이다. 더 많은 경험을 의식하게 되면 자신의 경험장을 더 완전하게 묘사할 수 있고 의사소통을 더 잘할 수 있다. 아동이 더 안전하고 덜 방어적으로 느끼며 자신의 모든 생각을 더 자유롭게 표현한다고 느낄수록 자신의 경험장에 대한 의사소통을 더 잘하게 될 것이다. 의사소통이 늘어나면 자신의 경험을 더 많이 자각할 수 있게 되고, 그에 따라 아동은 자신의 세계에 대해 더욱 정확하고 전체적인 묘사를 자유롭게 제공할 수 있게 된다.

점진적으로 지각적 장의 일부가 자신이 된다. 아동은 자신의 환경으로부터 자기를 구별하기 시작한다. 인간중심 이론에서 자기는 아동과 동의어가 아니다. 인간중심 치료자들은 자기라는 단어를 존재의 자각이라고 하는 제한적 의미로 사용한다. 유아로서 아동은 자신이 경험하는 세계의 일부분에 대한 통제감을 자각하게 되고 이런 부분들이 자기구조 내에서 조직화된다. 세상과의 상호작용의 산물로서, 특히 자신에 대한 다른 사람들의 평가의 산물로서 아동은 자기에 대한 개념을 형성한다. 우리는 영아일 때 자신의 욕구를 충족시키기 위해 타인에게 의존하므로, 주로 타인이 우리를 어떻게 평가하는가에 대해 지각하면서 우리가 누구이며 어떤 존재인지를 배운다.

3) 부적응

경험에 부여된 가치들과 아동의 자기구조/자기개념의 일부분인 가치들은 때로 직접적으로 경험되지 않는 가치들이다. 가치들은 자신의 삶에서 중요한 타인으로부터 가져오거나 내사된 것이며, 직접 경험한 것처럼 왜곡되어 지각될 수 있다. 아동은 자신의 경험으로부터 자신이 다른 사람들로부터 받는 관심에 대한 지각을 근거로 학습된 자기감(sense of self)을 형성한다.

개인은 자신을 향상시킨다고 여겨지는 경험들을 추구하고, 위협적으로 느껴지는 경험들에는 부정적인 가치를 부여한다. 유아들은 자신의 경험에 가치를 부여하는 데 어려움을 겪지 않는다. 그들은 편안해지는 것을 좋아하고 배고픈 상태를 싫어한다. 하지만 유아 자신의 가치체계는 곧 타인이 내리는 평가와 갈등을 빚게 된다. 부모나 양육자와 같은 중요한 타인으로부터 사랑을 받고자 하는 욕구 때문에 아동들은 자기 자신의 가치체계보다는 부모가 표현하는 가치의 조건들을 선택할 수 있다. 가치에 대한 부모의 조건들은 "남자는 울지 않아." "조금 전에 큰 잔으로 음료수를 마셨으니까 너는 목이 마를 수가 없어."와 같은 말에서 나타난다. 아동들은 자신의 내적 가치체계 대신에 타인의 가치를 받아들이기 시작한다. 이런 식으로 자기소외가 시작된다.

경험들이 생겨나면서 경험들은 (a) 자기와의 어떤 관계 속에서 지각되고 조직화되거나, (b) 감각으로서 지각은 되었지만 그 경험들이 자기에게 어떤 중요성도 갖지 않기 때문에 무시되거나, (c) 그 경험들이 자기에게 위협이 되기 때문에 부정되거나 왜곡된다(Rogers, 1951). 개인이 자기 자신의 지각에 기초한 내적 가치화 과정을 경험으로부터 분리시키고, 그것을 부모의 태도와 가치로 대체한다면, 개인은 왜곡된 감각적 지각에 기초한 자기를 형성하게 된다. 그리고 자기소외가 증가한다.

부정되거나 왜곡된 감각적 지각 때문에 개인은 자기를 향상시키는 유기체적 가치가 전혀 없는 행동을 고려하기 시작한다. 게다가 개인은 유기체적 가치를 지닌 행동을 자기의 유지에 해로운 것으로 간주한다. 자신이 인식한 경험을 왜곡하거나 부정하는 사람은 '자기와 경험 사이의 불일치 상태에 있는 것이다' (Rogers, 1959, p. 226). 개인이 어떤 지각을 배제하기 시작하는 것은 그것이 자신의 가치를 손상시켜서라기보다, 그것을 받아들이면 그것이 자신의 자기개념과 모순되기 때문일 수 있다. 그런 사람은 유기체적 경험들을 억압하고

그 경험들을 상징화하지 않거나, 자기의 개념과 일치하지 않는 지각이 침투되는 것을 방지하기 위하여 왜곡된 상징화를 하기 시작한다. '심리적 부적응은 유기체가 중요한 감각적, 신체적 경험들의 자각을 부인하고 결과적으로 그것들이 자기구조의 게슈탈트로 상징화되거나 조직화되지 않을 때 존재한다' (Rogers, 1951, p. 510). 경험과 자기와의 차이가 너무 커지면 긴장이 생기고 불안이 증가하여, 개인은 긴장을 감소시키고 불안을 낮추기 위해서 방어기제를 사용하기 시작한다. 나아가 부적응이 뒤따른다.

4) 적응

심리적 적응 또는 내적 긴장으로부터의 자유로움은 아동의 자기개념이 자신의 모든 경험들과 최소한 대략적이나마 일치할 때 존재한다. 아동이 자신의 모든 감각적, 신체적 경험들을 정확하게 자각할 수 있고, 이런 경험들을 내적으로 일관되고 자기구조와 관련된 하나의 체계로 조직화할 수 있을 때 아동은 통합과 적응을 경험한다. 충동과 지각을 의식적으로 수용하게 되면 의식적 통제의 가능성은 대단히 높아진다. 모든 경험을 의식할 수 있다는 개념은 아동의 자율감, 자기 지배감과 동의어다. 중요한 사실은 모든 경험을 의식할 수 있다는 것이지 실제로 다 의식해야 한다는 것은 아니다. 아동은 자기개념과 모순이 되는 것으로 지각된 경험들을 더 이상 부정해서는 안 된다. 아동은 '나의 있는 그대로가 나다' 라는 사실을 받아들여야 한다.

자기구조에 대한 위협이 전혀 없으면, 아동은 자기개념과 일치하지 않는 경험들을 지각하고 검토한 다음 그것들을 동화시키고 포함시키도록 자기개념을 수정할 수 있다. 인간중심 치료에서 아동은 치료자와의 관계, 그리고 치료자가 관계를 다루는 것에 따라서 점차 치료자가 자신을 있는 그대로 받아들인다고 확신하게 된다. 치료자는 아동이 드러내는 모든 새로운 측면을 받아들인다. 그러면 아동은 점차 자신이 부인해 왔던 경험들을 의식적 형태로 가져올 수 있다. 일단 이런 경험들이 의식되면 자기개념이 확장되어 모든 경험을 일관되고 통합된 자기의 일부분으로 포함할 수 있다.

아동이 자신의 모든 경험을 지각하고 수용하면, 다른 사람들을 더 이해하게 되고 타인을 분리된 사람으로 받아들이게 된다. 어떤 경험들을 부인하는 아동은 그 경험들에 대해 끊임없이 방어해야 한다. 그러므로 그 아동은 방어적으로 모든 경험을 잠재적인 위협이라고 간주

한다. 이런 아동은 대인관계에서 사람들이 그렇게 의도하지 않았을 때조차 그들의 말이나 행동을 위협적인 것으로 지각한다. 그 아동이 타인을 공격하는 이유는 타인이 공포스러운 경험을 대표하기 때문이다. 이런 아동은 다른 사람을 주로 자기에 대한 위협인지 아닌지로 지각하기 때문에 분리된 사람으로서의 타인을 진정으로 이해하지 못한다. 그러나 모든 경험들을 의식할 수 있고 통합하게 되면, 방어하거나 공격할 필요가 없다. 아동은 타인을 있는 그대로의 존재, 즉 자신의 지각적 지도에 근거해서 그들 자신의 의미에 따라 행동하는 분리된 사람으로 지각한다.

5) '좋은 성장 배경' 치료

엑슬린(1947)이 '좋은 성장 배경(Good Growing Ground Therapy)' 이라고 부른 놀이치료 환경에서는 아동들이 자신을 충분히 경험하고 자신의 성장 잠재력을 경험할 수 있도록 적절한 분위기를 제공해 주어야 한다. 인간중심 놀이치료자의 목표는 아동들이 안정감과 안전감을 충분히 느껴서, 과거에는 너무나 위협적으로 보여 자각할 수 없었던 모든 정서화된 태도들을 경험할 수 있는 관계를 만드는 것이다(Moustakas, 1959). 놀이치료를 위한 좋은 성장 배경을 만드는 치료적 관계의 요인들에는 치료자의 역할, 놀이실의 한계 및 놀이실의 장난감들이 포함된다. 아동은 치료적 관계를 통해 자신의 자기실현 욕구를 경험하고 반응할 수 있게 된다.

(1) 치료자의 역할

엑슬린(1947)은 인간중심 치료자의 역할을 다음과 같은 여덟 가지 원칙에 두었다.

① 따뜻하고 우호적인 관계를 발전시켜서 아동과 좋은 신뢰감을 형성한다.
② 아동을 정확히 있는 그대로 수용한다.
③ 아동들이 자신의 모든 감정들을 자유롭게 표현할 수 있도록 수용적인 환경을 유지한다.
④ 아동들이 자신의 행동에서 통찰을 얻을 수 있도록 돕는 방식으로 아동의 감정을 인식하고 인정한다.
⑤ 아동들이 자신의 문제를 해결하는 능력에 대해 깊은 존경을 표현한다. 선택과 변화에 대한 책임은 아동이 진다.

⑥ 아동의 놀이나 대화를 이끌려고 시도하지 않는다. 아동들이 이끌고 치료자는 따라간다.
⑦ 치료적 과정을 서두르지 않는다.
⑧ 안전함과 법적, 윤리적 기준을 충족시키기 위해 필요한 한계만을 설정한다.

치료자로서 나는 관계에서 말과 행동을 통해 나의 역할을 정의한다. 놀이실에서 나의 말들은 관계를 구조화한다. 다음은 그 예다.

"여기에서 너는 대부분 네가 원하는 대로 모든 장난감을 가지고 놀 수 있어. 네가 결정할 수 있어. 그런데 창문을 깨거나 선생님을 다치게 해서는 안 돼. 오늘 우리의 시간이 다 되기 전까지 5분의 시간을 가질 거야. 네가 놀이실을 나가고 싶어 하는 것은 알겠는데 아직 끝나지 않았어. 이것은 우리의 특별한 시간이지. 나는 네가 다칠 것 같거나 누군가를 다치게 할 것 같다고 여겨지지 않는 한 네가 여기에서 한 행동이나 말에 대해서 네 부모님께 말하지 않을 거야. 부모님께 꼭 말해야 할 경우는 선생님이 네게 '그건 엄마(아빠)에게 말해야 할 필요가 있는 것 같구나.' 라고 말해 줄 거야. 나는 놀이실에서 다른 아이들이 하거나 말한 것을 네게 말하지 않을 것이고, 마찬가지로 네가 말하거나 행동한 것을 다른 아이들에게 말하지 않을 거야. 물론 네가 원한다면 여기에서 선생님이 말한 것이나 행동한 것을 다른 사람에게 말할 수 있어."

이런 말들을 첫 회기에 모두 하는 것은 아니다. 필요성이 있을 때 이런 말을 사용한다. 나의 행동 또한 나의 역할을 나타낸다. 나는 놀이실에서 같은 위치에 있는 '내 의자'에 머물러 있는다. 놀이실은 아동의 세계이고 그들은 나의 방해를 받지 않고 탐색하고 창조하며 돌아다닌다. 나는 그들의 놀이 친구, 감독, 평가자, 교사 또는 강사가 아니다. 나는 그들의 치료자다. 내 임무는 내가 여기에 있고 이해하며 돌봐 주고 있다는 것을 의사소통하는 것이다(Landreth, 1991). 나는 편안하면서도 계속 관심을 갖는 자세를 유지한다. 나는 언제나 그들의 놀이를 관찰한다. 나는 몸을 앞으로 빼서 게리 랜드리스가 말했듯이 '눈으로 듣는다'. 나는 아동과 같은 말투를 사용한다. 나는 모든 감정을 수용한다. 나는 판단하려 하지 않는다. 나는 일관적이며 예측가능하다. 나는 아동이 스스로 할 수 있는 것을 절대로 대신해 주지 않는다.

(2) 놀이실의 한계들

치료관계에서의 자유는 한계(limits)에 기초를 둔다. 일부 치료자들은 한계가 없으면 치료도 없다고 말한다. 한계는 안전하고 안정적인 환경의 경계 내에서 자유를 제공한다. 나는 한걸음 더 나아가서 빅슬러(Bixler, 1949)가 말한 "한계가 곧 치료다."라는 말에 동의한다. 한계들은 관계의 경계를 정의하고, 치료를 현실적이게 한다. 또한 아동에게 자신과 세상에 대한 책임감을 상기시키고, 안전한 느낌을 제공하며, 자유를 허용하고, 치료를 어떤 실제적 현실로 경험하게 한다(Moustakas, 1959). 지노트(Ginott, 1959)의 한계에 대한 이론적 근거들은 다음과 같다. ① 공격성을 상징적 배출구로 돌려서 아동에게 카타르시스를 제공한다. ② 아동과 치료자의 신체적 안전을 보장한다. ③ 아동의 자아 통제력을 강화시킨다. ④ 치료자에게 수용적이고 공감적이며 보살펴 주는 태도를 유지하게 한다. ⑤ 예산상의 고려 이외에도 법적, 윤리적, 사회적 규범들을 유지하게 한다.

놀이실에서 주안점은 한계 자체보다는 치료관계 내에서 한계를 설정하는 과정에 있다. 어떤 한계를 깨뜨리고 싶은 아동의 욕구는 치료적 만남이 필요하다. 따라서 한계를 설정하는 과정은 아주 중요하다. 랜드리스(Landreth, 1991)는 머리글자 ACT를 사용하여 한계 설정의 과정을 대략적으로 설명했다.

A(Acknowledge): 나는 아동의 감정, 소망, 욕구, 행동을 **인정**한다.
C(Communicate): 나는 아동의 행동으로 깨진 한계에 대해 **의사소통**한다.
T(Target): 나는 수용 가능한 **대안 행동**들을 알려 준다.

나는 ACT를 사용해서 벽을 내리치려고 망치를 들고 걸어가는 아동 내담자에게 이렇게 말한다.

A: 나는 네가 벽을 치고 싶어 한다는 것을 알아.
C: 그렇지만 벽을 망치로 내리쳐서는 안 돼.
T: 대신에 나무토막을 치거나, 아니면 스폰지 방망이로 벽을 칠 수는 있어.

나는 모든 감정, 소망, 욕구, 환상, 사고, 꿈 등을 수용하고 존중하며, 아동이 그것들을 말과 상징적 놀이로 표현하도록 허용한다.

인간중심 놀이치료에서 한계는 최소한으로 정하고 필요할 때만 제시한다. 그것은 '벽돌로 만든 벽처럼 예측가능하고 일관적'이다(Guerney, 1983, p. 39). 내가 놀이실에서 적용하는 한계는 다음과 같다. ① 놀이 회기의 시간 한계를 미리 정한다. ② 장난감은 놀이실에 두고 간다. ③ 아동들은 자기 자신, 치료자 또는 다른 아동을 다치게 해서는 안 된다. ④ 아동들은 복싱백, 인형집 등과 같은 비싼 장난감이나 놀이실을 망가뜨려서는 안 된다. ⑤ 아동들은 (양말, 신발, 스웨터를 벗는 것을 제외하고) 옷을 벗거나, 오줌 · 똥을 싸거나, 자위를 하거나, 성적인 방식으로 치료자를 만지는 등의 통상적인 사회적 규범을 넘어서는 행위를 하면 안 된다. 나는 대부분의 인간중심 놀이치료자들이 부가적 한계로 포함하지 않는 한계를 덧붙인다. 바로 모든 미술 작품을 놀이실에 두고 가며 치료가 종결될 때까지 치료자가 보관하는 것이다. 아동의 심리적 걱정들이 놀이에 반영되는 것처럼 그들의 어려움들 또한 그들의 미술 작품에 투사된다. 비밀보장의 문제와 아동의 사생활에 대한 권리는 존중되어야만 한다. 내가 성인의 치료회기 내용을 노출하지 않는 것과 마찬가지로 나는 결코 아동의 놀이, 대화, 미술 작품 등을 노출하지 않는다.

(3) 놀이실의 장난감

장난감들은 아동의 언어이고 놀이는 아동의 의사소통이다. 그러므로 장난감의 선정은 좋은 성장 배경을 마련하는 또 다른 차원이다. 나는 장난감을 잘 보이게 하고 잘 손질하여 언제든지 아동이 사용할 수 있도록 같은 위치에 준비해 둔다. 치료자들이 성인에게 '언어를 청소하라고' 요구하지 않는 것처럼, 인간중심 치료자들은 아동에게 회기가 끝난 후 장난감을 정리하라고 결코 요구하지 않는다. 놀이실의 장난감들은 아동이 모든 감정들을 표현하도록 돕는데, 특히 의존심, 분노, 공포, 증오, 공격성과 같은 받아들이기 어렵고 자신을 위협하는 감정들을 표현하도록 돕는다(Guerney, 1983).

놀이실은 구조화된 품목과 비구조화된 품목 모두를 갖춘다. 모래, 물, 종이, 물감, 찰흙 등의 비구조화된 장난감들은 아동에게 강한 감정들을 표현하고 방출할 수 있는 기회를 제공한다. 아동들은 이런 품목을 가지고 변형하고 흩트리고 찢고 묻히고 엎지르며, 모양을 만들거나 파괴할 수 있다(Moustakas, 1959). 총, 칼, 다트, 복싱백, 망치, 못 등의 구조화된 장난감들은 사회적으로 수용될 수 있는 방식으로 적대감과 공격성을 표현할 기회를 제공한다. 손인형, 가족인물 인형, 가면, 옷, 모자 등은 아동이 극을 활용하여 자신의 생각과 감정을 표현하도록 자극한다. 아동들은 자동차, 트럭, 배, 종이, 연필 등의 장난감으로 감정과 태도를 표현하고 게임 놀이를 한다. 뱀, 거미, 공룡, 사자, 호랑이와 같은 동물 인형들은 아동의 실제 또는 상상의 공포를 나타내는 데 유용하다.

놀이 품목들은 단순해야 하고 아동들이 조작하기 쉬워야 하며 거친 손놀림에도 견고하도록 고안되어야 한다. 나는 건전지로 작동하는 장난감들을 피한다. 그런 장난감들은 아동들에게 자기 표현을 위한 창조적 배출구가 되지 못하기 때문이다. 랜드리스(1991)는 인간중심 놀이치료실에 추천하는 장난감 목록을 상세하게 기술했다.

2. 문제와 배경자료

인간중심 치료는 지금 여기서 치료를 위해 만난 사람에게 초점을 둔다. 나는 가족력을 확보하기 위해 어떤 표준화된 질문지도 사용하지 않고, 아동을 평가하기 위해 어떤 검사나 진단 척도도 사용하지 않는다. 그러나 나는 부모, 내담자 및 가족의 역학관계를 이해하려고 노력한다. 가능하다면 아동이 없는 상태에서 한쪽 또는 양쪽 부모와 접수 회기를 갖는다. 부모들은 나를 만나기로 결정하기까지 이미 큰 고통을 경험해 왔고 자신들의 걱정을 충분히 표현할 수 있는 시간이 필요하다. 아동이 오랜 시간 가만히 앉아서 얘기를 듣는 것은 어렵다. 그러나 아동과 처음 만나는 회기에서 나는 부모에게 그들의 감정과 걱정을 간략히 재언급하도록 요청한다. 이런 방식으로 나는 나와 그 부모 사이에 비밀스런 의사소통이 없다는 점을 보여 준다. 나의 내담자인 아동에 대한 존중을 나타내는 것이다.

오드리는 6세로 초등학교 2학년생이었다. 오드리의 엄마인 A부인은 20대 후반이었고 말기암 진단을 받았다. 집에서 350마일 떨어진 병원에 3개월간 입원해 있는 동안 의사들은 부인의 오른쪽 팔과 오른쪽 어깨의 일부를 제거했다. A부부는 A부인이 퇴원해서 돌아온 후 별거를 시작했다. A씨는 그 당시 다른 여자와 그녀의 자녀들과 살고 있었다. 그 여자는 A부인이 입원해 있는 동안 A부부의 자녀들을 돌봐 주던 사람이었다. 첫 회기를 갖기 3주 전에 A부인은 심한 우울증과 자살 경향성으로 지역 병원의 폐쇄 병동에 2주 동안 입원해 있었다. 병원 사람들이 A부인을 퇴원시킨 후에 그녀는 다른 치료자에게 심리치료를 받고 있었다. 학교의 상담교사는 오드리와 그녀의 오빠인 아홉 살짜리 해롤드의 치료를 의뢰했다. 오드리는 평균적인 학생이었다. 그러나 '하루 종일 울었고' 엄마 곁을 떠나서 학교에 가고 싶어 하지 않았으며, "나는 내게 총을 쏴서 엄마와 함께 천국에 갈 거예요."라고 위협했다. 오드리의 오빠는 아주 우수한 학생이었고 엄마의 병에 대해 말하는 것을 거부했다.

A부인은 '공간'과 '아이들이 자기에게 신경 써 주는 것'이 필요하다고 표현했다. 집안의 가구도 별로 없고 좁았던 데다 아이들은 전에도 부모의 침실에서 자곤 했기 때문에 오드리는 엄마나 오빠와 함께 잤다. A부인에 따르면 오드리는 그녀가 제일 좋아하는 아이였고, 오드리는 항상 엄마와 자기를 동일시해 왔다. 항암치료 때문에 A부인은 머리카락이 다 빠져서 가발을 썼다. 머리카락이 다시 자라기 시작했는데 오드리는 엄마의 다시 자라나는 부드러운 머리카락을 만지는 것을 좋아했다. 오드리는 아빠를 증오한다고 말했고 매주 화요일 저녁과 2주에 한 번씩 주말에 오빠와 함께 아빠를 방문할 때 울었다. 오드리의 오빠는 외할머니가 가장 좋아하는 손주였고 그는 가능한 많은 시간을 외할머니 집에서 보냈다. 오드리는 좋아하는 다른 성인 가족이 없었으나 12세의 사촌을 좋아했다.

3. 이론적 개념화

모든 아동에게는 자기실현의 욕구라는 동일한 기본적 욕구가 있기 때문에, 각 아동에 대한 나의 접근법은 동일하며, 아동에게 자기 자신과 자기의 생활 경험들을 충분히 경험할 수 있는 치료적 관계를 제공한다. 랜드리스(1991)는 "우리가 문제에 초점을 맞추면 아동을 시야에서 놓친다."라고 지적했다(p. 78). 이는 모든 아동을 동일하게 지각하라는 의미가 아니다. 반대로 치료자의 임무는 이 독특한 개인이 자기와 삶을 지각하는 그대로 아동과 그의 세계를 이해하는 것이다.

오드리의 가족은 위기에 처해 있었다. 각 가족 구성원의 결핍은 아주 심각해서 모든 가족 구성원에게 개인별 치료가 요구될 정도였다. 오드리, 해롤드, A부인 등은 A부인의 신체적 불구, 임박한 죽음, 별거와 이혼에 따른 재정적 빈곤, 신뢰 및 미래에 대한 희망 상실 등으로 인하여, 그들의 세계가 파괴되는 기존 가족 구조의 상실에 직면했다. 각자가 알고 있었던 삶이 사라진 것이다.

삶을 위협하는 너무나 많은 경험들을 지각하는 것은 사람을 압도해 버릴 수 있다. 불확실성, 혼란, 무력감, 절망감, 자포자기, 허약함, 분노, 좌절, 공포 및 격노와 같은 감정이 오드리, A부인, 해롤드를 뒤덮었다.

나는 위기와 관련된 고위험 요인 때문에 오드리에게 주 2회 치료 회기를 갖도록 권고

했고, 엄마에게는 모든 총을 밀폐된 장소에 안전하게 두도록 지시했다. 그리고 나는 오드리의 오빠를 다른 놀이치료자에게 의뢰했다. A부인은 당시에 개인 치료를 받고 있었다. 나는 가족에게 오드리와 다른 사촌 간의 관계를 권장하도록 추천했다. 모든 가족 구성원들은 A부인의 암과의 사투, A부부의 결혼 와해에 따른 정서적 반응 등으로 힘들어하고 있었다. 오드리의 사촌은 오드리 가족의 역동을 이해할 수 있는 것처럼 보였고 오드리가 기꺼이 자신의 생각과 감정을 나누고자 하는 사람이었다. 그 사촌은 오드리에게 필요한 정서적 도움을 다소 줄 수 있었다.

오드리는 위협적 요인들로 가득한 변화하는 경험 세계의 중심에서 살고 있었다. 그녀는 엄마가 두 차례 입원을 했을 때 버림받았다고 느꼈다. 부모의 별거와 임박한 이혼에 대해 자기 자신이 무력하다고 느꼈고 화가 났다. 그녀는 부모의 별거 때문에 돈이 부족해질 것에 대해 걱정했다. 그녀는 살던 집에서 작은 아파트로 이사가는 것에 대해서 슬퍼하고 두려워했다. 그녀는 엄마가 팔을 잃는 수술을 받은 후 엄마가 신체적으로 자신을 돌봐 줄 수 있었던 때를 그리워했다. 그녀는 엄마를 잃는 것이 두려워서 엄마가 죽을 가능성을 부인했고, 엄마 건강에 대한 가족의 걱정을 경험하면서 불안을 느꼈다. 오드리는 이런 감각적, 신체적 경험들을 상징화하지 않거나 왜곡된 방식으로 상징화했다. 따라서 이런 경험들을 자기구조의 형태로서 조직화할 수 없었다. 달리 말하면 오드리는 자신의 경험과 자기개념 간의 불일치 상태에 있었다.

오드리는 주위 환경으로부터 자기를 분리하기 시작하는 과정을 중단하였다. 이 변별과정은 3세경에 시작되어 대개 6세 정도에 완성된다. 그러나 오드리의 엄마에 대한 동일시는 고착되어 버렸다. 오드리는 엄마의 질병과 죽음의 가능성 때문에 엄마와의 동일시를 그만두는 것을 두려워했다. 오드리가 자신의 경험에 부여하는 가치들 중에 일부는 그녀의 삶에서 중요한 타인으로부터 내사된 것이다. A부인은 자신의 암이 말기라는 것을 부인했고 그래서 오드리도 부인했다. A씨가 집을 떠난 것과 관련된 A부인의 격노와 버림받은 감정도 오드리의 경험 속으로 내사된 가치들이다. 오드리는 자기 지각의 토대를 자신의 내적 가치체계보다 부모의 태도와 가치에 두고 있었다.

오드리의 지각적 지도(perceptual map)가 타인의 가치들에 기반을 두고 있었기 때문에 오드리의 자기실현에 대한 기본적 욕구, 즉 아동이 대개 더 많은 독립성, 자율성 및 자기책임감으로 나아가고자 하는 욕구는 왜곡되었다. 오드리는 자신이 생활 경험에 대한 행동적 반응들을 자유롭게 스스로 선택할 수 있는 힘을 지녔다는 것을 지각하지 못해서 퇴행적 행동(엄마의 무릎에 앉는 것, 분리 불안, 울기, 혼자 자는 것을 거부함 등)을 선택했다. 오드리의 지배적인 감정들(분노, 불안, 공포, 좌절 등)은 개인이 자신의 욕구를 충족시키고자 노력할 때 수반되는 감정들이다. 오드리의 정서적 반응은 격렬했는데, 이는 자신의 행동을 자기를 실현하는 수단으로서 지각했기 때문이다.

오드리의 과제와 나의 치료에 대한 목표는 그녀가 엄청나게 불행한 사건들의 와중에서 자신과 자신의 세계를 충분히 경험하도록 하는 것이었다. 그것은 여섯 살짜리 아이에게는 대단한 과제였다. 오드리가 나를 진지하고 참되며 자기를 가치 있는 사람으로 받아들이고, 자신이 보는 그대로 자신과 그녀의 세계를 볼 수 있는 능력을 지닌 사람으로 지각한다면, 그녀는 성장, 성숙, 자기 통합의 방향으로 나아갈 것이다. 그리고 자신의 감정을 충분히 느낄 수 있는 능력을 가지게 될 것이다. 글자 그대로 그녀는 자신과 다시 접촉할 수 있을 것이다. 그러면 오드리는 자신의 경험을 상징화하고 자기와 경험 간의 일치 상태에서 살 수 있을 것이다.

4. 놀이치료의 과정

1) 가족 시간

나는 매 회기를 시작할 때 모든 가족 구성원이 참여하는 가족 집단 시간을 갖는다. 나는 아동 내담자와 함께 아동과 가족에 대해 이야기하는 것을 선호한다. 이런 방식으로 아동들은 내가 그들의 사생활과 비밀보장에 대한 권리를 존중하고 있다는 것을 알게 된다. 오드리의 경우, A부인의 신체적 상태가 악화되었기 때문에 우리는 치료의 처음 3개월 동안만 가족 시간을 가졌다.

첫 회기 동안 오드리와 오빠 해롤드는 서로 소란을 피웠고 끊임없이 엄마를 방해했으며 질서를 지키고 협조하는 것을 거부했다. 오드리는 (무릎에 앉거나, 팔에 기대거나, 머리카락을 만지면서) 늘 엄마와 신체적으로 접촉했다. 오드리는 자살에 대해 생각해 보았던 것을 부인했다. 그녀는 주저하거나 눈물을 보이지 않고 엄마와 떨어져서 놀이실로 들어갔다. 그러나 회기가 끝난 후 엄마의 자동차가 보이지 않자 오드리는 즉시 불안해 보였고 눈물이 고이기 시작했다.

2) 놀이 회기 기록의 발췌

다음은 회기 기록들에서 발췌한 것이다. 나의 개입에 대한 설명은 표의 오른쪽에 있다. 첫 회기에서의 발췌는 다음과 같다.

	대 화	논 평
치료자	오드리야, 너는 여기서 네가 원하는 대부분의 방법으로 모든 장난감을 가지고 놀 수 있어.	나는 모든 첫 회기를 이런 말로 시작한다. 아동이 치료를 이끌고 나는 따라간다. '대부분의 방법' 이라고 말함으로써 나는 노는 방법에 한계가 있음을 시사한다.
내담자	[Slinky 장난감을 가리키면서] 이건 뭐예요?	
치료자	흠?	나는 오드리의 탐색과 질문에 응했지만 장난감의 이름을 말하진 않았다. 나는 그녀의 눈으로 세계를 보기를 원했다. 아동들은 같은 장난감을 여러 가지 다른 방식으로 사용한다. 어떤 아이는 Slinky를 보며 "아! 나 알아. 이건 모터 달린 기린이야."라고 말한 적이 있다.
내담자	[오드리는 이리저리 다니면서 방에 무엇이 있나 조사한다. 아기 젖병을 집어든다] 이것으로 뭐해요?	오드리는 치료의 탐색단계에 있었다. 그녀는 방에 있는 물건들을 탐색하는 것과 동시에 우리 관계의 경계에 대해서도 탐색하고 있다. 그녀는 '나의 역할이 무엇이고, 그녀 자신의 역할이 무엇인지' 를 묻고 있다.
치료자	네가 정할 수 있어.	나의 메시지는 '너의 책임이야' 다.
내담자	[오드리는 탐색을 계속한다. 그림 그리는 붓의 끝을 만지면서 원하는 듯이 묻는다] 그림 그려도 돼요?	
치료자	그림 그리고 싶은 것 같구나. 네가 정할 수 있단다.	나의 반응은 '나는 너의 욕구를 듣고 있으며 이해하고 있다. 내가 허락을 해 주는 것이 아니고, 허락은 네 안에서 나오는 것이다' 라는 것이다. 나의 임무는 오드리를 기다려 주는 것이다. 그녀가 이끌었다. 나는 그녀의 불확실성을 받아들였다. 불확실성은 그녀의 삶의 일부였고 그 순간 그녀에게 존재했다.

그림 그리기는 오드리의 자기 탐색, 자기 알림, 자기실현 등의 주요한 수단 중 하나가 되었다. 오드리는 그림을 많이 그렸고 11회기가 시작할 때는 그림을 그리면서 "나는 이것을 항상 해요."라고 말했다. 첫 회기가 거의 끝날 무렵, 오드리는 이젤로 다시 와서 해롤드의 그림과 같은 '혼란스러운 그림'을 그렸다([그림 2-1] 참조).

[그림 2-1] "혼란스러운 그림"

해롤드는 자신의 치료 회기 동안 유사한 그림을 그렸다. 이 그림은 오드리의 내적인 정서적 삶, 즉 엄마의 수술, 입원, 질병, 부모의 별거, 다른 집으로의 이사, 아버지의 다른 가족으로의 이사 등과 같은 그녀의 '혼란스러운' 삶에 뿌리를 둔 '혼란스러운' 감정으로 가득 찬 삶을 반영하는 것처럼 보였다.

오드리는 자신의 삶에서 나의 역할에 대한 그녀의 지각일 수 있는 어떤 그림을 그렸다([그림 2-2] 참조).

오드리는 그림의 가운데에 나를 두었다. 오드리는 의자와 같은 눈에 띄는 보조물이 없었음에도 불구하고 나의 오른쪽에 '앉아 있었고' 엄마는 왼쪽에 두었다. 이 그림은 그들의 관계 속으로 내가 들어간 것을 상징화한 것처럼 보였다. 오드리가 그림을 그리는 동안 나는 필연적으로 일어나게 될, 오드리가 겪을 엄마와의 이별에서 내가 도움을 줄 수 있을 것이라는 생각을 했으나 말로 표현하지는 않았다.

[그림 2-2] A부인, 나, 오드리(관계에 대한 그녀의 견해)

	대 화	논 평
내담자	이건 선생님이에요. 나는 여기 있고 엄마는 여기 있어요.	오드리는 머리를 그리는 데 많은 시간을 들였다. 머리는 오드리의 세계에서 중요했다. A부인은 항암치료로 머리카락이 빠졌다. 엄마의 부드러운 머리카락이 다시 자랐고 오드리는 그것을 만지는 것을 좋아했다. 그리고 A부인은 팔을 제거했기 때문에 오드리의 머리카락을 빗질하고 손질해 줄 수 없었다.
치료자	내가 너와 엄마 사이에 있구나.… 네가 머리를 아주 주의 깊게 그린게 눈에 띄는구나.	나는 엄마로부터의 분리나 머리카락의 상실 문제에 대해 직접적으로 말하지 않았다. 대신에 오드리가 자신의 경험에 대한 상징으로서 나타낸 이미지나 놀이에 대해 말했다.
내담자	전에는 엄마가 내 머리를 땋아 주었는데 이제는 더 이상 못해요.	오드리는 내가 중간에 있는 것에 대해서보다는 머리카락에 대해서 반응하는 것을 선택했다.
치료자	엄마가 네 머리를 만져 줄 수 없어서 슬프겠구나. [오드리가 고개를 끄덕인다]	나는 질문을 하지 않았다. 대신 그녀의 경험에 감정 단어를 덧붙였다.

[그림 2-3] "우리집(분리된 가정)"

	대 화	논 평
치료자	오, 이게 누구네 집인지 궁금하네.	오드리는 반응하지 않았다. 나는 오드리의 침묵에 대한 욕구에 함께 머물지 않았다. 알고자 하는 나의 욕구가 방해를 했다. 나의 임무는 아는 것이 아니라, 오드리의 여정에 그녀와 '함께' 있는 것이다.

오드리는 4회기 동안 말없이 [그림 2-3]을 그렸다.

오드리는 용지의 왼쪽에 집을 그렸는데, 이는 과거로 되돌아가고자 하는 바람을 시사한다. 나는 집에 그려진 진한 선이 그녀의 분리된 가정을 묘사하는 것인지에 대한 의문을 가졌다. 오드리 부모의 이혼은 그 주에 최종적으로 결정되었다. 해롤드의 학업 수행의 질이 떨어졌고 A부인은 그를 훈육하는 데 어려움이 있었기 때문에 해롤드는 아버지의 집으로 옮겨갔다. 오드리는 그림을 다 그린 후 "우리집"이라는 제목을 붙였다. 그러나 이 그림의 치료적 가치는 내가 오드리가 그린 것이 무엇인지를 이해하는 것에 있는 것이 아니라 오드리가 그녀의 경험을 밖으로 드러내어 가졌던 해방감에 있었다.

오드리는 5회기 동안 아동-치료자 관계의 경계를 시험하였다.

	대 화	논 평
내담자	해롤드에 대한 비밀을 알고 싶으세요?	
치료자	내게 말해 주고 싶어 하는 것 같구나.	나는 그녀의 바람을 인정했다.
내담자	예. [내게 '비밀'을 말한다] 그렇지만 엄마한테 말하면 안 돼요.	
치료자	내가 엄마한테 비밀을 말하지 않을 거라고 확인하고 싶어 하는구나. 나는 네가 다칠지도 모른다고 생각되지 않는 한 여기에서 네가 하거나 말한 것을 엄마에게 말하지 않아. 우리가 엄마에게 말해야 할 필요가 있는 것에 대해서는 네게 미리 얘기해 줄 거야. 물론 너는 여기에서 생긴 어떤 일이든지 네가 원한다면 엄마에게 말할 수 있어.	나는 우리 관계의 경계와 비밀보장의 문제에 대해 설명했다.
내담자	[오드리는 모래로 파이를 만들고 싱크대에서 접시들을 씻는다] 와서 나 좀 도와주세요.	
치료자	이 접시를 모두 닦는 데 내가 도와주길 바라는구나. 그렇지만 선생님의 자리는 여기(의자)야.	나는 아이들이 스스로 할 수 있는 것을 결코 대신 해 주지 않는다. 접시를 닦는 것을 도와주는 행위는 '나는 할 수 있지만 너는 하지 못하는 일이다'라고 말하는 것일 수 있다. 나는 다시 한 번 우리의 관계를 정의했다.
내담자	와서 나 좀 도와주세요. 선생님이 이렇게 엉망으로 만들었어요!	
치료자	[고개를 끄덕이며] 이런, 너 화가 났구나. 내가 엉망으로 만들었기 때문에 치워야 한다고 말하는구나. [나는 계속 의자에 앉아 있다. 그녀는 접시를 여기저기 팽개치더니 마침내 다른 놀이 활동을 한다]	나는 그녀의 분노와 좌절을 인정하고 수용했다. 나는 오드리의 삶에서 이혼과 죽음 같은 다른 혼란스러운 것들에 대해 생각했고, 그녀가 나와 다른 어른들에게 '그것을 깨끗이 해결해 주길' 얼마나 바라는지에 대해 생각했다.

오드리는 이 회기 동안 못을 박을 수 있는지, 총을 쏠 수 있는지, 우윳병에 물을 부어도 되는지, 바구니 밖으로 동물들을 던져도 되는지, 괴물 가면을 써도 되는지 등을 물어보면서 우리 관계의 경계를 계속해서 탐색했다. 나의 반응은 "네가 결정할 수 있어." "하고 싶어 하는 것 같구나." "너 진짜로 그러고 싶니."와 수많은 애매한 "음" 등이었다. 이런 반응들은 그녀가 치료의 방향을 정하고, 나 곧 치료자는 그녀가 이끄는 대로 따라갈 것이라는 것을 확증한다. 나는 오드리가 자신의 자기실현 욕구를 충족시키는 방향으로 치료를 가져갈 것이라고 믿었다.

결국 오드리는 알려 준 한 가지 한계를 깼다. 그녀는 한 컵의 모래를 마룻바닥에 부었다.

	대 화	논 평
치료자	네가 모래를 쏟아부어 버리는 것을 좋아한다는 것을 알아. 그렇지만 모래를 마루에 부어서는 안 돼. 모래 상자나 통에 부을 수는 있지만 마루에는 안 돼.	나는 한계를 정했다. A - 욕구를 인정했다. C - 한계에 대해 의사소통했다. T - 수용 가능한 대안책을 제시했다.
내담자	[오드리는 모래를 치웠고 그 회기 동안 더 이상 엎지르지 않았다. 그러나 다른 회기들에서 모래를 엎질렀다]	나는 성인들에게 언어에 의한 의사소통을 '청소하도록' 요구하지 않듯이, 아동들에게 놀이 동안에 어지럽힌 것을 청소하라고 요구하지 않는다.

여섯 번째 만남에서 오드리와 A부인은 미소를 지으며 들어왔다. 암이 회복기에 들어갔다는 것이다.

	대 화	논 평
내담자	하나님이 기적을 행하셨어요!	
치료자	엄마가 좋아져서 아주 행복하구나.	나는 오드리의 기쁨에 공감해 주었다.

그 회기 동안 오드리는 "댄스 스튜디오"라고 스스로 제목을 정한 그림을 그렸다([그림 2-4] 참조). 그녀는 댄스 교습을 받고 있었다.

[그림 2-4] "댄스 스튜디오" 그리고 "새로운 꽃들의 탄생"

	대 화	논 평
내담자	어두운 푸른 하늘 한가운데 꽃들이 태어났어요!	
치료자	[그녀의 넘치는 감정에 맞추면서] 오! 새로운 꽃들이네!	나는 그 이미지에 대해 말했다. 해석은 필요하지 않았다. 의사의 보고는 오드리에게 새로운 삶과 희망을 탄생시켰다. 놀이치료의 치유적 힘은 당신이 경험하는 모든 것을 표현하는 자유에 있다.

7회기에서 13회기까지 오드리는 꾸며낸 이야기들을 소개했다. 이야기들은 큰 의미가 없어 보였다. 텔레비전에서 화가들이 그림 그리는 법을 가르치는 것, 아이들이 마차를 타고 소풍가는 것, 텔레비전에서 화가가 회오리바람을 그리는 것 등에 관한 것이었다. 이 놀이의 치료적 가치는 소재들의 내용에 있다기보다, 그녀가 자유롭게 그 순간의 진정한 자기 자신이 되는 때에 내가 그녀와 그녀의 놀이에 대해 큰 가치를 두고 칭찬하는 것을 경험하는 데 있다.

오드리의 세계는 14회기에 극적으로 변화했다. A부인의 암이 다시 재발한 것이다. 오

[그림 2-5] 무제(아마도 암에 대한 무언의 인상)

	대 화	논 평
치료자	[나는 산발적으로 관찰하면서 말한다] 너는 그걸 전부 덮어 버렸구나. …음, 주먹으로 으깨 버렸네…. 오, 손톱으로 그것을 세게 긁고 있구나.	나는 단지 이미지에 대해 말했다. 나의 말은 '나는 여기에 있고 너를 이해하고 돌봐 준다' 는 메시지를 담고 있었다.

드리는 손톱으로 하얀 부분을 할퀴는 강한 신체적 동작을 보이며 손가락으로 검은색의 그림을 그렸다([그림 2-5] 참조). 그녀는 말을 하지 않았다. 다만 비언어적으로 비탄, 절망, 분노 등을 표현했다.

그 다음 4주 동안 오드리의 그림에서 회오리바람이 주요한 주제가 되었다. 회오리바람은 30회기 이후에 사라졌다. 아마도 오드리는 모든 것이 통제가 안 되고 심하게 소용돌이가 치고 아주 빠르게 움직인다고 믿으며, 자신이 회오리바람에 붙잡혀 있어 무서워하고 있는 것처럼 보였다. 오드리는 "회색 회오리바람"과 "집을 강타한 회오리바람"을 그렸다. 오드리가 18회기 동안 "놀이치료실의 회오리바람"을 그렸을 때, 우리는 대화를

	대 화	논 평
내담자	나는 엄마가 죽는 것에 대해서 생각해요. 그러고 싶지는 않지만 생각을 해요. …그렇지만 엄마는 죽지 않아요.	
치료자	그러니까 너는 엄마의 죽음에 대해 생각하고 싶지 않지만 자꾸 생각이 되는구나. 그리고 엄마가 죽지 않는 것에 혼란을 느끼는구나. 모든 것이 너무나 이상하겠구나.	나는 설명하려고 시도하지 않았다. 나는 그 순간의 오드리를 있는 그대로 수용했다.

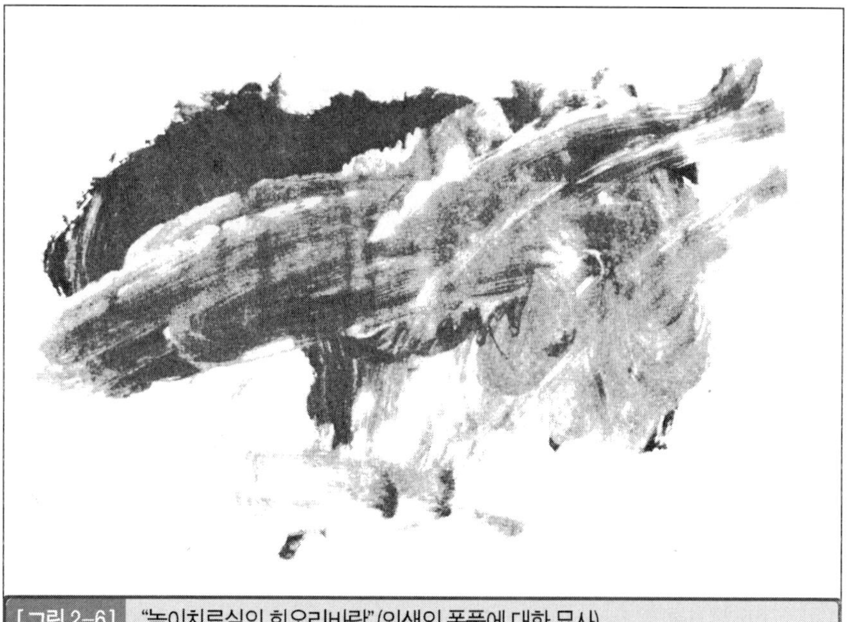

[그림 2-6] "놀이치료실의 회오리바람" (인생의 폭풍에 대한 묘사)

했다([그림 2-6] 참조).

오드리는 치료를 자기가 갈 필요가 있는 곳, 즉 회오리바람의 한가운데로 이끌어 갔다. 나는 엄마의 죽음에 대해 생각하고 싶어 하지 않는 오드리의 바람과, 동시에 엄마가 죽지 않는 것에 대한 그녀의 당혹과 혼동에 대해 공감했다. 나는 그 어떤 합리화나 설명 또는 해결책을 제시하지 않았다. 그보다 오드리가 자신이 경험한 것을 충분히 느끼고 표현한다면 엄마의 죽음을 극복할 수 있을 것이라고 믿었다.

A부인의 신체적 상태는 악화되었다. 그녀는 더 이상 자기와 오드리만 따로 사는 생활을 유지할 수 없었다. 18회기가 지난 이후에 A부인과 오드리는 A부인의 친정으로 이사했다. 호스피스 봉사자, 간호사, 심리학자, 친구 등이 집에 와서 A부인을 도왔다. 오드리와 A부인은 이제 다른 침실을 사용했다. 그리고 A부인의 어머니가 오드리를 치료에 데려오기 시작했다. 오드리는 조금 더 안정되고 덜 불안해 보였다.

이제 사악한 마녀들과 신데렐라라는 또 다른 이야기 주제가 등장했다. 18회기에서 22회기에 걸치는 동안 오드리는 '북쪽의 사악한 마녀' 였고, 마녀의 모자에 모래를 채우고 발로 쾅쾅 밟았다. 또한 그녀는 의붓엄마와 의붓언니들이 파티에서 즐거운 시간을 보내는 동안 일만 해야 했던 불쌍한 신데렐라 배역을 연기했다. 오드리는 결코 요정 대모, 무도회, 왕자를 등장시켜 신데렐라 이야기를 완성시킨 적이 없었다. 오드리는 자신의 삶이 힘든 반면에 다른 사람의 삶은 수월하다고 지각하는 것처럼 보였다. 아마도 오드리의 눈에는 그녀가 주말에 방문해서 보는 의붓엄마와 의붓자매들은 웃고 파티를 열고 있지만, 자신이 경험하는 모든 것들은 고통과 역경인 것으로 여겨졌는지 모른다. 나의 개입은 그녀의 이야기 내용을 다시 언급하는 것이었다. 따라서 그녀는 내가 그녀의 이야기를 수용하며 가치를 두고 있다는 것을 알았다. 나는 그녀가 그 이야기를 행복한 결말로 끝내도록 유도하지 않았다. 이야기 주인공들의 감정에 대해 언급했다.

	대 화	논 평
치료자	나는 신데렐라가 다른 애들이 노는 동안 자기는 계속 일만 하고 더러워진 것에 화가 났을 거라고 생각해.…아마도 그처럼 거기에 혼자 있으면서 외로움을 느낄 것 같아.	나는 오드리가 경험하며 이야기 주인공들에 투사하고 있는 것처럼 보이는 감정들을 확인했다. 나는 해석이 필요하거나 도움이 될 거라고 생각하지 않는다. 나는 이야기 내에 머물렀다.

A부인의 상태는 계속해서 악화되었다. 어떤 부부와 그들의 두 자녀가 A부인을 간호하기 위해서 A부인의 친정으로 들어왔다. 사람들이 A부인과 가족을 돕기 위해서 계속 드나들었다. 20번째 회기 동안 오드리는 [그림 2-7]을 그렸다.

[그림 2-7] "재난"

	대 화	논 평
치료자	나는 네가 무엇을 그렸는지 궁금하단다.	나는 기다리지 못했다. 알고자 하는 나의 욕구가 방해를 했다.
내담자	[나는 그녀가 무슨 말을 했는지 정확하게 듣지 못했다. 그녀는 "엄마예요." 아니면 "엄마를 위한 거예요."라고 말했다]	우물거리는 것으로 보아 오드리는 내가 알 필요가 없다는 것을 말하고 있었을 수 있다.
치료자	미안하구나. 듣질 못했어.	나는 여전히 오드리의 진정한 메시지를 알지 못했다.
내담자	다 끝내면 선생님께 말할게요.	오드리는 누가 치료에 책임자인지를 상기시켰다.

오드리는 끝날 때까지 계속해서 그림을 그렸다. 나는 조용히 있었다. 나의 임무는 오드리의 여정에 동참하는 것이었다.

그런 다음 오드리는 인형집으로 가서 모든 방에 있는 인형들을 집어던졌다. 나에게는 4명 또는 5명으로 구성된 가족 인형 세트 4개와 유아 인형 4개가 있었는데, 방이 5개인 인형집에 인형 23개가 들어갔다. 그들은 '잠을 자고' 있었다. 식탁, 마루, 심지어 목욕탕

	대 화	논 평
내담자	(이 그림의) 제목은 '재난' 이에요. 엄마에게 일어났던 재난이요.	
치료자	흠, 알겠어.	수긍하며 고개를 끄덕이면서 나는 그녀와 그녀의 엄마에게 생긴 일에 대한 오드리의 평가를 이해하고 수용한다는 의미를 전달했다.

까지 모든 곳에서 사람들이 잠을 자고 있었다. 오드리는 얼룩말과 코끼리를 가져와서 창문을 통해 '자고 있는 사람들' 을 '들여다보게' 했다. 오드리는 코끼리의 머리를 창문으로 밀어넣어 침대에서 자고 있는 어린 소녀 인형에게 큰 나팔 소리를 냈다. 오드리는 그 소녀 인형을 집 밖으로 집어던졌다.

오드리는 너무나 불안해져서 갑자기 그 이야기 장면을 중단했다. 그녀는 실로폰으로 '나(치료자)를 위한 노래' 를 연주한 다음 다른 장난감을 가지고 놀았다. 이것은 일종의 놀이 붕괴였다. 놀이 붕괴(disruption)는 정서적 불쾌감을 시사하는 행동이자 부적응의 지표다(Perry & Landreth, 1991). 에릭슨(Erickson, 1963)은 놀이 붕괴를 '갑작스럽고 완전하게 놀이를 할 수 없는 것' 으로 정의했다(p. 223). 그는 놀이의 어떤 주제가 아동에게 갑자기 너무 고통스러워질 때 놀이 붕괴가 생긴다고 믿었다. 아동들은 자신들이 빠져 있는 미시적인 놀이 세계로부터 타인과 공유하는 거시 세계로 전환한다. 이런 전환을 둘러싼 불안이 아동의 놀이 중단을 가져오는데 이것이 놀이 붕괴를 특징짓는 핵심 요인이다. 치료자는 놀이실에서 아동이 열심히 놀이에 참여하다가 특히, 아동에게 위협적인 것으로 보이는 시점에서 아동이 갑자기 놀이를 중단할 때 놀이 붕괴가 일어났음을 알 수 있다. 얼굴 표정은 공포나 절망을 나타내면서 몸이 굳어지는 것, 허공을 쳐다보는 것, 주위 환경의 실제적인 면에 대한 갑작스런 관심, 관계없는 것에 대한 갑작스런 흥미, 놀이실을 떠나고 싶어하는 것 등이 놀이 붕괴를 시사하는 행동들이다.

	대 화	논 평
내담자	어린 소녀가 집 밖으로 튕겨 나갔어요.	
치료자	그녀는 큰 소음을 두려워하는구나.	나는 내가 이해하고 있다는 것을 말하고 이야기에 감정을 부여하는 개입을 의도했다.

내가 오드리를 훨씬 앞서 가서 그녀가 인정할 준비가 되지 않은 감정을 말로 표현했거나, 이야기의 내용이 오드리의 자기개념에 너무나 위협적이어서 이런 경험을 충분히 상징화할 수 없었거나, 아니면 이 두 요인이 다 있었다. 이 회기의 나중에 오드리는 인형집과 자신의 이야기로 돌아왔다. 집에 있는 사람들은 '코끼리와 얼룩말에게 너무나 화가 나서 그 동물들을 죽였다' 고 했다.

오드리의 코끼리 이야기는 그녀가 경험하고 있던 것에 대한 극적인 상징화였다. 집안의 모든 곳에 사람들이 있었다. 엄마의 암 상태는 폐기종 때문에 더 심해졌다. A부인은 겨우 두세 마디만을 말한 후 숨쉬기 위해서 헐떡거려야 했고 심하게 기침을 했다. A부인은 질식해서 죽는 것을 두려워했다. 아마도 내 생각에는 오드리가 엄마의 소리를 코끼리가 나팔을 부는 소리로 여긴 것 같다. 자신의 엄마를 돌봐 주는 사람들을 지켜보면서 오드리는 그들의 도움이 엄마 코끼리를 죽이는 것으로 지각했을지 모른다. 그 다음 주에 오드리는 아빠와 살기로 했다고 말했다. 그 어린 소녀는 정말로 그 집에서 뛰쳐나왔지만, 이번에는 자신의 양가적 감정을 말로 표현할 수 있었다. 오드리는 "나는 엄마를 그리워할 것이기 때문에 (떠나는 것이) 슬플 거예요. 그렇지만 나는 엄마가 아픈 것을 보고 싶지 않아요." 라고 말했다.

22회기부터 31회기까지 오드리는 치료에서 숨막힘, 죽음, 매장 등의 새로운 주제를 이끌었다. 오드리는 강한 무적의 여자 인형을 이야기의 중심 인물로 만들었다. 그녀는 그 강력한 여자 인형을 '나디아' 라고 불렀다. 때로 나디아는 오드리와 같은 작은 소녀였고 어떨 때는 그녀의 엄마였다. 나는 나디아가 어떤 연령대의 인물을 나타내는지 분명하게 이해하기가 종종 어려웠다. 나는 그 혼란의 원인이 나에게만 있는 것이 아니라, 엄마에 대한 동일시와 자신의 정체감 사이에서의 갈등을 경험하고 있던 오드리에게도 있다고 믿는다. 그러나 그녀의 이야기를 통해 오드리는 점차적으로 엄마와는 분리된 존재가 되어갔다.

그 다음 9회기 동안 오드리는 모래상자에서 인형들을 가지고 실연했던 일련의 반복적인 이야기들을 다시 했다. 나디아는 '모래에 덮였고', '숨이 막혔으며', '죽었고', '매장되었다'. 오드리는 매장된 나디아 위의 모래에 무덤 표시를 했다. 나디아를 구출하고 모래를 털어내고 나디아에게 샤워를 해 주는 시늉을 했으나 나디아의 머리를 씻어 주지는 않았다. 어느 이야기에서는 나디아가 스스로 모래 밑에 구멍을 파고 굴을 만들게 했다.

	대 화	논 평
내담자	[인형을 묻으면서] 그녀는 자신을 덮었고 숨이 막혀서 죽었어요.	
치료자	그렇구나.	나의 메시지는 '나는 여기에 있고 이해한다'였다. 나는 오드리가 삶의 다른 부분들을 다루었듯이 죽음도 다룰 수 있는 능력이 있다고 믿었다.
내담자	그들은 그녀가 천국에 있다고 생각해요. 그녀는 누구에게나 떠다녀요. [오드리는 인형을 자신의 머리 위에서 부드럽게 흔든다] 그녀는 나가서, 집으로 가서 샤워를 하는데 머리는 감지 않아요.	
치료자	아, 그래. 그녀는 숨이 막혀 결국 죽었고 모든 사람 근처에서 떠다니는구나. 그런 다음 나와서 머리만 빼고 씻는구나.	나는 심지어 놀이가 비합리적이고 부인의 형태일지라도 계속 오드리와 함께 했다. 나는 그녀가 필요로 하는 곳에 머물고 있다고 생각했다.

26회기에서 오드리와 나는 심오한 경험을 공유했다. A부인의 침대는 병상용 침대로 교체되었다. 이 침대는 높낮이가 조절되어 부인을 보다 편안하게 할 수 있었다. 가족들은 A부인의 방을 다시 정리해서 그녀가 정원을 내다볼 수 있도록 했다. 오드리는 나디아와 두 여자 어른 인형들을 사용하여 모래상자에서 다음과 같은 이야기를 했다.

	대 화	논 평
내담자	여기에 동생과 엄마가 있어요. 그들은 모두 매장됐어요. [오드리는 인형 위에 모래를 쌓았다. 그녀는 모래 양동이를 옆에 놓고 그 안에 나디아를 놓았다]	
내담자	나디아는 특별히 아름다운 방에 있어요. 그녀는 양탄자와 방이 깨끗하지 않으면 아무도 들여놓지 않아요.	
치료자	그렇구나.	나는 여기에 있다. 이해한다.

오드리는 모래상자 안에 누워 가장자리에 머리를 기댔다. 그녀는 다리 사이에 모래를 끌어다 쌓아서 '병상용 침대'를 만들었다. 그리고는 "아주 좋아요! 뒤로 기댈 수 있어요."라고 말했다. 오드리는 나디아를 그 '침대' 위에 놓았다. 그녀는 자기의 상상 속에 깊게 몰입해 있었다. 오드리는 조용하고 만족스럽고 평화로워 보였다. 나는 깊게 감동해서 그 소중한 순간을 조용히 그녀와 공유했다. 나는 '탄생을 목격하고 있다'고 생각했다. 아마도 그 이야기는 오드리 자신의 탄생 기억일지 모른다. 또는 엄마로부터 분리되는 새로운 자기의 탄생일지 모른다. 아마도 그 소녀, 오드리는 그 여인의 엄마일 수도 있다. 나는 모른다. 오드리가 전이 경험을 하는데 그 의미를 알아야만 할 필요는 없다. 한참 뒤에 오드리는 이야기를 계속했다.

	대 화	논 평
내담자	사람들이 그녀를 발견했지만 눈이 감겨 있었어요. 그녀는 죽었어요. 두 언니는 엄마를 병원에 데리고 갔어요. 엄마는 자기 아이가 죽어서 화가 났어요. 저 화장실에 가야 해요.	
치료자	오늘 시간이 다 끝났다. 자동차로 가는 길에 화장실에 들르자.	복도에서 오드리는 꼭 화장실에 갈 필요는 없다고 말했다. 오드리는 자기 놀이에 너무 위협을 느껴서 고통스러운 경험으로부터 거리를 둘 수 있도록 놀이 붕괴를 일으켰다.

다음 회기에서 오드리는 하트 모양을 그리고 "나는 엄마를 사랑해."라는 글을 덧붙였다. A부인은 다음날 죽었다. 장례식에서 오드리는 울었고 노래를 불렀다. 오드리는 엄마를 잃은 슬픔과 엄마에 대한 사랑을 둘러싼 즐거움 등 자신이 경험하는 모든 종류의 감정을 표현할 수 있었다. 엄마의 죽음 이후의 회기에서 오드리는 자신의 경험이 어땠는지를 나눴다.

	대 화	논 평
내담자	우리 엄마가 죽었어요.	
치료자	엄마가 보고 싶겠구나.	

여기서 오드리는 [그림 2-8]을 그렸다. 나는 오드리가 자신의 슬픔과 눈물에 대한 그림을 그렸다고 생각했다. 나는 반만 맞았다. 그림은 그녀의 슬픔을 표현했으나 눈물을 그린 것은 아니었다.

나는 이 상징화가 오드리에게 도움이 되었다고 믿는다. 그녀는 자신의 마음의 눈에 엄마가 자기를 생각하고 그리워하는 이 그림을 지닐 수 있었다. 누군가가 당신을 기억하는 한 당신은 여전히 살아 있는 것이라는 격언이 있다. 오드리는 그런 이미지를 스스로 형상화했다. 천국에서 그녀의 엄마는 언제나 그녀를 기억하고 그리워할 것이다. 나중에 오드리는 그림으로 되돌아와서 아래 부분에 작은 인물을 추가했다.

[그림 2-8] "천국에서 엄마가 오드리를 보고 싶다고 해요"

	대 화	논 평
내담자	이건 우리 엄마예요. 엄마는 천국에 계세요. 엄마는 오드리가 보고 싶다고 말해요.	오드리는 상실을 경험할 준비가 되어 있지는 않았으나, 자기 엄마의 관점에서 비통함을 표현했다.

	대 화	논 평
내담자	여기 아래에 오드리가 있어요. 엉망이에요.	오드리는 자신의 삶에 대한 절망감을 덧붙일 수 있는 힘을 발견했다.

28회기를 시작하면서 나는 오드리의 놀이에서 점진적인 변화를 알아챘다. 그녀는 매장과 신데렐라 이야기를 계속했지만 더 이상 회오리바람 그림을 그리지 않았다. 아마도 오드리의 폭풍은 끝난 듯했다. 신데렐라는 계속해서 일을 했고 더러웠으나 이제는 가끔씩 '깨끗했다'. 반복적 놀이는 매장 이야기에서 여전히 나타났으나, 오드리는 더 정상적으로 놀았고 한 회기 동안에 매장 주제를 반복하는 횟수가 줄어들었다. 오드리는 군용 헬멧을 '관'으로 사용했고, 더 자주 나디아는 '다시 나와 집에 가서 샤워를 하지' 않고 계속 매장된 채로 있었다. 놀이는 더 최종단계로 나아갔다.

	대 화	논 평
내담자	그들(나디아와 어른 여자 인형 둘)은 모래 천국에 있어요.	
치료자	아, 모래 천국에.	
내담자	그들은 외로워요.	
치료자	그들은 천국에서 외롭구나.	오드리는 자신의 외로움을 인형들에게 투사하고 있었다. 그녀는 이 감정을 지닐 준비가 되어 있지 않았다. 나는 기다렸다.

[그림 2-9] "오드리의 디자인"(파란색, 노란색, 녹색 파스텔로 그려짐)

30회기부터 오드리의 놀이는 상을 받은 '비밀 요리법', 힘센 '대장' 등의 더 긍정적인 주제와 정서를 포함하기 시작했다. 오드리의 그림에도 적절한 감정이 반영되었고, 그녀는 자신을 가치 있는 사람으로 인식하며 자신의 삶에 대해 더 긍정적인 견해를 보였다. "오드리의 디자인"은 파란색, 노란색, 녹색 등의 파스텔 음영으로 자기의 통합된 표현을 하는 유쾌하고 차분하며 부드러운 그림이었다([그림 2-9] 참조).

오드리는 A부인의 죽음 이후 6주 동안 치료를 계속했다. 오드리의 아버지는 전화를 걸어 다른 활동 때문에 못 온다고 하면서 약속을 두 번 연속 취소했다. 그리고는 아무 연락 없이 전 가족이 다른 곳으로 이사를 갔다. 나는 갑작스럽게 회기가 종결 되어서 오드리가 어려움을 겪을 것을 걱정했다. 나는 오드리와 작별 인사를 못한 것 때문에 화가 났고 슬펐다. 그리고는 어쩌면 오드리는 작별 인사를 했을지도 모른다고 깨달았다. 우리의 마지막 치료 회기는 그 해 봄에 있었는데 그녀가 그린 그림은 "크리스마스 트리 장식"이었다([그림 2-10] 참조).

오드리가 그림을 그리는 동안 나는 말 없이 오드리가 선택한 주제에 대해 궁금해 했다. 크리스마스가 어떻게 어디에 부합되는가? 결국 기적이 일어난 것 같다. A부인의 암이 치유되는 기적이 아니라, 오드리가 자신을 치유하고 자기실현의 여정을 계속하도록 놀이의 힘을 사용하는 기적이 일어난 것이다.

[그림 2-10] "크리스마스 트리 장식"(아마도 놀이의 치유력에 대한 축하)

5. 결과 및 추수

나는 3년 동안 오드리와 직접적으로 연락하진 못했으나, 때때로 A부인의 가족들로부터 오드리의 생활에 대한 긍정적인 소식을 들을 수 있었다. A씨는 부인이 입원해 있는 동안 오드리와 해롤드를 돌봐 줬던 여자와 결혼을 했다. 오드리와 해롤드는 다른 도시에서 아버지, 계모, 의붓자매들과 함께 살았다. 그들은 정기적으로 외할머니, 외할아버지를 방문하는 것을 아주 좋아했다. 3년이 지나서 A씨와 대화를 했을 때 그는 오드리의 치료는 매우 유익했고 어려운 시기를 이겨나가도록 도와주었다고 말했다. 그는 오드리가 행복하고 활발한 아이라고 말하면서 뿌듯해 했다. 그녀는 성적이 아주 우수한 학생이고 실력이 좋은 소프트볼 팀의 선수이며 시를 썼다. 아버지에 따르면 '그녀는 아주 활기차고 주위에 즐거움을 준다' 고 한다.

6. 논의

인간중심 놀이치료는 유효했다. 오드리는 외형적으로 압도적인 환경에 직면하였을 때, 자신의 삶의 모든 측면을 완전히 경험하고 이런 측면들을 자기의 통합적 체계로 동화시키는 데 놀이를 활용했다. 그녀는 해체되고 있는 자기 세계의 한가운데에서 자기 자신을 적절하게 유지하고 향상시키고 실현했다. 따뜻하고 수용적이고 안전하고 존중하는 인간중심 관계 내에서, 그리고 나의 어떠한 제안이나 지시 없이, 오드리는 이야기와 그림을 통해서 자신의 삶에 위협적인 문제들을 드러냈다. 그녀는 분리된 가정, 엄마의 암이 회복기로 넘어갈 때의 기쁨, 치명적인 암의 이미지, 그녀의 폭풍 속에 던져진 삶의 소용돌이치는 사건들, 의붓아이와 의붓자매로서의 삶, 엄마의 죽음과 매장, 엄마의 영원한 현존, 자신이 알게 된 자기의 강점, 자신에 대한 믿음 등을 보여 주었다.

인간중심 치료의 비위협적 성격은 이런 위협을 겪는 아동에게 특히 적절하다. 치료에서 그녀는 자신의 근심을 다루는 방법과 시기 및 강도를 선택할 수 있었다. 아동-치료자 관계에서 전적으로 구현되는 인간중심 치료의 기법도 유익했다. 왜냐하면 오드리는 삶의 무서운 시기에 자신과 함께 헤치고 나갈 누군가를 필요로 했기 때문이다.

나에게 이 치료 경험은 나를 죽음 및 죽어가는 것과 관련된 해결되지 않은 문제들로 몰고 갔다. 죽음이란 신체적인 질병으로 인해서 강요당할 때만 생각해 보는 문제다. 나는 최소한 어떤 인식되는 감정을 가지고 죽음의 과정을 탐색한 적이 전혀 없었다. 나는 죽음 또는 살아 있지 않음을 생각할 때 직면하는 공허함이 너무나 강력해서 내가 통제할 수 없는 현실보다는 통제할 수 있는 상상으로 내 생각을 채웠다. 오드리는 그렇지 않았다. 그녀는 자신의 현실을 통제하에 두는 상상으로 자기의 치료 생활을 채웠다. 죽고 묻히고 천국에 살며 지상에 살고 있는 사람들을 기억하는 과정을 따라 그녀가 이끌었고 나는 따라갔다. 죽어가는 것과 죽음에 대한 오드리의 경험을 함께 하면서 나는 내 자신의 죽음을 경험하는 데 보다 개방적이 되었다. 오드리의 치료 생활에서 내가 주목한 아름다움과 평화로 인해, 나는 죽음이란 삶과 마찬가지로 결코 끝나지 않는 과정의 한 부분이며 두려워할 것도 도망칠 필요도 없다는 것을 확신하게 되었다.

나는 다른 사람들을 행복하게 해 주는 사람으로서 나 자신의 이미지라는 또 다른 개인적 문제를 다뤘다. 나는 오드리의 고통과 슬픔을 쫓아버릴 수 없었다. 오히려 나의 임무는 그녀가 자기의 고통을 충분히 경험하도록 촉진하는 것이었다. 오드리는 나에게 아무리 대단한 경험이라고 해도 자신이 경험한 것을 부인하거나 왜곡하지 않는다면, 모든 사람들, 심지어 여섯 살짜리 아동도 성장하고 변화할 수 있다는 점을 상기시켰다. 오세이지 오렌지 나무처럼 오드리는 성장이 중단되는 것을 거부했다. 그녀는 변화했고, 계속해서 자신이 원래 되기로 했던 사람이 되어가고 있다고 믿는다.

지금까지 나는 아동들이 자기를 실현시키기 위해서 어떻게 분투하는지, 어떻게 그들이 자신들이 만든 지각적 지도를 따라 살아가는지, 어떻게 그들이 개별화된 유기체적 가치체계를 갖는지, 경험이 자기개념을 지지하지 않을 때 어떻게 그들이 경험을 부인하고 왜곡하는지, 어떻게 그들이 자기로부터 소외되는지, 인간중심 놀이치료 관계에서 어떻게 그들이 모든 경험을 다시 한 번 완전히 상징화하는지 등에 관한 인간중심 이론과 치료를 열거하고 개관하고 정교화했다. '좋은 성장 배경' 인 놀이치료 장면은 아동 내부에 존재하는 회복과정을 활성화시키고 아동이 스스로를 치유할 수 있도록 해 준다.

참고문헌

Axline, V. (1947). *Play Therapy: The Inner Dynamics of Childhood.* Boston: Houghton Mifflin.

Bixler, R. H. (1949). Limits are therapy. *Journal of Consulting Psychology*, *13*, 1–11.

Dorfman, E. (1951). Play therapy. In *Client–centered Therapy,* In C. R. Rogers (Ed.), pp. 235–277. Boston: Houghton Mifflin.

Erikson, E. H. (1963). *Childhood and Society* (2nd ed.). New York: W. W. Norton.

Ginott, H. (1959). The theory and practice of "therapeutic intervention" in child treatment. *Journal of Consulting Psychology*, *23*, 160–166.

Ginott, H. (1961). *Group Psychotherapy With Children: The Theory and Practice of Play Therapy.* New York: McGraw Hill.

Guerney, L. F. (1983). Client–centered (nondirective) play therapy. In C. E. Schaefer and K. J. O' Connor (Eds.), In *Handbook of Play Therapy.* pp. 21–64. New York: Wiley.

Landreth, G. L. (Ed.) (1982). *Play Therapy: Dynamics of the Process of Counseling With Children.* Springfield, IL: Charles C Thomas.

Landreth, G. L. (1991). *Play Therapy: The Art of the Relationship.* Muncie, IN: Accelerated Development.

Lebo, D. (1955). The development of play as a form of therapy: from Rousseau to Rogers. *American Journal of Psychiatry*, *112*, 418–422.

Moustakas, C. (1959). *Psychotherapy With Children: The Living Relationship.* New York: Harper & Row.

Perry, L., and Landreth, G. (1991). Diagnostic assessment of children' s play therapy behavior. In C. E. Schaefer, K. Gitlin, and A. Sandgrund (Eds.), In *Play Diagnosis and Assessment.* pp. 643–662. New York: Wiley.

Rogers, C. R. (1942). *Counseling and Psychotherapy. Boston:* Houghton Mifflin.

Rogers, C. R. (1951). *Client–Centered Therapy: Its Current Practice, Implications, and Theory.* Boston: Houghton Mifflin.

Rogers, C. R. (1959). A theory of therapy, personality, and interpersonal relationships as developed in the client–centered framework. In S. Koch (Ed.), *Psychology: a Study of a Science. Study I. Conceptual and Systematic. Vol. 3*: Formulations of the Person and *Social context.* pp. 184–256. New York: McGraw Hill.

3
가정의 폭군을 위한 가족 치료놀이

Ann Jernberg, Ph.D., & Emily Jernberg, M.A.

1. 치료놀이 소개

우리는 모든 아동들이 부모로부터 좋은 양육을 받을 수 있다고 생각하지만, 불행히도 너무나 많은 아동들이 일찍부터 이런 경험을 박탈당하고 만다. 그렇게 박탈된 아동들 중에는 입양된 아동, 부모의 욕구를 충족시키지 못하는 아동, 부모의 욕구를 충족시키도록 강요받는 아동('슈퍼베이비'), 그리고 특이하고 좌절을 일으키는 기질 문제가 있는 아동들이 있다. 이런 불이익을 당하는 아동들이 누리지 못하는 것을 정확하게 개념화하기 위해서는, 대조적으로 부모와 유아가 상호작용을 하는 전형적인 행복한 양육 장면을 고려해야 한다. 우리는 전형적인 행복한 부모-유아 상호작용의 특징으로 적어도 다섯 가지 상이한 차원을 고려한다. 구조화하기, 도전하기, 관여하기/흥분시키기, 양육하기 및 즐거움이다. 예를 들어, 행복한 경우에 우리는 부모들이 아기에게 수다를 떨고, 노래를 부르며, 아기를 꼭 껴안고, 아기에게 즐거운 표정을 지으며, 아기의 배에 두 손가락을 움직이면서 '너 잡으러 간다' 라는 놀이를 하는 것을 본다. 아기들은 그런 상호작용으로 인해 즐거워하고 자존감이 높아지며, 세상은 돌봄, 감탄 및 즐거움을 주는 곳이라고 인식하게 된다. 다른 사람들은 그들을 독특하고 특별하며 잘생기고 훌륭하다고 생각해 준다.

이런 즐겁고 매력적인 신체적 경험이 박탈되면, 아동들은 종종 자신을 성가신 존재까지는 아니더라도 평범하고 멋없는 존재로 간주하게 된다. 그리고 세상을 애정 없이 깎아내리며, 거부적이고 고통스럽고 신뢰할 수 없는 곳으로 인식하게 된다. 어떤 아동들은 자신들의 무가치함과 절망의 감정에 대해 공격적이거나 고립적인 반응을 보이고, 또 다른 아동들은 신체화하거나 자살하려고 하거나, 마약을 남용하거나 우울증을 보인다. '치료놀이(Theraplay)' 는 이런 아동들에게 그들이 해 보지 못했던 경험을 믿을 만하고 한계가 설정되어 있으며, 양육적이고 즐거우며 흥미진진한 맥락 내에서 제공해 주려고 노력한다.

우리(Jernberg 1979, Jernberg et al., 1987)는 1960년대에 시카고의 수백 개의 조기치료(Head Start) 프로그램에 등록한 정신적 문제가 있는 수천 명의 아동들에게 단기적이지만 집중적인 치료를 제공하고자 최초로 치료놀이를 개발했다. 처음에 우리는 조기치료 프로그램에 참여한 무수한 정서적, 사회적, 학업적 문제를 가진 많은 아동들에게 적용할 수 있는 치료놀이를 만들었다. 치료놀이 요소들이 알려지고 그 명백한 효과로 인해 인기를 끌면서, 우리는 조기 프로그램에 참여하지 않는 사람들로부터 이 방법을 사용하는 치료에 대한 요청을 받기 시작했다. 그리하여 우리는 지난 30년에 걸쳐 치료놀이를 다른 자원을 활용하는 것뿐 아니라(예: 부모를 공동 치료자로서 참여시키는 것), 다양한 다른 집단들과(민간 부문의 집단들을 포함한) 다른 문제 영역들(입양 가족과 계부 또는 계모가 있는 가정을 포함)에 적합하도록 변형시키고 확장해 왔다(Jernberg, 1989, 1991). 우리는 치료놀이의 비언어적이고 비해석적이며 비촉진적인 특성들이 비개입적인 아동이나(예: 자폐증), 지나치게 말이 많으며 관념적이고 주지화하는 아동이나(예: 강박장애), 너무 산만해서 제시된 내용에 집중할 수 없는 아동(예: 주의력 결핍장애) 등을 포함한 다양한 아동들에게 특히 유용하다는 것을 발견했다. 게다가 우리는 언어적 표현만 하는 것은 슈퍼베이비(즉, 음악, 연기, 학업면에서 그들의 정서적 발달 수준을 훨씬 뛰어넘는 수행을 보이는 아동들)의 문제를 악화시킨다는 것을 관찰했다.

점차 우리는 이런 행동 특성들을 지닌 많은 아동들이 초기에 부모와 적절한 애착을 형성하는 데 실패했다는 것을 알게 되었다. 우리는 그 이유가 부모의 문제이거나, 아동의 문제이거나, 혹은 그 둘 간의 빈약한 조화의 문제 때문일 수 있다는 것을 발견했다(Jernberg, 1979, 1989, 1993). 종종 부모들은 자녀를 위해서 최선을 다하고자 하지만 앞의 이유들로 인해서 그렇게 하지 못한다. 따라서 기본적으로 자녀는 건강하지만, 부모가 우울하거나 집착적이거나 신체적으로 질병에 걸렸거나 불행한 결혼 상태에 있거나 현실적인 좌절의 미로에 빠져 있을 수 있다. 마찬가지로 어떤 부모들은 보살펴 주는 좋은 환경을 제공하려고 시도하지만, 고립적이거나 냉담하거나 과도하게 활동적이거나 가출을 하는 아동 때문에 그런 좋은 의도를 이행하지 못할 수도 있다. 또 다른 부모-자녀 관계로 예를 들면, 부드럽고 몽상적인 부모와 시끄럽고 제멋대로인 자녀가 있을 수 있다. 또는 똑같이 잘못된 조합으로 활력이 넘치고 적극적이며 야심 많은 부모가 활발하지 못한 자녀를 둔 경우가 있을 수 있다.

이 새로운 치료에서 중요한 것은 우리가 가장 원시적인(전언어적인) 수준에서 빈약하게 결속된 부모와 자녀를 결속시킬 수 있는 치료를 필요로 한다는 개념이었다. 우리는 치료놀이가 부모-자녀 결속을 가장 근접하게 복제하기 때문에, 앞에서 기술한 아동 집단에 특별히 유용하다는 것을 발견했다. 따라서 우리는 앞서 언급한 많은 아동들을 다룰 때 치료놀이를 선택하여 사용한다. 전버그(Jernberg, 1993)는 애착 증진을 위해서 즐거움(playfulness)의 중요성을 주장했다. 다른 더 전통적인 치료적 자질(예: 공감)의 관점에서도 놀이 요소는 필수적이다. 그러나 아동을 치료하는 몇몇 다른 방법들에서 전하는 정신병리에 대한 비중과 달리, 치료놀이는 낙관주의, 기쁨 및 건강함을 전한다. 언어적으로 표현되는 꿈, 기억, 상상 등을 활용하는 전통적인 방식과 대조적으로, 치료놀이는 직접적이고 신체적이며 개인적이고 적극적인 참여를 활용한다. 그리고 아동이 회기의 시나리오를 결정하는 치료 유형과 달리, 치료놀이는 치료자가 책임을 진다.

치료놀이 회기는 최소한의 소품들이 있는 방에서 하나 또는 두 개의 체조 매트 위에서 수행된다. 큰 베개들을 여기저기 흩어놓고 문이 있는 장에는 로션, 아기 분, 젖병, 프레즐, M&M 초콜릿, 건포도, 물총, 비닐봉투(청소년의 물총싸움 놀이를 위해서), 반창고, 빨대, 견과류, 주름진 종이(청소년의 넥타이 대용), 신문지(구겨서 농구공을 만들고, 발로 차고 주먹으로 치기 위해서), 모자, 목걸이, 면도용 크림 등을 둔다. 도넛, 아이스크림, 우유 또는 주스 용기, 수박 조각(씨뱉기 시합용) 등은 필요한 경우에 제공한다. 놀이치료실에는 한 명 또는 두 명의 치료자가 아동과 함께 있고, 한 명의 치료자(해석해 주는 치료자)는 부모와 함께 있는다. 말할 필요도 없이 가장 단순한 경우(예: 한 명의 치료놀이자는 아동과

한 명의 해석해 주는 치료자는 부모와 함께 한다)조차도 치료자들 간에 지속적인 의사소통이 있어야만 한다. 각 회기에 앞서 세부 계획을 세울 때와 회기 이후 검토할 때 이런 회의를 한다. 첫 회기에 앞서 치료자는 접수 면접을 위해 부모를 초대한다. 이 면접은 일반적으로 전통적인 양식을 따른다. 치료자는 면접 내내 각각의 가설들을 검증하거나 반박하는, 또 다른 노력을 일으키는 연속적인 토대 위에서 가설을 형성한다. 덧붙여 치료자는 다음과 같은 질문들에 답하려는 의도를 가지고 어떤 관련된 과거의 자료들을 이끌어 낸다. "이 아이는 어떤 환경에서 태어났는가?" "부모들은 각기 어떠한 어린 시절을 보냈는가?" "어떻게 해서 결혼을 하게 되었는가?" "현재 결혼 상태는 어떠한가?" "형제관계(부모의 형제와 아동의 형제 모두)는 어떤가?" 45분 면접의 끝부분에 치료자는 부모에게 일주일 정도 후에 한 명의 부모와 아동에게 마샥 상호작용 방법(Marschak Interaction Method: MIM)을 사용할 것이고, 그 일주일 후에는 나머지 한 명의 부모와 아동과의 MIM 회기를 가질 것이라고 말해 준다(편부모인 경우에는 한 번만 한다).

MIM(원래 이름은 통제된 상호작용 계획(Controlled Interaction Schedule; Marschak, 1960)은 부모와 자녀가 테이블에 나란히 앉아서 7개 또는 8개의 구조화된 과제를 하는 것으로 구성된다(만일 자녀가 영아라면 아이는 누워 있고 부모는 베개에 기대기도 한다). 접수 면접에서 수집된 정보에 따라 과제 목록에서 특정한 과제들을 선택한다. 접수 면접에서 양육 방식, 아동의 저항 정도 등에 관해 수립된 가설에 근거해서, 과제로 '아동에게 뭔가 새로운 것을 가르치기', '서로에게 초콜릿 먹여 주기', '자녀의 어린 시절에 대하여 이야기해 주기', '서로에게 모자 씌워 주기' 등이 포함될 수 있다.

일주일 또는 열흘 후에 부모 모두는 피드백 회기에 참가하도록 초대된다. 이 회기는 치료놀이 철학을 심어 주는 기회가 된다. 우리는 종종 이 피드백 회기를 공감하는 것을 시범 보이고 긍정적인 면들에 초점을 두는 것으로 활용한다. 따라서 우리는 부모가 하는 모든 자애로운 행위에 이처럼 최소한으로 반응하는 자녀를 둔 것이 얼마나 힘든 일인지를 부모와 함께 얘기할 수 있다. 피드백 회기의 끝부분에 치료자는 부모에게 다음부터 한 회기가 30분인 치료놀이 회기를 매주 1회씩 총 8회를 시작할 수 있음을 알려 준다. 치료자는 특히 처음 4회기 동안에 부모에게 특별히 요구하는 것이 없다고 말해 준다. 즉, 부모들은 치료자로부터 아동의 회기에서 벌어지는 모든 일에 대한 설명과 해석을 듣고, 지난 주에 무슨 일이 있었는지를 논의하며, 조만간 예견되는 일이 무엇인지에 대한 경고를 들으면서(예: "그 아이는 우리가 '부정적 단계' 라고 부르는 시기에 들어간 것으로 보입니다. 부모님께서는 있을 수 있는 저항적인 시기에 대비하여 학교 선생님이나 다른 사람들을 준비시키는 것이 중요합니다." 라고 한다) 치료자와 함께 앉아 있는 것이다. 뒤의 4회기는 앞의 4회기에 했던 것처럼 시작하지만 한 가지 중요한 변화가 있다. 이 최종 4회기의 마지막 15분 동안, 부모들은 치료놀이 공간에서 자녀 및 치료자와 함께 한다.

치료놀이의 목표는 아동이 자신에 대한 관점을 개선하여 세상에 대한 즐거움을 증가시키는 것이다. 이는 아동과 치료자 간의 관계에서 대단히 개인적이고 신체적이며 서로 응시하는 특성 없이는 빨리 이루어질 수 없다. 이것이 가능하도록 치료놀이자는 아동의 모든 특징, 몸짓, 기분 등에 대하여 공감과 특별한 관심을 전달하면서 기쁘고 즐겁고 쾌활한 마음으로 활동들을 수행한다. 치료놀이의 일차적 목표는 부모와 영아 간의 건강하고 애착을 향상시키는 행동들을 모방한 활동들을 통하여 그들 간에 애착을 증진시키는 것이다. 이 애착이 아동으로 하여금 자신이 독특하고 훌륭하다는 시각을 갖게 하며 세상을 즐겁고 신뢰할 만한 곳으로 보게 한다.

2. 문제와 배경자료

9세 여아인 마리는 공황발작과 최근의 체중 감소 문제로 의뢰되었다. 마리의 엄마인 브루스터 부인 역시 공황발작증이 있었는데, 한 번도 치료된 적이 없었다. 마리의 엄마는 동네의 누군가가 치료놀이 형태의 치료를 통해 도움받는 것을 보았기 때문에 치료놀이를 원했다.

응급한 상황인 데다 장거리 운전을 해야 만날 수 있는 거리라서, 앤 전버그(A. J.)는 일상적인 대면 치료놀이 접수 형태에서 벗어나 브루스터 부인과 전화로 접수 면접을 했다. 전버그는 처음에 마리를 입원시킬 것을 권유했으나, 마리의 엄마는 최소한 한 번만이라도 치료놀이를 시도해 달라고 했다. 마리의 소아과 의사와 입원에 대해서 논의했을 때, 그는 분명히 정신과에 입원할 정도로 상황이 심각하지는 않다고 평했다. 이런 입장에 대해 반박하자, 의사는 마리의 양상이 아직까지 삶에 대단한 위협이 되지 않는데 입원비를 지불할 필요가 있겠냐고 말했다.

처음에 치료놀이 기관에 왔을 때, 마리는 9주 동안 매일 공황발작을 경험했다. "점점 악화되어 가요." 라고 브루스터 부인이 설명했다. 발작은 마리가 감기에 걸렸을 때 시작되었는데, 질병에서 회복되었음에도 불구하고 그때 이후로 마리는 공공 장소에 가는 것을 거부했다. 또한 그녀는 열량 섭취를 엄청나게 줄였고, 메스꺼움과 구토 같은 위장장애들을 호소했다. 마리가 의뢰될 당시의 몸무게는 63파운드로, 소아과 의사와 엄마 모두에 따르면 2주 전에 비해서 17파운드가 감소된 것이었다.

마리의 공황발작은 매일 아침에 시작되어 아침을 먹을 수 없었으며, 종종 점심이나 저녁도 먹지 못했다. 마리는 점점 악화되어서 이제는 집을 떠나는 것조차 거부했다. 처음 전화 회기 동안에 브루스터 부인이 했던 많은 질문들 중에 다음과 같은 것들이 있었다. "아이를 학교에 가게 하려면 어떻게 해야 합니까? 오늘 아침에는 아이가 바닥에 누워 움직이려고 하지 않았어요." 브루스터 부인은 마리를 학교 건물에 간신히 들여보내더라도 문제가 끝나는 것이 아니라고 보고했다. 마리는 학교에서 자주 집으로 전화를 해서 여러 가지 신체적으로 아픈 곳을 호소했고 즉시 집으로 데려가 달라고 요구했다. 공황발작과 위장장애들이 아주 급성적인 것처럼 보였으나, 지난 1년여 동안 곪아온 보다 만성적이고 기본적인 문제가 있어 보였다. 마리는 지난 몇 주간의 극적인 문제들을 보이긴 했지만 이미 여러 가지 면에서 변해 있었다. "작년에 마리는 재미있는 걸 좋아했어요. 올해 그애는 자신이 인기가 없어졌다고 생각해요. '나는 친구가 하나도 없어' 라고 말해요." 브루스터 부인은 '지난 1년 6개월 동안 마리는 근심이 가득했다' 고 덧붙였다. 지난 1년여 동안 다른 사람들도 그녀 성격의 미묘한 변화를 알아챘다. 브루스터 부인은 활발하고 명랑했던 마리가 너무 외톨이가 되고 가라앉아 보여서 걱정을 한 '담임교사와 학교 양호교사가 나를 학교로 불렀다' 고 말했다. 같은 기간 동안 마리는 엄마를 겁주기 위해서 심하게 화를 내는 것을 능숙하게 이용했다. 엄마는 마리가 소란 피우는 것을 피하려고 이제 마리의 모든 요구를 묵인하는 지경까지 이르렀다.

마리와의 관계에 대하여 묻자 브루스터 부인은 다음과 같이 말했다. "나와 마리는 내가 기억하는 한 아주 오래전부터 서로 으르렁거렸어요. 마리는 행복한 아이가 아니예요. 마리 때문에 늘 힘들었어요. 모녀로서 오랫동안 좋았던 적이 없었어요. 마리는 항상 극단적인 관심을 원했어요." 마리는 원해서 낳은 아이였냐고 묻자 브루스터 부인은 아니라고 대답했다. 마리는 계획해서 얻은 아이가 아니었다. 대조적으로 두 번째 임신(딸 쌍둥이를 낳은)은 계획한 것이었다. 브루스터 부인은 쌍둥이를 임신하고 있는 동안 당시 5세였던 마리에게 임신에 대해서 결코 말하지 않았다고 보고했다. 4년이 지난 지금까지도 그녀는 '마리가 너무 어렸고 자신의 엄마도 그런 것들에 대해서 말해 준 적이 없어서' 마리와 그에 대해 얘기해 보지 않았다고 했다.

브루스터 부인은 스트레스가 많은 자신과 마리의 관계와는 대조적으로 마리와 남편의 관계는 긍정적이라고 보고했다. "남편과 마리의 관계는 언제나 매우 좋아요. 그는 명랑한 사람이고 잘 노는 사람이에요. 훈육은 제가 하죠. 그래서 마리는 저에게 매우 화를 내요."

1) 마리와의 면담

마리와의 첫 면접 상황은 통상적인 것이 아니었다. 나(A. J.)의 동료 필리스 부스(Phyllis Booth, 나중에 마리의 치료놀이 치료자 중의 한 명이 됨)가 시내의 사무실을 사용하고 있었기 때문에 그날 나는 집에서 일을 했다. 나의 아파트는 침실 하나짜리였다. 마리는 부모로부터 가장 멀리 떨어져 있기를 원했고, 그래서 부모는 거실에, 나와 마리는 침실에 있어야 했다. 게다가 나의 개가 거실에서 부모들과 함께 있지 않고 대화 내내 마리의 무릎에 앉아 있어 더욱 복잡했다. 그래서 마리 혼자와의 면접이 아니라, 토토와 유사한 테리어 개를 꽉 잡고 있는 마리와의 면접이 되고 말았다.

마리는 9세인데도 아이다운 활력이나 자발성이 없었고, 활기 넘치는 특성도 없었다. 마리는 텔레비전 드라마에 나오는 20세의 여배우처럼 보였다. 모든 행동과 말에는 진정한 자신이 누구인지를 감추려는 목적이 있는 것처럼 보였다. 그녀는 어른들이 자신에게 원하는 것이 무엇인지를 계속해서 평가하고 있는 것으로 보였고, 거기에 맞춰 웃거나 찡그리거나 걱정스러운 표정을 지었다. 마리는 화장을 하지 않았는데도 그녀의 커다란 눈은 마스카라를 한 것처럼 보였다. 나는 이런 모든 것 때문에 당혹스러웠고, 마치 사람이 아니라 포스터에 나온 사진을 대하는 것 같았다. 마리의 참된 정서가 유일하게 드러난 순간들은 그녀가 공황발작을 일으키려고 하는 경계에 있을 때였다. 그때 그녀는 갑작스럽게, 그러나 진지하게 "나 갈래요." "속이 메스꺼워요." "나 토할 것 같아요."라고 말했다.

마리는 자신의 문제는 학교에서 토하는 것에 대한 두려움이라고 말했다. "사람들은 머리에 문제가 있다고 말해요." 항상 토하는 것은 아니었기 때문에 마리는 그 말이 사실일지도 모른다고 인정했다. 가장 두려운 것은 친구가 되고 싶은 같은 반의 린다 앞에서 토하는 것이었다. "그러면 린다는 나를 좋아하지 않을 거예요."라고 설명했다. 그녀는 작년에 유치원 아이가 식당에서 토하는 것을 지켜본 이야기를 했다. 그녀는 그때 '모든 아이들이 그 소년으로부터 멀리 떨어지는 것'을 보았다. 그녀는 지금보다 더 인기가 없어서는 안 된다고 확신했다. 그녀는 현재 자신이 얼마나 인기가 없는지를 증명하기 위해 과거의 친구 이름들을 나열했다. 헬렌은 언제나 마리와 놀았던 친구인데 이젠 등을 돌렸다. 메리는 작년에는 좋은 친구였으나 지금은 마리에게 개방적이거나 편하게 대하지 않고, 마리 역시 메리와 함께 있는 것이 불편하다고 느꼈다.

형제들에 대한 질문에 그녀는 다섯 살 난 쌍둥이 여동생들이 있다고 대답했다. 그들의 긍정적인 면과 부정적인 면에 대해서 말해 달라고 하자, 그녀는 어떠한 부정적인 감정도 표현해 본 적이 없다고 말했다. 사실상 그녀는 자신이 어떠한 부정적인 감정을 갖고 있는지에 대해 생각해 볼 수조차 없었다. 엄마가 동생들을 임신하고 있었던 시절에 대해 무엇을 기억하고 있느냐고 질문하자 마리는 아무것도 기억나지 않는다고 주장했다(브루스터 부인은 그녀가 쌍둥이들을 출산하느라고 집에 없었을 때, 마리가 '마치 미친 사람처럼 행동했다'고 마리의 이모가 말했다고 했다). 그 다음에 나는 누군가가 마리에게 성(sex)에 대해서 말해 준 적이 있는지를 물었다. 마리는 아무도 없었다고 했다. 그녀는 성에 대해 아무것도 모른다고 말했다. 이런 대화를 하자 즉시 "나 아파지기 시작해요. 토할 것 같아요."라는 말이 나왔다. 이런 반응의 강도와 만연성을 시험해 보기 위해서 성과 관련된 주제를 다른 것으로 바꾸었더니 갑자기 마리는 회복되었다. 성에 대한 주제가 다시 나오면 그녀의 반응은 유사했다. 다음으로 우리는 마리가 좋아하는 두 가지 주제인 음식과 그림 그리기에 대해서 말했다. 그녀가 좋아하는 음식은 스파게티였는데, 그 이유는 할머니의 스파게티 소스 때문이었다. 또한 그녀는 그림 그리는 것을 좋아했다. 그녀는 최근에 새와 말 그림을 그렸다. 그녀는 말 타는 것과 새에게 말을 가르쳐 주는 것을 좋아했으나 실제로 말을 탈 기회는 없었다. "그 새는 너무 늙었고 죽으면 부모님들은 다른 새를 사 주지 않을 거예요."

3. 이론적 개념화

마리의 가족이 문제를 순전히 증상 측면에서만 제시한 반면, 치료놀이 팀(필리스 부스, 산드라 린더만, 나)은 문제를 복합적으로 보았다. 즉, 문제의 근원은 초기에 마리가 아기

치료자가 있는 경우는 상세하게 계획하는 것이 중요하다.

1) 치료놀이 회기들

(1) 치료놀이 1회기

치료자: 필리스 부스(치료자 1), 산드라 린더만(치료자 2)

우리는 시작할 때부터 치료자(두 명의 치료자가 있는 경우는 치료자 1)가 놀이를 이끈다는 것을 분명히 한다. 즉, 아동이 관심의 중심이 되지만 놀이를 지시하지는 않는다. MIM 결과에 근거해서 우리는 마리가 외톨이었다는 것을 어느 정도 확신할 수 있었다. 마리는 가정에서 거의 응석을 부리지 않았다. 마리는 자신을 아름답거나 가치 있다고 여기지 않았다. 이 회기와 그 다음 치료놀이 회기에서 우리는 마리에게 적절함과 가치로움의 감정을 스며들게 하려고 노력했다.

[치료자들은 마리를 의자에 앉혀서 웃으면서 방으로 밀고 들어온다]

치료자1: 마리가 해냈어! 마리가 해냈어!

치료자2: 우리가 마리를 빙빙 돌릴 수 있을지 알아보지.

[마리는 약간 미소 짓지만 정서적으로 상당히 밋밋하다. 자주 카메라를 오랫동안 쳐다본다]

치료자1: 이런, 아팠니? 다시 한 번 해 보자.

치료자2: 내가 도와줄게.

치료자1: 오, 그거 재미있었어! 이제 이리로 와, 마리. 그리고 산드라, 당신은 여기에 앉아요. 내 생각에 그게 딱 좋은 거 같아. 완벽해. [마리는 산드라와 필리스의 얼굴을 마주 보면서 필리스의 팔 아래에 안전하게 웅크렸다] 산드라, 이렇게 예쁜 애를 본 적 있어요?

치료자2: 아니요.

치료자1: 마리, 나는 네 코가 따뜻한지 차가운지 확인해 보고 싶어. 산드라, 당신 생각은 어때요?

치료자2: 틀림없이 차가울 거야.

치료자1: 그럼, 확인해 보자.

[마리가 팔을 꼬고 가볍게 미소 짓는다. 딱딱한 몸짓]

치료자1: 산드라가 확인해 봐요.

[치료자들은 마리가 계속 참여하지 않는 상태로 두지 않는다]

치료자2: 아주 따뜻하네.

치료자1: 손도 한번 보자. 오, 손이 따뜻하네!

치료자2: 그리고 가장 따뜻한 코! 다시 한번 확인해야겠어. 그래, 마리는 정말 따뜻한 코를 가졌구나,

[마리는 시선을 돌리며 카메라를 쳐다본다]

치료자1: [마리의 손을 잡으면서] 마리, 내 코와 산드라 코 중에 어느 쪽이 따뜻할까?

내담자 : 선생님 것은 차고, 선생님 것은 따뜻해요. [코를 모두 만지면서 가볍게 웃는다]

치료자1: 아, 알겠어. 마리와 산드라의 코를 비교해야 해. 네 말이 맞어, 산드라의 코가 차갑구나.

다음 대화에서 필리스는 마리의 팔에 손으로 그린 분홍색 하트를 보았다. 보통은 꾸중이 예상되지만 치료자들은 마리에게 칭찬을 해 주었다. 또한 피부에 있는 할퀸 상처 정도는 그냥 무시하지만 치료자들은 아주 사소한 이 '상처' 에 관심을 아끼지 않았다. 그러나 그 상처를 기분이 언짢거나 무서워하는 맥락에서 본 것이 아니라, 즐겁고 위협적이지 않으면서 사랑스럽게 '대면' 하였다.

치료자1: [마리의 팔을 보며] 산드라, 이것 좀 봐!

치료자2: 와!

치료자1: 마리는 특별한 하트가 있네.

내담자 : 그냥 사인펜으로 팔에 칠했을 뿐이에요. [조용한 목소리로 팔을 뚫어지게 본다]

치료자2: 분홍색 사인펜이 있어?

치료자1: 그리고 산드라, 이거 알아요? 거기 그 작은 긁힌 자국은 관심을 끄는데요. [주머니에서 반창고를 꺼낸다] 자, 여기 특별한 반창고가 있어. 바로 거기예요, 산드라.

치료자2: [반창고를 마리의 팔에 붙인다] 이제 됐다.

[마리가 갑자기 눈을 치켜뜨며 팔에 붙여진 반창고를 살펴보고 카메라에 시선을 둔다]

치료자1: 됐다. [로션을 집는다] 마리, 내가 뭔가 확인하고 싶은데, 사인펜 때문에 로션이 분홍색으로 바뀔까?

치료자2: 아닐걸요.

치료자1: 오, 안 변했네. [다른 하트를 본다] 이런, 또 하나 있네!

[마리가 미소짓는다]

치료자1: 비밀스런 하트구나. 잠깐만, 이것 참 사랑스럽네. 로션을 발라 줄만 해.

내담자 : 우연히 칠한 거예요.

치료자1: 계획을 해서 좋은 일을 할 수도 있고 우연히 좋은 일을 할 수도 있어. 좋아. [로션을 자신의 손에 던다] 나는 이것이 따뜻해져야 한다고 생각해. 확인해 보자. 산드라, 좀 가져가요. [약간의 로션을 자신의 손에 던 다음 산드라의 손에 준다] 이런, 여기 뭔가 특별한 게 보이네.

내담자 : 손톱을 지워야 했어요.

치료자1: 아니야. 그렇게 하지마. 그러면 우리는 네가 이렇게 멋진 색을 칠했다는 걸 알 수 없게 되잖니.

치료자2: [마리의 로션을 바르고 팔을 문지른다] 이거 네가 했니, 아니면 누가 해 준 거니?

내담자 : 제가 했어요.

[산드라는 놀라고 기쁜 표정으로 본다]

치료자1: 뭘 찾았어요?

치료자2: 손가락들 사이에 녹색 자국이 더 있어.

치료자1: [웃는다] 멋진 걸!

치료자들은 마리에게 그녀가 아름답고 특별하다는 것을 가르쳐 주고자 했다. 그들은 마리의 행동을 반영해 주었고, 끼어들어서 함께 놀이를 했다. 치료자들은 마리가 의식하지 못하는 채로 마리에게 시선을 맞출 수 있도록 했다. 마리가 처음에는 끼어드는 것을 꺼려 했지만 치료자들은 끈질기게 계속했다. 마침내 마리는 치료자들이 그녀의 사적인 세계에 들어오는 것을 주저하면서 받아들이기 시작했고 칭찬받는 것을 즐기게 되었다.

치료자1: 이제, 나는 마리의 장밋빛 뺨에 약간의 로션을 써 볼까 생각해. 너 그거 아니, 네 뺨은 사랑스럽고 장밋빛이야. [로션을 자기 손에 던다] 로션이 따뜻하게 될 때까지 기다릴 거야. [마리의 얼굴을 손가락으로 만지고 얼굴을 자기 쪽으로 돌린다] 너를 좀 보자. 너는 아주 특별한 눈을 지녔구나.

[마리는 응시하는 것을 피한다. 카메라를 쳐다보는데, 다소 시무룩하다. 마리 쪽에서의 상호작용은 거의 없다]

치료자1: 이런, 너의 눈을 찾으러 가야겠다. 아, 거기 있구나. 너는 눈을 아주 빨리 움직이는구나. 산드라, 마리는 눈을 매우 빠르게 움직이기 때문에 주의해야 해요. 아마 따라잡기 어려울 거예요.

[산드라는 자기 눈으로 마리의 눈 움직임을 쫓는다]
[마리가 미소 짓는다]
치료자1: 마리, 산드라가 너의 눈을 따라잡을 수 없게 해 봐. 위쪽으로… 바로 그 거야. [웃는다] 잡았어요?
[세 명 다 웃는다]
치료자2: 아니요, 못 따라가겠어요.
치료자1: 자, 이제 너와 산드라가 얼마나 오래 서로에게 눈을 맞출 수 있는지를 알아보자. 내가 숫자를 셀 테니 얼마나 오래 가는지 보자. 하나, 둘, 셋……
내담자 : [웃으면서 눈을 감는다] 눈을 깜빡거렸어요. 피할 수가 없었어요.
[마리는 시선을 맞추지도 계속 유지하지도 못한다]
치료자1: 깜빡이는 것은 괜찮아. 너는 다섯까지는 할 수 있을 거야. 하나, 둘, 셋, 넷, 다섯, 여섯, 일곱, 여덟, 아홉, 열. 야! 마리, 너 진짜 잘한다!
[마리는 미소 지으며 로션을 팔에 문지른다]

다음 상호작용은 마리의 자존감과 능력 있고 강하다는 느낌을 더욱 향상시킬 뿐만 아니라, 억압된 분노 감정의 일부까지도 적극적으로 표현하도록 격려한 것이다. 이 안전하고 통제된 장면에서 마리는 누구도 위협하지 않으면서 이 감정들을 표현할 수 있었다. 그녀는 분노를 어쩌면 엄마를 상징하는 치료자에게 나타낼 수 있었다. 그리하여 마리는 화를 내고 감정을 표현하는 것이 괜찮다는 것을 배웠다.

치료자1: 자, 나는 네가 근육이 좀 있다고 생각해. 정말 그런지 한번 확인해 보자. 너 여기 근육이 있니? 오, 그래! 좋아. 한 번 내 손에 대항해서 단단히 잡아당겨 봐. 세게 당겨. 그래, 그거야.
치료자2: 와, 마리는 힘이 세구나.
치료자1: 내가 베개 두 개를 고정시켜 볼게. 나는 네가 다치는 것을 원치 않아. 그리고 나는 바로 네 뒤에 있을 거야. 산드라, 무릎을 꿇어요. 마리는 일어서고. 좋아. 산드라, 신호가 뭐죠? 산드라가 혀를 내미는 걸 신호로 하면 어떨까요?
치료자2: 내가 혀을 내밀면 그때 네가 밀어.
[그들은 마리가 산드라의 얼굴에 주목하기를 바랐다]
[마리가 산드라를 민다. 모두가 웃는다]
치료자1: 훌륭해! 너는 다시 한 번 할 수 있을 거야.
치료자2: 나는 마리 팔에 아직도 밀 수 있는 힘이 아주 많이 남았다고 생각해.
치료자1: 이번에는 신호가 뭐죠?

치료자2: 이번에는 코를 실룩이는 거죠. 나를 아주 잘 봐야 할 거예요.
[마리가 활기 있게 산드라를 밀어낸다]
치료자1: 좋아!
치료자2: 그래!
치료자1: 마리, 이번에는 네가 신호를 줘. 너는 산드라에게 신호가 무엇인지 말해.
내담자 : 음, 잘 모르겠어요.
치료자1: 눈을 깜빡이기, 코를 실룩거리기, 귀를 실룩거리기 같은 것도 돼. 너 귀 실룩거리기를 잘 하니? [필리스는 팔을 마리에게 두른다]
내담자 : 해 볼게요. [얼굴/귀를 찌푸리고 산드라를 민다]
치료자2: 야, 마리는 정말 강하구나.
치료자1: 그래, 넌 정말 강하다. 대단해!

여기서 치료자들은 마리에게 회기의 기념품으로 집에 가지고 갈 수 있도록 반짝이들을 붙여 주었다.

치료자1: 그 로션이 어디에 있지? 네가 팔에 하트를 만들었으니까 우리는 네 뺨에, 여기에 약간의 로션으로 하트를 만들 거야. 산드라, 당신이 로션을 딮어요. 여기 마리 팔에 먼지 해 봅시다. 우리는 이 반짝이들이 어떻게 될지 알아야 해요. [입김을 세게 불어 팔에 바른 로션 위에 반짝이를 떨어뜨린다]
[마리는 아주 조심스럽게 필리스와 함께 입김을 분다]
치료자1: 하트 모양이 되지는 않았지만 멋진 원이 만들어졌네. 훌륭해! 우리가 로션을 닦아내더라도 네가 오늘 집에 가서 잠잘 때 반짝이가 몇 개 남아 있을 거야. 좋아. 산드라, 어떤 색을 원하죠? 파란색?
치료자2: 금색이요.
[마리는 반짝이들이 뺨에서 안 떨어지도록 머리를 옆으로 기울인다]
치료자1: 야, 너 정말 잘 도와주는구나. 그건 중요해.
치료자2: 당신 말이 맞아요.
치료자1: 다 됐어. 오, 괜찮은데.
치료자2: 잘 붙어 있을 거야.
[마리는 미소 지으며 산드라가 들고 있는 거울로 뺨에 있는 반짝이들을 본다. 옷에서 여분의 반짝이들을 털어낸다]
치료자1: 좋아, 멋지다. 정말 근사해!
[마리는 카메라를 응시한다]

치료자1: 좋아, 산드라의 뺨에 붙여 보자. 마리야, 여기에 붙여.
내담자 : [조심스럽게 로션과 반짝이들을 산드라의 뺨에 바른다] 별로 잘하지 못했어요.
치료자1: 아냐, 아주 좋은데!
[마리는 미소 지으며 손에 묻은 로션을 열심히 닦아낸다]

다음 장면은 치료자들이 마리를 어떻게 양육하고 감탄했는지를 보여 준다. 치료자들이 마리가 대화를 제멋대로 끌고 가는 것을 어떻게 허용하지 않는지에 주목하라. 즉, 그들이 마리의 얼굴 찡그림을 어떻게 인식하고 반응하는지, 그러면서 그들의 치료놀이의 주목적인 마리가 자신을 특별하다고 느끼게 하는 것을 계속해서 어떻게 수행하는지에 주목하라.

치료자1: 와, 마리야, 네 턱 바로 아래에 보조개가 있네. 너의 사랑스러운 턱에 예쁜 빨간 보조개가 있다. 좋아, 생각이 떠올랐어. 너 멋진 표정을 지었어. 다시 한 번 해봐. 좋아.
[마리가 카메라를 향해 표정을 찌푸린다]
치료자1: 모자를 구해 보자.
[산드라가 상자에서 모자를 꺼낸다]
치료자1: 오, 노란색 모자.
치료자2: [마리에게 모자를 씌운다] 나는 이게 맘에 들어.
치료자1: 사랑스러워라.
[마리는 갑자기 눈을 치켜뜨고 수줍게 거울을 본 다음 카메라를 본다]
치료자2: 마리야, 너 참 이쁘다.
치료자1: 우리에게 뭐가 필요하다고 생각하고 있는지 알아요? 산드라, 마리가 이렇게 멋진 눈썹을 지녔다는 것을 알았어요?
치료자2: 그럼요.
치료자1: 다시 한 번 그렇게 치켜떠 볼래. 오, 굉장해. 너 눈썹으로 온갖 것을 할 수 있구나.

다음은 치료자가 마리에게 분노와 공격성을 나타내도록 격려한 다른 경우다. 농구 장면에서 마리가 종이 뭉치를 엄마의 권위를 갖는 인물에게 던지는 방식과 그것이 안전한 상황에서 이루어지는 것에 주목해 본다.

치료자1: 그 작은 종이들을 잡아. 그리고 나는 큰 종이를 갖는다. 어느 팔 힘이 더 세니? 왼팔이야, 오른팔이야?

내담자 : [어깨를 으쓱거리며] 잘 몰라요.

치료자1: 그럼, 우리가 알아내야지. 준비되었니?

치료자2: 이제 내가 '시작' 하고 말하면 바로 여기를 치는 거야. 자, 준비, 시작!

치료자1: 와!

치료자2: 마리, 오른손으로 쳐 봐. 내가 '시작' 하면, 그 종이를 치는 거야. 자, 준비, 시작. 와, 그 팔은 정말 힘이 세네.

치료자1: 두 장을 치는 것은 조금 더 힘들고, 색깔 있는 종이는 더 힘들어.

내담자 : 지금은 이 팔로 할게요. [다른 팔을 치켜든다]

치료자1: 아니, 하던 손으로 다시 한 번 해 봐. [원래 쓰던 팔을 치켜든다] 이번엔 좀 어려울 거야. 자, 준비, 시작.

내담자 : 아야, 아파요.

치료자1: 오, 치료해야겠다. [마리의 팔을 잡는다]

치료자2: 그래. 우리는 모든 상처를 돌본단다.

[마리는 팔을 잡아 빼고 머리를 가로젓는다]

치료자1: 그래요, 산드라. 약간의 로션을 가져오세요.

[필리스가 팔을 잡고 있는 동안 산드라가 마리의 손에 로션을 바른다]

치료자1: 마리, 너 정말 세게 쳤구나! 자, 이제 보자. 그럼 왼손도 한번 해 보자. 준비, 시작.

[마리는 소파 위에서 앞으로 뛰어나가며 신문지를 세게 쳐서 주먹을 통과시킨다]

치료자2: 와, 너 정말 잘하는구나. 이번에는 두 장을 쳐 보자.

[마리는 신문을 쳤지만 찢어지진 않았다]

치료자1: 이런, 그건 어렵지. 다시 한 번 해 볼까. 자, 준비, 시작.

[마리는 성공적으로 신문을 찢었고 크게 미소 지으면서 카메라를 응시했다]

치료자1: 야, 권투 챔피언이다. 신문이 작고 이렇게 접혀 있으면 더 어려운데, 너는 두 장을 찢을 수 있다고 생각하니?

내담자 : 그것을 반으로 접어요.

치료자1: 오, 이런 똑똑한 소녀를 보았나. 좋은 생각이야! 그렇지만 그건 어려울 거야. 이건 두 팔과 다리 하나를 사용해야 할지도 모르겠네. 산드라, 조심해요. 왜냐하면 이건… 마리가 진짜로 이걸 해내려고 하거든.

[마리는 종이를 중간까지 뚫는다] [모두 웃는다]

치료자2: 나는 이걸 중간까지 찢는 사람을 본 적이 없어.

치료자1: 그걸 돌려서 우리가 다른 쪽을 찢을 수 있는지 봐요.

내담자 : 오, 전 못해요.

치료자1: 해 봐.

[마리는 성공적으로 찢는다. 매우 즐겁게 킬킬댄다]

치료자1: 그래! 너는 종이로 공을 많이 만들어보렴. 우선 산드라는 바구니를 만들어요. 마리가 당신의 바구니에 공을 넣을 수 있는지 봅시다. 자, 준비, 시작. 좋아요. 벽으로 물러서요. 자, 준비, 시작. [마리에게 속삭인다] 공들을 산드라에게 던지자.

[모든 것을 자유롭게 던지는 동안에 마리는 실컷 웃고 자리에서 위아래로 뛰며 점점 더 힘차게 던졌다]

치료자1: 산드라, 머리에 모자를 올려놓아요. [마리에게 속삭인다] 우리가 산드라의 모자를 떨어뜨릴 수 있을까? 나는 우리가 해낼 수 있을지 없을지 잘 모르겠다. 자, 준비, 시작.

[마리는 산드라의 모자에 구긴 신문지 뭉치를 던진다]

치료자1: 잘 맞췄어, 마리.

치료자2: 난 눈을 감을래. 계속해. 거의 맞았다! 정말 잘하네.

치료자1: 더 가까이 가자. 좋아, 우리가 해냈어! [굳어진 마리를 껴안는다]

다시 한 번 마리가 치료자들을 피하려고 애썼지만 그들은 마리에게 돌봐지고 양육받고 있다고 느끼게끔 했다. 프레즐을 가지고 하는 상호작용에서 치료자들은 장난스럽게 마리의 주의를 분산시킴으로써 초점을 음식과 먹는 것의 심각한 측면으로부터 변화시킬 수 있었다.

치료자1: 마리를 시원하게 해 줍시다.

[치료자들이 마리에게 부채질을 해 준다]

내담자 : 이렇게 할 필요 없어요.

치료자1: 그래, 이럴 필요는 없지만 나는 너를 시원하게 해 주고 싶기 때문에 하는 거야.

[마리가 스스로 먹으려고 할 때 부드럽게 마리의 손을 밀어내며 산드라가 마리에게 포도를 먹인다]

내담자 : 난 별로 배고프지 않아요.

치료자1: 알겠어. 네가 산드라에게 하나 먹여 줘 볼래? [프레즐을 마리의 손가락들에 끼운다] [노래를 부른다] 손가락엔 종, 발가락엔 반지. 마리야, 너 이 프레즐을 깨물어서 바닥에 떨어뜨리지 않고 먹을 수 있니? [마리가 프레즐을 깨문다]

치료자1: 잘하네. 좋아요, 산드라, 마리, 누가 프레즐을 깨물어서 마리의 손가락에서 떨어뜨리지 않고 먹을 수 있는지 알아보자. [세 명 모두 마리의 손가락에 있는 프레즐을 차례로 베어 문다]

치료자1: [한 입 베어 문다] 음, 맛있다.

내담자 : 난 흔들거리는 이빨이 하나 있어요.

치료자1: 오, 보자. 이가 거의 빠지려고 하는데, 아직은 시간이 좀 걸리겠다. 좋아, 산드라, 해 봐요. [마리의 프레즐을 베어 물자 나머지 반쪽이 바닥에 떨어진다]

치료자2: 그게 바로 프레즐을 깨물어 먹을 때 생기는 일이야. [모두 웃는다]

치료자1: 우리 하나 더 해 볼 수 있을 것 같아.

[마리가 조금 베어 문다]

치료자1: 야, 아주 잘했네. 그런데 난 많이 먹은 것 같구나. 네가 한 번 더 먹을래?

[마리가 싫다고 고개를 젓는다]

치료자1: 싫어, 알겠어. 프레즐은 너무 짜지. 나한테 물이 있단다. 왜 사람들은 프레즐을 이렇게 짜게 만들었을까? 또 한번 마셔 봐. 네가 물을 삼키는 소리를 들을 수 있는지 보자. 난 들었다. 산드라, 들었어요?

치료자2: 들었어요.

내담자 : 나는 못 들었어요.

치료자1: 한 번 더 마셔 볼래, 아니면 충분하니?

[마리가 다시 마신다]

치료자1: 들었어요?

치료자2: 들었어요.

치료자1: 좋아요.

마무리는 치료자들이 마리를 양육해 주는 것이었다. 마리는 자신이 컸다는 것을 알지만, 퇴행하고 자신의 '특별함'을 받아들일 수 있도록 허용(격려)되었다.

치료자1: 우리는 해야 할 일이 있는데, 반짝이들은 남겨두고 분홍색 로션을 닦아낼 거야. [자신의 손가락에 비누거품을 뿌린 후 마리의 턱에 있는 로션에 바른다] 지워진다. 아주 좋아. 참, 내가 네 턱을 자세히 보는 것을 잊었네. 너는 부드러운 턱을 지녔구나, 좋아. 이 비누를 '아기 주스'라고 부르는 걸 알았니? 냄새 좋지 않아? 또 이건 피부도 부드럽게 해 준단다. 자, 이 소녀를 내 무릎에 한번 앉혀 볼까. [마리를 무릎 위로 끌어올린다]

내담자 : 어머.

치료자1: 좋아, 그거야. 좋아요, 산드라. 여기에 딱 맞는 노래를 알죠.

[치료자들은 함께 노래 부른다]

반짝반짝 작은 별,
너는 예쁜 소녀구나.
멋진 긴 머리 예쁜 두 뺨,
밝게 빛나는 눈동자,
두 뺨에는 특별한 미소.

치료자1: 너는 참 사랑스럽고 빛나는 미소와 멋진 눈동자를 지녔구나.
[마리는 치료자의 무릎에서 미끄러져 내려가기 시작한다]
치료자1: 잡았다. 괜찮아. [노래 부른다] 반짝반짝 작은 별, 너는 특별한 소녀구나. 산드라, 마리를 좀 잡아 줄래요. 왜냐하면 마리는 큰 소녀거든요.
치료자2: [마리를 번쩍 든다] 당신이 마리를 잡을 수 있는지 봅시다. 하나, 둘, 셋…마리를 잡을 수 있는 엄마나 아빠가 있을까요?
[브루스터 부부가 다가온다]
치료자2: 와, 딱 맞췄네요. 저것 좀 봐요. 그럼 금요일날 보자.

2회기는 1회기에서 배운 교훈을 확실하게 다졌다. 2회기의 기법과 목표들은 1회기의 장면들과 아주 유사하기 때문에 지면과 시간을 절약하기 위해서 3회기로 넘어간다.

(2) 치료놀이 3회기

치료자: 필리스 부스

마리는 여전히 '무대' 에 있었다. 이 회기는 마리가 진정한 자신이 되어가는 데 있어 중요한 회기였다. 마리를 진실되게 만드는 것은 치료놀이 방법 면에서 굉장한 도전이 되었다. 그것은 마리가 진정한 모습이 아닐 때 스스로를 관찰할 수 있도록 치료자가 도와준다는 점에서, 마리를 '동료' 로 참여시키는 흔하지 않은 기법들을 필요로 했다. 우리는 치료자가 두 명인 것이 마리의 발달을 방해할 수 있다고 생각했기 때문에 (한 명의 치료자에서 다른 치료자로 달아나는 것이 허용되어서 마리는 진실되지 않은 모습을 유지할 수 있다) 이 회기에는 필리스 부스만 치료자로 참여했다. 따라서 마리는 자신의 연기에 대해 더 적은 '관객' 을 갖게 되었다.

마리는 재미있고 안전한 환경에서 먹는 것을 즐기는 법을 배웠다. 그녀는 안전함과 더 많은 양육에 대한 욕구와 관련해서 자신의 바람들을 직접적으로 의사소통하는 법을 배웠다. 마리에게 의사소통을 하게 하는 수단으로서 눈맞추기를 선정했다. 치료자는 마리가 치료자의 응시를 피하지 못하게 하는 데 참을성을 필요로 했다.

[필리스가 컵으로 마리에게 먹인다]
[마리는 다리를 모으고 팔짱을 낀 채 소파에 앉아 있었다. 필리스는 팔로 마리의 어깨를 감쌌는데, 마리는 컵으로부터 머리를 돌린다]
치료자1: 잠깐 나를 봐. 좋아, 언제 네 입에 물이 닿는지 나는 볼 수 없기 때문에 네가 말해 줘야 해. 물이 입에 닿으면 눈을 한 번 깜빡이고, 물 마시는 것을 멈추고 싶으면 눈을 두 번 깜빡이는 거야. 그렇게 할 수 있지? 좀 어려울 거야.
내담자 : [눈을 한 번 깜빡거리고 다시 시선을 돌린다] 음, 잠깐만요. [손을 흔든다] 내가 생각하기에…….
치료자1: 눈을 한 번 깜빡인 것은 알아차릴 수 있었어. 그런데 멈추라는 신호는 보지 못했어. 네가 나를 봐야 네가 눈을 깜빡이는 것을 알 수 있어. 알겠지? 다시 해 봐, 나를 잘 보고.
[마리는 눈을 깜빡이고 이번에는 치료자의 얼굴을 계속 본다. 미소 짓는다]
치료자1: 잘되지? 와, 우리 손발이 척척 맞는다. 좋아, 한 번 더 줘 봐야겠다. 우리가 할 수 있는지 보자. 물이 뱃속까지 들어갔니?

다시 마리의 신체적 문제들은 비위협적이고 비판단적이며 지지적인 방식으로 다루어졌다.

치료자1: 이제, 한번 확인해 보자. 네 말이 맞아. 아직도 있네. 상처가 아주 잘 나았구나.
내담자 : 더 나빠졌어요.
치료자1: 내가 보기에는 손으로 약간 뜯은 것 같은데. [로션을 바른다] 그래, 약간 까칠까칠하다. 이거 재미있는데, 상처가 점점 낫는데도 너는 이것이 계속 같은 상태라고 말하는구나.
내담자 : 예, 그건 핏줄이 터진 거예요.
치료자1: 그래, 그렇구나. [로션을 바른다] 자, 내가 장담하는데 다음번에 네가 올 때는 이것을 볼 수 없게 될 거야. 내가 여기에 로션을 골고루 바를게. 네 엄마가 발라 주는 특별한 것이 있니? 잘 낫게 하는 거?
내담자 : 글쎄요, 나는 거기에 로션을 발랐어요.
치료자1: 좋아. 건조한 겨울철에 이런 것들이 더 많이 생기니?
내담자 : 예. 때때로요. [가볍게 웃는다]

다음은 '진정한' 마리의 모습을 찾는 데 그녀를 관여시키기 위하여 치료자들이 들인 여러 가지 노력 중에서 처음 시도된 것이다. 더 걱정이었던 것은 마리 자신이 언제 연극을 하고 언제 진실되게 행동하는지를 구별하는 데 어려움을 가진 것처럼 보였다는 점이다. 다음은 비위협적인 박수치기 게임을 통해서 치료자가 마리와 신뢰감을 형성해 가는 것을 보여 준다.

치료자1: 손바닥이 얼얼한 것을 느낄 수 있니?

내담자 : 예.

치료자1: [마리 얼굴을 똑바로 쳐다본다] 얘, 넌 어디로 갔니? 가끔 내가 너에게 말할 때 너는 멀리 가 버려서, 내가 너를 부를 때 돌아오는 것은 진짜 마리가 아니라고 느낄 때가 있어. 넌 진짜 마리와 딱딱한 미소를 짓는 마리의 차이점을 말해 줄 수 있겠니?

내담자 : 음, 음. [당황스러워 보이며, 부자연스럽게 키득거리고 카메라를 쳐다본다]

치료자1: 여기, 나는 네가 여기에 앉길 원해. 너는 진짜 마리가 아닌 여러 가지 얼굴 표정을 지어 보는데, 나는 적어도 그중 하나는 진정한 마리의 모습을 보이기를 원해.

[마리가 표정을 짓는다]

치료자1: 음, 그건 진정한 마리 모습이 아니네.

[마리가 또 다른 표정을 짓는다]

치료자1: 음, 그것도 진정한 마리 얼굴이 아니야.

[마리가 또 다른 표정을 짓는다]

치료자1: 어디 보자, 그것도 진정한 마리가 아니네. 내가 모든 것을 지켜보고 있으니까, 어려운가 보구나. 얼굴 표정을 다 짓고 내 의견을 원할 때 손을 들어.

[마리가 표정을 짓고 주저하면서 손을 든다]

치료자1: 그게 진정한 마리 모습이네.

내담자 : 음, 잘 모르겠어요. [눈썹을 치켜뜨고 입술을 깨물며 고개를 갸우뚱거린다]

치료자1: 지금은 꾸민 얼굴이네. 잘 모르겠어. 무얼까?

내담자 : 몰라요! 못해요! [불평하며 소파를 치지만 여전히 미소 짓고 있다]

치료자1: 그건 진정한 모습이 아니야. 꾸민 거야.

[마리는 한숨을 쉰다]

치료자1: 그것은 진정한 마리처럼 보인다. 그렇지?

내담자 : 약간 그래요. 때로.

치료자1: 때로 그것이 진정한 모습이라는 것을 알지 못하는구나. 우리는 그에 대해 함께 노력해야 할 거야.

[마리는 고개를 끄덕이고, 높은 음조로 소리내어 웃는다]

치료자1: 자, 보자. 두 번 더 해 봐.

[마리는 극적인 유혹하는 표정을 짓는다]

치료자1: 그런 표정들은 진짜 마리처럼 느낄 수 없어. 그것은 마리가 되지 않으려고 하는 것같이 느껴져.

내담자 : 난 몰라요, 말 못해요.

내담자 : 그래, 우리가 함께 그것에 대해 노력해야 해. 내가 말해 줄게, 이번과는 다르게 해 봐. 표정을 지어 봐. 이번에는 진정한 모습이 아니야, 왜냐하면 너는 지금 그런 기분이 아니니까. 화났거나 행복하거나 슬프거나 기분이 언짢은 표정을 지어 봐.

내담자 : 잠깐만요, 생각해 봐야 해요. [손톱으로 이빨을 두드린다]

치료자1: 생각해 봐야 해? 좋아. 나는 잘 볼 수 있게 여기 있어야겠다.

내담자 : 행복하거나 화났거나 슬프거나 또는?

치료자1: 기분이 언짢은 거. 그건 화난 표정이니?

[마리가 머리를 끄덕인다]

치료자1: 내가 맞았니? 좋아. 잘했어. 슬픈 표정을 지을 수 있니?

내담자 : 네. 그걸 어떻게 해야 하지?

치료자1: 그건 좀 어렵지?

[마리가 표정을 짓는다]

치료자1: 언짢은 거? 슬픈 것과 언짢은 것은 구별하기가 좀 어렵지?

[마리가 끄덕인다]

치료자1: 나도 한번 해 봐야지. [표정을 짓는다]

내담자 : 화난 거요?

치료자1: 그래. 잘 맞추네. [다른 표정을 짓는다]

내담자 : 슬픈 거요? [정확하게 추측해서 즐거워 보인다]

치료자1: 그래.

[마리가 다시 미소 짓는다]

다음에 치료자는 마리의 다친 발가락이라는 더 안전한 주제를 통해 연속감(sence of continuity)을 제공했다.

치료자1: 여기 앉아 있는 동안 너의 특별한 발가락을 살펴봐야겠어.

[마리는 자의식적인 미소를 지으며 카메라를 응시한다]

치료자1: 내가 무슨 생각을 하는지 아니? 방금 네가 보인 그 표정은 진정한 모습이 아니라 마치 "조심하세요."라고 말하는 것 같구나.

내담자 : [미소 지으며 바지를 끌어올린다] 이 바지가 아주 꼭 껴요.

치료자1: [발가락을 보면서] 어라, 난 이게 아주 조금 위로 움직였다고 생각해. 자, 반창고. 짜잔!

[마리는 킥킥 웃는다]

치료자1: 다 됐다.

[마리는 꾸며낸 어색한 미소를 짓는다]

치료자1: [마리 얼굴을 똑바로 쳐다본다] 그게 무슨 표정이었니?

내담자 : 몰라요! [저항하며 필리스를 외면한다]

[필리스가 마리에게 아이스바를 흘릴까봐 턱받이를 하고 있으라고 하자, 마리는 아주 과장된 미소를 짓는다]

치료자1: 그것도 진정한 마리 표정이 아니네.

[마리가 웃는다]

치료자1: 진짜 마리가 아닌 표정을 하나 더 지어 봐. 너 아니? 나는 네가 웃지 않을 때 너의 눈, 눈썹, 코, 입 모양, 그리고 얼굴 표정을 좋아해. 왜냐하면 그건 진정한 마리의 모습이기 때문이지.

내담자 : [고개를 젓고 머리카락을 뒤로 젖히며 어색하게 미소 짓는다] 삼킬 수 없었어요.

치료자1: 이런. 얘야, 네가 아이스바를 먹을 때 할 일은 그저 기다리는 거야. 그럼 저절로 삼켜져. [노래 부른다] "나는 마리가 좋아, 정말 그래. 나는 네가 좋아, 나는 네가 너무 좋아."

[마리는 입을 가리킨다]

치료자1: 나는 알아차려야 했어. 알아차리는 것이 내 일이지. 아직 한 입 더 먹을 준비가 안 됐구나. 그건 알겠어. 이제, 내가 맞는지 보자. 내 생각에 다음 한 입을 먹을 준비가 되어 있는데, 내가 맞다면 이것을 들 때 입을 벌려 줘.

[마리가 입을 벌린다. 필리스의 다리에 손을 얹은 채 필리스를 똑바로 쳐다본다]

치료자1: 그래, 아주 좋아. 여기서 재밌는 것은 이 안에 딸기조각들이 있는데 한 입 먹으면 가장자리에 딸기가 매달려 있는 거지. [한 입 먹는다] 내가 뭘 발견했는지 아니? 나는 그것을 입 안에서 녹일 수 있어. 너도 할 수 있어? 마치 주스를 빠는 것 같아. 네가 더 먹고 싶어 하는지 알아보자.

[마리가 입을 벌린다]

치료자1: 그래, 조금 더. 나도 입 안에서 녹여 먹을 거야. 너 그 소리를 들을 수 있니? 아니, 너는 아주 잘 듣지는 못했구나. 그렇지만 약간 들었어. 나도 네 소리를 들을 수 있나 보자. 흠, 나는 아주 작은 바삭이는 소리와 빠는 소리를 들을 수 있어.

내담자 : 나는 더 이상 배고프지 않아요.

치료자1: 그래, 그 얘기를 나에게 말할 필요는 없어. 내가 이것을 네 입으로 가져가면 너는 그냥 입을 다무는 거야. 그게 신호인 거지. 나는 마리가 이것이 더 필요한지 궁금해.

[마리가 입을 다문다]

치료자1: 오, 마리는 더 이상 배고프지 않구나.

[마리는 미소 짓고 필리스를 향해 다가들며 편안해 보인다]

치료자1: 마리가 이만큼이나 먹었네. 네가 좋아해서 좋다. [거울을 가져온다] 혀를 한번 보자. 분홍색으로 변했을까? 전보다 더 분홍색이 된 것 같구나.

여기서 필리스는 마리를 '헝겊 인형' 처럼 나긋나긋하게 하고 이완되게 하려고 노력했나. 이 장면에서 치료놀이의 양육적이고 도진적이며 구조화된 측면에 주목해 본다. 또한 마리가 이완하고 모든 책임을 필리스에게 맡기는 것을 어려워했음에 주목해 본다.

[마리는 키득거린다]

치료자1: 자, 보자. 나는 껴안기를 할 거야. 너는 그냥 근육에 힘을 빼. 너 힘을 빼지 않는 것 같아. 됐다, 좋아. 어디 너의 배가 부드럽고 느슨한지 알아보자. 힘을 빼. 오, 그건 어려워, 정말 어려워. 내 손을 향해서 힘을 주고 배를 내밀어 봐. 그래 좋아, 그런 다음 힘을 빼는 거야. 잘했어. 이번에는 너의 뺨을 부드럽고 느슨하게 할 수 있는지 알아보자. 좋아. 어, 힘이 들어가네. 이제 부드럽고 느슨해졌어. [마리의 이마를 만진다]

내담자 : 이마는 못해요. [진실된 미소를 짓고 이마를 필리스의 손 쪽으로 움직인다. 이때쯤에는 카메라를 쳐다보는 일이 점점 더 줄어든다]

치료자1: 나도 내 이마를 부드럽고 느슨하게 하는 방법은 몰라. 이제 네 몸이 전부 부드럽고 느슨한지 알아보자. 이제 내가 몸의 한 부분을 흔들어 보라고 말할 텐데 네가 그 부분만 흔들 수 있는지 보자. 잘하네, 아주 훌륭해! 통제력, 그것은 근사하지. 좋아. 발가락에 반창고를 붙였구나. 너 그거 아니? 지금은 이 따끔따끔한 것이 생기는 계절이야. 그래서 거기에 반창고를 붙여 줄게. 왜냐하면 이런 것들이 가끔 생기거든. 아프니?

[마리는 고개를 가로젓는다]

치료자1: 너 어디 갔니? 너 먼 곳에 갔구나. 무슨 일이 있었는지 알아? 내가 여기를 보다가 올려다 봤더니 마리가 없어졌다가 이제 다시 왔네.

[필리스는 마리의 신발을 신겨 주기 시작한다]

내담자 : 혼자 신을 수 있어요.

마리는 자신의 진실성에 대한 주제에서 벗어나 반창고로 화제를 돌렸다. 또한 필리스의 양육을 방해하려고 시도했다.

치료자1: 네가 신을 수 있다는 걸 알아. 하지만 내가 신겨 줄 기회가 그리 많지 않기 때문에 신겨 주려고 하는 거야. 오늘은 이것을 다른 발에 신겨 주려고 해. 이렇게 하면 네 다리의 이 부분이 도움을 받게 되는 거지.

[마리는 바지를 끌어올린다]

치료자1: [마리를 멈추게 한다] 내가 해 줄게. 너는 모든 것을 네가 하려고 하지? [마리의 표정을 본다] 그래, 진정한 모습에 머무는 것은 참으로 어려운 일이지. 너의 진정한 모습에 머물고 나와 함께 있을 수 있니?

내담자 : 이런, 못하겠어요.

치료자1: 느낌이 웃기지? 우리는 계속 노력해야 할 거야. 자, 보자. 꽃이 달린 신발이 있다니 참 멋지다. 어떤 사람들은 꽉 끼는 신발을 좋아하고, 어떤 사람들은 헐렁한 것을 좋아해. 한번 알아봐야지. 내 예감으로 너는 중간일 거 같아. 네 신발을 이렇게 묶어 줄게. 괜찮은 것 같은데. 와, 이중 매듭이 되었네. 이제 발가락들은 힘들겠다.

내담자 : 신을 신을 때 아프지 않아요.

치료자1: 좀 나아졌니?

내담자 : 예. 진짜 아팠어요.

치료자1: 처음에 다쳤을 때 정말 아팠을 거야. 어떻게 다쳤니?

내담자 : 방 안을 걷고 있었어요. 난 보고 싶었어요. 목욕을 하고 내 방으로 갈 때, 발가락을 이렇게 하고 가다가 뒤로 구부렸어요.

치료자1: 이런, 아팠니?

내담자 : 울어 버리고 말았지요.

치료자1: 나라도 울었을 거야. 그리고 너는 엄마에게로 달려갔구나. 엄마가 그것을 돌봐 주었니?

내담자 : 엄마가 반창고를 붙여 주었어요. 그 밑에 검은 부분은 피가 남은 거예요.

치료자1: 그렇게 생각하니?

내담자 : 예. 그렇게 생각해요.
치료자1: 좋아. 이게 괜찮을지 나중에 확인해 보겠어. 이번엔 좀 다른 걸 해 보자. 새로운 기술이야. 내가 일어서면, 너도 일어서. 이것(발자국이 찍힌 종이)을 돌돌 말아서 네가 집에 가져가. 엄마, 아빠와 함께 이걸 어느 곳에 걸어두면 좋을지를 결정하는 거야.

지면 관계상 이전 회기들에서 예시된 방략들을 강화시켰던 4회기와 5회기는 생략했다. 퇴행으로서 분노를 표현하도록 한 점에 유의하도록 한다. 모든 치료놀이 회기에서처럼 다섯 가지 치료놀이 특징들, 즉 구조화하기, 도전하기, 관여하기, 쾌활함, 양육하기가 치료의 핵심이었다.

(3) 치료놀이 6회기

치료자: 필리스 부스, 산드라 린더만

아래에서 필리스와 산드라가 다음과 같이 행동한 점을 주목하라. 즉, 우리는 비위협적인 방식으로 신체적 질환에 관심을 보이며, 마리에게 그녀가 특별한 아이임을 확신시켜 주고, 진실되지 않은 모습을 연기하지 못하도록 설득하였다. 그리고 시선 접촉을 유지하고, 마리가 감당할 수 있는 도전거리들을 제공하며, 복잡한 것에 대한 참을성을 증진시키면서 퇴행을 허용하였다. 이전 회기들에서와 마찬가지로 치료놀이 치료자들은 이런 과제들을 재미있고 구조화되고 안전한 환경 내에서 회기들 간의 연속성을 유지하면서 수행하였다.

[필리스와 산드라가 마리를 데려온다]
치료자1: 마리를 부드럽게 내려놓으세요.
치료자2: 알겠어요.
치료자1: 너를 보게 해 줘.
[마리는 신발을 벗기 시작한다]
치료자1: 안 돼, 기다려. 우리는 신발을 벗을지 계속 신고 있을지를 결정할 거야. 나는 너를 3주 동안이나 못 봤어, 그렇죠, 산드라? 산드라, 마리의 눈에서 당신을 볼 수 있어요?
치료자2: 음.
치료자1: 자, 나는 바깥이 얼마나 추운지 몰라. 내가 알 수 있는 방법은 너의 코를 만지는 거야. 코가 따뜻하구나. 뜨거운 건 아니고. 그렇지만 분명히 밖이 아주 춥지는 않아. 좋아. 여기서 몇 가지 확인해 보자. 이것 봐. 상처들이 아주 잘 나았구나.

치료자2: 오, 그러네요. 어, 여기 약간 남아 있긴 하네요.

[마리는 자신의 팔에 로션을 바르는 필리스와 산드라를 뚫어지게 쳐다본다]

치료자1: 그렇지만 딱지도 멋지네. 딱지가 잘 앉았구나. 그 눈썹 좀 봐! [마리의 신발끈을 푼다] 이런. 발이 걸렸네. 내가 할 수 있어. 내 생각에 베개가 하나 더 있으면 마리를 보다 편안하게 해 줄 것 같아.

치료자2: 좋아요. 마리의 머리 좀 봐요 ! [마리의 머리에 클립을 꽂는다]

치료자1: 나는 뭔가 하고 싶어. 내가 산드라에게 특별한 표정을 지으면 산드라가 맞추는 거야. 잠깐만. 너와 나는 특별한 것을 지녔지……. [마리의 귀에 속삭이고 표정을 짓는다]

치료자2: 슬픈 거?

치료자1: 맞아요. 이번에는 산드라가 표정을 지어 볼래요? 이젠 마리와 내가 맞출게요. 마리야, 어떻게 생각하니?

내담자 : 화난 거요.

[산드라가 그렇다고 끄덕인다]

치료자1: 음. [마리에게 속삭인다] 그 표정 지어 봐. 다시 할게요.

내담자 : 잘 몰라요. [그러나 표정을 짓는다]

치료자1: 잘 하고 있어.

치료자2: 난 잘 못 맞추는데. 화난 얼굴이니?

치료자1: 와, 우리가 속였어요. 좋아. 이젠 그 신발을 살펴보자. 이제 그 검은 반점이 반쯤 위로 갔을 거라고 생각해. 와!

치료자2: 아.

치료자1: 거기에 산이 있는 것같이 보이네. 그 위에!

치료자2: 그건 아주 위에 있고 그 아래에 새 발톱이 있구나.

치료자1: 멋진 향기로운 발가락!

[산드라는 마리의 발에 입김을 분다]

치료자1: 좋아. [발바닥 그림을 찍으려고 핑거 페인트를 가져온다]

치료자2: 오케이. 특별한 발가락들, 맞지?

내담자 : 차가워요!

치료자2: 이런, 이런.

치료자1: 따뜻하게 해요. 이거 아니? 여기 상처가 있네.

[상처에 입맞춘다] 어떻게 이런 상처가 생겼니?

내담자 : 몰라요.

치료자1: 자, 산드라, 우리가 마리를 일으켜 세울 수 있을까요?

치료자2: 그럼요. 마리야, 네 무릎을 약간만 구부려 봐.

치료자1: 완벽해.

치료자2: 좋아요.

치료자1: 자 위로 올라간다.

치료자2: 와!

치료자1: 좋아! 거기 아래 멋진 아치 좀 봐요.

치료자2: 이렇게 위로 가네. 특히 여기서.

치료자1: 재미있다. 다른 발보다 그 발의 발가락 프린트가 더 잘 되었네.

치료자2: 너 조금 불편해 보이는구나. 뒤로 물러서 볼래? [마리를 부드럽게 민다]

치료자1: 거기에 있는 게 더 낫구나.

치료자2: 필리스, 마리의 머리가 지난 번보다 더 자랐어요.

치료자1: 그래요. 앞머리도 지난 번보다 기네요.

내담자 : 머리를 올리면 이렇게 보여요.

[편안해 보이고 관심받는 것에 즐거워하며 진심으로 상호작용에 참여한다]

치료자1: 그러니까 앞머리가 위에 약간 있고, 귀여운 곱슬머리가 여기 조금 있구나. [베개로 부채질한다] 좋아. 이제 웃기는 방식으로 방을 가로질러 앞장선 사람 따라가기를 해 보자.

치료자2: 좋아요. 내가 아주 웃기는 방법을 알아요. [그것을 한다]

치료자1: 그것을 뭐라고 하죠?

내담자 : [자원한다] 게걸음이요.

치료자1: 오, 이름이 있네. 마리야, 네가 해 봐.

내담자 : 앞으로 가면 거미걸음이라고 불러요. [반대 방향으로 걷기를 한다]

치료자1: 마리가 온다.

치료자2: 마리가 온다, 마리가 온다!

치료자1: 이번에 내가 해 볼게. [웃기게 걷기를 한다] 좋아, 마리. 특별한 방식으로 방을 가로질러 가 봐. 네가 한 가지 고안했는데 우리에겐 별로 어렵지 않았어.

[마리는 물개걸음을 하고, 웃으면서 즐겁게 시간을 보낸다]

치료자1: 괜찮은데!

치료자2: 좋아, 마리야, 내가 그걸 제대로 하는지 잘 지켜봐. [마리를 흉내 낸다]

내담자 : 잘했어요.

치료자1: 좋아, 좋아, 내가 그렇게 할 수 있는지도 지켜봐. [어색하게 흉내 낸다. 오 이런, 잘 못했지? 좋아, 이번에는 다른 걸 새로 해 봐야지. [새로운 방식으로 걷는다]

치료자2: 좋아, 마리. 네가 그것을 할 수 있는지 보자.

[마리는 필리스의 걸음을 따라한다]

치료자1, 치료자2: 잘한다.

치료자2: 좋아, 나도 해 봐야지.

치료자1: 또 다른 것을 해 본다구요? 좋아요. 할 수 있는지 보죠.

치료자2: [마리와 필리스를 잡고 셋이 모두 함께 걷는다] 좋아요. 우린 해냈어요!

치료자1: 자, 우리 모두 함께 앉아요. 내가 하고 싶은 것은 특별한 인사를 하는 거죠. 내가 한 가지 인사를 하면 마리가 거기에 뭔가를 덧붙이고 다음에는 산드라가 거기에 더 덧붙이는 거예요. 내가 첫 인사로 "안녕! 마리."하면, 너는 "안녕! 산드라."와 같이 인사를 하는 거야.

내담자 : [산드라를 똑바로 쳐다본다] 안녕! 산드라.

치료자1: 좋아, 그리고 거기다 뭔가를 덧붙여 보자.

내담자 : 안녕, 산드라. 어떻게 지내세요?

치료자2: 좋아, 나는 마리가 한 말을 그대로 하고, 거기에 무언가를 덧붙일 거야. 안녕, 마리. 어떻게 지내? [필리스의 코를 문지른다]

치료자1: 안녕, 마리. 어떻게 지내? [마리의 코를 문지른 다음 자기 어깨로 마리의 어깨도 문지른다] 마리야, 여기에 뭔가를 덧붙여 봐.

내담자 : 잘 모르겠어요. [그런데 필리스가 그녀에게 무언가를 속삭인 후에 자기 발가락으로 산드라의 발가락을 건드린다]

치료자2: 좋아, 내가 그걸 제대로 하는지 보자.…이제 내가 무언가 더해야 하네.

치료자1: 좋아요. 하나 더, 하나 더 해 봐.

내담자 : 모르겠어요.…아, 이거다! [산드라의 손을 잡고 팔을 흔든다]

치료자1: 좋은 생각이야.

치료자2: 연습 한번 해 볼까요? 그러면 우리 모두 기억할 거예요.

[세 사람이 모두 동작을 다시 한다. 브루스터 부부가 치료실에 들어온다]

치료자1: 엄마와 아빠가 오셨네. 이쪽으로 오세요.

아빠 : 신발을 벗을까요?

치료자1: 그러면 더 편해질 거예요. 마리의 발가락을 보세요. 거기 특별한 산이 있고 계속 위로 올라가요. 우리가 하고 있는 인사 만들기를 함께 해요. 어머니와 먼저 시작하죠. 우리가 도와드리겠지만 아마 특별한 도움이 필요없으실 거예요. [마리는 앞서 한 일련의 인사를 브루스터 부인에게 했다] 어머니, 이제 어머니께서 거기에 뭔가를 덧붙이셔야 해요.

[엄마는 마리의 귀를 간지럽힌다]

치료자1: 좋아요! 마리야, 그것을 아빠에게 해볼 수 있겠니?

아빠 : 여기에 충분한 공간이 있나요?

치료자1: 예. 우리 마리를 여기 뒤로 당기죠. 좋은 생각이에요. [마리가 아빠의 귀를 간질인다]

치료자2: 우리 꽤 많은 인사를 했죠. 그리고 아버님이 마리의 새로 난 이에 대해서 뭔가 말했는데…….

치료자1: 맞아요. 그래요.

엄마 : 마리가 이빨이 빠졌어요. 애 아빠가 그것을 뺐어요.

내담자 : 아빠가 이렇게 했는데 난 느끼지도 못했어요. 피가 났고 느껴지긴 했지만 이빨이 빠진 줄은 몰랐어요. 피가 났어요. 그리고 내가 말했지요. "잠깐만요, 이게 뭐게요?"

아빠 : 이빨이 마리 무릎 위에 있었네.

치료자1: 와! 너의 집에 있는 이빨 요정은 어떠니? 이빨 요정이 왔니?

내담자 : [열의를 가지고 진심으로] 예, 할머니가 1달러를 주셨고 할아버지도 1달러를 주셨어요. 그리고 이빨 요정이 2달러를 줬어요. [미소 지으며 아빠를 본다]

치료자1: 이빨에게 참 좋은 집이구나. 게다가 이미 새로운 이빨이 나오기 시작하고 있네.

내담자 : 이빨이 빠지기 전부터 새 이빨이 나고 있었어요.

치료자1: 어머니, 마리에게 두 분이 어떻게 만나게 되었는지 말해 주실래요? [이것은 마리의 개입 없이 엄마와 아빠를 짝지으려고 한 노력이었다]

엄마 : [마리를 거쳐 아빠를 본다] 음, 마리가 이 이야기를 조금 들었다고 생각하는데. 우리는 부기 과목에서 서로 옆에 앉곤 했단다. 아빠의 예전 여자친구 로리는 나의 가장 친한 친구였지. 파티를 위해 데이트를 하기로 했는데, 미지막 순간에 상대 남자가 내게 전화를 하더니 갈 수 없다고 했어. 그러자 내 친구가 "제프에게 전화해 봐."라고 말해서 나는 너의 아빠에게 전화를 했어. 그런데 아빠가 기꺼이 가겠다고 했단다. 그래서 파티가 시작되기 몇 시간 전에, 아빠는 친구에게 빌린 차를 타고 잘 맞지 않는 턱시도를 입고 나타났어. 겨우 이틀밖에 시간이 없었거든. 아빠는 꽃장식과 노란 장미를 들고 문 앞에 왔지. 나는 아빠가 그렇게 짧은 시간에 나를 위해 턱시도를 입고 나타난, 그런 모든 노력을 기울인 가장 친절한 남자로 여겨졌단다.

치료자1: 그래요. 그는 아주 잘생긴 젊은이였을 거예요. [브루스터 부인의 어깨를 감싼다]

엄마 : 저도 남자가 그와 같은 일을 하다니 아주 좋은 사람일 거라고 생각했

어요.

아빠 : 그리고는 무슨 일이 있었지?

엄마 : 그리고 우리는 2, 3년 지나서 결혼을 했고 바로 너, 작은 마리를 낳을 생각을 했지.

[마리는 미소 짓고 얼굴을 살짝 감춘다]

치료자1: 근사하지 않아요? 아버님이 기억하고 계신 것은 어떤 거예요? 그녀가 어떤 색의 옷을 입고 있던가요?

내담자 : 하하! [즐거운 듯이 웃는다]

엄마 : 좋은 질문이네요.

아빠 : 파란색 드레스였어요.

엄마 : 아니요, 로리의 드레스가 파란색이었죠.

[마리는 입을 벌리고 웃으면서 아빠에게 꾸짖는 손가락질을 한 다음 아빠의 무릎을 토닥인다]

치료자1: 무슨 색 옷이었어요?

엄마 : 크림색이었죠.

치료자2: 그러면 장미 색깔과 잘 어울렸겠네요.

치료자1: 두 분은 그 무도회에서 아주 잘 어울리는 한 쌍이었음에 틀림없을 거예요.

엄마 : 예, 하지만 애 아빠는 여전히 춤추는 것을 좋아하지 않아요. 그래서 마리와 내가 함께 춤을 추죠.

치료자1: 좋아요. 이제 우리는 두 분이 여기로 와서 마리에게 모자를 씌워 주기를 바래요. 마리는 이리로 와서 내 무릎에 앉아요. 우리가 이것을 진짜로 편안하고 멋지게 만들 수 있는지 알아보죠. 좋아요, 아주 좋아요. 아버님, 여기 서로 다른 모자가 5개 있는데요. 아버님이 할 일은 마리가 좋아할 모자가 무엇일지, 또 어느 것이 마리에게 가장 어울릴지를 결정하는 거예요.

엄마 : 내 생각에는 검정색이요. 머리장식을 좋아할 거 같아요. 저번에 그것을 쳐다보더라구요.

내담자 : 나는 엄마에게 씌워 보려고 했던 건데.

엄마 : 다른 것도 생각해 봤는데. 이것은 어때요?

치료자1: 두 개가 있네요. 두 개 다 써 봐요.

엄마 : 구부러진 거, 아니면 똑바른 거?

내담자 : 난 상관없어요.

치료자1: 그러면 어머니가 결정해서 씌워 보세요.

엄마 : [머리장식을 마리에게 씌워 준다] 최신식 머리 스타일이네. 나는 마리가 이것을 쓴 게 좋아. 좀 띄워 주지. [마리의 머리를 손질한다]

아빠 : 내 생각에 마리는 이것을 좋아할 거 같아.

치료자1: 그럴 거라고 생각하세요? 좋아요, 한번 씌워 보고 잘 어울리는지 봐요.

아빠 : 부활절 모자로 보이네요.

치료자1: 그런가요?

엄마 : 아주 멋지다고 생각해요. 경쾌해요.

치료자1: 아버님이 좀 멀리 떨어져 있네요. 이 모자들을 이쪽으로 옮겨서 아버님이 이쪽으로 좀 더 가까이 다가오게 하죠.

엄마 : 하나 골랐죠. 나는 이것이 좋아요.

아빠 : 멋지군.

치료자1: 엄마를 한번 봐. 어떠니?

[마리는 미소 지으며 부모 모두를 쳐다본다]

엄마 : 음.

아빠 : 노란색? 노란색이 네가 좋아하는 색이니, 마리야?

[마리는 머리를 가로젓는다]

아빠 : 아니야? 그럼 파란색?

내담자 : 파란색이요.

엄마 : 나는 녹색 모자가 좋은데.

내담자 : 나는 파란색 모자가 좋아요.

엄마 : 마리야, 이건 어때? [자신의 머리에 머리장식을 쓴다] 여전히 파마를 한 것처럼 보이지, 그렇지?

내담자 : 약간 더 검어요.

치료자1: 머리색이 약간 변했네. 좋아요. 이번에는 이것을 치우고 어머니가 여기에 무릎으로 서서 마리를 마주 보세요. 그리고 마리, 너는 일어서서 엄마와 마주 서는 거야. 좋아. 어머니, 여기에 어머니 베개가 있어요. 마리는 이 베개를 갖고. 아버님은 심판을 하세요.

아빠 : 좋아요.

치료자1: 두 숙녀분은 베개 밀기 시합을 하고 나는 마리 뒤에 있을게요. 아버님은 "도전자 마리입니다."라고 말하세요. 그리고 규칙은 아버님이 "시작" 하면 둘은 베개 뒤에서 진짜로 세게 밀어야 해요. 어머니가 마리를 밀어내는 경우에 나는 여기 뒤에 있을 거고, 마리가 어머니를 밀어내는 경우에는 산드라가 어머니 뒤에 있을 거예요. 아버님은 중단해야 할 때를 결정하세요. 만일 누군가 다치거나 하면 분명히 중단해야 합니다.

아빠 : 청코너에 챔피언 마리, 홍코너에 도전자 엄마. 하나, 둘, 시작!

[마리가 아주 힘껏 민다]

치료자1, 치료자2: 힘내, 너는 할 수 있어!

아빠 : 힘내라, 마리야.…그만!

[마리가 미소 짓는다]

치료자1: 아버님, 아버님께서 진정시켜야겠네요, 그리고 어머님도 역시 진정하셔야겠네요. 마리는 열심히 했어요. 좋아요. 이제, 2회전을 해 보죠. 지난 번엔 무승부였나요?

아빠 : 내 생각에는 마리가 약간 우세했어요. 마리가 약간 더 나갔어요. 좋아요. 다시 준비, 시작! [다시 엄마와 마리가 베개 밀기 시합을 한다] 그만. 너는 불쌍한 엄마 등을 부러뜨리겠구나.

내담자 : 오, 안 돼요! [머리를 베개에 묻는다]

치료자1: 이런, 괜찮아. 아무도 다치지 않을 거야.

[마리는 베개에서 고개를 들어 쳐다본다]

치료자1: 오, 이런. 산드라가 엄마를 돌봐드릴 거야. 괜찮아. 어머니, 만일 산드라에게 도움을 더 받고 싶으면 말하세요. 왜냐하면 마리는 아주 강하거든요.

[마리는 껑충껑충 뛰고 주먹을 흔들고 근육을 뽐낸다]

치료자1: 좋아, 3회전은 멋질 거야.

아빠 : 준비, 시작!

[마리는 아주 힘껏 밀었지만, 엄마는 그것을 막고 마리를 뒤로 민다]

아빠 : 와!

치료자1: 누구 다친 사람 있어요? 없어요? 좋아요. 혹여 누가 다칠 것 같으면 언제든 중단합니다. 좋아요. 마리는 여기 앉는 것이 좋겠어요. 그리고 어머니는 마리 옆에 앉고, 아버님은 이쪽으로 오세요. 내 생각에 우리는 부채질을 조금 해야 할 것 같네요. 여기에 부채가 있어요. 자, 물은 어딨죠? 어머니께서 마리에게 물을 주시죠. 아마 목이 마를 거예요. 좋아요. 아버님도 아주 좋아요.

[마리는 다리를 꼬고 앉고 엄마는 마리가 물을 마실 수 있도록 돕기 시작한다]

치료자1: [Fruit by the Foot(역주: 과일을 재료로 만든 테이프를 말아놓은 형태의 과자)을 집어든다] 이게 뭔지 아니?

내담자 : [안다며 고개를 강하게 끄덕이고 미소 짓는다] Fruit by the Foot이요!

치료자1: 대단하네! 좋아요. 아버님, 우리가 우선 측정해야 할 것은 마리의 코예요.

[아빠는 마리의 머리에 모자를 씌운다]

치료자1: [모자를 벗긴다] 자, 우리는 마리의 코 길이만큼을 뜯어낼 것이고 마리는 그것을 먹어요.

[엄마가 마리의 코를 토닥이고 그들은 서로를 쳐다보며 미소 짓는다]

아빠 : 한 입 먹어 봐, 마리야. 너 그것을 좋아하잖니. 음.

[엄마가 마리의 머리카락과 이마를 어루만진다]

치료자1: 어머니께서 마리의 팔꿈치부터 손가락 끝까지 재 보세요.

아빠 : 마리는 손가락이 참 길죠.

치료자1: 좋아요, 어머니. 어머니 입에 한쪽 끝을 물고 마리가 다른 한쪽 끝을 물고 먹어요. 아버님은 이쪽으로 오셔서 둘이 어떻게 하는지 보세요.

[마리는 미소 짓고 엄마의 입에 다다를 때까지 과자를 게걸스럽게 먹는다]

아빠 : 이런, 둘이 누가 더 빨리 먹을 수 있는지 알아보려고 시합을 하고 있어요. 마리가 굉장히 빠르다! 와, 마리가 이겼네!

치료자1: 코가 방해가 되네요. 좋아요, 아버님, 아버님이 무릎에서 발꿈치까지 재 보셨으면 좋겠어요.

아빠 : [Fruit by the Foot으로 잰다] 상당히 길어요. 이 정도예요.

치료자1: 좋아요, 종이를 벗기세요. 어머니, 두 사람에게 언제 시작하면 좋을지 말씀하세요. 준비, 시작.

[마리는 한쪽 끝을 잡고 입 안으로 넣었고 아빠 입 쪽을 향해 빨리 먹는다]

엄마 : 이런, 마리야, 너를 좀 봐!

치료자1: 산드라, 여기 이만큼 남았네요. 내 생각에 이것은 마리 손목둘레 길이쯤 되겠어요.

치료자2: 재미있는 팔찌예요.

치료자1: 이제 마리는 그 팔찌를 집에 끼고 갈 수 있고, 언제 먹을 것인지를 결정할 수 있어. 자, 이 근처에 신발들이 있어야 하는데.

엄마 : 나에게 양말 한 짝이 있어요.

치료자1: 어머니, 양말을 숨기세요.

[마리는 팔찌를 입에 넣는다]

치료자1: [웃는다] 도저히 못 참겠나 보구나. 그래도 우리가 양말을 신길 때까지 기다리렴.

[마리는 엄마의 셔츠에서 양말을 찾고, 미소 지으면서 엄마의 얼굴을 쳐다본다]

치료자1: 마리야, 아빠가 다른 한짝을 숨겼어.

[마리는 아빠의 셔츠에서 양말을 찾고, 미소 지으면서 아빠의 얼굴을 쳐다본다]

치료자1: 좋아요. 엄마가 하나를 신겨 주고 아빠가 다른 하나를 신겨 줄 거야. 마리가 언제 시작할지를 정해.

[마리는 미소 짓는다]

내담자 : [킥킥 웃는다] 아빠가 이겼다!

치료자1: 좋아요. 이제 세 사람 모두 집에 가서 즐겁게 보내고 우리를 기억해 주길 바라요. 마리는 인사를 더 길게 만들 수 있는지 해 봐. 여기서 우리가 어떻게 했는지 알지? 그래서 내일 아빠가 일을 끝내고 집에 오시면, 거기에 뭔가를 덧붙일 수 있는지 알아봐. 그리고 학교에서 돌아와서 "엄마, 안녕."이라고 말할 때 그 인사를 기억할 수 있는지 알아봐. 산드라와 나도 그것을 기억하려고 애쓸 거야. 또 우리는 네 소식을 듣고 싶고 어떻게 지내는지 알고 싶어. [마리의 발자국 그림을 준다]

엄마 : 그렇게 할게요.

2) 부모와 작업하기

마리의 치료자들이 회기 동안에 제한을 두었듯이, 나는 브루스터 부인에게도 마리를 책임지고 다루는 법을 가르쳤다. 브루스터 부인은 책임을 지기 위하여 '그럼에도 불구하고' 라는 말을 사용하는 것을 배웠다. 부인은 그 제안을 따라, 마리가 학교에서 조퇴해서 집에 가고 싶다고 구슬프게 전화를 하면 "그럼에도 불구하고 나는 네가 학교에 머물기를 원해. 나는 네 감정이 얼마나 나쁜지 듣고 싶지 않아."라는 말을 하게 되었다. 과거에는 마리의 신체적 질환에 대한 시시콜콜한 얘기들이 엄마로 하여금 항상 마리를 학교에서 집으로 데리고 오게 만들었다. 어느 날은 마리가 두 번 전화를 해서 자신을 집으로 데려가 달라고 요구했다. 엄마가 두 번 다 엄격하게 거절하자, 마리는 방과 후에도 학교에 더 남아 있겠다고 했다. 부인이 이긴 것일 수도 있었으나, 그녀는 여전히 자신이 마리의 잔꾀에 좌우되었다고 느꼈다. 마리는 통제력을 유지하는 자신만의 방식이 있었다. 부인은 그것을 냉정하게 묘사했다. "마리는 나를 공황발작에 빠뜨리는 방법을 알아요." 통제력을 유지하기 위해서 브루스터 부인은 치료놀이 회기로부터 여러 가지 기법들을 채택했다. 마리의 치료자들이 회기 동안 마리를 구조화하는 방법을 사용했듯이, 나는 부인 또한 가정에서 마리에게 구조를 제공하도록 격려했다. 예를 들어, 부인은 어느 날 마리에게 숙제가 어떻게 되어가고 있냐고 물었는데 마리가 플로리다 여행에 대한 에세이를 도저히 쓸 수 없다고 불평했다고 보고했다. 나는 부인에게 마리에게 플로리다에 대한 것 12가지를 나열해 보게 하여 구조를 제공해 보라고 권했다. 마리는 그 에세이를 그날 밤 늦게 완성했고 다음 날 아무 어려움 없이 학교에 갔다.

예상했듯이 부인은 성교육과 관련된 문제에 대한 면밀한 감독을 필요로 했다. 나는 부인에게 두 권의 성교육 서적을 주고 읽어 보도록 권했다. 확인 전화 통화에서 나는 그녀가 정말로 그 책을 읽기는 했지만 사실은 어둡고 구석진 곳에서 비밀스럽게 읽었고 잘 이해하지 못했다는 것을 알았다. 그래서 그녀가 책으로부터 얻은 것, 그녀가 왜곡한 것, 그리고 왜 그것을 왜곡해야 했는지에 대해 논의를 하였다. 통화가 끝날 무렵 나는 그녀에게 마리와 그 주제에 대해 논의해 보라고 조언했다. 다음 전화 통화에서 그녀는 다음과 같이 고백했다. "저, 그 책을 마리에게 주었어요. 그것은 내가 했던 것 중에서 가장 어려운 일이었어요. 마리 방으로 들어갔죠. 마리는 TV를 보느라고 바빴어요. 그 책을 마리의 침대 머리맡에 놓고 '이것 좀 읽어 봐' 그랬죠. 그리고 방에서 나왔어요." 여러 번의 치료놀이 회기를 한 이후, 부인은 치료놀이 기법을 적용하는 데 너무 몰두하긴 했으나 책임감을 갖고 마리와 성에 대하여 보다 편안하게 이야기하였다. 한번은 그녀가 자랑스럽게 말했다. "성에 관한 서적을 가지고 마리 곁에 앉아야 했어요. 내가 여러 가지를 설명하고 마리에게 질문을 하면서 15분 동안이나 함께 앉아 있었죠. 때때로 마리가 말을 했어요. 예를 들어, 자기보다 나이가 많은 친구가 생리 주기에 대해서 했던 말을 얘기했어요. 나중에 나는 마리에게 '그 책이 너를 불편하게 만들었다는 것을 알아.' 라고도 말할 수 있었어요." 우리는 그녀가 마리에게 성에 대한 이야기를 하도록 만드는 데 초점을 두지 않았고, 그녀가 보다 합리적인 접근법을 사용할 수 있도록 작업했다. 우리는 부인이 그녀만의 방침을 여전히 보유하고 있음에도 불구하고, 마리의 불편감을 인정하려는 노력을 보였다는 점이 반가웠다.

나는 다른 전화 통화들에서 친척들과 이웃들이 찾아와서 마리는 거들떠도 안 보고 쌍둥이들만 귀여워한 것에 대한 마리의 경쟁심과 분노를 마리의 엄마가 이해할 수 있도록 도왔다. 이 경쟁 상대들에 대한 마리의 감정이 어떠한지에 대해서 탐색해 보도록 요청하자, 부인은 "왜 마리가 동생들을 사랑하지 않겠어요. 모두들 사랑하는데요."라고 대답했다. 그녀에게 동생이 있는지를 물었더니, 그녀는 "예, 여동생이 한 명 있어요."라고 말했다.

치료자: 항상 동생에게 애정을 느끼고 다정하게 대하셨나요?
엄마 : 그럼요, 그랬죠.
치료자: 항상요?

엄마 : 그렇다고 생각해요.

치료자: 어린 여동생이나 남동생을 항상 사랑하지는 않는 누이를 알고 계시나요?

엄마 : 음, 예. 제 언니의 어린 딸은 가끔 남동생에게 그렇게 대한 것 같아요.

치료자: 왜 그랬죠?

엄마 : 아마도 그 남자애가 굉장한 관심을 받았기 때문이겠죠.

치료자: 누나보다 더 많이요?

엄마 : 예, 그렇게 말할 수 있죠.

치료자: 그 애가 받은 관심은 어떤 거죠?

엄마 : 모든 사람들이 언제나 그 애에게 법석을 떨어요.

치료자: 예를 들면요?

엄마 : 사람들이 항상 찾아와서 그 애에게 선물을 주고 맥도널드나 사탕가게에 데리고 가요.

치료자: 이제 마리의 경우로 돌아가 보죠. 마리의 눈으로 볼 때 자기는 갖지 못하면서 쌍둥이 동생들이 갖게 되는 것이 뭘까요?

엄마 : 글쎄요, 사람들은 항상 집에 들러서 그 애들에게 장난감을 주거나 아이스크림 가게에 데리고 가요.

치료자: 그래서 마음 속 깊이 비밀리에 마리가 어떻게 느낄 거라고 생각되시나요?

엄마 : 음, 내가 절대 그런 말을 못하게 할 테니까 마음 속으로만 어쩌면 마리는 동생들을 미워하고 있을 것 같네요.

치료자: 자, 어머님과 여동생은 어떤가요. 마음 속 깊이 비밀리에 동생을 미워한 적이 있으세요?

엄마 : 그랬던 것 같아요.

치료자: 그런 말을 했다면 어땠을까요?

엄마 : 이런, 아마 어른들이 내 입을 비누로 씻었을 거예요.

치료자: 동생을 미워한다거나 동생에게 화났다는 말을 누군가에게 해 본 적이 있나요?

엄마 : 아니요, 전혀 없었어요.

치료자: 마리는 아무에게나 그 얘기를 편하게 말할 수 있나요?

엄마 : 아니요, 전혀요.

치료자: 그러면 어머님과 마리가 둘 다 화날 땐 무엇을 하나요?

엄마: 우리는 웃으며 다른 걸 바쁘게 해요.

치료자: 그리고 공황발작과 엉터리 연기를 하고요? 두 사람 모두 누구도 자신의 진정한 모습을 알게 하질 않죠.

엄마 : 그런 것 같네요.

치료자: 그것이 앞으로 계속 두 사람이 살고 싶은 방식인가요?
엄마 : 아니요.
치료자: 그러면 이제 어머님은 우리가 어떻게 해야 마리에게 도움이 되는지를 알 수 있을 겁니다.

또 다른 일련의 전화 통화는 마리가 슈퍼마켓에 가서 점점 더 퇴행적인 행동을 공공연히 드러내는 것에 관한 것이었다. 마리와 브루스터 부인은 슈퍼마켓에 가면 쌍둥이들이 통로에서 자유롭게 놀 때 쇼핑 목록에 집중하는 것이 일상이었다. 그러나 이제는 마리와 엄마가 쇼핑을 갈 때 쌍둥이들은 할머니의 집에 머무르기 시작했다. 마리의 엄마는 마리를 쇼핑 카트에 앉히고 통로를 왔다 갔다 하기 시작했다. 그리고 부인은 마리가 쇼핑 카트에 타고 있는 동안 막대 사탕이나 아이스크림을 먹게 했다. 때로 부인이 유아를 돌보고 쌍둥이들에게 가까워지기를 원했을 때, 그녀는 마리가 아기 같이 행동하는 새로운 표현들이 귀찮았다고 솔직히 인정했다. 마리는 종종 관심을 가져달라고 요구했고 자주 어린 아기처럼 울었다. 그러나 부인은 자신이 마리의 퇴행적인 행동을 받아 줄 때 유쾌한 기분이 드는 것을 발견했다. 한번은 그녀가 "마리가 아기처럼 행동하기 시작했어요. 나는 마리를 쇼핑 가트에 부드럽게 앉혔고 마치 아기가 앉아 있는 것처럼 카트를 굴렸더니 아기 같은 행동을 멈췄어요."라고 말했다. 어떤 때 그녀는 마리를 유아처럼 다루는 것을 즐겼다. 그녀는 다음과 같이 부드럽게 말했다. "매일 잠깐 동안 마리의 방에 가서 마리를 보듬어 줘요. 그리고 얼마나 예쁜지 말하고 손가락으로 머리카락을 쓰다듬어요."

마지막 치료놀이 회기 동안 부인은 마리가 성질을 냈을 때 자신이 어떻게 행동했는지에 대하여 자랑스럽게 말했다. 마리는 친구들과 아주 친하게 되었으며 노느라고 숙제를 하지 않았다. 통제력을 유지하고 구조화하라는 우리의 조언을 따라서, 엄마는 주중에는 마리가 숙제를 다 하지 않으면 친구네 집에 가지 못하게 했다. 마리는 매우 화를 냈다. 그것에 압도되고 죄책감을 느끼고 무기력해지는 대신에, 부인은 마리에게 이전 회기에서 나와 연습했던 것을 차분하게 마리에게 말했다. "나는 네가 어떻게 느끼는지 이해할 수 있어. 그렇지만 엄마가 너를 사랑하고 있다는 것을 알려 주고 싶구나." 부인은 자신이 한 말을 고수했고, 마리가 화내는 것은 진정되었다. 그리고 마리는 결국 숙제를 다했다. 부인은 이 전체 국면에 대한 느낌을 좋아했다. 원래 계약은 8번의 치료놀이 회기 후에 통상적인 초기 MIM을 시행하는 것이었다. 그러나 브루스터 씨의 업무 스케줄, 긴 여행 시간, 브루스터 부인이 운전을 못하는 점, 부모들의 마리의 진보에 대한 만족 때문에

를 보니, MIM 1회기에서 부인은 오로지 종이만을 보았는데, 2회기에서는 마리를 보고 있는 것으로 나타났다.

3) 과제 3: 반창고

성인이 아동에게 "어디에 이 반창고를 붙여야 하니?" 라고 묻는다.

(1) MIM 회기 1: 치료놀이 이전

엄마: 이것 읽어 볼래?
마리: [카드를 읽는다] 반창고를 어디에 붙일 거예요? [자기의 손가락을 보여 준다]
엄마: 글쎄, 우리는 네가 발가락을 다친 걸 알지.
마리: 거기에 붙일 거예요?
엄마: 반창고는 세 번째 봉투에 들어 있을 텐데. [봉투를 찾는다] 세 번째 봉투가 어디에 있지?
마리: 그것을 내 발가락에 붙이고 싶으세요? 아니에요?
엄마: 내가 어디에 붙였으면 좋겠니? 발가락에, 아니면 손가락에? 손가락도 물어뜯어서 아프지?
마리: 예.
엄마: 좀 괜찮아?
마리: 예.
엄마: 봐, 그렇게 나쁘진 않구나. [속삭인다]
마리: 와, 배트맨 반창고다, 좋아요!
엄마: 제인과 질(마리의 쌍둥이 동생들)도 이것을 좋아할 거야.
마리: 예.
엄마: 아닐 수도 있고.

이 과제는 마리와 브루스터 부인이 얼마나 다투고 있는지에 대한 증거를 보여 주었고, 둘의 의사소통에서 미묘하지만 의미 있는 혼동이 있음을 나타내었다. 마리와 부인은 상반된 방향으로 나아갔다. 마리는 개시하고 지도하고 구조화시켰다. 그녀는 과제를 시작하고 엄마에게 반창고를 어디에 붙이고 싶은지 물어보았을 뿐 아니라, 동시에 엄마에게 그것을 어디에 붙여야 하는지를 지적하기도 했다. 브루스터 부인은 마리를 만지고 싶어 하지 않는 것처럼 보였고, 마리가 엄마를 도와야 했다. 그러나 부인은 마리의 요구를 인정하기보다 역제안(마리가 손가락을 선택했던 것과 달리 발가락을 선택한 것)을 했다.

또 다시 마리는 엄마의 욕구를 반영하는 부모처럼 보였고 자신의 신체에 대해 엄격한 제한(엄마가 실제로 아픈 발가락에 반창고를 붙이려고 할 때 "안 돼요."라고 말한 것)을 두었다. 브루스터 부인이 반창고를 붙이려고 할 때, 마리는 엄마에게 긍정적으로 반응했으나 부인은 다시 마리에게서 멀어져서 마리의 쌍둥이 동생들을 언급했다. 의사소통이 미묘하긴 했지만, 마리가 엄마에게 양육해 달라고 한 초대에 대해 엄마는 무시와 거리감으로 답했다. 마리는 아마도 어떻게 해야 할지 당황했을 것이다.

(2) MIM 회기 2: 치료놀이 이후

엄마: [카드를 읽고 시작한다] 마리야, 이 반창고를 어디에 붙일까?
[마리가 소매를 끌어올려서 팔꿈치를 보인다]
엄마: 전에 네가 뜯어냈던 곳이구나. 네가 거길 안 뜯게 하려고 애쓰고 있지.
마리: 여전히 신경쓰여요.
엄마: 알아, 넌 참 잘하고 있어. [딸의 팔꿈치에 반창고를 붙인다] 너무 꽉 조이니?
[마리가 아니라고 고개를 흔든다. 똑바로 눈을 맞춘다]
엄마: 기분이 나아졌니?
마리: 음. [인정한다는 듯이 고개를 끄덕이고 미소 짓는다]
엄마: 다음 것을 하자.

이 회기는 1회기보다 활기가 넘치고 생동감이 있으며 자연스러웠다. 1회기처럼 관심의 초점을 바꾸는 대신에, 브루스터 부인와 마리는 함께 하나의 주제(마리의 팔꿈치)를 정했다. 여기서 브루스터 부인은 마리와 진정으로 함께 했다(이 상호작용은 아기가 언어를 배울 때 엄마와 아기 사이에 생기는 과정인 교수적 도움단계와 많이 닮았다. 교수적 도움단계에서 엄마는 아기에게 자신이 함께 하고 말을 배울 수 있도록 격려하고 있다는 메시지를 주면서 아이의 말에 덧붙인다).

4) 과제 4: 로션

성인과 아동은 각각 로션 한 병씩을 들고 서로에게 로션을 발라 준다.

(1) MIM 회기 1: 치료놀이 이전

[마리는 엄마가 준 카드를 읽고 엄마에게 로션을 바르라고 손을 내민다]
[엄마는 웃지만, 마리에게 로션을 발라 주지 않는다]
마리: 이것은 아주 웃기네. [신경질적으로 웃으면서 로션을 엄마의 손에 던다]
엄마: 네가 나에게 먼저 하고 싶니?
마리: [자신의 손에 로션을 던다] 너무 많아. 미안해요.
엄마: 괜찮아.
마리: 엄마 손이 온통 파란색이네요.
엄마: 그래, 그 잉크가 묻은 거야.
[마리는 손가락 끝으로 로션을 바른다]
엄마: 남은 걸 이 위에다 발라. 자, 이제 네 차례야.
마리: 로션을 더 이상 위에다 바를 수 없어요. [엄마의 스웨터를 팔뚝까지 밀어올린다]
엄마: 그래 이걸 바를 만한 곳이 많지 않구나.
마리: 응.
엄마: 네 손이 차네!
마리: 응.
엄마: 딱해라.
마리: 이제 나 진짜로 추워요.
엄마: [머리를 흔들고 로션을 바르기 위해서 마리의 다른 팔을 잡는다] 이제 네 손은 곧 부드러워질 거야. [마리의 볼에 로션을 문지른다] 볼이 약간 빨갛구나.
마리: 아! [엄마가 볼에 로션을 바르는 것을 받아들이지만 잔뜩 찌푸린 표정을 짓는다] 나는 이런 게 필요해요. [마리는 민감한 피부용 로션을 사용한다]
엄마: 필요하다면 내 화장대에 있으니 쓰렴.

브루스터 부인과 마리는 상호 간 양육을 요구하는 이 과제에서 둘 다 불편해 보였고, 모두 자신이 먼저 돌봄을 받기를 바라는 것처럼 보였다. 마리가 먼저 양육자 역할을 맡았다. 엄마에게 로션을 발라 주는 동안 그녀는 사과했고 엄마 손이 파란색임을 반영하였다. 브루스터 부인이 마리에게 로션을 바를 때 두 사람은 모두 불편해졌다. 부인은 마리가 돌봄을 받는 것이 불쾌한 일임을 깨닫기를 바라는 것처럼 보였다. 그리고 그녀는 두 사람 모두 그 과정을 즐길 수 있기 때문에 마리에게 로션을 발라 주기보다는 (마리의 빨간 볼 때문에) 로션이 필요하다고 제안했다. 마리는 엄마에게 그녀가 정말로 자기를 아프게 하고 있고 차갑게 만들고 있다는 뜻을 전달했다.

(2) MIM 회기 2: 치료놀이 이후

엄마: 아, 이건 좋아. 지난 번에는 이걸 하지 못했지. [물건을 바닥에 떨어뜨린다]
[마리는 떨어진 물건을 집는다]
엄마: 고마워, 마리야. [소매를 걷어붙인다]
[마리는 미소 짓고 자신의 소매를 걷는다]
엄마: 준비됐니? [서로의 손에 동시에 로션을 덜고, 서로에게 자극이 되도록 로션을 부드럽게 팔과 손을 오가며 바른다] 우, 차갑다! 부드러워. 차갑고 부드러워. [마리의 코에 살살 바른다. 각자 서로의 뺨에 로션을 바른다] 아주 좋지?

이 회기는 편안했다. 마리와 브루스터 부인은 친밀하고 다정했다. 비디오테이프에서 마리는 자신의 팔을 엄마에게 주며 엄마가 로션을 발라 주기를 기대하고 있음을 보여 주었다. 그들은 상호접촉을 즐겼고 말조차 필요없었다. 이것은 진정한 상호적 교류로 편안하며 서로 위로해 주고 마찰이 없었다. 이 개입은 아기를 대하는 엄마와 같았다. 회기가 끝나고 각자가 가장 좋아했던 과제에 대해 질문했더니, 마리는 엄마가 가장 좋아한 과제는 로션 발라 주기라고 말했다. 엄마가 그렇다고 확인해 주었다.

5) 과제 5: 먹이기

성인과 아동이 서로에게 건포도를 먹여 준다.

(1) MIM 회기 1: 치료놀이 이전

마리: 오, 이런. 이건 너무나 이상하다. 아니, 건포도를… 이런.
엄마: 우리가 뭘 먹어야 하는데?
엄마: 넌 요즘 별로 배고프지 않은 걸로 알고 있는데. 조금만 먹을래? 두 개?
마리: 하나요.
엄마: 딱 하나? 아, 우리는 서로에게 먹여 주기를 해야 하는 거지? 좋아, 여기 하나. [아이에게 먹인다] 나 배고파.

마리: 그러면 그거 다 먹어요. [웃는다]
엄마: 네가 나에게 먹여 줘야 하는 거야.
내담자 : 입을 크게 벌려요.
엄마: 고맙구나. 하나 더 먹을래? [하나 들고 있는 것을 마리에게 먹이려 한다]
마리: [아니라고 고개를 젓는다] 나는 건포도가 싫어. [건포도 상자에 손을 뻗는다]
엄마: 언제부터 건포도가 싫었니?
마리: [어깨를 으쓱한다] 건포도가 좋긴 한데…….
엄마: 오늘만 싫다 이 말이지? 하나 더 먹을래? 너는 벌써 건포도 두 개를 먹었어.
[마리는 엄마가 준 건포도를 먹는다]

먹이기와 양육의 과정을 둘러싼 혼란과 갈등을 보다 쉽게 볼 수 있는 다른 과제는 없을 것이다. 이전 과제에서와 같이 브루스터 부인은 마리가 자신이 먹여 주는 것을 싫어하고("넌 요즘 별로 배고프지 않은 걸로 알고 있는데. 조금만 먹을래? 두 개?") 마리가 자기를 양육해 주기를 바라는 마음을 표현했다("나 배고파. 네가 나에게 먹여 줘야 하는 거야."). 마리는 엄마의 양육을 제한했다("하나요. 나는 건포도가 싫어."). 마리는 엄마와 투쟁하고 순응하는 데 혼란을 겪고 있음이 분명했다("나는 건포도가 싫어. 건포도가 좋긴 한데……."). 브루스터 부인이 이런 투쟁에 가담하고 있다는 것도 분명했다("너는 벌써 건포도 두 개를 먹었어.").

(2) MIM 회기 2: 치료놀이 이후

[엄마가 딸에게 뚜껑이 열린 건포도 상자를 건넨다]
[마리가 건포도를 집어서 엄마의 입에 넣어 주는 걸 시작으로 서로 순서를 바꿔 가며 상대방에게 건포도를 먹여 준다]
엄마: 다 먹어 버린 것 같네. [상자가 비었다]
[마리가 고개를 끄덕인다]

브루스터 부인과 마리는 서로에게 편안히 먹여 주었다. 마리가 먼저 엄마에게 먹여 주었지만 상호작용은 일방적이지 않았다. 브루스터 부인은 자신 있게 건포도 상자를 연 다음 주저하지 않고 그것을 마리에게 건네면서 과제를 시작했다. 두 사람은 이 과제를 단순하고 자연스런 방식으로 수행했다.

이 사례가 종료되자, 시간이 갈수록 마리의 부모로부터 전화가 점점 오지 않았다. 그들은 새로운 기법을 배운 것에 점점 더 만족스러워했고, 분명히 효과가 있는 방법에 대해 편안함을 느끼는 것처럼 보였다. 브루스터 부인의 자신감은 훌쩍 커졌다. "나는 마리가 화를 내도 더 이상 위협당하지 않아요. 그보다는 마리가 얼마나 나아졌는지를 즐겨요." 마리의 성공은 여러 영역에서 분명했다. 브루스터 부인은 마리의 몸무게가 늘었고, 집에 데려가 달라고 애걸하는 대신에 방과 후에 학교에 계속 있게 해 달라고 요청한다고 보고했다. 치료가 끝나 가면서, 브루스터 부인은 마리가 친구 집에서 자고 싶어 하는 것을 알았다. "마리는 아무런 조바심도 없이 갔어요. 그 애는 보다 활기가 넘쳤고 실제로 오르락내리락 뛰어다녔죠. 돌아와서 제게 이렇게 말했어요. '엄마, 친구네 집에 도착했을 때는 진짜 기분이 안 좋았는데 좀 있으니까 재미가 있었어요.'"

브루스터 부인은 자신과 마리 간의 관계 변화를 다음과 같이 회상했다. "나는 마리에게서 굉장한 변화를 볼 수 있었고 우리 사이는 훨씬 더 편안해졌어요. 나는 이제 정말 마리가 즐거워요. 나는 죄책감을 덜 느껴요." 마리와 엄마에게 어려운 영역은 남아 있었다. 브루스터 부인은 마리에게 유일한 가사일인 식기세척기에서 그릇을 꺼내는 일을 시키면 그녀가 여전히 성질을 부린다고 보고했다. 때때로 마리는 아무 이유 없이 흐느꼈다. 그러나 부인은 이제 마리에게 "왜?"라고 묻고 마리는 반응하면서 기분이 나아지는 것처럼 보인다. 우리는 부인이 진정한 모습의 마리를 점점 더 수용함으로써 마리가 더 많이 이해받고 있고 덜 외롭게 느낄 것이라고 확신한다. 마리와 부인이 때로 다툼을 계속할 수도 있겠지만, 그런 우연한 갈등은 그들에게 덜 위협적인 것으로 보여서 자신들의 어려움을 함께 극복해 갈 수 있을 것이다. 마지막 전화 통화에서 브루스터 부인은 "사촌이 마리와 나의 변화를 보고 자신의 가족에게도 그런 변화를 바란다."고 하면서 우리에게 자신의 사촌과 조카에게 치료놀이를 시작할 수 있겠느냐고 물었다.

6. 논의

솔직히 소개된 문제의 심각성을 고려했을 때, 이 사례에 관여한 세 명의 치료자들은 그 성과에 대해 깜짝 놀랐다. 집중적이고 인간적이며 참여적인 것은 치료놀이의 본질이기에, 아마도 그러한 조합이 잘 작용한 것 같다. 예를 들어, 우리는 치료놀이에서 통상적인 형태를 개정하거나 수정해서 진정한 자신이 되도록 고안한 회기를 하였다. 또한 우리는 때가 되면 저절로 마리의 자발성이 나타날 것이라고 확신하기는 했지만, 이 사례에서 그러한 시간적 여유는 없었다. 우리가 사용한 전략을 세우는 데 가장 중요했던 요인은 일상적인 아동 치료에서 좀처럼 대면하기 어려운, 잠재적으로 삶과 죽음의 위기 문제에 개입해야 하는 응급성이었다. 이 위기가 우리 모두를 흔히 자신에게 기대하는 것 이상의 모든 가능성을 탐색하면서 능력을 발휘하게 만든 원동력이 되었다. 가능하다면 우리는 치료 기간을 연장하고 싶었다. 불행하게도 아동 치료에 종사하는 사람들이 종종 깨닫는 것처럼, 궁극적으로 치료의 한계를 결정하는 것은 성인 세계의 현실 때문이지 아동의 현실 때문이 아니다. 마리와 그녀의 부모의 예후에 대한 우리의 예상은 일반적으로 긍정적이다. 물론 모든 성장하는 아동은 어려움을 겪겠지만, 그러한 어려움이 생기면 연락을 할 것이라고 확신한다.

이 복잡하고 독특한 문제를 지닌 아동을 다루는 과정에서 우리는 새로운 전략들을 고안하면서 열린 마음을 유지했다. 우리는 부모들이 그들 스스로에 대해서 배웠던 것처럼 우리도 우리 자신에 대해 배웠고, 어떤 위험을 감수한 것(예: 진정한 마리에 집중한 것)이 더 엄격한 모델을 사용한 것보다 더 나은 성과가 있다는 것을 알게 되었다. 따라서 우리는 건강을 향상시키는 데 기여하는 사람이 되는 것을 통하여 우리 모두가 성숙할 수 있다는 것을 배웠다. 또한 우리는 이 부모들이 아이들에 대해서 배웠듯이 아이들에 대해서 다시 알게 되었다. 즉, 그들은 겉으로 보이는 것처럼 연약하지 않고, 우리가 기회를 제공해 주면 그것을 잘 받아들일 뿐만 아니라 회복과 생존에 대한 그들의 본능을 훌륭하게 사용하기도 한다.

참고문헌

Jernberg, A. (1979). *Theraplay: A structured New Approach for Problem Children and Their Families.* San Francisco: Jossey-Bass.

Jernberg, A. (1989). Training parents of failure-to-attach children. In C. Schaefer & J. Briesmeister (Eds.), *Handbook of Parent Training.* pp. 392-413. New York: Wiley.

Jernberg, A. (1991). Assessing parent-child interactions with the Marschak Interaction Method. In C. Schaefer, C. Gitlin, and K. A. Sandgrun (Eds.), *Play Diagnosis and Assessment.* pp. 493-515. New York: Wiley.

Jernberg, A. (1993). Attachment formation. In C. Schaefer (Ed.), *The Therapeutic Powers of Play*. New York: Jason Aronson.

Jernberg, A., Booth, P., Koller, T., and Allert, A. (1987). *Manual for the Administration and the Clinical Interpretation of the Marschak Interaction Method (MIM), Pre−school and School Age*. Chicago: The Theraplay Institute.

Marschak, M. (1960). A method for evaluating child−parent interaction under controlled conditions. *Journal of Genetic Psychology*, *97*, 3−22.

Marschak, M. (1980). *Parent−Child Interaction and Youth Rebellion*. New York: Gardner.

4
젠틀맨 짐과 그의 전쟁: 심상적 상호작용 놀이치료

Joop Hellendoorn, Ph.D., & Marie-Joze De Vroom, M.A.

1. 심상적 상호작용 놀이치료 소개

심상적 상호작용 놀이치료(Imagery Interaction Play Therapy)라고 불리는 아동 심리치료 방법은 1950년대 네덜란드에서 시작되었다. 이 방법은 성인치료에서 파생된 것이 아니라 아동치료를 위해서 발전되었다. 심상적 상호작용 놀이치료는 유럽의 현상학적 심리학에 기반을 두고 있으며, 일상생활의 사건들에 대한 개인의 지각과 그 사건들에 개인이 부여하는 의미를 강조한다(Mook, 1989). 그리고 한 개인이 자신의 경험에 부여한 의미가 그 개인의 외부 세계에 대한 접근방식을 결정한다. 예를 들면, 개인은 자신이 부여한 의미에 따라 개방적이 될 수도 자신만만할 수도 있으며, 조심스러울 수도 불신하거나 공격적인 태도를 보일 수도 있다.

심상적 놀이는 아동을 대상으로 하는 모든 치료에서 사용된다(Van der Kooij & Hellendoorn, 1985). 그러나 심상적 상호작용 놀이치료는 놀이 자체의 치료적 속성을 강조한다는 점에서 다른 방법들과 다르다. 이 치료적 속성이 내담자중심 놀이치료와 정신분석적 놀이치료의 차이점이다. 내담자중심 치료는 아동과 치료자 간의 개인적 관계에 보다 많은 초점을 둔다. 이에 비해 정신분석적 놀이치료는 아동이 의식적 통찰을 얻을 수 있도록 놀이 내용에 대한 해석을 강조한다.

아동들이 그들의 경험을 언어 대신에 심상적 놀이를 통해서 표현하는 것을 중시하는 데는 다음의 두 가지 이유가 있다(Langeveld, 1955, 1964). 첫째, 아동들은 언어적 능력과 자기반영을 하는 능력이 성인들만큼 잘 발달되어 있지 않다. 성인들도 자신들의 개인적이고 정서적인 경험을 언어로 설명하기 어려워한다. 둘째, 자신들의 문제를 공개적으로 이야기하는 것은 부모에 대한 의리 문제를 야기할 수 있다. 아동의 문제는 종종 부모와 관련되며, 다른 한편으로는 아동들이 부모에게 매우 의존하여 여러 가지 면으로 애착되어 있는 것과 관련된다.

아동은 심상적 놀이를 매개로 하여 숨겨져 있는 것들을 드러내고, 보다 분명한 방식으로 의사소통할 수 있는 기회를 갖게 된다(Vermeer, 1973). 치료자는 아동이 시작한 놀이에 참여함으로써 아동의 놀이 세계에 동참하려고 노력한다. 아동은 놀이 세계에서 의사소통을 할 때 자신들의 불안, 분노 및 다른 부정적 정서와 관련된 감정을 표현하는 것이 보다 쉽고 안전하다는 것을 알게 된다. 또한 아동들은 놀이 세계에서 실제로 아무도 다치게 하지 않고 상처 주는 일 없이 대안책과 새로운 생각들을 실험해 볼 수 있다. 치료자는 아동이 자신만의 놀이 주제를 발전시키고 그것을 훈습하며 더 건설적인 방향으로 나아갈 수 있도록 지도한다. 여기서의 가설은 일부 다른 경험을 할 수 있도록 하고, 경험에 대한 표현에 영향을 미침으로써 일상생활에서 일어나는 사건들에 대하여 새로운 방식으로 의미를 부여할 수 있도록 돕는 것이다.

1) 심상적 상호작용 놀이치료의 기법들

심상적 상호작용 놀이치료에서 치료자는 아동이 창조한 놀이 세계에서 아동과 함께 놀이를 한다. 이런 참여는 다양한 방식을 통해 이루어진다. 우선 치료자는 관심을 보이고 관여하는 태도를 가져야 한다. 예를 들어, 치료자는 아동과 눈높이를 맞출 수 있어야 하고 아동과 함께 놀이 재료를 탐색할 수 있어야 한다. 둘째, 치료자는 보다 적극적으로 함께 놀이를 하는 사람(co-player)이 되어야 한다. 예를 들어, 치료자는 인형의 집에 가구를 가져오거나 군대를 배열하는 것을 돕거나 모래상자에 수로를 건설할 수도 있다. 마지막으로 치료자는 언어적으로 참여해야 한다. 우리가 앞으로 논의할 측정기법들의 목적은 심상적 놀이에서 표현되었던 아동의 경험들을 강화해 주고 심화하며 영향을 미치는 것이다.

(1) 언어화하기 또는 진술하기

처음 기법은 언어화하기 또는 진술하기로 아동이 주어진 순간에 놀이로 표현한 것을 언어화하거나 진술하는 것이다. 이는 아동의 행동에 보다 구체적인 의미를 부여하는 것이다.

8세인 톰은 개에게 등산을 시켰으나 갑자기 개가 굴러떨어졌다. 치료자는 이것을 언어적으로 덧붙일 수 있다. "개가 산을 올라간다. 높이 더 높이…. 그런데 거의 정상에 다 와서 다시 굴러떨어진다."

효과적인 언어화와 진술하기는 아동이 놀이에서 나타내는 정서와 사고와 마찬가지로 사건의 핵심을 포괄해야 하기 때문에 어조, 속도, 어휘 등에 주의를 기울이는 것이 중요하다. 이런 언어화를 하는 데는 여러 가지 다른 목적이 있다.

■ 구조화하기: 치료자는 개별적 놀이 단편들을 응집력 있는 전체로 결합함으로써 놀이가 보다 통합적이 되도록 돕는다. 또한 구조화는 아동이 놀이에 부여하는 의미를 보다 명확하게 하는 데 유용하다.

리타는 다른 장난감들을 골랐고 그것들을 모래상자에 놓는다. 그녀의 행위는 그다지 특정한 의미가 없이 여전히 잠정적인 것처럼 보인다. 치료자는 이런 행위들이 일어날 때 다음과 같이 언어화할 수 있다. "말이 한 마리 오고… 나무가 하나 있네. 그리고 울타리 건너편에… 그 악어 뒤에… 호랑이… 그리고 사자. 모든 야생동물들이 그 울타리 쪽으로 있어야만 하는 것처럼 보여."

■ 의미를 강화하기: 이런 언어화의 목적은 아동의 입장과 의미를 명료화하는 데 도움을 주기 위한 것이다.

톰은 여러 번에 걸쳐 개가 산을 오르는 놀이를 반복하지만 개는 매번 아래로 떨어진다. 그러면 치료자는 다음과 같이 말함으로써 의미를 강화할 수 있다. "계속해서 개가 산의 정상에 오르려고 노력하지만 정상에 오르는 데는 실패하는구나."

■ 미래 사건을 예측하기: 이런 언어화는 놀이 이야기에서의 연속성을 야기한다.

7세 소년 브라이언은 양쪽으로 두 개의 큰 군대 진영을 정렬한다.
치료자 : "전투를 할 것같이 보이는구나."

■ 놀이 모형에 대한 감정과 사고를 정교화하기: 이런 방식으로 치료자는 아동의 감정과 생각을 분명하게 확인한다.

제니스(5세)는 집에 혼자 있는 꼬마 소녀 놀이를 하고 있는데 집 바깥쪽에서 강도의 발자국 소리를 듣는다.

치료자 : "꼬마 소녀가 굉장히 놀랐을 것 같구나."

■ 치료적 메시지의 진술 및 해석적인 놀이 개입: 심상적 상호작용에서 치료적 메시지를 진술하는 것은 놀이 형태와 맞아야 한다는 것을 제외하고는 정신역동적 측면에서의 해석과 유사하다. 이러한 메시지는 언제나 치료목표와 관련된다. 두 가지 예를 들어 보자.

7세인 조니는 갑작스럽게 성마름 발작이 일어나 가족들을 위협하는 소년으로, 작은 빨간색 차를 난폭하게 움직여서 다른 작은 플라스틱 장난감들과 충돌시키거나 내동댕이쳤다. 구경꾼의 입장에 있던 치료자도 위협을 느껴 다음과 같이 말한다. "그만 내리세요, 빨리요! 그 차가 그렇게 난폭하게 움직이는 한 우리는 여기서 그 차와 함께 있을 수 없어. 나중에 차가 경주를 중단하면 그때 우리가 다시 할 수도 있을 거야." 그리고 치료자는 다른 작은 차를 가지고 조니와 경주를 한다. 이런 식으로 조니는 자신의 거친 경주를 충족시킬 여지를 갖게 된다. 그러나 동시에 치료자는 이와 같이 난폭한 행동은 다른 사람들에게 방해가 될 수 있으며, 결과적으로 외로움을 느끼게 될 수도 있다는 메시지를 전한다.

7세인 헬렌은 늘 엄마와 논쟁을 한다. 그녀의 놀이에서 엄마 인형이 소년을 때린다. 치료자는 헬렌이라는 것을 확인할 수 있었지만, 동시에 그 이면에 어떤 이유들이 있을 것이라는 메시지를 전달한다. "이런, 아프겠네! 무슨 일이 생긴 게 틀림없어. 아마도 엄마가 화가 난 건 소년이 해서는 안 되는 뭔가를 했거나 엄마가 지쳤거나, 아니면 뭔가 다른 이유가 있을 거야."

해석적 개입은 질문의 형태로 할 수도 있고 아동이 해석을 하도록 할 수도 있다. 이는 치료자-아동 상호작용을 강화할 수도 있다.

앞서 톰과 개의 경우에서 치료자는 다음과 같이 말할 수 있다. "왜 개가 한 모든 시도들이 실패했는지 궁금하구나."

(2) 자극하기

심상적 상호작용 놀이치료의 제2 기법은 자극하기인데 이는 언어화하기와 관련이 있다. 자극하기는 아동이 보다 집중적이고 격렬한 놀이에 참여할 수 있도록 격려하는 것을 의미한다. 아동이 놀이 시작하는 것을 어려워할 때, 치료자는 가능한 놀이 소재들을 제안할 수 있고 아동에게 다른 장난감을 다뤄 보도록 격려할 수 있다. 놀이를 더욱 자극하기 위해서 치료자는 새로운 놀이 재료나 놀이 공간 또는 놀이 내용을 통합시키도록 제안할 수도 있다.

> 제니는 인형의 집에서 놀이를 하고 있다. 그녀는 집을 갖추고 거기에 몇 개의 손인형을 놓고, 그들을 침대에 놓은 후에 "다 끝났다." 라고 말한다. 치료자는 낮고 다소 신비스러운 목소리로 말한다. "음… 지금 모두 잠자리에 들었고… 집은 어둡고 굉장히 조용하네."

또한 자극하기는 아동이 극복하기에 힘든 장벽을 만났을 때 필요하다. 놀이에 참여함으로써, 치료자는 아동의 행위가 금기시되는 것이 아니라 최소한 한 명의 성인으로부터 허용되고 있다는 점을 분명히 해 준다. 만일 아동이 장벽을 넘는 데 충분히 도움이 되지 않았다면, 치료자는 더 많은 제안을 하는 것에 주의를 기울여서 아동이 압력을 느끼지 않도록 해야 한다.

우리가 심상적 상호작용 놀이치료에서 종종 사용하는 자극화의 한 유형은 '감각활용 놀이(Sensopathic play, 역주: 만지는 것을 통해서 창의성을 탐색하기 위한 놀이)' 다. 이런 종류의 놀이는 무형의 재료들, 즉 모래, 물, 찰흙 등을 가지고 촉각이나 다른 감각에 몰두하게 하는 특성이 있다. 아동은 재료를 적극적으로 변화시키기보다는, 만지고 느끼고 맛보거나 냄새를 맡으며 물질과 속성들을 경험해 본다. 이런 외형적으로 퇴행적인 놀이는 종종 아동들을 이완시키며, 결과적으로 놀이 경험을 심화하고 강화하는 데 유용하다. 그러나 일부 아동들에게는 형태가 없는 감각 활용 놀이의 퇴행적 속성이 위협이 되기도 한다. 그런 아동들은 보다 구조화된 개입을 원할 수 있다.

(3) 한계 설정

이따금 놀이를 자극하는 것이 중요한 것과 마찬가지로 한계를 정하는 것도 때로 필요하다. 예를 들어, 한 아동이 너무나 많은 장난감 재료들을 사용하여 상황을 잊어버린다면 치료자는 한계를 둘 필요가 있다. 이런 한계 설정은 주변에 보이는 모든 것들에 쉽게 주의가 산만해지는 어린 아동들에게 필수적이다. 때로 아동들이 한계를 벗어나거나 벗어나려고 할 경우 치료자는 아동을 진정시켜야 한다. 우선 치료자는 한계 설정을 놀이로 통합시켜야 한다.

"음, 물이 점점 많아지네. 거의 넘치겠어. 이 정도면 충분하지 않겠니?"

이것이 효과가 없다면, 치료자는 놀이 세계에서 벗어나 아동에게 허용되는 것과 허용되지 않는 것이 무엇인지를 분명히 말해야 한다. 그리고 동시에 아동이 허용되지 않는 것을 하고 싶어 한다는 사실을 수용해야 한다.

모든 아동에게 적용되는 다양한 제한(예: 시간, 놀이 재료를 집으로 가져가지 않는 것, 놀이 재료를 고의로 부수지 않는 것, 다른 사람을 아프게 하지 않는 것) 외에도 특정한 제한이 필요한 아이들도 있다. 이런 특정한 제한들은 치료목표와 직접적으로 관련되어야 한다. 예를 들어, 어떤 특정 아동의 경우 목표가 보다 적극적인 입장을 취하도록 자극화하는 것이라면, 놀이 동안 나오는 모든 문제들에 대한 마술적 해결을 하는 것을 제한하는 것이 적절할 수도 있다.

(4) 대응놀이

심상적 놀이치료의 마지막 기법은 대응놀이(counterplay)다. 치료자는 놀이 세계에서 아동이 하고 있는 것과는 다른 측면의 것을 의인화할 수 있는 역할을 취하며 동시에 치료적 메시지를 전달한다.

> 8세인 모니카는 자신과 부모로부터 이상적인 아동의 이미지를 과도하게 강요받아 치료에서 항상 착해야 한다는 압력을 받는 것과 관련 있어 보이는 문제를 보였다. 그녀는 엄하게 아기 인형을 때리는 엄마 역할을 했다. 모니카는 인형에게 "너는 나빠, 나빠, 나빠, 나빠……."라고 했다. 이때 치료자는 차를 마시러 온 엄마의 친구 역할을 한다. "딸 때문에 정말 화가 났구나. 진짜 나쁜 일을 했나 보네. 그게 어떤 건지 알아. 나도 그래. 가끔 애들은 너무 끔찍해. 하지만 애들인 걸 어쩌겠어. 애들은 착하다가도 때론 그렇지 않기도 해."

이런 방법으로 개입하려면, 치료자는 분명히 그 아동 역할의 의미에 대하여 상당한 통찰을 가질 필요가 있다. 이런 경우에 놀이치료자는 아동의 과거력과 이전 평가의 결과 및 설계된 치료목표에 대하여 알고 있어야 한다(더 자세한 사례는 Hellendoorn, 1988 참조).

여기에서 우리는 연구(Harinck & Hellendoorn, 1987)를 통해 얻은 결과 중의 하나를 특별히 언급할 가치가 있다고 본다. 가능한 모든 아동의 행동들에서 심상적 놀이는 치료자가 아동에게 많은 영향을 미칠 수 있는 것 중의 하나다. 더욱이 치료자의 심상적 놀이 행동은 아동의 심상적 놀이를 강력하게 촉진한다. 따라서 이런 심상적 형식의 치료적 개입을 하는 것은 가치가 있다.

2) 부모상담

아동의 치료는 결코 아동만 치료해서 되는 것이 아니다. 이는 아동이 가족의 일부이기 때문이다. 문제 아동이 있다는 것은 부모에게 상당한 어려움이다. 더욱이 부모들에게 종종 자신의 아이에 대하여 다른 태도를 개발시킬 필요가 있다. 이것이 심상적 놀이치료에서 부모상담이 중요한 이유다. 대개 우리는 동일한 사람이 상담과 치료를 같이 하는 것을 더 선호한다. 아동과 부모를 동시에 작업하는 것은 실제적 이득이 많다. 왜냐하면 모든 것을 한 사람이 하면, 방법과 우선권에 대한 견해 차이를 없앨 수 있기 때문이다. 또한 일방향적 동일시를 막는 데도 유용하다. 치료자와 부모 간의 경쟁이 보다 쉽게 일어날 수 있지만 치료자는 이런 쟁점을 보다 직접적으로 다룰 수 있다. 또 다른 중요한 이득은 아동과 직접적인 경험을 하게 됨으로써, 치료자와 부모는 아동이 잘 하는 것과 할 수 있는 것에 대하여 공감하게 되는 것이다. 무엇보다도 아동의 문제 행동은 치료에서 분명하게 나타난다. 이런 방식으로 전체 과정에서 부모를 적극적으로 개입시키는 것이 수월하다. 그렇지만 부모와 자녀 간에 발생할 수 있는 상황이 너무나 팽팽하여 누가 옳거나 그르다고 말할 수 없는 경우는 각각의 다른 치료자들이 부모와 아동을 치료할 것을 권한다.

3) 심상적 상호작용 놀이치료를 위한 지침들

심상적 상호작용 놀이치료의 중요한 특징은 아동에게 자신들의 문제를 놀이를 통해 은밀하게 표현할 수 있는 기회를 준다는 것이다. 부모와 관련된 문제가 있는 아동들의 경우에 자신의 문제를 공개적으로 논의하는 것은 부모에 대한 의리를 저버리는 것으로 여겨 갈등을 초래할 수 있다. 이런 아동들의 경우는 이 방법이 더욱 적절하다. 심상적 상호작용은 신체적 호소와 같은 은밀한 증상들을 지닌 아동들에게도 잘 작용한다. 이 방법은 외상적 사건을 극복하지 못한 어린이나 장해를 대처하는 데 어려움을 겪는 어린이들에게 적절하다. 일반적으로 외상적 사건을 경험하고 있는 사람들은 그 사건들을 심상을 통해서 진정시킨다. 심상적 상호작용 놀이치료는 그들에게 심상들을 보다 구체화시켜 주고 잘 떠오르게 한다. 놀이치료자들은 이 방법을 혼란스러운 아동에게도 사용할 수 있는데 이때는 충분한 구조를 제공하는 것이 중요하다.

더욱이 치료가 성공적이기 위해서는, 부모가 자녀에 대한 행동과 태도를 점검해 보고(상담자의 도움을 받으면서), 변화할 준비가 되어 있을 필요가 있다. 대상 아동은 심상적 놀이에 참여하는 것을 좋아하는 4~10세 사이가 알맞다. 더 나이가 많은 아동들의 경우는 놀이보다는 다른 심상적 기법들(예: 그림 그리기, 찰흙놀이, 스토리텔링)이 적절할 수도 있다.

4) 치료목표, 전략 및 평가

치료가 필요한지를 결정하려면 치료자는 아동 및 가정의 문제 모두에 대하여 전반적인 평가를 해야 한다. 왜 아동에게 치료가 필요한지를 명확히 해야 한다. 놀이치료자는 치료목표를 설계할 필요가 있는데, 이는 아동과 부모 모두에 대한 것이어야 한다. 대개 우리는 궁극적인 목표와 중간목표를 구별한다. 궁극적인 목표들은 치료자가 이 치료를 수행할 때 달성하고자 하는 것을 반영하는 것이다. 예를 들어, 이해가능한 방식으로 정서를 표현하는 능력, 새로운 문제에 대해 보다 잘 대처할 수 있는 능력, 2주에 한 번 정도로 성마름의 빈도가 감소되는 것 등을 들 수 있다. 이런 것들은 치료 종결의 기준이 되기도 한다. 중간목표들은 궁극적 목표로 나아가기 위한 단계들이다. 중간목표들은 치료 안에서의 행동과 관련된다. 예를 들어, 치료자와 아동 간의 관계를 형성하기, 개인적으로 의미 있는 심상놀이를 획득하기, 놀이에서 개인적 문제에 직면하기, 특정한 문제를 명료화하기 등이 있다. 다음으로 이런 목표들을 달성하기 위해서 제안된 방식은 전략적 계획으로 수립되어야 한다. 마지막으로 치료자가 모든 회기를 평가하는 것이 중요하다. 치료계획(치료목표와 전략을 구성하는 것)은 장기적 평가와 마찬가지로 단기적 평가에서도 어떤 기초를 제공한다. 하링크와 로에벤(Harinck & Loeven, 1985)은 목표 설계와 전략 계획에 많은 관심을 기울이고 회기에 대한 정기적인 서면 평가를 하는 치료자가 치료에서 성공적이라고 제안했다.

2. 문제와 배경자료

우리 대학의 아동상담센터에 평가가 의뢰되었을 때 지미는 7세 6개월이었다. 아동상담센터는 행동 문제가 있는 아동과 양육 문제가 있는 부모들을 위한 특수교육학과와 발달심리학과의 외래 내담자를 위한 클리닉이다. 클리닉의 주된 목적은 두 학과의 학생들과 교수들에게 실습의 장을 제공하는 것이다. 학교들, 의사들 및 다른 전문가들이 이곳으로 내담자를 의뢰한다.

지미의 사례에서, 지미의 엄마(엘렌)와 교사는 지미가 더 이상 그들이 다가갈 수 없는 그만의 작은 세계로 철수하는 경향 때문에 어떤 도움이 필요하다는 점에 동의했다. 반면에 지미는 극단적으로 까다로웠다. 특히, 지미는 또래집단에서 다른 사람의 말을 듣지 않았고 거의 모든 것에 저항하였으며 늘 엄마의 관심을 요구했다. 엄마가 전화를 할 때마다 지미는 정확히 누구와 통화를 하는지, 무슨 얘기를 하는지에 대해서 알고 싶어 했다. 외부의 아주 사소한 자극에도 그의 반응은 극단적으로 격렬했다. 학교에서도 역시 공상에 잠겨 있지 않는 한 늘 다른 아동들을 방해했다. 이는 다른 아동과 교사에게 골칫거리가 되었을 뿐만 아니라, 지미 자신에게도 해가 되었다. 따라서 지미의 성적은 저조했다. 그는 거의 친구가 없었다. 지난 4년 동안 그는 이따금 침대에 오줌을 싸기도 했고, 최근에는 오른쪽 다리의 극심한 통증을 호소했다. 그러나 의뢰의 직접적 원인은 엄마가 지미 책상에서 더 이상 살고 싶지 않다고 적힌 쪽지를 발견한 것이었다. 이에 엄마는 매우 놀랐다.

가족은 엘렌과 두 자녀, 지미와 13세 된 누나 낸시로 이루어져 있다. 4년 전에 아빠(브라이언)는 가족을 떠났다. 엘렌은 그가 무슨 일 때문인가로 괴로워했다는 것을 알았지만, 그가 가족을 떠날 것이라고 공표한 것에 완전히 경악했다. 심지어 4년이 지난 후에도 그녀는 여전히 그가 왜 떠났는지를 이해하지 못했다. 브라이언은 그들 근처에서 살면서 종종 저녁식사를 하러 들르거나 아이들을 보러 왔기 때문에 더욱더 이해하기 쉽지 않았다. 엘렌은 "이런 방식으로 아이들과 나는 항상 작별인사를 해야 했어요."라고 말했다. 동시에 그것은 재결합에 대한 희망을 간직하게 했다. 그러나 지미가 치료에 들어가기 직전의 한 달 동안 그 균열이 갑작스럽게 깊어졌는데, 이는 브라이언이 엘렌의 절친한 친구와 바람을 피기 시작했기 때문이다. 아주 정서적으로, 엘렌은 이제 이혼과 자녀들을 위한 규칙적인 방문계획을 원했다.

브라이언이 가족을 떠난 후 4년 동안, 엘렌이 일하는 시간(작은 사무실의 접수원으로서)을 일주일에 16시간에서 24시간으로 늘렸음에도 불구하고 가족의 수입은 현저하게 감소했다. 결과적으로 그들은 더 작은 아파트로 이사해야 했고, 두 자녀는 전학을 가야 했다. 엘렌은 상당한 외로움과 우울감을 느꼈다. 한때 그녀는 집단치료에서 도움을 구하려고 했지만, 자신의 문제가 다른 참가자들의 문제와 너무나 달라서 이해받을 수 없을 것이라고 느꼈다. 더욱이 치료 시간 동안 아이 돌보는 사람을 구하기가 어려웠고, 엘렌이 회기를 끝내고 집에 오면 아이들은 종종 매우 반항적이 되었다. 그래서 몇 달 후에 그녀는 치료를 중단했다. 대신에 그녀는 아이들에게 좋은 가정을 제공하려고 시도했다. 그러나 그녀는 점점 더 자신이 그것을 해낼 수 없다고 느끼게 되었다. 이제 막 청소년이 된 딸 맨디는 난폭하게 반항했고 종종 엄마에게 브라이언과 살고 싶다고 말했으며 계속해서 지미와 싸웠다. "집안 분위기는 희망도 가망도 없어요. 마치 우리는 절대 멋진 일을 함께 할 수 없고 단지 서로에게 소리만 지를 수 있는 것 같아요."라고 엘렌이 말했다.

엘렌은 지미가 가족의 파경에 가장 많은 영향을 받은 것 같다고 생각했다. 왜냐하면 그는 아빠와 사이가 너무나 좋았고, 둘은 실제로 떨어질 수 없을 것 같았기 때문이었다. "브라이언의 방문(두 번째 주말마다)과 상관없이, 그는 거의 아무 말도 하지 않았고, 어느 누구하고도 어울리지 않았다. 엘렌은 다음과 같이 말했다. "지미는 학교에서 돌아오자마자 자기 방으로 가서 외투를 입은 채로 저녁식사 때까지 앉아 있어요." 그는 거의 언제나 레고와 장난감 차를 가지고 혼자 놀거나 만화책을 읽었다. 그럴 때마다 엘렌은 지미에 대한 무력감과 죄책감을 느꼈다. "지미는 종종 너무 시무룩했고, 내가 어떻게 노력을 하든 간에 그 애가 원치 않는 것들이 너무나 많았어요. 그건 마치 나는 아무것도 잘할 수 없는 사람처럼 느끼게 하죠. 그리고 이젠 이렇게 죽고 싶어 하고요. …진짜 인내의 한계를 넘어서는 일이에요."

접수 절차를 완료하기 위해서 우리는 지미 아빠를 면담했다. 그는 회사일로 자주 해외출장을 다녔고 교양이 있는 사람이었다. 처음에 그는 어떤 문제도 부인했다. 나중에는 뭔가 문제가 있다는 것을 시인했으나, 그 문제를 전처의 탓으로 돌리는 경향이 있었다. 즉, 전처가 감정을 이해해 준 적이 전혀 없었고, 오직 외모와 돈에 대해서만 신경을 쓴다고 생각하고 있었다. 아이들이 그와 함께 있을 때, 그는 훈육에 아무런 문제가 없었다. 그는 만약 엘렌이 전문적인 도움을 받자고 주장한다면 거부하지 않고 계속 참여할 것이라고 말했다.

3. 이론적 개념화

평가는 놀이실에서 엘렌, 맨디, 지미를 관찰하는 것으로 시작되었다. 우리는 그들에게 큰 모래상자에서 마을을 함께 만들자고 했다. 그리고 원하는 대로 마을을 만들라고 말해 주었다. 그러자 셋 모두가 자발적으로 모래상자의 구석을 선택하여 각자 마을의 일부분을 만들기 시작했다. 지미는 가장 넓은 부분을 만들겠다고 주장했다. 엘렌은 활용가능한 공간을 가능한 공정하게 나누려고 애썼으나 아이들 때문에 소용이 없었다. 지미는 두 개의 군대를 배치했고, 엘렌은 테이블과 의자가 있고 차를 대접하는 가정 장면을 만들었다. 맨디는 유일하게 진짜 마을처럼 보이는 것을 만들었으나, 이내 지미의 진격하는 군대에 대항하여 방어를 해야 하는 문제에 봉착했다. 맨디는 안전을 위해서 주택가 공원 근처에 벽을 세우기로 결정했다. 엘렌이 다음과 같이 말했다. "여기는 아주 좋은 마을이 아닌 것 같아. 모두가 뭔가 다른 것을 원하고 있어. 제발 내 쪽은 공격하지 마." 지미가 계속 진격하고 있었기 때문에 엘렌은 지미를 제어하려고 노력했다. " 곧 밤이 될 거야. 그러면 군인들은 뒤로 퇴각해야 해. …지미야, 제발… 네가 우리의 모든 공간을 차지하고 우리 모두를 괴롭히고 있어. 이젠 제발 내 울타리 밖에 있어 줘." 그러나 지미는 심지어 치료자가 시간이 다 되어 간다는 것을 알려 주어도 계속해서 자신의 군대를 보강했다. 지미는 중단하기를 거부했고, "나는 아직 준비가 안 됐어요."라고 울부짖었다. 엘렌과 맨디는 모래상자를 치우기 시작했고 지미는 화를 내기 시작했다. 그는 모든 장난감을 격렬하게 쓸어버렸고 엘렌이 지미에게 장난감 모형을 분류해서 쌓는 것을 도와달라고 하자 이를 거부했다.

이 회기에서 가족 성원들이 어떤 방식으로든지 함께 일을 하는 것에 아주 익숙하지 않다는 것이 분명해졌다. 문제를 어떻게 해결할지에 대하여 아무런 논의가 없었다. 각자 자신의 일을 시작했고 자신들이 원하는 것이라면 무엇이든지 했다. 지미는 전폭적인 관심을 받기를 원했고 어느 누구의 말도 듣지 않았다. 엘렌은 행복하고 조화로운 가족의 이미지를 만들려고 노력했으나 실패하고 말았다. 맨디는 엘렌과 지미 사이에서 벌어진 일에 동의하지 않는다는 표현을 얼굴에 확실히 나타나기는 했으나, 그래도 자신의 부분을 안전하게 유지하는 데 가장 성공적이었다. 그녀는 처음에 가족과 함께 들어오고 싶어 하지 않았고 전체 회기 동안 거의 말하지 않았다. 또한 우리는 그녀가 함께 오기를 바랐지만 다시 오는 것을 완강하게 거부하였다.

추후평가(지능, 성취, 투사 검사 포함)에서 지미는 매우 지적이며 예민하지만 성취가 낮음이 밝혀졌다. 그는 자신의 세계를 불확실하고 안전하지 못한 것으로 지각했다. 그는 도처에 위험이 도사리고 있으며 실제로 자신의 삶에서 어른들로부터 도움을 받을 수 없을 것이라고 보았다. 그는 매우 외롭다고 느꼈다. 브라이언과는 말 그대로 떨어져 있었고 엘렌으로부터는 정서적으로 떨어져 있었다. 브라이언에 대한 그의 감정은 양가적이었다. 한편으로는 브라이언에게 아주 의존적이지만, 다른 한편으로는 그가 곁에 없기 때문에 화를 냈다. 그는 엘렌으로부터 받는 관심을 과잉보호와 구속이라고 생각했으며, 누나는 자신을 '좌지우지하려고 하는' 것으로 보았다. 지미는 또래와의 관계에서도 불편함을 느꼈다. 침대에 누워 있거나 놀이를 할 때 종종 다리에 통증을 느꼈다. 매일 수행되는 평가에서 깊은 우울감이 점차 두드러지게 나타났다. "이제 거기에 더 이상 아무것도 없어요."라고 지미가 말했다.

그러나 거기에는 일부 긍정적인 면도 있었다. 처음 장소에서 작업에 대한 지미의 태도와 성취 검사 동안의 집중력은 기대 이상으로 우수했다. 또한 그는 상이한 투사적 기법들과 놀이 기법들에 잘 반응했고 강한 심상적 능력을 보여 주었다. 그는 보다 부드럽고 예민한 정서들로부터 철수되어 있고 그런 정서들을 회피하기는 했지만, 분노와 외로움은 표현할 수 있었고 공격적인 놀이 행위로 그런 감정들에 대항할 수 있었다. 간략한 면접에서 그는 우리에게 자신을 괴롭히는 것에 대해서 말하였다. 지미는 아주 어렸을 때 아빠가 원하는 만큼 놀아 주지 않았던 것을 기억했다. 그러나 아빠는 싸움놀이(rough-and-tumble)를 잘해 주었다. 그는 브라이언이 가족에게 돌아오기를 갈망했고, 언젠가 그런 날이 올 것이라는 비현실적인 희망을 갖고 있었다. 그는 놀이실에 놀이를 하러 오는 것에 관심을 표현하기도 했다.

지미는 확실히 집중적인 도움이 필요했다. 자신의 삶과 일상생활에 대한 그의 태도에는 분노, 고통, 우울 및 그 밖의 부정적인 의미가 너무나 많이 담겨 있어서, 그가 기능을 할 만한 공간이 거의 남아 있지 않았다. 그가 삶에 대처하는 데는 다음의 두 가지 방식이 있는 것처럼 보였다. (a) 비통함을 부분적으로 인정할 수 있고 강력한 힘을 가질 수 있는 외로운 공상 세계로 철수하는 것, (b) 누구나 그를 거스르고, 아무도 그가 원하는 관심을 주지 않음에도 불구하고, 자신에게 아무런 고통 또는 비통함이 없는 척 하는 것이다. 두 번째 대처방식으로 인해 그는 학교와 가정 모두에서 혼란스럽고 방해되는 소년으로 보이게 되었다.

그러나 지미만이 그 가정에서 유일한 문제가 아니라는 것도 분명했다. 모든 가족 구성원들 간의 응집력이 확실히 부족했다. 그들은 긍정적인 방식으로 관계를 맺을 수 없었고 분리를 애도하는 데 무능하다는 점을 공유하고 있었다. 엘렌의 무능감과 죄책감은 이런 상황을 악화시켰다. 이런 가족 문제들은 가족치료의 어떤 형태에 대한 강한 징후를 형성했다. 그러나 치료에서는 맨디가 참여를 거부하는 것과 그때까지 지미가 경험하는 급성적인 고통에 대하여 중점을 두어야 했다. 그러므로 우리는 지미를 위한 개인 놀이치료와 엘렌과의 집중적인 상담으로 구성된 치료계획을 제안하기로 결정했다. 엘렌과의 면접 동안 우리는 맨디와 그녀가 (심각한 청소년 반항과는 별개로) 아빠로부터 분리되면서 발전시킬 수 있는 문제들에 간접적으로 주목했다.

엘렌에게 이런 치료에 대해서 제안하자 그녀는 안도하면서 긍정적으로 반응했다. 그러나 그녀는 치료를 자기 혼자서 결정할 수 없다고 말했다. 그녀는 결정을 내리는 데 브라이언을 참여시키고자 했다. 이것이 자녀들에 대한 책임감을 그와 나누려 하며 그를 보낼 수 없다는 진정하고 정당한 욕구일까, 아니면 그를 다시 가족의 일부로 잡아두고자 하는 더 혹은 덜 의식적인 노력일까? 아마도 둘 다일 것이다. 긍정적인 측면에서 보면, 엘렌은 결코 남편이 아이들을 만나는 것을 꺼려하거나 방해하지 않을 것이라고 생각했다. 따라서 우리는 엘렌의 바람을 들어 주기로 결정했다.

우리의 치료 제안에 대하여 브라이언과 이야기하는 것은 그를 상담 면접에 참여시킬 수 있는 기회가 되었다. 그는 여전히 지미에게 아무런 문제가 없다고 판단하고 전처를 비난하였지만 치료에 참여하는 것에 동의했다. 우리는 지미의 문제, 즉 아빠가 진짜로 떠났다는 것을 받아들이는 것에 대한 문제에 관해서도 얘기했다. 그러자 브라이언은 그 문제에 대하여 부분적으로 자신에게 과오가 있음을 인정했다. 그는 가족을 떠난 후에 너무나 죄책감을 느껴서 가족을 방문하지 않을 수 없었으며, 결과적으로 모든 사람들에게 희망을 갖게 했다. 그러나 이제 가정으로 돌아갈 방법이 없는 것이 확실했으며 그 역시 이혼을 원했다. 그는 이제 그 사실을 아이들에게 얘기할 준비가 되었다. 이는 전에는 결코 할 수 없었던 것이다. 우리가 그에게 되돌릴 수 없는 분리에 대해 우리 기관에서 지미와 함께 면담을 할 수 있는지를 묻자 그는 잠시 주저하다가 동의했다. 우리는 치료가 시작한 몇 주 뒤로 그와 면담 예약을 했다.

지미에게 가장 최선의 치료방법은 무엇일까? 놀이와 투사적 이야기들에서 지미는 심상적 능력이 잘 발달되어 있음을 나타내었고, 이것은 지미에게 표현할 수 있는 기회를 제공해 주었다. 그는 자신의 문제에 대해서 자유롭게 이야기하는 것이 매우 어려웠다. 아빠와 엄마에 대한 의리 때문에, 지미에게는 대화보다는 놀이가 더 나은 매체로 보였다. 놀이에서 어른과 상호작용을 하는 것은 마주 보고 대화를 하는 상황보다 덜 긴장된다. 따라서 우리는 개입 전략으로서 심상적 상호작용 놀이치료를 선택했다. 아무런 제약이 없었다. 모든 필수 조건들이 다 부합되었다. (a) 지미의 문제는 일차적으로 개인적 갈등이다. (b) 지미는 놀이와 어른과의 놀이적 상호작용을 좋아했고, 이런 매개물을 사용하는 것을 기회로 여기는 것처럼 보였다. (c) 그의 통합적 힘은 만족스러워 보였다. (d) 엄마와 누나와 살아왔기 때문에 그의 조망은 명확하다. (e) 양 부모는 도움을 주는데 동의했고 변화의 과정을 시작하려는 동기가 있음을 보여 주었다.

지미를 첫 번째 저자이며 같은 기관에서 일하는 치료자 J.H.에게 의뢰하였다. 나(J.H.)는 놀이치료를 위해 다음과 같은 중간목표를 세웠다.

① 나와 지미 간의 작업관계를 수립한다.
② 브라이언을 포함하여 다른 가족 구성원들과 지미의 관계를 보다 명료화한다.
③ 그가 놀이에서 표현하는 삶의 주제에 익숙해지며, 그 주제들을 충분히 발달시키고 놀이에서 그러한 문제들에 직면할 수 있도록 한다.

나의 궁극적인 치료목표들은 다음과 같다.

④ 지미의 아빠에 대한 분리 문제를 훈습한다.
⑤ 지미가 더 나은 방식(덜 파괴적인)으로 역경에 대처할 수 있도록 돕는다.
⑥ 엄마, 아빠, 동생 및 또래와의 상호작용을 정상화한다.

우리는 아동치료와 함께 부모에게 정규적인 상담 면접을 늘 권한다. 도입 부분에서 언급한 것처럼, 가능하다면 우리는 아동치료와 함께 부모상담을 하는 것을 선호한다. 만일 내가 아동을 알고 때로 아동의 믿기 어려운 행동을 직접적으로 안다면, 그 아동의 부모와 이야기하는 것은 상당히 수월해진다. 그것은 우리가 그 즉시 공통 배경을 갖게 되기 때문이다. 그러나 부모-자녀 간에 근본적인 갈등이 있다면 별도의 상담자가 부모와 작업을 하는 것이 보다 나은 방식으로, 양쪽 모두의 비밀을 보호해 줄 필요도 있다고 생각한다. 이런 경우는 단일 치료자 모델이 모자관계에 충분히 긍정적일 것으로 보인다. 누가 브라이언과 작업을 할 것인가를 결정하는 것이 더 까다로운 일이었다. 이혼 사례의 경우에 엄마와 아빠 모두를 상담하는 것은 모든 맥락들을 함께 다룰 수 있는 이점을 가진다.

그러나 종종 부모들은 이런 것을 불가능하게 한다. 이는 그들이 상담자를 꼼짝 못하게 하거나 상담자에게 이전 배우자를 깎아내리기 때문이다. 확실히 이런 위험한 징후를 알아차리는 데는 상당한 경험을 필요로 한다. 25년간의 경험으로 나는 이런 문제를 다루는 데 유능해졌다. 더욱이 이동상담소에는 치료 내담자들에 대한 정규직원 모임이 있는데, 거기서 우리는 가능한 함정들을 제거하며 언제라도 동료 상담자들을 활용할 수 있는 기회가 있었다.

엘렌의 경우 상담목표는 다음과 같다.

① 엘렌이 자신의 감정을 표현하고 훈습할 수 있도록 하며, 그녀의 생활과 가족에 대하여 스스로 결정을 내릴 수 있도록 돕는다.
② 엘렌에게 지미의 발달과 개인적 문제에 대하여 더 나은 통찰을 제공한다.
③ 엘렌이 맨디하고 잘 지내는 것만큼 지미와도 잘 지낼 수 있도록, 일상적인 부모-자녀 상호작용에서 더 나은 대처 방안들을 찾을 수 있도록 돕는다.

브라이언의 경우 상담목표는 다음과 같다.

① 브라이언이 엘렌과 구별되기는 하지만 반대되지 않는 긍정적인 방식으로 부모 역할을 발휘할 수 있도록 돕는다.
② 지미의 문제에 대한 통찰을 늘리고 그런 문제에 대처할 수 있는 방법을 찾도록 한다.

4. 놀이치료의 과정

나는 지미에게 주 1회 치료를 계획했고 2년 반의 77회기 놀이치료 동안 지미를 만났다. 엘렌도 처음 6개월 동안은 일주일에 한 번 상담소에 왔으나, 나중에는 그 횟수가 자주 줄어들었다. 브라이언은 한 달에 한 번꼴로 상담소에 왔다.

1) 시작단계: 처음 6회기

심상적 상호작용 놀이치료 과정에는 통상 세 가지 주요 단계가 있다. 즉, 시작단계, 훈습단계(가장 오랫동안 지속된다), 종결단계다. 시작단계에서 놀이치료자와 아동은 친해지고 작업관계를 맺으며 놀이실에서 아동의 가능성들을 탐색한다. 이 단계에서는 탐색이 가장 큰 부분을 차지한다. 점차적으로 아동들은 특정한 장난감에 끌리게 되는데, 대개 그것은 향후 보다 특정한 의미를 갖게 되고 사적으로 중요한 놀이 주제에 포함된다.

지미는 첫 회기에서 전반적으로 안절부절못하는 태도를 보였다. 지미의 놀이 주제는 간략했고, 쉽게 주의가 분산되었으며, 가정이나 학교에서 있었던 사소한 일에 대하여 얘기함으로써 심각한 놀이를 피하는 경향이 있었다. 나는 놀이치료자로서 논의되는 주제가 사적으로 중요한 주제인지, 아니면 다른 활동에의 진정한 개입을 방해하는 것인지를 계속해서 결정해야 했다. 가능하다면 나는 회기의 시작과 끝의 '사교적 대화'를 제한하여 심각한 놀이작업이 방해받지 않도록 했다. 만일 아동이 놀이 이외의 다른 주제에 대해서 말하기 시작하면, 대개 나는 간단히 반응을 해 주거나 놀이에서 진행되고 있는 것에 대해 "차들이 아직도 움직이고 있네." "동물들이 기다리고 있네." 라고 언급했다. 자연스럽게 치료의 후반단계에서 대화는 보다 중요해질 수 있으며 보다 많은 시간을 들이게 된다.

내가 첫 회기 동안 모든 아동들과 하듯이, 나는 지미와 그가 치료를 받으러 온 이유에 대해서 얘기했다.

치료자: 이따금 아이들은 기분이 썩 좋지 않아. 그런 애들은 문제가 아주 많을 수도 있고 슬플 수도 있고 싸움을 많이 할 수도 있지.
내담자: 나는 맨디와 많이 싸워요.
치료자: 그렇구나.
내담자: 하지만 그건 내 잘못이 아니에요. 맨디가 항상 나를 놀리고 자기 맘대로 하는데 나는 그러고 싶지 않아요.
치료자: 그래, 아마도 그건 누구의 잘못이냐가 아닌, 그렇게 많이 싸우면 기분이 좋지 않다는 게 문제일 거야.
내담자: 그래요.
치료자: 그리고 아마도 학교에서….
내담자: 오늘은 학교에서 잘 넘어갔어요.
치료자: 오늘은 잘 지나갔다니 다행이구나. 그런데 그 말은 네가 공부할 수 없고 집중할 수 없는 날들도 있다는 거구나.

내담자: 음….

치료자: 그리고 같이 놀지 않는 아이들도 많이 있고….

내담자: 네. 그 애들은 나에게 절대 말하지 않아요. 하지만 어쨌거나 그 애들이 말을 걸어오면 나는 불편해져서 같이 놀고 싶지 않아요.

치료자: 저런. 그러니까 그다지 좋지 않거나 괜찮지 않은 일들이 많이 있고, 뭔가 다른 것을 원하는 것 같구나. 그게 네가 여기에 온 이유구나. 대부분 아이들이 여기에 오는 이유는 기분이 나쁘거나, 슬프거나 처리해야 하는 일에 동의할 수 없는 일들이 많기 때문이야. 그러면 너는 우리가 여기서 뭘 할지 알고 있니?

내담자: 음?

치료자: 놀이야, 우리는 놀이를 많이 해. 우리는 때로는 좋은 것들에 대해서, 때로는 슬프고 약한 것들에 대해서도 함께 놀이를 할 거야.

내담자: 집에서 나는 뭔가를 잊고 싶을 때 놀이를 해요.

치료자: 그래, 그런 것이 때로 도움이 된다는 것을 알 수 있었겠구나.

내담자: 그래요.

치료자: 그런데 여기서는 약간 달라. 여기는 우리가 함께 놀이를 한단다. 그리고 여기서 결코 네가 잊을 수 없는 것들로 놀이를 할 수도 있어. 우리가 함께 하면 그것이 도움이 된다는 것을 알게 될 거야. 그게 엄마와 아빠와 선생님이 너에게 도움이 될 수 있다고 생각하는 이유야.

내담자: 음, 전에 여기 왔을 때 맘에 들었어요.

치료자: 그래, 그럼 잘됐구나. 내년이나 그 다음까지 너는 매주 ( )일 ( )시에 오는 거야. 그리고 우리는 함께 놀이를 하는거야.

내담자: 좋아요.

치료자: 그리고 한 가지 말하면, 아이들은 놀이를 더 잘하지만 어른들은 말을 더 잘하게 돼. 그게 너는 놀이를 하러 오고 엄마는 나와 말을 하러 오는 이유야. 그리고 아빠 역시 가끔 상담하러 오신다는 얘기 들었니?

내담자: 나에 대해서요?

치료자: 응. 이따금 너에 대해서 힘든 게 있다고 생각될 때. 있잖니, 이따금 네가 어려움을 겪는데 부모들은 너에게 어떻게 해야 할지 잘 알지 못하실 때도 있거든. [지미가 웃는다] 무슨 뜻인지 알겠니? [작게 고개를 끄덕인다] 그런데 대부분의 어른들은 자신들에 대해서 이야기해. 너도 때로는 엄마와 아빠, 맨디, 아니면 다른 사람에 대해서 말하고 싶을 때도 있지만, 대부분은 혼자 놀이를 하는 것처럼 말이야. 알겠니?

내담자: 음… 그 군대들이 어디에 있죠?

첫 회기 동안 지미의 놀이의 주요 주제는 (a) 도망칠 수 없다는 것, (b) 괴물에게 위협당하는 것, (c) 알 수 없는 적으로부터 방어하는 것이었다. 지미는 첫 주제에 대해 다양한 방식으로 여러 번 놀이를 했다. 가장 현저한 예는 3회기였는데, 그때 지미는 처음으로 모래산을 세웠고 터널을 파서 그 입구에 교통 표지판과 바리케이드를 쳤다. 들어갈 수도 나갈 수도 없으며 통과할 수도 없었다. 지미는 터널을 '도깨비 집' 이라고 이름 붙였다. 잠시 지켜본 후에 지미는 작은 흑인 인형을 골라서 산 정상에 두었다. "지구상의 최초의 사람이에요." 그런 다음 지미는 재빨리 전부 부수고 다른 것을 하기 시작했다.

지미는 자신의 권역 안에 있는 모든 것을 공격하는 악어와 공룡을 가지고 두 번째 주요 주제(위협당하는 감정)에 대해 놀이를 했다. 지미는 이 놀이를 매우 열광적으로 좋아했다. 나는 이 주제와 힘에 대한 그의 욕구를 지속시켰다.

내담자: 얘들은 진짜 세게 물어요.
치료자: 얘들이 진짜 세게 물면 모든 동물들은 굉장히 아플 텐데.
내담자: 그렇죠. 만일 죽지 않으면, 아프겠죠. 그럴 만해요.
치료자: 그럴 만하다고… 왜?
내담자: 왜냐면요, 얘들이 진짜로 나빴기 때문이에요……. [지미는 황소로 공룡을 세게 때린다]
치료자: 그 공룡은 황소에게 화가 났구나. 그래서 황소에게 고통을 느끼게 하려는구나.

지미는 다양한 방식으로 세 번째 주제(알려지지 않은 적에 대항하는 방어)의 놀이를 했다. 평가 회기 동안 이미 사용했던 군대들을 다시 사용했는데, 그 주제는 치료 전체에서 핵심이 되었다. 지미는 거의 매번 강한 군대를 원했고 군대에 적당한 질서와 구조를 찾는 데 많은 시간을 썼다. 때로 양쪽 군대의 모든 군인들이 다 죽을 때까지 계속 싸우기도 했다. 다른 때는 그는 모래에 한쪽 군대만을 바깥쪽으로 향하게 배치하곤 하였다. 나는 다음과 같이 말했다.

치료자: 바깥쪽에 뭔가 있는 것처럼 보이는구나, 마치 어떤 적으로부터 자신들을 방어하려고 하는 것처럼 보여.
내담자: 아니요, 적은 없어요. 군대는 그들의 차를 보호할 뿐이죠.
치료자: 적은 없는데, 여전히… 그들은 안전함을 못 느끼는구나.

그 다음에 지미는 군인들과 차들로 모래성의 입구를 차단한다. 비행기가 그 위를 날아다니지만 아무것도 보질 못하고 모래로 추락했다. 갑자기 지미는 놀이를 중단하고, 마치 아무 일도 없었던 것처럼 꾸미려는 듯 자신이 사용한 장난감을 치우고 방을 깨끗이 청소했다.

이런 처음 6회기 동안에, 우리는 세 가지 중간목표를 향해 작업을 잘했다. 우리의 작업관계(목표 1)는 잘 맺어져 갔다. 우리가 일부 핵심적인 놀이 주제들을 함께 발전시키면서, 그는 지미의 문제에 적극적으로 관여하고 직면하기 시작했다(목표 3). 지미와 다른 가족들과의 관계를 명료화하는 것에서도 많은 진전이 있었다(목표 2). 그러나 나는 이 문제로 부모상담 회기에서 부모와 부딪히기도 했다.

2) 엘렌과의 최초 면담

이 첫 단계 동안, 나는 지미의 엄마인 엘렌과 주 1회를 기본으로 한 치료작업을 했다. 엘렌은 자신에게 생긴 모든 괴로움들 때문에 그녀만을 위한 시간이 많이 필요했다. "나는 두 자녀를 데리고 이혼해서 자녀에게 모든 것을 주기 위하여 미친 듯이 일을 하는데 지금 무슨 일이 생기는지 보세요. 모든 것이 산산조각 났다구요." 한편으로 그녀는 자신이 자녀들을 다루는 데 종종 실수를 한다는 것을 잘 알고 있었다. 또 한편으로 그녀는 아주 쉽게 비난받으며 심지어 공격받는다고 느꼈다. 따라서 나는 엘렌에게 어려운 환경하에서 두 아이를 키우고, 그 중에 한 명(맨디)은 학교 공부를 잘 하고 있으니 참으로 훌륭하다는 칭찬을 해 주기 시작했다.

내가 엘렌에게 첫 회기 동안 지미가 눈에 띄게 안절부절못하는 놀이 행동에 대해서 말하자 그녀는 다음과 같이 말했다. "아, 그건 절 닮아서 그래요. 제가 안절부절못하거든요. 전 가만히 앉아 있을 수가 없어요. 그렇게 하려면 굉장히 애를 써야 해요." 엘렌이 자녀들과 함께 보낸 시간이 거의 없었던 것을 후회하고 있는 것처럼 보였기 때문에, 나는 엘렌에게 다음 주에 보다 많은 시간을 낼 수 있는 날에 자녀들과 무슨 일을 하고 싶은지 생각해 보도록 했다. 그 다음 회기에서 그녀는 나에게 저녁식사 후에 30분 동안 지미와 책을 읽기로 했다고 말했다. "책을 읽으면 TV에서 멀어지게 할 수 있을 거예요."

엘렌의 가장 큰 문제 중 하나는 열심히 노력을 하는데 거의 성공하지 못하고 자녀들에게 편안한 삶을 주지 못한다는 것이었다. 예를 들어, "일요일 저녁이 되어 아이들이 돌아오면 나는 뭔가 특별한 것을 요리하는데 아이들은 고마워하지 않아요." 그런 일요일 저녁에 벌어지는 일들에 대하여 자세히 이야기하면서, 엘렌은 아이들이 아빠를 만나고 돌아오면 언제나 기분이 언짢았다는 것을 깨달았다. 따라서 그때는 그녀의 노력에 대한 댓가를 받기에 좋은 기회가 아니었다. 그래서 엘렌은 아이들이 아빠에게서 돌아오는 일요일 저녁에는 간편하지만 괜찮은 음식을 주고 엄마의 특별 요리는 다른 요일 저녁에 주기로 결정했다. 이 결정은 효과가 있었으며, 특히 자녀들이 좋아하는 요리를 선택하도록 허용했을 때는 더욱 그러했다.

이런 모든 것들이 사소해 보일 수도 있겠지만, 이는 엘렌이 자녀들을 보다 잘 이해하기 위해서 아이들의 입장에서 생각해 보려고 노력하기 시작했다는 것을 의미한다. 엘렌은 지미의 갑작스런 격노에 대하여 불평을 했다. 나는 엘렌이 지미의 성마름이 엄마의 문제가 아닌 아이의 문제라는 점을 받아들일 수 있도록 도왔다. 만일 지미가 화가 났다면, 단지 지미가 화가 난 것이다. 그리고 지미의 분노가 엄마나 맨디를 향해 있다고 해서, 반드시 실제로 엄마나 맨디가 뭔가를 했다는 것을 의미하는 것은 아니다. 그것은 단지 그들이 그때 그 자리에 있는 사람이었기 때문일 수 있으며, 지미의 분노는 외부 세계 전체에 대한 것일 수 있다. 엘렌은 천천히 지미의 기분을 덜 개인적인 것으로 받아들이기 시작했다.

처음 6주 이후에, 지미와 엘렌은 모두 치료를 계속하고 싶다고 말했다. 아직 많은 변화가 확실하게 있었던 것은 아니었지만, 그들은 서로 대항하는 대신에 바깥에서 서로 대화하고 불평하고 놀이하며, 자신들이 원하는 만큼 성마름을 보일 수 있는 외부 공간이 있다는 것을 아는 것만으로도 훨씬 더 이완되었다.

3) 브라이언과 지미의 공동 면담

지금까지 지미와 나는 중간목표(관계 형성하기, 지미의 주요 주제에 친숙해지기, 놀이에서 그 주제들을 직면하기)를 잘 수행해 온 것처럼 보였기 때문에, 그 시점이 브라이언과 지미가 만나서 공동으로 면담하기에 좋은 때였다. 나도 이 기회를 통해 두 사람 관계의 본질에 대하여 보다 많은 통찰을 줄 수 있을 것이라고 여겼다.

그래서 그 주에 지미는 엄마 대신에 아빠와 함께 왔고, 그 때문에 더 흥분되어 있는 것처럼 보였다. 지미는 내가 그의 아빠를 만나기를 아주 많이 고대했으며, 나에게 아빠인 브라이언이 얼마나 여행을 많이 했고 외국에 대하여 얼마나 많이 알고 있는지를 으스대며 말했다. 나는 공동 면담을 하는 목적에 대하여 설명하면서 면담을 시작했다. 두 사람 모두에게 어렵겠지만 이혼에 대하여, 그리고 그들에게 생긴 일에 대하여 공개적으로 얘기하도록 했다.

내담자: 말할 필요가 없어요, 나는 이혼에 대한 것은 모두 알아요.
치료자: 그래, 가끔은 그렇게 생각될 때도 있어. 그런데 가끔은 왜 엄마와 아빠가 헤어졌는지에 대해서 걱정을 많이 할 때도 있겠지.
아빠 : 나는 진정으로 너에게 얘기해 본 적이 없는데, 이혼에 대해 지금은 얘기해 보고 싶구나.

아빠가 지미에게 말을 하기 시작하자, 지미의 얼굴은 어두워졌고 조금씩 나에게 다가왔다. 브라이언은 지미가 이해할 수 있을 만한 어휘를 찾으려고 애썼고, 우리가 이전에 얘기했던 대로 이혼을 비난하거나 누구의 책임으로 모는 일은 피했다. 마침내 브라이언이 자신은 결코 가족에게로 다시 돌아와 살지 않을 것이며 법적인 이혼을 원한다고 고백했을 때 지미는 울음을 터뜨렸다. 나는 지미에게 네가 이를 알고 있었다고 하더라도, 여전히 그런 말은 듣기조차 힘들며 말하기도 어려운 것이라고 말해 줌으로써 그를 지지해 주었다. 그러고 나서 나는 지미가 브라이언과 함께 앉을 수 있다고 말했고, 그는 즉시 아빠의 무릎에 앉아서 아주 오랫동안 울었다.

그 시점에서 나는 약 15분 동안 그들을 떠나 혼자 있었다. 내가 돌아왔을 때 브라이언과 지미는 아주 가까워 보였다. 따라서 심지어 지미가 같은 도시의 어딘가에 산다고 할지라도, 지미의 삶 전반에 걸쳐 아빠가 존재하고 있다는 점을 분명히 하는데 아주 좋은 기회였다. 지미는 종종 가서 아빠를 볼 수 있었다. 엘렌은 지미에게 원하기만 하면 언제든지 아빠에게 가거나 전화를 걸어도 좋다고 허락했다. 어떤 경우는 지난 해에 그랬듯이 매주 긴 주말(금요일 오후부터 일요일 저녁까지)을 아빠와 보낼 수도 있었다. 나는 그들에게 가끔은 함께 있고 가끔은 따로 있는 것에 대하여 얘기해 보는 것도 좋은 생각이라고 제안했다. 나는 그들에게 리처드 가드너(Gardner)의 『소년과 소녀를 위한 이혼에 대한 책(Boys and Girls Book about Divorce)』을 주고 면접을 마쳤다.

시간이 약간 남아서 나는 지미에게 잠시 동안 놀이실에서 놀고 가도 좋다고 말해 주었다. 지미는 즉시 아빠에게 자신이 늘 놀이하는 곳을 보여 주고 싶다고 말했다. 남은 10분 동안 브라이언과 지미는 짧지만 격렬하게 장난감 권총과 장난감 병사들을 가지고 서로 겨냥하며 쏘는 놀이를 했다. 상상해 볼 수 있듯이, 이 놀이는 브라이언과 나의 다음 면담 시간의 주제가 되었다. 그는 아들이 그렇게 사납게 행동하는 것을 본 적이 없었으며 그제야 지미가 문제를 갖고 있다는 것을 이해하게 되었다.

무엇보다도 이 공동 면담은 다른 목적까지도 이룰 수 있게 해 주었다. 이 면담을 통해 부자관계는 강화·심화되었고, 브라이언은 지미의 문제에 대하여 약간의 통찰을 얻게 되었다.

4) 훈습단계: 7~38회기

이 단계는 약 10개월 32회기가 소요되었다. 지금까지 지미는 놀이치료실에서 보다 이완할 수 있게 되었다. 한동안 그는 어린아이처럼 모래와 물을 가지고 많이 놀았다(엉망진창인 진흙 만들기). 이것은 지미가 진정한 치료의 훈습단계에 진입했음을 알려 주는 것이었다. 이 진입은 한 개인으로서 나에 대한, 또 놀이실 상황에서 보다 특정적인 관심으로 더욱 현저하게 드러났다(아동 심리치료에서 아주 흔히 일어나듯이). 성 니콜라스 축제(네덜란드에서 매우 보편적인 가족 축제)는 지미에게 내가 그날 저녁에 누구와 함께 보내는지, 나에게 자녀들이 있는지를 질문할 수 있는 기회를 제공했다. 15회기에서 지미는 모래상자에서 몇 개의 작은 장난감들을 발견하자(장난감들이 거기에 있어서는 안 되었다) 다음과 같이 물었다. "내가 오기 전에 여기에 다른 아이가 선생님과 있었어요?" 이 단계에서 이런 질문들은 아동이 나와 다소 특별한 관계를 원하지만 그런 관계가 가능한지를 걱정하는 것이다. 나는 늘 하던 대로, 이 상담소 밖에는 나의 가족이 있으며, 다른 아동들이 이곳에 오지만 이 시간 동안에는 지미를 위해 내가 여기에 있는 것이며, 이곳은 다른 누구도 아닌 우리 방이라고 말해 주었다.

훈습단계가 시작되면서 산 주제가 다시 나타났지만 다소 형태가 달라졌다. 우선 지미는 크고 아주 높은 산을 만들었다. 그는 엄마 캥거루를 선택하여 주머니에 아기를 넣어 주고, "이제 엄마를 볼 수 있지."라고 말했다. 지미는 그 둘을 산꼭대기에 두었다. 그런 다음 많은 작은 동물들이 거기에 오르려고 애를 썼지만 성공하지는 못했다. 동물들은 계속해서 산에 오르려고 시도했으나 모두 헛수고였다. 심지어 공룡들도 그들을 도울 수 없었다. 이것은 지미가 처음으로 놀이에서 '엄마 주제'를 소개한 때여서, 나는 언어를 단순하게 하고 주의해서 말하기로 결정했다. 예를 들어, 모든 동물들의 어려운 상태를 언어화했다. "새끼 돼지가 산에 오르려고 애쓰고 엄마 캥거루가 거기에 올라갔는데, 이런… 그런 다음 오리, 망아지들… 그런데 아무도 성공하지 못하네." 나는 동물과 엄마의 감정에 대해 언어화하는 것을 제한하였다. 이런 방식으로 그의 주제를 지지하고 그에게 압박을 주지 않으면서 그가 놀이를 구조화시킬 수 있도록 돕고자 했다.

그 다음에 지미는 산에 아주 큰 구멍을 파기 시작하더니 점점 더 깊게 팠다. 지미는 "바닥으로 내려간다."라고 말했다. 매우 격렬하게 놀이를 했고, 나는 지미가 그렇게 신체적으로 애를 써서 구멍을 파는 것을 강조해 줌으로써 지미를 격려했다. 이런 방식으로 나는 지미의 놀이에서 감각활용적 요소를 강화했다. 이 놀이 회기는 나에게 지미의 두 가지 측면에 대한 심상을 떠올리게 했다. 즉, 엄마에게 다가갈 수 없는 무능함과 강건한 지지의 추구다. 이 회기는 지미가 공룡에게 장난감 총을 발사하는 것으로 끝났다.

그 다음 회기 동안 그는 이 주제를 반복했다. 이때 엄마와 아기 캥거루가 있는 산의 한쪽이 위험해 보였는데, 지미는 매우 즐거워하면서 산이 무너지게 내버려 두었다. 나는 다음과 같이 말했다. "아무도 캥거루에게 다가갈 수가 없었는데 이제 캥거루에게 무슨 일이 생겼는지 보자. 캥거루가 높은 곳에 있었는데 그만 깊이 떨어지고 말았구나." 이 해석적 언어화는 캥커루가 떨어진 것이 너무 다가갈 수 없는 곳에 있었던 캥거루 자신의 잘못 때문임을 암시한다. 나의 언어화는 확실히 엄마 캥거루가 산에 내려왔을 때 지미가 씩 웃는 것을 본 것에 영향을 받았다. 이는 지미가 놀이에서 엄마에 대하여 힘을 행사하는 것에 즐거워하고 있음을 의미했다. 만일 그가 그녀에게 다가갈 수 없다면, 그는 그녀를 떨어뜨려서 그에게 다가오게 할 것이다.

지미는 '높고 깊은' 이란 단어를 좋아했다. 나는 노랫말을 만들기 시작했다. "높이 오르고-깊이 떨어지고, 깊이 오르고-높이 떨어지고[하하하], 오르고-떨어지고-높고-깊고-낮고. 낮은 곳에 올라가고 높은 곳으로 떨어져 본 적이 있나요? 그렇게 해 보면 어떨까?"

아무튼, 이것은 이전에 내가 주목했던 지미의 유머 감각을 잘 나타내 준다. 그는 작은 농담거리를 만들어 내는 것을 좋아했다. 특히, 단어로 만드는 농담을 좋아했으며, 내가 지미를 위해서 단어 농담을 만들어 내는 것도 좋아했다. 치료적 관계에서 이와 같은 협력의 작은 시발점을 찾아내는 것은 언제나 유용하다. 지미와 함께 농담을 만들어 내는 활동은 많은 어려운 순간들을 벗어나게 하는 데 도움이 되었다. 지미도 역시 그런 목적으로 그것을 활용했다. 매우 격렬한 놀이를 한 후(앞에서와 같은), 지미는 우리 모두가 웃을 수 있는 소소한 농담이나 게임으로 긴장을 풀곤 했다.

그 다음 회기에서 산은 보다 위협적이었다. 더 이상 정상에 도달할 수 없을 것처럼 보였고, 갑자기 무너져 내릴 수도 있을 것 같았다. 그리고 또 다른 새로운 세부 사항들이 나타났다. 즉, 원할 때 불을 지를 수도 있었다. 이는 산에 이전보다 더 자기상을 반영하는 것으로 보이게 했다. 이런 놀이들을 하면서 우리는 산에 불을 지르는 것에 대하여 얘기했고, 그것이 특히 그 주변에 사는 사람들에게 얼마나 위험한지에 대하여 얘기했다. 그 예는 다음과 같다.

내담자: 얼마나 높이 불이 분출될 수 있는지 아세요? [지미는 모래 용암을 분출시켰다]

치료자: 와, 진짜 힘 있는 산이구나. 다시 할 수 있을까?

내담자: 물론 할 수 있죠! [지미가 내게 보여 준다]

내담자: 산이 자꾸 용암을 분출할 수 있구나. 마치 그것을 좋아하는 것 같아. 이런 종류의 산은 없을 거야!

[지미는 용암 분출을 반복한다]

치료자: 그런데 그 밑에 있는 동물들은 어떻게 될까?

내담자: 그 애들은 운이 나쁜 거죠. 왜냐하면… 용암이 넘쳐서 모두 죽을 거예요.

치료자: 그런데 그 애들은 아직 모르는구나. 저기 서서 자기에게 어떤 일이 생길지에 대해서는 모르고 있는 거구나.

내담자: 물론 그들은 모르죠. 이건 진짜 화산이거든요, 보이지 않으세요? 그리고 지금… 뭔가가 일어나려고 해요. [화산 구멍에 손가락을 넣어 휘젓는 동안 그는 계속 우리를 불안하게 했다]

치료자: 뭔가 무서운 일이 벌어질 때 그것을 모르는 채 거기에 서 있었다면, 그곳에 있는 동물들은 틀림없이 굉장히 무서울 거야.

내담자: 아니요. 아시다시피 그런 모든 일들은 아주 갑자기 생겨요. [갑자기 지미는 화산을 분출시킨다. 동물들은 모래에 완전히 묻혔다] 보셨죠. 용암에 덮여 모두 죽었어요.

치료자: 모두 용암 밑에 있구나, 갑자기 생긴 일이라서 스스로 준비할 수 없었어. 그 화산 근처에 살고 있는 동물이나 사람들에겐 아주 어려운 일이었음에 틀림없어. 결코 안전을 느낄 수 없고 뭔가 일이 생길 것이라고 전혀 알지 못하니까.

이와 유사한 대화에서 우리는 은밀하게 지미 자신의 성마름과 격노에 대해서 얘기했고, 그런 것들이 그를 둘러싼 사람들에게 어떤 영향을 미칠지에 대해서도 얘기했다. 그러나 심상적 상호작용 놀이치료의 특성이 그렇듯이, 나는 그것을 지미에게 직접적으로 해석해 주지 않으려고 조심했다. 우리가 경험한 바에 따르면, 많은 아동들은 사실상 그들 자신의 감정이나 행위들을 일단 인정하고 나면 자신들의 감정을 자연스럽게 표현하지 못한다. 이것을 전략적으로 이해하고 있는 한, 심상적 표현과 치료적 작업은 놀이를 통해 자연스럽게 이루어진다.

점차적으로 산 주제는 다시 변화했다. 15회기부터, 놀이 시간을 시작할 때 산을 구성하는 동안에 보다 심미적인 측면이 나타났다. 가장 아름다운 산이 되었고 거장이나 예술가가 만든 화산이 되었다. 갑작스런 화산 폭발은 더 이상 허용되지 않았고 불은 모래로 끌 수 있었다. 동시에 내면에 있는 지미의 격노가 일부분 약해지기 시작했고 보다 수용가능한 통로를 찾기 시작했다. 그는 여전히 매우 화를 내기도 했지만, 이제는 대부분의 경우 실제적인 원인을 찾을 수 있었다.

9회기를 시작하면서 지미는 여전히 모래상자에서 그의 놀이를 계속했지만 산에 대한 주제는 다시 바뀌었다. 산은 이제 모래 요새가 되었는데, 거기에는 노출되어 있거나 비밀스러운 지하도가 많았다. 매 회기 동안 지미는 이 요새를 짓고 모든 방향으로 장난감 병정을 놓는 데 많은 시간을 들였다. 대개 요새를 다 짓고 나면, 모든 병사들이 서로에게 무차별적으로 총을 쏴서 결국에는 모두가 죽었다. 나는 병사들이 누가 그들을 쏘는지 알지 못하기 때문에 굉장히 힘들 거라고 말했다. 지미는 슬프게 나에게 다음과 같이 말했다. "그들은 평화를 위해서 싸워요." 나는 말했다. "병사들이 평화를 위해서 이렇게 열심히 싸워야만 한다면, 굉장히 이루기 어려운 평화로구나." 지미는 이 말에 동의했다.

이 새로운 싸움은 공룡까지 다시 개입하여 모래상자의 모든 것을 파괴한 23회기까지 다시 확대되었다. 장난감 권총을 난사하는 것으로 놀이 시간을 끝냈을 때 그는 매우 불행한 것처럼 보였다. 아무도 남아 있지 않았고 아무것도 없었다. 이런 순간은 어떤 치료자에게나 힘든 순간이다. 그러나 나는 이 놀이가 단순히 파괴적인 것만은 아니며 투쟁과정으로서도 의미 있는 것임을 확신했다.

그러므로 나는 그 파괴과정 전반에 걸쳐 지미와 놀이를 하려고 노력했다. 지미는 내가 그렇게 하는 것을 허용하지 않았다. 그렇지만 지미는 내가 그의 옆에서 싸우는 소리들을 약간 억제시킬 때 그것을 좋아하는 것처럼 보였다. 그의 전체 세계가 파괴되는 것처럼 보였고 나는 내가 할 수 있는 한 그것을 공유하고자 했다. 지미가 처음으로 나에게 도와달라고 했을 때(권총에 총알을 넣을 때), 나는 그의 놀이 상대자로서 자연스럽게 그를 도왔다.

이 싸움놀이가 지미의 경험의 측면에서 의미하는 것은 무엇일까? 한편으로 이 싸움놀이는 가족 구성원들 간의 싸움 혹은 아빠 브라이언과의 갈등과 관련 있을 수 있다. 다른 한편으로는 지미 자신의 내적 갈등을 반영한 것일 수도 있다. 지미의 표현이 격렬했기 때문에 나는 후자의 가능성을 고려했다. 이 놀이에서 지미는 자신에 대한 갈등적 감정들을 표현했고 (이차적으로) 모든 가족 성원들에 대한 갈등적 감정도 표출했다. 나는 회기 동안에는 이 문제를 제기하지 않았다. 왜냐하면 삶의 주제들은 놀이화될 수 있지만 그에 대하여 논의할 필요는 없다는 것이 심상적 놀이치료의 입장 중 하나이기 때문이다. 그러나 치료자의 입장에서 놀이 주제들을 해석하는 것은 치료적 개입을 준비하는 데 유용하기 때문에 중요했다.

싸움의 주제는 이후 7회기 이상 동안 핵심이 되었고 격렬한 형태로 나타났다. 지미는 나에게 개입할 수 있는 기회를 그다지 많이 주지 않았다. 앞서 얘기했듯이 처음에 지미는 단지 놀이에 내가 있는 것을 참아 줄 수 있는 정도였다. 점차적으로 나는 조금씩 더 많이 언어화했고 지미는 그것을 받아들였다. 그러나 내가 적극적인 역할을 하려고 하면 그는 다음과 같이 말했다. "안 돼요. 선생님은 그냥 거기에 앉아서 보기만 하세요." 계속해서 싸움에 가담한 모든 것들이 죽고 파괴되었다. 한두 번 정도 나는 "만일 그들이 협동한다면, 군인들이나 동물들 중 몇몇은 살아서 진정한 평화를 이룰 수 있는 기회를 가질 텐데."라고 제안했다. 그러나 지미가 "그것도 좋은 생각일 수 있겠네요."라고 인정했음에도 불구하고 실제로 그런 일은 일어나지 않았다. "그들은 계속 미친 듯이 행동해요." 명백하게 지금 지미는 이성적으로는 대안적인 상호작용 방식이 있을 수 있다는 것을 인정하지만, 정서적으로는 그러한 것들을 시도해 볼 준비가 되어 있지 않았다.

그러나 30회기에서 최초의 변화를 보였다. 공룡 때문에 모든 것이 다 죽고 파괴된 평소와 같은 싸움을 하고 난 후, 지미는 "인부가 새로운 산을 만들기 위해서 왔어요."라고 말했다. 처음에 그 새로운 산에는 '아무것도 없었고 고요했다'. 순간적으로 무차별적으로 총기를 발사하는 두 군대 간의 싸움이 되었다. 이는 가까운 장래에 새롭고 대안적인 (놀이) 세계가 나타날 수 있다는 첫 신호였다.

이런 긍정적인 변화는 지미의 경우에 지나치게 빠른 것일 수도 있다. 31회기에서는 첫 회기를 시작할 때 보였던 통과할 수 없는 터널 주제가 다시 나타났다. 그는 다시 주위에 교통 신호등이 많고 모든 입구가 닫혀 있는 산의 터널을 만들었다. 나는 산이 다시 등장한 것에 주목했다. "여기에 아무도 안으로 들어갈 수도 없고 나올 수도 없고 통과할 수도 없었던 이런 산은 정말 오랜만에 다시 나왔네." 지미는 간단히 "음."하며 인정했다. 지미는 그 산을 만드는 것을 계속해 나갔고 내가 그를 도와서 표면을 매끄럽게 하는 것을 허용했다.

32회기에서 그는 전투 요새를 다시 만들었다. 그러나 이 회기에서 싸움이 끝난 후에도 둘 또는 심지어 네 명의 병사들이 살아 남았고 새로운 세계를 건설하기 시작했다. 갈등이 무엇이든 간에 아직 완전히 극복되지는 않았지만, 그 새로운 세계에는 사람이 없기는 해도 잿더미로부터 뭔가 건설적인 것이 시작되었다. 이 기간에 지미는 내가 그의 놀이에 보다 적극적으로 가담하는 것을 허용하기 시작했다. 심지어 그는 한두 번, 나에게 싸움을 하는 어느 한쪽을 맡아 달라고 요구하기도 했다.

놀이에 참여할 때마다(내가 선택을 하거나 아동의 지시에 따라서거나) 나는 아동에게 지시 사항을 물어본다. "여기서 어떻게 할까?" 이 점은 이 싸움에서, 특히나 내가 아동의 적이 되기 쉬울 때 중요하다. 지미의 지시에 따라 내 편이 항상 진다. 매번 나는 여전히 너무나 약한 내 편이 진 것에 후회를 나타내지만, 다른 편(지미 편)의 힘과 용기에 대해 크게 찬사를 보내기도 한다.

36회기에서 또 다른 건설적인 변화가 발생했나. 이세 산은 사람들이 사는 곳이 되었다. 조심스럽게 지미는 그곳에 살기위해 온 가족을 위해 작은 집을 짓고 우물을 팠다. 지미는 내가 그를 돕는 것을 허용했고, 우리는 여기에 살 사람들이 어떤 사람들일지에 대해 함께 생각했다. 여기서 이런 가족과 집이 그에게 정확히 무엇을 의미하는지를 아는 것은 어려웠다. 지미가 스스로 더 잘 살 수 있음을 의미하는 것일까? 아니면 자신의 가족과 사는 것을 일컫는 것일까? 추측이기는 해도 아마 두 경우 다 지미가 자신에 대하여 느끼는 감정의 핵심일 것이다. 그러나 해석이 아주 명료하지 않을 수 있는 이런 경우에, 나는 특히 놀이 형태가 유용하다고 생각한다. 더 특정한 의미가 무엇이든 간에 나는 그 (놀이) 집과 그 (놀이) 가족에 대해서 계속 이야기할 수 있으며, 벌어지는 일들이 무엇이든 간에 언어화할 수 있고 참여할 수 있는 것이다. 비록 아동들이 의미하는 바를 정확하게 이해하지는 못했을지라도, 이런 방법으로 나는 아동 내담자의 가까이에 있을 수 있었다.

그러나 지미의 새로운 세계는 아직 완전하지 않았다. 지미가 한번은 다음과 같이 말했다. "범람이 일어나서 파괴된 것처럼 보여요." 개입에서 나는 '그 가족'과 '그 집'에 대해서 논했던 다른 해석들을 통합시키려고 시도했다. "이런, 그들은 지금 막 정착했는데 범람이 일어났네. 자, 그들은 틀림없이 그런 일이 일어나지 않기를 바랄 거야. 그들은 열심히 일을 했고, 이젠 약간의 평화와 고요함이 진짜로 필요할 거야." 지미는 씩 웃었고 거기에 그들을 남겨 두었다. 그 다음 회기 동안, 이 작은 새로운 세계는 점차적으로 확대되었고 상대적으로 평화롭게 유지되었다. 외부에는 약간의 위협들이 있었지만 아무 일도 생기지 않았다.

5) 훈습단계 동안 엘렌과의 면접

이 몇 달 동안 나는 처음에는 매주마다 가졌던 엘렌과의 면담을 주 2회로 점차 줄여나갔다. 많은 일들이 일어났다. 가장 중요한 것은 가족이 가까운 곳에 새로 지은 작은 마당이 있는 주택으로 이사를 한 것이었다. 몇 년 동안 살아왔던 작은 아파트에서 그곳으로 이사를 간 것은 상당한 위안을 주었다. 이는 동시에 엘렌에게 더 많은 부담을 지게 된다는 것을 의미했다. 즉, 이것은 이젠 엘렌이 스스로 결정을 내리고 명령을 해야만 한다는 것이다. 우선 엘렌은 이것을 무거운 책임으로 느꼈다. 더욱이 그녀는 집세를 지불하기에 충분한 돈을 벌기가 정말 어려웠다. 그러나 나의 도움을 약간씩 받으면서, 점차적으로 그녀도 자신이 내린 결정을 취소하거나 의문을 제기하지 않는다는 사실을 즐기기 시작했다. 사실 결혼하기 전에 부모님과 살았을 때는 그녀에게 오히려 익숙했던 모습들이었다. 엘렌은 남동생과 몇 명의 친구들이 자신의 이사를 기꺼이 도와줄 수 있다는 것도 알게 되었다. 자녀들 역시 비록 아주 한정된 예산이기는 해도 원하는 대로 꾸밀 수 있는 자기 방을 갖기를 고대했다.

독자들은 18회기 무렵에 이루어진 이사가 지미와의 회기에서 주제가 되지 않았던 점에 대해 의아하기도 할 것이다. 이것은 아주 사소한 일이었다. 대개 회기마다 우리는 몇 분 동안 일상적으로 일어난 일들에 대하여 이야기했다. 물론 그 당시 다른 가족들에게 무슨 일이 있는지에 관심을 갖고 있기는 하지만, 그것이 지미의 놀이에서 지미가 한 치료적 작업에 대한 핵심은 아니었다. 지미의 '새로운 세계'는 이사하고 몇 달이 지나서 겨우 나타나기 시작했고(물론 주변 환경들이 아동에게 영향을 미칠 수 있음에도 불구하고) 아주 다른 의미를 지닌 것이었다. '새로운 출발'로서 이사는 엘렌과의 작업에서 훨씬 더 중요했는데, 이는 매일 집안일을 하는 것과 엄마의 임무들과도 연결되었다. 이사는 엘렌에게 많은 측면에서 자신에 대해 유능감을 느끼게 하였다. 이런 일상적으로 발생하는 일(모든 것들을 어떻게 조직화하고, 커튼의 색이나 스토브의 배치를 어떻게 해야 할지에 대한 것들)에 대하여 나에게 말함으로써, 엘렌은 나와의 관계에서 보다 자신감을 얻게 되었고 비판받는다고 느꼈던 초기의 문제는 줄어들었다. 그녀는 이제 자신의 아들과 딸을 다루는 방법에 대해서 훨씬 잘 대화할 수 있게 되었다. 이 치료 단계에서 엘렌은 주로 맨디와의 문제에 대해서 이야기했는데, 그녀는 맨디가 자신의 방, 옷가지와 다른 물건들에 대해서 아주 부주의하다고 말했다. 엘렌은 "맨디 스스로 청소할 필요가 있다고 느꼈으면 좋겠어요." 여기에서 엘렌은 자신에 대하여 다른 사람의 입장에서 생각해 볼 필요가 있었다. 어떠한 사람도 똑같은 사람은 없으며, 한 사람에게는 흐트러져 있다고 보이는 것이 다른 사람에게는 아무런 문제가 되지 않을 수도 있다. 더욱이 엄마에게 중요한 것이 자녀에게는 하찮은 것일 수도 있다. 나는 엘렌에게 아동들이 중요하지 않은 일들을 하는 것을 기억하기를 바라는 것은 합리적이지 않을 수 있다고 말해 주었다. 그녀는 자녀들에게 규칙적으로 상기시켜서 이것을 규칙으로 만들 필요가 있다. 만일 그렇게 하지 않는다면 아무런 이득 없이 가정의 분위기만 망칠 것이다. 한편 그녀가 약간의 도움을 원한다면, 그녀는 자녀들에게 중요한 것이 무엇인지, 또는 자녀들이 하고 싶어 하는 것이 무엇인지를 알아낼 필요가 있다. 이런 과제들은 자녀들이 쉽게 해낼 수 있는 것이다.

요 몇 달 동안 우리의 논의에서 반복되는 주제는 자신에 대한 부정적인 감정을 수용하는 문제였다. "나는 모든 일이 잘되고 모든 사람이 좋았으면 해요. 왜 우리는 화를 내는 대신에 긍정적이 될 수 없는 걸까요?" 엘렌은 자신에 대해서는 이런 태도를 허용하지 않았지만, 그녀는 자녀들과 전남편, 또는 다른 사람들에 대해서 매우 화가 나는 것을 느끼곤 했다. 나는 이것을 엘렌의 모성에 대한 생각과 그녀가 양육된 가정 생활과 관련짓는 기회로 삼았다. 처음에 그녀는 나에게 그녀의 가족은 '결코 화를 내지 않았던 아주 이상적인 행복한 가정' 이었다고 말했다. 지금까지 그녀와 해 왔던 것처럼, 그녀 가정의 다른 측면에 대하여 좀 더 이야기하는 동안 그 이상적인 이미지에 작은 균열이 나타나기 시작했다. 그녀는 부모님이 그다지 멀지 않은 곳에 살고 계시는데도 자주 방문하지 않았다. 그것은 '부모님이 그녀가 하는 것, 그녀의 일, 이혼한 것 등에 대해서 인정해 주지 않기' 때문이라고 했다. 엘렌은 부모에 대한 분노가 많았지만, 결코 드러내지 않고, 늘 상냥하고 웃는 얼굴로 참아온 것으로 보였다.

약간의 시간이 경과된 후에, 엘렌은 이것도 자신의 결혼에서 문제가 되었을 수 있음을 깨달았다. 그녀가 부정적인 감정을 인정할 수 없었던 것이 점차적으로 관계를 손상시켰다. 엘렌은 자신의 결혼 생활에 대하여 곰곰이 생각하면 할수록 전남편이 떠난 것이 정말로 그렇게 갑작스러운 것은 아니었다는 점을 알게 되었다. "하지만 그 점이 새출발을 하는 것을 더욱 주저하게 만들어요. 선생님이 나에게 많은 고통을 느끼게 했어요. 나는 정말 그런 고통스런 감정을 다시 느끼는 것이 두려워요. 이제 나에게 관심을 갖는 사람을 만나면, 나는 분명히 무례하게 굴겠죠. 나는 그것을 원치 않아요."

그해 치료과정에서 엘렌은 자신을 가치 있는 사람으로 지각하고, 자녀들을 자신과는 분리된 인간으로서 이해하게 되었다. 그녀는 가정에서 변화된 분위기에 대해서도 보고했다. 즉, 덜 억제적이고 더 편안하며 긍정적인 순간이 더 많아졌다. 동시에 부정적인 측면들이 보다 분명하게 인식되었지만, 이런 것들은 지낼 만한 것이었다.

지미의 의뢰된 문제들은 첫 달에는 단기적으로 상승했으나 그 후에는 현저하게 감소했다. 엘렌은 지미의 성마름이 아주 이따금씩, 예를 들어 휴일과 불꽃놀이와 같이 새롭거나 특별한 상황에서만 나타난다고 보고했다. 지미는 이제 덜 안절부절못했으며 엘렌 자신도 이완되는 순간들이 많다고 했다. 또한 지미는 가정의 일과에 더 잘 적응하게 되었다. 죽고 싶다는 소망은 더 이상 반복되지 않았으며, 엘렌과 훨씬 수월하게 이야기했고 자신만의 생각으로 철수하는 것이 줄었다. 이런 변화가 지미의 놀이 회기에 반영되었기 때문에 우리는 치료의 종결에 대하여 생각해 보기로 했다. 원래 문제들이 심했기 때문에 나는 약 네 달에 걸쳐 회기의 빈도를 줄이면서, 한 달 내에 시작될 신학년을 준비할 수 있는 점진적인 종결을 제안했다.

기간 동안 지미의 아빠인 브라이언은 자주 여행을 가서 주말이 되어서야 집에 돌아왔기 때문에 그와의 접촉은 드물어졌다. 브라이언과 지미의 관계는 공동 면접 이후에 보다 개인적이 되었고 큰 문제 없이 발전되었다. 그들은 함께 가드너의 책을 읽었고 거기서 많은 공통점을 찾아냈다.

지미의 교사는 한 개인으로서 지미와 그의 치료에 대하여 상당한 관심을 나타냈다. 여교사는 지미의 여러 측면을 좋게 평가해서(예컨대, 지미의 유머 감각), 그것이 지미가 곤란한 행동을 보일 때도 쉽게 수용될 수 있게 해 주었다. 교사는 교실에서 대부분의 아동들이 과제를 하느라 아주 조용해지지 않는 한 지미가 집중을 하는 데 어려움을 겪는다는 것을 알아챘다. 지미는 그만의, '침묵의 방' 에 있는 것을 더 좋아했기에, 교사는 그에게 그것을 자주 허용하곤 했다. 또한 교사는 지미가 점차로 학업에서 진전을 보이고 있다고 생각했다.

6) 미숙한 종결단계: 39~47회기

그때 당시에 성공적인 종결을 위한 모든 조건들이 충족된 것처럼 보였음에도 불구하고, 실제 그렇게 성공적이지 않았다. 여름방학이 끝나갈 무렵, 내가 처음으로 지미와의 회기 빈도를 줄이는 주제를 꺼냈을 때 지미는 다음과 같이 격렬하게 반응했다. "나는 덜 오고 싶지 않아요. 이건 공평하지 않아요." 나는 지미가 공평하지 않다고 느끼는 것이 무엇인지를 알아내려고 했으나 그는 제대로 설명하지 못했다. 그래서 나는 이전에 지미가 나에게 오기 전에 그랬던 것처럼 상황을 통제하려는 시도일 수 있다고 결론지었다. 그래서 나는 결정대로 감행하기로 했다. 새로운 방침을 가지고 시행한 첫 회기에서, 지미는 장면에 등장한 모든 사람을 죽이는 옛날 주제들로 돌아갔다. "사람들은 다 죽어요. 살아 있는 사람은 아무도 없어요. 모두가 다 졌고 이긴 사람은 아무도 없어요."

그 다음 회기에서 지미는 제2차 세계 대전과 히틀러에 대해 매우 몰두했다. 학교에서 그의 새로운 집단은 두 집단이 합쳐진 것으로, 절반은 제2차 세계 대전에 대한 역사적 교훈을 알고 있는 고학년 아동들이었다. 지미는 과제를 하는 동안에 제2차 세계 대전에 대한 이야기를 들었다. 지미가 내게 말했던 내용은 다소 혼동되어 있었다. 특히, 그는 히틀러가 자살했는지가 확실하지 않아서 어느 순간 히틀러가 되돌아오기도 했다. 그래서 나는 전쟁놀이를 하자고 제안했다. 그는 자신이 히틀러의 역할을 하고 내가 정복당한 쪽의 역할을 하기를 원했다. 점차적으로 지미의 놀이는 그가 역할을 바꾸어서 히틀러를 죽이고 싶어 하게 됨에 따라 혼동되어 갔다. 여전히 그의 주목적은 '보다 많은 나라를 자유롭게 하는 것' 이었고, 이것은 나에게 여전히 긍정적인 측면이 확산되어 있음을 의미하는 것으로 보였다.

43회기에서 전쟁이 다시 일어났다. 지미는 먼저 집을 지었다. 집은 산 위에 높은 곳에 지어졌는데, 지미는 '홍수가 일어날 것이기 때문' 이라고 말했다. 그리고 흥미롭게도 지미의 다음 말은 나에게 그의 엄마를 상기시켰다. "우리는 그들의 탁자 위에 약간의 꽃을 놓을 건데요. 그러면 전쟁을 하게 되더라도 더 괜찮을 거예요." 이전과는 달리, 지미는 어떤 식으로든 나의 도움을 받아들이지 않았다. 그는 모든 것을 스스로 했다. 그런 다음 격렬한 충격이 시작되었고, 그는 자신이 만든 작은 세계를 초토화시켰다. 나는 단지 지

여 점차 초조해 했다. 더욱이 지미가 보이는 약간 기이한 행동(예컨대, 체육수업에 가기 전에 기도를 하거나 수업 도중에 광대처럼 펄쩍 뛰는 행동)은 지미에 대한 마크의 낮은 평가에 기름을 붓는 격이 되었다.

부활절 직전에 지미가 마크의 책상에 있는 돈을 집어가서 마크가 지미를 모든 학생들 앞에서 처벌했을 때 두 사람의 관계는 극도로 악화되었다. 그러자 지미는 다시 학교에 가는 것을 거부했다. 엘렌은 지미가 돈을 훔치고 처벌받은 것에 충격을 받았으나, 교사가 그 상황을 다룬 방식에 대해서는 분개하였다. 자신의 항의에 대하여 교사와 교장 모두가 반대한다는 것을 알게 되자, 그녀는 나에게 지미를 위한 적당한 학교를 찾아달라고 도움을 청해 왔다. 우리는 통상적으로 문제들을 중재하거나 타협점을 찾으려고 노력을 하지만, 나 스스로 지금보다 나은 협조를 받을 수 없다는 생각이 들었다. 다음 학년에 지미의 반을 마크가 맡기 때문에, 나는 전학이 큰 변화임에도 불구하고 전학을 하는 것이 좋을 수도 있다고 결정했다.

다행스럽게도 우리는 체계가 훨씬 더 구조화되고 혼합된 집단이 없으며, 교장과 교사가 모험을 감수하려고 하는 학교를 찾을 수 있었다. 이 학교는 개별적 지도를 많이 해 주고자 하는 강한 교육철학을 지니고 있는 곳이었다. 지미는 전학에 대한 얘기를 듣자 울부짖었고, 몇몇 친구를 잃어버리게 되는 것을 두려워했다. 그러나 엘렌과 나는 지미에게 지금 다니고 있는 학교의 방침은 그에게 적절하지 않아서, 달성하기 힘든 학업 태도와 학업에 대한 집중력을 요구한다고 얘기해 주었다.

마침내 지미는 변화를 위하여 단념했다. 그리고 전학이 지미에게 쉬운 일이 아님에도 불구하고 안심하는 듯했다. 그 다음 회기에서(63회기부터) 보다 변별되며 덜 자기지향적인 심상적 놀이들이 조금씩 되돌아오는 것이 보였다. 놀이 주제와 장난감의 사용이 보다 뚜렷해졌다. 이제 지미가 수행하는 전쟁들은 처음 훈습단계의 끝무렵처럼 보다 균형 잡혀 있었다.

다소 특별한 어느 회기에서 지미는 아주 새로운 활동인 그림 그리기를 선택했다. 처음에는 지미가 종이에 그린 것이 정확하게 무엇인지를 알기 어려웠다. 그것은 아주 이상한 모양의 '악마' 였다. 지미가 종이에 그린 것을 악마라고 강력하게 확신하는 것처럼 보였기 때문에, 나는 회기에서 고수해 온 엄격한 놀이 형태를 한 번 벗어나 그에게 직접적으로 해석해 주었다. "이것은 마치 네가 이따금 네 안에서 느끼는 악마처럼 보이는구나." 지미는 이것을 부인하지도, 별 다른 반응을 보이지도 않았다. 그러므로 나는 심상적 수준으로 되돌아가서 그가 그려 놓은 악마가 어떻게 느끼고 행동할지에 대하여 얘기하는 것이 더 유익할 것이라고 느꼈다. 그렇게 하자 지미는 다음과 같이 반응했다. "이 악마는 이따금 모든 사람을 죽이고 싶어 해요. 하지만 다시 그런 사람들에 대한 미안함을 느끼곤 하죠."

엘렌은 지미를 새로운 학교로 전학시킨 자신의 결정에 보람을 느꼈고 점차적으로 유능감을 다시 느끼게 되었다. 이것으로 엘렌은 맨디의 사춘기 반항 문제를 보다 잘 다룰 수 있게 되었다. 엘렌의 에드윈과의 새로운 관계도 그녀의 자기경험에 긍정적 영향을 주었다. 다행스럽게도, 처음 충격을 받은 후에 두 자녀는 에드윈을 보다 현실적으로 인정하기 시작했고, 에드윈이 그들의 생활에서 (제한적으로) 머물 수 있는 여지를 주었다. 우리 모두는 새로운 종결 국면을 개시하기 전에, 지미가 새로운 학교에서 안정된다고 느낄 때까지 현재의 회기 빈도를 유지하는 것이 좋을 것이라고 생각했다. 게다가 나는 이번이 지미가 종결 결정을 내리는 데 적극적인 파트너가 되어야 한다고 느꼈다.

이에 대하여 지미에게 말하자, 지미는 "그거 좋네요."라고 대답했다. 그러고 나서 그는 나에게 지난 몇 주 동안 대기실에서 만났던 다른 아이에 대해서 물었다. "그렇게 작은 아이도 여기에 와서 놀이를 하나요? 그 꼬마는 뭐가 문제예요?" 물론 이 질문은 사실상 그 자신에 대하여 간접적인 방식으로 물어보는 것이다. 그는 여기에 왜 왔는가? 나는 지미가 이제 이 문제를 보다 직접적으로 다루는 데 충분히 성숙했다고 판단했기에, 지미가 여기에 처음 온(거의 2년 전) 이유에 대하여 얘기했다. 그러자 그는 다음과 같이 말했다. "네, 나는 이제 더 이상 그다지 화내지 않아요. 단지 맨디에게만 가끔 그래요. 아시잖아요, 맨디는 까다로워요. 그렇지만 엄마에게는 안 그래요. 나는 엄마를 상당히 많이 도와드려요. 그리고 아빠가 혼자 어디 멀리 가면, 아빠에게는 조금 그래요." 나는 여기에 대해 다음과 같이 지지를 하였다. "지난 해 내가 우리 이제 여기서 놀이하는 것을 끝내자고 말했을 때 너는 나에게도 화를 냈지. 그리고 너도 알다시피 나는 네가 옳았다고 생각해. 그것은 너무나 성급한 결정이었어. 나는 네 말을 잘 들었어야 했어. 그래서 이번에 나는 스스로에게 말했단다. 나는 지미가 훨씬 나아졌고 우리는 더 이상 길게 할 필요가 없을지도 모른다고 생각해. 그런데 혹시 지미에게 어려울 수 있는 새로운 일들이 생길 수 있어. 그러면 그럴 때 지미는 나에게 말해 줘야 해. 우선 2주일에 한 번 오고 그런 다음 작별인사를 할 수 있게 될 거야." 지미는 주의 깊게 듣고 나서 다음과 같이 말했다. "그날이 그다지 멀지 않을 거 같아요." 나는 지미에게 그때를 알려 달라고 말했다.

8) 두 번째 종결단계: 70~77 회기

비록 두 번째 훈습단계가 어려웠음에도 불구하고, 우리는 일부 핵심적인 문제를 공략했다. 종결 결정으로 재발된 지미의 분리 문제는 훨씬 더 분명해졌다(목표 4). 이제 그는 스스로 새로운 문제에 더 잘 대처할 수 있었고 자신의 행동에 책임을 지게 되었다(목표 5). 새로운 학교에서도 첫 주 동안 잘 적응했다. 가정에서의 문제들도 현저히 감소했다(목표 6). 따라서 보다 긍정적인 종결이 가능해졌다. 사실상 전학을 하고 약 4회기 이후(70회기)에 지미는 이제 회기 빈도를 줄이자고 말했다. 그래서 우리는 크리스마스까지 2주에 한 번씩 회기를 갖기로 결정했다.

다행스럽게도, 이 마지막 단계에서 극적으로 발생한 일은 아무것도 없었다. 점점 더 우리는 놀이 이외의 다른 것에 대하여 얘기했다. 지미는 나에게 전학한 학교에 대하여 얘기했는데, 그는 그 학교에서 잘 적응했고 벌써 친구도 생겼다고 했다. 지미의 새로운 담임선생님(경험 많고 동정적인 여성)도 역시 긍정적이었다. 담임교사의 공감적인 태도는 지미의 월요일 아침에 대하여 나에게 전한 말에서도 잘 드러난다. "나는 지미가 주말에 아빠와 지냈는지를 알 수 있어요. 그런 월요일에 지미는 약간 울적해 보이고 공부를 잘 하지 않아요. 그래서 나는 지미를 좀 내버려두고 그다지 많이 묻지 않습니다. 그렇지만 그가 좋아할 만한 과제를 주고 나서 오후가 되면 지미는 대개 다시 이전 모습으로 돌아오죠."

5. 결과 및 추수

대부분의 경우 내 치료에서는 특히 긍정적인 분위기에서 종결할 때 마지막 회기에서 약간 축제 분위기가 난다. 우리는 음료수를 함께 마실 수도 있고, 통상적으로 나는 내담자들이 좋아하는 특별한 것을 하도록 한다. 지미는 나와 함께 마을을 산책하는 것을 원했기 때문에 우리는 그렇게 했다. 돌아와서 그는 나에게 나를 위해서 가져온 작은 녹색 식물을 주었고 그것을 잘 돌봐 달라고 말했다. 그런 다음 그는 활기차게 떠나서 엄마와 함께 집으로 갔다. 엘렌과는 그 전 주에 마지막 상담을 했다. 그때부터 우리는 크리스마스 카드를 교환했다. 학년말에 나는 그녀와 간단한 통화를 했고 그녀는 그들이 여전히 잘 지내고 있다고 말해 주었다.

6. 논의

앞서 기술했듯이 나는 이 치료에 대한 나의 생각과 감정을 숨기지 않았다. 지미는 쉬운 내담자가 아니었지만, 지미와 그의 엄마와의 라포는 치료적 관계를 빠르게 형성하는 데 상당한 도움이 되었고, 그 어려웠던 두 번째 해를 이겨 나가는 데 분명한 도움이 되었다. 그러나 나는 이 치료가 거의 실패할 뻔했던 이유에 대하여 잠시 동안 생각해 보고자 한다. 중요한 점은 내가 종결 주제를 처음 꺼냈을 때 지미의 반응에 부주의했던 점이다. 그 후에 나는 그에 대해 보다 잘 경청했어야 한다고 느꼈다. 그가 얘기한 것이 어떤 진짜 이유가 없이 그냥 나를 붙잡아 두기 위한 구실을 대는 것이라고 할 만큼 내가 그를 잘 알았던가? 아마도 성인으로서, 아동과 작업한 경험이 있음에도 불구하고, 우리는 여전히 아이들의 판단보다 자신의 판단이 더 낫다고 생각하는 경향이 있는 것 같다. 일반적으로 우리는 아동 내담자가 스스로 말하는 것을 토대로 행동해야 할 것이다.

두 번째 문제는 지미와 그의 교사(마크)와의 관계였다. 나는 그들 간에 진행된 것 중에 뭔가 중요한 것을 놓쳤던 것이 분명했고, 그것이 둘의 관계와 지미의 학업이 악화된 것을 설명해 줄 수 있었을 것이다. 그 후로 나는 지미가 여성과의 관계보다 남성과의 관계에서 보다 문제가 있을 가능성을 알게 되었다. 명백하게 그는 엄마와 많은 갈등이 있었지만, 그래도 여전히 그들의 관계에는 확고한 기반이 있었다. 지미는 나와 좋은 관계를 맺었고 이전의 담임선생님과 나중의 담임선생님과도 좋은 관계를 가졌지만 그들은 모두 여성이었다. 나는 이 문제를 예견했어야 했다. 그는 자신의 삶에서 다른 남자(아빠라기보다는)를 인정하는 것이 거의 불가능했음을 알게 되었다. 특히, 그 특정한 시기는 엘렌에게 남자친구가 생겼을 때였다(물론 나는 이를 나중에서야 알게 되었다). 그것을 알았다면 나는 교사가 점점 초조해 하는 것과 그 과정에서 지미가 불에 석탄을 던진 것에 대하여 주목 할 수도 있었을 것이다. 내가 좀 더 주의를 기울였더라면 아마도 전학을 했어야 하는 일은 막을 수도 있었을 것이다. 그렇지만 새로운 학교는 지미와 같이 다소 까다로운 아이를 돌보는 데 준비가 잘 되어 있는 것처럼 보였다. 우리의 마지막 면접에서 엘렌은 지미의 성적이 우수하고 이듬해에 남자 교사를 만나는 것을 기대하고 있다고 말해 주었다.

내가 보다 주의를 기울였어야 했던 세 번째 문제는 지미의 특정한 분리 문제와 함께 치료자로부터 분리되는 것이 그에게 어떤 의미가 있었는가다. 물론 나는 항상 치료의 종결 가능성이 여러 가지 문제를 유발시키거나 재발시킬 수 있다고 제안하며, 특히 분리 문제가 의뢰 사유 중 하나였던 아동의 경우는 언제나 이 점에 주의를 기울인다. 여전히 나는 지미가 다른 아이들과 유사하게 반응할 것이라고 대수롭지 않게 가정했던 것이다. 이 사례가 주는 메시지 중 하나는 다음과 같다. 당신의 경험이 어느 정도이든 간에, 온갖 종류의 문제를 다 알고 있다고 착각하지 말아야 한다. 모든 아동은 여전히 다 다른 것이다.

참고문헌

Harinck, F. J. H., and Hellendoorn, J. (1987). *Therapeutisch Spel: Process En Interactie (Therapeutic Play: Process and Interaction)*. Lisse, Netherlands: Swets & Zeitlinger.

Harinck, F. J. H., and Loeven, L. (1985). Therapeut-ervaringen met beeldcommunicatieve speltherapie (Therapist experiences with imagery interaction play therapy). In J. Hellendoorn (Ed.), *Therapie, Kind en Spel (Therapy, Child and play)*. pp. 239-273. Deventer, Netherlands: Van Loghum Slaterus.

Hellendoorn, J. (1988). Imaginative play technique in psychotherapy with children. In C. E. Schaefer (Ed.), *Innovative Interventions in Child and Adolescent Therapy*. pp. 43-67. New York: Wiley.

Langeveld, M. J. (1955). Bevrijding door beeldcommunicatie (Freedom through imagery interaction). *Nederlands Tijdschrift voor de Psychologie, 10*, 433-455.

Langeveld, M. J. (1964). De mens en de beelden (Man and his images). *Nederlands Tijdschrift voor de Psychologie, 19*, 89-110.

Mook, B. (1989). Play and play therapy. *Journal of Learning about Learning, 1*, 5-20.

Van der Kooij, R., and Hellendoorn, J. (1985). *Play, Play Therapy, Play Research*. Berwyn, PA: Swets North America.

Vermeer, E. A. A. (1973). Projectieve methoden bij pedagogische advies-en hulpverlening (Projective methods in child counseling and therapy). In T. Bolleman (Ed.), *Pedagogiek in ontwikkeling* (Developing Pedagogy). pp. 149-170. , Netherlands: Zwijsen.

5 로큰롤의 황제: 아들러학파의 놀이치료

Terry Kottman, Ph.D.

대기실에서 들렸던 울부짖는 소리는 일고여덟 살짜리 소년이 의자에 기대어 서서 공기 기다(air guitar, 역주: 로큰롤 음악에서 연주자가 실제 기타 없이 마치 기타가 있는 것처럼 연주하는 시늉을 하는 것)를 연주하면서 부른 노랫소리로 밝혀졌다. 소년은 노래를 끝내면서 의자에서 뛰어내려와 나에게 걸어오더니 다음과 같이 말했다. "안녕, 난 렉스야. 로큰롤의 황제지. 나는 재수 없는 여자가 나에게 물어 보는 거지 같은 질문에 대답하지 않을 거야!!!"

아들러학파의 놀이치료에서는 개인심리학(individual psychology)의 개념과 전략들이, 대인관계 및 심리 내적 어려움을 경험하는 아동들을 돕기 위해서 독특한 절차들을 창출하는 놀이치료의 기본적 접근방법들과 결합되어 있다(Kottman, 1987; Kottman & Warlick, 1989, 1990). 아동들이 자신들의 생각, 감정, 행동 등을 보다 잘 이해할 수 있도록, 아들러학파의 놀이치료자들은 놀이치료 과정에서 동등한 파트너로서 기능한다. 아들러학파의 성격이론으로 아동들을 개념화함으로써, 놀이치료자들은 아동 내담자에게 그들 스스로가 자기패배적 행동을 포착하는 데 도움이 되는 전략들을 창조적으로 선택하게 한다. 즉 자신의 생각, 정서, 태도 및 행위에 대하여 자신에게 통제력이 있다는 것을 보다 잘 인식하게 되며, 현명한 의사결정을 내리고 삶의 문제들에 성공적으로 대처하는 능력에 자신감을 발전시킬 수 있게 된다(Ansbacher, 1983; Kottman, 1987; Kottman & Warlick, 1989, 1990; Manaster & corsini, 1982; Sweeney, 1981).

1. 아들러의 이론 소개

개인심리학(아들러 심리학으로 알려진)은 20세기 초 10여 년 동안 알프레드 아들러(Alfred Adler)가 발전시켰다. 인간 성격과 발달에 대한 아들러의 이론은 전향적이며 긍정적이다. 아들러는 인간을 창조적이고 독특하며 자기결정적이라고 간주했다. 아들러 이론에 따르면, 인간은 다른 사람과 결속을 맺고 인간 사회에 소속감을 느끼는 쪽으로 움직이는 경향성(predisposition)을 가지고 태어난다. 그는 이 개념을 '사회적 관심(social interest)' 이라고 불렀다(Ansbacher & Ansbacher, 1956). 유아와 아동들은 상대적으로 약하고 힘이 없기 때문에 고유한 결핍, 열등감을 느낀다. 아들러는 사람들이 살아가면서 이러한 부적절감과 열등감을 극복하려고 노력한다고 생각했다(Dinkmeyer et al., 1987).

아동은 성장함에 따라 다른 사람의 행위와 반응을 관찰하고 주관적으로 해석할 수 있게 된다. 아동은 다른 사람과의 관계에서 소속되고 의미를 얻는 방식들을 결정한다. 타인에 대해 어떤 의미를 가지고 있는지에 대한 지각에 기초하여, 아동은 일종의 사적인 논리를 형성하기 시작하는데 그것이 생활양식(life-style)의 기초가 된다(Adler, 1930; Ansbacher & Ansbacher, 1956). 생활양식은 "개인의 통합체로, 개인의 사고, 감정 및 행위에서, 이른바 의식과 무의식에서, 그리고 성격의 모든 표현 측면에서의 통합체다"(Ansbacher & Ansbacher, 1956). 한 개인의 생활양식은 사회생활에서 작용하는 개인의 특성적 방식이며, 자신과 타인 및 세계에 대한 총체적인 주관적 신념의 기초가 된다(Griffith & Powers 1984). 아동들이 뛰어난 관찰자이기는 하지만 자주 잘못된 해석을 하는 이유는, 그들의 발달 중인 생활양식에 기저하고 있는 신념들이 잘못된 것이기 때문이다(Dreikurs & Soltz, 1964).

부적응은 자신과 타인 및 세계에 대한 잘못된 개념에서 비롯된다. 부적응적인 사람은 '사적인 논리(private logic)' 를 사용하고 '마치 그런 잘못된 확신들이 진실인 것처럼(as if)' 행동한다. 열등감도 심리적, 행동적 어려움에 영향을 미칠 수 있다. 아들러학파의 이론가들은 부적응을 삶의 문제들을 다룰 때의 낙심 또는 용기 부족으로 정의한다(Ansbacher & Ansbacher, 1956).

아들러 심리치료의 기본적 목표는 다음 네 가지다. (a) 내담자와 평등적 관계를 수립한다. (b) 내담자의 사적 논리, 생활양식 및 목표에 대한 이해를 도모한다. (c) 내담자가 자신의 생활양식, 잘못된 신념들, 잘못된 목표들 및 자기패배적 행동에 대한 통찰을 얻을 수 있도록 돕는다. (d) 내담자에게 어려운 상황에 대처할 대안적 방법들을 고려해 보는 용기를 내게 하고, 타인과 교류할 때 새로운 기술들을 배울 수 있도록 돕는다(Dinkmeyer & Dinkmeyer 1983). 이런 목표들을 각기 달성하는 것이 아들러 심리치료 과정의 단계로 구성된다. 아들러학파의 놀이치료에서 놀이치료자는 이 네 가지 기본적 목표들을 지향하기 위하여 놀이치료 과정을 활용한다.

아들러학파는 인간의 행동과 성격에 대하여 몇 가지 가정을 하고 있다. 다음 절에서 개인심리학의 기본적인 주장과 아들러학파의 놀이치료에서의 적용 및 중요성에 대하여 기술한다.

1) 인간의 모든 행동에는 목적이 있다

아들러학파는 인간의 모든 행동은 목표지향석이고 사람들은 항상 어떤 목적을 추구한다고 생각한다(Dinkmeyer & Dinkmeyer, 1983). 인간의 행동을 이해하고 변화시키기 위해서, 아들러학파의 상담자는 내담자가 실생활에서나 마음속에서 자신의 행동으로 이루려고 하는 것이 무엇인지를 알아야만 한다(Thompson & Rudolph, 1988). 아들러학파에서는 행동의 원인과 관련이 없는 것은 변화될 수 없다고 본다. 변화할 수 있는 것은 개인의 목적이다. 그러나 만일 내담자의 행동들이 그 자신을 위해서 작동되고 목표에 도달할 수 있게 해 준다면 행동은 변화하지 않을 것이다. 상담자의 임무는 내담자에게 그들의 목적을 인식할 수 있게 하고, 목적을 계속해서 추구하기를 바라는지를 점검할 수 있도록 도와주는 것이다. 상담자는 내담자가 궁극적인 목표를 향해서 나아갈 때 부적절한 행동이나 태도가 계속될 가능성을 감소시키기 위해서, 내담자 환경의 다른 사람과 작업하는 것을 원할 수도 있다.

삶의 문제들을 대처하는 데 어려움이 있는 아동들은 대개 다음의 네 가지 목표 중 하나만을 추구한다. 즉, 관심, 힘, 복수, 그리고 부적절함/철수다(Dreikurs & Soltz, 1964;

Lowe, 1971). 아동들은 하나의 목표에서 다른 목표로 바꿀 수 있지만, 대개의 아동들은 전력을 기울이는 하나의 우세한 목표를 갖는다. 일부 경우에 아동들은 환경에서 장면과 사람들에 따라 목표를 바꾼다. 놀이치료에서 아들러 이론가들은 아동의 목표를 알아보기 위해서 놀이의 관찰, 아동과의 대화, 부모 및 아동의 담임교사들을 활용하고 치료자 개인의 반응도 활용한다.

로큰롤의 황제인 렉스를 포함하여 놀이치료에서 내가 작업을 했던 대부분의 아동들은 힘(power)에 대한 목표를 추구하고 있었다. 힘을 추구하는 아동들은 자신들이 안전하고 소속되어 있다고 느끼는 유일한 방법은 자신이나 타인을 통제하는 것이라고 생각한다(Dreikurs & Soltz, 1964). 힘을 추구하는 아동들의 행동에는 주장하기, 싸우기, 으스대기, 집안일이나 학교 공부 거부하기, 수동-공격성, 불복종, 고집불통, 고의적인 망각, 또는 다른 형태의 권력투쟁 등이 포함된다. 사람들은 이런 아동들과 부딪치면 화가 나고 도전받는다고 느낀다. 힘을 추구하는 아동들을 고치려고 하거나 방향을 교정해 주려고 하면, 이들은 부정적인 행동을 증가시킴으로써 통제력을 얻으려고 온갖 애를 쓸 것이다.

나의 경험에 따르면, 아동들이 힘으로 동기화되는 데 관여하는 세 가지 전형적인 상황의 유형이 있다. 즉, 과도한 통제력을 지닌 아동들, 통제력이 지나치게 부족한 아동들, 통제력을 지닌 사람이 아무도 없어 보이는 상황에서 사는 아동들이다. 나는 아들러학파의 놀이치료로 아동과 작업을 하면서 이런 환경들을 이해하려고 노력한다. 힘으로 동기화되는 세 가지 범주의 모든 아동들에 대한 나의 궁극적인 목표는 관계에서 힘을 동등하게 공유하는 것이다. 그러나 초기 접근방법은 다양하다. 힘 요인의 균형은 내가 부모와 하는 양육상담에도 영향을 미친다.

2) 인간은 소속되기를 원하며 행동은 사회적 맥락에서 검증되어야 한다

사람들은 누구나 한 집단에 소속되어 그 집단의 일원이 되고자 한다(Dinkmeyer & Dinkmeyer, 1983). 사람들은 소속되기 위해서 자신의 사회적 맥락 내에서 의미를 얻을 수 있는 방법들을 찾는다. 만일 사람들이 건설적이고 유용한 방식으로 의미를 획득하는 방법을 결정할 수 없다면, 소속되기 위해서 파괴적이고 쓸모없는 방식으로 기법들을 사용할 것이다. 아동들이 최우선적으로 소속되기를 바라는 집단은 가족이다. 아동들은 가족을 둘러보고 다니며—가정 환경, 가족의 구도(family constellation), 가족의 가치—자신이 돋보이고 중요해지기 위해서 할 수 있는 것이 무엇인지를 분석한다. 그러면 아동들은 분석 결과로 나온 행동과 태도들을 한번 시도해 보고 가족체계의 반응을 관찰하여 재평가한다. 만일 그 행동과 태도들이 긍정적이거나 부정적인 수준의 의미를 얻게 되면, 아동들은 그 행동이 소속될 수 있는 방편인지를 결정할 수 있다. 이런 과정을 거쳐 아동들은 자신의 생활양식을 구성하는 자기, 타인 및 세계에 대한 많은 기본적인 신념들을 결정하기도 한다.

이런 사회-구현성(social-embeddedness) 때문에, 아들러학파의 놀이치료자들은 언제나 아동의 행동을 그들의 사회적 환경 맥락에서 고려하는 것을 중요하게 여긴다. 내담자를 완전히 이해하기 위해서 치료자는 모든 사회적 맥락에서 내담자의 상호작용을 관찰하거나, 회기 동안 이런 사회적 맥락을 놀이화할 수 있는 수단을 제공해 주어야 한다.

아들러학파의 놀이치료에서 체계적 특징의 또 다른 측면은 치료과정에 부모와 다른 가족 구성원들을 포함시키는 것이다. 가능하다면, 아들러학파의 놀이치료는 놀이치료의 통합적 부분으로서 가족 회기와 부모상담을 통합하려고 한다. 이런 회기에서 놀이치료자는 가족 구성원들을 내담자에 대한 정보 및 이해의 자원으로서 활용하고, 놀이치료에서 내담 아동이 보이는 어떤 변화를 지지하기 위해 고안된 체계적 변화과정에 가족 구성원들을 포함시킨다. 또한 가족 구성원들에게 새로운 기술을 가르친다. 놀이치료사는 의사소통 전략, 양육 및 훈육 방법, 그리고 가족 구성원들이 새로운 방식으로 상호작용하고 협력적 관계를 만드는 방법을 배울 수 있도록 돕기도 한다.

3) 모든 인간은 사회적 관심을 학습할 수 있다

정신건강과 성장 및 긍정적 변화를 위한 잠재력에 대한 하나의 지표는 개인의 사회적 관심 수준에 있다(Ansbacher & Ansbacher, 1956). 사회적 관심은 다른 사람과의 결속감으로 개인에서 가족의 성원까지, 그리고 국가를 거쳐 모든 인류와 세상의 모든 피조물까지 확장된다(Adler, 1927; Ansbacher & Ansbacher, 1956). 적절한 사회적 관심을 가진 개인은 동일시, 공감, 타인과의 협력 및 기여와 같은 협동적 행동 등의 특성적 특질을 나타낼 것이다(Adler, 1927). '사회적 관심은 타고난 것이 아니라 의식적으로 개발되어야 하는 타고난 잠재력이다'. 아동들은 형제, 또래, 교사 및 타인들과 관계 맺는 법을 가르쳐 주는 부모와 다른 가족 성원들로부터 사회적 관심을 배우기 시작한다(Manaster & Corsini, 1982).

놀이치료에서 아들러학파 치료자는 사회적 관심을 세 가지 방식으로 활용한다. (a) 아동의 치료목표로서, (b) 아동의 진전을 측정하는 방식으로서, (c) 양육 기술 훈련의 한 요소로서(Kottman, 미발간) 활용한다. 놀이치료에 의뢰된 많은 아동들은 상대적으로 사회적 관심의 수준이 낮다. 그들은 다른 사람과 결속하는 것을 배우지 못했기에, 결과적으로 다른 사람을 동일시하고 공감하거나 협력하는 데 충분한 능력을 드러내지 못한다. 놀이치료의 한 가지 목표는 아동이 다른 사람을 소중하게 여기는 것을 배울 수 있도록 돕는 것이다. 놀이치료자는 내담자와 개인적 관계를 수립함으로써, 이런 과정을 개시한다. 과정의 후반부에서 놀이치료자는 놀이치료 과정을 공유하기 위해서 형제나 다른 아동들을 끌어들여 사회적 관심을 확대한다.

내담자가 의미 있는 향상을 이루었는지를 결정할 때 아들러학파 놀이치료자가 하나의 요소로서 점검하는 것이 사회적 관심이다. 놀이치료의 시작에서 대개 보이는 놀이의 특징은 자기중심적이고 주제가 편협하여 놀이치료자나 다른 누군가와 정서적으로 연결을 맺으려는 관심은 거의 보이지 않는다는 점이다. 아동이 성장하고 변화함에 따라, 놀이치료자는 그 징후로서 아동이 대인관계를 소중하게 여기고 다른 사람과 협력하려는 욕구가 증대되어 가고 있는지를 살펴본다.

놀이치료자가 부모의 대리인으로서 작용하는 것을 의미하는 것이 아니기 때문에, 아동의 부모에게 사회적 관심을 교육하는 최우선의 임무를 넘겨 주는 것은 중요하다. 부모상담 회기에서 아들러 입장의 놀이치료자는 부모가 부모-자녀 애착을 불러일으킬 수 있는 방법을 배울 수 있도록 돕는다. 부모는 자녀가 형제, 친척, 또래, 교사, 이웃들을 포함하여 다른 사람들과 협력하고 동일시할 수 있도록 격려하는 것도 배워야 한다.

4) 인간의 성격은 통합성을 지니며 인간을 신성한 관점으로 바라봐야 한다

성격 통합성에 대한 학설은 개인심리학이라는 명칭을 부여하게 했다. 그러나 이 명칭은 종종 잘못 이해되고 있는데, 라틴어의 'individuum' 에서 유래된 것이며, '나눌 수 없는' '나뉘지 않는' 이라는 뜻이다(Dreikurs, 1953, p. 56). 아들러학파에 따르면, 모든 사람의 성격의 기저에는 일관성 및 질서가 있으며 이는 부분의 합 이상이라는 것과 같다(Griffin & Powers, 1984). 성격의 모든 국면들은 함께 하나의 독특한 전체에 부합되며, 모든 성격의 국면들은 동일한 의미를 갖는다. 이런 총체론적 입장에 따르면, 모든 사람은 하나의 유기체적 단위이고 생각, 감정, 행위 등은 모두 자기일관적 행동들이어서(Griffin & Powers, 1984), 모두가 동일하게 중요하고 동시적으로 발생하는 것이다.

아들러학파는 성격을 나뉠 수 없는 것으로 보기 때문에, 인간의 모든 측면이 치료과정에서 동일하게 중요하고 자세히 살펴볼 가치가 있다고 여긴다. 놀이치료자는 아동 성격의 모든 측면의 장점과 단점을 살펴본다. 각 아동의 지적, 신체적, 정서적, 영적, 대인관계적 요소들은 그 아동을 전체적으로 묘사하는 데 관여한다. 놀이치료자는 놀이치료과정에서 모든 아동들의 이러한 모든 요소들을 관여시키고 유발시키려고 노력한다.

아들러학파의 놀이치료에서 아동의 성격에 대한 총체적 견해는 놀이치료자가 생각, 감정 및 행동에 동일한 비중을 둔다는 점을 보장하기도 한다. 평가와 치료 모두에서 놀이치료자는 이러한 행동의 세 가지 요소들을 모두 고려한다.

5) 아들러학파 놀이치료의 단계

아들러학파 놀이치료에는 중복되는 네 개의 단계들이 있다. (a) 아동과의 관계 수립하기, (b) 아동의 생활양식을 점검하기, (c) 생활양식에 대한 통찰을 할 수 있도록 아동을 돕기, (d) 재정향(reorientation)/재교육(reeducation)이 있다.

아들러학파 놀이치료의 첫 번째 단계 치료과정의 최우선적 목표는 내담자와 동등한 관계를 수립하는 것이다. 첫 회기 동안에 나는 마치 성인에게 놀이치료 과정에 대하여 설명해 주는 것처럼, 아동들에게 치료과정에 대한 모든 논리적 정보를 설명해 줌으로써 동등한 관계를 맺기 위한 한계들을 설정하려고 한다. 나는 아동들에게 부모가 놀이치료를 받으러 오는 이유에 대하여 뭐라고 말했는지를 묻는다. 많은 경우 부모들은 자신들이 경험하는 문제에 압도당하는 감정을 느끼기 때문에 놀이치료에 오는 것을 부정적으로 말하기도 한다. 아동들은 이와 같은 부정적인 메시지를 자신의 생활양식에 통합시키는 경향이 있기 때문에, 나는 보다 희망적으로, 그리고 아동들의 독특성과 창의성을 인정하면서 내가 그들과 작업하는 특권을 갖게 된 것이 기쁘다는 방식으로 현재 문제를 다시 구성하는 기회를 가지려고 한다(Kottman, 미발간).

나는 관계를 수립할 때 따라가기(tracking), 감정 반영하기, 내용의 재진술, 잠정적 가설세우기, 격려하기, 질문하기 전략 등을 사용한다. 나는 4단계의 한계설정 절차를 사용하여, 아동이 의사결정에 참여해 한계로 포함될 것과 그 한계를 위반했을 때 선택할 수 있는 것들의 결과를 알려준다. 나는 역할놀이와 아동의 놀이에 참여하기, 그리고 라포 형성을 활용하여 적극적으로 아동과 상호작용을 한다(Kottman, 미발간; Kottman & Warlick, 1989).

관계 수립하기 단계 동안, 아들러학파 놀이치료는 부모와 협력을 맺기 시작하는 것으로 부모상담 시간을 활용한다. 부모가 자신의 얘기가 경청되고 이해받고 있다고 느끼는 것이 중요하다. 놀이치료자는 부모가 그 시점까지 사용해 왔던 양육 전략들에 동의하는 것이 적절하지 않을 수 있지만, 부모-자녀 관계의 긍정적인 측면을 찾아서 감정을 인정해 주는 것은 중요하다.

아들러 놀이치료의 두 번째 단계는 정보를 수집하는 것과 관련된다. 놀이치료자가 정보를 수집하면 아동의 사적 논리와 생활양식을 형성하는 데 결합된 기본적 확신들에 대하여 보다 분명한 그림을 얻게 된다. 아동의 세계에 대한 견해의 이러한 측면들을 이해하기 위해서 놀이치료자는 행동의 목표, 가족 환경 및 가족 구도들을 탐색한다(Kottman, 인쇄 중; Kottman & Warlick, 1989). 아들러학파 놀이치료자는 생활양식을 탐색하는 데 도움을 얻고자 아동에게 초기 기억(early recollection)을 요청할 수도 있다(Kottman & Johnson, 미발간).

아동 행동의 일차적 목표를 확인하기 위해서 놀이치료자는 아동의 행동, 아동이 대면하는 다른 사람들에 대한 반응과 감정, 교정에 대한 아동의 반응들을 조사한다. 또한 놀이치료자들은 놀이실과 대기실에서 아동의 행동을 관찰한다. 때로 아동의 학교를 방문하여 교실과 운동장에서의 행동을 관찰하기도 한다. 아동의 행동목표들에 대한 다른 정보의 출처들은 부모, 형제, 교사 및 또래다. 놀이치료자들은 상호작용 과정에서 아동에 대한 치료자 자신의 반응도 감찰해야 한다. 이런 개인적 감정들은 아동의 행동목표에 대한 가설을 형성하는 데 아주 중요한 잣대가 될 것이다.

가족 환경은 아동을 개념화하는 데 또 다른 중요한 요소다. 가족 환경은 부모의 훈육 태도들, 양육전략들, 부부관계, 부모의 생활양식과 기본 확신들에 좌우된다(Dewey, 1971). 가족 환경은 아동의 자기개념, 타인에 대한 신념, 행동 양상 및 의미를 얻는 방식에 영향을 끼친다. 놀이치료에는 가족 환경을 조사하는 몇 가지 방식이 있다. (a) 아동이 인형의 집, 손인형, 부엌도구 등을 가지고 놀이하는 것을 관찰한다. (b) 대기실에서 상호작용하는 것과 놀이실에서 가족 성원과 상호작용하는 것을 관찰한다. (c) 아동과 부모에게 훈육 양상과 다른 요인들에 대하여 질문한다(Dinkmeyer, 1977). (d) 아동에게 가족 초상화를 그려 보고 가족 성원들이 상호작용하는 것을 묘사해 달라고 요청한다(Knoff & Prout, 1985; Kottman, 미발간).

아동은 한 가정에서 태어나서 그 가족 구도에서 어떠한 심리적 위치를 요구한다(Pepper, 1979). 각 출생 순위는 어떠한 특성적인 장단점을 지니고 있다. 아들러학파 놀이치료자들은 아동의 장점을 알아보고 단점을 극복하는 데 유용한 방법을 찾기 위하여 아동의 심리적 위치를 조사한다. 가족 구도를 탐색하는 방법에는 부모 또는 아동에게 실제 출생 순위와 각 아동의 심리적 특징에 대하여 질문하고, 아동이 그린 가족 그림을 활용하여 성격 특징들을 탐색하기 위해 질문을 하는 전략들이 있다(Knoff & Prout, 1985; Kottman, 미발간).

아들러학파 놀이치료자는 아동의 기억도 탐색할 수 있다. 아들러는 모든 사람들이 세계에 대한 자신의 견해를 반영하는 사건들을 선택적으로 기억한다고 믿었다 (Ansbacher & Ansbacher, 1956). 모든 아동들이 초기 기억에 관한 그림을 완벽하게 그려 내는 데 필요한 정보를 자세하게 제공하지 못함에도 불구하고, 이러한 일련의 초기 기억들은 놀이치료자가 아동의 기본적 확신, 사적 논리 및 생활양식을 이해할 수 있도록 도움을 주기도 한다. 놀이치료자는 아동에게 "네가 어렸을 때 있었던 일에 대해서 말해 줄래?"라고 묻거나 초기 기억을 그림으로 그려 보도록 요청할 수 있다(Borden, 1982; Nelson, 1986). 놀이치료자가 6~10개 정도의 초기 기억들을 수집하게 되면, 그 기억들의 양상과 주제들은 아동의 생활양식을 이해하는 데 도움이 된다(Kottman, 미발간).

두 번째 단계에서 부모상담 동안, 아들러학파 놀이치료자는 부모로부터 정보를 수집한다. 이 정보에는 행동목표, 가족 환경, 및 가족 구도에 대한 부모의 시각이 포함된다. 놀이치료자는 부모의 가족도 탐색하며, 그들이 양육에 대해서 배운 것과 성장하면서 자신, 타인 및 세계에 대해서 배운 것들도 탐색한다. 이런 정보는 놀이치료자가 부모에게 양육 기술들을 가르치는 방식을 결정하고, 부모의 개인적 문제가 어떻게 가족의 상호작용 과정을 방해하는지 파악하는 데 도움이 된다.

놀이치료의 두 번째 단계에서 수집된 정보에 기초하여, 놀이치료자는 아동의 사적 논리, 기본적 확신 및 생활양식에 대한 작동 가설을 형성하기 시작한다. 놀이치료의 세 번

⑤ 다른 사람들이 나를 좋아해 주기를 바라지 않는다. 다른 사람들은 내가 원하는 것을 하는 것이 더 중요하다.

⑥ 고모는 아주 강하지 못해서 아빠로부터 나 또는 고모 자신을 보호할 수 없다.

⑦ 아빠는 매우 힘이 세다. 그는 다른 사람들을 협박하고 항상 다른 사람들을 혼란스럽게 만들어서 자신이 원하는 것을 얻는다.

⑧ 이 세상에서 누구도 나와 고모를 안전하게 지켜 줄 수 있는 사람은 없다. 나는 언제나 혼자다.

아들러학파의 이론에 따르면, 렉스는 자신의 감정과 행동에 영향을 주는 이런 생각들을 자각하고 있을 필요는 없다. 대부분의 경우 렉스는 아마도 이러한 잘못된 신념들을 자각하지 못할 것이다. 그러나 그는 이러한 확신들에 기초한 생활양식을 계속 보였고, 사적 논리를 사용하면서 이런 신념들이 세상에 대한 정확한 표상인 것처럼 행동하는 것을 선택하였다. 이런 잘못된 신념에 기초하여 렉스는 다음과 같은 생활양식을 발전시켜 온 것으로 보였다.

나는

내가 다른 사람들을 통제하지 않는 한 강하지 않다. 때로 다른 사람을 통제하는 최선의 방법은 내가 통제를 벗어나는 행동을 하는 것이다.

내가 다른 사람들을 통제하는 방법을 배우지 않는 한, 다른 사람으로부터 위협당한다.

나와 함께 있거나 나를 사랑하는 사람들을 신뢰할 수 없다.

다른 사람들은

신뢰할 수 없다.

나를 희생시켜서라도 그들이 원하는 것을 얻으려고 한다.

내가 하고 싶지 않은 일들을 시키려고 한다.

무신경하다. 그들은 나와 함께 있고 나를 돌봐 줄 만큼 충분히 나를 사랑하지 않는다.

세상은

어느 누구도 어떠한 것도 의지할 수 없는 무서운 곳이다.

내가 나 자신을 돌봐야만 하는 위험한 장소다.

사랑받고 양육받기 위해서 어떻게 해야 하는지를 확신할 수 없는 혼란스러운 곳이다.

그러므로 나는

상처를 입고 내가 원하고 필요로 하는 것을 얻지 못할 위험을 최소화하는 방식으로 행동해야 한다.

내가 원하는 것과 필요로 하는 것을 얻기 위해서 짜증과 다른 행동들을 활용해야 한다.

다른 사람들이 나에게 지시할 수 없다는 것을 보여 주어야 한다.

어느 누구도, 특히 어른들은 결코 신뢰할 수 없다는 것을 기억해야 한다.

아빠처럼 행동하려고 해야 한다. 왜냐하면 아빠는 내가 아는 가장 강한 사람이기 때문이다.

렉스에 대한 나의 목표들은 다음과 같이 다섯 가지 점에서 렉스를 돕는 것이었다. (a) 놀이치료실에서 제공되는 일관성과 일과들을 통해 나에게 안정감을 느끼도록 돕는다. (b) 초기에 놀이치료실에서 거의 모든 것을 결정할 수 있도록 허용함으로써 힘이 세고 통제력이 있다는 것을 느낄 수 있게 한다. (c) 그가 필요로 하는 물질적, 정서적 지지를 나에게서 얻을 수 있게 하여 힘을 공유하고 신뢰하는 것을 배울 수 있도록 돕는다. (d) 그가 완전히 혼자는 아니며 다른 사람들로부터 지지를 받을 수 있다는 것을 깨닫도록 돕는다. (e) 아빠가 전능하지 않으며, 렉스가 하기로 선택하지 않는다면 아빠처럼 행동할 필요가 없다는 점을 이해할 수 있도록 돕는다. 나는 렉스가 안전함과 통제력이 있다는 것을 느끼기 위해 모든 경우에 부정적으로 행동할 필요는 없다는 것을 깨달을 수 있도록 돕는다. 리라에 대한 나의 목표들은 다음과 같다. (a) 렉스가 통제하려는 것을 인식하고 그가 그렇게 행동할 때 그 목표가 무엇인지를 지적해 주는 방법을 배울 수 있도록 돕는다. (b) 리라가 가족이 일관적으로 지켜야 할 일과를 세울 수 있고 보다 강한 힘이 있다는 것을 느낄 수 있도록 돕는다. (c) 그녀가 대니와의 관계, 그리고 대니와 렉스 간의 관계를 어떻게 정의하고 싶어 하는지를 탐색할 수 있도록 돕는다. (d) 리라와 대니의 관계, 렉스와 대니의 관계에서 구조와 경계를 수립하기 위하여 그녀가 자신을 주장하는 방법을 배울 수 있도록 돕는다.

4. 놀이치료의 과정

1) 부모와 아동과 관계 수립하기

가능하다면 나는 놀이치료에서 아동을 만나기 전에 그 부모를 먼저 만난다. 나는 다음과 같은 목적으로 이 초기 회기를 활용한다. (a) 아동을 돕기 위해서 우리가 함께 작업하는 협력관계를 수립하는 시작점으로 활용한다. (b) 부모의 양육 기술 측면과 부모가 가능한 최선의 부모가 되는 것을 방해하는 부모의 개인적 문제의 측면에서 그들이 변화될 수 있도록 지지적 관계를 맺기 시작한다. (c) 아들러학파 놀이치료의 본질과 내가 부모 및 아동과 작업을 할 때 적용하게 될 과정을 설명한다. (d) 아동이 가족에서 의미를 찾는 방식과 가족에 대한 정보를 수집한다.

리라가 본질적으로 렉스의 유일한 부모 역할을 하고 있기 때문에 나는 다음과 같이 그녀를 대하기로 결정했다. 놀이치료 회기에서 렉스를 만나기 전에 나는 리라와 부모상담 회기를 가졌다. 내가 가족에 대해 알고 있는 정보의 대부분은 간접적으로 들은 것이기 때문에, 이때 내가 리라와 가족 상황에 대하여 직접적으로 인상을 형성하는 것이 중요했다. 나는 리라와 라포(rapport)를 형성하기를 바랐다. 내가 작업을 했던 많은 부모들과 마찬가지로, 리라를 처음 만났을 때 그녀는 자신이 부모로서 잘하지 못했다는 말을 들을까 봐 겁을 먹고 있었다. 자신에게 부모 역할에 대한 권리가 있는지를 확신하지 못했기 때문에, 그녀는 내가 만난 대부분의 부모들보다 더 불안정했다.

최초 회기에서 리라는 "대니가 태어난 이후로 나는 언제나 그가 원하는 것이라면 무엇이든지 하게 해야 했어요."라고 말하면서 굉장히 전전긍긍했으며 부끄러워했다. 그녀는 자신의 가족의 유래에 대하여 신경질적으로 말하면서 안절부절못했고 말을 더듬었다. 대니가 태어났을 때 리라는 열 살이었고 부모님은 늙고 쇠약하였다. "부모님이 나에게 대니를 키우게 했는데, 나는 잘하지 못했다고 생각해요. 왜냐하면 대니는 확실히 버릇이 없고 무책임하니까요." 리라는 대니가 어떤 사람이라는 것이 드러나는 것에 대한 죄책감과 렉스가 똑같이 성장할지도 모른다는 두려움을 느끼고 있는 것처럼 보였다. 대니와 렉스 간의 관계에 대하여 말할 때, 그녀는 두 사람 모두에 대하여 책임감을 느끼고 있음이 분명했다. 그렇지만 그녀는 어느 관계에서도 아무런 영향력을 갖지 못했다. 리라는 "대니는 자기가 진짜 부모기 때문에 원하는 것은 무엇이든 할 수 있다고 생각하면서 렉스를 데리러 와요."라고 말하며 매우 초조해 했다.

그렇게 못하게 하기 위해서 어떤 시도들을 해 보았는지를 물어보았을 때, 그녀는 울음을 터뜨리며 자신이 할 수 있는 것은 아무것도 없었다고 말했다. 나는 그녀의 공포감과 무력감을 반영해 준 후에 그런 위협들에 대해서 조금 더 탐색하였다. 나는 그녀에게 대니가 실제로 한 말을 해 보도록 요청했다. 그가 했던 말 중에 리라가 가장 잘 기억할 수 있었던 말은 "그 애는 내 아들이니까 내가 원하는 대로 할 거야."였다. 리라는 대니에게 협박당했고, 만일 대니가 렉스와 함께 살기를 원한다면 그런 일이 벌어질 수 있을 것이라고 지각함으로써 상당한 위협을 느끼는 것처럼 보였다. 동시에 리라는 '대니가 이끄는 일종의 엉망진창인 삶'으로부터 렉스를 보호하기로 결정하였다.

나는 '수프에 침 뱉기'로 불리는 아들러학파의 직면기법을 사용하여, "리라는 자신이 생각하는 것보다 더 많은 힘을 갖고 있어요."라고 말해 주었다. 그녀가 렉스에게 혼자 힘으로 정서적이며 일차적인 재정적 지원을 해 왔다는 점을 고려하면서, 나는 그녀가 스스로 생각하는 것보다 더 많은 법적 권한을 가질 수도 있다고 생각했다. 나는 그녀에게 공포감과 무력감이 대니의 위협에 대한 긴박감을 증폭시킬 수 있다는 점도 부드럽게 말해 주었다. 그녀는 대니가 렉스를 데리고 가서 함께 살겠다고 위협했을 때, 실제로 대니가 그런 끔찍한 일을 저지를 것이라고 생각했다. 그것은 그녀에게 정말로 끔찍한 일이기 때문에, 그녀는 실제로 대니가 아이를 하루 종일 돌보는 책임을 질 만한 사람이 못된다는 점을 망각하고, 결과적으로 그에게 보다 많은 힘을 주었을 수도 있다.

이러한 상담과정에서 우리는 내가 렉스 및 리라와 작업했던 9개월 동안 드러났던 많은 주제들을 다루었다. 우리는 리라의 무력감, 구조화된 양육을 제공하는 것의 어려움, 자신이 좋아하지 않았던 어떤 상황에서 최악을 가정하게끔 만드는 그녀의 사적 논리들의 사고방식, 그리고 부모로서의 부적절감에 대하여 대화했다. 이런 것들은 렉스와의 관계 및 렉스의 생활양식을 형성하는 데 상당한 영향을 끼친 주제들이었다.

나는 리라가 환경을 변화시킬 수 있는 개인적 힘을 충분히 갖는 데 상당한 지지가 필요하다고 느꼈기 때문에, 그녀와 주 1회 50분의 부모상담을 하기로 했다. 통상적으로 나는 30분 동안 아동을 본 다음에 부모를 20분 동안 보았다. 그러나 렉스의 경우 나는 이 관례를 바꾸었다. 렉스와 리라 모두에게 필요한 변화를 이루기 위해서 최대한의 지지와 이해가 필요하다고 생각했기 때문이다.

렉스의 가족 구도, 가족 환경 및 목표에 대한 자료에 기초하여, 아들러학파 놀이치료 과정의 2단계와 3단계의 전략들을 일부 사용할 수도 있었다. 그러나 나는 이것에 매우 조심해야만 했는데, 왜냐하면 우리가 진정으로 관계를 수립하기도 전에 이런 과정을 과도하게 밀어붙인다면, 관계 형성을 못할 수도 있기 때문이었다. 상담자와 안정된 애착이 생기기도 전에 이미 자신의 생활양식에 대한 통찰을 얻을 준비가 되어 있는 내담자는 거의 없다.

나는 렉스의 힘에 대한 목표가 혼동되고 통제가 안 되는 가족 상황에 기초하고 있다고 생각했기 때문에, 치료계획으로서 놀이실에서 그가 먼저 통제를 할 수 있는 관계를 수립할 필요가 있었다. 나는 렉스가 놀이치료 회기에서 안전감을 느끼기 위해서는 자신이 대장이라는 것을 믿을 수 있어야 한다는 것을 알았다. 나는 그가 폭군이 되지 않고서도 적절한 방식으로 힘을 얻을 수 있다는 것을 알려 주고 싶었다. 그가 나에 대한 신뢰를 가지고 놀이실과 우리의 관계에서 안전감을 느끼게 되면, 나는 점차적으로 놀이실에서 힘을 공유하는 쪽으로 나아갈 것이다. 그렇게 되면 그는 부담을 느끼지 않으면서 안전하고 안정된 상황을 경험하게 될 것이다.

상담소에 처음 왔을 때, 렉스는 대기실에서 가만히 있지 않았다. 그는 내 사무실로 곧바로 와서 다음과 같이 통보했다. "나는 당신을 알아요. 어떤 여자 선생님이 나에게 많은 질문들을 했던 그날 이미 당신과 말을 했죠. 나의 고모 리라는 당신이 나와 놀아 주고 아빠처럼 되지 않게 가르쳐 줄 거라고 하던데요. 당신은 내가 아빠처럼 되지 않게 할 수 없어요. 아셨죠!" 나는 그의 감정을 반영했고, 그 말의 기저에 있는 메시지에 대한 잠정적 가설을 세웠다. 그리고 다음과 같이 말함으로써 우리의 관계를 재구성했다. "내가 말할 수 있는 건, 너는 내가 너를 다르게 변화시키려고 할까 봐 두려운 마음을 느끼고 있다는 거야. 나는 지금 그대로의 너와 함께 하게 되어서 반갑단다. 너는 아빠를 진짜로 중요하게 여기고 있고, 네가 아빠처럼 되는 것을 막지 못한다는 것을 알려 주려고 하는 것 같구나." 렉스는 의심스럽게 쳐다보면서 생각에 잠긴 듯 고개를 끄덕였다. 그런 다음 그는 화가 난 얼굴로 나를 쳐다보며 말했다. "그걸 어떻게 알았어요?" 나는 대답했다. "내가 어떻게 알게 되었는지 확실히 알 수는 없고 그냥 추측해 본 거야. 나는 많은 아이들과 일을 하고 때로 아이들이 나에게 그런 것들을 얘기해 주거든. 놀이실까지 걸어가면서 우리가 함께 맞춰 볼 수도 있단다." 이런 반응들과 함께, 나는 그에게 다음과 같은 점을 알도록 하였다. 즉, 나는 그가 원치 않는다면 아무것도 강요하지 않을 것이고, 우리는 놀이

치료 과정에서 동등한 동반자라는 것을 알게 하였다.

렉스는 매우 영리하고 정교하고 의심이 많았으며, 그와 함께 놀이치료를 하는 것은 재미있고 흥겨웠다. 그의 마음은 아주 민첩하게 움직였고, 하나의 생각에서 다른 생각으로 쉽게 변화해서 때로 그를 따라가는 것이 힘들기도 했다. 첫 회기에서 우리는 놀이실로 걸어 내려갔는데, 렉스는 거기에 있는 많은 장난감들을 보고 매우 흥분했다. 그는 방을 둘러보고 장난감들을 만져 보면서 그것이 무엇인지 나에게 물었다. 나는 다음과 같이 대답했다. "여기에서 너는 결정할 수 있어." "나는 네 스스로 알아낼 수 있다고 확신해." 그는 나에게 매우 화가 나서 소리 질렀다. "그냥 그게 뭔지 말해 줘요. 당신은 알고 있고 나에게 말해 줄 수 있잖아요." 나는 그의 좌절감과 내가 그에게 영향력을 행사하기 위해서 거절을 한 것이라고 의심하고 있는 것을 반영해 주었다. 그리고 내가 대장이 되려고 하는지를 알아보기 위해 그가 어떻게 시험을 해 보는지에 대해서도 약간의 해석을 하였다. 나는 렉스에게 "네가 나에게 여러 번 내가 너의 대장이 될 수 없다고 말했지만 너는 그 말을 믿지 않는 것 같구나."라고 여러 번 지적하였다. 그는 처음에 이런 해석들을 무시했으나, 내가 두 번째 이러한 해석을 하자 다음과 같이 대답했다. "나는 선생님이 단지 나에게 뭘 하라고 말하고 싶어 하지 않는 척하고 있다는 것을 알아요. 내가 아는 모든 어른들은 나에게 뭘 하라고 시키고 싶어 하고, 내가 그대로 하지 않으면 나에게 소리를 지르죠. 만일 내가 선생님이 하라는 것을 하지 않으면, 선생님은 틀림없이 나를 더 이상 여기에 못 오게 할 거예요."

처음 여덟 회기 동안, 우리가 관계를 형성해 감에 따라 이 주제는 반복적으로 나타났다. 처음 두 회기 동안에 렉스는 내가 그에게 대부분의 행동에 대한 결정권을 정말 주려고 하는지 계속해서 의심했고 회의적인 말투를 지속적으로 반복했다. 두 번째 회기에서 렉스가 놀이실 유리에 다트 총을 쏘는 것을 보고, 내가 "거울에 총을 쏘는 것은 놀이실 규칙을 어기는 거야."라고 말하면서 제한하자 렉스는 매우 화가 난 것처럼 보였다. 나는 나머지 한계들을 계속 말했고 그의 행동목표를 반영했으며, 다른 대안적 행동을 생각해 내서 해 볼 수 있도록 했다. "너는 거울에 총을 쏘면 내가 어떻게 할지를 알아보고 싶은 거구나. 너는 놀이실 안에서 뭔가에 대해서 생각할 수 있고, 게다가 거울이나 나에게 총을 쏘는 것이 괜찮을지도 생각해 볼 수 있지." 내가 이런 말을 하자 그의 얼굴이 활짝 펴지면서 나를 보고 미소 지었다. 몇 초가 지난 후에 그는 팔짝 뛰며 소리쳤다. "뭐가 괜찮은지 난 몰라요! 선생님이 나에게 모든 것을 결정하라고 하셨잖아요! 제가 단지 꼬마라는 것을 모르세요?" 나는 다음과 같이 말함으로써 그의 혼란감과 불안정감을 반영했다. "너는 내가 화가 날 수도 있고, 좋지 않은 선택을 하게 될까 봐 걱정하는구나." 나는 다음과 같이 덧붙여 말함으로써 그를 격려하기도 했다. "여기서는 어떤 행동이 놀이실 규칙에 벗어나는지를 말해 줄게. 하지만 나는 네가 나와 다른 선택을 한다고 해도 화를 내진 않을 거야. 여기에는 네가 결정할 수 있는 것들이 아주 많고, 내가 결정하는 것은 조금밖에 없단다." 내가 이런 말을 했을 때, 렉스는 고개를 끄덕였고 다트 총을 벽에 겨누었으며, 나를 쳐다보더니 미소 지었다. 나는 렉스가 총을 쏴도 괜찮은 곳을 찾아냈음을 알 수 있었고 그의 자긍심과 성취감을 반영했다.

시간이 지나가면서, 렉스는 그에게 우리 관계의 많은 측면에서 통제력을 행사하도록 허용하는 나의 의도를 계속해서 시험했다. 처음 여섯 회기 동안 내가 그에게 뭔가에 대한 의사결정의 책임을 되돌려 줄 때마다, 그는 나에게 비명을 질렀고 자신을 속이려고 하거나 '단지 꼬마' 인 자신에게 너무나 많은 것을 요구한다면서 나를 비난했다. 내가 그에게 물어보지 않고 결정을 내리거나 어떤 정보에 관한 질문에 답변을 하는 경우 아주 적었는데, 그럴 때마다 그는 나에게 "뭘 해야 할지 말해 줘요." 하며 격렬하게 화를 냈다. 나는 그에게 우리의 관계에서 동등한 협력자가 되고자 하는 나의 일관적인 바람을 믿기 어려워하는 것 같다고 말해 주었다. 내가 그에게 통제권을 준 것에 대한 렉스의 반응은 만족스러움에서 분노까지, 기쁨에서 경악까지 매우 다양하였다. 통제하고자 하는 욕구에다가, 렉스는 그의 삶에서 자신을 돌봐 주고 안전하게 지켜 주는 강한 어른도 원했다. 이런 안전, 양육 및 보호에 대한 욕구는 자신을 돌봐 주는 사람은 누구도 믿을 수 없다는 그의 신념과 상충되었다. 그가 나를 신뢰하고 놀이실에서 안전감을 느끼게 되면서, 내가 책임감을 부여하는 것에 대한 그의 반응들이 부드러워진 것처럼 보였다. 그는 자신이 '단지 꼬마' 이기 때문에 중요한 결정을 할 수 없다고 하면서 의문시하거나 고함치지 않았다. 이 일곱 번째 회기에서 그는 나에게 그림을 그려도 되느냐고 묻더니, 내가 반응을 하기도 전에 "알아요, 알아요. 나는 나 스스로 결정할 수 있죠." 라고 말했다. 그는 돌아서서 나에게 미소 지으며 다음과 같이 말했다. "나는 집, 고모, 나를 그리려고 생각하고 있어요. 여기에서 나는 결정을 할 수 있죠."

처음 8회기 동안에 렉스가 매 회기에서 보인 세 가지 중요한 놀이 주제들은 폭력 및 공격성, 양육, 그리고 노래였다. 그는 매 회기에서 약 20분 동안 손으로 치고 발로 차며 펀치백을 넘어뜨리려고 하면서 시간을 보냈다. 렉스는 그 펀치백을 때로 담임선생님,

고모, 아빠, 나라고 말했으며, 어떨 때는 그저 이름 없는 '나쁜 놈' 이라고 말했다. 나는 이런 행동에 제한을 가하지 않았다. 왜냐하면 렉스에게는 공격성과 분노를 행동화할 수 있는 적절한 상징적인 방식이 필요했기 때문이었다. 나는 렉스가 펀치백은 그를 격파시키지 못한다는 것을 얼마나 확인하고 싶어하는지에 대해 언급했다. 나는 이 놀이를 그의 분노감과 좌절감을 반영하며 그의 힘에 대한 목표를 추측해 보는 데 활용했다. 그는 펀치백을 공격하는 데 너무나 자주 신체적으로 몰입하여 땀에 흥건히 젖었기 때문에 중단해야 했다. 나는 대장인 펀치백에게 화를 표현하는 것이 얼마나 지치게 하는 일인지를 지적했다.

그는 각 회기마다 부엌 영역에서 나에게 자신을 위한 '음식' 을 만들어 달라고 요청하는 데 5~10분 정도를 소비했다. 그는 내가 자신이 좋아하는 음식을 준비하는 모든 동작들을 해 나가길 바랐다. 즉, 접시에 음식을 놓고 자기에게 주기를 원했다. 이것은 렉스가 힘을 공유하는 것을 내가 얼마나 잘 지키고 있는지 시험하기 위하여 사용했던 활동 영역 중의 하나였다. 그는 자주 나에게 자신이 그중에 좋아하는 음식이 무엇인지 알아맞혀 보도록 하고 그것을 먹여 달라고 했다. 내 느낌으로 그것은 그가 나에게 그를 양육하기 위해서 그의 마음을 기꺼이 읽어 줄 용의가 있는지를 알아보고자 하는 일종의 시험이었다. 나는 렉스가 다른 사람과 의사소통하는 데 사용해 왔던 부정적 행동들 대신에 언어로 자신이 원하는 것을 요청하는 법을 배우는 것이 필수적이라고 생각했다. 그러므로 나는 그가 나에게 준비해 주길 바라는 것이 무엇인지를 말할 때만 먹여 주었다. 나는 상호작용의 통제권을 그에게 주기 위해서 '속삭임 기법(whisper technique)' 을 사용했다. 그가 나에게 '뭔가' 를 먹여 달라고 말할 때마다 나는 다음과 같이 속삭였다. "뭘 먹여 주길 바라니?" 처음에 그는 나에게 매우 화를 내면서 다음과 같이 소리 질렀다. "선생님이 결정해요! 선생님이 나를 돌봐 주어야 하잖아요." 렉스가 그렇게 말할 때 나는 다음과 같이 말했다. "나는 진정으로 너를 돌봐 주고 싶어. 너는 무엇이 필요한지를 내게 알려 줘야 돼."

그가 나에게 원하는 것을 말하면, 나는 그에게 원하는 것을 요청할 수 있는 능력이 있고 결정을 내릴 수 있는 능력도 있으며, 그 결정들을 다른 사람들과 의사소통할 수도 있다는 점을 지적하고 격려했다. 렉스가 자신이 원하는 것을 나에게 말하기를 거부할 때, 나는 그의 두려움과 주저함에 대하여 다음과 같이 반영했다. "때로 너는 사람들에게 네가 원하는 바를 말하는 것에 일종의 무서움을 느끼는구나. 내 생각에 너는 네가 원하는 것을 사람들에게 말해도 그들이 안 들어줄까 봐 일종의 두려움을 느낀다고 생각해.” 처음 8회기에서 10회기까지, 대부분의 시간 동안 그는 준비해 주길 바라는 것이 무엇인지 말하는 것을 거부했다. 렉스와 힘 겨루기 하는 것을 피하고 몇 분이 지난 후에 나는 그의 감정과 목적을 솔직히 반영하였다. 그는 다음과 같이 말하면서 통제력을 발휘했다. “좋아요. 선생님이 준비해야 하는 것이 무엇이고 지금 내가 원하는 것이 무엇인지를 말하겠어요.”

이렇게 회기를 시작하는 동안 렉스는 간헐적으로 갑자기 노래를 불렀다. 나는 그 많은 노래들의 가사를 이해하기가 어려웠고, 내가 그에 대해 질문하면 그는 짜증을 내기도 했고 흐뭇해 하기도 하면서 나에게 다음과 같이 말했다. “이건 록(rock)이에요. 선생님은 록에 대해서 알기에는 나이가 너무 많아요.”

처음 세 번째 회기 동안, 이런 간주곡들 중 하나로 렉스는 방을 활보하며 노래를 부르고 리드미컬하게 엉덩이를 흔들었다. 이런 행동을 하고 몇 분 후에 멈추고 씩 웃으며 나를 보더니, “내가 말했죠. 나는 로큰롤의 황제예요.”라고 말했다. 때로 렉스는 노래 부르는 것이 즐거워서 단순히 노래를 부르는 것처럼 보이기도 했지만, 어떨 때는 휘젓고 다니며 흔들다가 시각적으로 나의 반응을 살피기도 했다. 때로 그는 나를 놀라게 하려고 애쓰는 것처럼 보이기도 했고, 또 어떤 때는 그런 행동으로 나에게 좋은 인상을 주려고 애쓰는 것처럼 보이기도 했다. 나는 두 가지 가능성으로 추측해 보았다. 나는 다음과 같이 말을 함으로써 렉스에게 다시 한번 생각해 볼 수 있도록 했다. “네가 아빠처럼 행동할 때 내가 너를 어떻게 생각하는지 궁금한가 보구나.” 렉스는 그저 나를 무시하기도 하고, 화를 내면서 자신은 아빠와 비슷하지 않다고 말하고 나를 비난하기도 했다. 처음 5회기 또는 6회기가 지난 후에 나는 그가 노래하는 양상을 알게 되었다. 그가 다른 사람이 작곡한 노래를—대개는 대니의 밴드의 레퍼토리이거나 라디오에서 들어본 음악—부를 때 그 목적은 즐거움이나 충격을 주려는 것이었다. 그가 즉석에서 작곡하여 노래를 부를 때, 그것은 대개 내가 한 말이나 행동에 대한 반응이었다. 때로 이런 노래들은 재인 반추(recognition reflex)의 형태였고—나의 추측이나 언급에 대한 반응—때로는 나와 의사소통을 하는 수단이기도 했다. 즉, 자신이 직접적으로 말할 수 없는 것들을 나에게 말한 것이다.

렉스는 내가 엄마에 대하여 물었던 첫 회기 이후로 엄마에 대하여 언급하지 않았다. 8회기에서 그는 엄마에 대한 주제를 나타내기 시작했다. 그는 이런 교류 동안 노래를 작곡하여 의사소통을 하였다.

	대 화	논 평
내담자	[펀치백을 때리고 친다] 이것은 엄마예요. 나쁜 엄마예요.	
치료자	너는 엄마에게 매우 화가 났구나!	나는 놀랐다. 그리고 간단하게 그의 감정을 반영했다.
내담자	[몸을 돌려 나를 화난 듯이 쳐다본다] 아무도 우리 엄마에 대해 나쁘게 말할 수 없어요. 아빠도, 고모도, 선생님도 그럴 수 없어요. 만일 누군가 엄마에 대해 나쁘게 말하면, 나는 그의 엉덩이를 걷어찰 거예요.	렉스는 자신의 분노를 반영해 준 것을 엄마에 대한 위협으로 지각하는 듯했고 나를 협박하는 것처럼 행동했다.
치료자	너는 누가 엄마에 대해 나쁘게 말하는 것에서 엄마를 보호하려고 하는 것 같구나.	나는 그의 목적에 대해 어떤 추측을 했다. 엄마에게 화가 나는 것에 대한 죄책감을 경험한다는 잠정적 가설도 세워 보았으나, 그 당시에는 그런 생각을 하지 못했다.
내담자	맞아요. 나는 이렇게 그들의 엉덩이를 걷어찰 거예요. [펀치백에 시범을 보인다]	
치료자	너는 너의 엄마에 대해서 어떠한 나쁜 말도 하지 않는 것이 좋을 거라는 걸 내게 보여 주고 싶은 거니? 너는 엄마를 사랑하고 보호해 주며 안전하게 지켜 주려고 하는구나. 내 생각에는 너도 누군가가 너를 그렇게 지켜 주기를 바랄 거 같구나.	다시 나는 그의 행동 목적에 대하여 질문을 했고, 안전감을 느끼고 보호받고자 하는 욕구에 대하여 추측했다.
내담자	나는 나를 안전하게 지켜 줄 사람은 필요없어요. 나는 나 스스로 지킬 수 있어요. 나는 강한 남자예요. ["Mr. Tough man"이라는 노래를 부른다]	나는 렉스가 내 추측에 동의할 것이라고는 별로 기대하지 않았으나, 그가 자작곡을 부르기 시작한 것은 흥미로웠다.

2) 아동의 생활양식 탐색하기

나는 관계 형성 초기에 렉스의 성격 요소들을 잠정적으로 탐색하기 시작했다. 우리가 처음 만났을 때조차 렉스 행동의 일차적 목표는 분명했다. 친해지기 시작하면서부터 렉스는 어느 누구도 자신을 통제할 수 없게 하려고 노력했다. 심리평가 결과에 대한 회의에서 가족 환경의 양상과 가족 구도가 생겨난 것을 이해할 수 있었다. 놀이치료의 처음 8회기 동안, 나는 계속해서 렉스의 행동목표와 성격 형성에 가족 환경과 가족 구도가 미친 영향에 대하여 조사했다. 특히, 부엌 영역에서의 행동을 관찰했는데, 이는 그가 인형의 집을 완전히 무시했기 때문이었다. 양육과 관련된 렉스의 놀이 주제는 리라가 온정과 사랑을 제공하기는 하지만, 더 일관적이고 안정적인 지지를 필요로 하고 있음을 나타내 주는 것처럼 보였다. 때로 렉스는 부엌 도구들을 조심스럽게 잘 다루면서 사용했으나, 때로 난폭하게 그것들을 주변에 집어던지거나 소리를 지르기도 했다. 이 놀이는 내가 훈육과 렉스의 삶에서 중요한 두 어른(대니와 리라)과의 관계에 대한 질문을 했을 때 렉스와 리라의 답변에 기초하여 구상하였던 나의 생각을 강화하는 것처럼 여겨졌다. 리라의 양육 영역에서의 불안정과 대니가 렉스를 빼앗아갈지 모른다는 그녀의 걱정은, 혼란스럽고 비일관적인 가족 분위기를 창출하는 구조와 일과에 대한 가치에 대하여 렉스가 아빠와 고모로부터 받는 혼동된 메시지와 결합되어 있었다.

나와 함께 놀이실에 있을 때와 고모와 함께 대기실에 있을 때의 렉스 행동을 관찰한 것을 토대로, 나는 전형적인 외동아이에 대한 나의 지식을 활용하여 렉스의 잠재적 강점과 문제 영역의 목록들을 작성하기 시작했다. 나는 렉스가 가정에서, 친구들과의 관계에서 자신의 의미를 어떻게 찾는지에 대하여 보다 잘 이해하기 위해서 렉스에게 다음과 같은 여러 가지 질문을 했다. "모든 친구들 중에서 네가 가장 좋아하는 친구는 누구니? 그애의 어떤 점이 좋으니? 모든 친구들 중에서 너와 가장 다른 친구는 누구니? 너는 너 자신에 대하여 어떤 점을 좋아하니?"

렉스의 행동과 태도들에는 여러 가지 전형적인 외동아이의 특징이 있었다(Pepper, 1971). 긍정적인 측면에서 그는 많은 어른들과 잘 지냈다. 그는 고급 어휘를 사용했고 대부분의 7세 아동들과는 다른 방식으로 여러 가지 주제에 대하여 대화할 수 있었다. 그는 매우 지적이었고 그의 지능으로 다른 사람들을 매혹시켰다. 렉스는 매우 창의적이었고 자신의 음악적 재능과 상상력으로 유쾌한 가사와 아름다운 선율을 작곡했다. 또한 극단적으로 오락적이었고 끊임없이 몰두할 수 있는 방법들을 찾았다. 그는 관심의 대상이 되는 것도 좋아했다. 그가 노래를 부르고 매력적으로 행동함으로써 건설적인 방식으로 관심을 끌게 되면 이런 것들은 긍정적인 속성이 되었다. 그러나 훨씬 많은 경우에 긍정적이지 못했는데, 자신이 관심의 대상이 되기 위해서 다음과 같은 파괴적 방식들을 선택했다. 즉, 떼쓰기 행동을 보였으며 전반적으로 자신에게 관심을 가져 달라고 요구하는 것들이 긍정적이지 못했다. 취약적인 측면에서 렉스는 오로지 자기 자신과 자신이 원하는 것에만 흥미를 보였다. 렉스의 사회적 관심은 상대적으로 낮았고 다른 사람을 이해하기 위해서 그다지 많은 시간과 에너지를 쓰지 않았다. 그는 자신이 원하는 것을 얻기 위한 최선의 방법은 자신의 자원에 의거하기보다 다른 사람에게 자신을 위해 행동하도록 시키는 것이라고 믿었다. 그는 자주 고모에게 대항하여 아빠놀이를 함으로써 원하는 것을 얻었다. 렉스는 자신이 원하는 것을 이루지 못할 때마다 자신이 괴롭힘을 당하고 불공평한 대우를 받는 것으로 생각했다. 외동아이의 특징적인 상호작용 양상을 아는 것은 렉스의 장점과 취약점을 살펴보는 데 도움이 되었다.

9회기에서 12회기까지 나는 내 초점을 약간 바꾸었다. 계속해서 관계 수립을 위한 작업을 했음에도 불구하고, 나는 내가 렉스의 사적 논리, 기본적 확신들 그리고 생활양식을 이해하고 있는지를 확인하고 싶었다. 결과적으로 9회기에서 나는 그에게 가족화 그림(KFD: Kinetic Family Drawing; Knoff & Prout, 1985)을 그려 보게 했고, 그가 그린 가족 구성원들이 '무엇을 하고 있는지' 를 물어 보았다. 평가단계에서 렉스가 그림을 그리기를 거부했음에도 불구하고 가족을 그리는 것에는 빠르게 동의했다. 그는 내가 제공한 연필 대신에 크레용으로 그림을 그리고 싶다고 말함으로써 자신이 주관한다는 것을 분명히 했다.

그는 종이 한가운데 검정 크레용으로 아주 크게 아빠의 그림을 그리기 시작했다. 그림에서 그는 아빠를 아주 크며 매서워 보이는 눈썹을 하고 기타를 들고 미소 짓는 모습으로 그렸다. 종이의 오른쪽에는 자신을 그렸는데, 역시 검정색으로 흡사 아빠와 같은 모습을 그렸으나 크기가 훨씬 작았나. 아빠 그림과 자신의 그림 사이에는 이주 큰 간격이 있었다. 아빠와 자신 사이에, 자신의 그림에 가까운 쪽에 고모를 그렸는데 자신보다 더 작게 그렸다. 고모는 손을 모으고 렉스에게 다가가려고 하면서 미소 짓고 있었다. 나는 그림에 있는 사람들을 설명하고 그들이 무엇을 하고 있는지를 말해 달라고 했다. 그는 아빠를 설명하기 시작했는데, 아빠는 크고 많은 것들을 알고 있고 고모와 많이 싸우며 기타 연주자이고 신곡을 부른다고 말했다. 그는 자신에 대해서 "아빠같이 나도 크고 힘이 세요."라고 설명했다. 그는 그 그림에서 "지금 노래를 만들고 있는데 마치 내가 선생님을 위해서 만들 때 같은 거죠."라고 말했다. 고모인 리라에 대해서 설명할 때 렉스는 다음과 같이 말했다. "고모는 좋아요. 내가 하고 싶어 하는 것을 할 수 있게 해 주려고 해요. 하지만 내가 언제나 그렇게 하고 싶은 것은 아니예요." 내가 렉스에게 고모가 그림에서 무엇을 하고 있는지를 묻자, "그녀는 내 손을 잡으려고 하지만 나는 바쁘고 고모와 손을 잡고 싶지 않아요."라고 대답했다. 내가 그에게 그림을 다 그렸느냐고 물었을 때, 렉스는 "아니요. 한 사람을 더 그려야 해요."라고 말했다. 그는 종이를 뒷면으로 넘기고 종이의 가운데 부분에 점을 그렸다. 그것에 대하여 물었더니, 그는 "이건 엄마예요. 뭔가 기억나지 않으세요? 내가 말해 줬잖아요. 엄마는 사라졌다구요." 그는 아주 초조해 보였고 짜증을 내었다. 내가 "너는 누군가에 대해서 화가 난 것처럼 보이는구나."라고 말하면서 그것을 반영했을 때, 그는 갑자기 일어서서 다음과 같이 말했다. "선생님을 위해서 그림을 그리지 않겠어요. 나는 더 이상 하지 않겠어요."

나는 아동과 아동이 자신, 타인 및 세계에 대하여 보는 방식 간의 관계를 이해하기 위해서 그림을 사용할 때, 대개 상식에 기초하여 해석을 한다. 전반적으로 그림에 가족 응집력이 부족해 보였다. 이는 내가 이미 알고 있었던 가족 환경에 대한 확신을 주었다. 그림에서 대니와 리라 사이에 큰 갈등이 있어 보이지 않는다는 점이 흥미로웠다. 그림의 상대적 크기를 보면, 렉스는 리라가 가족을 통제하려는 대니의 위협에 대해 대항할 만한 충분한 힘을 갖고 있지 않다고 생각하는 것으로 보였다. 그림에 대한 나의 해석은 다음과 같다. 즉, 렉스는 아빠를 강력하고 다소 무서우며 아들보다는 음악에 더 관심 있는 사람으로 보고 있다. 그림에서 사람의 위치는 다음과 같은 점을 시사한다. 즉, 렉스는 아빠보다는 고모에게 더 친밀감을 느끼고 있으나 아빠를 더 닮고 싶어한다. 내가 그들의 관계에서 관찰했던 것과 일치되게, 리라는 렉스에게 다가가려고 하고, 진정으로 그를 돌봐주는 사람이 되고자 했다. 그러나 그녀가 접촉하기에 렉스가 '너무 바쁘다'는 점은 두 사람 모두가 둘 간의 관계에 대하여 확실하게 신뢰하고 있지 못하다는 점을 예시해 주는 것으로 보인다. 나는 그가 엄마를 그림의 일부로서 포함시켰는지에 대해서는 확신할 수 없었다. 렉스의 마음에서 엄마는 자신의 삶에 존재하고 사랑과 안정감을 주는 사람으로서 자리 잡고 있는 것처럼 보였다. 매번 나를 향한 렉스의 분노는 그가 엄마에 대해서 받은 상처와 버림받은 감정으로 뒤덮인 것이 전위된 것으로 보였다.

10회기에서 나는 그 그림을 활용하여 가족 성원들 간의 관계에 대하여 몇 가지 질문을 하려고 했으나 그는 그림을 보는 것조차 거부했다. 대신에 그는 회기의 초반에 펀치백을 손으로 치고 발로 차는 데 시간을 들였고 끝날 무렵에는 병정들을 모래에 묻었다. 그는 11회기와 12회기에서 이 양상을 반복적으로 보였고, 두 회기 모두에서 나에게 음식을 만들어 달라고 요청하는 데 약 5분 정도를 소요했다. 그리고 내가 속삭임 기법을 사용하여 물어보기 전인데도 렉스는 자신이 원하는 것이 무엇인지를 정확하게 말해 보라고 했다.

가족 그림으로 질문한 것에 대한 렉스의 반응에 기초하여 나는 초기 기억들을 요청하지 않기로 결정했다. 나는 이미 그의 생활양식을 확실히 이해했으므로 더 이상 그와 잠재적인 힘 겨루기를 피하고 싶었다. 내가 대개 협조와 협력 관계를 연습하기 위한 시간으로서 놀이실을 치우는 것을 활용함에도 불구하고, 나는 렉스에게는 이 전략을 사용하지 않기로 했다. 왜냐하면 그것이 우리의 관계에 방해가 될 수도 있다고 생각했기 때문이다.

리라와의 부모상담 시간에 나는 렉스에 대한 그녀의 지각과 그가 의미를 얻는 방식에 대하여 탐색했다. 또한 리라의 자신, 타인 및 세상에 대한 관점도 탐색했다. 나는 리라가 여러 가지 방식에서 전형적인 맏이라는 점을 깨달았다. 즉, 과도한 책임감과 '세상을 구하려고 노력한다'. 그와 동시에 자신 및 능력에 대한 자신감의 결여가 통제력과 힘을 약화시켰다. 리라는 대니와의 관계에서 그의 욕구와 변덕을 충족시켜 주었다. 리라에게는 두 사람 관계의 역동을 변화시키는 것은 상상하는 것조차 매우 어려운 일이었다. 한편, 나는 그녀에게 관계에서 자신의 힘을 갖도록 격려했고 렉스에 대한 법적 권리에 대하여 변호사의 자문을 받아 보라고 권했다. 그녀는 이전에 대니의 입장에 대해서 한번도 도전해 본 적이 없었기 때문에 자문을 받아 보는 것에 대하여 대단히 주저했다. 나는 이 문제에 대하여 그녀와 힘 겨루기를 하지 않았으나, 그녀에게 그 상황에 대해 변호사와 이야기할 준비가 되었을 때 알려 달라고 했다.

12회기 끝에서, 나는 이 장의 앞부분에서 제시한 렉스에 대한 이론적 개념화를 했다. 나는 두 번째 또는 세 번째 회기 이후로 렉스의 사적 논리, 기본적 확신들, 생활양식에 대한 나의 생각의 일부를 공유하기 위해서 잠정적 가설을 사용해 왔으며, 이제는 아들러학파 놀이치료의 세 번째 단계로 넘어갈 준비를 하였다.

3) 아동이 통찰을 얻을 수 있도록 돕기

놀이치료 관계의 세 번째 단계에서 내가 렉스와 함께 했던 작업의 중요한 부분은 잠정적 가설의 형태로 해석을 하고, 렉스의 자기개념과 타인 및 세상에 대한 태도에 대한 나의 생각을 전달하는 데 렉스의 놀이 은유를 활용하는 것이었다. 렉스의 은유들은 리라, 대니, 그리고 나와의 관계에서 통제 및 양육과 관련된 것들의 반복이었다. 예를 들어, 렉스는 13회기에 와서 나에게 아직도 자신의 그림을 가지고 있는지를 물었다. 나는 렉스에게 그렇다고 말해 주었고 그는 그림에 대한 이야기를 들려 주고 싶다고 말했다. 그는 나에게 그와 고모가 살고 있는 집에 폭풍이 몰려와서 그들을 멀리 날려 보냈다고 했다. "아무도 우리를 다시 본 사람이 없어요." 그 다음 다섯 회기에 걸쳐 렉스는 그 폭풍이 그와 리라를 '진짜 괜찮은 곳으로 데리고 가서 다시 가정을 꾸렸다' 는 이야기에서, 그 폭풍이 '모든 사람, 나와 리라, 심지어 엄마와 그의 아빠에게 불어서 누구도 다시 돌아올 수 없었다' 는 이야기로 변형되면서 반복되었다. 나는 렉스에게 그가 이 이야기들에서 언어적 및 비언어적으로 표현한 다양한 감정들을 반영해 주었고, 그 폭풍이 모든 사람의 삶을 변화시킬 수 있으며 사람들을 어디론가 데려갈 수 있으니 얼마나 무서운 것인지 약간의 해석도 하였다. 내가 어디로 가야 할지를 결정하고 무엇을 해야 할지 결정하는 것이 참으로 어렵겠다며 추측할 때마다, 그는 난색을 표시하고 동의의 뜻으로 고개를 끄덕이거나 "또 맞았어요, 작은 숙녀님." 이라는 자신이 작곡한 후렴구를 불렀다.

15회기에서 렉스는 새로운 게임을 했다. 그는 나에게 볼링을 함께 하고 싶다고 했으나 나에게 항상 볼 처리를 못하게 하고 핀을 맞추지 못하게 함으로써 매번 자신이 이길 수 있기를 바랐다. 15회기에서 18회기까지 나는 이런 규칙으로 놀이하는 것에 동의했다. 19회기에서 나는 우리가 힘을 공유할 수 있는 놀이 협력에 대한 나의 생각과 렉스가 여전히 안전할 수 있다는 것을 말해 주기 시작했다. 나는 그에게 규칙을 바꾸어서 나도 핀을 맞추면 넘어뜨릴 수 있는 것으로 하자고 말했다. 처음에 렉스는 화를 내었고 만일 내가 그의 규칙에 따라 놀이를 하지 않으면 게임을 하지 않겠다고 말했다. 내가 그의 분노감과 이기려고 통제하려는 욕구를 반영해 주고 나자 그는 다음과 같이 말했다. "좋아요. 선생님도 가끔은 이길 수 있겠죠. 이번에는 새로운 규칙으로 놀이를 하고 다음 번은 좀 두고 봐요." 나는 우리가 한 번은 그의 규칙을, 또 한 번은 나의 규칙에 따라 순서대로 놀이를 할 수 있으며, 단지 누가 핀을 많이 쓰러뜨렸는지로 승부를 결정지을 수도 있다고 말했다. 나는 렉스가 이런 두 가지 방식의 놀이 중에서 하나를 선택할 수 있도록 보장해 주었다.

20회기와 21회기에서, 우리는 그의 규칙과 나의 규칙을 번갈아 가면서 볼링을 했다. 렉스는 어떻게 하든 대부분 자신이 이길 수 있다는 것을 깨닫자, 언제든지 나의 규칙으로 놀이를 하자고 제안했다. "그게 더 공평하네요. 아무튼 제가 대체로 이길 수 있잖아요."라고 말했다. 이것은 우리에게 의례적인 것이 되었다. 각 회기의 초반에 우리는 볼링 세 게임을 했다. 25회기까지 그가 자신이 던질 볼링의 핀을 배열했기 때문에 나는 겨우 한 번밖에 이길 수 없었다. 대개는 나의 볼링 실력 때문이라기보다는 그가 점수를 조작했기 때문이었다. 나는 렉스가 나를 돌봐 주려고 하는 욕구를 반영해 주었다. 나는 이 활동을 렉스의 사회적 관심을 알게 되는 지표로 삼았다. 그는 내가 잘못한다거나 통제력을 잃었다고 느끼지 않고 있음을 확신하고 싶어 했다. 나는 계속해서 렉스가 통제에 대한 욕구를 어떻게 느끼고 있으며 어떻게 가족에게서 의미를 얻게 되는지에 대해서 해석해 주었다. 또한 나는 아빠와의 관계에 대해서도 추측하였다("너는 아빠처럼 크고 강한 사람이 되고 싶구나. 하지만 너와 리라 고모에게도 괜찮은 사람이 되고 싶기도 하구나.").

24회기에서 렉스는 내 해석의 일부 중 자신이 좋아하지 않는 부분을 은유적인 방식으로 알려 주었다.

이 단계의 치료 동안 나는 렉스의 장점을 지적하고, 그의 태도와 그가 맺은 관계에서 내가 보아 온 변화들을 강조하고 격려했다. 렉스가 창의성과 지식들을 드러낼 때 나는 다음과 같이 말했다. "너는 노래를 어떻게 부르는지 확실히 알고 있구나." "새로운 노래를 만들다니, 네 자신이 참으로 자랑스럽겠다." "너는 학교에서 배운 새로운 것들을 내게 알려 주는 것을 좋아하는구나." 나는 다음과 같은 말들을 함으로써 그의 행동 변화를 인정했다. "네가 처음 놀이실에 오기 시작했을 때, 너는 다트 총을 쏘지 못한다고 했는데 지금은 아래에 있는 동물들을 쏘려고 하는구나." "너는 나에게 네가 모든 볼링핀을 쓰러뜨릴 수 있다는 것을 알려 주려고 하지만, 너는 내가 이 게임을 이길 거라고 생각하는구나." 30회기에서 렉스는 다음과 같은 말을 했다. "나는 많은 멋진 노래들을 어떻게 작곡해야 하는지 알아요." "나는 자신을 위해서 좋은 일을 많이 하는 방법을 알아요. 그러니까 선생님이 더 이상 도와줄 필요가 없어요." 그는 자신의 장점을 발휘하기 시작했고 나와 함께 통제력과 책임감을 기꺼이 공유하려고 했다.

동시에 나는 리라에게 아들러학파의 양육 전략(Dinkmeyer & McKay, 1989)을 가르쳤다. 그녀는 렉스의 말을 적극적으로 경청하고 감정을 반영하는 법을 배웠다. 그녀는 행동목표에 대해서도 배웠고 렉스가 떼쓰기로 상황을 통제하려고 할 때 렉스에게 어떻게 반응해야 하는지도 배웠다. 나는 그녀에게 렉스에게 선택권을 주는 것을 가르쳤다. 그래서 그가 자신의 연령에 맞는 힘을 갖게 하고, 그들이 세운 가족의 규칙을 따르지 않았을 때 합리적인 결과를 생각해 볼 수 있도록 하였다. 리라는 이런 양육 전략들을 일관적으로 수행하는 데 항상 성공적이지는 않았지만, 가정에서 렉스의 태도에서 괄목할 만한 향상을 보게 되었다. 그녀는 그들이 가정에서 지켜야 할 일과를 만들었고 두 사람은 서로 아주 잘 지내게 되었다. 렉스는 학교에서 행동과 태도에는 여전히 약간의 어려움이 있었지만, 그의 성적은 2학년을 통과하기에 충분할 정도로 향상되었고 3학년 초에는 행

	대 화	논 평
내담자	[펀치백을 친다] 나는 그에게 보여 줄 거예요. 그는 계속해서 나를 괴롭히는데 나를 혼자 두고 떠날 수 없을 거예요.	나는 '비열한 녀석'이 아마도 나를 표상하고 있다는 것을 깨달았다.
치료자	너는 정말 그 '비열한 녀석' 때문에 화가 났구나. 너는 정말 그가 떠나길 바라는구나.	나는 그의 좌절과 나에 대한 분노를 반영하기 위해서 그의 은유를 사용했다. 나는 그의 은유를 해석하고 싶지 않았다. 오히려 그 은유를 렉스가 나와 소통할 때 사용했던 것처럼 그와 소통하는 데 활용했다.
내담자	[펀치백을 친다] 그는 내가 원치 않는 것은 아무것도 시킬 수 없어요. 나는 그저 그가 나에게 말시키는 것을 그만두길 바래요. 나는 그녀가…. 내 말은… 그가 하는 말을 좋아하지 않아요.	렉스는 나에게 내가 그의 가족과 가족 내의 관계에 대하여 했던 해석들 중의 일부가 불편하다는 것을 알려 주려는 것처럼 보였다. 이에 대한 나의 느낌은 그가 '비열한 녀석'의 성을 여성으로 바꾸는 말 실수를 통해 확인되었다.
치료자	너는 '비열한 녀석'에게 말해 주고 싶은 게 있는 것 같구나. 그가 들을 수 있다고 치고 말해 봐. 그에게 무슨 말을 하고 싶니?	렉스에 대한 나의 목표 중 하나는 그가 원하는 것과 필요한 것을 직접적으로 요청할 수 있도록 격려하는 것이었다. 그러나 나는 그가 아직은 나에게 추측을 중단하라고 직접적으로 요청할 준비가 되어 있지 않다는 것을 알았다. 나는 이 질문이 그에게 자신이 원하는 것을 보다 직접적으로 요청할 수 있는 길이 되기를 희망했다.
내담자	단지 저를 내버려 두세요! 그게 내가 하고 싶은 말이에요.	
치료자	그 말을 '비열한 녀석'에게 할 수 있겠니?	
내담자	아니요. 하고 싶지 않아요. 그건 선생님 생각이지, 제 생각이 아니에요.	나는 아마도 너무나 빠르게 이것을 그에게 강요하는 쪽으로 움직였던 것 같다. 렉스는 나에게 자신이 필요한 것이 무엇이고 자신이 확실하게 하지 않을 것이 무엇인지를 좀 더 자세히 알아볼 수 있는 쪽으로 나아가는 것조차 준비되어 있지 않음을 알려 주었다.

동도 바르게 하였다.

나는 리라에게 몇 달 동안 변호사와 접촉해 보라고 말하지 않았으나, 리라는 30회기에서 자신이 변호사와 얘기를 했다고 말했다. 그녀는 이전에 변호사와 약속을 했으나 시간당 변호사에게 주어야 할 돈이 얼마인지를 알고 나서 약속을 취소하였다. 그러나 대니가 렉스를 데려가서 다시는 그를 볼 수 없게 하겠다는 협박을 받은 이후에, 리라는 "내가 얼마나 렉스를 사랑하고 있으며 그를 보내고 싶어 하지 않는지를 깨달았어요."라고 말했다. 변호사는 리라에게 그녀가 아무런 법적 권리는 없으나, 대니가 양육권을 포기한다면 렉스를 입양할 수 있다고 말해 주었다. 그녀는 이 사실에 낙담했으나, 대니에게 공연 여행 중에 렉스를 돌보는 것은 신중하게 고려해야 할 문제라고 설득해 보겠다고 했다. 대니의 밴드는 두 번째 판을 중단하였고, 음반 회사로부터 일 년 동안 유럽과 일본 공연을 해 보도록 권유받았기 때문에, 리라는 이 전략이 성공할 수도 있을 것이라고 기대했다.

32회기에서 렉스는 자신의 확신들과 사적인 논리에 대하여 상당한 통찰을 얻는 것으로 보였다. 그는 통제력을 얻기 위해 파괴적이었던 방식을 보다 건설적인 방식으로 바꾸어 가기 시작했다. 그가 여전히 자주 상황을 통제하고 싶어 했지만, 그는 기꺼이 다른 사람과 통제력을 공유하고자 했으며 힘을 얻기 위해서 떼를 쓰는 대신에 사회적으로 적절한 방식을 사용했다. 그는 여전히 어른의 관심을 끌려고 하기보다는 또래 친구를 사귀는 사회적 기술을 배워야 할 필요가 있었다. 렉스는 여전히 아빠를 닮고 싶어 했으나, 아빠가 '언제나 좋은 사람은 아니고, 주변 사람들을 강요하는데 사람들은 그것을 좋아하지 않는다'는 점을 깨닫게 되었다. 렉스는 리라 고모와 살기를 원하며 '아빠는 단지 이따금 방문'하는 것으로 결정했다. 그는 25회기 이후로는 엄마에 대해서 언급하지 않았다. 그때 다소 신중하게 다음과 같이 말했다. "나는 리라 고모가 엄마처럼 사라지지 않길 바래요." 나는 렉스가 이 문제를 해결했다고 확신할 수는 없었지만, 내가 그의 엄마에 대하여 대화를 하거나 엄마를 포함하는 은유적 놀이 각본을 소개하려고 했을 때 그는 언어적으로나 비언어적으로 아무런 반응을 하지 않았다.

4) 재정향/재교육

재정향/재교육 단계에서 치료자인 나의 주된 임무는 렉스가 대안적 조망을 작동시킬 수 있도록 돕는 것이었다. 나는 이 시기에 렉스가 적절한 방식으로 강함과 통제감을 배울 수 있도록 도왔다. 많은 경우에 나는 렉스가 '대장이 되려고 할 때' 어떤 기분이 드는지를 단순히 지적해 주었고, 때로 다른 사람들도 그렇게 느낄 수 있다는 것을 추측해 보게 했으며, 원하는 바를 얻어 내는 다른 방법들을 브레인스토밍을 해 보게 했다. 이렇게 할 때 그의 창조성이 빛을 발했다. 렉스는 강압적인 방법에 의존하지 않고도 자신이 원하는 것을 얻는 여러 가지 새로운 방안들을 찾아냈다. 나는 렉스가 리라 고모, 학교의 다른 친구들 및 선생님들에게 시도해 볼 수 있는 행동들을 제안하기도 했다. 그가 놀이실 밖에서 그러한 새로운 행동들을 시도해 보기 전에, 우리는 회기에서 그것들을 연습하였다. 우리가 여러 번 연습한 다음, 렉스는 회기에 와서 그 제안된 방법들을 활용한 것이 어떠했는지를 보고하였다.

33회기에서 나는 렉스에게 고모와의 상담 시간 동안 놀이실에 머물러서 내가 고모에게 약간의 기법들을 가르치는 것을 도와달라고 했다. 그는 '나와 그만이 함께 하는 자신만의' 시간이라면 이것에 동의하겠다고 했다. 우리는 그들의 의사소통 양상에 대한 작업을 시작했고, 특히 타협 기술에 대하여 작업했다. 리라는 여전히 많은 상호작용에서 렉스가 통제권을 갖도록 했고, 렉스에게 잠자리에 드는 시간을 정한 규칙에 따르라고 주장하지 못했다. 나는 그들이 힘을 공유하고 민주적으로 의사결정을 하는 연습을 하도록 했으며, 렉스가 합리적인 수준의 힘을 지니긴 하지만, 리라 고모의 힘 안에서도 안전함과 보호받고 있다는 것을 느낄 수 있도록 도왔다. 다음은 34회기에서 일어난 상호작용의 예다.

	대 화	논 평
치료자	좋아요. 두 사람 모두 렉스가 잠을 자러 가야 할 시간에 생기는 일에 대해서 말해 주세요.	나는 그들이 갈등적으로 관계하는 대신에 협력적으로 상호작용하기를 바랐다.
고모	음, 우리는 시간을 합의했는데요. 그런데 렉스는 그것을 바꾸어 시간을 더 늦추고 싶어 해요.	
내담자	나는 그렇게 일찍 자고 싶지 않아요. 나는 좀 더 늦게 자고 싶어요.	
치료자	그 잠자는 시간에 동의했니?	나는 렉스가 의사결정하는 과정에서 약간의 책임이 있었다는 것을 느끼게 하고 싶었다.

〈계속〉

내담자	예, 그런데 마음이 바뀌었어요. 너무 일러요. 그땐 깜깜하지도 않아요. 나는 다른 시간을 원해요.	
고모	사실, 8시면 여전히 꽤 환하긴 해.	
치료자	렉스야, 고모에게 네가 하고 싶어 하는 것을 말하고 대화할 수 있겠니?	내가 중간에서 전달자 역할을 하는 대신에 그들이 서로에게 얘기할 수 있도록 격려하고자 했다.
내담자	내가 이 손인형으로 말해 볼게. [손인형이 고모에게 말한다] 나는 늦게 자고 싶어요. 아직 환해서 자고 싶지 않아요.	이것은 좋았다. 아이들은 때로 인형을 이용해서 소통하는 것을 더 편안해 한다.
치료자	리라, 잠자는 시간에 대해서 말씀하고 싶으신 것을 렉스 손인형에게 말해 보실래요?	렉스가 손인형을 통해서 의사소통하는 것을 결정했기 때문에, 나는 리라가 그 방식을 사용해 주기를 바랐다.
고모	잠자는 시간을 8시 15분으로 기꺼이 바꿔 줄게. 그건 좀 나중이지.	그들은 진지하게 협의하기 시작했다.
내담자	그때는 캄캄해요?	
고모	[나에게 몸을 돌리면서] 그땐 그다지 캄캄하진 않죠? 나는 그가 얼마나 나중에 잠을 자야 하는지 잘 모르겠어요. 그는 잠을 잘 자지 못하면 심술을 내요.	
치료자	그것에 대해서 렉스의 손인형에게 말해 보세요. 나는 두 사람이 이를 스스로 해 나갈 수 있다는 것을 알아요.	나는 그들이 나를 중개자로 활용하지 않고 서로에게 직접적으로 대화하기를 바랐다.
고모	[손인형에게] 자, 나는 렉스가 심술을 내는 것을 바라지 않아. 알지?	
내담자	알아요. 그런데 나는 그가 조금만 늦게 자기를 원해요.	
고모	8시 20분은 어때. 그러면 내가 8시 30분까지 잠자리에서 책을 읽어 줄게.	
내담자	그렇게 해 볼게요. 그때가 얼마나 밝은지 봐서요.	

이런 협상과정은 내가 치료의 네 번째 단계 동안 렉스와 리라에게 사용했던 개입전략의 전형적인 유형이다. 우리가 종결하기 전에, 나는 다른 아이를 데려와서 렉스가 놀이실의 안전함 속에서 새롭게 획득한 기술들을 연습해 보기를 원했으나 성사되지 않았다. 우리는 렉스가 학급에서 몇 명의 친구를 데려오기를 바랐지만 뜻대로 잘 안 되었다. 리라는 대니에게 렉스를 자신이 입양하게 해 줄 것을 설득하기 시작하였고, 대니와 렉스의 교류에 대해 경계를 설정하는 것에 훨씬 더 자신 있어 했다. 38회기에서 렉스, 리라, 그리고 나는 모두 렉스가 나 없이 지낼 수 있는 준비가 되었다는 점에 동의했다. 우리는 재정향/재교육 단계를 시작하면서 격주로 회기를 진행하였고, 나는 이제 그들이 스스로 계속해 나갈 수 있는 통찰과 기술을 획득했다고 믿었다. 우리는 관계를 종결하기 전에 한 번 더 회기를 가졌다. 우리가 놀이에서 여러 번 했던 대로 렉스와 나는 서로에게 먹여 주기를 했는데 이번에는 진짜 음식으로 하였다. 나는 우리가 양육적인 회기에서 여러 번 서로에게 먹여 주는 시늉을 했던 음식을 약간 준비하였고 그것을 리라와 나누고 싶었다. 회기가 끝날 무렵 렉스는 나에게 나를 위한 노래를 만들었다고 말하며 로큰롤 비트의 자장가를 불러 주었다. 그것은 다음과 같은 가사로 끝났다. "그리고 나는 당신을 언제나 기억할 거예요, 숙녀님."

5. 결과 및 추수

종결 1년 후, 나는 리라가 일하는 음반 가게에 들렀다. 그녀는 나를 만난 것에 행복해 했고 "우리는 잘 지내고 있어요."라고 말했다. 렉스는 3학년 성적이 매우 좋았고 4학년에서도 재능반 프로그램을 다닌다고 했다. 그녀는 그에게 맞는 합창단 프로그램을 발견했고 렉스는 자신의 록그룹을 해 보고 싶다고 말했다고 했다. 그의 행동은 아직 완벽한 것은 아니지만 상당히 개선되었다. 그는 여전히 종종 교사들과 힘 겨루기를 하지만 전반적으로 차분해졌고 평화롭다고 했다. 대니는 '자식이 있는 것은 좋지만 너무 문제가 많다' 고 결론지었다. 그는 양육권을 포기하고 리라가 법적으로 렉스를 입양하는 절차를 밟는 데 동의했다. 그녀는 다음과 같이 말했다. 대니는 "실제로 편안해 보였고 이전보다 나와 렉스와 함께 더 많은 시간을 보내요." 지금은 그녀가 공식적으로 렉스에 대한 책임을 지고 있으며, 대니는 그녀와 렉스에 대하여 힘 겨루기 하는 것을 포기하고 그저 그들과 교류하는 것을 즐거워한다고 했다.

6. 논의

렉스는 목표가 힘인 비교적 전형적인 아동이었다. 그는 자기 스스로 정서적 안정과 안전을 제공하기 위해서 타인과 상황에 대한 통제력을 획득할 필요가 있다고 생각했다. 여러 가지 방식에서 주어진 그의 가족 상황에서는 그의 생각이 옳다. 아들러학파 놀이치료는 힘으로 동기화되는 아동에게 적합하다. 아들러학파 놀이치료는 그런 아동들을 이해하고 그들의 감정, 사고 및 행동을 변화시키는 데 유용한 이론적 틀을 제공한다. 아들러학파 놀이치료는 치료자에게 부모와 아동의 사회적 맥락의 다른 구성원들을 변화시키는 데 유용한 방법을 제공해 주기 때문에 그러한 아동의 행동은 작동을 멈춘다. 리라는 자신의 사적 논리를 변화시켰고 양육 기술을 배움으로써, 가족의 힘의 균형을 변화시키기 시작하였고, 그리하여 그녀는 자신과 렉스 모두에게 안전하고 안정적인 관계를 제공할 수 있었다.

렉스와의 놀이치료 과정에서 내가 숙고했던 것처럼, 내가 유일하게 후회하는 것은 엄마로부터 버림받은 것에 대하여 어떤 형태로든 종결 짓지 못했던 점이다. 아들러학파 놀이치료에서는 때로는 아동이 주도하고 치료자는 따라가기도 하고, 때로는 치료자가 주도하고 아동이 따라오기도 한다. 나는 렉스의 엄마 문제에서 렉스가 이끄는 대로 따르는 것을 선택했다. 그는 엄마의 유기(abandonment)에 대해서 직접적이거나 알아챌 만한 은유로 알리고 싶어 하지 않았고, 나는 그의 소망을 존중하여 중요한 문제를 해결되지 않은 채로 남겨 두었다. 그러나 나는 이 글을 쓰면서, 그런 문제들은 성인이 되어서도 실제로 좀처럼 '해결될 수 없다' 는 점을 떠올려 본다. 치료에서 어떤 문제를 다룰 때 우리는 대개 그것을 보다 잘 다루지만 중요한 문제는 간단히 없어지지 않는다. 렉스는 준비가 되면 또 다른 시기에 또 다른 기회를 통해서 자신의 '사라진' 엄마에 대한 생각과 감정에 대해 작업할 수 있을 것이다.

나는 렉스를 통해서 사랑에 대하여 의사소통하는 것에 대한 많은 것들을 알게 되었다. 렉스는 자신의 놀이를 독특하고 창조적인 방식으로 활용했고 그의 노래는 나에게 그의 욕구, 생각 및 감정들을 알게 해 주었다. 렉스는 나에게 언제나 분명하거나 간단하지는 않아도 진실한 메시지를 귀와 마음으로 경청해야 한다는 것을 가르쳐 주었다.

참고문헌

Adler, A. (1927). *Understanding Human Nature*. New York: Premier.

Adler, A. (1929). *Problems of Neurosis*. London: Kegan Paul.

Adler, A. (1930). *The Education of Children*. South Bend, IN: Gateways Editions.

Ansbacher, H. (1983). Individual Psychology. In R. J. Corsini, and A. Marsella (Eds.), *Personality Theories, Research, and Assessment*. pp. 69–123. Itasca, IL: F. E. Peacock.

Ansbacher, H., and Ansbacher, R. (Eds.) (1956). *The Individual Psychology of Alfred Adler: A Systematic Presentation in Selections from His Writings*. New York: Basic Books.

Borden, B. (1982). Early recollections as a diagnostic technique with primary age children. *Individual Psychology*, *38*, 207–212.

Dewey, E. (1971). Family atmosphere. In A. Nikelly (Ed.), *Techniques for Behavior Change*, pp. 41–48. Springfield, IL: Charles C Thomas.

Dinkmeyer, D. (1977). Concise counseling assessment: the children' s life style guide. *Elementary School Guidance and Counseling*, *12*, 117–124.

Dinkmeyer, D., and Dinkmeyer, D. (1983). Adlerian approaches. In H. Prout and D. Brown (Eds.), *Counseling and Psychotherapy with Children and Adolescents: Theory and Practice for School and Clinic Settings*. pp. 289–327. Tampa, FL: Mariner.

Dinkmeyer, D., Dinkmeyer, D., and Sperry, L. (1987). *Adlerian Counseling and Psychotherapy* (2nd ed.). Columbus, OH: Merrill.

Dinkmeyer, D., and McKay, G. (1989). *Systematic Training for Effective Parenting: The Parent's Handbook* (3rd ed.). Circle Pines, MN: American Guidance Service.

Dreikurs, R. (1953). *Fundamentals of Adlerian Psychology*. Chicago: Alfred Adler Institute.

Dreikurs, R., and Soltz, V. (1964). *Children: The Challenge*. New York: Hawthorn/Dutton.

Griffith, J., and Powers, R. (1984). *An Adlerian Lexicon*. Chicago: The Americas Institute of Adlerian Studies.

Knoff, H., and Prout, H. (1985). *Kinetic Drawing System for Family and School: A handbook*. Los Angeles: Western Psychological Services.

Kottman, T. (1987). An ethnographic study of an adlerian play therapy training program. Unpublished doctoral dissertation, University of North Texas, Denton, TX.

Kottman, T.(in press). Adlerian play therapy. In K. O'Connor, and C. Schaefer (Eds.), *Handbook of play Therapy*, Vol. 2. New York: Wiley.

Kottman, T., and Johnson, V. (in press). adlerian Play therapy: a tool for school counselors. *Elementary School Guidance and Counseling.*

Kottman, T., and Stiles, K. (1990). The mutual storytelling technique: an Adlerian application in child therapy. *Journal of Individual Psychology*, *46*, 148−156.

Kottman, T., and Warlick, J. (1989). Adlerian play therapy: practical considerations. *Journal of Individual Psychology*, *45*, 433−446.

Kottman, T., and Warlick, J. (1990). Adlerian play therapy. *Journal of Humanistic Education and Development*, *28*, 125−132.

Lowe, R. (1971). Goal recognition. In A. Nikelly (Ed.), *Techniques for Behavior Change*. pp. 65−75. Springfield, IL: Charles C Thomas.

Manaster, G., and Corsini, R. (1982). *Individual Psychology.* Itasca, IL: F. E. Peacock.

Nelson, A. (1986). The use of early recollection drawings in children's group therapy. *Individual Psychology*, *42*, 288−291.

Nystul, M. (1980). Nystulian play therapy: applications of Adlerian psychology. *Elementary School Guidance and Counseling*, *15*, 22−30.

Pepper, F. (1971). Birth order. In A. Nikelly (Ed.), *Techniques for Behavior Change.* pp. 49−60.

Pepper, F. (1979). The characteristics of the family constellation. *Individual Psychology*, *16*, 11−16. Springfield, IL: Charles C Thomas.

Sweeney, T. (1981). *Adlerian Counseling: Proven Concepts and Strategies.* Muncie, IN: Accelerated Development.

Thompson, C., and Rudolph, L. (1988). *Counseling Children* (2nd ed.). Pacific Grove, CA: Brooks/Cole.

Yura, M., and Galassi, M. (1974). Adlerian usage of children' s play. *Journal of Individual Psychology*, *30*, 194−201.

6 말로 하지 말고 보여 주기: 인지행동 놀이치료

Susan M. Knell, Ph.D.

1. 인지행동 놀이치료 소개

학령 전 연령의 아동을 심리치료하는 데는 독특한 어려움이 있다. 학령 전기에는 여러 가지 보편적인 문제들이 일시적으로 나타나고 발달의 개인차 범위가 크기 때문에 치료계획을 세우는 것이 어려울 수 있다. 어린 나이의 아동들은 나이든 아동 또는 성인들만큼 인지적으로 정교화되어 있지 않기 때문에, 놀이치료자들은 아동이 이해할 만하면서도 잠재적으로 유익할 수 있는 재료들과 정보를 제시해야 한다. 인지행동 놀이치료(이하 CBPT; Knell, 1993; Knell & Moore, 1990)는 치료의 한 유형으로서 미취학 아동을 치료하는 데 초석을 제공한다.

CBPT는 정서 발달과 정신병리에 대한 행동적이고 인지적인 이론들과 그 이론들에서 도출된 개입방법에 기초한다. 역사적으로 아동을 위한 행동치료들은 부분적으로 아동과 부모가 치료에서 얻은 지식을 자연환경에까지 옮길 수 있도록 돕고자 하는 노력으로서 발달되어 왔다. 아동을 치료하는 행동적 접근방법에서는 종종 부모 또는 중요한 성인(예: 교사)을 직접적으로 가르치기도 한다. 한편, 행동치료를 아동에게 직접적으로 이행할 수도 있다. 어느 경우건, 치료자는 아동의 문제행동을 강화하고 유지시키는 요인들을 찾으려고 노력해서 그 행동들을 바꿔 줘야 한다. 사회학습 이론은 관찰학습과 행동의 보다 인지적인 측면들을 강조하면서 부가적인 요소를 고려한다.

사회학습 이론이 과정에 대한 것으로 시작했음에도 불구하고, 심리전문가들은 행동치료에서 인지적 요소들의 역할을 천천히 받아들였다. 행동을 수정하기 위한 자기통제 전략을 소개하면서, 행동과 병리에 영향을 미치는 사고과정과 같은 내적 요인들을 보다 강조해 왔다. 일부 행동주의자들은 인지적 요인들을 치료에 통합시키려는 움직임을 거부했으나, 일부는 인지치료가 행동 변화와 사고 간의 격차를 이어 준다고 주장한다.

인지치료는 개인의 사고와 지각에 변화를 가져오게 하고 궁극적으로는 그 행동을 변화시키는 데 유용한 구조화된 집중적 접근방법이다. 인지치료는 성인을 위해서 고안되었는데, 최근에는 아동과 청소년에게 변용되고 있다. 불행하게도 아동을 위한 인지행동 개입방법의 변형은 성인 개입방법만큼 경험적 연구의 주제가 되지 못하고 있다. 게다가 아동치료 문헌에서 정상 발달과 발달적 정신병리에 보다 강조점을 두고자 하는 측면은 문제가 있다(Masten & Braswll, 1991).

CBPT는 인지행동적 원칙에 기초하여 아동들을 치료하기 위한 이론적 틀을 제공한다. 아동이 자신의 행동을 변화시키는 것을 배우고 치료에 적극적인 참가자가 된다는 것은 잠재적으로 영향력 있는 활동이다. CBPT는 놀이치료 패러다임 내에서 인지적 개입과 행동적 개입을 통합한다. 인지행동 놀이치료자는 언어와 비언어적 의사소통과 마찬가지로 놀이를 적극적으로 활용한다. 또한 치료에서 아동의 참여를 강조하고 행동 변화에서 아동의 통제력, 숙달 및 책임감의 문제를 언급함으로써 아동의 참여에 대한 이론적 틀을 제공한다. 인지적 요소를 통합함으로써 아동들은 변화에 적극적인 참여자가 된다. 예를 들어, 아동들에게 잠재적으로 부적응적 신념들을 확인하고 수정하도록 도와주면 그들은 자신에 대한 이해와 권능감을 경험하게 된다. 인지와 행동 개입방법을 통합하는 것은 모든 접근방법들의 통합적 특성 효과를 제공해 줄 수 있다.

성인을 위한 인지치료의 원리들은(Beck & Emery, 1985) 약간 수정되어 아동들에게 적용될 수 있다. 따라서 CBPT는 정서장애에 대한 인지모델에 토대를 둔다. 인지행동 놀이치료는 단기적이고 시간 한정적이며, 구조화되고 직접적이고 문제지향적인 방법이다. 이는 건강한 치료적 관계에 좌우되는 것으로, 치료자의 역할 중 하나는 교육적인 것이다. 아동과 치료자 간 협력의 본질이 성인과 치료자 간의 협력과는 다름에도 불구하고

CBPT는 협력적인 과정이다. 귀납적 방법과 소크라테스식 질문법 모두가 중요하지만, 놀이는 성인과의 치료보다는 아동과의 치료에서 특별한 역할을 한다.

CBPT의 잠재적 효율성은 여섯 가지 구체적인 속성들과 관련이 있다. 첫째, CBPT에서는 놀이를 통해서 아동을 치료에 몰입시킨다. 치료자가 부모나 중요한 성인을 통하지 않고 아동의 문제를 직접적으로 다루기 때문에 아동은 저항과 순응의 문제를 보일 수 있다. 둘째, 인지행동 놀이치료에서 놀이치료자는 아동의 생각, 감정, 환상 및 환경에 초점을 둔다. 이는 문제에 대한 아동의 감정들(예: 분노, 슬픔)뿐만 아니라, 상황 특정적 요인들(예: 더럽혀지는 것)과 결합되어 있는 것을 가능하게 한다. 셋째, CBPT는 구조화되어 있고 직접적이며 목표지향적이다. 치료자는 목표를 세우기 위해서 아동과 가족과 함께 작업하며, 아동이 이런 목표를 지향할 수 있도록 돕는다. 넷째, CBPT는 경험적으로 입증된 기법들을 통합시킨다. 경험적으로 지지되는 기법인 모델링은 CBPT에서 자주 사용되는 기법이다. 모델링이 CBPT에서 상당히 많은 기초가 되는 것은 어린 아동들에게 구체적이고 비언어적으로 예시해 줄 필요가 있기 때문이다. 마지막으로 CBPT는 치료에 대한 경험적 검증을 가능하게 하기 때문에 치료의 효능성을 평가할 수 있다.

CBPT는 독특하기는 해도, 라포와 신뢰에 기반을 둔 긍정적인 치료적 관계에 의존하는 다른 놀이치료와 유사하다. 치료자와 아동 간의 의사소통 수단으로서 놀이 활동을 활용하고, 치료가 안전한 상황에서 이루어진다는 메시지를 전한다. 다른 놀이치료들과의 차이점은 치료목표의 수립, 놀이 재료와 활동의 선정, 교육을 위한 놀이의 활용, 그리고 칭찬과 해석의 활용에 대한 철학과 관련된다. 따라서 인지행동 놀이치료는 치료자와 아동이 함께 목표를 세우고 놀이 재료와 활동을 함께 선택하는 적극적인 개입이다. 다른 놀이치료들과 달리, 인지행동 놀이치료자는 교육자 입장일 수 있으며 아동에게 새로운 기술들을 가르친다. 마지막으로 인지행동 놀이치료자는 아동이 새로운 기술과 행동을 습득하고 이해하는 것을 돕기 위해서 칭찬과 해석을 활용한다.

CBPT에서는 치료자가 사용할 수 있는 개입전략의 범위가 다양하다. 놀이치료자는 전형적으로 여러 가지 방법들 중의 하나를 통해서 개입한다. 즉, 모델링, 역할놀이 및 행동 수반성(Braswell & Kendall, 1988)이 사용된다.

첫째, 모델링(modeling)은 아동에게 대부분 사용되는 인지행동 개입이다. 모든 연령의 아동과 작업에서 모델링은 중요하지만, 보다 언어적으로 지향된 치료를 이해하지 못하는 어린 아동에게는 특히 중요하다. 종합적인 연구에 따르면, 모델링은 행동을 습득하고 강화시키거나 약화시키는 데 효과적인 방법이다(Bandura, 1977). 치료에서 활용할 때, 모델링은 배워야 할 행동을 예시해 주는 누군가 또는 무엇인가(종종 인형이나 다른 장난감이 사용됨)에 아동을 노출시키는 것이다. 모델링은 아동이 그 모델과 긍정적으로 관계를 맺을 수 있을 때 특히 유용하다. 놀이치료자는 다양한 형태의 모델링도 사용할 수 있는데, 예를 들면 영화, 책, 인형 등을 활용할 수 있다. 어린 아동들은 제한적인 인지적, 언어적 능력을 갖고 있기 때문에 모델링이 CBPT의 중요한 요소가 된다.

놀이치료자는 CBPT에서 아동에게 적응적 대처방법을 보여 주기 위해 모델링을 사용할 수 있다. 모델은 특정 행동이 보여지는 대로 문제해결 기술을 언어화할 수 있다. 이런 식으로 모델은 긍정적인 문제해결하기와 양립할 수 있는 방식으로 말할 수 있다. 소리 내서 말하는 것은 아동들에게 구체적인 예시를 해 주는 것과 마찬가지로 단서(예: 청각, 시각)를 제공해 준다. 따라서 놀이치료자는 모델링을 통해서 아동이 보다 이해하기 쉬운 방식으로 CBPT의 보다 언어적인 요소를 제시할 수 있다.

두 번째 기법은 역할놀이(role-play)다. 이는 아동으로 하여금 치료자와 함께 기술을 연습하게 하고, 진행과정에 대한 즉각적인 피드백을 받을 수 있게 해 준다. 아동과 치료자 간의 역할놀이는 대체로 학령 전기 아동보다는 학령기 아동에게 보다 효과적이다. 그러나 어린 아동들의 경우, 모델링을 통해서 역할놀이를 전해 주는 것이 가능하다. 이런 방식으로 시범자가 상황에 대한 역할놀이를 하고, 아동은 관찰하며 이를 통해 배운다. 예를 들어, 수줍은 아동은 다른 손인형들과 함께 있는 것을 꺼리는 손인형이 다른 인형과의 상호작용을 '연습하는 것' 을 관찰할 수 있다. 아동은 그 손인형이 치료자로부터 받는 피드백뿐만 아니라 그 손인형에 귀를 기울이고 지켜본다.

세 번째 방법인 행동 수반성(behavioral contingencys)은 CBPT의 중요한 요소가 되곤 한다. 어린 아동에게 이 방법은 전형적으로 아동이 새로운 기술을 획득한 것을 강화해 주거나 보상해 주는 것을 포함한다. 예를 들어, 치료자는 새로운 기술을 발전시키기 위한 시도로서 아동의 행동에 명명하거나 칭찬해 주기도 한다. 치료자는 아동이 긍정적인 자기진술(self-statement)로 대처하는 법을 사용하도록 가르치거나 격려할 수 있다. 치료자는 회기에서 특정한 행동 수반성을 활용할 수 있고, 부모가 가정과 다른 환경에서 수반성을 설정하도록 격려하거나 조력할 수도 있다.

놀이치료자는 CBPT에서 활용 가능한 광범위한 행동 및 인지 기법들을 지니고 있는데, 이는 위의 세 가지 방법 중의 하나를 통해서 전달된다. 보편적 행동기법은 수반성 관리(행동의 결과를 통제함으로써 행동을 수정하는 기법들을 기술하는 일반적인 용어)의 형태를 포함한다. 이런 것들에는 정적 강화, 조성, 자극용암법(stimulus fading) 및 다른 행동에 대한 차별적 강화(differntial reinforcement of other behavior)가 포함된다. 보편적 인지기법은 신념을 확인하고 변화시키는 것과 같은 인지적 변화전략을 포함한다. 이런 각각의 기법들을 여기서는 간략하게 기술하였지만, 이는 나중에 임상사례를 논의할 때 강조될 것이다.

정적 강화는 칭찬과 같은 사회적 강화 자극과 스티커와 같은 물질적 강화 자극을 포함한다. 치료자들은 종종 정적 강화를 다른 절차와 조합하여 사용하며, 보다 직접적이거나(예: 적절하게 놀이를 했을 때 칭찬하기) 보다 미묘하게 적용하기도 한다(예: 아동이 다른 것보다는 특정한 주제를 탐색하도록 격려하기). 만일 특정한 문제에 치료의 초점이 있다면, 치료자는 아동이 그 문제를 극복하고 숙달감을 나타날 때 칭찬을 사용한다.

특정한 방식으로 행동하는 데 필수적인 특정한 기술이 없는 아동들이 있다. 치료자는 그 아동에게 원하는 반응으로 점진적으로 근접할 수 있도록 조성(shaping)을 통해서 강화할 수 있다. 치료자는 원하는 반응은 아니지만 그 반응에 근접한 행동에 정적 강화를 해 준다. 아동이 원하는 반응에 가까워지게 되면, 치료자는 각각의 근접 행동에 대해 보상을 준다. 그러다 보면 결국 아동은 원하는 행동에 도달하게 된다.

만일 아동이 어떤 행동에 대한 필수적 기술을 약간 가지고는 있지만, 그 행동을 특정한 환경 또는 특정한 사람에게만 드러낸다면, 치료자는 자극용암법(Stimulus fading)을 사용할 수 있다. 이와 같은 상황에서 치료자는 행동을 위한 변별 자극이 될 수 있다. 따라서 아동은 치료자와 함께 있는 장면에서 이런 긍정적 기술을 사용하는 것을 학습할 수 있고, 그렇게 하여 그 기술을 다른 장면으로 전이시킬 수 있다.

치료자는 강화를 철회함으로써 행동을 소거할 수 있다. 소거 자체가 새로운 행동을 가르칠 수는 없지만, 치료자는 강화 프로그램과 함께 소거를 자주 사용한다. 이런 방식으로 치료자는 아동이 새로운 행동을 학습할 수 있도록 강화해 줄 수 있고, 동시에 다른 행동을 제거하기 위해서 소거를 사용할 수 있다.

이것은 종종 다른 행동에 대한 차별적 강화를 통해서 이루어지기도 하는데, 치료자가 부적응적인 행동과는 양립할 수 없거나 차별적인 행동들을 강화하는 것이다. 요점은 대립적이고 보다 바람직한 행동이 일어난다면 바람직하지 않은 행동은 발생할 수 없다는 것이다(예: 아동이 장난감을 망가뜨리려는 노력은 소거함으로써 아동이 장난감을 가지고 적절하게 노는 행동을 강화해 준다).

CBPT에서 사용되는 행동적 방법들이 활동에서의 변경(alteration)을 포함하는 반면 인지적인 방법들은 인지의 변화를 다룬다. 이것은 중요한 차이다. 왜냐하면 인지이론은 정동과 행동의 변화가 생각 변화의 산물로서 발생된다고 제안하기 때문이다. 아동에 대한 인지치료에서 치료자는 아동이 인지를 확인하고 수정하거나 형성하는 것을 돕는다.

인지적 변화전략들은 개인이 잘못된 인지를 변화시킬 수 있도록 돕는 것을 목적으로 한다. 잘못된 인지를 변화시키는 한 가지 방법은 가설검증을 활용하는 것이다. 치료자는 내담자가 과학적으로 검증해야 할 가설로서 생각, 신념, 가정 및 기대들을 다루는 것을 배울 수 있도록 돕는다. 치료자는 내담자가 문제 영역을 확인하고 이런 사고들을 검증하기 위해서 실험을 설계할 수 있도록 돕는다. 이런 검증에는 전형적으로 세 가지 접근방법이 포함된다. 즉, 치료자와 내담자가 증거를 찾고, 대안방법을 탐색하며, 결과를 검토하는 것이다. 따라서 치료자와 내담자는 함께 부적응적 신념을 찾고 '검증하며' 변화시킨다.

인지행동치료(CBT)는 개인의 변화를 위해서 이러한 접근법들을 조합하여 활용한다. 일부 저자들은 학령 전기 아동에게 사용하는 CBT의 적용 가능성과 적절성에 대하여 의문을 갖는다(예: Campbell, 1990). 발달적 문제들 때문에 어린 아동들은 이런 치료방법을 이해하고 이를 통해 도움을 받는 것이 방해될 수도 있다. 더욱이 CBT에서 결정적 요소로 간주되는 '협력적 경험주의' (Beck et al., 1979)는 아주 어린 아동들에게 적용하기 어렵다.

대체적으로 유치원생과 초등학교 저학년 학생들은 인지적 개입을 하는 데 필요한 인지적 기술이 부족하다고 가정될 수 있고, 현재 대부분 치료자들이 인지적 개입을 나이 든 아동과 성인에게 사용하고 있다. 아동들이 현실을 잘못 해석하고 왜곡하는 능력을 가진 반면에, 또 다른 면에서는 그들의 추론이 반드시 정확한 것은 아니어도 그들의 현실에 대한 지각과 일치될 수 있다. 어린 아동들의 인지 능력은 청소년과 성인의 것보다는 제한적이다. 그러므로 인지행동적 접근에서 고유한 가설검증은 문제가 될 수 있다. 또한 아동이 상황을 탐색하고 대안적 설명을 제공하며 결과를 이해하는 데 어려움을 가질 수도 있다.

그러나 취학 전 아동들의 복잡한 문제를 이해하는 능력은 특정한 기법으로 증진될 수 있다고 제안하는 자료들이 많이 있다. 예를 들어, 구체적인 예시를 제공하고 개방형의 질문을 덜 사용하는 것이다(Bierman, 1983). 아동의 약점보다는 강점을 활용하여, CBPT

에서는 놀이를 통합하고 복잡하고 언어적인 개입은 덜 강조한다. 놀이는 아동에게 문제 상황을 재연하도록 하고 잠재적으로 사건과 상황에 대한 숙달감을 얻게 해 준다. 치료자는 놀이 상황에서 '실험'을 제공함으로써, 그리고 아동이 증거를 찾고 대안책을 탐색하며 결과를 검증할 수 있도록 도움으로써 이런 숙달을 얻는 데 도움을 줄 수 있다. 예를 들어, 치료자는 대안적 시나리오를 반영하기 위하여 아동과 함께 놀이의 일부를 구조화시킬 수 있다. 그러면 아동은 동일한 상황에 대한 차별적인 반응과 결과를 경험하게 된다. 또한 치료자는 아동이 적응적인 자기진술 대처양식을 발전시킬 수 있도록 돕는다(예: Meichenbaum, 1985). 종종 자기긍정의 형태로, 아주 어린 아동들의 자기진술은 단순할 수 있으며 자기보상적 요소를 지닌다(예: 메시지, '나는 잘 하고 있어'). 인지행동 놀이치료자는 아동과 협력적 치료 환경을 창출하고 유지해야 한다.

인지행동적 접근방법의 또 다른 측면은 경험과 정서를 기술하는 아동의 언어를 격려하고 촉진하는 데 있다. 취학 전 및 초기 학령기 동안 일반적인 어휘가 폭발적으로 증가함에도 불구하고, 아동이 정서를 묘사하는 데 기술되는 어휘는 여전히 제한적이다. 많은 어린 아동들은 자신의 감정을 표현하는 가장 기본적인 단어들조차 알지 못한다(예: 행복한, 화난, 슬픈). 치료자는 아동이 '감정' 어휘를 발전시키고 행동과 감정을 연결하는 것을 배우며, 어떤 부적응적인 행동을 좀 더 적응적이고 언어에 기초를 둔 방식으로 표현할 수 있도록 돕는다.

우리는 이제 CBPT를 통해서 어린 아동을 평가하고 치료하는 데서의 고려점을 살펴볼 것이다. 다음에 제시되는 사례에서 기술되는 방법과 기법들은 치료계획을 이행하면서 강조될 것이다.

2. 문제와 배경자료

크리시 L은 6세 2개월 된 코카시언 소녀로 소아과 의사에 의해 의뢰되었다. 그녀는 약 3년 동안 선택적 함구증의 병력이 있었고 오로지 부모와 몇 명의 친구하고만 말을 했다. 그녀는 1년 이상 알아 온 두 사람을 제외한 다른 모든 어른들과 말하는 것을 거부했다. 두 사람 중 한 명은 크리시 친구의 엄마였고, 다른 한 명은 이웃집의 대학생이었다.

크리시는 3세경에 유창하게 말하지 못한다는 진단을 받았다. 그녀의 부모인 L씨 부부에 따르면, 크리시가 3세 생일파티 직후에 유치원 선생님으로부터 말을 더듬지 말라는 압력을 받았다고 말했다. 그 즈음에 크리시가 말을 할 때 또래친구들이 그녀를 지나치게 놀렸다. 그 후로 그녀는 대부분의 상황에서 말하는 것을 중단했다. 그녀는 두 개의 개별적인 말하기 프로그램과 언어 프로그램을 받았는데 그곳에서도 말하는 것을 거부했다. 첫 프로그램에서(당시 4세 11개월) 크리시는 초기에는 흥미를 보였으나 금방 지루해했고 안절부절못했다. 말하기/언어치료의 두 번째 시도는 크리시의 6세 생일 직전에 이루어졌고 그때 부모는 크리시를 표현성 언어장애(Expressive language disorder)가 있는 다른 아이와 함께 언어치료를 받게 했다. 다시 크리시는 비언어적으로는 참여했으나 말은 하지 않았다.

크리시가 5세가 되었을 때, 유치원에 입학할 시기였음에도 불구하고 부부는 그녀에게 학교에 들어가기 전에 시간을 주면 성숙하게 되어 궁극적으로는 말할 수 있을 것이라는 희망으로 유치원에 보내지 않았다. 그렇지만 그 다음 해에도 그녀는 여전히 말을 하지 않았다. 크리시는 유치원에 들어갔다. 그녀는 유치원에서 편안하게 지내는 것처럼 보였고, 부모에게 자신이 즐겁게 지내고 있다고 말했으며, 유치원 활동에 대하여 아주 흥미 있어 하는 것처럼 보였다. 그러나 그녀는 오직 어른들이 보지 않을 때만 다른 아이들과 말했다. 선생님, 원장선생님, 또는 다른 어른들이 지켜보면 그녀는 즉시 말하는 것을 중단했다. 그녀는 유치원 활동에 적극적으로 참여했다. 예를 들어, '보여 주면서 말하기(show and tell)' 장난감을 가지고 놀긴 했지만, 단지 '보여 주기' 만 하고 '말하기' 는 하지 않았다. 그녀는 부모에게는 자신이 유치원에서 배운 것을 보여 주는 것을 좋아했고 때로 부모에게 자신이 배운 것을(예: 철자와 숫자) 반복하기도 했다. 그러나 크리시는 교실에서 말을 하지 않았기 때문에 선생님은 크리시가 무엇을 배우고 있는지 알 길이 없었다. 유치원에서 몇 달이 지난 후에, 크리시는 반 아이들이 암송을 하거나 노래를 부를 때 웅얼거리기(mouth word) 시작했으나 말을 하지는 않았다. 그녀는 어른이 지켜보고 있으면 입을 열지 않았다. 유치원 관계자는 크리시에 대하여 매우 걱정을 했고 심한 행동장애가 있는 아동들을 위한 특수학급에 배치해야 할지를 고민했다.

크리시는 영리했고 비언어적으로 의사소통을 하는 아이였다. 그녀는 말을 하지 않고도 자신이 원하는 것이나 필요한 것에 대해 의사소통할 수 있었다. 다른 사람들은 많은 시간을 들이게 되면 크리시가 무엇을 원하는지를 추측해 낼 수 있었다. 비언어적으로 의사소통을 하려는 그녀의 노력은 종종 아주 창의적이었다. 예를 들어, 6세 생일 직후인

12월 중순경에 크리시는 부모에게 크리스마스 선물 목록을 준비하는 것을 도와 달라고 요청했다. 그녀는 부모에게 선물 목록을 받아 적게 했고, 상단에 자신의 이름과 주소 및 전화번호를 쓰라고 했다. 며칠 후에 가족은 크리시를 데리고 쇼핑몰에 갔고 크리시는 산타클로스를 볼 수 있었다. L씨 부부는 크리시가 그와 어떻게 의사소통을 할지 궁금해 하면서 기대를 가지고 지켜보았다. 산타클로스를 '어른' 으로 볼까? 크리시가 그와 얘기를 할까, 아니면 침묵을 지킬까? 맨 앞줄에 도착했을때, 그녀는 주머니에서 목록을 꺼내더니 그것을 산타클로스에게 건넸다. 크리시가 목록의 상단에 이름, 주소 및 전화번호를 써 달라고 주장했기 때문에, 산타는 '꼭 필요한' 정보를 다 알고 있으므로 크리시는 산타와 얘기할 필요가 없다고 느끼는 것처럼 보였다. 부모는 크리시가 목록을 가지고 왔는지를 알지 못했고, 또 크리스마스 선물 목록을 작성하는 것을 도와 달라고 했을 때 그녀가 산타를 만날 것을 예상하고 있었는지 눈치 채지 못했다.

많은 어른들이 크리시에게 말을 하도록 시도했다. 여기에는 친구들, 친척들, 그리고 가족이 접촉했던 전문가들이 포함된다. L씨 부부는 크리시가 이 점을 자각하고 있다는 인상을 받았다. 그녀는 자신을 말하게 하려고 하는 술책(trick)에 대하여 예민한 것처럼 보였고, 이런 노력들에 대한 그녀의 반응은 언제나 비협조적이었다.

크리시는 외동딸이었다. 부모님은 그녀를 수줍어하지만 철회되어 있지 않은 아이로 보았다. L부인 역시 자신이 수줍음이 많았고 언어 비유창성의 병력이 있었다고 보고했다. L부인은 일차 양육자였고 아이를 출산한 이후로 집안일을 해 왔다. 아이를 한 번도 아기 돌보는 사람이나 다른 사람에게 맡겨 본 적이 없었다. 그들은 사실상 매일 밤 크리시가 잠자리에 오줌을 싸는 행동을 제외하고는 다른 어떤 어려움도 부인했다. 이불을 적시기 때문에 크리시는 밤에 기저귀를 찼다. 그녀는 낮에는 실수를 하지 않았다. 평가할 당시에 부모들은 크리시의 야뇨증 치료를 연기해 주기를 원했다.

1) 평가

나는 L씨 부부를 면접했고 그들은 아동행동 체크리스트(CBCL; Achenbach & Edelbrock, 1983)를 완성했다. 이 표준화된 아동 평가 측정에서는 비임상적 프로파일을 보였다. 사실상 부부가 '약간 그렇다' 라고 체크한 항목들은 "자신의 연령보다 너무 어리게 행동한다, 집중을 못하고 오랫동안 주의를 기울이지 못한다, 가만히 앉아 있지 못한다, 가정에서 불복종적이다, 잘 먹지 않는다, 특정 동물(개)을 두려워한다, 말하기를 거부한다, 언어 문제(비유창성)가 있다.' 였다. '매우 그렇다' 에 응답한 유일한 문항은 이부자리를 적신다였다. 이런 항목들에 응답을 했는데도 프로파일은 밋밋했다. 또한 그녀의 함구증에 대하여 심각하게 걱정을 하고 있음에도 불구하고, 부모의 보고에 따르면 크리시는 어떠한 주요한 정신병리가 없는 것으로 나타났다.

처음 3회기 동안 나는 크리시의 놀이를 관찰했고, 네 번째 회기가 되기 전까지는 특정한 치료적 개입을 하지 않았다. 첫 회기에서 크리시는 초기의 망설임을 보인 다음, 곧바로 상담소의 물건들에 쉽게 몰입했다. 그녀는 흥미진진해 했고 그림 그리기와 장난감에 관심을 보였다. 나는 그녀와 면접을 하거나 공식적인 검사를 하려 하지 않았고, 그녀가 말을 하지 않고도 의사소통할 수 있도록 애썼다. 나는 이 평가 기간을 치료를 경험하는 것의 본질이 무엇인지에 대하여 그녀와 의사소통을 하며 그녀의 놀이를 통해서 그녀를 이해하는 데 활용했다.

3. 이론적 개념화

1) 배경

선택적 함구증이 있는 아동들은 이해하고 말하는 능력이 있음에도 불구하고, 한 가지 이상의 중요한 사회적 상황에서 말하는 것을 거부한다(APA, 1987). 지나친 수줍음, 사회적 고립, 학교 거부 및 비순응이 있을 수 있다. 학령기 아동 중 임상 장면에 의뢰되어 선택적 함구증으로 진단받는 아동들은 1% 이내로, 선택적 함구증은 비교적 드문 장애다. 병인론적 요인들에는 외상적 사건들과 말하기를 억제하는 가족 환경이 포함된다. 과잉보호가 함구증의 원인이거나 아동의 상태에 대한 반응일 수도 있는데, 엄마의 과잉보호 발생률은 주목할 만하다. 대부분 선택적으로 침묵하는 아동들은 두 가지 범주 중 하나에 해당된다. 즉, 미성숙하고, 철회되어 있으며 수줍어하고 조종하는 아동으로 기술되는 범주와 긴장되고 불안해 하는 아동으로 기술되는 범주다.

선택적으로 침묵하는 아동들은 언어장애가 있다는 인상을 줄 수도 있지만, 누군가와는 정상적으로 말을 하기도 한다. 선택적 함구증의 약 20%만이 특정한 언어 발달 지연을 보인다(Wright, 1968). 많은 이런 아동들은 오직 사소한 언어 발음 곤란만이 있다. 선택적으로 침묵하는 아동들에서 야뇨증과 유분증을 포함한 다른 행동 문제들의 발생률이 높다는 것도 주목할 만한 점이다(Kolvin & Fundudis, 1981).

2) 함구증 아동에 대한 평가와 치료

평가는 전형적으로 부모 또는 양육자와 함께 하는 것으로 시작하는데, 이를 통해 치료자는 아동에 대한 과거력과 정보를 얻을 수 있게 된다. 전반적인 발달력에 더하여, 치료자는 아동의 언어 발달에 대한 상세한 정보를 수집해야 한다. 과거력에는 아동이 말하는 상황과 침묵하는 상황에 대하여 분명하고 상세한 정보가 포함되어야 한다. 임상가는 아동이 말하고 침묵하는 양상에 대하여 탐색해야 한다. 예를 들어, 아동은 오직 가정에 있을 때나 여자 어른과 함께 있을 때만 말을 할 수 있다. 부모는 아동이 스스로 침묵하는 것을 어떻게 지각하고 있는지에 대한 정보를 제공해 줄 수도 있다. 예를 들어, 부모에게만 말을 하는 선택적 함구증이 있는 아동은 자신이 왜 다른 사람들에게는 말하지 않는지에 대해 말할 수 있다. 이런 대화들을 기술하다 보면, 아동이 치료자에게 직접적으로 전달할 수 없는 정보들을 부모가 제공해 주기도 한다. 이런 정보는 치료과정의 통합적 부분이 될 수 있다.

선택적 함구증 아동에 대한 직접적인 평가에는 일부 독특한 문제가 제기된다. 치료자에게 말을 하지 않는 어린 선택적 함구증 아동은 그림, 놀이 및 시각적 단서들(예: 미소, 시선 맞추기)에 대해서 아무런 반응을 하지 않을 수 있다. 그러므로 임상가는 아동이 부모와 치료자와의 상호작용을 평가하는 것과 마찬가지로, 놀이 재료와 교류하는 것을 포함한 비언어적 행동을 직접적으로 평가하는 것에 상당한 비중을 둘 수 있다.

다양한 이론적 지향을 포함한 치료 문헌에서는 선택적으로 함구하는 아동들에게 말을 하도록 강요하는 직접적인 시도가 비효과적이라는 것에 합의를 하고 있다(Labbe & Williamson, 1984). 정의에 따르면, 선택적 함구증을 보이는 아동은 자신이 말할 수 있는 능력이 있음에도 말하지 않는 것을 선택한다. 만일 이런 아동들을 그냥 내버려 두는 것이 효과적이라면 그 방법이 적절할 수도 있을 것이다. 그러나 선택적 함구증이 치료되지 않고 좋아졌다는 증거는 거의 없다. 그러므로 치료적 접근방법으로 말을 하고자 하는 아동의 욕구를 격려해 주는 방식이 포함되어야 한다. 비언어적 놀이에서 언어적 놀

처음에 크리시는 말을 하지는 않았어도 내가 말하고 있는 것을 듣고 있는 것이 분명했다. 그녀는 동물 손인형들과 적극적으로 상호작용했고(예: 미소 짓기, 껴안기), 내가 손인형으로 놀이를 하고 대화를 하면 주의 깊게 지켜보았다.

다음 절은 크리시와의 치료 회기를 기술한 것들이다. 나는 치료적 과정의 본질을 예시하기 위해서 짧은 이야기를 편집하여 사용했다. 나는 손인형으로 한 모든 코멘트와 활동들을 조절했다.

■ 4회기

나는 크리시가 대기실에서 부모와 말하는 소리를 들었는데, 크리시는 내가 대기실로 걸어 들어가자마자 하던 말을 중단했다. 크리시는 내 사무실에 들어오고 싶어 했다. 그녀는 아이스크림콘을 그리는 것으로 회기를 시작했다. 개구리 손인형은 아이스크림콘을 먹기 위해서 몸을 구부려 먹으려고 했고, 다른 동물 손인형들은 서로 상호작용하며 좋은 아이스크림을 만드는 방법에 대하여 얘기를 했다. 처음 세 번의 평가 회기 동안 아동들은 손인형들을 가지고 놀 수 있기는 했지만, 나는 크리시에게 네 번째 회기에 손인형들을 공식적으로 소개했다.

	대 화	논 평
치료자	이 손인형의 이름은 호랑이야. 이 호랑이는 수줍고 말을 하고 싶어 하지 않아.	나는 손인형들을 소개하면서 그중 수줍음이 많고 말하는 것에 관심이 없는 손인형을 소개했다.
[생쥐는 호랑이에게 말을 하도록 애쓰면서 입을 열었다 닫았다 한다]		이것은 크리시에게 일부 사람들은 다른 사람들을 말하게 하려고 한다는 것을 내가 알고 있음을 알려 준다.
치료자	호랑이는 준비가 되지 않았어. 준비가 되면 말을 할거야.	나는 침묵하는 것이 괜찮다는 것을 확인해 주었다. 또한 크리시가 말하는 것을 그녀가 통제하고 있으며 준비가 되면 말을 할 수 있을 것임을 알도록 했다.
내담자	[웃는다]	

■ 5회기

손인형들은 틱택토(tic-tac-toe) 놀이를 했고, 호랑이는 상자 뒤에 숨어서 다른 인형들에게 속삭였다. 개구리는 계속해서 노래를 부르고 말을 했으며, 생쥐는 개구리에게 "너는 너무 말이 많아."라고 말했다. 크리시는 손인형들과 상호작용했고 웅얼거렸으나 말을 하지는 않았다. 나는 크리시가 그림을 그린 것에 스티커를 하나 주었고, 호랑이가 말을 한 것에 하나를 주었으며, 개구리가 말을 하지 않은 것에 하나를 주었다. 손인형들은 장난감 전화를 가지고 놀았고, 순서대로 엄마와 통화하였다. 크리시는 전화를 걸어 소리를 내었지만 실제적인 말은 하지 않았다.

■ 6회기

크리시는 즉각적으로 손인형들, 크레용과 종이가 있는 쪽으로 가면서 회기를 시작했다. 개구리가 계속해서 이야기를 조잘거리다가 한 시점에서 크리시에게 무엇을 그리려고 하느냐고 질문했더니, 그녀는 치료자에게 "엄마요."라고 속삭였다. 크리시는 개구리가 말을 그만하기를 바라는 것처럼 보였다. 그 시점에서 그녀는 개구리의 입을 다물게 하려고 시도했다. 그녀는 얼굴 표정, 개구리의 입을 다물게 하려는 신체적 노력, 그리고 개구리의 종이를 파괴함으로써 개구리 인형에 대한 분노를 비언어적으로 표현했다. 그

	대 화	논 평
치료자	[감정 얼굴을 그린다. 화가 난, 슬픈, 행복한 얼굴] 이것은 화가 난 얼굴이야, 이것은 슬픈 얼굴이고, 이것은 행복한 얼굴이지. 나는 개구리가 그렇게 너무나 많이 말을 할 때 너는 어떤 감정일지 궁금하구나.	나는 감정 얼굴에 이름을 붙였고 크리시를 위해서 말로 해 주었다. 나는 그녀가 느끼는 감정을 궁금해 함으로써, 감정이 있고 감정을 느낀다는 것은 수용되는 일이며, 내가 그녀의 감정에 관심이 있다는 점들을 알려 주려고 했다.
[크리시는 화난 얼굴을 지적했다]		
치료자	오, 너는 개구리에게 화가 난 것 같구나. 사람들은 자신이 언제 화가 나는지 아는 것이 중요하단다.	나는 그녀에게 감정을 표현하는 것이 중요하다는 것을 알려 주고 싶었으나, 감정을 꼭 언어화해야만 느낄 수 있는 것은 아니라는 것을 언급했다.

〈계속〉

[크리시는 개구리에게 화가 난 표정을 짓고 그의 귀에 속삭인다. 크리시는 전화로 말하는 시늉을 하면서 목구멍에서 울리는 소리를 낸다. 그녀는 손가락으로 지적하면서 치료자가 전화를 받아야 한다고 표현한다]		
치료자	[중지한다]	나는 전화벨이 울리고 전화를 받기 전에 그녀가 만든 소리가 보다 청취 가능해지기를 기다렸다. 나는 크리시의 의도 또는 그녀가 원하는 것이 무엇인지에 대하여 추측을 하거나 어떠한 가정도 하지 않으려고 했다. 그렇게 함으로써 나는 점진적으로 보다 적절한 언어화를 촉진하는 행동들을 조성해 나갔다.

이유는 외현적으로 개구리가 쉬지 않고 말을 했기 때문이었다.

이 회기에서 L씨 부부는 크리시가 부모에게 하는 말이 보다 유창해졌고, 과거에 보였던 비유창성은 부분적으로 감소되었다고 보고했다. 나는 부모에게 크리시가 말을 유창하게 하는 것을 칭찬해 주도록 격려했다.

■ 7회기

개구리가 지나치게 말을 많이 할 때 크리시는 그에 대한 반응으로, "쉬."라고 말했다.

■ 8회기

	대 화	논 평
호랑이	[전화로 엄마에게 말한다] 나는 내가 말을 할 때 아무도 불평하지 않기를 바래요.	나는 그녀가 말을 할 때 사람들이 투덜대지 않기를 바란다는 문제를 확인했다.
[개구리는 말로 시끄럽게 하지 않는다]		
[크리시는 아주 조용하게 소리를 모방하지만, 소리는 점차적으로 커진다]		

L씨 부부는 이 주에 부모와 교사가 함께 하는 학교회의가 있다는 것을 크리시가 인식하고 있다는 점에 주목했다. 크리시는 학교회의에 대해서 질문했고, 엄마에 따르면 그녀는 거기서 무슨 말이 나올지 걱정한다고 했다. 그날 밤 잠자리에 들면서 크리시는 엄마에게 "하루 종일 조용히 지내는 것은 힘들어요."라고 말했다. 엄마가 그에 대하여 묻자 크리시는 "걱정 마세요. 나는 강아지와 말을 해요."라고 말했다.

■ 9회기

크리시는 개구리와 함께 음악 테이프를 들었다. 그 테이프가 망가졌고 크리시는 속상해 했다. 나는 그것이 망가져서 속상할 것이라고 언어화해 주었다.

	대 화	논 평
치료자	[치료자와 손인형들은 커주(역주: 장난감 피리, Kazoo) 놀이를 한다]	나는 커주를 가져왔는데 그것은 연주자가 연주하려면 소리를 만들어야 할 필요가 있기 때문이다. 그러나 그 소리가 말하는 소리로 구성될 필요는 없다. 이런 방식으로 나는 말하기에 대한 손인형의 행동들을 조성했다.
[크리시는 커주 연주를 따라한다] [크리시는 인형의 집 놀이를 하면서 자명종으로 소리를 만들고, 코를 골며 인형에 옷을 입힌다. 그녀는 진짜 말은 아니었으나 억양을 사용하였고, 전화 통화를 할 때 아무런 대화는 없었지만 차례를 지키면서 대화를 하는 것처럼 보였다]		
치료자	나는 이번 주에 너의 학교에 방문할 거란다. 나는 너의 담임선생님인 스미스 부인을 만날 거야. 나는 너를 학교에서 만나고 싶단다.	
[크리시는 입이 귀에 걸리도록 씩 웃었다]		나는 학교 방문을 알리지 않는 것을 원치 않았기 때문에 미리 그녀에게 학교에 갈 거라고 말했다.

L씨 부부는 크리시가 종이에 자신의 토끼의 이름을 적어 달라고 요청했으나 응해 주지 않았다고 보고했다. 그래서 크리시는 그것을 회기에 가져오게 되었다. 그녀는 한번도 말을 해 본 적이 없는 사촌언니에 대해서도 "우우(boo)~"라고 말했다.

	대 화	논 평
치료자	나는 이번 주에 너의 학교에 갔었단다. 나는 스미스 선생님을 만났는데 그분은 정말 멋지더라.	다시 놀라지 않게 했다. 나는 무슨 일이 있었는지를 말해 줌으로써 지난 주에 있었던 대화를 추적하였다.
[크리시는 미소 짓는다]		
치료자	선생님이 네가 교실에서 토끼를 가지고 있다고 말해 주더구나. 나는 그 토끼의 이름이 궁금하구나.	나는 크리시가 그 토끼를 매우 애착하고 있다는 것을 알았다. 나는 그녀가 토끼에 대해 긍정적인 감정이 있기 때문에 그 토끼를 대화에서 소개해 주길 바랐다. 내가 그것을 평서문으로 말해서 그녀는 질문에 답할 필요가 없었다.
내담자	[속삭인다] 바니.	나는 크리시가 말한 내용을 그녀가 그린 그림 옆에 '바니'라고 적음으로써 비언어적으로 강화해 주었다.
[치료자는 아동이 그린 토끼 그림 옆에 '바니' 라고 적는다]		
[크리시는 계속 그림을 그렸고 이번에는 눈에 조각들이 겹쳐져 있는 그림을 그린다]		
내담자	[곰에게 속삭인다] 조각.	

■ 10회기

크리시는 상담실을 걸어다니면서 소리를 냈다.

그 회기의 나머지 시간 동안 그녀는 커주 놀이를 했고, 약간의 억양, 속삭임, 단어를 사용하지 않고 말하기와 감정 얼굴/단어를 지적하면서 전화를 했다.

■ 11회기

대기실에서 L씨 부부는 크리시가 회기가 끝난 후에 자신이 가는 곳을 알려 주고 싶어 한다고 말해 주었다.

	대 화	논 평
치료자	[아동과 치료자가 상담실에 들어가면서] 나는 네가 어디로 가는지 궁금하구나.	나는 부모님들의 질문을 꺼냈다. 나는 그것에 대해 답변을 요구하는 직접적인 질문으로서 묻고 싶지 않았다. 대신에 나는 내가 얼마나 궁금해 하는지를 평서문으로 말했고 내가 답변을 기대하지 않는다는 것을 알렸다.
내담자	호호.	
치료자	[영문을 모르겠다는 듯이 행동을 한다] 호호, 나는 네가 어디로 가는지 궁금하단다. 호호, 음.	나는 호호가 의미하는 바를 이해하지 못한다는 시늉을 했다. 또 그녀의 의도를 추측하지 않겠다고 노력하면서, 대신에 크리시가 말을 하려고 한다면 분명하게 의사소통해야만 한다고 기대하고 있었다. 다른 말로 나는 그녀의 말하기를 조성하였다.
[반응 없다]		
치료자	이쪽은 고양이인데, 그쪽은 뭔지 궁금하네.	다시 나는 그녀에게 직접적으로 질문하는 대신에 궁금해 했다.
내담자	꽥꽥…….	
치료자	[영문을 모르겠다는 시늉을 계속한다] 호호, 호호…….	
내담자	[좌절스러운 듯이 보였고 화난 목소리로 말한다] 산타클로스.	
치료자	와, 산타클로스를 만나러 간다면 진짜 즐겁겠다. 나는 네가 크리스마스에 산타클로스한테 무슨 선물을 받을지 궁금하구나.	나는 그녀가 말을 했다는 사실이 아닌 말의 내용을 긍정적으로 강화했다.
내담자	[짜내는 듯한 목소리로] 뒤는 아기 인형이요.	

회기는 크리시가 주로 두 단어 말로 말하는 것이 계속되었다. 예를 들어, 신발 끈을 묶으면서 자신의 능숙함을 입증한 후에 '신발끈 묶기' 라고 말했다. 회기의 끝에 그녀는 개구리와 전화를 통해 대화했다.

	대 화	논 평
개구리	[전화를 통해서] 크리시 좀 바꿔 주시겠어요?	다시 놀라지 않게 했다. 나는 무슨 일이 있었는지를 말해 줌으로써 지난주에 있었던 대화를 추적하였다.
내담자	제가 크리시예요.	
개구리	놀러올 수 있니?	나는 그녀가 말하는 것을 지나치게 놀라거나 지나치게 기대하고 싶지도 않았다. 나는 그녀가 이끄는 대로 대화를 계속했다.
내담자	네.	
개구리	장난감을 가져와.	
내담자	블록을 가져갈게.	
[이 대화는 세 번 반복되었다]		

■ 12회기

이 회기는 대략 크리스마스 일주일 전에 있었다. 크리시는 상담실에 들어와서 불을 끄고—창문으로 햇빛이 들어왔기 때문에 방이 환했지만—이야기를 하기 시작했다. 그녀는 크리스마스에 대하여 얘기했고, 자신이 원하는 선물이 무엇이며 산타클로스를 만나는 것에 대하여 어떻게 생각하고 있는지를 말했다. 그녀의 놀이는 크리스마스에 관한 주제가 중심이 되었고, 그녀와 손인형들은 선물을 포장하고 나무를 장식했다.

	대 화	논 평
치료자	네가 나에게 말하는 것이 정말 흥미진진하구나. 나는 네가 크리스마스에 대하여 얼마나 좋아하고 있는지를 듣게 되어 행복하단다.	나는 그녀가 말한다는 사실이 아닌 대화 내용을 칭찬해 주고자 했다.
[치료자는 아동에게 대화가 너무나 재미있었고 자신이 신발끈을 묶었기 때문에 스티커들을 주었다]		나는 그녀의 대화 내용과 신발끈을 묶은 것에 대하여, 유형적인 형태의 보상(스티커)으로 긍정적 강화를 해 주었다.

회기가 끝날 무렵, 크리시와 내가 대기실로 걸어갔을 때 L씨 부부는 그곳에 없었다. 부부가 걸어 들어오자 크리시는 마치 그녀가 내게 말했다는 것을 부모에게 알리고 싶지 않다는 듯이 말을 하다가 갑자기 중단했다.

■ 13회기

크리시는 이 회기에서 수다스러웠고 자신이 가져온 봉제 동물인형 강아지를 개구리에게 소개하면서 시작했다. 그녀는 동물이 스티커를 얻고 싶은데, 어떻게 하면 강아지가 스티커를 얻을 수 있을지 알아보자고 했다. 그녀는 강아지가 크리스마스 노래를 부르기로 결정했는데 그 노래는 크리시가 항상 불렀던 것이었다. 그녀는 개구리에게 화가 났고, 경찰이 개구리를 잡아서 산타(절대적 권위자)에게 데려갔다. 나는 호랑이가 여전히 말을 하지 않고 있다고 했고 다음 대화를 이어갔다.

<table>
<tr><th></th><th>대 화</th><th>논 평</th></tr>
<tr><td>내담자</td><td>호랑이를 말하게 해요.</td><td></td></tr>
<tr><td>치료자</td><td>나는 호랑이를 말하게 할 수 없어. 호랑이는 때가 되면 말을 할 거야.</td><td>나는 어느 누구도 그녀를 말하게 만들 수 없으며, 때가 되면 말을 할 수 있을 것이라는 생각을 명료화했다.</td></tr>
<tr><td>내담자</td><td>[호랑이에게] 언제 말을 할 거니?</td><td>그 사실에 논평을 하지는 않았지만, 나는 다음과 같은 점을 알게 된 것이 흥미로웠다. 즉, 그녀는 호랑이가 말을 하지 않는 것을 잘 참지 못했던 것이다.</td></tr>
<tr><td colspan="2">[호랑이는 입술을 움직이고 왜곡되고 잘 알아들을 수 없는 목소리를 썼다]</td><td></td></tr>
<tr><td>내담자</td><td>[화난 듯하다] 안 돼. 나하고 선생님처럼 정상적인 목소리를 사용해. [치료자를 가리킨다]</td><td></td></tr>
<tr><td>치료자</td><td>호랑이는 학교에 있는데 선생님이 호랑이에게 A, B, C, D와 1, 2, 3, 4를 말해 보라고 하고 있어.</td><td></td></tr>
<tr><td>내담자</td><td>나는 학교에서 소, 소, 소년에 대해 말했어요. 나쁜 소년요. 그는 나쁜 말을 해요…….</td><td></td></tr>
<tr><td>치료자</td><td>호랑아, 말해 봐. 하나.</td><td></td></tr>
<tr><td>호랑이</td><td>하나.</td><td>나는 그녀가 호랑이가 할 수 있도록 시범을 보이기 위해서 말한 것을 반복했다.</td></tr>
<tr><td>내담자</td><td>둘.</td><td></td></tr>
<tr><td>호랑이</td><td>둘.</td><td></td></tr>
</table>

〈계속〉

내담자	셋.	
호랑이	셋.	
[치료자는 크리시에게 호랑이가 말할 수 있도록 도왔기 때문에 스티커를 준다. 호랑이는 말을 했으므로 스티커를 받는다]		다시 나는 크리시가 말하는 것이 아닌 돕는 행동을 강화했다. 호랑이의 문제가 말하기였기 때문에, 나는 호랑이가 말한 것을 강화했다.

■ 14회기

크리시는 호랑이가 지난주에 말을 했다는 것을 상기시켜 주었고, 치료자는 호랑이에게 방학이 끝나면 그 다음 주에 학교에 돌아갈 것임을 상기시켜 주었다. 크리시는 부모에게 손인형을 보여 주기는 했지만 그들 앞에서는 다시 말을 하지 않았다. 나는 그 다음 주 회기의 끝무렵에 함께 게임을 할 것이라고 말해 주었다.

■ 15회기

크리시는 부모와 치료자와 함께 하기로 한 게임에 대해서 흥분했고, 그에 대하여 여러 번 질문했다. 그녀는 호랑이가 학교에 돌아갔는지 아닌지, 그리고 호랑이에게 학교에서 말을 하는지에 관해서 물어보았다.

	대 화	논 평
치료자	크리시, 호랑이는 너에 대해 궁금한 게 있어. 호랑이는 학교에서 말을 하는 데 도움이 되는 것이 무엇인지를 알고 싶어 한단다.	크리시에게 손인형을 돕도록 함으로써, 그녀가 말할 때 사용하는 기술이 무엇인지를 언어화할 수 있도록 돕고자 했다. 나는 이러는 것이 말하기에 대한 유능감을 강화시키는 것에도 유용할 것이라고 가정했다.
내담자	[아주 엄숙하게] 자, 봐.	
호랑이	나는 학교에서는 말을 하고 싶지 않지만 말할 필요가 있다는 것은 알고 있어. 어떻게 해야 할까?	나는 계속해서 크리시가 했던 것을 언어화할 수 있도록 노력했다.
내담자	[치료자에게] 나는 몰라. 선생님이 말해요.	그녀는 이것을 계속하고 싶어 하지 않는 것처럼 보였으나, 나에게 호랑이에게 말하도록 요청했다.

〈계속〉

치료자	내가 호랑이에게 말을 해야 하니? 좋아, 호랑아, 내 말을 잘 들어 봐. 나는 이게 진짜로 진짜로 어렵다는 것을 알아. 그리고 너는 그렇게 하는 것이 진짜로 무서울 거야. 하지만 내가 너에게 말하고 싶은 것은, 만일 네가 진정으로 노력해서 아주 조금만이라도 말하면 그 다음날에는 조금 더 많이 말을 하고, 그러면 머지않아 하루 종일 말할 수 있게 된다는 거지. 그리고 내 생각에 너는 그렇게 하루 종일 말하는 것을 좋아하게 될 거야. 나는 아이들이 너를 괴롭히는 것에 대해서는 네가 걱정할 필요가 없다고 생각해. 그리고 누군가 투덜대는 것에 대해서도 걱정할 필요가 없다고 생각해. 나는 네가 학교에서 말하는 것을 진짜로 좋아하게 될 거라고 생각한단다.	
[크리시는 호랑이에게 모자를 씌우면서 웃는다]		괴롭힘을 당하는 것이 문제라는 것을 알면서 나는 크리시의 웃음에서 호랑이를 어리석게 보고 있을 가능성을 고려해 보았다.
호랑이	크리시, 나는 이 모자가 우스워 보여. 내가 이 모자를 학교에 쓰고 갈 수 있을까?	나는 호랑이의 문제가 괴롭힘임을 확인했다.
내담자	음.	
호랑이	아이들이 나를 보고 웃을 거야.	
내담자	아니야, 안 그럴 거야.	그녀는 모든 일에 괴롭힘당하고 싶지 않다는 메시지를 전하는 것처럼 보였다.

크리시와 나는 카드게임을 했고, 그녀는 재빨리 규칙을 배웠다. 회기의 끝무렵에 나는 L씨 부부에게 게임에 동참해 달라고 요청했다. 크리시는 게임에 매우 몰입되었으나 부모에게 규칙을 말해 줄 수 없었고 오직 엄마에게만 속삭여서 말했다. 나는 L씨 부부를 회기의 끝에 참여시켜 크리시가 부모 앞에서 나에게 말하는 것을 격려하고자 했다.

■ 16회기

	대 화	논 평
호랑이	나 이번 주에 학교에서 말을 했어.	나는 이 주제를 계속 얘기하고 싶었다.
내담자	나는 관심 없어. [치료자를 본다] 선생님이 호랑이에게 말해요.	그녀는 계속해서 이 문제를 다루고 싶어 하지 않았다.

회기의 끝에 부모와 함께 한 게임에서, 크리시는 조용했고 또다시 엄마에게만 속삭였다.

■ 17회기

이 회기 바로 직전에 L부인은 나에게 전화를 해서 크리시가 그날 학교에서 선생님에게 '쉴 새 없이' 말을 했다고 알려 주었다. 크리시는 즉시 자신이 학교에서 받은 두 개의 핀을 나에게 보여 주면서 그 회기를 시작했다.

	대 화	논 평
내담자	나는 이번 주에 선생님과 얘기했어요.	
치료자	무엇에 대하여?	나는 그녀가 말을 했다는 사실이 아닌 내용에 초점을 두었다.
내담자	모든 것이요.	
호랑이	나는 네가 학교에서 말을 했다는 얘기를 들었는데, 어떻게 말을 하게 되었는지 말해 줄래?	나는 크리시에게 자신이 한 일을 명명해 보도록 했다.
내담자	잘 몰라. 그냥 말을 했어!	
호랑이	무서웠니?	그녀는 원치 않거나 그 기술에 집중할 수 없는 것처럼 보였다. 여기서 나는 크리시에게 말하기와 관련된 감정에 집중할 수 있도록 하였다.
내담자	아니.	
호랑이	기분이 좋았니?	나는 크리시가 말하기와 연합된 긍정적인 감정을 인정할 수 있는지 알아보고자 노력했다.

〈계속〉

내담자	응, 네가 학교에서 말을 하면 스티커를 받을 수도 있어.	
[크리시는 개구리를 위해서 안경을 그리고 오려서 손인형 개구리에게 씌운다]		
치료자	[개구리에게] 나는 네가 안경을 써서 더 잘 볼 수 있다는 것을 안단다. 그리고 안경이 잘 어울리는구나.	개구리가 안경을 착용한 것이 보기 좋다고 말하여 강화해 줌으로써, 나는 개구리가 안경을 착용하는 것의 모델로서 작용하기를 바랐다.

크리시는 회기의 끝에 내가 자신의 부모와 얘기하려고 한다는 것을 깨달았을 때 화를 내었다. 내가 그 분노를 인식하고 그녀에게 그것을 명명하도록 했을 때 처음에 그녀는 그것을 부인했다. 나중에 크리시는 나와 시간을 전부 보내고 싶었기 때문에 화가 났다고 인정했다.

L씨 부부와의 만남에서 그들은 크리시가 학교에서 학급 담임선생님과 개인적으로 계속해서 말을 하고, 지금은 언어치료 선생님과도 말을 한다고 보고했다.

■ 18회기

	대　　화	논　　평
내담자	[호랑이에게] 너 이번 주에 학교에서 말했니?	아동은 호랑이를 점검하는 것을 계속했다.
호랑이	응, [호랑이는 말을 해서 받은 스티커가 있는 종이를 크리시에게 보여 준다]	
내담자	잘했어, 호랑아.	아동은 손인형에게 긍정적인 강화를 주는 것을 반복했다.
내담자	나는 우리 선생님과 언어 선생님하고 말했어.	
호랑이	정말 대단해.	나는 손인형으로 그녀가 말을 한 것을 강화해 주었다.
치료자	지난주에 내가 너의 엄마 아빠와 말을 해야 했을 때 너는 나에게 화가 난 것 같더구나.	

〈계속〉

내담자	네. 선생님께 그렇게 하고 싶지 않아요. 저는 그러는 게 싫어요.	
치료자	때로 너를 화나게 하는 게 있구나. 선생님은 너의 엄마 아빠와 말을 해야 했고 너는 그에 대해서 화가 났고…….	나는 내가 듣고 크리시를 이해한다는 것을 명료화하기 위해서 반복했다.
내담자	학교에서 어떤 애들은 안경을 쓴 여자애를 '눈이 네 개'라고 불러요.	
치료자	애들이 눈이 네 개라고 부르면 그 애가 슬플 거라고 생각하니? 생각해 보자. 그 애는 슬프고 화가 났을까?	나는 그녀의 감정을 추측해 보았다.
내담자	아니요, 그 애는 화를 냈고, 그래서 그 남자 애가 사과했어요.	
치료자	사과를 했어? 사과를 했다니 잘된 일이구나.	나는 크리시가 소년이 한 행동은 잘못이지만, 사과를 한 행동은 잘한 일이라는 것을 알기를 바랐다.
개구리	만일 누가 나를 눈이 네 개라고 부른다면 나는 기분이 나빠져 화나게 될 거야.	크리시가 손인형과 동일시하고 있기 때문에, 나는 개구리가 화난 감정을 '자기노출' 하도록 했다.
내담자	개구리야, 선생님한테 말해 봐!	
개구리	그래. 하지만 나는 선생님하고는 늘 말을 해. 내가 지나치게 말을 많이 할 때를 기억하지? 선생님은 말씀하셔. "개굴아, 너는 온갖 종류의 기회를 갖고 있지만 언제나 말을 할 수 있는 것은 아니야, 기억나지?"	
내담자	음, 호랑이가 있잖아요.	
치료자	이번 주에 호랑이에게 무슨 일이 있었니? 호랑이가 학교에서 한번 말하기 시작하니까 선생님과 말하는 것이 정말 좋았어. 담임 선생님은 너무나 행복했지. 호랑이는 모든 사람에게 말하기 시작했단다.	나는 말하는 것의 긍정적 측면을 확인하고, 즐거운 감정이 어떻게 말하는 것과 연결될 수 있는지를 확인해 주었다.

〈계속〉

내담자	[개구리에게 안경을 씌운다] 안경을 끼고 있지 않으면 노래는 안 불러요.	그녀는 계속해서 손인형에 대한 정적 강화의 힘을 이해하고자 한다.
치료자	좋아, 안경이 잘 어울린다. 그러나 누군가 안경을 썼다고 놀리면 화가 날 거야.	나는 안경을 착용하는 것을 강화해 주었으나, 다른 사람들이 놀리면 화가 난다는 것을 확인해 주기도 했다.
호랑이	나는 선생님하고 말했어. 그리고 나는 언어 선생님하고 말했고, 학교에서 애들하고 말했어. 하지만 다른 사람들하고 말하는 것을 시작할 수 있을까?	
내담자	그럼.	
호랑이	내가 누구랑 얘기를 해야 할까?	
내담자	굉장히 많은 사람들하고.	
호랑이	많은 사람들?	
내담자	그래.	
치료자	[호랑이에게] 나는 네가 모든 사람들하고 말을 해야 한다고 생각해. 왜냐하면 말을 하는 것은 좋은 일이니까.	나는 말하는 것에 긍정적인 이유를 덧붙였다.
내담자	그래, 그래. 너는 누군가와 모든 사람과 얘기해.	
호랑이	좋아, 내가 너 크리시에게 말한다. 다음 주에 내가 누구와 말했는지 물어봐 줘, 알겠지?	나는 크리시가 자신의 말하기 행동을 간접적으로 강화하는 수단으로 호랑이를 계속 격려했다.
내담자	좋아.	
치료자	[호랑이에게] 너 누가 크리시의 이야기 상대인지 알고 싶어? 그녀에게 물어봐.	
호랑이	크리시, 너는 누구와 말을 했니?	
내담자	추측해 봐.	
치료자	음. 엄마, 아빠…	나는 알 수 있는 쉬운 상대를 골랐다.
내담자	그리고 언어선생님.	
치료자	…그리고 언어 선생님.…그리고 스미스 선생님(담임 선생님) 그리고 바니. 그리고 또 누가 있지? 원장 선생님?	나는 말하는 것에 대한 긍정적인 이유를 대었다.

〈계속〉

내담자	원장 선생님을 어떻게 알았어요? 나는 원장 선생님하고도 말을 해요. 내 기억에 원장 선생님 이름은….	
호랑이	내가 학교에서 원장 선생님과 말해야 하니? 그게 어려울까? 쉬울까?	여기서 호랑이는 크리시가 나중에 말할 때의 모델링의 진전이었다. 나는 자신의 노력에 대하여 긍정적으로 느끼는 데 도움이 되길 바랐다.
내담자	쉬워.	
호랑이	오, 쉬운 거구나. 말해 봐야지.	

■ 19회기

크리시는 자기 집 사진과 개구리를 위하여 안경 사진을 포함하여 여러 개의 사진들을 가져왔다. 이 회기 내내 그녀는 나에 대한 질문들을 반복했다(예: 나에게 자식이 있는지, 어디서 사는지). 나는 그러한 것들에 대해서 궁금해 하는 이유를 이해하지만, 모든 질문에 대해 답변할 수 없다고 설명했다. 처음에 크리시는 공격적이 되어서 주로 손인형들을 때렸다. 나는 크리시가 화가 났다는 것을 인식했고, 아마도 내가 질문에 충분히 답변하지 않았기 때문이 아니라 나에게 화가 난 것임을 지적했다. 처음에 크리시는 그것을 부인했으나, 나중에 나에게 화가 났다는 점을 인정할 수 있었다.

■ 20회기

크리시는 자신이 여전히 화가 나지만 손인형들과 긍정적으로 놀이를 한다고 말하였다. 회기가 끝나 나가면서 크리시는 호랑이를 부르더니 "학교에서 계속 말해."라고 지시했다.

■ 21회기

크리시는 개구리가 안경을 낀 것을 칭찬했다. "아주 잘 했어, 개굴아."

■ 22회기

크리시는 손인형들과 자신을 위해서 열의를 가지고 하트 모양을 만들었다. 내가 손인형들을 학교와 언어수업에 대한 대화에 참여시키자, 크리시는 경청하는 것처럼 보였고 방을 가로지르면서 자신의 의견을 내놓았다. 그러나 그녀는 대화에 가담하지는 않았다.

■ 23회기

	대 화	논 평
내담자	선생님, 오늘 우리 부모님을 만날 거예요?	
치료자	응.	
[크리시는 화난 표정을 짓는다]		
치료자	선생님은 네가 그것에 대하여 화가 많이 난다는 것을 알아. 내가 너의 부모님들과 얘기해야 할 때 네가 싫다면 선생님에게 말해 줄 수 있겠니?	나는 화라는 감정을 명명했고 화나는 이유를 명명했다. 또한 크리시 스스로 화나는 감정을 명명할 수 있도록 조성해 주려고 했다.
[크리시는 조용히 있다]		
[치료자는 개구리가 얼굴 표정을 짓고 화가 났다고 말하는 방법을 보여 준다]		나는 손인형으로 화를 비언어적, 언어적으로 표현하는 것을 시범 보였다.

크리시의 부모는 그녀가 간이음식점에서 다른 단골손님들을 포함하여 누구하고나 말을 한다고 보고했다. 그녀는 학교에서 매우 수다스러워서 당시에는 교사가 크리시에게 조용히 하라고 타이르는 것이 필요했다.

■ 24회기

크리시의 부모님과 나는 개별적으로 치료 회기를 격주로 바꾸는 것에 대하여 얘기해 왔다. 크리시는 이 문제를 이번 회기에 가져와 다음과 같이 말했다. "2주는 너무 길어요."

■ 25회기

우리는 치료 회기를 격주로 바꾸기로 결정했다. 크리시는 지난주에 내가 보고 싶었다고 말하면서 자신이 오지 않았던 그 주에 '다른 여자애'를 만났는지에 대해 물어보았다. 나는 크리시에게 그녀가 특별하며 나도 그녀가 보고 싶었다고 안심시켜 주었다. 이 시점에서 나는 크리시에게 아주 잘 하고 있어서 여기에 계속 올 필요가 없겠다고 말하면서 종결 문제를 꺼냈다. 나는 크리시에게 나와 손인형들도 네가 보고 싶기는 하지만 크리시가 잘 지내고 있다는 것을 알게 되는 것도 기쁠 것이라고 확실히 알려 주었다. 나는 말하고 싶어 하지 않는 사자 손인형에게 호랑이가 말하는 방법을 보여 주는 시나리오를 설정했으나 크리시는 그것에 관심이 없었다.

■ 28회기

호랑이가 긴 속눈썹 때문에 자신을 놀리는 소년에게 화를 내는 놀이를 했다. 크리시는 소년을 호랑이에게 찾아와서 사과하게끔 했다.

■ 29회기

크리시는 방에서 스톱워치를 발견했고 타임아웃을 활용해서 개구리가 말을 하지 않는 경우에 선물로 보상해 주고 싶어 했다. 그러더니 호랑이가 얼마나 오랫동안 말을 할 수 있는지 알아보기 위해서 시간을 쟀다. 호랑이는 슬픔에 대해서 얘기했는데, 유치원을 떠나야 했고 작별인사를 한다는 것이 참으로 어려웠기 때문이었다. 크리시는 경청했으나 호랑이에게 자신도 유치원을 떠나는 것이 슬프다고 말했다. 크리시는 1학년의 긍정적인 측면에 대하여 주의를 기울일 수 없는 것처럼 보였다.

■ 30회기

우리는 크리시의 회기를 한 달에 한 번으로 바꾸었다. 크리시는 개구리가 말을 하지 않으면 다시 타임아웃을 했다. 크리시는 자신에 대한 최근의 정보를 제공하는 자신의 삶에 대한 책을 만들어 냈다. 내가 크리시에게 유치원에 들어가기 전에 생활이 어떠했는지를 묻자 그녀는 "기억 안 나요."라고 말했다.

■ 31회기

크리시는 유치원 선생님을 보고 싶다고 얘기했다. 나는 치료가 끝난 이후에 크리시와 내가 얼마나 서로를 보고 싶어 할지에 대하여 얘기했다. 크리시는 나의 명함을 가져갔고 전화를 하겠다고 말했다. 그녀는 내가 어디에 사는지 알지 못하더라도, 자신이 여전히 나를 찾아낼 수 있다는 것을 확인하고 싶어 하는 것처럼 보였다. 우리는 최종 회기에서 마지막 '작별' 파티를 열기 위한 계획들을 세우기 시작했다.

L씨 부부는 크리시가 다른 사람들에게 대답을 가장 잘 하고 있으며, 딸아이가 자유롭게 얘기하는 장면에서는 계속해서 깜짝 놀란다고 보고했다. 예를 들어, 크리시는 공원에서 열린 마술쇼에 자원을 해서 많은 청중들에게 자신의 이름을 말했다.

■ 32회기

크리시는 자신이 전화하거나 방문할 수 있는지를 재차 확인하면서 종결에 대하여 얘기했다. L씨 부부는 크리시가 머릿속에 자신이 말을 해야 하는 사람들에 대한 목록을 가지고 있는 것처럼 보인다고 보고했다. 목록에 남아 있는 사람은 1학년 선생님(학교가 시작하려면 아직 3주가 더 있어야 했다)과 아직 보지 못한 그녀의 치과의사였다.

말하기의 극적인 성공과 밤에 기저귀를 차는 것에 대한 주저함이 늘어나면서, L씨 부부는 크리시의 야뇨증을 적극적으로 치료하는 데 관심을 가졌다. 그들은 대단히 성과가 좋은 소변 경고 시스템을 크리시에게 활용하기 시작했다. 그들은 그 시스템이 크리시를 즉각적으로 깨우고 화장실에 다녀오게 해서 밤 내내 이불을 적시지 않게 되었다고 보고했다. 크리시는 드디어 밤에 기저귀를 차지 않고 자는 것에 대하여 감격했다.

■ 33회기

우리는 손인형들과 함께 파티를 열었다. 크리시는 다음과 같이 반복해서 말했다. "나는 선생님이 보고 싶을 거예요." 그리고 종이에 자신의 이름을 쓰더니 "이러면 선생님은 또 다른 크리시가 있는 경우에도 나를 잊지 않을 거예요." 크리시는 치료자를 그렸고 다음과 같이 말했다. "나는 선생님을 잊지 않을 거예요. 지금 나는 행복해요. 내가 말을 하지 않았을 때는 그렇지 않았지요."

5. 결과 및 추수

크리시는 처음 세 번의 평가 회기 동안에 나에게, 또는 내가 있을 때 말을 하지 않았다. 점차적으로 그녀는 조금씩 더 말하기에 가까워졌는데, 웃기부터 소리 내기, 속삭이기, 말소리 내기, 간단한 발음하기로 변화하더니, 12번째 회기에서는 말을 하기 시작했다. [그림 6-1]은 치료 경과에 걸쳐서 크리시의 말하기의 진전을 보여 준다.

크리시는 12회기 이후에 치료에서 정규적으로 말을 하기 시작했음에도 불구하고, 처음에는 자신의 환경에서 새로운 어른에게는 말을 하지 않았다. 마침내 16회기와 17회기 사이에 그녀는 유치원 선생님에게 말을 하기 시작했고, 그 다음 점차적으로 유치원과 다른 장소에서 다른 어른들과도 말을 했다.

마지막 회기에 부모가 수행한 아동 행동 체크리스트(CBCL) 결과에서 크리시는 정상적 프로파일을 보였다. 최초의 아동 행동 체크리스트와 비교해 보면, 프로파일도 밋밋해졌고 초기 평가보다 훨씬 적은 수의 문항만이 인정되었다. '다소 때로 그렇다' 라고 인정한 문항들은 다음과 같다. 집중할 수 없다; 오랫동안 주의를 기울일 수 없다, 가만히

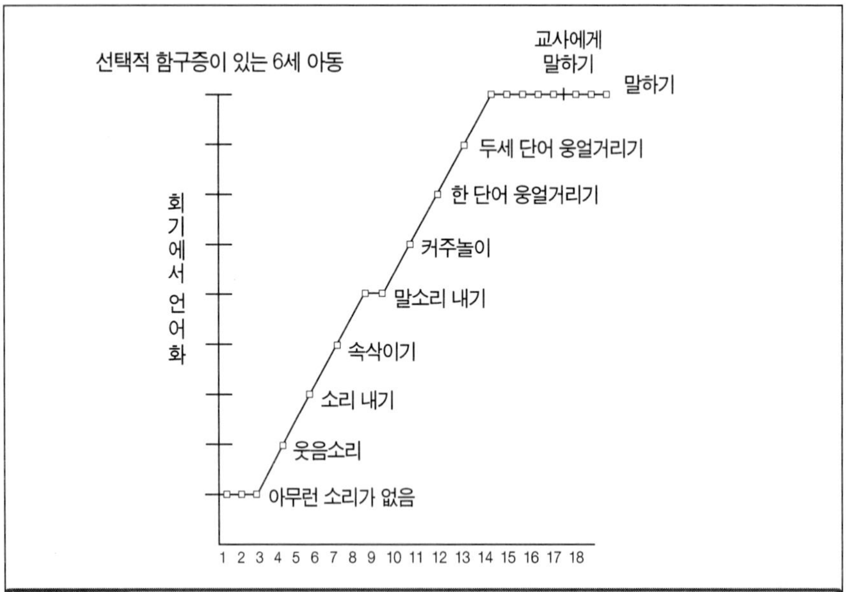

[그림 6-1] 6세 아동의 선택적 함구증에 대한 인지행동 놀이치료 과정에서 말하기의 진전

앉아 있을 수 없거나 과잉행동적이다, 잘 먹지 않는다, 특정 동물을 무서워한다. 안과적 문제가 있다(원시), 언어 문제(비유창성), 이부자리를 적신다 였다. '매우 그렇다 또는 종종 그렇다'로 인정한 문항은 없었다.

치료 종결 30개월 이후에 L씨 부부를 통해서 추수가 이루어졌다. 당시에 크리시는 자신이 만나는 모든 사람들과 자유롭게 얘기했고 학교 성적도 좋았다. 발음 곤란의 문제로 일주일에 한 번 언어치료를 받고 있었지만 말하기 문제는 재발하지 않았다. 부모들은 치료 종결 이후 약 한 달 정도 소변 경고 시스템을 성공적으로 사용했다고 했다. 경고를 중단했을때, 지난 29개월 동안 밤에 오줌을 싸지 않았고 야뇨증에서 재발이 없었다. 그들은 아무런 문제가 없다고 보고했다.

6. 논의

나는 두 가지 주요한 방식을 통해서 크리시의 함구증을 간접적으로 치료했다. 첫 번째 방식은 말하는 것에 주요한 초점을 두지 않고 긍정적 지료 환경을 만들어 주는 것을 통해서 이루어졌다. 대신에 나는 다른 영역에서 숙달과 성취를 격려했다. 나는 비언어적 활동들(예: 신발끈 묶기, 그림 그리기)에 긍정적 강화를 사용했다. 나는 크리시의 사례에서 말하는 것을 필수적인 것으로 가정하지 않았다. 나의 논평은 관심이 담긴 말로써 언어화되곤 했지만, 크리시에게 답변을 요구하는 질문 형태로 말하지 않았다. 예를 들어, 그녀의 "호호."라는 진술과 관련하여 "어디에 가려고 하니?"라고 질문하는 대신에, "나는 네가 어디에 가려고 하는지 궁금하구나……."라고 말했다. 또한 크리시가 말을 했을 때, 나는 그녀가 말을 했다는 사실을 강화한 것이 아니라 대화 내용을 강화해 주었다.

두 번째 치료방법은 다양한 문제가 있는 몇몇 손인형들을 다루는 방식을 통해서였다. 나는 수줍고 말을 하지 않는 손인형이 점진적으로 말을 하도록 조성하였다. 그 호랑이 손인형이 말하는 것을 배워 나감에 따라서 호랑이의 노력은 크리시에게 모델로 제공되었다. 따라서 나는 문헌에서 보고된 여러 가지 행동적, 인지적 개입들을 활용하기는 했지만, 그 기법들을 아동에게 직접적인 방식이 아닌 모델링이라는 간접적인 방식으로 적용했다. 크리시가 말하는 것에 압력을 가하는 어른들에게 긍정적으로 반응하지 않는다는 임상적 판단과 함께 문헌에 기초하여, 나는 크리시의 함구증을 간접적으로 치료하기로 결정하였다. 크리시는 과거의 말하는 것에 대한 설득이나 조성과 같은 전문적인 노력에 반응하지 않았으며, 부모들은 크리시가 말을 시작할 때 법석을 떠는 것을 원치 않는다는 점을 분명히 해 주었다. 크리시에게 말을 하도록 달래는 시도는 헛된 일처럼 여겨졌다.

나는 가능한 많이 크리시가 의사소통을 위해서 만들어 낸 많은 가정들이 담긴 비언어적 행동에 대하여 반응하지 않으려고 노력했다. 심지어 크리시가 점점 더 언어와 비슷해졌을 때조차 그녀가 전달하고자 하는 의도가 무엇인지에 대하여 추정하지 않았다. 예를 들어, 크리시가 "호호."라고 말했을 때 나는 그녀가 산타클로스를 나타낸 것으로 즉각적으로 추정하지 않았다. 마찬가지로 크리시가 전화벨이 울리는 낮은 소리를 내었을 때, 나는 그 소리가 전화를 받기 전에 들릴 만한 소리가 될 때까지 좀 더 기다렸다. 이것은 관심을 전하기는 하지만, 크리시의 의도나 말하고자 하는 것을 추측하지 않겠다는 것도 전달한다. 그 당시 크리시가 의사소통한 것에 직접적으로 반응을 하지 않기란 꽤 어려운 일이었다. 예를 들어, 크리시가 "호호."라고 말했을 때는 크리스마스 직전이었고, 그것이 산타클로스를 의미한다고 믿을 만한 근거들이 있었다. 그럼에도 불구하고 나는 확실하지 않은 점을 나타낼 수 있었는데, 그렇게 하는 것이 크리시를 위한 최선이라고 느꼈기 때문이었다.

손인형들은 크리시를 위해서 다양한 적응적인 기술들을 시범 보였고, 크리시는 그들의 행동에 아주 긍정적으로 반응하였다. 예를 들어, 손인형들은 특정 상황에 대한 반응으로 감정을 명명하는 것과 같은 적절한 언어적 표현을 시범 보였다. 따라서 나는 손인형들을 통해 사회적으로 적절한 방식으로 감정을 표현하는 행동을 조성했다. 크리시가 나에게 말하기 직전에 나는 감정 얼굴을 제공해서 그녀가 자신의 감정이 표현된 얼굴을 지적할 수 있도록 했다. 나는 손인형을 통해서 다음과 같은 자기진술도 시범 보였다. "나는 학교에서 말하는 것이 싫지만 그것이 필요하다는 것은 알아." 크리시가 말하기 시작했을 때 나는 다른 쟁점들을 제기했고, 점진적으로 감정에 대한 언어적 표현을 조성했다. 천천히 크리시는 감정 얼굴을 지적하는 것에서 특정 감정(예: 화난, 슬픈)에 부합되는 얼굴 표정을 짓는 쪽으로 발전했고, 마침내 자신의 감정에 언어적으로 이름을 붙였다.

격려해 주고 정적 강화를 해 주면서, 나는 크리시를 위해 이런 행동도 시범 보였다. 그녀는 손인형들이 목표에 부합되는 노력을 하면 일관적으로 강화를 해 주었다. 예를 들어, 크리시는 호랑이에게 다음과 같이 말하면서 격려했다. "학교에서 계속 말을 해." 그녀는 호랑이가 말을 하는 경우와 개구리가 안경을 쓰는 경우에 칭찬의 형태로 정적 강화를 제공했다(예: "좋은 말이야, 호랑이야." "개구리야, 아주 좋아."). 이런 정적 강화는 크리시 쪽에서 자발적으로 이루어졌다. 나는 크리시가 손인형들에게 관심을 보이고 격려를 해 주면서 정적 피드백을 제공하려고 노력한다는 것을 깨달았다. 특히, 이런 노력은 크리시가 자신에 대하여 보다 긍정적으로 느끼기 시작한 이래로 증가하는 것처럼 보였다.

손인형들을 통해서 인지기법들도 시범 보였다. 신념들을 확인하기 위해서, 손인형은 크리시가 부모에게 한 특정한 말들을 되풀이했다. 예를 들어, 나는 호랑이 인형에게 다음과 같이 말했다. "모든 사람들이 난리법석을 떠는 학교에서 말을 하는 것은 두려울 수 있어." 이것은 손인형이 다음과 같이 말하면서, 신념을 바꾸려고 노력함으로써 반박된다. "말하는 것은 괜찮아. 조용할 필요가 없다는 것이 나를 행복하게 할 거야." 마침내 손인형은 다음과 같은 긍정적 자기진술도 시범 보였다. "말을 시작하는 것은 어렵지만, 일단 시작하고 나면 쉬워질 거야." 크리시는 자신만의 긍정적 자기진술을 언어화해 보려고 애썼지만 성공하지 못했다. 나는 크리시가 자신에 대해 긍정적인 방식으로 볼 수 있다고 믿었으나 이런 생각들을 언어화할 수는 없었다.

크리시가 자신에 대하여 긍정적인 방식으로 보는 능력이 있다는 것은 여러 가지 방식으로 그녀가 한 말에서 분명하게 나타났다. 또 그녀는 자신에 대해서도 자부심을 느끼고 있어 보였다. 그러나 크리시는 이전의 침묵과 관련된 문제들을 다루는 것을 꺼려했다. 사실상 그녀는 호랑이를 강화해 주고 칭찬과 격려를 해 주는 것을 제외하고는, 말하지 않는 것과 관련된 손인형들의 대화에 참여하는 것을 피하는 경향이 있었다. 그녀는 주로 안경을 끼는 것과 관련된 언급들을 통해서 나타내기는 했지만, 외현적으로 뭔가 괴롭힘을 당해 왔다며 다소 괴롭힘을 당한 문제들을 다루었다. 그녀는 언어 곤란으로 인하여 괴롭힘을 당한 것과 관련된 문제들을 드러내지는 않았다. 크리시가 자신의 인생에 대한 책을 만드는 작업을 하면서 이런 초기의 문제들에 대처하려는 하나의 노력을 보였다. 크리시가 유치원 이전의 삶에 대하여 "기억나지 않아요."라고 반응한 것이었다. 이는 크리시가 말을 하기 이전의 시기에 대해서는 논의하지 않는 것을 선호한다는 또 다른 지표였다. 이전 침묵에 대하여 논의하기를 꺼려한다는 나의 가설은 그녀의 삶에서 강화받은 급격한 변화와 관련된다. 이제 말하는 것은 그녀에게 즐겁고 강화받는 것이며, 그녀는 말하는 데 더 이상 다른 사람들로부터 관심을 받지 못하는 이전의 침묵을 거의 사용하지 않았다.

선생님은 특히 크리시가 치료에서 말을 한다는 것을 알았을 때, 크리시의 언어결핍(lack of speech)에 크게 좌절했다. 크리시와 그녀의 침묵에 대하여 직접적으로 논의하지 않겠다고 치료자에게 동의를 했음에도 불구하고, 선생님은 16회기와 17회기 사이의 어느 날 크리시에게 다음 해에 1학년에 가기 위해서는 말을 할 필요가 있다고 말해 주었다. 교사는 크리시에게 만일 말하기를 시작하지 않으면 유치원에 남게 될 수도 있다고 말했다. 크리시는 외현적으로 1학년으로 올라가려면 말할 필요가 있다는 협박에 대한 반응으로 교사에게 말을 했다. 지금 나는 크리시가 나에게 보다 편안하게 말하고 다른 사람에게 말하는 것에 대해서 약간의 자신감을 획득하였기 때문에 그 방법이 효과적이었을 수도 있다고 생각한다. 크리시는 학교 생활을 좋아했고 대개는 보상받는다는 것을 알게 되었다. 1학년에 갈 수 없다는 교사의 협박은 그녀를 놀라게 했거나 학교에서 말하게 하는 데 필요한 추진력을 주었을 수 있다.

처음에 크리시가 회기에서 말하기 시작했을 때, 그녀는 부모 앞에서 나와 얘기하는 것을 거부했다. 또한 치료 회기 밖에서 여전히 새로운 사람과 얘기하는 것도 거부했다. 나는 새로운 장면과 새로운 사람과 말하는 것을 격려하기 위해서 자극용암 패러다임(stimulus fading paradigm)을 사용했다. 나는 L씨 부부에게 회기의 끝에 게임을 하는 데 참여해 줄 것을 요청했다. 처음에 크리시는 부모가 치료실에 들어오면 나에게 말하던 것을 중단했다. 시간이 경과하면서 그녀는 점진적으로 엄마에게 속삭이기 시작했고 마침내 나와 부모 모두와 정상적인 목소리 톤으로 얘기했다. 따라서 나는 시간이 경과함에 따라 말하는 것을 통제하는 자극을 점진적으로 변화시켰고, 크리시는 나와 부모 모두와 동시에 대화하는 것을 포함하여 말하기 위한 노력을 확대하기 시작했다. 이러한 절차는 이러한 개입이 없었을 때, 말을 하지 않았던 유치원에서 유용할 수 있었다. 지적해 왔던 것처럼, 나는 크리시가 나와 얘기를 하고자 하는 의지를 선생님과 유치원의 다른 관계자들에게 전이하는 것을 돕고자 크리시와 함께 유치원에서 약간의 시간을 보냈다.

놀이치료에서 부가적으로 많은 다른 요인들이 이 사례의 성공에 기여했을 수 있다. 함구증을 무시함으로써, 본질적으로 크리시의 부모님과 교사들은 감소와 종국적으로는 소거를 시도했다. 이것은 치료 형태로 간주될 수 있다. 그러므로 긍정적 결과에 대한 한 가지 설명은 침묵을 무시하려고 노력한 것이 침묵을 소거시켰다는 것이다. 그러나 이 설명은 몇 가지 이유에서 바람직하지 않다. 첫째, 크리시는 환경적 조건과 관련된다기보다

CBPT가 행해진 것과 관련하여 점진적으로 말하기를 증대할 수 있었다. 또한 침묵을 무시하기 위한 교사와 부모님의 노력은 언제나 성공적인 것은 아니었다. 지적했듯이, 그들은 직접적으로 침묵에 참여한 여러 가지 경우들이 있었다. 성숙은 아동이 성공적으로 말하게 된 것에 대한 하나의 설명으로서 배제될 수 없다. 크리시가 치료의 도움없이 자발적으로 말하기를 시작한 것인지에 대하여 확인할 수 있는 방법은 없다. 그러나 치료에서 특정 상황에 대한 크리시의 극적인 반응과 이전 개입에 대해 반응성이 결여되었던 점을 고려한다면, 성숙만으로 긍정적 변화를 설명할 수도 없을 것 같다.

선택적 함구증 아동에 대한 평가는 직접적인 언어적 정보가 부족하게 제공되기 때문에 독특한 어려움을 갖는다. 이러한 정보는 아동의 비언어적 행동에서 얻어지는 것처럼 부모의 보고, 학교정보 및 다른 출처로부터 얻어져야 한다. 감정 얼굴, 그림과 놀이 재료들을 창조적으로 활용하는 것은 치료자에게 풍부한 정보를 제공해 줄 수 있다. 최근에 대부분의 행동적 접근법들은 선택적 함구증 아동이 말하는 것을 거절하는 것을, 말을 할 때 강화를 해 주거나 말하기와 비슷해져 가는 것을 조성하는 방식으로 직접적으로 다룬다. 이런 개입방법들은 문제가 있을 수 있는데, 부분적으로 그들이 직접적으로 아동의 침묵을 말하기 때문이다. 침묵을 직접적으로 다루게 되면, 치료자는 아동에게 말하기를 강요하는 메시지를 전달할 수 있다. 이런 시도들은 전형적으로 성공하지 못한다.

비록 선택적 함구증에 대한 많은 행동치료들이 인지적 요소 없이 성공했을지라도, 인지행동적 접근법은 치료를 인지적 개입까지 확장시켜서 아동에게 말하는 것에 대한 그들의 지각을 직접적으로 다룰 수 있게 하였다. 선택적 함구증 아동들은 그들의 침묵이 다른 사람들에게는 분명하지 않다고 생각할 수도 있다. 일부 경우 부모들은 자녀가 무슨 생각을 하고 있는지에 대한 실마리를 제공해 줄 수 있는 관찰을 하고 있을 수도 있다. 만일 치료자가 이런 정보들을 활용한다면, 아동의 지각은 치료자에게 전달된 정보를 통해서 처음부터 이해될 수 있다.

CBPT를 통해서 아동들은 자신의 감정을 보다 적응적으로 다루는 방식을 배우는 것처럼 침묵과 연합된 감정을 이야기할 수 있다. 처음에 이것은 비언어적인 표현(예: 얼굴 표정, 감정 얼굴 그리기)과 언어적으로 이름 붙이기와 관련 있을 수 있다. 치료자는 아동을 위해 시범을 보여 준다. 나중에 아동이 말을 하기 시작한다면, 치료자는 보다 직접적으로 감정을 언어적으로 명명하는 것을 사용할 수 있다.

선택적 함구증은 확실히 복잡한 장애다. 다양한 치료적 접근방법들이 제안될 수 있다. 특정한 접근방법을 선택하는 것은 부모의 협조나 동기와 마찬가지로 아동의 연령, 발달 수준, 함구증의 범위, 침묵의 외현적인 역할, 가족 역동 및 이전 개입방법들을 포함하는 여러 가지 요인들에 따라서 좌우될 수 있다. 다른 선택적 함구증 아동의 치료에 대한 CBPT의 적용 가능성은 현재까지 잘 알려지지 않고 있다. 향후 이 접근법의 사용은 어느 변인들이 CBPT 접근에 가장 적당한지를 결정하는 데 유용할 것이다.

참고문헌

Achenbach, T. M., and Edelbrock, C. (1983). *Manual for the Child Behavior Checkist and Revised Child Behavior Profile*. Burlington, VT: University Associates in Psychiatry.

American Psychiatric Association. (1987). *Diagnostic and Statistical Manual of the Mental Disorders* (3rd ed.). Washington, DC: American Psychiatric Association.

Bandura, A. (1977). *Social Learning Theory*. Englewood Cliffs, NJ: Prentice Hall.

Beck, A. T., and Emery, G. (1985). *Anxiety Disorders and Phobias: A Cognitive Perspective*. New York: Basic Books.

Beck, A. T., Rush, A. J., Shaw, B. F., and Emery, G. (1979). *Cognitive Therapy of Depression*. New York: Guilford.

Bierman, K. L. (1983). Cognitive developmet and clinical interviews with children. In B. B. Lahey and A. Kazdin (Eds.), *Advances in Clinical Child Psychology*, Vol. 6. pp. 217–250. New York: Plenum.

Braswell, L., and Kendall, P. C. (1988). Cognitive–behavioral methods with children. In K. S. Dobson (Ed.), *Handbook of Cognitive Behavior Therapy*. pp. 167–213. New York: Guilford.

Campbell, S. (1990). *Behavior Problems in Preschool Children*. New York: Guilford.

Knell, S. M. (1993). *Cognitive–Behavioral Play Therapy*. Northvale, NJ: Jason Aronson.

Knell, S. M., and Moore, D. J. (1990). Cognitive–behavioral play therapy in the treatment of encopresis. *Journal of Clinical Child Psychology*, *19*, 55–60.

Kolvin, I., and Fundudis, T. (1981). Elective mute children: psychological development and background factors. *Journal of Child Psychiatry*, *22*, 219–232.

Labbe, E. E., and Williamson, D. A. (1984). Behavioral treatment of elective mutism: a review of the literature. *Clinical Psychology Review*, *4*, 273−292.

Masten, A. S., and Braswell, L. (1991). Developmental psychopathology: an integrative framework. In P. R. Martin (Ed.), *Handbook of Behavior Therapy and Psychological Science*. pp. 317−336. New York: Pergamon.

Meichenbaum, D. (1985) *Stress Inoculation Training*. New York: Pergamon.

Richards, C. S., and Hansen, M. K. (1978). A further demonstration of the efficacy of stimulus fading treatment of elective mutism. *Journal of Behavior Therapy and Experimental Psychiatry*, *9*, 57−60.

Williamson, D. A., Sewell, W. R., Sanders, S. H., et al. (1977). The treatment of reluctant speech using contingency management procedures. *Journal of Behavior Therapy and Experimental Psychiatry*, *8*, 151−156.

Wright, H. L. (1968). A clinical study of children who refuse to talk. *Journal of the American Academy of Child Psychiatry*, *7*, 603−617.

7
거꾸로 태어났어요: 융학파 놀이치료

John Allan, Ph.D., & Susan Levin, Ph.D.

지난 25년 동안 아동지도 상담소에서 일하면서, 우리는 심각한 행동장애가 있는 많은 아동들을 치료했다. 부모들은 종종 자녀를 이해하지 못하여 당황하고 자녀의 문제에 대하여 자신을 비난하곤 한다. 이러한 아동들 중 몇몇의 발달력을 자세히 조사해 보면 출생 당시 분명한 외상–분만의 지연과 곤란, 겸자분만, 산소의 과소 또는 과다 사용–이 있었다는 것이 드러난다. 다시 말해서 이런 외상들은 어떤 발달적 기술들을 결합하고 숙달하는 데 부정적인 영향을 끼친다(Blackman, 1989). 안아 주고 먹여 주며 진정시키고 조율하는 것이 고통스러울 정도로 힘이 들고, 아동은 사람과 접촉함으로써 고통을 완화하는 데 충분한 주기(cycle)를 좀처럼 경험하지 못한다. 이 장은 출생 시 외상을 경험한 아동을 치료하는 데 융학파의 접근방법을 기술하고, 치료적 과정을 기술하는 데 핵심적인 이론적 구성개념을 개관한다.

1. 융학파 이론 소개

융(C. G. Jung, 1875-1961)은 스위스 정신과 의사였고, 리비도의 본질에 대한 강한 이론적 입장 차이 때문에 1912년, 즉 프로이트와 관계가 깨지기 전까지는 프로이트 문하에 있었다. 프로이트에게 리비도(libido)는 성적인 것이었으나, 융에게는 마음의 주된 추동은 분리와 성장(그의 용어로는 개별화)이었다. 비록 융이 아동과 직접적으로 작업을 한 적은 없지만, 그의 이론과 치료방법들은 아동에게 적용 가능성이 매우 크다. 왜냐하면 융학파 이론은 정서적 상처를 치유하고, 내적 발달과 내면적 삶에 대한 재구성을 촉진하는 데 상징, 꿈, 창조적 예술 활동 등의 역할을 중시하기 때문이다.

1) 융학파 이론

융은 자신의 이론을 의식적이고 무의식적인 삶과 그 둘 간의 상호작용 혹은 대화의 개념에 기초를 두고 있다. 그는 자아(ego)를 의식의 중심으로 보았고, 자기(self)는 무의식의 중심일 뿐만 아니라 의식과 무의식 모두를 포함하는 마음의 전체 영역(whole circumfernce)으로 보았다. 융학파 이론에 따르면, 무의식은 억압된 기억들과 본능적 추동들(개인적 무의식)로 구성되어 있을 뿐만 아니라, 시간을 거쳐 진화되어 왔고 인간의 경험을 형성하는 부분에서 중요한 역할을 하는 원형적 양상(집단적 무의식)이기도 하다. 사무엘과 동료들에 따르면(Samual et al., 1986), 원형(archetype)은 정신신체적 개념으로 몸과 마음, 본능과 이미지를 연결하는 것이다(p. 26). 원형들은 '출생, 결혼, 모성, 죽음 및 분리와 같은 가장 핵심적이고 보편적인 경험' 들에 대하여 강한 긍정적 또는 부정적 정서의 방출, 심상 및 행동을 이끈다(Samual et al., 1986, p. 26). 자기의 원형은 전체성과 성장을 추구하는, 인간의 마음 안에 있는 핵심적 조직화 원리다.

융에게 마음의 깊은 무의식적 영역은 언어 이전의 상처(preverval wound)에 대한 지식을 저장하고 있을 뿐만 아니라, 그 자체에 치유하고 복구하며 재생성할 수 있는 능력을 지니고 있기도 하다. 치유와 재생성은 치료자가 내담자와 치료적 동맹을 형성하며, 내담자의 꿈과 다른 상징적 산물들을 통해서 드러내는 무의식적 과정들을 쫓아가고 논평할 때 발생한다. 치료적 동맹과 라포를 경험하는 것은 자기치유적 원형을 활성화시킨다. 전이, 역전이 및 상징의 언어를 이해하는 치료자의 기술이 치유를 초래한다. 이런 방식으로 핵심 신념들, 자기에 대한 내적 작동모델, 타인과의 관계에서의 자기(self)는 변화되고 치유된다. 많은 융학파 치료들은 표현을 중심으로 한다. 그 방법으로는 꿈을 기록하기, 놀이하기, 만들기, 행하기, 치료적 용기(theraputic container)의 안전함 속에서 환상들을 상연하기가 있다. 이런 행위들을 통해서 내담자들은 부정적 내사물들을 표현하고 방출하며 새롭고 보다 긍정적인 감정, 정서, 심상, 행동 등을 경험할 수 있게 된다. 그러면 내담자는 새로운 심리내적 삶을 만들기 위하여 이런 경험들을 활용할 수 있게 된다.

2) 간략한 역사

1909년 클라크 대학교에서, 융(1910)은 「아동의 심리적 갈등(Psychic Conflicts in a Child)」이라는 논문을 발표했다. 이 논문에서 그는 한 소녀의 꿈을 기술하면서 아동의 꿈들이 부모와의 심리적 갈등을 어떻게 반영하고 있는지를 제시하였다(그렇게 함으로써, 융은 최초의 체계적 가족치료자가 되었다). 융과 로웬펠드(Lowenfeld)의 문하생인 칼프(Kalff, 1981)는 모래놀이 기법을 발전시켰고, 뉴만(Neumann, 1973)은 아동 발달에서 원형적 영향력에 대한 이해의 폭을 넓혀 주었다. 포드햄(Fordham, 1969)은 융학파와 클라인학파의 개념을 통합하여, 자아가 탈통합(deintegration)과 재통합(reintegration)의 과정을 거치면서 어떻게 구성되는지를 기술했다. 더 최근에 시돌리(Sidoli, 1989)는 엄마/유아 관찰에 대한 세미나를 개최하여, 아동과 성인 분석 둘 다에서 훈련의 장점에 대하여 서술했다. 앨런(Allan, 1988), 앨런과 베토이아(Allan & Bertoia, 1992)는 특히 학교 상담소에서 아동중심 놀이치료의 원리와 융학파의 연구를 결합시켰다.

3) 융학파 놀이치료

모든 공인된 융학파 놀이치료자들은 최소한 4~8년에 걸쳐 자신에 대한 분석을 받은 경험을 갖고 있다. 이것은 결정적으로 중요한데, 그 이유는 융학파 치료자들이 일차적으로 전이-역전이 패러다임에서 작업을 수행하기 때문이다. 자신의 내적 과정의 미묘한 차이(nuance)를 분명하게 보고 들으며 그 차이에 민감해지기 위해서는 개인의 심리 내적 투쟁들을 알고 이해해야만 한다.

대부분의 융학파 치료자들은 전형적으로 잘 갖추어진 놀이실을 사용한다. 인형의 집과 인형들, 미술용 책상과 미술 용품, 두 개의 모래상자(하나에는 젖은 모래가 있고 다른 하나에는 마른 모래가 있는 것), 미니어처 장난감들, 싱크대나 물이 있는 테이블, 젖병, 전화, 손인형, 작은 침대, 블록 쌓기, 건축 활동 및 보드게임 등을 할 수 있는 영역이 있다. 일부 분석가는 아동 내담자가 매 회기 가져오는 특별 장난감을 보관할 수 있는 개별 상자를 활용하기도 한다. 모든 분석가들은 용기(container)의 개념을 불러일으켜서, 그 놀이실이 아동이 '원하는 대로 보다 많이 또는 보다 적게 놀이를 할 수 있는' 자유롭고 보호받을 수 있는 공간이라는 점을 환기시킨다. 그곳에서는 퇴행하기, 의식의 과도한 요구들로부터 벗어나기, 그리고 고통스러운 정동들과 경험들을 표현하고 변형시킬 수 있는 가능성들을 허용한다. 또한 전형적으로 한계를 두어야 할 필요가 있기 전까지 한계를 설정하지 않는다. 융학파 분석가들은 아동들이 고투(struggles) 및 발달과 관련된 놀이 영역으로 나아갈 것이라고 믿는다. 치료자는 그 고투에 대한 정서, 행동 및 의미를 반영하거나 해석하면서 따라간다. 만일 아동이 놀이에서 치료자에게 어떤 역할을 준다면, 치료자는 설명해 달라고 하여('내가 뭘 해야 하니?' '뭐라고 말할까?') 그 역할을 한다. 그러나 치료자는 언제나 아동이 놀이를 하는 의미에 대하여 '분석적 태도'를 유지해야 한다(Allan & Brown, 미발간). 아동들은 주요 문제들이 해결될 때까지 놀이에서 혼동, 고투, 해결의 양상 등을 반복적으로 보이곤 한다.

놀이치료실은 외부 세계의 요구로부터 자유로운 성역(temenos)이 된다. 그러므로 거기서 퇴행이 일어날 수 있으며, 아동이 고통스러운 정동을 표현하고 이해하고 변형시켜 새롭고 보다 건강한 자기(self)가 생기도록 한다. 분석가는 아동이 문제 영역으로 가서 선 대 악의 감정으로 고투하며, 천천히 적절한 숙달과 통제를 발전시키기 시작할 것이라고 믿으면서 아동의 무의식이 드러날 때 그것을 따라간다.

2. 문제와 배경자료

우리가 처음 네 살짜리 미코를 관찰했을 때, 미코는 우리가 일하는 상담소에 있는 놀이터의 주변을 불안하게 재빨리 둘러보고 있었다. 눈 밑이 거무스름했고 문제가 있어 보였으며 불행해 보였다. 그녀가 다른 아이들과 거리를 유지하기 위해서 놀이터를 두리번거릴 때, 그녀는 마치 상상 속의 괴물로부터 도망쳐야만 하는 것처럼 겁에 질려 있었다. 그녀는 실내에서 고도의 과잉행동을 보였다. 미코는 실외에서 그녀의 에너지를 마음대로 사용할 수 있었다. 미코는 악몽을 꾸면서 살고 있는 아이처럼 보였다.

걸음걸이가 이상하기는 했지만, 미코는 신체적으로 정상이었고 튼튼하며 활력이 넘쳤다. 그러나 어린이집의 관계자는 그녀를 특수교육이 필요한 아이로 간주했다. 매우 문제가 되는 것은 미코의 행동적, 정서적 및 관계적 반응성이었다. 미코는 지속적인 분노를 보였고 다른 사람과 난폭하게 접촉하였으며 불안과 과잉행동이 우세했다. 가정에서 그녀는 사소한 일에도 가족에게 자주 오랫동안 짜증을 부리는 경향이 있었다. 또한 밤에는 수면 양상에 장해가 많았다. 미코는 부모 중 한 명이라도 곁에 없으면 잠을 잘 수가 없었다. 그녀는 괴물을 무서워했고 악몽으로 고생했으며, 밤에 잠자리에 오줌을 싸는 경향이 있었다. 새로운 곳은 물론 심지어 친숙한 곳으로 여행을 갈 때도 미코는 불안해 했다. 그녀는 그곳에 자신이 사용할 수 있는 화장실이 있을지 걱정했다.

미코는 약간 특이한 행동을 보였다. 그녀는 집에서 갑자기 소파나 거실바닥에 오줌을 쌌다. 자위행위도 자주 했다. 가정에서나 학교에서 미코는 뚜렷한 이유 없이 옷을 다 벗는 것을 좋아했다. 엄마가 쇼핑을 가서 아빠와 언니들과 함께 집에 있는데, 미코가 텔레비전에 있는 숫자를 가리키더니 달랠 수 없을 정도로 비명을 질렀다. 이 일로 모든 가족이 매우 놀랐다.

학교에서 미코는 특이한 놀이 계열에 가담하곤 했다. 미코는 정장을 입고 신발을 신고, 머리에는 베일을 쓰고 춤을 추고 스카프를 흔들며 혼자 노래를 불렀다. 미코의 정장 입기 놀이는 대부분 혼자 하는 놀이였고, 이따금 혼자 차 대접을 하는 놀이가 포함되기도 했다. 또래들은 미코가 이런 정장 입기 의례를 하도록 그냥 내버려 두는 경향이 있었다.

1) 배경자료

미코는 세 명의 자녀 중 막내였다. 미코는 부모님과 두 명의 언니와 살았다. 언니들은 어떠한 행동적, 정서적 어려움을 보이지 않았다. 부모님들은 교양 있고 진지한 전문가들이었으며, 첫아이가 태어나기 전에 캐나다에서 이민을 왔다. T씨 부부는 각각 공학 분야에서 일하고 미용실을 경영하는 전문적인 일을 계속하면서 자녀들에게 헌신했다.

미코의 어려움은 출생부터 시작되었다. 그녀의 출생은 분만 시의 위험한 곤경, 즉 역아 위치로 인한 외상과 제왕절개 분만으로 인한 충격이 혼재되어 있었다. T부인의 외과의사와 병원 관계자는 분만 당시에 태아가 거꾸로 있는 것을 알지 못했다. 몇 시간이 흐른 후 분만은 위험한 상황이 되었고, 병원 관계자들은 태아가 몇 시간 동안 산도에서 아무런 진전을 보이지 않자 당황했다. 그들이 마지막으로 부른 전문가는 미코가 생명이 위험한 역아 상태라는 것을 재빨리 확인하고 응급 제왕절개를 지시했다. 이런 외과수술이 산모와 미코의 생명을 구했다는 것에는 의심할 여지가 없었지만, 이 복합적 외상은 아기 미코와 부모의 심리적 안녕에 막대한 희생을 초래했다—아무런 성과 없이 몇 시간 동안 압박했고 지쳤으며 산소 공급이 감소되었다.

미코는 일주일 동안 눈을 뜨지 못했다. 우리는 이런 출생 이후의 문제들을 외상적이고 소진적인 출생 경험에 대한 반응이라고 생각한다. 부인은 분만과정에서 탈진한 상태였고 심리적으로는 준비가 잘 되어 있었다고 생각했으나 분만하면서 낙심하게 되었다. 남편은 태어난 아기가 움츠리고 비명 지르는 모습에 거리감을 느꼈고 좌절했다. 엄마와 아동 간의 애착 결속은 힘들었으며 방해받았다.

유아기 때부터 미코는 골격 문제로 인해서 여러 번의 단기 입원을 포함하여 수시로 의학적 검사와 치료를 받았다. 치료 전 부모와의 접수 면접에서 미코가 건강 문제로 고통받고 있는지를 물었더니, 부모님들은 미코가 감기와 독감이 끊이지 않아서 소아과 전문의를 자주 만난다는 것을 아주 오랫동안 상세하게 말했다.

우리가 미코를 치료하기 직전의 여름에, T부부는 미코의 행동 문제에 대하여 어떤 전문가로부터 의학적 처방을 받는 것을 주저하였다. 미코는 리탈린(ritalin)을 복용하고 짜증이 늘어났고, 물기와 같은 반사회적 행동이 강해지는 반응을 보였다. 부모는 즉각적으로 약물을 중단했다. 그 여름이 지난 후에 미코는 다른 전문가가 내린 또 다른 처방에 신체적으로 난폭한 행동을 나타내는 반응을 하였다. 그녀는 명백한 고통으로 흐느껴 울었고 비명을 질렀으며 구토를 했고 심한 설사로 고통을 겪었다. 미코가 어린이집에 다니기 시작한 지 2년이 지났을 때, 미코의 부모님은 정서적으로 소진되었고 거의 절망 상태에 이르렀다. 어린이집의 감독자는 부모에게 우리가 지역 정신건강 상담소에서 제공하는 놀이치료를 받도록 권했는데, 상담소에서 이 장의 제2의 저자(S.L)가 박사과정 수련을 받고 있었다.

T부부는 더 이상 잃을 게 없을 것 같다는 감정을 느꼈고 미코에게 도움이 되기를 바

라면서 치료에 기꺼이 동의했다.

2) 평가 시도

해를 거듭하면서 미코는 수많은 전문가의 평가를 받았다. 각 전문가들은 특정한 문제 영역을 확인했고 거기에 초점을 맞췄다. 적응적 반응의 부족, 정교한 협응 능력의 부족, 짧은 주의 폭, 미성숙한 발달, 과잉행동성 등을 지적했다. 일부 전문가들은 유아기에서 머리 찧기(head banging), 고통에 대한 낮은 반응성, 위험에 대한 분명한 두려움이 없는 것, 비일관적인 눈 접촉, 신경질적이고 반복적으로 놀이를 하는 경향성, 안거나 껴안는 것에 대한 저항 등과 같은 특질들에 대해 당황했다. 이렇게 전문가들을 계속 만나게 한 것은 미코의 행동들을 설명해 주는 전반적인 진단적 스펙트럼을 갖게 했다. 미세 뇌기능 장애(Minimal Brain Dysfunction), 주의력 결핍장애, 학습장애의 사회정서적 측면, 전반적 발달장애, 가벼운 자폐증 등이었다. 이런 용어들 중에서 미코가 보이는 어려움의 전반적인 특징을 부모들에게 만족할 만큼 설명해 주는 것은 없었다. 또한 T부부에게 딸을 도와줄 수 있는 의미 있는 방법을 제안해 주는 전문가도 없었다.

우리가 치료 전 접수상담을 하면서 T부부를 만났을 때 그들의 감정은 격해 있었다. 접수상담 바로 몇 시간 전에 그들은 미코를 또 다른 소아과 전문의에게 데려갔었는데, 그곳에서 미코가 잠재적으로 교정가능하기는 하지만, 퇴행성 골격 문제를 갖고 있다는 것을 알게 되어 아연실색했던 것이다.

미코를 학교에 데려다 주었으나, 그들은 여전히 충격을 받은 상태에 있었고 다리수술이 필요하다는 진단에 대하여 굉장히 속상해 했다. 부모는 이미 불안정하고 정서적으로 취약한 자신의 아이가 심각하고 고통스러운 수술을 받으면 심한 정서적 외상을 입을 수 있다는 것을 인식하고 있었다. 미코가 평생 동안 호흡기 감염에 어려움을 겪을 것이라는 것은 이 진단에 비하면 아무것도 아니었다. 아직 결정되지 않은 수술에 대한 고통과 괴로움 때문에 부모들은 마음이 산란했으나, 딸에 대한 우리의 견해에 대해 쉽게 영향을 받았고 기꺼이 따르려고 했다.

우리는 미코의 어려움과 발달력에 대한 자세한 설명을 듣고서, 부모의 좌절감과 미코의 여러 가지 초기 진단들에 대한 절망감, 상실감 등이 혼재하여 있다는 것을 지각했다. 우리는 그들이 용기를 잃어버린 것이 부모자녀 관계를 복잡하게 만들었다고도 보았다.

초기 진단들은 부모를 좌절하게 만든 한편, 미코에게 명칭을 부여함으로써 안전감을 제공하기도 했다. 그러나 그 진단명은 부모가 딸과 관계를 맺는 방식을 개선하거나 재평가하는 것을 방해했다. 그들은 계속해서 새로운 전문가의 도움과 견해를 찾았다.

우리는 미코가 머리를 찧고 고통에 대한 반응성이 저조한 것이 자폐증으로 판정될 수 있다는 것을 인식하고 있었지만, 일단 정신건강 상담소에서 미코를 여러 차례 관찰했다. 우리는 미코가 수영, 미술, 음악, 놀이 등을 좋아한다는 것을 알게 되었다. 미코의 정서적 및 행동적 어려움이 광범위했지만 미코는 부분적인 문제를 지녔고, 정상적 범위 내에 들어간 적은 없지만 능력이 있는 아이로 간주했다.

사실 그녀는 꽤 영리했고 언어를 잘 구사했으며 능력 있고 창조적인 아이로 보였다. 그러나 우리는 T부부와 이야기하면서 앉아 있는 동안 곰곰이 생각해 보아야만 했다. 무엇보다도 우리는 부모에게 희망을 주고 미코와의 관계를 개선할 수 있도록 이해의 틀을 제공해 주는 평가가 필요하다는 점을 감지했다. 우리는 그들에게 불안의 측면에서 미코의 외현적으로 기이한 행동들을 설명할 수 있다고 제안했다. 우리는 다음과 같이 설명했다. 미코는 아주 어린 나이에 난산, 침투적인 공포 및 의학적 수술로 인한 고통으로 압도당했다. 의사와의 접촉과 병원 방문이 너무나 잦았고 너무나 압도적인 공포와 불안이 유발되었기 때문에, 미코는 그 다음의 건강상의 위기가 오기 이전에 정서적으로 회복할 수 있는 충분한 시간적 여유나 기회를 갖지 못했다. 그녀는 정서적으로 평형 상태를 유지할 수 없었으며 혼자서 이유를 알아내야 했다.

미코가 상담소 놀이터에서 괴물로부터 도망가는 것처럼 보였던 것처럼, 미코는 진짜로 자신의 삶에서 또 다른 예측 불가능하고 소름 끼치는 의학적 수술의 위협에서 벗어나기 위하여 계속해서 노력해야 한다고 느끼고 있음에 틀림없었다.

부모 모두는 딸과의 관계에 대한 시사점들에 대해서는 의도적으로 간과했으나 이런 설명들은 기꺼이 받아들였다. 우리는 그들에게 사전에 불안 수준을 줄일 수 있는 방법, 예컨대 저녁에 미코가 두려워하는 괴물을 그리게 하고, 괴물에 대하여 얘기하는 것을 부모들이 받아 적는 것과 같은 몇 가지 실제적인 방법들을 제시해 주었다. 그런 다음에 그린 그림을 스스로 찢게 함으로써 상징적으로 괴물을 파괴하도록 했다. 보통 융학파 치료에서 부모와 치료자는 치료가 지속되는 동안 아동이 그린 모든 그림과 이야기들을 파일에 모아둔다(Allan & Brown, 미발간). 이런 상황에서는 미코에게 괴물을 파괴할 수 있는 힘을 부여해 주는 것이 중요하다고 생각했다. 왜냐하면 미코는 이미 세부적으로

20회기의 놀이치료를 받은 이후였고, 놀이치료가 수잔의 수련과정의 일부분이었기 때문이었다.

3. 이론적 개념화

우리는 아동의 연령 때문에 일차적 치료방법으로서 놀이치료를 선택했다. 놀이는 아동들의 언어이고 자연스러운 매체이며 표현양식이다. 아동들은 놀이를 통해서 자신들을 치유한다. 놀이는 아동들에게 다양한 발달 과제들과 고투들을 이해하고 숙달할 수 있게 한다. 미코의 발달력은 심한 출생 외상을 시사하며, 우리가 알고 있는 대로 그것은 결속과정(bonding process; Prechtl, 1963)과 안아 주는 동안 유아가 이완을 경험할 수 있게 하는 부모의 능력을 심각하게 손상시킬 수 있다(Allan, 1976). 정신건강 상담소의 또 다른 선문가는 T부부가 미코를 이해하고 다루는 것을 도울 수 있도록 그들과 주 단위로 부부치료를 하였다. 나중에 T부부는 그들의 가족 기원의 문제들을 얘기하기 시작했다. 이 작업방식(또 다른 전문가가 부모를 보는 것)은 아동의 일부 문제가 부모의 미해결된 과제(또는 '그림자' 측면)를 반영할 수 있다는 융학파 이론과 일치한다.

우리의 주요 치료목표는 미코에게 놀이치료실과 치료자(S.L.)를 그녀가 활용하고 싶은 방식으로 활용할 수 있도록 하는 것이다. 우리의 목표는 단순히 아동의 놀이 방향성과 아동이 이끄는 대로 따라가는 것이다. 융학파 이론은 치료에서 아동들이 자신을 어떻게 치유하는지를 알고 있으며, 처음에 자신에게 필요한 곳으로 놀이 활동을 해 나간다고 생각한다(Kalff, 1981). 이런 유형의 아동들에 대한 이전의 경험에 기초하여 우리는 상당히 퇴행적 놀이를 기대했다. 왜냐하면 유아와 언어 이전 발달단계(preverbal stage of developement)에서 상처가 있었기 때문에, 미코가 아기 놀이를 하고 싶어 할 것이며, 여러 가지 양가적 감정들과 행동들(증오와 사랑, 빨기와 물기, 뽀뽀와 치기, 엉망진창으로 만들기와 청소하기 및 퇴행과 진보)을 보일 것으로 기대했다(Levin, 1992). 융학파의 관점에서 치료자의 과제 중 하나는 아동이 양가적 감정을 분리하고 그 분리된 감정들을 개별적으로 느끼도록 하여서, 아동의 자아가 혼합된 정서들의 혼란으로 압도당하지 않도록 돕는 것이다(Nemann, 1973). 이렇게 하기 위해서 우리는 상담소에서 놀이실을 두 개의 부분으로 나누었다. (a) 인형의 집, 말랑한 장난감, 젖병과 아기 침대가 있는 따뜻하고 보송보

송한 카펫이 깔린 영역과 (b) 모래와 개수대, 주방 용품, 건설장비 등이 있고 지저분한 활동을 할 수 있도록 바닥을 비닐로 덮은 영역이다.

치료자의 목표는 놀이를 위하여 자유롭고 보호적인 공간을 제공해 주고, 고통스러운 무의식적 감정과 경험을 의식으로 통합하기 위하여 놀이를 하는 동안 무의식적 과정들에 대하여 논평을 해 주는 것이다. 이런 과정은 아동의 자아가 성장하고 발달하며 자아-자기 축(ego-self axis)을 개방하여서(Allan & Bertoia, 1992; Edinger, 1973), 아동이 진실한 자기감을 가지고 보다 건강하고 적응적인 방식으로 살 수 있도록 해 준다. 이를 위해서 치료자는 아동의 외상과 발달적 고투들을 이해해 주고 놀이에서 표현되는 감정들을 반영해 준다. 나중에 치료자는 자신에 대한 아동의 관계에서 반영되는 전이와 역전이의 문제와 일련의 복잡한 놀이에 대하여 언어적인 해석을 하는 데 초점을 둔다. 효과적인 놀이치료는 아동의 자아가 지나치게 적응적이 되거나 지나치게 사회화되지 않으면서, 내부 세계와 외부 세계 모두의 요구들을 중재할 수 있도록 돕는다.

1) 한계 설정

한계에 대한 우리의 생각은 기본적으로 엑슬린(Axline, 1947)의 권고와 일치한다. 즉, 치료자는 어디서도 수용 가능하지 않은 행동을 견디고 광범위한 정서적 표현들을 격려해 주는 일반적으로 관대한 분위기를 제공한다. 그러나 미코의 정서적 문제와 행동적 문제의 범위와 강도가 너무나 심각했기 때문에, 우리는 보편적인 놀이치료에 부과된 한계들로부터 급선회할 필요를 느꼈다. 관습적인 놀이치료실의 한계의 정도가 미코의 치료에서는 완화되었는데, 그것은 우리의 경험에서 이례적이었다. 한계의 완화는 일반적으로 미코에게 유익했던 것으로 입증되었고, 미코는 놀이치료실에서 대부분의 난폭한 행동들을 처벌받지 않으면서 표현할 수 있다는 신호를 받았다. 우리의 경험으로 놀이실에서 이런 행동들을 허용하자, 정상적인 세계에서 그런 행동 표현은 감소하였다(Allan & Lawton-Speert, 1993).

우리가 치료를 시작하기 전에 알았던 것처럼, 미코는 충동적인 활동과 실제 정서적인 교류로부터 철수되는 경향성을 번갈아 가며 보였다. 이러한 철수적 경향성이 있었기 때문에, 우리는 이렇게 정서적으로 취약한 아동에게 보편적인 놀이치료실의 한계를 부과하는 것은 아이에게 문제가 되는 충동 표현을 방해할 수 있으며, 보다 깊은 정서적 세계로 접근을 차단할 수 있다고 생각했다. 우리가 느끼기에 한계를 채택하고 제시하면 미코는 외부적 통제를 과도하게 받아들이는 위험을 보이고 닫혀 버려서 결과적으로 보다 깊은 감정을 억압할 것 같았다. 이런 믿음들에 기초하여, 관습적인 놀이치료실의 한계를 그대로 두는 것은 치료적인 위험이 너무 크다고 생각했다.

우리는 정서적 혼돈의 위험을 무릅쓰고 그 속에서 평온하게 미코를 만나기로 결정했다. 우리는 놀이치료실 밖에서는 물론 다른 치료적 접근의 놀이치료실에서조차 수용되지 않을 것으로 여겨지는 행동들을 견디어 냈다. 우리는 치료가 시작되기 전에 몇 가지 이상한 행동들, 즉 옷을 다 벗거나 바닥에 오줌을 싸거나 할 것이라고 예상했다. 그리고 미코는 우리를 실망시키지 않았다. 수잔도 치료가 진전되면서 다른 한계들을 완화했다. 게다가 우리는 미코의 이상한 행동들의 빈도가 감소되는 것을, 미코가 부과된 한계들에 순순히 따를 수 있게 되었다기보다 그녀의 정서적 힘이 증대된 진전 때문이라고 확신했다.

우리는 이와 같은 한계에 대한 비정통적인 접근방법이 모든 내담자들, 모든 치료자들, 혹은 대개의 치료 장면에서 적절하지 않다는 것을 인식하고 있다. 우리도 모든 내담자들에게 이와 같이 자유로운 한계를 적용하지 않는다. 그러나 이 사례의 경우 우리에게 관용적인 견지를 유지하는 결정을 내리게 했던 두 가지 특수한 요인들이 있었다. 첫째 요인은 미코의 연령과 체구에 관한 것이었다. 우리는 나이든 아동보다는 미취학 아동들에게 자유로운 지배권을 허용하는 것이 보다 더 적절하다는 것을 알고 있었다. 즉, 필요한 경우에 우리는 아동의 신체적인 폭발을 부드럽게 제재할 수 있다.

두 번째 요인은 수잔이 미코와의 관계에서 느꼈던 신뢰에 관한 것이었다. 수잔은 미코가 드러내는 정서와 어려움이 광범위했음에도 불구하고, 미코에게 정서적 혼란을 통해서 스스로의 길을 찾아갈 수 있는 능력과 힘이 있다고 생각했다.

4. 놀이치료의 과정

미코의 20회기 치료는 세 가지 전반적인 단계로 전개되었다. 시작단계인 1, 2회기에서는 과잉행동과 불안을 지배적으로 보였다. 중간단계인 3~14회기에서는 유아의 측면과 관련된 놀이를 잘 정교화했다. 마지막 단계인 15~20회기에는 유아놀이와 의사놀이를 번갈아 가며 했고 작은 고래 모형이 환자와 친구 역할 모두를 했다.

1) 시작단계: 극단적 성격(polarized personality)

내가(수잔) 미코에게 나 자신을 소개하고, 대기실에서 놀이실까지 복도를 걸어 내려갔을 때, 미코는 "나는 장난감이 필요 없어요."라고 주장했다. 그러나 미코는 첫 번째 회기에서 자신의 성격의 깊고 고통스러운 극단, 즉 과도하게 적응적이고 통제적인 방식과 충동성, 불안, 공격성 및 분노 간의 양 극단을 놀이로 드러내느라 시간 가는 줄 몰랐다.

치료적 놀이실의 목적을 직관적으로 이미 알고 있었던 것처럼 미코는 놀이에 빠져들었다. 그녀는 정확하지만 인위적인 양육자의 목소리 톤을 사용하면서 작은 엄마 역을 상연했다. 모래놀이 상자 옆에 서서 미코는 물, 모래, 찰흙 등을 섞었다. 미코는 나(아이의 역할)에게 다음과 같이 말했다. "네가 좋아하는 아름다운 색깔이 모두 들어간 사랑스러운 수프야. 자, 디노게티와 비스게티가 있는데 다 먹어." 미코는 이전 회기에서 보인 불안한 과잉행동성을 보이면서 부엌일을 하는 시늉을 매우 서두르면서 했고, 명백하게 화를 내면서 나를 위해 요리를 했다.

말하는 속도와 움직임이 신경질적이고 불안한 것에 대하여 나는 그녀에게 의도적으로 거의 말을 하지 않는 반응을 보였다. 나는 미코가 자신을 드러내는 것을 관찰하고 목격하는 것이 중요하다고 느꼈다. 나는 낮고 느린 목소리의 '아이'로서 약간의 언어적 반응만을 전했다. 나의 언어적 반응들은 정서적으로 중립적이었다. 예를 들어, "엄마, 너무 고마워요."라고 말하는 대신에 "여기 내 수프가 있네."라고 말했다. 나는 미코 성격의 피상적인 외층에 대면하고 있음을 느꼈으나, 내가 거짓 자기(false self)의 측면으로 미코를 지각하고 있다는 것을 알리고 싶지 않았다. 나는 분개하는 엄마의 행동 기저에 자리한 것이 무엇인지 궁금했다. 융학파의 용어로, 이것은 '목적론적 접근방법(teleological approach)'이다—놀이와 드라마가 끌고 가는 곳은 어디인가?

이런 미코 성격의 적응적인 측면인 성의 없는 양육자는 이내 처음 회기의 공격성에 대한 출구가 되었다. 미코는 스펀지 공을 물에 흠뻑 적셨고 아이 옷을 물에 적셨으며 내 머리와 무릎에다 그것들을 쥐어짰다. 그런 다음 바닥에 앉아서 수성물감으로 자기 몸의 대부분에 물감 칠을 했다. 그녀는 작은 대야에다 모래와 물을 넣었고 그곳에 발을 담갔다. 회기가 거의 끝날 무렵, 그녀는 그 대야를 던져 바닥은 온통 모래와 물 투성이가 되었고, 그에 대하여 “폭풍”이 “너무나 혼란스럽다”라고 말했다. 이 회기의 끝에서, 나는 미코의 불안과 공격성이 혼합된 폭풍에 의해 압도되는 느낌을 받았다. 미코의 자아도 이런 동일한 정서에 압도당했다는 것에는 의문에 여지가 없었다.

2) 초기 주제: ‘더럽고 더러운 엉망진창(mucky mucky mess)’

미코는 그 후 8회기 동안 시작 무렵 몇 분간은 엉망진창을 만드는 데 집중했다. 놀이실을 사용하는 방식에서 미코는 다음과 같이 알리는 것을 좋아했다. “나는 아주 더럽고 더러운 엉망진창을 만들 거예요!” 미코의 엉망진창은 촉각적이고 절대적이었다. 미코는 매 회기 놀이치료실에 들어와서 바로 옷을 다 벗었다. 그런 다음에 바닥에 오줌을 누었고 매 회기 옷을 벗고 얼마간 시간을 보냈다. 그녀는 자신의 팔, 다리 몸 등에 수성물감으로 칠을 하곤 했다. 때로 바닥에 찰흙을 짓이겼고 이 상징적인 대변에 다시 오줌을 쌌다. 초기 회기에서 미코는 자기 몸에 찰흙을 문지르기도 했으며 나의 손과 옷에 문지르기도 했다. 나는 나에 대한 이 직접적인 ‘더러운’ 분노의 표현을 어머니 상에 대한 투사로 보았고, 부정적인 반응을 하지 않으면서 받아 줘야 할 필요가 있다고 느꼈다. 미코의 회기 동안, 나는 낡은 T셔츠를 입어서 그녀의 행동을 주저함 없이 받아 줄 수 있었다.

어떤 회기에서는 미코는 여러 차례 서서 놀이치료실 바닥에 오줌을 싸기도 했고, 자신이 그렇게 한 성기 부분을 관심 있게 관찰하기도 했다. 자신의 오줌으로 놀이치료실을 엉망으로 만들어 버리는 것에 대한 관심은 성 혼란감 및 불안과 혼재되어 있는 것처럼 보였다. 이런 인상은 나중에 아빠의 다음과 같은 설명으로 확증되었다. 즉, 미코는 세 살 때 남자아이가 오줌을 싸는 것을 본 적이 있는데, 그때 그녀는 자신의 오줌 줄기를 조종하려고 노력했으며 배꼽을 이용해서 그렇게 오줌을 싸고 싶어 했다고 하였다.

엉망을 만드는 것은 미코가 분노, 반항, 긴장의 방출 또는 그냥 내버려 두기 등을 표현하는 데 가치가 있어 보였다. 그녀는 찰흙을 짓이기고 오줌을 누며, 색칠하거나 물이 가득 담긴 플라스틱 대야를 쏟아 버리면서 종종 “엄마가 이걸 보길 바래!”라고 말했다. 엄마가 보기를 바란다고 표현한 그녀의 욕구에 기초하여, 나는 그런 행동들이 미코에게 충격적인 가치가 있으며, 자신의 행동에 대한 나의 중성적인 반응 때문에 일어난 분노를 행동화하려는 욕구가 급격히 감소했다고 추론했다. 그녀가 엉망을 만든 것에 대해 사실적이고 중성적으로 반응할 때마다 미코는 눈에 띄게 거의 즉각적으로 진정되었다.

치료가 진행되면서 미코의 공격적이고 지저분한 놀이의 지속 기간과 강도는 잦아들었다. 물을 엎지르고 이따금씩 오줌을 누는 것에 대한 관심은 유지되었지만, 몸에 찰흙을 문지르거나 물감을 칠하고자 하는 욕구는 감소되었고 거의 다시 나타나지 않았다.

3) 중기단계: 아기의 탄생과 유아적 삶

세 번째 회기 무렵, 미코는 하나의 행동에서 다음 행동으로 훨훨 날아다니는 것 같은 과잉행동 양상이 진정되는 징후를 보였다. 이 회기에서 미코는 향후 12주 동안 자신의 치료를 대표할 수 있는 핵심적 놀이주제를 개시했다. 바로 아기 출생에 관한 주제였다. 처음에 이 주제는 다음과 같이 나타났다. 미코는 놀이치료실에 들어오자마자 즉각적으로 회기를 시작하는 의식이 되어 버린 행동들을 했다. 옷을 벗었고 바닥에 오줌을 누었다. 그런 다음 그녀는 물이 담긴 대야에 몇 개의 장난감을 넣고 놀았고, 자신의 몸에 수성물감 칠을 했으며, 능숙하게 물이 담긴 대야를 뒤엎어서 놀이실의 바닥을 물범벅으로 만들었다. 바닥의 찬물에 젖어 오들오들 떨다가 갑자기 내 무릎 위로 올라오더니 자신을 담요로 둘둘 말아 달라고 청했다. "나는 고치 안에 있는 아기가 되고 싶어요. 아기는 괴물을 무서워하기 때문에 편안하게 웅크리고 있고 싶어 해요. 선생님이 엄마예요." 나는 미코에게 알록달록한 꽃무늬가 있는 이불을 주었다. 그녀는 내 무릎에 착 달라붙었고, 치료 내내 애정을 담아서 '내 꽃무늬 담요'라고 부른 그 이불을 둘둘 말았다.

이 최초의 유아적 페르소나(persona)의 출현으로, 미코는 자신을 유아로, 그리고 치료자를 엄마의 역할로 동일시하기 시작했다.

	대 화	논 평
내담자	네, 그래요, 나는 아기가 될래요. 그리고 아기가 원하는 것은… 이게 아기의 엄마예요.	맥락적으로 미코는 치료자가 엄마가 되어 주기를 바란 것이 분명했다.
치료자	그래.	
내담자	아기가 무슨 일에 대해서 아주 속상해요. 그래서 아기는 빨리 빨리 자러 갔어요.	미코가 출생 직후 일주일 동안 눈을 뜨지 못했던 것을 상기하라.

〈계속〉

치료자	그래, 아기는 무언가 때문에 아주 속상하구나.	나는 미코가 표현한 감정의 강도에 놀랐다. '속상하다' 와 '죽겠다'. 그 직전에 미코는 공포개념에 대해서 소개했다. 나는 그녀가 한 말을 거의 그대로 반영했고, 그녀가 외상적 출생 동안의 죽음과 같은 경험을 반영할 수 있는 이런 어려움과 공포의 감정들을 통해서 미코의 감정들 가까이에 따라가고자 했다.
내담자	뭔가 때문에 아기가 죽었어요.	
치료자	뭔가가 아기를 죽였구나. 그런 이유로 아기가 그렇게 겁먹었구나. 자기가 죽게 될까 봐 무섭구나. 아기는 아주 무서웠어.	
내담자	지금은 엄마랑 있어요. 이젠 더 이상 무섭지 않아요.	고무적인 징후다. 안정감과 안전감은 초기 유아/엄마놀이와 관련된다. 미코의 말은 두려움을 극복할 수 있는 능력을 반영한다.
치료자	이제 아기는 무섭지 않구나.	
내담자	아기는 작은 고치 안에 있어요.	
치료자	모두가 안전하구나.	
내담자	마치 작은 벌레 같아요. 벌레가 편안해요.	
치료자	작은 벌레 같구나. 온통 웅크리고 있네.	
내담자	[웃는다. 아이가 희미하게 적절하게 웅애거리는 소리를 내며 부드럽게 콧노래를 웅얼거린다] 여자아이 소리가 들려요?	미코의 웃음은 보다 고무적이다. 미코는 강한 공포를 표현하는 것에서 즐거움으로 재빨리 이동했다. 소우주에서 나는 다시금 미코가 회복할 수 있는 능력이 있음을 감지했다.
치료자	그래, 그 여자아기가 어떤 소리를 내는 것 같아.	
	[미코는 더 웅애 하며 소리를 낸다]	
치료자	아, 뭔가 들린다.	
[미코가 웅애웅애 한다]		
치료자	아기가 나에게 무슨 말을 하는 걸까? 아기가 나에게 무슨 말을 하지?	

〈계속〉

내담자	멍멍!	
치료자	[속삭이면서] 아기가 엄마에게 무슨 말을 하고 있네.	
내담자	엄마, 엄마!	
치료자	그렇지. 내가 너의 엄마야.	나는 미코를 위해서 빠르게 움직였다. 그녀는 환상과 현실 간의 경계선을 명확히 할 필요가 있었다.
내담자	당신은 진짜 나의 엄마가 아니에요. 내 엄마는 야마 티예요.	
치료자	그래, 맞아.	
내담자	야마 티.	
치료자	음, 그래.	
내담자	그리고 당신은 엄마 시늉을 하는 거예요. 당신은 수잔이에요.	
치료자	그래 맞아. 나는 수잔이고 우리는 엄마놀이를 하고 있는 거야. 그렇지. 그래, 맞아. 너에겐 엄마가 있고 야마 티지. 그리고 지금은 수잔과 미코가 엄마와 아기 놀이를 하고 있는 거지.	나는 미코의 복잡한 감정을 이해하고 있다는 것을 안심시켜 주려고 했다. 즉, 미코의 엄마가 일차적인 애정 대상이고 그 역할을 내가 뺏으려고 하는 것이 아니라는 것이다. 이것이 단지 '놀이'라는 것을 말해 주자 그녀의 긴장은 옅어졌다. 미코는 눈에 띄게 진정되었고 즉각적으로 더 깊은 유아놀이로 들어가서 더 이상 역할을 명료화할 필요가 없었다.
내담자	와! 여기 다시 여자아기가 있어요.	

미코는 자신의 치료자인 내가 엄마 역할을 한다는 것을 명료화하자, 미코는 진지하게 태어나는 놀이를 기꺼이 하였다. 내 무릎에서 태아 자세로 몸을 웅크렸고, 자신의 몸을 '꽃무늬 담요'로 완전히 덮었다. 담요 안에서 그녀는 꿈틀거리면서, 희미하게 응애거리는 소리를 부드럽게 내며 출생 전에 의사소통을 시도한다. 그녀는 담요 아래를 살짝 들여다보더니 "여자아이예요."라고 알려 주었다.

다음 회기(4회기)까지, 미코가 엉망을 만들고 오줌을 누며 색칠하고 물을 엎지르는 것은 나쁜 분노 감정을 '끄집어내는' 시도라는 것이 분명했다. 그리하여 내 무릎에서 따뜻하고 안락한 감정이 혼합되지 않는 방식으로 경험할 수 있었다. 이와 함께, 그곳에서 그녀는 미코의 출생 계열에 대해서 내가 생각해 온 것들을 재상연하기 시작했다. 이 회기에서, 그녀의 출생놀이는 특히 격렬했다. 미코는 내 무릎에서 태아 자세로 웅크리는 것을 반복했고 꽃무늬 담요 속으로 자신을 완전하게 숨겼다. 다시 그녀는 희미하지만 부드럽게 옹애거리는 소리를 내었는데 나는 다음과 같이 반응했다. "뭔가 아주 부드럽고 사랑스러우며 아름다운 소리가 들려. 그 소리는 마치 아름답고 작은 아기의 소리 같아." 천천히 미코는 담요 아래로 작은 손, 팔, 발, 다리 등을 뻗었고, 그런 다음 꽃무늬 자궁으로 철수했다. 때로 그녀는 수줍게 담요를 들어올려서 세상을 조용하게 응시하고 미소지으며 행복해 하기도 했다. 이런 출생 계열을 여러 차례 반복하면서, 미코는 자기가 태어날 때의 역아 자세를 상연하였다. 그녀는 한 발을 뻗치더니 담요 아래로 두 발을 모두 뻗었고 그 다음 다리를 내밀었다. 미코가 담요를 들어올리고 담요 밑에서 나오더니 열띤 목소리로 다음과 같이 알렸다. "아이가 뒤로 나왔어요! 거꾸로 태어났어요!" 미코는 유아 출생놀이를 하면서 대단히 즐거워했다. 미코의 놀이에 대한 언어적 논평은 그녀가 자신의 경험을 분명하게 이해하고 있다는 것을 드러냈다. "나는 엄마 뱃속에 있어요. 아기는 엄마를 좋아해요. 아삭, 아삭, 아삭, 아기가 아삭거리면서 나왔어요." 미코가 의뢰되었을 때의 과잉행동적이고 불안한 행동과 반대로, 출생 계열을 한 이후에 미코는 마치 신생아처럼 평화롭고 방의 여기저기를 둘러보면서 차분하고 만족스럽게 내 무릎에 앉아 있었다. 그녀는 갓 태어난 것처럼 행복해 보였으며, 눈동자가 반짝거렸고 뺨은 불그스름했고 부드럽게 미소를 지었다.

일단 5회기에서 출생 계열을 한 다음, 미코는 회기의 시작 부분에 자신이 물, 모래, 찰흙 등으로 엉망진창을 만들어 놓은 광경을 보았다. 미코는 내 무릎으로 기어올라오더니 자랑스럽게 바라보았다. "내가 더럽고 더럽게 엉망으로 만들었어요." 잔잔한 만족감을 언급함으로써, 아마도 미코는 굉장히 명료하게 앞서 문제가 있는 뒤죽박죽을 조사할 수 있었을 것이다. 혹은 미코가 실제 출생의 혼란에 대해 무의식적으로 언급하는 것일 수도 있으며, 이는 진짜 자신의 성공적인 출생의 어려움을 인식하고 있는 것일 수도 있다. 만일 그렇다면 이전의 엉망진창(뒤죽박죽) 놀이는 보다 깊은 출생 경험으로 몰입하기 위한 필수적인 심리적 전조였을 것이고, 의식적인 삶에 대한 제한들을 상징적으로 해소하는 것이다.

치료자로서 나는 심리학적 산파과정에 깊숙이 참여하고 있다는 것을 느꼈다. 미코와 나는 다시 놀이를 했고 재구성했으며, 초기의 외상적 출생의 결정적인 순간들과 애초에 손상된 모자 결속을 중재했다. 나는 '사랑스러운 작은 아기' 또는 '아름다운 여자아기'의 심리적 산파과정에 깊이 참여하고 있다고 느꼈다. 미코와 나는 가장 초기(정신적 충격을 준 출생과 원형에 결정적인 시기)의 손상된 엄마-유아 결속을 재연하고 재구성하고 재조정했다. 나는 가능한 한 많이 온정적으로 '사랑스러운 조그만 아기' 또는 '아름다운 여자아기'가 생겼다는 것을 반복적으로 인정해 주려고 했다. 미코는 이 놀이에 즐거워했고 개방적이었으며 명료하고 취약했다.

(1) 놀이치료실 밖에서의 진전

정서적, 행동적 진전이 놀이실 밖에서 저절로 생기기 시작했다. T부부는 미코의 행동이 향상되고 처음 여섯 번의 놀이치료 회기를 가진 후에 정서적 회복력을 보인 것에 기뻐했다. 미코는 집에서 전에 없이 더 차분했고 행복해 했다. 그녀는 처음으로 많은 의미 있는 행동들을 성취했다. 부모님들은 미코가 가족과 함께 빵을 굽고 이웃을 방문하며 지역 도서관에서 이야기를 들으면서 아주 좋은 주말을 보냈다고 말했다. 과거에는 미코가 과잉행동적이 되거나 파괴적인 행동으로 악화되기 때문에 한 번도 성공하지 못했거나 즐겁지 않았던 일들이었다. 이러한 문제를 극복하고 난 다음에, 미코는 간헐적으로 집과 교실에서 퇴행된 행동을 보였다. 긍정적인 변화에도 불구하고 미코는 두려움, 불안 및 분노에 압도당할 여지가 있었다.

T부부는 여전히 외과수술의 필요성에 대하여 씨름을 하고 있었다. 특히, 이와 같이 치료에 민감하고 취약한 단계에서 수술이 끼칠 심리적 영향을 걱정하면서, 우리는 부모님을 만나서 미코의 출생놀이에 대한 설명을 해 주었다. 미코의 출생놀이는 심리적 출생과정을 반영했다. 우리는 그녀가 놀이에서 안전하게 태어날 때까지 수술을 지연시키는 것이 그녀가 심리적으로 회복하는 데 중요하다고 설명했다. 만일 전문의가 수술의 지연이 미코의 성장에 해가 되지 않는다고 느낀다면, 놀이 회기의 연속성은 피할 수 없는 수술에 대하여 유일하게 미코를 강화시켜 주는 것으로 작용할 수 있다. 미코의 부모님들은 딸의 심리적 욕구를 이해했고 수용적이었다. 그들은 수술을 무기한 연기할 수 있게 해 줄 전문의를 찾기는 했으나, 그것은 주기적 검사 결과에 따라 좌우되었다. 미코는 계속 놀이치료를 했다.

(2) 보육실로서 치료적 놀이실

미코는 작은 놀이실 안에서 점차적으로 자신을 위한 심리적 집을 창출했다. 놀이치료실은 기본적으로 미코의 보육실이 되었고, 그녀는 신생아로서 점차 상세하게 유아기 삶을 놀이로 표현하기 시작했다. 그녀는 광범위한 유아 욕구, 즉 자기, 먹기, 지저분하게 하기, 씻기, 아기 놀이하기 등을 표현했다.

출생 계열을 놀이한 후에 미코는 담요 고치에서 기어나와서 테이블 근처까지 오는 것을 좋아했다. 테이블에 담요를 펼치고 자신이 덮기 위해서 꽃무늬 담요를 갖고서, '작은 아기' 또는 '작은 여자아이' 를 위한 '작은 침대' 를 만들었다. 미코가 처음으로 유아가 잠을 자는 레퍼토리를 내놓았을 때(3~5회기), 우리는 미코가 이 침대를 얌전히 옮기거나 침대에 몇 초 이상 가만히 누워 있는 것을 어려워한다는 것을 알게 되었다. 우리는 미코가 집에서 잠들기를 힘들게 하는 공포에 대항하여 무의식적으로 투쟁하고 있다는 것에 놀랐다. 시간이 지나면서 이런 활동과 관련된 불안과 긴장은 감소했고, 미코는 아기 침대를 차분하고 재빠르게 만들 수 있었으며, 그 다음 몇 분 동안 가만히 누워 있을 수 있었다. 미코는 종종 불을 꺼달라고 청하기도 했다. 미코는 몇 초에서 1~2분 정도까지 어둠을 참을 수 있게 되었다. 이런 놀이를 하는 동안에 미코는 다음과 같은 질문처럼 들리는 말을 함으로써 안심하고 싶어 했다. "여기에 괴물은 없죠?" 치료자는 다음과 같이 답변했다. "그래. 여기에 괴물이 없고 나쁜 감정도 없지. 이젠 삶이 안전하단다."

미코는 피곤해 하기보다는 신생아로서 자주 배고파 했다. "와와. 가가. 먹을 것을 달라는 말이에요."라고 말했다. 4~10회기에 미코는 모래, 물, 찰흙을 섞어서 숟가락으로 젖병에 떠 넣었다. 미코는 배고프다고 주장하기는 했지만, 젖병 안에 있는 혼합물들을 그다지 탐탁치 않아 했다. 그래서 미코는 그것을 나에게 먹이려고 했다. 물과 모래가 담긴 숟가락을 높이 들어올리면서 말했다. "여기 당신을 위한 멋진 음식이 있어요."

"체리 주스예요." 얼굴 표정으로 미코의 주장을 받아들이기로 결정하고, 나는 처음에 그 음식을 먹었으나 이내 모래 섞인 내용물을 뱉어냈다. "안 돼요!" 미코가 말했다. "먹어야 해요!" 미코는 유아로서, 보다 최근에는 약을 먹어야 하는 것과 관련하여 경험했음에 틀림없는 언어 표현을 하였고 나는 다음과 같이 반응했다. "구역질 나는 음식이야. 네가 좋은 거라고 말은 했지만 맛은 구역질 나. 나는 이걸 먹기 힘들어."

맛없는 음식과 관련된 장면을 놀이하려고 하는 미코의 욕구는 강렬했다. 어떤 경우에 나는 개입을 하여 이런 놀이의 자연스러운 흐름을 깼다. 6회기에서 미코는 신중하게 자신의 점심식사를 위한 식탁을 준비했다. 내가 모래를 먹을 수 없다는 점을 제기하기 전까지 미코는 모래음식을 먹을 준비가 되어 있었다. 그래서 나는 진짜 좋은 음식을 주기로 결정했다. 나는 쌀 케이크 한 조각을 꺼내 주었고 미코는 정말 맛있게 먹었다. 그러나 그 다음엔 쌀 케이크를 모래와 함께 잘게 부수어 젖병에 넣었고, 나머지 시간 동안 그 놀이를 완전히 그만두었다. 심상적으로 나쁜 음식을 경험하고자 하는 그녀의 욕구가 좋은 음식에 대한 현실적 욕구보다 우세했다. 미코의 놀이 시나리오에 현실적인 해결책을 제공함으로써, 나는 심상적 놀이, 상징적이고 심상적인 영역을 방해했다. 그래서 치료적 과정이 중단되었다. 미코는 먹을 수 있는 좋은 물질들에 대한 관심을 자발적으로 보이기 시작했다. 출생 계열 놀이를 반복한 후에(10~15회기) 그녀는 두 개의 젖병에 물을 채웠고, 나의 무릎에 만족스럽게 앉아서 하나를 손에 쥐고서 다른 한 병의 물을 먹었다. 나의 무릎에 앉아서 물이 담긴 젖병을 빨아먹는 미코의 차분함이 15회기에서 너무나 완전하고 유익해서 나는 젖병놀이에서 활용 가능한 사과주스를 주기로 했다. 쌀 케이크를 줌으로써 놀이가 붕괴되었던 것을 회상하면서, 나는 젖병을 찾는 아기가 물을 좋아하는지 주스를 좋아하는지를 주저하면서 물어보았다. 미코는 "물이요."라고 답했으나 나중에 여러 번 선택권을 갖게 된 후에 주스를 달라고 했다. 먹을 수 없는 음식(모래)에서 수용 가능한 물질(물), 맛이 있는 물질(주스)까지 이행은 점차적으로 발생했다. 이 회기부터 치료의 끝까지, 미코는 내 무릎에 꼭 붙어서 병에 주스를 담아 먹는 것을 좋아했고 차분함과 만족스러움의 기분은 15~20분 정도 지속되었다. 유아의 역할에서, 미코는 종종 모래를 사용해서 엉망진창을 만드는 것을 즐겼다. 5회기에서 '태어난' 이후로, 여전히 옷을 벗고 모래상자로 기어올라가서 모래로 덮어 달라고 요청하기도 했다. 그녀는 나에게 젖은 모래를 한 움큼 쥐어 바닥으로 떨어뜨리면서 "응가 같아요!"라고 말했다. 미코는 모래 한 줌을 바닥의 여기저기에 뿌리고 싶어 했다. 나는 이 행동을 제지했는데 모래로 엉망을 만드는 것은 물로 엉망을 만드는 것보다 치우기가 훨씬 더 어렵고, 모래를 뿌리는 위치는 눈과 귀로 들어갈 수 있는 위험이 있기 때문이었다. 내가 그녀에게 모래를 플라스틱 대야에 뿌리도록 전환시키자, 미코는 극단적으로 안절부절못했고 화를 내었다. 그리고 유치원에서의 별명들을 나에게 퍼부었다. "너는 꽝이야! 이 발바닥아!" 내가 아기가 화가 났다는 것을 인정해 주고 "아기가 너무나 화가 나서 엄마를 꽝이야, 발바닥아, 그렇게 부르는구나."라는 말을 반복해 주자 미코는 이완되고 진정되었다.

미코가 유아로서 좋아하는 또 다른 활동은 '특별한 욕조'(플라스틱 물대야)에서 놀이

했던 '아기 목욕' 이었다. 미코는 옷을 벗었고 '목욕을 하기 위해' 대야로 첨벙 들어갔다. 그 다음에 내 무릎 위로 올라와서 자신의 꽃무늬 담요로 감싸면서 일부 출생 관련 놀이를 했다. 미코는 종종 이 계열을 반복했다. 엉망을 만드는 것과 깨끗하게 하는 주제들은 서로 뒤엉켰는데, 미코는 종종 욕조에 앉아서 배에 물감 칠을 하곤 했다. 초기의 엉망진창 활동들을 하게 했던 공격적 충동들로부터 여전히 해방되지 못해서, 미코는 종종 욕조에서 빠져나와서 대야의 물을 뒤엎곤 했다. 때로 그녀는 놀이실을 물바다로 만들기 위해서 회기가 끝날 때까지 기다리기도 했다. 이런 공격적 충동을 지연시키고 자신의 유아적 욕구를 만족시키기 위해서 먼저 물을 사용하는 능력들은 미코의 자아 강도가 증대되었다는 것의 고무적인 징후였다.

미코는 유아 역할을 하면서 놀이를 하는 다양한 방식들을 찾아냈다. 일부 유아놀이 활동들은 상징적 자궁 내에 가만히 있는 것으로 시작했다. 꽃무늬 담요 아래에서 미코는 희미하고 장난스러운 소리를 웅얼거리거나, 담요를 들어서 나에게 살짝 보여 주고 이내 숨어 버리면서 나를 자신의 숨바꼭질 놀이에 가담시켰다.

9회기에서 즐겁고 놀이적인 타결이 이루어졌다. 아기 미코는 자신의 식탁/침대를 인식하였고 매우 안전하고 행복하다는 것을 느꼈다. 미코는 앞뒤로 기분 좋게 몸을 흔들었고, 그것은 아이들이 기는 단계에서 전형적으로 보이는 것이었다. 미코는 몸을 흔들면서 수줍고 희미한 소리에서 보다 거만한 공격적인 소리까지 아기 소리를 내었다. 엄마가 유아에게 할 수 있는 반응처럼 나는 장난스럽게 미코의 소리를 흉내내었다. 미코는 자신의 유아 소리를 조심스럽게 비추어 주는 것을 즐거워했다. 그녀는 이 요란한 게임에서 크게 소리 내어 웃었다. 치료에서 미코가 넘치는 건강함을 드러낸 것은 처음이었다.

미코는 나중에 유아놀이에서 걸음마기 페르소나를 상정했다. 미코는 장난감 선반의 꼭대기로 올라가서 그 높은 곳에서 아기가 혼자서 수선공의 의자에 얼마나 잘 있을 수 있는지를 자랑스럽게 보여 주었다(10회기). 다음 표는 11회기부터의 발췌록이다. 여기서 미코는 유아 페르소나를 확장시켜 처음으로 젖병으로 먹는 활동의 기쁨과 즐거움을 포함시키고 있음을 나타낸다. 내 무릎에 안겨 담요를 말고서 미코는 행복감과 만족감을 느꼈다.

	대 화	논 평
내담자	[노래부른다] 두두두두.	
치료자	전부 다 덮였네.	
내담자	아바바바바.	
치료자	여자아기가 아바바바바바 한다.	
내담자	슈쉬.	
치료자	아기가 슈쉬라고 말했네.	
내담자	아!	
치료자	아!	나는 의도적으로 미코의 소리를 흉내 내거나 반영했다. 엄마가 아이의 소리, 행동놀이를 반영하는 것은 자연스러우며 유아 발달에서 중요한 부분이다. 나는 반영의 역동을 통해서 미코의 유아적 페르소나를 강화시키려고 했다.
내담자	아하하하하!	
치료자	아하하하하!	
내담자	쮸쮸쮸쮸쮸.	미코의 소리는 확실히 유아가 빠는 소리였다.
치료자	쮸쮸쮸쮸쮸. [속삭인다] 아기가 빤다.	미코의 소리에 대한 해석
내담자	나는 꼬마예요.	
치료자	[속삭인다] 아기가 빤다.	
내담자	우유 먹고 싶어.	
치료자	알겠어, 아가야. 내가 먹을 것을 줄게.	
내담자	물이요!	미코는 상상놀이에서조차 영양이 풍부한 음식을 먹을 준비가 되어 있지 않았다. 미코는 다소 중성적인 것을 선택했고, 나는 그녀의 바람에 따랐다.
치료자	알겠어, 나는 물을 줄 건데… 음, 어디냐면…	
내담자	젖병에요.	
치료자	그래. 젖병에.	

다음 회기(12회기)에서 미코는 출생과 먹기 계열 관련 놀이를 한 후에 내 무릎에 앉았고, 유아 페르소나 모습으로 처음으로 협력적 놀이 일부를 개시했다. 미코는 자신이 작은 아기 붓을 잡고 있으면서 나에게는 '엄마의 큰 붓' 을 건넸다. 우리는 다음과 같은 대화를 나누면서 플라스틱 테이블에서 수성물감으로 번갈아 가면서 소용돌이 그림을 그렸다.

	대 화	논 평
내담자	이제 나는 엄마 붓을 멀리 갖다 놓아야 해요. 이젠 아기 차례예요. 왜냐하면 이건 아기 붓이니까요. 이젠 당신 차례예요, 엄마.	미코는 이 활동의 가능한 방향성을 정했다. 나는 미코의 지시에 따르고 엄마의 지시는 지연시키겠다는 것을 나타내는 질문을 했다.
치료자	그래. 너는 엄마가 이 큰 붓을 쓰길 바라니?	
내담자	여기 있어요. 멋진 엄마의 큰 붓이에요.	
치료자	진짜 엄마의 큰 붓이네. 좋아. 엄마는 이제 엄마의 붓으로 칠을 할 거야. 엄마는 무슨 색을 쓸까? 아기가 엄마에게 무슨 색을 쓸 건지 말해 줘.	다시 나는 미코가 책임을 지길 바랐고, 유아 역할의 취약성을 경험하면서 동시에 엄마에게 명령하고 지시하는 것이 안전하다는 것을 경험하기 바랐다.
내담자	[결정하지 못한다]	
치료자	만일 아기가 색의 이름을 알지 못하면 손가락으로 가리키면 돼. 이거?	
내담자	네. 이것은 내가.	
치료자	아기는 이것을 하고 싶어 하는구나.	
내담자	뭘 해야 하는지 알죠— 진짜 크게 칠해요.	
치료자	알겠어.	
내담자	칠해요! 이것으로 해요. 손에 쥐고 칠해요!	
치료자	알겠어.	
내담자	나는 이제 이것을 할래요. 물에 두어요.	

〈계속〉

수잔	좋아.	
내담자	칠해야 해요.	나는 미코가 이 활동들을 열성적으로 지시하는 것을 즐겼다. 미코가 신경질적으로 나에게 '모든 수프'를 먹으라고 명령했던 첫 번째 회기와 달리, 미코는 차분했고 몰입했으며 온정적으로 관계했고 안전감이 느껴졌다.
치료자	알았어. 오, 그래. 멋지다.	
내담자	이제 이것을 먼저 해야 하는데. 이제 그것을 해야 해요.	
치료자	알겠어.	
내담자	그런 다음 내가 해요. 엄마는 그것을 해요. 엄마, 아기가 도와줄게요.	고무적인 징후다. 나는 유아가 엄마에게 보상을 내포하는 '도와준다'라는 말을 썼다는 사실에 주목했다.
치료자	엄마와 아기가 그것을 함께 할 거구나.	
내담자	하고 싶은 대로 해요.	
치료자	으음.	
내담자	엄마는 책상을 칠해요.	
치료자	그래, 우리는 좋은 것을 하고 있지? 책상을 칠하는 것은 좋은 일이야.	
내담자	그래요. 이젠 내 차례죠, 그렇죠?	
치료자	그래.	
내담자	이것은 오래되었고 이것은 새것이에요. 하지만 이것 역시 새 거예요. 그리고 이것을 다른 한쪽에 두어요.	
치료자	오.	
내담자	그리고 붓을 두 개 가지고 칠해요.	미코는 두 개의 붓 기법을 시범 보이는 것을 좋아했다. 표면상으로 여전히 유아였으나 그녀는 여기에서 4세 때의 자기 모습이었다. 그녀는 자랑스럽게 새로운 기술을 시범 보이면서 행복해 했고 안전해 보였다.
치료자	두 개의 붓이라…	

〈계속〉

내담자	이젠 이것으로 해요. 이 두 개 모두를 물에 두세요.	
치료자	음.	
내담자	이제 나는 이것을 다른 곳에 둘래요. 나는 엄마 붓들을 치울 거예요. 이것들은 아기를 위한 거예요. 이것이 아이가 놀려고 하는 거예요.	

미코는 그림을 그리던 것은 그대로 두고 찰흙이 있는 통으로 방향을 바꾸었다. 이런 단편들에서, 미코는 결정하고 결단 내리며 지시하는 능력이 있다는 것을 분명히 보여주었다. 그림 활동에서 엄마와 접촉한 것에 만족해 하면서, 미코는 치료자/엄마 형태와의 접촉을 줄이기로 선택했고 분리 및 개별화의 추동의 부분으로써 다른 놀이 재료들로 관심을 돌렸다.

(3) 전환점

10회기 이후로 치료가 중반으로 접어들면서, 미코의 유치원은 2주 동안 크리스마스 휴일 방학에 들어갔다. 미코에게 이때가 결정적이었던 기간임이 증명되었다. 미코는 유치원이 시작되기 전에 일련의 정형외과적 검사와 골절분석을 하기로 되어 있었다. 과거에는 빈번하게 병원 검사를 했고, 그것이 부분적으로 공포와 불안으로 미코를 압도했다. 미코가 놀이 회기에서 진보를 보였음에도 불구하고, 그녀는 가정과 유치원에서, 여전히 고군분투하였다. 또 다른 의학적 검사들은 여전히 취약한 과정으로 되돌려 놓을 것이라는 위협처럼 느껴졌다. 그럼에도 불구하고 미코가 다리를 심하게 절뚝거렸기 때문에 주치의는 이런 검사들을 곧 시작하자고 했다. T부부는 일련의 검사를 시행하는 며칠 동안 미코가 병원에 입원할 것인지, 아니면 전신마취의 위험을 감수해서 모든 검사들을 한 시간 내에 고통 없이 할 것인지를 놓고 고민했다.

그들은 전신마취를 선택했다. 그러나 빠르고 고통 없이 검사를 수행하는 것의 잠재적 이점은 또 다른 종류의 정서적 안녕감에 대한 외상 가능성에 의해 상쇄되었다. 1년 전에, 미코는 전신마취를 했는데, 회복실에서 깨어나 공포와 격노에 떨면서 거의 한 시간 동안 비명을 질렀다.

나는 미코의 엄마에게 잠재적인 정서적 외상과 좌절을 감소시킬 수 있는 부모의 개입방안을 짜 보도록 자문해 주었다. 나는 부모에게 입원 예정에 대한 일련의 특징들을 그림으로 그려서 미코가 준비할 수 있도록 권했다. 예를 들어, 미코가 곰인형을 안고 병원에 들어가서 친절한 의사가 돌봐 주어 잠을 자며 부모의 따뜻한 품에서 깨어나는 것이다.

바라건대, 이런 그림들은 잠재적으로 외상적인 것들을 시각화하고 통합하는 인지적 틀을 미코에게 제공해 줄 것이다. 스트레스를 받는 순간에 이런 저장된 긍정적인 이미지들은 자신의 공포와 불안을 관리하는 데 도움을 줄 수 있다. T부인은 이런 제안에 열성적으로 반응했고 미코에게 막대사탕을 주는 회복기 그림까지 그려 주었다.

나는 병원에서 부모 두 사람이 특히 미코가 마취에서 깨어났을 때 함께 있어 주는 것이 중요하다고 강조했다. 그 이유는 미코가 신체적으로 너무나 취약한 상태에 있을 때 부모 모두에게 지지받고 있다는 것을 느끼고 싶어 하기 때문이라고 언급했다. 기저하는 이유를 표현하지는 않았지만, 모녀관계의 어려움이 있었던 과거력에 대해 걱정이 되었기 때문이다. 깨어났을 때 미코는 특히 자기와 엄마 사이의 어떤 긴장에 대해서 특별히 취약할 수도 있다. T씨는 이런 역동을 중화하고 미코와 엄마에게 지지를 해 주기 위해서 거기에 있을 필요가 있었다.

T부부의 일련의 그림들은 미코의 병원 생활에 강하고 긍정적인 영향을 끼쳤던 것으로 나타났다. 마취에서 깨어났을 때 미코는 짜증을 부리는 대신에 "내 막대사탕 어디 있어요?"라고 외쳤다. 그들이 회상해 낸 또 다른 단편은, 미코가 '가족 안기(family hug)'를 요청했다는 것이다. 부모는 미코가 자신들에게 매달리면서 회복용 침대에서 모두 부둥켜 안았던 것에 깊은 감명을 받았다.

이 짧은 입원 생활이 심한 정서적 좌절을 촉진할 수도 있었으나, 미코와 부모 모두에게 예기치 않았던 전환점이 되었다. 또 다른 의학과 관련된 외상을 예방하고자 부부가 함께 노력했던 것이 자신들이 진정으로 딸을 도울 수 있다는 것을 느끼게 했다. 게다가 미코가 이 잠재적인 외상을 성공적으로 다뤘다는 것이 부모에게는 미코의 진전에 대한 구체적인 증거로 작용했다. 미코가 전형적으로 보였던 것처럼, 입원 생활로 인해 생기는 퇴행은 최소한으로 보였으며 지연된 방식으로 나타났다. 일주일 동안의 검사 후, 거실바닥에 오줌을 누는 행동이 며칠 동안 계속되었다. 바닥에 오줌을 누는 것은 미코가 감정적으로 압도되었음을 나타내는 것이었고, 자신의 마지막 무기인 오줌으로 도움을 청하는 것이었다. 이런 퇴행은 수일 내에 회복되었다.

(4) 양육으로 전환

입원 생활을 한 이후로, 미코는 놀이치료를 다시 시작했다. 출생, 먹이기, 잠자기, 엉망진창 만들기, 씻기 등과 같은 유아 주제가 다시 나타났으며, 차분함이 늘어났고 열중하면서 놀이를 했다. 입원 이후에 첫 회기(11회기)에서, 미코는 '태어난' 이후에 처음으로 작은 나무로 된 요람으로 기어갔고 그곳에서 젖병을 빨았다. 미코가 테이블/침대 대신에 요람을 사용한 것은 '아기되기'를 경험하는 데 보다 깊게 몰입했음을 반영한 것이었다. 그것은 인형용 요람이기는 했지만 미코에게도 적합했다. 이런 퇴행은 수일 내에 회복되었다. 미코는 그것을 '침대(crib)'라고 칭했는데 후속되는 회기 내내 중요한 관심사가 되었다. '태어나기' 이후에 최초의 '아기 목욕'을 한 다음, 미코는 그 침대에서 머리를 말아 올리는 것을 좋아했고, 인형 담요와 자신의 꽃무늬 담요를 몸에 덮고 물이나 주스가 담긴 젖병을 빨았다. 유아 생활의 주제들에 대한 이런 풍부한 짜임들에 깊게 만족하면서, 미코는 선반에 있는 장난감에게 질문을 하기도 했다. 때때로 자신이 젖병을 빠는 동안 놀이치료실에 있는 유일한 책(동물 그림이 있는 유아용 책)을 읽어 달라고 요청하기도 했다.

(5) 화난 아기

여전히 유아 페르소나 내에서, 미코의 분노는 12회기와 13회기에 표면으로 나오기 시작했다. 미코는 작은 대야에서 목욕놀이를 하겠다고 차분하게 알린 다음 내 무릎에 올라와서 안기고 '태어나기'를 하는 대신에 아주 초조해 했다. 그녀는 모래상자로 다가가서 손으로 모래와 물을 찼고 나에게 물을 뿌렸다. 미코는 여전히 안전부절못했고, 내 무릎에 올라와 등을 대고 누워서 나의 얼굴을 쳐다보았으며, 나의 얼굴, 어깨, 가슴, 배 등에 맹렬하게 발길질을 하기 시작했다. 나는 다음과 같이 말했다. "여기 굉장히 화가 난 아기가 있네." "아기는 엄마를 다치게 하고 싶어서 엄마 배, 엄마 찌찌, 엄마 머리를 차는구나."

미코의 분노는 나에 대한 신뢰의 측면에 집중되어 있었고 격렬했으며, 정서적 돌파구였고 종종 엄마에게 느끼는 분노에 대한 정확한 표현이기도 했다. 나는 순간 발길질을 참아내기로 결정했다. 그러나 나는 부드럽게 미코의 발목을 잡아서 내 몸보다는 손으로 그 발길질을 안전하게 받아들였다.

5분 동안 격렬한 발길질을 하고 난 후에 미코는 기진맥진했고 속상해 했다. 미코의 저항과 분노 밑에 고통이 있다는 것이 분명했다. 치료에서 처음으로 눈물을 흘리면서 그녀가 갑자기 나의 팔을 두르며 구슬프고 애처롭게 말했다. "나는 내 엄마가 필요해요." [T부인을 의미한다는 것이 분명했다]. "젖병 주세요." 나는 "물론 그래야지."라고 말하면서 젖병을 건네주었다. 미코가 젖병으로 진정이 되었을 때, 나는 미코에게 엄마에 대한 분노 감정을 배상(reparation)하는 것으로 연결 지을 수 있는 해석을 해 주려고 했다. 이때 나는 여러 차례 반복한 놀이 은유를 가지고 작업을 했다. "어린 아기가 엄마에게 화를 낼 때조차도 엄마는 여전히 아기를 사랑한단다."

미코는 지금까지 놀이실에서 단순히 놀기만 한 것이 아니다. 그녀는 놀이실에서 살았다. 최근 미코의 성공적인 입원 경험은 정서적 회복을 향한 통로를 형성하고 있음을 시사했다. 그러나 짧지만 격렬한 퇴행이 일어났다. 13회기 이후에 부모는 미코를 데리고 긴 주말 휴가를 갔다. 이런 치료 중단은 최근 상승가도에 있는 미코의 진보에 별로 도움이 되지 못했다. 그러나 미코의 부모들은 미코를 만족시켜 주는 것이 더 중요하다고 느꼈는데, 예정된 수술이 미코를 장기간의 회복 기간 동안 병석에 있게 할 것이라고 생각했기 때문이다. 이 휴가 동안, 미코와 부모의 관계는 이전에는 결코 느끼지 못했던 따뜻하고 성공적인 것이었다. 부모는 미코의 접근 가능성과 반응성에 즐거워했다. 그러나 휴가에서 돌아온 후, 미코는 감염성 질병을 앓았고 유치원 생활을 그리워했다. 휴가와 질병의 호된 시련의 조합으로 인해 미코는 후퇴했다.

3주간 중단되고 난 다음 미코는 14회기에 와서 극단적으로 안절부절못했고 불안해했다. 그녀는 내 무릎에 앉지 않았다. 이내 미코는 선반에 있는 장난감들을 집어던졌고 모래를 손에 쥐고 뿌리려고 했다. 미코가 모래를 뿌리려고 하는 것을 제지했을 때, 미코는 13회기에서처럼 나를 공격했으나 이번 회기에서는 스스로 재빨리 중단했다. 미코는 분명하게 "내가 선생님을 다치게 할까 봐 겁나요."라고 말하면서 나를 피해 모래상자로 올라갔다. 나는 미코가 화난 것이 두렵지 않으며 화가 났어도 나를 다치지 않게 할 수 있다고 반응했다. 그러자 미코는 "그런 말을 들어서 기뻐요!"라고 되받았다. 그런 다음 그녀는 내 무릎에 올라와서 격렬한 발길질을 재개했다. 그 소동에서 미코는 머리로 모래상자를 건드렸는데, 그 작은 박치기는 미코의 깔린 긴장과 슬픔을 방출하는 데 필요한 핑계에 불과했다. 미코는 내 무릎에서 눈물을 터뜨리며 자신의 꽃무늬 담요를 달라고 했다. 드디어 진정되고 집중이 되었고, 미코는 담요에서 살짝 나오더니 혼자서 테이블에 작은 침대를 만들었다. 미코는 분노의 소용돌이로 회기를 시작했으나 현저하게 진정되어 떠났다.

4) 종결단계: 의사, 죽음 및 우정

치료적 관계에서, 그리고 미코의 놀이 주제에서 돌파구는 치료의 마지막 단계의 시작인 16회기에서 두드러지게 나타났다. 미코는 놀이치료실에 들어오면서 행복해 했고 나에게 옷 벗는 것을 도와 달라고 했다. 내가 미코의 신발을 벗겨 주자 내 무릎에 앉았고, 그때 갑자기 내 무릎에서 오줌을 누었다. 처음에 미코는 만족스러워 보였다. 반영을 하면서 미코는 짐짓 걱정스러운 표정을 지으면서 다음과 같이 말했다. "화를 낼까 봐 걱정되요. 아빠는 화를 냈어요."

이전 회기에서 미코는 나에게 "당신에게 오줌을 누고 싶어요."라고 말했지만 실행에 옮기지는 않았다. 이런 예고로 나는 이 행동을 예상했고, 실은 미코가 오줌 누는 것을 시도할지가 궁금하기까지 했다. 내가 미코의 바람을 수행하도록 허용한 결과에 대한 치료적 가능성들이 무엇일까에 대해서도 관심을 가졌다. 그래서 나는 이 행동을 수용하기 전에, 딱 한 번만 이런 치료적 모험이 어떻게 되는지를 알아보기로 결정했다. 나는 미코가 오줌을 누어도 젖지 않는 옷을 입었으며, 진정으로 미코에게 내가 화가 나지 않았다는 것을 안심시켜 줄 수 있었다. 나는 청치마에 오줌이 홍건했어도 크게 놀라지는 않았다.

치료적 위험이 상당한 가치가 있었다는 것이 입증되었다. 미코는 전례 없이 강렬하게 몰입하며 신뢰를 가지고 유아의 삶에 관한 주제의 놀이를 했다. (3회기에서) 유아놀이가 시작된 이래 처음으로, 미코는 출생 계열 놀이를 건너뛰어 곧바로 다른 유아 삶의 측면들의 놀이로 들어갔다. 미코는 자신의 침대로 올라갔고 젖병을 소중하게 다뤘다. 아마도 젖병이 안전하게 전달되었다고 느끼는 것 같았다.

이 중요한 회기에서 미코의 유아적 욕구가 일시적으로 만족되면서, 미코는 갑자기 침대에서 젖병을 두고 나오더니 새롭고 복잡한 주제를 개시하기 시작했다. 그 주제는 미코의 마지막 단계의 전형이 되었다. 미코는 두 개의 작은 동물 모형을 선택했는데, 지난 회기들에서 종종 가지고 놀았던 것으로 물고기 모형과 상어 모형이었다. 상어는 고래와도 비슷했다. 미코는 이 다소 모호한 놀이 재료들에 대하여 우호적으로 지각했다. 미코는 고래 '루' 라고 이름을 지었고 자신을 '고래 의사' 라고 소개했다. 미코는 나를 가리키며 "이리 와서 루가 말하는 것과 고래 노래를 하는 것을 도와주세요."라고 말했다.

의사의 진료 가방을 열면서 미코는 루에게 주사를 맞아야 한다고 말했고 고통을 인식하는 데 자신의 어려움을 반영하는 말을 덧붙였다. "아플 거야. 아프지 않을 거야." 미코는 루에게 주사를 놓고 반창고를 붙여 주는 것을 반복했다. 모든 후속 회기에서 미코는 루에게 주사를 놓은 후에 "이러면 아프지 않아."라고 말하면서 즐겁게 반창고를 붙여 주었다. 미코에게 반창고는 편안함과 위안으로 강력하게 상징화되어 있었다. 이 새롭게 정착된 의사놀이를 통해서, 미코는 자신의 수많았던 침투적이고 고통스러운 의학적 처치들을 통합하기 시작했다.

이렇게 회기가 이어지면서 미코는 보다 깊어지는 데 과감해졌다. 의사의 진료 가방에서 작은 의학 차트를 꺼내어 읽는 시늉을 하면서 여전히 옷을 벗고 있었으나, 전문가적인 자세와 심각한 목소리 어조를 흉내 내었다. 미코는 "루는 죽을 거야."라고 읽었다. 지난 몇 주에 걸쳐 집에서 미코는 가족에게 자신이 죽었다며 자주 바닥에 눕곤 했다. 이 반복적인 죽음놀이에 고통스러워 하면서 T부부는 치료에서 이 주제를 탐색해 달라고 부탁했다. 그러나 미코가 이 강력한 주제를 스스로 개시할 때까지 기다려 주는 것이 매우 중요했다.

차트를 읽어 루에게 나쁜 소식을 전해 준 다음, 미코는 재빠르게 나를 흘끗 보며 내 목소리를 흉내 내면서 "루, 이것을 다룰 수 있나요?"라고 물었다. 그렇게 그녀는 그 소식에 대한 놀라움과 두려움을 표현했다. 잠시 후에 나는 루를 통해서 해석을 해 주었다. "내가 아기 고래였을 때 의사들이 항상 나를 아프게 했어. 지금에서야 나는 의사들이 나를 도와주려고 했다는 것을 알게 되었어. 하지만 그땐 알지 못했어. 나는 그들이 나를 죽이려고 한다고 생각했거든. 그게 무서웠어." 나는 단지 죽음을 인정하고 기다려 줘야 했다. "루는 죽는다."

16, 17회기에서 미코가 의사로서 죽음의 주제를 제기했을 때, 나는 이와 같은 성급한 해석을 하는 것을 억제했다. 미코는 두려움과 혼란이 내포되어 있는 그 주제를 스스로 탐색할 수 있었다. "너는 상처를 입었기 때문에 죽을 거야." "죽을 때 느낌은 없을 거야. 죽을 때는 그런 거야." "루가 죽으면 그녀는 아플 거야." 미코는 루에게 끔찍한 소식을 전했다. "너의 엄마가 죽었어." "의사들이 너를 죽일 거야."

죽음에 대한 언급과 동시에 긍정적이고 희망적인 요소가 나타났고 이 실존적 문제에 대한 해결책을 찾기조차 했다. "네가 죽을 때 내가 너를 도와줄게. 그리고 반창고를 줄게. 그러면 훨씬 나아질 거야." 작은 물고기를 포함시켜 고래와 놀이를 했고, 미코는 루에게 다음과 같이 말했다. "너는 죽게 될 거야, 루. 왜냐하면 상처를 입었기 때문이야. 너의 친구가 너를 도와줄 거야." 작은 물고기가 도착하자 미코는 다음과 같이 말했다. "루, 더 이상 죽음은 없어." 미코는 두려움을 버텨내길 바라면서 루에게 우정뿐만 아니라 반창고도 주었다.

점차적으로 치유와 회복에 대한 언급이 나타났다. 주사를 놓은 후에 반창고를 붙이는 것은 '특별 치료' 또는 '놀라움'으로 고정적으로 기술되었다. 미코는 루에게 말했다. "너는 나았어." 그녀가 더 낫게 해 주었다고 루를 안심시켰다. 동시에 미코는 루를 훨씬 더 낫게 했는지를 확신하지 못했다. 루의 상태에 대한 불안이 지속되었다. 여러 번 루를 진료하는 것을 통해서, 미코는 루에게 희망과 두려움이 뒤섞인 질문을 했다. "괜찮니?" "지금 훨씬 좋아졌니, 루?"

이런 마지막 다섯 회기에서 미코는 두 개의 잘 정의된 주제들을 교대로 놀이했다. 즉, 미코는 유아로서 유아적 욕구의 만족을 상연하는 놀이와 고래의 의사로서 고통, 공포, 안도 및 우정을 반영하는 놀이를 번갈아 가며 했다. 어떤 회기에서 미코는 이런 두 가지 종류의 놀이를 편안하게 번갈아가며 했다. 이 단계에서, 놀이실에 들어가면서 미코는 전형적으로 다음과 같이 알렸다. "나는 아기가 될래요!" 그러나 선반에 있는 루가 보이자마자 미코는 루의 상처에 반창고를 붙여 주었다. 나중에 내 무릎에 웅크리고 누워서 젖병에 담긴 주스를 빨고 있었는데, 그렇게 먹는 동안에 고래를 움켜쥐어 그것을 자신의 전이 대상으로 통합했다. 얼마 동안 주스를 먹은 후에 미코는 내 무릎에 뛰어내려와 루에게 주사를 놓고 반창고를 붙이는 치료를 진행했고, 이런 일련의 행동을 여러 차례 반복하기도 했다.

17회기가 시작할 때 나는 미코에게 우리는 앞으로 네 번 더 놀이 시간을 가진 다음에 끝낼 것이라고 알렸다. 종결에 대한 저항은 일어나지 않았다. 오히려 미코는 더 강렬하게 긍정적인 놀이에 빠져들었다.

고래와 의사놀이가 이전의 유아놀이에 밀려나지 않았다. 유아적 삶의 시나리오들은 마지막 단계에서도 계속되었다. 유아놀이들은 두드려졌고 고래와 의사놀이와 함께 규칙적으로 반복되었다. 미코는 유아 역할과 의사 역할을 왔다 갔다 하면서 놀이했다. 한 역할에서 미코는 취약성과 필요로 하는 것들을 의인화했고, 다른 역할에서는 통제력과 대행자 및 권위를 의인화했다. 미코는 유아적 삶을 재경험하면서 퇴행하는 것을 즐거워했다. 의사의 진료 가방과 고래를 가지고서, 미코는 현재 삶에서 경험하는 것과 관련된 주제들(의사 방문하기, 이런 방문들이 수반하는 모든 것들과 연합된 두려움, 고통, 죽음 및 평안의 욕구)을 상징적으로 제기했다. 미코는 현재의 걱정거리들을 직접적으로 다룰 수 있는 심리적 힘을 끌어내는 정서적 자양분으로서 유아의 삶으로 퇴각하는 것을 활용하는 것처럼 보였다.

마지막 회기에서 마지막 몇 분 동안 미코는 의사놀이를 던져 버리고 놀이치료실 벽에 크게 자주색으로 수채화 벽화를 그리는 활동에 몰입했다. 미코는 벽에 고래를 그렸는데 그것은 무의식적으로 건강함이 늘어나고 있다는 상징으로 보였다. 그림에 그렸듯이, 그녀는 유아 역할을 보유하고 있었다. 그러나 미코는 보다 자신감 있고 성숙하며, 모성의 형태인 치료자와 협력적으로 그림을 그릴 수 있는 아기였다. 벽화에는 치료 기간 동안 나타났던 여러 가지 주제와 활동들이 집약되어 있었다. 즉, 미코가 물감 칠과 엉망진창을 좋아했던 것, 유아 역할에 몰입, 고래와 관련된 주제들의 요약이었다. 그런 측면에서 벽화는 치료의 창조적인 종결로 적합해 보였다. 그렇지만 놀이실을 떠나기 전에, 미코는 유아적 삶을 마지막으로 시도했다. 벽화를 마치고 아기 의자에 앉아서 작은 컵에 주스를 홀짝홀짝 마셨다. 주스의 마지막 방울을 홀짝 마시는 것이, 미코는 놀이실 밖으로 모험을 떠날 때 마지막으로 상징적 자양분을 꿀꺽 마시기를 원했던 의미로 보였다.

5. 결과 및 추수

16회기 이래로 놀이치료실 밖에서 중요하고 지속적인 향상의 증거들이 누적되었다. 유치원에서 갑작스럽게 친구들이 미코를 찾기 시작했다. 남자애들과 여자애들이 놀이에서 미코를 친구로 찾았고, 미코는 '여자애들과 같이 놀기 위해서 유치원에 가는 것'에 대하여 신나게 얘기하기 시작했다. 가정에서 미코는 전에 없이 차분한 상태로 부모와 언니들과 관계를 맺었다. 가족은 미코를 둘러싸고 일어나는 사건에 대하여 느리고 신중하게 설명해 주는 새로운 의사소통 전략을 채택했다. 가족의 창조적인 노력은 미코를 진정시켰고 집중할 수 있게 했다. 미코의 불안은 감소했다. 가족이 사건들을 설명하는 데 사용한 그 단순한 절차들은 미코에게 긍정적인 언어적 의사소통을 하면서 가족성원들과의 관계를 재형성하게 하는 부가적인 이득을 가져왔다.

마지막 회기 직전에, 부모들은 최근 가정에서 보이는 미코의 진보에 대한 내용을 자세하고도 길게 편지를 써서 유치원에 보냈다. 일부 미코의 성취 중에는 연령에 적절하게 중요한 것이 포함되었는데, 예를 들어 스스로 옷을 입고 양치질을 하며 가위를 사용하는 것이었다. T부부는 아이들과 음식점에 가서 그곳에서 미코가 차분하게 먹고 자매들과 즐겁게 놀이를 하는 등 정상적으로 가족 외식을 하게 된 것에 대해서도 즐거워했다. 부모들은 마치 미코의 뇌가 아주 명석하고 효과적으로 작동하기 시작한 것처럼 느껴진다고 보고했다.

우리의 관점에서 보자면, 미코는 놀이치료를 통해서 점차적으로 힘과 고요한 작은 섬들을 형성하였다. 특히, 유아 경험으로 퇴행한 것과 출생을 반복적으로 상연한 것은 미코 자신의 출생을 둘러싼 외상들을 중재하고 좌절된 유아적 욕구들을 만족시키는 데 유용했다. 치료자와의 관계를 통해서 미코는 신뢰와 사랑을 경험하는 것에 대한 불안과 공격성과 관련된 지저분하고 무서운 정서들을 훈습했다. 미코는 퇴행적 놀이를 통해서 강해졌고, 궁극적으로 현재 의학적 치료와 죽음, 우정과 회복과 관련된 주요한 걱정들을 묘사할 수 있게 되었다.

이 단계에서 미코의 수술이 막 끝났기 때문에 추수는 불가능했다. 그러나 어떤 예기치 못한 문제들이 없는 한, 우리는 다른 사례에서 보아 왔던 것처럼 미코가 장기적인 진보를 계속할 것이라고 기대한다.

6. 논의

질문해야 했던 것들은 다음과 같다. 왜 미코는 이런 방식으로 놀이하는가? 왜 미코는 옷을 벗고 바닥에 오줌을 싸며, 담요로 자신을 감싸고 반복적으로 '태어나는' 놀이를 하는가? 융학파의 시각에서 보면, 우리는 치료적 동맹과 전이관계가 미코의 자기치유적 원형들을 활성화시켰고, 그녀는 자신의 놀이에서 '자신이 가야 할 필요가 있는 곳'으로 갔다고 주장한다. 즉, 미코는 상징적으로 자신이 외상을 입었던 장소에 자신에게 상처를 준 사람, 또는 그녀가 "자신을 죽이려고 한다."고까지 말한 의사들과 병원 관계자들에게로 갔다. – 곧, 출생 장면으로 간 것이다. 우리의 경험에서 보면, 외상적 출생을 경험한 아동들이 누군가 또는 뭔가가 자신들을 죽이려고 했다고 느끼는 것은 이상한 일이 아니다. 왜냐하면 난산 동안 신체적 압박과 산소 부족으로 생명의 위협을 느끼기 때문이다. 이런 아동들이 스스로를 치유하기 위해서, 우리는 아동들이 이런 '나쁜, 이상한 감정들'을 외현화해야만 하고, 문자 그대로 그 감정들을 치료실과 치료자에게로 던져 버려야 한다는 점에 주목했다. 그들은 자주 치료자에게 상처를 주고 죽이려고 하며, 자신들이 삶에서 느끼는 그대로 엉망을 만들고 치료자를 엉망으로 만들고자 한다.

삶의 이른 초기에 크게 외상을 당하면, 아동들은 종종 놀이치료에서 옷을 벗으려 한다. 마찬가지로 아동들이 너무 일찍 또는 과도하게 엄격하게 대소변 훈련을 받았다고 느끼면, 그들은 놀이실에서 오줌을 싸고 싶어 하고 치료자를 훈육하거나 처벌하고자 한다. 융학파 놀이치료자에게 이런 활동들은 단지 공격성 행동화(acting out)의 반영일 뿐만 아니라 스스로를 치유하기 위한 자기생성 추동(self-generating drive)의 일부이기도 하다. 미코는 이런 외상들을 숙달하거나 꼭대기까지 올라갈 필요가 있었다. 미코는 출생 경험을 수정하기 위해서 알몸이 되어야 할 필요가 있었다. 마찬가지로, 미코는 충분할 때까지 자신만의 방식으로 오줌 누는 것이 필요했다. 그렇게 하면 그녀 스스로 충동을 조절하고, 오줌을 누는 자신만의 시간감각(timing)과 자기 몸에 대한 통제감을 갖고 있다고 느끼게 된다(여기서 우리는 치료실에서의 활동을 언급하는 것이고, 정상적으로 제한하고 통제하는 것이 필요한 학교와 가정에서는 아니다).

융의 심리학은 목적론적 심리학으로, 그는 무의식이 이끄는 곳과 그것이 어떻게 전개되는지에 관심을 가졌다. 융학파 놀이치료자에게, 한두 번의 놀이 회기에서 발생하는 일은 심상이나 환상 또는 행동이 변형되거나 형성되는 것만큼 중요하지는 않다. 심오한 행위화 행동에 대한 우리의 경험들은, 이런 아동들이 진정으로 퇴행하면 그 퇴행과 함께 훨씬 더 건강한 행동과 새로운 기술들이 출현하다는 것을 알려 준다. 이 이론적 토대를 가지고 치료자는 아동의 과정을 신뢰하게 된다. 그 과정이 종종 고통을 초래하지만 그것은 참된 치유가 일어나기 위해서 필수적이고 필요한 것이다. 이것은 융학파 치료자가 아동이 원하는 것이라면 무엇이든지 하도록 허용한다는 것을 의미하는 것은 아니다. 역전이 경험을 사용함으로써(예: 치료자 자신의 신체적 감각들), 치료자는 그만둘 때와 한계를 두어야 할 필요가 있을 때, 또는 행위화 행동을 전환해야 할 필요가 있을 때를 알게 된다. 우리는 미코가 매번 퇴행과 함께 친밀성 및 신뢰의 영역에서, 그리고 유아기에서 걸음마기 및 학령 전기까지 다양한 발달 영역에서 재작업하는 데 상응하는 진보를 보였다는 점에 주목했다. 미코는 출생을 둘러싼 억압되고 고통스러운 정서들을 자의식으로 표현하고 방출하며 통합하였기에 자아와 자기 간에 보다 융통성 있는 관계를 수립했다. 이것이 다른 발달 외상들, 예를 들어 의사를 만나고 병원을 수시로 다니는 것과 관련된 보다 긴 놀이 계열을 발전시켰다. 여기서 그녀는 죽음에 대한 공포, 의사-아동 및 모-자관계에서 상처입고 치유되며 보살펴지고 보상받는 것 등의 혼란들을 언어적으로 표현했다. 융학파 입장에서 보면, 이런 발달적 이야기와 놀이 시나리오들을 무의식적으로 조화롭게 편성하게 하는 것이 자기의 원형이며, 만일 충분히 표현된다면 그것이 치유를 가져온다고 본다.

미코 치료에 대한 논의를 할 때 놀이치료에서 그녀가 보인 주된 특징의 맥락을 고려해야 한다. 태내기와 주산기 의식(consciousness)을 탐색해 온 이론가들과 치료자들은 성인기의 정서적 어려움을 야기하는 것으로, 태내기 경험과 출생 외상의 영향에 초점을 둔다(Janov, 1983; Prechtl, 1963; Rank, 1929; Verny & Kelly, 1977). 우리는 아동 심리치료 문헌에서 아동의 외상적 출생 경험이 증상을 평가하고 치료하는 데 매우 중요하다고 생각하는 설명이 단지 두 개에 불과하다는 것을 알게 되었다(Piontelli, 1988; Van Zyl, 1977). 놀이치료 문헌을 개관해 보았더니, 반 질과 피온텔리의 연구를 포함하여 아동 놀이치료에서 말 그대로 출생을 재상연하는 것으로 생각되는 사례에 대한 설명은 전혀 없었다.

남아프리카의 놀이치료자인 반 질(Van Zyl, 1977)은 강한 출생 외상으로 고통받는 4세 6개월 된 과잉행동적 소년을 치료했다. 놀이치료를 하면서 질식과 차단의 주제(소년의 난산의 측면이었던)가 모래놀이 상자 내에서 차량들과 함께 반복적으로 나타났다.

이탈리아 분석가 피온텔리(Piontelli, 1988)는 한 소녀를 장기치료했는데, 그 소녀는 태어날 때 탯줄이 목을 너무 꽉 감아서 그 압력으로 눈이 튀어나오게 되었다. 그 아이는 처음에 치료실에서 무거운 사슬을 목에 감고 기어다녔다. 피온텔리의 설명으로 추측해 보자면, 그 아동은 언어적이고 분석적인 기반을 가진 치료에서 좋은 진전을 보였다. 그러나 당시 그 소녀에 대하여 원인도 알 수 없고 희망도 없다는 점을 고려하면서, 치료자는 소녀의 문제에 대한 궁극적인 해결책에 대해서는 공개적으로 비관적이었다(Piontelli, 1988, p. 76). 게다가 치료자는 그 아이가 언제나 그랬고 여전히 자신의 해석적 작업에 너무 반응이 적다고 말하기도 했다(Piontelli, 1988, p. 79).

우리는 치료가 힘들고 좌절스러운 국면에 도달하는 것은 역전이 문제 때문이며, 치료적 장소에서 과도하게 언어적으로 상호작용하고 언어적 해석을 하기 때문이라고 주장한다. 반면, 놀이치료의 강점은 놀이 재료들과 상징적 활동들을 통해 아동에게 보다 깊은 자기치유적 자원들을 건드리게 하는 데 있다.

출생의 외상이 그렇게 강렬한 이유 중의 하나는 정보를 처리하고 이해하며 정서적인 방어를 하는 데 필요한 언어적, 인지적 능력들이 발달되기 전까지 출생이 유아에게 오랫동안 영향을 미치기 때문이다. 결과적으로 출생 외상이 있는 아동을 위한 치료에서는 이런 요인들이 설명되고, 아동의 마음 깊은 곳에서 일어난 손상을 치료해야 한다고 생각한다. 미코와 같은 아동들을 치료하는 경험을 통해서 우리가 배운 것처럼, 융학파 놀이치료는 출생 외상에서 기인된 어려움을 갖는 아동들에게 효과적인 잠재성을 갖고 있다. 놀이는 이런 아동들에게 접근할 수 있고, 필요하다면 이런 주요한 경험을 재상연할 수 있는 상징적 자원들을 제공해 준다.

우리는 미코의 치료과정에서 책임을 지는 것은 치료자의 선택이 아니라 미코의 깊은 무의식 또는 원형적 선택이라는 점을 인정한다. 그럼에도 불구하고 미코가 자유롭게 자신의 회복의 소재들을 선택하고 퇴행의 깊이를 경험할 수 있는 환경에서 다뤄지지 않았기 때문에, 그녀의 치료적 경험이 얼마나 깊이가 있었는지는 의문이다.

우리가 치료한 모든 아동은 치료자이며 한 개인인 우리에게 무언가를 가르쳐 준다. 우리가 미코로부터 배운 것은, 무엇보다도 놀이치료 과정에서 깊이 있게 작업하는 것이 가능하다는 것이었다. 우리는 행동 한계를 완화함으로써, 긍정적인 치료적 이득을 만들어 낼 수 있다는 것을 알게 되었다. 미코는 우리에게 융학파 접근방법이 출생 외상이 있는 아동들에게 적절한 치료적 경험을 주는 환경을 제공한다는 점을 명확히 해 주었다. 아동은 이러한 퇴행을 위해서 이런 환경을 사용하는 것을 선택할 수 있어야 하고, 놀이치료는 어린 아동에게 근본적인 치료를 위한 환경을 제공해야 한다.

미코는 너무나 즐겁게 출생에서 젖병으로, 아이 목욕에서 엉망진창으로, 침대에서 유아 놀이 등으로 진행해 나갔다. 우리가 두 번째로 배운 것은 놀이치료가 단순성에서는 '놀이' 이상이고, 복잡성에서는 '치료' 이상이라는 점이다. 미코는 단순히 두려움들, 괴물들, 아기, 유아, 죽음 또는 살해의 주제들을 놀이한 것이 아니었다. 그녀는 그것들을 충분히 살려냈다. 그래서 우리는 미코를 통해서 어린 유치원 아동을 위한 놀이치료는 놀이치료 안에 모든 것이 충분한 삶의 과정이 있다는 것을 알게 되었다

세 번째로 미코가 우리에게 가르쳐 준 것은 네 살짜리 아동의 감정 강도에 대한 것이었다. 치료적 삶의 과정에서 미코는 자신의 감정을 경험하게 될 때 결코 뒤로 물러나지 않았다. 성인의 인지적 방어의 의심스러운 안전성 견지에서, 우리는 미코가 위협을 덜 느끼

고, 모든 깊이와 강도 면에서 즐거움, 분노, 기쁨 등을 느끼는 것을 감탄하며 지켜보았다. 우리가 미코의 놀이를 지켜보면서 자주 떠올랐던 문구는 '작은 사람, 큰 감정(little people big feeling)' 이었다. 미취학 아동의 강도와 깊이, 존엄을 과소평가해서는 안 된다.

마지막으로 미코가 우리에게 가르쳐 준 것은 신뢰와 용기 간의 상호관련성에 대한 것이었다. 미코는 내현적으로 치료적 관계를 신뢰했고 그 관계의 한계를 계속해서 시험했다. 미코는 가장 문제가 되는 옷을 다 벗고 바닥에 오줌을 누는 행동을 통해서, 기꺼이 자신의 난폭함과 화, 나쁜 감정들을 표현하면서 계속해서 우리를 시험했고 우리와 싸우면서 상당한 용기를 가지고 도움을 요청했다.

이 과정에서 우리 자신이 배운 것은 책의 한 장을 채울 수 있을 정도다. 우리는 미코를 치료하는 당시에 혼돈의 위험을 무릅써야 하는 것에 당황하였고 미코의 강한 분노를 수용하는 것에 어려움을 느끼기도 했다. 미코처럼 우리가 자신에게 배운 것은 모험을 감수해 보는 것이었다. 우리가 미코를 위해 경계들을 완화시키고 그녀가 퇴행할 수 있도록 해 주며 내면의 정서적 혼돈의 폭풍에 직면하도록 함으로써, 우리는 우리 자신이 정서적으로 경험하는 것들의 경계들이 완화되는 것을 알게 되었다. 폭풍을 통해서 강한 핵심이 미코에게 전달되었다. 우리는 미코의 과정을 견디어 주기도 했고 강화시키기도 했다. 미코의 사례를 따라가면서 우리가 발견한 것은 우리 역시 새로운 정서적 샘을 찾아 모험을 감수하는 용기를 갖게 되었다는 것이다. 우리는 치료자로서 융학파 놀이치료 장면에서 아동이 출생 외상을 훈습하도록 하는 방법을 경험했다는 것에 보다 많은 자신감을 느낀다. 우리는 개인으로서 이러한 영적이고 용감한 아이를 알게 되었다는 것을 소중하게 여긴다.

참고문헌

Allan, J. (1976). Identification and treatment of difficult babies. *Canadian Nurse, 72*, 11–16.

Allan, J. (1988). *Inscapes of the Child's World: Jungian Counseling in Schools and Clinics.* Dallas, TX: Spring Publications.

Allan, J., and Berry, P. (1987). Sandplay. *Elementary School Guidance and Counseling, 21*, 300–306.

Allan, J., and Bertoia, J. (1992). *Written Paths to Healing: Education and Jungian Child Counseling*. Dallas, TX: Spring Publications.

Allan, J., and Brown, K. (in press). Jungian play therapy in the schools. *Elementary School Guidance Counseling*.

Allan, J., and Lawton-Speert, S. (1993). The play psychotherapy of a profoundly sexually abused incest victim. *International Journal of Play Therapy 2*.

Axline, V. (1947). *Play Therapy*. Boston, MA: Houghton Mifflin.

Blackman. J. A. (1989). The relationship between inadequate oxygenation of the brain at birth and developmental outcome. *Topics in Early Childhood Special Education, 9*, 1-13.

Edinger, E. (1973). *Ego and Archetype*. Baltimore, MD: Penguin.

Fordham, M. (1969). *Children as Individuals*. London: Hodder & Stoughton.

Janov, A. (1983). *Imprints: The Life Long Effects of the Birth Experience*. New York: Coward-McCann.

Jung, C. G. (1910). Psychic conflicts in a child. *The Collected Works of C. G. Jung*. Vol. 17. In H. Read, M. Fordham, and A. Adler (Eds.), *The Development of the Personality*. pp. 1-37. Princeton, NJ: Princeton University Press.

Kalff, D. (1981). *Sandplay*. Boston, MA: Sigo.

Levin, S. (1992). Thematic transformations in play therapy. Unpublished doctoral dissertation, University of British Columbia, Vancouver, Canada.

Neumann, E. (1973). *The Child: Structure and Dynamics of the Nascent Personality*. New York: A. P. Putnams.

Piontelli, A. (1988). Pre-natal life and birth as reflected in the analysis of two-year-old psychotic girl. *International Review of Psycho-Analysis, 15*, 73-81.

Prechtl, H. F. R. (1963). The mother-child interaction in babies with minimal brain damage (a follow-up study). In B. Foss (Ed.) *Determinants of Infant Behavior*, Vol. 2. pp. 53-66. London: Metheun.

Rank, O. (1929). *The Trauma of Birth*. New York: Harcourt, Brace.

Samuels, A., Shorter, B., and Plaut, F. (1986). *A Critical Dictionary of Jungian Analysis*. London: Routledge & Kegan Paul.

Sidoli, M. (1989). *The Unfolding Self: Separation and Individuation*. Boston, MA: Sigo.

Van Zyl, D. (1977). Traumatic birth symbolized in play therapy. *Journal of Primal Therapy, 4*, 154-158.

Verny, T., and Kelly, J. (1981). *The Secret Life of the Unborn Child*. New York: Delta.

8

아동, 보호자, 친한 친구: 구조화된 집단 생태학적 놀이치료

Kevin O'Connor, Ph.D.

1. 구조화된 집단 생태학적 놀이치료 소개

이 장에서 기술하는 집단 놀이치료의 유형이 기반을 두고 있는 이론적 모델은 생태학적 놀이치료의 하위 모델이다. 생태학적 치료자는 아동을 가족, 학교, 또래, 문화, 법률, 의학 및 타인을 포함한 일련의 중첩된 체계 내에서 구현되는 존재로 본다. 이 모델에서 놀이치료자는 어떤 심리치료적 개입을 발전시키고 이행하는 데 이런 각 체계들의 영향과 상호작용을 고려한다. 구조화된 집단 놀이치료(structured group play therapy)는 아동들이 또래체계에서 경험하는 문제를 다루는 한 가지 방식이다. 생태학적 놀이치료(Ecosystemic Play Therapy)와 구조화된 집단 놀이치료 모델은 모두 『놀이치료의 입문(The Play Therapy Primer)』(O'Connor, 1991)에 자세하게 기술되어 있다. 그러므로 이 장에서는 구조화된 집단 놀이치료의 개요만을 제시할 것이다.

구조화된 집단 놀이치료는 아동의 어려움의 인지적, 행동적, 정서적, 신체적, 사회적 측면 등을 다루는 요소들을 포함한다. 이러한 중다양식적 접근은 아동의 빠른 진보적 변화와 일반화를 최대한으로 촉진한다. 이런 집단 유형의 일차적 기능은 또래와의 사회적 상호작용의 질을 향상시키는 것이다. 많은 경우에 놀이치료자가 아동을 이와 같은 집단에 참여시키는 이유는 그들이 부적절하게 공격적이거나 또래와의 상호작용 맥락에서 행위화를 하기 때문이다. 그러나 이 장에서는 성인과 같은 방식으로 성인하고만 상호작용을 하여 또래 간의 우정을 발전시키는 데 방해를 받는 경향성이 있어 의뢰된 아동을 치료하는 것에 초점을 둔다.

1) 구조화된 집단 놀이치료의 요소들

(1) 인지적 요소: 문제해결 훈련과 해석

구조화된 집단 놀이치료의 두 가지 요소는 아동의 또래와의 상호작용에서 인지적 측면을 직접적으로 다룬다. 1970년대 임상문헌에서 문제해결 훈련과 사회기술 훈련(Camp et al., 1977; Goldfried & Davison, 1976; Meichenbaum, 1977; Meichenbaum & Goodman, 1971)은 널리 옹호되었고, 지금까지도 여전히 폭넓게 사용되고 있다. 여기서 기본적 가정은 문제해결하기와 사회적 상호작용 둘 다에 어떤 기본적인 단계가 포함되어 있고, 치료자가 아동에게 직접적으로 가르칠 수 있는 기술들이 포함되어 있다고 보는 것이다. 일괄적으로 제작된 프로그램에 들어 있는 두 가지 유형은 모두 기관용으로 고안된 것이었다. 소리 내어 생각하기(Think-Aloud; Camp et al., 1977)는 일괄적으로 제작된 문제해결 프로그램의 일례다. 자기와 타인에 대한 이해력 증진하기(Developing Understanding of Self and Others: DUSO; Dinkmeyer, 1973)는 사회기술 훈련 프로그램의 한 예다.

나는 문제해결하기와 사회기술 훈련의 핵심적 특징을 단순해서 쉽게 배울 수 있는 구조화된 집단놀이의 요소로 병합하였다. 나는 4~12세의 아동들에게 4 단계 문제해결 전략을 사용한다. 또한 아동들에게 집단에서 그들이 대인관계 문제에 부딪힐 때마다 다음과 같은 단계를 연습해 보게 한다(O'Connor, 1991).

문제(problem): 즉석에서 문제를 확인하고 조작적으로 정의한다. 이 과정은 아동의 관점에서 진행하는 것이 중요하다. 다른 아이를 때리는 아동은 맞은 아이가 확실하게 문제라고 보더라도 그 자신은 때리는 것을 문제로 보지 않을 수 있다. 때리는 행동을 하는 아동의 경우 문제는 아동이 경험하는 분노일 가능성이 높고, 만일 그 행동을 계속한다면 후속되는 결과의 위험성이 될 수 있다.

계획(plan): 정의된 문제를 해결하는 계획을 발전시킨다. 이 단계에서는 계획이 현실적으로 불가능하거나 사회적으로 부적절하다고 하더라도 모든 계획들을 수용한다. 이상적으로, 발전된 계획들은 현재 문제를 해결하고 그것이 장래에 재발될 가능성을 감소시켜야 한다. 또한 가능하다면 계획에서 언제 어디서나 어른에게 도움을 요청하는 것은 피한다. 여기서 목표는 창의적이고 유연하여 독립적인 사고를 길러 주는 데 있다.

행동(action): 만들어진 계획들을 평가하여, 어느 계획을 실행하거나 행동으로 옮길 것인지를 결정한다. 이 단계에서 실용성과 현실성은 이 과정의 핵심적 측면이다. 아동은 선택한 계획이 자신의 감정과 관여된 타인의 감정에 어떤 효과가 있는지, 또 그 문제에 어떤 영향을 미치는지를 평가해야 한다.

대답(answer): 질문에 대답한다. "나의 계획이 효과적이었나?" 아동은 이러한 동일한 준거에 따라 행동단계에서 이행한 계획의 효율성을 평가하고 필요하다면 그것을 조정한다.

구조화된 집단 놀이치료 맥락에서 아동들은 이 형식을 활용하여 주로 대인관계 문제를 다룬다. 가상적 상황들, 아동들이 회기 밖에서 일어났다고 보고하는 사건들 또는 집단에서 생기는 어떠한 문제들도 이 전략을 적용해 보는 좋은 기회가 된다. 목표는 아동에게 그 과정을 내재화하게 해서 적절하게 자동화되게 하는 것이다. 이는 거의 연속적인 반복과 연습을 할 때만 생길 것이다. 집단에서 발생하는 상황 이외에 다른 상황에서 사용하는 것은 학습된 기술의 일반화를 촉진하는 데 유용하다.

아동들에게 문제해결 전략을 직접적으로 가르치는 것에 더하여, 대인관계 맥락에서 전반적으로 언어 사용을 촉진하는 것이 중요하다. 이것을 수행하기 위한 가장 좋은 도구 중 하나는 치료자가 해석을 활용하는 것이다(O'Connor, 1991; O'Connor & Lee, 1991). 첫째, 치료자는 언어 사용을 시범 보이고 아동이 경험하는 미묘함을 전하는 데 사용할 수 있는 부가적인 어휘를 아동에게 제공할 수도 있다. 둘째, 치료자는 심리 내적 및 대인관계 사건들을 이해할 때 정서와 동기의 중요성을 예시한다. 셋째, 치료자는 아동들에게 시간의 흐름에 따른 행동의 연속성(continuity)과 아동들 간의 행동의 상보성(complementarity) 모두를 이해할 수 있도록 도움을 줄 수 있다. 마지막으로 치료자는 아동들에게 초기 경험과 현재 행동 간의 관계성을 볼 수 있도록 도울 수 있다. 해석과 문제 해결 전략의 조합은 아동들이 그들의 행동을 이해하고 이후에 행동을 바꾸게 하는 데 강력한 도구로 제공될 수 있다.

(2) 물리적 요소: 이완훈련과 계획된 활동들

대략 11세경 형식적 조작적 사고(formal operations thinking)가 시작되기 전에, 아동들은 언어보다는 경험으로부터 더 많이 배우는 경향이 있다. 11세 이전의 아동들은 자신의 신체와 물리적 세계의 상호작용에 초점을 둔다. 이 연령 범위의 아동을 위한 어떤 개입이 성공적이려면, 치료자는 절대적으로 신체적 요소를 포함시켜야 한다. 구조화된 집단 놀이치료에서 이것은 다양한 방식으로 이루어질 수 있다. 여기서는 두 가지 방식을 기술할 것이다. 하나는 일반적 이완훈련을 집단 회기 내로 포함시키는 것이다. 다른 하나는 아동의 발달 수준과 일치하는 소근육 운동 활동(fine motor activity)과 대근육 운동 활동(gross motor activity)을 계획한다. 이런 활동들은 인지적인 측면으로 자세히 설명되어야 한다. 대안적으로 놀이치료자는 춤, 연극, 음악, 미술 재료, 또는 동일한 목적을 성취할 수 있는 운동 프로그램들을 사용할 수 있다.

이완훈련의 목적은 두 가지다. 일차적으로 이완훈련은 아동들에게 자신의 신체 상태에 집중하고 최적의 학습이 일어날 수 있는 각성 수준으로 조정할 수 있도록 돕는 것이다. 이것은 충동조절능력을 길러 준다. 이완훈련은 또한 아동들에게 이완연습의 예측 가능한 계열과 반복적인 어휘를 사용함으로써 하나의 일과를 배울 수 있도록 돕는다.

실제로 어떠한 이완훈련 프로그램도 집단 장면에 효과적으로 적용될 수 있다. 점진적인 깊은 근육이완(progressive deep muscle relaxation; Jacobson, 1938)은 하나의 표준으로, 놀이치료자는 근육을 교대로 수축시키고 이완시키는 것을 함께 사용하거나 사용하지 않을 수 있다. 일반적으로 11세 이하의 아동들은 근육을 수축시키고 이완시키는 것을 교대로 사용할 때 보다 잘 이완하는 것으로 나타난다. 간단하게 치료자는 아동들에게 일관된 순서로 대근육을 반복적으로 수축하거나 이완하면서(머리에서 발끝까지 또는 그 반대로) 근육 이완의 경험에 집중하도록 가르친다. 놀이치료자는 안내된 심상을 통해서, 그리고 호흡률을 조절하는 방법을 배우도록 도와줌으로써 성취되는 이완 수준을 증가시킬 수 있다.

구조화된 집단 놀이치료자는 외현적인 사회적 상황에 이완을 적용할 수 있게 해야 한다. 놀이치료자는 이것을 집단에서 아동들이 유쾌하거나 불쾌한 상호작용을 하는 동안에 그들의 신체감각적 경험에 집중하도록 도와주는 형태로 실시한다. 집단은 상이한 정서의 신체적 경험에 초점을 두고 있어야 한다. 아동들은 문제해결 전략을 완수하는 능력을 증진시키기 위해서 이완을 사용하는 교육을 받는다.

이완훈련을 사용하는 것 외에도, 어린 아동을 대상으로 하는 집단인 경우는 적절한 사회적 상호작용과 대인관계 기술의 발전을 촉진하는 활동들을 포함시키는 것이 중요하다. 나누기(sharing), 협력, 차례 지키기, 집단 문제해결, 충동조절 및 호감 등을 촉진하는 고도의 흥미 활동들은 구조화된 집단 놀이치료를 수행하는 데 상당한 가치가 있다. 만일 아동들이 기능적 행동을 반복하고 일반화시키고 있기는 하지만 그에 대한 이해가 행동 변화를 일으킬 정도로 충분하지 않다면, 다양한 사회적 기술들의 기능 및 이행에 대한 인지적 이해를 돕는 것이 필요하다.

놀이치료자는 아동들에게 이해도를 검증하고 신체 및 경험 수준에서 정보를 통합할 수 있는 기회를 제공해 주어야 한다. 우리는 저마다 어떤 모양을 맞추기 위하여 기술된 지시문을 따르려고 노력하는데, 종종 그 과제의 실제와 우리가 읽은 지시문에 대한 인지적 이해에 의미 있는 차이가 있다는 것을 알게 되는 경험을 한다. 집단에서 아동이 인지적으로 이해하고 있는 것을 실제 적용하도록 돕는 것이 구조화된 집단 놀이치료의 핵심적인 요소다.

(3) 행동적 요소: 행동수정 체계

모든 유기체는 성공한 경우 보상이 주어지고, 실패한 경우 일관적이고 합리적인 결과가 제공되는 환경에서 가장 잘 학습하며 가장 빠르게 변화한다. 구조화된 집단 놀이치료에서의 아동들도 예외가 아니라는 것은 분명하다. 놀이치료자가 이행하는 행동 관리의 유형은 장해가 심하거나 행동화 경향의 아동의 경우에 극단적으로 세부적이고 구조화된 형태에서, 너무나 비정형적이어서 관여되는 아동들의 의식적 자각을 넘어서게 하는 것까지를 범위로 할 수 있다. 어느 경우든 간에 치료자가 강화되는 행동 유형, 결과가 부과될 행동 유형, 강화인의 유형 및 부과될 결과의 유형, 강화스케줄, 그리고 시간이 지남에 따라 강화인을 용암시키는(fading) 전략들을 집단이 시작되기 전에 생각해 보는 것이 중요하다.

강화되는 행동들에는 발달적으로 적절한 사회적 행동의 목록을 포함할 수 있다. 놀이

치료자는 이러한 표적 행동들을 아동들에게 명시적으로 언어화하거나 언어화하지 않는 것을 선택할 수 있다. 일반적으로 사유재산의 파괴, 타인을 다치게 하는 것(언어적으로/신체적으로), 자신을 다치게 하는 것 등은 결과가 부과되는 행동들이다.

놀이치료자는 집단원의 발달 수준에 따라 사용될 강화인 및 강화스케줄의 유형을 결정한다. 전조작적 단계(preoperational stage)의 아동들(2~6세)은 종종 그들의 행동을 유지하는 데 아주 높은 빈도로 일차적 강화인이 주어지는 것을 필요로 한다. 이 연령 집단의 경우, 놀이치료자는 즉각적으로 결과를 부과함으로써 아동들이 인지적으로 문제행동과 그 결과를 연합할 수 있게 한다. 여기서 부여되는 결과는 어떠한 것이라도 아주 단기간 지속되어야 한다. 예를 들어, 이 연령의 아동에게 타임아웃(time-out)은 아동의 연령당 1~2분이 초과되지 않도록 할 것을 권한다. 발달에서 구체적 조작단계의 아동들(6~11세)은 이차적 강화인에 반응하지만, 보통 이차적 강화인이 장차 어떤 점수에서 구체적 강화인으로 교환될 때만 그렇다. 즉, 이런 아동들은 대개 점수체계에 대하여 반응을 잘하지만, 그 점수들이 어떤 장난감이나 원하는 활동과 같은 특정한 보상을 향하여 나아가는 것을 반영할 때만 그렇다. 이 단계 동안에 아동들은 표적 행동과 보상 또는 결과가 주어지는 사이의 지연도 보다 잘 참을 수 있다. 모든 연령에서 사회적 보상을 자유롭게 활용하는 것이 중요하다.

나이가 더 많고 장해가 적은 아동들의 경우, 놀이치료자가 사회적 보상을 자유롭게 시행할 수 있는 한 형식적인 행동체계를 발전시킬 필요가 없다. 그러나 모든 집단에서 치료자는 집단원이 자기 또는 타인에게 위협을 주는 심각한 행동화를 한 이후에 따를 결과를 고려하는 것이 절대적이다. 그 아동을 집단에서 배제시킬 것인가? 만일 그렇다면 특권 상실은 어떤 방식으로든 문제 행동과 논리적으로 연결되어 있어야 한다. 아동을 억제시키거나 신체적으로 다룰 것인가? 이러한 질문들 각각은 집단 흐름에 의미 있는 영향을 미치는 결정을 내리게끔 한다. 그 결정은 어떤 위기가 발생하기 전에 이루어져야 한다. 집단과정에서 집단원 중 한 명의 심한 행동화가 잘못 다루어지는 것을 지켜보는 것보다 더 파괴적인 것은 없다. 그러면 아동들은 집단을 안전하지 못하거나 처벌적이거나 두 가지 다 경험하게 됨으로써, 결과적으로 참여도를 유의미하게 저하시키거나 행동화를 증가시키게 된다

마지막으로 놀이치료자가 아동에게 발달적 진보를 하게 만든 강화체계를 어떻게 변화시켜 나갈 것인지를 결정하는 것이 중요하다. 예를 들어, 심한 행동화를 보인 10세 아

동들의 집단은 집단이 시작할 때 그들의 행동을 유지하기 위해서 짧은 간격으로 주어지는 구체적인 강화인이 필요하다. 그러나 만일 집단이 성공적이라면, 아동들이 진보함에 따라 보다 길고 간헐적 간격으로 주어지는 이차적 강화인으로 이행할 수 있어야 한다. 이상적인 것은 아동들이 집단이 끝날 때까지 자신의 행동을 유지하는 데 사회적 강화인으로 충분한 수준에서 기능하는 것이다. 많은 치료자들은 특별한 체계의 사용을 착수하지만 시간이 경과해도 그것을 변경하지 않는다. 그 이유는 단순히 그 체계에 대하여 아무 생각을 하지 않기 때문이거나 아동들이 퇴행할 것이 두렵기 때문이다. 집단의 과정에서 아동들이 발달적으로 적절하고 사회적으로 보편적인 강화인으로 이행하지 못하면, 회기에서 배운 행동이 강화인이 주어지지 않은 환경으로 일반화될 기회는 유의미하게 감소된다.

(4) 정서적 요소: 안내된 논의와 해석

또래와 우정을 나누고 유지하는 아동의 능력은 특정한 사회적 기술을 획득하고 이러한 상호작용에 대하여 인지적 이해를 하고 있는 것의 혜택이겠지만, 정서적 경험을 그 과정에 통합시킬 수 없다면 그것은 성공적이거나 보상적이지 않을 수 있다. 정서적 통합을 하지 못하는 아동들은 동작을 통해서 또래와 상호작용을 해 나가는 게 최선일 것이다. 놀이치료자는 정서를 통합시키는 목표를, 안내된 토론을 수행하고 집단과정과 마찬가지로 개별적 경험을 적극적으로 해석함으로써 모든 집단과정의 측면에서 할 수 있다.

정서는 집단과정의 모든 측면에서 언어적이고 경험적인 부분이 되어야 한다. 자기 자신과 타인의 정서를 고려하는 것이 효과적인 사회적 문제해결하기의 핵심적 부분이다. 정서는 문제해결 과정의 문제(problem), 행동(action) 및 대답(answer) 단계에서 확인되어야 한다. 이완훈련은 아동이 이완훈련과 정서적 경험 간의 연계성과 정서적 경험에 미치는 영향을 이해할 때 가장 효과적이다. 나아가 놀이치료자는 아동들에게 강한 부적 정서, 특히 불안에 부딪혀서 그들의 행동을 관리하는 데 이완전략을 사용하도록 신호해 줄 수 있다. 마지막으로 정서를 기능적으로 표현할 수 있도록 해 주는 활동들은 아동이 자신의 감정에 대한 통제감과 현실에서 충분히 표현할 수 없었던 감정들을 승화시킬 수 있는 능력을 촉진한다.

놀이치료자는 사회적 상호작용에서 정서의 역할에 집단을 집중시키기 위해서 안내된 토론을 사용할 수 있다. 이런 토론에서 놀이치료자는 많은 집단원들과 관련 있는 주제를 선택하고 문제해결 전략을 포함시켜 토론을 시작한다. 예를 들어, 한 집단에 부모가 이혼을 한 아동들이 많다면, 치료자는 이혼에 부딪쳐 아동들이 갖는 감정의 유형에 대하여 토론을 시작할 수 있다. 여기서 한 가지 방식은 집단에서 이혼에 대한 어떤 책을 읽은 다음에 이야기에서 묘사된 것과 자신들의 경험을 비교하고 견주어 보라고 요청하는 것이다. 아동들이 어느 정도 이혼의 부정적인 결과를 인정하면, 그때 치료자는 집단을 문제해결하기에 참여시킨다.

집단이 진행되는 동안 치료자가 하는 해석적 작업의 대부분은 정서에 초점을 두어야 한다. 아동들은 그들의 정서적 경험을 처리하지 못하는 경향이 있는데, 그것의 부분적인 이유는 그들의 발달 수준을 뛰어넘는 추상적 능력을 요구하기 때문이다. 또한 아동들은 가능하다면 부정적 정서를 피하려고 하는 경향이 있다. 그러므로 치료자는 다음과 같은 해석을 활용하는 것이 유용하다.

① 정서 명명하기

"너는 지금 아주 화가 많이 난 것 같구나. 감정이 상해서 괴로운 것 같아." "우리가 지금 막 읽은 이야기에서 꼬마애는 새로 태어난 여동생을 질투하는구나."

② 아동이 정서, 경험 및 행동들을 연계시킬 수 있도록 도와라

"때때로 네가 나를 때리는 이유는 내가 너를 안아 주기를 바라는데 그렇게 해 달라고 말하는 것이 두렵기 때문인 거 같더구나." "너는 매우 신이 나고 참을 수가 없어서 주위를 많이 뛰어다니는 것처럼 보이는구나."

③ 아동이 정서는 대인 간 상호작용을 이끄는 데 필수적인 요소라는 개념을 통합할 수 있도록 도와라

"슬퍼질 때 자기 방으로 가서 우는 것보다 엄마에게 말하는 것이 더 좋단다. 그러면 엄마는 너에게 위로가 필요하다는 것을 알 수 있게 된단다." "네가 화가 나서 누군가를 때리면 기분이 나아질 수도 있겠지만, 다른 사람이 기분이 나빠지니까 결국 너에게도 문제가 생기게 되는 거야."

이러한 예들은 놀이치료자가 집단작업에서 통합적 해석을 시작해야 하는 것들이지만, 해석의 발전 및 전달에 대한 상세한 토론은 이 장의 범위를 넘어서는 것이다. 이 주

제에 대하여 개관을 하려면 『놀이치료 입문(The play therapy primer)』(O'Connor, 1991)을 참고하도록 한다.

(5) 사회적 요소: 구조화된 활동들

구조화된 집단 놀이치료의 아주 중요한 특징은 아동들에게 경험의 사회적 측면들에 초점을 두는 경향이다. 무엇보다도 아동들은 한 방에서 다른 아이들과 함께 있는다. 그러나 치료자가 종종 집단에서 다른 아동들을 충분히 활용하지 않고 아동들이 서로에게 집중하지 않는다는 것은 놀랍다. 대신에 각 아동과 치료자 간의 동등한 상호작용이 규준이 된다. 아동들은 집단 장면에서 또래에 대한 가치를 결코 알지 못한다. 왜냐하면 아동들은 치료자와의 상호작용으로 창출되는 보상 잠재성에 너무나 집중되어 있기 때문이다.

아동들이 또래에 대한 초점을 증가시키기 위한 단순한 전략에는 강화전략의 사용, 해석 및 구조화된 활동들이 포함된다. 직접적으로 보상하고 발달적으로 적절한 또래 상호작용은 강력한 도구지만, 아동들은 여전히 강화를 받게 하는 선행 행동보다는 보상을 주는 어른에 집중하는 경향이 있다. 놀이치료자가 아동들을 그들이 유쾌한 것으로 경험하는 행동에 참여시키기 위해서 다른 집단원을 직접적으로 강화하는 수단을 주면, 학습은 보다 강력하고 보다 집중적이 된다. 유사하게, 특정한 행동 기준에 동조하도록 하는 또래의 압력은 일반적으로 성인의 강화보다 더 강력하다. 단순히 집단에 참여하여 협력하지 않는 한 명의 아동을 위하여 전체 집단이 기다려 주는 것은, 만일 과도하게 사용되지 않는다면 한계를 설정하는 데 매우 효과적인 형태가 될 수 있다. 또한 개별적 반응들보다는 오히려 성공적인 집단적 노력에 전체로서 집단에 보상을 제공하는 것은 집단원들의 긍정적인 집단 초점을 증가시킬 수 있다.

치료자는 행동의 상호적 특징과 서로 간의 상호작용의 영향에 초점을 맞추어 해석을 할 수 있다. 문제해결하기 과정 동안, 아동들은 항상 먼저 성인에게 다가가기보다 오히려 또래에게 직접적으로 다가감으로써 욕구를 충족시킬 수 있는 방법을 찾을 수 있다. 또한 아동들은 또래들이 그들의 일상생활에서 갖는 정서적 가치를 배울 수 있는데, 특히 또래로부터 긍정적인 피드백을 받는 즐거움에 집중할 때 그렇다.

마지막으로 치료자는 발달적으로 적절한 활동들을 활용함으로써 집단의 사회적 측면을 크게 증진시킬 수 있다. 앞서 논의했던 것처럼, 이러한 활동들은 아동들에게 새로운 기술들을 연습해 보는 안전하고 유쾌한 상호작용에 가담할 수 있는 기회를 제공한다. 또한 이러한 활동들은 직접적인 강화인이 되며, 아동들에게 보다 빈번하게 몰입하도록 강요한다. 이러한 활동에는 얼음땡, 집단 미술작업, 휴일파티를 집단적으로 계획하기 등과 같은 협력적 게임들을 포함한다.

2) 구조화된 집단 놀이치료 수행의 기본적 가정들

(1) 아동의 발달적 수준

구조화된 집단 놀이치료의 초점은 집단원의 또래 사회화에 있기 때문에, 각 아동은 이러한 목표가 적절히 이루어질 수 있는 발달 수준에 있어야 한다. 2세 혹은 3세 이하의 아동들은 이런 유형의 집단에 적합한 대상이 되지 못한다. 이런 연령의 아동들의 일차적 초점은 양육자와의 관계를 발전시키는 데 있으며 어느 것도 이 관계를 방해해서는 안 된다. 3~5세에 해당되는 아동들도 일반적으로 이러한 집단 유형에 적합하지 않다. 그들은 일반적으로 성인과의 관계를 발전시키는 데 계속 중점을 둔다. 이런 이유로 많은 3~5세 아동들은 또래관계를 발전시키는 데 관심이 없거나 가용할 에너지를 지니고 있지 않다. 이는 이 연령의 아동에게 집단작업이 가능하지 않다는 것을 의미하는 것이 아니라, 단지 발달적으로 적절하지 않거나 그다지 우선시되지 않는다는 것을 뜻한다.

일단 아동들이 발달상으로 5세가 되면 또래 관계는 점차 더 중요해지고, 이는 청소년기가 되면 정점에 달한다. 5세부터 초기 성인기 사이에 있는 아동들의 경우, 치료적 집단 몰입(theraputic group involvement)은 아주 강력한 개입이 될 수 있다. 여기에 제시하는 구조화된 집단 놀이치료의 모델은 5~12세 아동에게 가장 적합하다. 형식적 조작기와 청소년기로 이동하면서, 아동들은 다소 억제적인 구체적 구조를 발견하는 경향이 있다. 일부 청소년 전기의 청소년들은 더 개방적이고 과정적 집단에서 더 나은 수행을 보이기까지 한다.

(2) 아동의 병리

다시 한 번 언급하면, 구조화된 집단 놀이치료의 초점은 아동의 사회 기술을 향상시키는 데 있다. 따라서 집단원들은 또래와의 효과적인 상호작용의 가능성을 방해할 정도로 심한 수준의 정신병리를 경험해서는 안 된다. 다음의 세 가지 부류에 해당되는 아동들은 이런 유형의 집단에 적합하지 않은 것으로 보인다. (a) 현실 검증력에 유의미한 문제가 있거나 전반적 발달지체가 있는 아동들, (b) 성격적 병리의 징후를 보이는 아동들, 즉 격노할 만한 이유없이 타인을 해칠 수 있거나 또는 정신병에 대한 아무런 증거가 없는데 사회적 고립을 선호하는 아동들, (c) 아주 최근에 외상을 경험한 아동들이다. 이런 아동들은 일정한 양육과 지지를 요구하기 때문에 놀이치료자가 집단의 맥락에서 제공해 주기가 곤란하다. 이런 부류에 해당되는 아동들은 모두 일반적으로 개별적 놀이치료를 통해서 아동의 핵심적 어려움의 양상을 작업하는 것이 최선이며, 그런 다음 이 구조화된 집단 놀이치료로 나아간다.

(3) 집단 구성

하나의 집단을 구성하기 위한 일반적인 규칙들은 다음과 같다.

① 한 명의 성인이 조정하는 한 집단에서 아동은 4~6명을 초과해서는 안 되며 두 명의 성인이 조정하는 집단에서는 6~10명을 초과해서는 안 된다.
② 특히, 어린 아동들을 대상으로 하는 집단에서 집단원들 간에 3세 이상 차이가 나서는 안 된다.
③ 아동의 사회경제적 상태 또는 인종적 배경이 어느 정도 비슷해야 한다. 이는 아동들 간의 차이가 매우 극적이지 않는 한 별로 중요하지 않은 변인 중의 하나일 수도 있는데, 그 집단의 경우 이런 문제들에 초점을 맞추게 되면 다른 내용이나 행동 영역들을 다룰 수 없게 될 수도 있다.
④ 모든 아동들은 서로 간 IQ 차이가 15점 이내에 해당되어야 한다.
⑤ 한 집단에 남아와 여아를 함께 구성하는 것은 아동의 연령, 집단의 유형, 및 개입의 목표에 따라 다양하다. 고정된 규칙은 없지만 치료자가 고려해야 하는 차원이다(O'Connor, 1991, p. 328).

이러한 일반적인 지침은 유용하기는 하지만 필수적인 것은 아니다. 아동이 어떤 집단에 함께 있을 만한 강력한 이유가 있다면, 이런 차원들에 아동을 맞추는 요건은 완화될 수 있다. 예를 들어, 나는 이 사례연구의 아동인 대니를 지적 능력과 사회경제적 상태가 혼합되어 있는 집단에 참여시키기로 선택했다. 학대 경험이 집단원들의 공통점이어서 지적 능력과 사회경제적 상태의 차이가 문제를 야기할 수도 있다는 점을 배제시켰다.

(4) 놀이치료자의 역할

놀이치료자는 구조화된 집단 놀이치료에서 두 가지 주요한 기능을 한다. 즉, 치료자는 구조를 창출하고 유지한다. 다음과 같은 것들이 포함된다.

① 집단의 모든 측면, 예컨대 구성원 선정, 회기의 길이, 치료의 지속 기간 등을 창출한다.
② 집단원의 특정한 병리와 발달 수준에 적합한 형식과 활동들을 선정한다.
③ 집단목표의 발전과 유지 및 집단 회기에 걸친 치료계획을 담당한다.
④ 매 집단 회기에서 구조를 유지한다.
⑤ 자신과 타인을 다치게 하지 않거나 소유물을 파괴하지 않는다는 기본적인 규칙에 순응한다는 다짐을 받아서 집단원들의 기본적 안전을 보호한다.

놀이치료자의 다른 기능은 집단과정의 감찰자 및 해석자로서의 기능이다. 치료자는 집단과정에 대한 인지적 이해를 촉진하기 위해서 아동들에게 개별적 또는 집단적 경험을 언어화해 주어야 한다. 이런 통찰은 성원들에게 변화의 속도를 빠르게 하고 이런 이득의 일반화 가능성을 증진시킨다.

2. 문제와 배경자료

대니 데이비스는 10세 남자아이로 유럽계 미국인이다. 그는 교육을 잘 받은 중상류층 부모의 외동아들로 태어났다. 대니가 태어났을 때 부모님은 모두 32세였고, 그들의 교육과정을 마치고 한 가정을 꾸리기 이전에 재정적으로 안정되기를 기다리고 있었다.

대니의 초기 과거력에는 주목할 만한 것이 없었다. 그는 주요한 아동기 질병에 걸린 적도 없다. 가족들은 단지 두 차례 이사를 했을 뿐이었다. 그들은 대니가 약 1세경에 처음으로 집을 샀고, 대니가 5세였을 때 현재의 집으로 이사했다. 데이비스 부인은 대니가 3세가 되었을 때 자신이 더 이상 자녀를 가질 수 없을지도 모른다는 점을 인식하게 되었다. 그 당시 그녀는 중등도의 우울을 경험했으나, 대니를 양육하는 일에 많은 힘을 쏟았기 때문에 우울하다는 것을 드러내지는 않았다고 말했다. 데이비스 씨는 금융설계회사의 대표로서 오랜 시간 일을 했다. 부인은 여러 개의 지역사회 집단에서 자원봉사를 하는 전업주부였다. 부모는 모두 대니가 약 8세 또는 9세가 되기 전까지 결혼 생활이 행복했다고 말했다.

대니를 의뢰하기 약 1년 전쯤, 데이비스 부부는 1년에 걸쳐 부부 갈등이 지속적으로 고조됨에 따라 이혼을 하기로 결정했다. 이 가족이 살고 있는 주에는 부부 공동재산 법률이 없었다. 이와 같은 주에서 먼저 떠나는 배우자는 재산에 대한 권리를 잃을 위험을 갖는다. 이런 상황은 이혼하려고 하는 부부에게 이혼에 따른 재정적 정리가 마무리될 때까지 함께 살게 하는 압력이 되기도 한다.

데이비스 가족은 부유층이 사는 교외에 아주 비싼 집을 소유하고 있었다. 그들은 집을 팔게 되면서 생기는 재산권 상실이라는 위험을 원치 않았기 때문에, 이혼을 추진하는 동안 함께 살기로 했다. 그들은 욕실을 옆에 두고 각방을 썼다.

이혼이 진행되면서 두 사람은 서로에 대한 증오감의 강도가 증가했다. 그들은 재산을 나누고 서로에게 이혼의 책임을 떠넘기면서 필요한 것들을 찾는 데 집착하게 되었다. 또한 그들은 서로가 상대방을 처벌하는 자기애적 욕구를 만족시킬 목적으로 대니에 대한 단독 양육권을 얻으려고 집착했다. 법원에서 공동 양육권을 인정하지 않을 만한 근거가 부족하다는 점을 인식한 이후로, 두 사람은 다음과 같은 두 가지 행위를 함으로써 단독 양육권을 얻어 낼 가능성을 높이기로 하였다. 부부는 각기 배우자에게 폭행을 당했다고 보고했다. 정말로 대니를 의뢰하기 1년 정도에 걸쳐 가정폭력의 수준은 점차적으로 증가했다. 부모들은 각기 대니를 자기 편으로 끌어들임으로써 상대 부모에게 등을 돌리게 하는 작업도 했다. 대니는 부부의 줄다리기 싸움에서 밧줄이었던 것이다.

아동보호기관이 대니를 의뢰했다. 이는 대니가 신체적으로나 성적으로 폭행당한 적이 없었기 때문에 다소 특이한 경우였다. 대신에 의뢰된 문제는 아동이 부모들 간의 폭력에 노출되면서 정서적으로 학대받았는지를 결정해 달라는 것이었다. 이 시점에서 부부는 실제 신체적 폭력에 가담했다. 엄마가 자신이 주요 희생자라고 주장했음에도 불구하고, 엄마도 종종 공격자였다는 것이 나중에 밝혀졌다. 엄마는 남편으로부터 자신을 보호하기 위해서 대니에게 엄마 침대의 발끝 쪽 바닥에서 자 달라고 요청하기 시작했다.

부모들은 대니를 그들 간의 메신저로서 이용하기도 했었는데, 그렇게 함으로써 서로 간의 접촉을 피할 수 있었다. 처음에 이것은 말 그대로 '중간에 있는' 대니에게 단순한 긴장이었다. 그러나 나중에 부모는 모두 대니가 전달해 주는 메시지의 내용이 맘에 들지 않으면 대니에게 가학적이 되는 경향을 보였다. 대니는 이내 두 부모님을 진정시키기 위해서 메시지의 내용을 바꿔야 한다는 것을 알게 되었고, 그렇게 함으로써 부모에게 인정과 감사를 받았다. 다른 말로 하면, 대니는 양쪽 부모에게 자신이 그들의 편이라고 설득한 것이었다.

의뢰된 대니의 일차적인 문제는 통제력이 상실되는 행동 문제였다. 대니는 대부분 통제력을 상실한 아동들이 보이는 방식으로 직접적인 공격성을 드러내지는 않았다. 대신에 대니는 조종적이고 통제적이며 반항적이고 언어적으로 공격적이었다. 대니는 전에는 뛰어난 학생이었으나 지금은 학교에서 대부분 C를 받았다. 엄마는 그가 또래관계도 없다고 했다.

1) 치료 전 평가

접수의 처음 부분은 부모님을 개별적으로 면접하는 것이었는데 부모는 차례대로 과거력과 현재 문제에 대하여 말했다. 데이비스 씨가 대니의 어려움을 상대적으로 사소한 것으로 보고하며, 부인이 대니를 결혼 문제에 끌어들인 것으로 느끼고 있다는 점은 주목할 만한 일이었다. 반대로, 데이비스 부인은 대니를 아빠와의 유의미한 관계의 부족에서 비롯된 심각한 내적 갈등을 겪고 있는 남자애로 보고 있었다.

접수 면접 동안에 나는 부모에게 객관적 발달치료 평가지(Developmental Therapy Objective Rating Form–Revised: DTORF; Developmental Therapy Institute, 1992)를 작성하게 했다. DTORF는 네 가지 영역의 행동, 즉 행동, 의사소통, 사회화, 학업을 위계적으로 배열한 목록으로 구성되어 있다. 이 평가지는 특히 아동의 발달적 목표가 집단에서 적절한지를 결정하는 데 유용하다. DTORF 평가 결과에 대해서는 사례 설계를 발전시키는 부분에서 논의하겠다.

치료에 응하기 전 접수 면접에서 대니는 자신의 성인과 일상적인 상호작용을 반복했다. 대니의 엄마는 대기실에 있을 때까지 대니에게 어디로 데려갈 것이라고 말하지 않은 채 그를 치료에 데리고 온 것에 대하여 그가 어떻게 반응할지를 두려워하고 있었다. 대니는 상담소에 다시 오는 것을 거부하면서 상담소 밖으로 나가는 반응을 보였다. 나는 엄마에게 대니가 최소한 대기실에 있지 않는 한, 나에게 대니에 대한 책임이 없다는 것을 알려 주었다. 엄마는 밖으로 나가서 대니에게 상담소로 들어가자고 간청했다.

일단 대기실에서 대니는 내 방까지 빠르게 왔다. 그는 내 사무실에 들어와서 자신을 소개했고, 시계를 쳐다보았기 때문에 나는 말을 더 빨리 하게 되었다. 대니는 자신이 상담소에 다시 온 것은 엄마가 5분 이상 있을 필요가 없다고 약속했기 때문이라고 말했다. 그는 나에게 무슨 말이든 할 수 있겠지만, 자신은 말할 의사가 없다는 점을 알려 주었다. 이 시점에서 나는 그에게 엄마하고 어떤 합의를 보았든 간에 나와 상호작용하는 데는 그것이 아무런 효력이 없다는 점을 알려 주었다. 대니는 상담소 밖에서는 엄마의 통제를 받지만, 일단 내 사무실에 들어오면 나의 통제를 받으며 내가 무엇에 대하여 이야기할지와 얼마 동안 이야기할지를 결정할 수 있다고 말해 주었다.

그때 대니는 의자를 집어들어 사무실의 큰 창문으로 던지려고 했다. 나는 지체하지 않고 의자의 다리를 잡았고 바닥에 내려놓았다. 나는 대니 쪽으로 아주 가까이 가서 직접적으로 눈을 마주 보고 다음과 같이 말했다. "앉아, 말은 하지마. 그리고 내가 괜찮다고 할 때까지 움직이지 마." 대니는 앉으면서 "알았어요."라고 말했다. 방문 목적을 간략하게 말한 다음, 속은 것 같아서 화나는 대니의 감정을 반영해 주었더니, 그는 진정이 되었고 아주 생산적인 접수 면접이 이루어졌다.

대니는 부모의 갈등에서 현재 자신이 하고 있는 역할에 대하여 굉장한 통찰을 하고 있었다. 내가 대니에게 그런 역할을 하도록 했던 긴장들을 지적하려고 노력하자 그는 그 역할의 장점을 지적했다. 대니는 만일 자신이 부모의 마음을 정확히 읽을 수 있다면, 그들이 서로에게 듣고 싶어 하는 것을 정확하게 말해 줄 수 있을 것이고 그러면 보람될 거라고 말했다. 그는 자신이 원한다면, 부모를 기분 좋게 하거나 죄책감을 느끼게 할 수 있다고 말했다. 나아가 대니는 어떤 주말에는 부모님 각각으로부터 30~50달러 상당의 선물이나 현금을 졸라서 받아 낼 수 있었다고 말했다. 대니의 현실에서 부모의 갈등은 그에게 큰 돈을 벌 수 있는 기회를 포함하고 있었던 것이다.

대니는 현재 문제와 관련하여 일반적으로 부정하거나 비난하는 것으로 반응했다. 그는 학교에서 진짜로 아무런 문제가 없다고 말했으나, 대부분의 학교 선생님이 멍청하다고 생각하였다. 자기와 학교 교사들 간에 갈등이 있다면, 대개는 자신이 옳고 교사들이 틀렸기 때문이라고 했다. 그런데 어른들은 아이가 옳은 것을 싫어하기 때문에, 그를 곤란에 빠지게 한다는 것이다. 대니는 친구가 많다고 했지만 이름을 대지는 못했다.

3. 이론적 개념화

다음에 소개되는 사례 설계의 양식은 『놀이치료 입문』(O'Connor, 1991)에서 충분히 기술된 것에 기초한다. 사례 설계와 치료계획 과정은 4단계로 나누어진다. 첫째, 놀이치료자는 아동의 현재 기능 양상을 기술한다. 이런 기술로부터 놀이치료자는 발달적으로 적절한 치료목표를 도출한다. 둘째, 치료자는 아동의 현재 기능의 강점과 약점에 영향을 미치는 요인들에 대한 가설을 세운다. 놀이치료자는 이러한 가설로부터 회복적인 목표를 도출한다. 셋째, 놀이치료자는 아동의 현재 기능을 유지시키는 요인들에 대한 가설을 세운다. 치료자는 아동이 치료에서 보인 진보의 일반화를 촉진하기 위해서 이런 가설로부터 치료목표를 발전시킨다. 마지막으로 놀이치료자는 이런 목표들을 합성하고 하나의 치료계획을 발전시킨다. 이 장의 초점 때문에 나는 아주 간략하게만 이런 과정 동안에 발전되는 개별 치료와 광범위한 체계목표들을 논의할 것이다.

1) 대니의 현재 기능 양상

(1) 발달적 수준

관찰과 접수 평가 과정을 통해, 대니는 자신의 지적 능력에도 불구하고 여러 가지 면에서 두세 살짜리처럼 기능하고 있는 것으로 보였다. 대니는 여전히 엄마와 일차적 정서적 결속을 맺고 있었다. 또한 일반적으로 세상과의 관계에서 자신의 힘을 발휘하고 유지하는 데 강박적으로 집착했다. 대니는 언어적으로 통제력을 발휘할 수 없을 때 신체적으로 공격적이고 요구적으로 변했다. 더욱이 그는 또래관계에 거의 또는 전혀 관심이 없었다. 사회적 및 정서적 기능이 매우 저조한 것으로 나타난 반면에, 대니는 다른 영역에서는 발달적으로 적정 수준 이상으로 기능하고 있는 것이 분명했다.

객관적 발달치료 평가지(DTORF)에서 데이비스 부부는 대니를 행동 영역에서 4단계(9~12세) 수준으로 기능하고 있다고 평가하여, 대니의 행동 및 충동 통제의 문제는 정상 범위에 속하는 것으로 나타났다. 의사소통 영역에서는 3단계(6~9세)의 하단으로 평가되었는데, 이는 부모가 대니가 집단의 일원으로서 타인의 감정과 기능을 인식하는 능력에 한계가 있다고 본 것에서 비롯되었다. 대니는 사회화 영역에서 2단계(2~6세)에 해당했는데, 그 이유는 또래와 상호작용을 개시하고 유지하는 데 상당한 어려움이 있었기 때문이었다. 학업적 영역은 평가하지 않았다. 10세인 대니는 모든 영역에서 4단계 수준으로 기능하고 있어야 했다.

목표: 대니의 발달적 수준은 모든 영역에서 동등하게 기능할 것을 요구한다. 그러므로 사회적/정서적 기능에서 보이는 결핍을 다루는 것이 우선시되었다. 대니는 다음과 같은 것을 할 수 있게 될 것이다. (a) 집단에서 지도력을 선택하는 데 적절하게 반응할 수 있게 될 것이다(B-20). (b) 자신의 행동 변화에 대한 자각을 나타내기 시작한다(B-21). (c) 집단의 성취에 자부심을 나타내는 데 언어를 사용하게 될 것이다(C-21). (d) 감정 또는 경험들을 미술, 음악, 춤, 연극 등과 같이 창조적이고 비언어적인 매체를 통해서 전하게 될 것이다(C-22). (e) 다른 아동들과 상호작용 놀이에 참여하게 될 것이다(S-17). (f) 조직화된 활동을 하는 동안 다른 아동들과 함께 협력적인 활동이나 프로젝트에 참여하게 될 것이다(S-18)(이러한 목표는 객관적 발달치료 평가지(DTORF)로부터 나온 것이다. 괄호 안에서 영어 약자는 영역을 나타내는 것으로 B는 행동, C는 의사소통, S는 사회화를, 숫자는 발달적 치료목표 평가지의 문항을 가리킨다).

(2) 인지

대니는 학교에서 영재아동을 위한 프로그램에 갈 수 있는 잠재력이 있다는 평가를 받았다. 아동용 웩슬러 지능검사(III 판) 결과, 언어성 IQ는 125, 동작성 IQ는 115로 전체 IQ는 123이었다. 이런 점수는 대니가 모든 인지 영역에서 평균 이상의 기능을 할 수 있음을 의미한다. 대니는 대부분 어른들에게 영리한 아이라는 인상을 준다는 것은 대니와의 대화에서, 그리고 그의 담당교사가 작성한 보고서를 보면 분명했다. 이런 인상은 주로 대니의 언어적 유창성과 복잡성에서 느낄 수 있었다.

대니는 가정에서 역할로부터 직접적으로 도출된 몇 가지 역기능적 신념을 유지하고 있었다. 첫째, 대니는 자신이 부모의 안녕에 직접적인 책임을 갖고 있다고 믿었다. 부모님을 행복하게 만드는 것이 그의 의무다. 둘째, 대니는 자신이 먼저 부모님들의 욕구, 특히 정서적 지지를 위한 욕구를 만족시켜 줄 경우만 부모가 자신의 욕구를 들어준다고 믿었다. 셋째, 대니는 자신이 부모 간 갈등의 결과를 통제하는 힘을 갖고 있다고 믿었다. 넷째, 대니는 자신이 통제할 수 없는 대인관계 상호작용은 나쁜 것이라고 믿어서 자신의 욕구를 만족시키지 못하는 결과를 초래했다. 마지막으로 그는 또래친구가 정서적 또는 물질적 지원을 해 줄 만한 자원이 되지 못한다고 생각하는 것처럼 보였다.

목표: 대니는 다음과 같은 것을 할 수 있게 될 것이다. (a) 또래와 위협적이지 않은 방식으로 상호작용하는 언어적 기술을 사용할 수 있게 될 것이다. (b) 부모의 결혼에 관하여 그의 힘이 제한적이라는 것을 말할 수 있게 될 것이다. (c) 부모 한 분 또는 두 분 모두에게 정서적 및 물질적 지원을 직접적으로 요청할 수 있게 될 것이다. (d) 그가 통제하지 않는 대인관계 상황에서 즐거움을 나타낼 수 있을 것이다. (e) 정서적 지원과 지지를 위하여 또래에게 다가가게 될 것이다.

(3) 정서

대니의 정서적 레퍼토리는 비교적 적절했다. 그는 광범위한 정서를 경험했고, 비록 종종 그런 감정들을 언어적으로 표현하는 데 어려움을 보이기는 했지만, 표현할 수는 있었다. 그는 자신이 통제하지 못한 상황은 문제가 될 것이라는 신념 때문에 대부분의 시간 동안 이차적으로 불안해지는 경향을 보였다. 그는 어떤 상황에서 통제하는 것이 허용되지 않으면, 자신의 욕구가 충족되지 않을까 봐 두려워하면서 격렬하게 화를 내는 경향도 있었다.

목표: 대니는 (a) 자신의 현재 정서를 언어적으로 묘사할 수 있게 될 것이다. (b) 자신이 통제할 수 없는 상황에서 불안을 덜 보고하게 될 것이다. (c) 격노 삽화를 덜 보일 것이다.

(4) 반응 레퍼토리

이 영역에서 나는 대니가 두 가지 전반적인 양식, 즉 자가 이식적 양식(autoplastic style)과 타자 이식적 양식(alloplastic style) 중 하나를 채택하는 경향성이 있는지를 살펴보았다. 자가 이식적 양식은 개인이 당면한 문제에 자신의 행동을 바꿈으로써 교정하려는 것이다. 타자 이식적 양식은 타인이나 환경에 대해 변화가 필요하다고 요청하거나 요구함으로써 문제를 고치려고 하는 것이다. 대니는 자신이 대인관계 상호작용의 대부분을 통제할 수 있으며, 통제해야 한다는 신념과 일관되게 자가 이식적 반응양식을 우세하게 보이는 경향이 있었다. 예를 들어, 부모의 이혼에 자신이 연루되는 딜레마에 부딪쳤을 때, 대니는 부모에게 행동을 바꾸도록 요청하기보다 자신에게 유리한 방식을 추측해 냈다. 상황적으로 통제력을 상실하여 심하게 스트레스를 받을 때만 타자 이식적 반응에 의지하여 다른 사람의 행동이 고쳐지기를 기대했다. 이는 대니가 나의 사무실에 와서 자신이 속았다는 것에 대하여 난폭하게 행동화할 때 명백하게 드러났다.

목표: 대니는 (a) 다양한 대인관계 상황에서 자신이 할 수 있거나 해야 한다고 여기는 통제 수준을 보다 현실적으로 지각하게 될 것이다. (b) 자신의 욕구를 충족시키기 위해 타인(부모와 또래)에게 직접적으로 요청하게 될 것이다. (c) 자신이 통제할 수 없는 상황에서 보다 적은 격노 삽화를 보일 것이다.

2) 대니의 현재 기능 양상의 기원

치료를 계획하는 이 단계에서 나의 목표는 아동의 현재 기능 양상에 영향을 미치는 요인들과 회복적 목표에 대한 가설을 발전시키는 것이다.

(1) 아동 특정적 요인들

확실히 대니의 지적 및 언어적 기술은 그가 환경에 대하여 일차적으로 내면화하고 자가 이식적 양식을 채택하는 것을 가능하게 해 주었다. 대니는 많은 상황에서 어른들을 조정하며 성인들의 수준에 맞추어 상호작용하는 것이 가능했다. 그가 받은 후속적 강화는 이 행동 양상을 우세하고 안정적으로 만들었다. 이런 반응 양상의 성공적인 사용은 다시 가족에서의 자신의 역할과 통제 기술/욕구에 대한 그의 역기능적 신념을 강화했다.

초기 과거력을 보면, 대니가 3세였을 때 엄마의 우울증이 가족 상호작용 양식의 특정한 측면으로 굳어졌던 것으로 보였다. 대니는 엄마의 우울과 철수를 부분적인 유기(abandonment)로 받아들이고, 반응했던 것처럼 보였다. 이것이 대니에게 엄마와의 관계를 재형성하는 작업을 하게끔 동기화시켰다. 즉, 자신의 연령의 정상적 발달 과제를 추구하는 데 방해가 된 것이다. 다시 말하자면, 아빠를 포함하여 엄마에 대한 일차적 애착을 일반화하는 데 방해가 되었다. 이런 시기 동안 아빠의 일반적인 활용 불가능성이 문제를 악화시켰다. 대니는 심지어 아빠와 관계를 포함하여 엄마와 관계를 넘어서 애착 행동을 일반화시켜 본 적이 전혀 없기 때문에, 후속되는 발달단계에서 또래와의 애착을 일반화시켜 볼 기회가 적었을 수 있다.

목표: 대니는 (a) 대인관계 문제를 보다 잘 해결하기 위해서 지적 기술을 활용할 것이다. (b) 엄마와 애착이 아빠와의 애착이나 또래와 상호작용을 방해하는 방식을 언어적으로 기술할 수 있게 될 것이다.

(2) 생태학적 요인들

가족

앞서 언급했듯이, 외동아들로서 대니의 역할은 면접 당시에 나타낸 강점과 약점 모두에 의미 있게 작용했다. 때로 대니는 부모의 자기애적 욕구에 부응해야 한다는 요구를 받았고, 그런 요구를 들어주는 데 상당한 요령을 터득해 갔다. 부모들은 이혼 관련 스트레스로 인해 정서적 지지를 받고자 하는 욕구가 증가되었고, 이에 따라 대니는 각 부모에게 알맞게 지지를 해 주고자 애썼다. 대니가 공격적으로 행동화하기 시작한 시점에서, 확실히 이런 요구들은 대니의 자원을 압박하고 있었다.

목표: 대니는 (a) 가족 내 자신의 현재 역할이 부적절하다는 것을 언어적으로 인식하고 아이로서 자신을 다시 규정하게 될 것이다. (b) 부모에게 직접적으로 정서적인 지지를 요청하게 될 것이다. (c) 격노 삽화를 덜 보일 것이다.

또래

대니는 치료에 들어가기 전에 사실상 또래관계가 없었기 때문에, 이런 것들이 현재 대니의 기능에 중요한 영향을 미치지는 않았다.

목표: 대니는 한 명 이상과 안정적인 또래 간의 우정을 보이기 시작할 것이다.

넓은 체계

가족 이외에 대니의 기능에 영향을 미치고 있는 것으로 보이는 주요 체계는 학교였다. 확실히 대니는 의뢰되기 1년 전까지만 해도 학업적 성취에서 상당히 긍정적인 강화를 받았다. 교사들도 대니를 돋보이게 하도록 학업적 성취를 활용함으로써, 그를 또래들로부터 고립시키는 데 관여했을 수 있다. 이러한 점은 교사들이 다음과 같이 말할 때 유발되었다. "선생님은 너희들의 지난 번 받아쓰기 시험 결과에 아주 실망했어. 나는 너희 모두가 더 잘 할 수 있다는 것을 알아. 그런데 대니만 혼자 공부를 한 것 같구나. 대니만 시험에서 100점을 받았어." 이 말에는 악의적 의도가 없지만, 아이들은 대니를 고립시켰고 대니는 그들의 희생양이 되었다.

목표: 교사들은 최소한 일시적으로 대니에게 성적보다는 또래와 교류하는 것을 강화해 주는 데 초점을 둘 것이다.

3) 대니의 기능 양상을 유지하는 요인들

(1) 아동 특정적 요인들

대니의 지적 기술은 현재 기능의 양상에만 기여하고 있는 것이 아니라, 자가 이식적 접근방법들을 유지시키고 있었다. 대니는 자신의 행동에 대하여 어른들에게 오랫동안 말싸움을 하게 함으로써 순응하는 것을 피했다. 그는 특정한 보상을 얻어 내기 위하여 부모들을 죄책감에 빠지도록 조종할 수 있었다. 그리고 어른들처럼 또래들에게 말함으로써 또래들을 조종할 수 있었다.

오랜 시간 동안 가족의 상호작용에 대하여 발전시킨 대니의 역기능적 신념이 이제는 자신의 반응 양상을 유지시키는 역할을 했다. 예를 들어, 대니는 자신이 먼저 부모의 욕구를 충족시켜 주어야만 부모가 자신의 욕구를 받아 준다고 믿었기 때문에, 부모의 욕구를 들어주는 것을 중단하는 것을 꺼려했다. 부모의 욕구를 들어주지 않으면 부모의 사랑과 지지를 상실하게 될까 봐 두려웠기 때문이다. 그는 심지어 어느 한쪽 부모 또는 양쪽 부모가 자신에게 이혼을 선택하도록 한다고 믿기도 했다.

초기 과거력과 관련하여, 엄마가 우울로부터 빠져나오는 방법으로 대니와의 관계를 활용했던 것이 그들의 상호작용의 기준으로 계속 자리 잡게 된 것으로 보였다. 대니가 의뢰된 시점에서 볼 때, 그는 엄마의 외동아이가 아닌 엄마의 보호자이자 막역한 친구였다.

목표: 대니는 (a) 엄마가 자신에게 과도하게 의지하는 것의 부적절함을 언어화할 수 있게 될 것이다. (b) 자신의 욕구와 엄마의 욕구를 분리시켜 인식할 수 있게 될 것이다. (c) 자신의 일부 역기능적 신념을 언어화하고 그 신념들이 욕구의 충족에 방해하는 정도를 인식할 수 있게 될 것이다. (d) 자신의 지적 기술을 또래와의 상호작용에서 문제를 해결하는 데 사용할 수 있게 될 것이다.

(2) 생태학적 요인들

가족

이혼 스트레스를 겪으면서 부모는 적절한 역할 경계를 유지하는 데 무능하였고, 그래서 결국 대니를 고조되는 부부 갈등에 끌어들였다. 부모 모두 대니를 부부관계의 비밀을 털어놓을 수 있는 친구와 보호자의 역할로 끌어들이려고 시도했다. 각 부모는 상대

방을 반대하는 입장에 대니를 두려고 했다. 또한 정서적 지지를 위해서 대니가 자신들의 욕구를 만족시켜 주길 바랐다. 대니에게 강요되는 이런 것들이 모두 조합되어 대니의 기능 양상을 지속시켰다. 대니는 만일 부모의 요구에 따르지 않는다면, 그나마 그들로부터 받는 양육을 상실할 수 있는 심각한 위험에 빠질 것이라고 지각했다.

목표: 대니는 (a) 현재 자신이 부모로부터 받는 요구가 부적절하다는 것을 언어화할 수 있게 될 것이다. (b) 부모에게 직접적으로 정서적 지지를 요청할 수 있게 될 것이다. (c) 주변 환경에서 그에게 정서적 지원을 해 줄 수 있는 또래와 다른 어른들을 파악하게 되면, 부모에게 지지를 바라는 의존도를 감소시킬 수 있을 것이다.

또래

아동들이 학교를 다니기 시작한 이후로 줄곧 같은 지역에서 살았다면, 3학년 또는 4학년에 올라갈 때 그들은 실제적으로 안정적인 우정 연결망을 갖는 경향이 있다. 이런 연결망에 흔히 경직되기 쉬워서 새로운 아동들은 그 체계에 들어가는 데 어려움을 겪을 수 있다. 대니는 이런 또래 연결망에 참여하지 않은 채로 4학년을 마치려고 했다. 대니는 새로운 아이가 아니라는 불리한 점이 있었고, 게다가 이미 또래들에게 외톨이 또는 방관자로 인식되고 있었다. 이러한 두 가지 요인들 때문에 대니는 학교에서 또래관계를 개시하는 데 심각한 어려움을 겪기 쉬웠다.

목표: 대니는 전이적 또래지지 연결망(transitional peer support network)으로서 집단 성원을 활용할 수 있게 될 것이다. 이를 위해서는 대니가 먼저 또래들의 지지를 얻는 데 필요한 기술을 발전시키고 연마해야 한다. 그렇게 되면 집단을 이웃과 학교에서 또래와의 관계를 일반화시키는 기지로 활용할 수 있을 것이다.

넓은 체계

학교는 대니의 또래관계를 무시하고 학업 성취의 저하에 초점을 둠으로써 대니의 역기능적 반응 양상을 지지해 주는 데 기여했다. 교사들은 또래들이 학업 수행에 대한 압력을 감소시키기 때문에 학업 성취의 실패가 또래들 때문에 강화될 수 있을 가능성을 간과했다.

아동보호기관에서 대니의 치료를 아동학대 클리닉에 의뢰한 것은, 대니의 기능 양상에 중요한 영향을 미쳤다. 이러한 치료 의뢰는 대니에게 그 자신을 모든 보상을 받으며 가족 상황을 통제하는 사람이 아닌 부모 갈등의 희생자로 보도록 하였다. 이것은 부모의 기대가 부적절함을 시사해 주는 최초의 정보였다. 게다가 대니는 가족체계의 역할에 대하여, 자신은 부모가 서로 보호하도록 촉진하기보다는 부모로부터 보호를 받아야 한다는 것을 이해하게 되었다.

가정법원은 이혼과정에서 대니의 권리를 보호하기 위하여 변호사를 선임했다. 치료 초기의 어느 시점에서 대니는 부모 모두에 대하여 보호 명령을 요청했다. 전형적으로 이 명령은 폭력을 방지하기 위한 것이고, 거명된 당사자는 청구인의 특정한 물리적 공간 안으로 들어올 수 없도록 명시된다. 이 명령을 위반하면 위반자는 감옥에 갈 수도 있다. 대니가 이런 요청을 했을 때, 이미 부모들은 서로에 대하여 상호 간 최소한 100야드 이상 떨어져 있어야 한다는 구체적인 명령이 내려져 있었다. 만일 어느 한쪽이 그 경계선을 위반하면 다른 한쪽이 경찰을 부를 수 있었다. 대니는 부모를 자신에게서 떨어뜨려 놓을 목적으로 유사한 명령을 원했다. 이 점은 더 이상 부모와 분리되지 않은 관계(enmeshed relationships)를 맺고 싶지 않다는 대니의 견해를 반영한 것으로 절대적인 진보를 나타낸다. 이것은 동시에 대니가 최초로 다른 어른들에게 지지를 요청한 예였다.

만일 명령이 발효된다면 대니는 누군가 자신을 보호하고자 한다는 것을 느낄 것이다. 반대로 이와 같은 명령은 자신이 부모의 행동을 관리한다는 책임을 느끼게 하고, 자신이 부모의 요구에 직접적으로 반응할 수 있다는 견해를 강화할 수도 있을 것이다. 변호사는 나의 자문으로 이와 같은 명령을 쟁점화하지 않기로 결정했다. 대신에 원래 명령을 취소했다. 법원이 각 가족 구성원에게 전달한 메시지는 감옥에 보내겠다는 협박 없이 서로 적절하게 행동하라고 요청한 것이었다. 변호사는 부모에게 법원의 명령이 있든 없든 간에 부모는 대니를 보호해야 하며, 그것이 자녀를 위해서 최선이라는 점을 분명하게 전달했다. 대니의 부모는 자녀가 외부적 보호를 찾아야 할 필요를 느끼고 있는 상황에 대하여 강한 질책을 받았고, 그들의 행동이 변화하지 않는다면 둘 다 양육권을 상실하게 될 수도 있음을 알게 되었다. 변호사는 대니에게 부모 모두가 동시에 그에 대한 양육권을 상실할 가능성을 전달하지 않았다. 그것이 그에게 부모를 모두 잃게 될 수 있다는 두려움을 부각시킬 수 있었기 때문이었다. 부모는 이에 대하여 아주 적절하게 반응했고 대니 앞에서 싸우는 행동을 상당히 자제했다.

목표: 교사들은 대니의 저조한 학업 성취에 대한 비난을 최소화하면서 대니의 또래에

게 향한 모든 긍정적 접근들을 강화해 줄 것이다. (b) 대니는 법원에서 임명한 변호사를 지지 자원으로 계속 활용할 수 있을 것이다. (c) 대니의 변호사는 부모 중의 한 명이 양육적 권리를 갖고자 한다면, 대니의 욕구를 충족시켜 주어야 한다는 점을 지속적으로 압박할 것이다.

4) 목표 종합

사례 설계를 작성하는 과정에서 발전시킨 많은 목표들을 개관함으로써, 놀이치료자는 전반적인 일련의 목표들을 발전시킨 다음 우선순위에 기초하여 목표들을 분류한다. 치료자는 우선순위를 결정하기 위해서 두 가지 기준을 사용한다. 먼저 목표로 다루어질 행동들 중에서 자기와 타인에 대한 위험한 행동에 최우선 순위를 둔다. 또 다른 높은 우선순위를 갖는 목표들은 아동이 발달적으로 낮은 기능 수준을 보이고 있는 영역과 관련된다. 둘째, 놀이치료자는 목표들이 심리치료를 통해서 다루어질 수 있는지, 그리고 어떤 다른 개입으로 다루어져야 하는지를 결정해야 한다. 셋째, 놀이치료자는 각 심리치료 목표를 가장 최선으로 다룰 수 있는 개입 유형이나 치료양식을 결정한다. 마지막으로 놀이치료자는 내담자의 구체적인 목표나 내용을 다루기 위한 전반적인 개입 모델에서 사용될 구체적인 기법들이나 활동들을 결정한다.

대니의 사례에서 공격적 행동은 상대적으로 경미했고, 자신이나 타인의 안녕에 거의 해가 되지 않았다. 그래서 나는 위험성 여부에 기초하여 높은 우선순위에 해당되는 목표들을 고려하지 않았다. 그보다 발달적 기준을 활용하여 사회적 및 정서적 기능에서 매우 지체되어 있는 목표를 최우선 순위로 하였다. 사회적/정서적 기능 영역에서 현재 수준이 전조작적 수준에 해당되었기 때문에, 나는 이런 목표들이 집단치료에 적합하지 않을 것이라고 생각했다. 그래서 나는 최초 과정으로 개인 회기에서 대니를 치료하기 시작했다. 특히, 나는 대니와 엄마의 밀착된 관계를 다루기 위해서 개인치료를 원했고, 대니가 아빠와 보다 긍정적이고 안정적인 관계를 발전시키는 동안에 엄마와 분리될 수 있도록 도왔다. 개인치료 맥락에서 나는 대니의 가족과 사회적 상호작용에 대한 역기능적 신념들의 기원과 영향력을 다룰 수 있었다. 같은 상담소에서 두 명의 다른 치료자가 부모 각각에 대해 개인치료를 했고, 종결하기 전까지 완수해야 할 가족 과제에 대한 전반적인 계획을 제시했다. 가족치료의 목표는 보다 적절한 역할을 정의하고 새로운 가족 단위(대니/아빠, 대니/엄마) 각각의 경계를 발전시키는 것이었다.

나는 대니가 또래관계에서 사회적 기술의 결핍을 보이는 것과 관련하여 이런 목표들에 두 번째 우선권을 두기로 결정했다. 개인치료에서 대니의 사회적/정서적 기능이 지금의 4, 5세 수준과 비교하여 나아지는 진보를 보이는 지점에서 나는 이런 목표들을 집단치료에서 다루기로 결정했다. 나는 이런 결정을 내릴 때 대니가 도달한 세 가지 발달 기준을 활용했다. 첫째, 대니는 엄마에 대한 감소된 의존성을 보였다(2세 이상의 수준). 둘째, 대니는 정서적/물질적 지지의 자원으로써 자신의 삶에서 다른 중요한 성인과 아빠를 활용하는 것이 점차적으로 늘어났다(3세 이상의 수준). 마지막으로 대니는 덜 공격적이 되고 또래와의 상호작용에 관심을 보이기 시작했다(4세 이상 수준).

집단치료의 초기단계 동안, 대니는 개인 및 집단치료를 동시에 받았다. 개인치료 회기들은 회기 간의 간격이 점차 길어지면서 빠르게 종결로 나아갔다. 이런 과도기적 계획은 나에 대한 대니의 일대일 의존관계를 약화시켰고, 집단으로 개인 회기를 대체하는 것을 촉진시켰다. 이 사례에서 내가 개인 회기와 집단 회기를 모두 수행했던 것이 최선은 아니었겠지만 상담소의 인력상 어쩔 수 없는 일이었다. 집단 성원들 간의 질투 문제가 이 경우에는 쟁점이 되지 않았다. 왜냐하면 이 특정 집단에 참석한 모든 아동들이 한동안 나에게 개인치료를 받았기 때문이었다.

나는 상대적으로 높은 우선권을 갖는 세 번째 일련의 치료목표들을 결정했으나, 그것은 심리치료적 개입을 하기에 적당하지 않았다. 세 번째 목표를 구성하고 있는 항목들은 대니의 기능에 영향을 미치는 다른 체계들의 대표자들을 교육하거나 자문하는 것을 통해서 가장 잘 다루어질 수 있다. 나는 두 개의 자문적 관계를 수립했다. 하나는 대니의 교사와의 관계였다. 나는 학교가 대니의 역기능적 양상을 바꾸는 데 일정 역할을 할 수 있다는 점을 인식했고 교사들에게 변화를 일으킬 수 있는 간단한 전략들을 제시했다. 이런 자문들은 대니의 치료적 경과에 따라 비정기적인 전화 통화로 이루어졌다. 나는 법원이 임명한 대니의 변호사와도 자문적 관계를 수립했다. 그 변호사는 가족의 상호작용 양상을 제한하는 데 중요한 영향을 미쳤고, 그것은 적절한 역할을 정의하고 경계를 수립하고자 하는 치료적 목표와 일치되었다. 이런 자문들은 법원에서 데이비스 씨의 이혼을 종결지을 때까지 계속되었다. 이러한 종류의 자문은 생태적 놀이치료가 다른 전통적인 치료 형태들과 차별화되는 점이다.

4. 놀이치료의 과정

1) 장면설정

대니를 집단으로 들어가게 하기 위한 준비는 아주 제한적으로 이루어졌다. 나는 회기를 상대적으로 큰 방(18′ ×18′)에서 수행했다. 방은 크게 반으로 나누어, 한쪽은 바닥에 카펫을 깔아 놓고, 다른 한쪽에는 리놀륨을 깔아 두었다. 카펫이 깔린 쪽은 다시 두 영역으로 나뉜다. 한편에는 소파, 두 개의 팔걸이 의자, 커피 테이블 등이 있다. 전통적인 거실과 매우 비슷했다. 반대편에는 책상 하나와 모든 집단 성원과 지도자가 앉을 수 있는 의자가 충분히 있었다.

이렇게 배열하는 목적은 집단에서 기대되는 행동의 유형에 대하여 구성원들에게 시각적이고 공간적인 단서를 제공하기 위한 것이다. 거실 영역은 토론과 조용한 활동을 위한 곳이었다. 여기에서 다과가 제공되기도 했다. 아동들이 이 영역에 들어서면 나는 그들에게 집단과정과 기본적 예절을 지키는 것에 대하여 언어적으로 표현하도록 했다. 집단은 책상을 테이블 게임과 미술작업을 하는 데만 사용했다. 이 영역에서 나는 공유와 협력, 아동들 간의 '결과물 지향(product orientation)' 을 강조했다. 집단은 방의 넓은 공간을 대근육 활동과 게임을 하는 데 사용했다. 집단이 이 영역에 들어서면 나는 협력을 강조했다. 또한 집단은 자주 밖으로 나가서 동네 공원에서 놀이를 하기도 했다. 그곳에서 나는 집단원들에게 치료실의 공개적인 영역에서 요구되었던 것과 유사한 행동들을 요청했다.

나는 극소수의 재료들을 놀이실로 가져갔다. 나의 목표는 아동들을 장난감이나 재료들과 교류시키기보다는 아동들 간의 상호작용에 초점을 맞추게 하는 것이었다. 나는 두 가지 이유에서 먹을 것을 제공했다. 하나는 단순히 실용적인 이유였다. 집단은 방과 후에 바로 만났고 성원들은 너무나 배가 고파서 먹은 이후에나 뭔가에 집중할 수 있었다. 다른 이유는 보다 상징적이었다. 음식은 폭행의 희생자였던 모든 아동들에게 양육을 공유하는 방식이었다. 간식 시간은 공유하는 것을 가르치고 간단한 식사 예절을 가르칠 수 있는 좋은 기회이기도 했다.

집단에서 장난감이나 재료들을 자유롭게 사용하도록 허용한 때는 없었다. 나는 매 회기가 시작되기 전에 사용될 재료들을 선택했고 그것들만 테이블 위에 두었다. 재료에 대한 접근을 제한함으로써, 나는 집단 구조를 유지했고, 도전거리가 되는 재료를 제시함으로써 아동들을 좌절시키지 않으면서 발달적 진전을 최대화하였다. 처음에 나는 집단 토론을 위한 자극으로 제공하기 위해서 이야기 카드를 광범위하게 사용했다. 이야기 카드에는 한 명 이상의 집단 성원들과 관련된 주제들과 사건들, 갈등들이 묘사된 그림들이 포함되어 있었다. 나는 집단과정에 걸쳐서 자주 미술 재료들을 사용했다. 나는 크레용, 마커, 작은 도화지와 큰 도화지, 찰흙 등을 제공했다. 그렇지만 집단원의 대다수가 차례를 지키고 규칙을 따르며 경쟁하는 것을 참아 낼 수 있는 발달 수준(8세 이상 수준)에 도달하기 전까지 보드게임은 소개하지 않았다.

집단은 6명의 소년으로 구성되었고 연령은 9세부터 12세까지 해당되었다. 집단에서 모든 소년들은 다양한 방식으로 폭행을 당했다. 폭행의 심각성은 가장 심한 경우 부모가 형제를 살해하는 것을 목격한 아동부터 대니처럼 덜 심각한 아동까지 다양했다. 공통된 과거력에도 불구하고, 소년들은 이러한 공통점이 집단을 선발하는 데 하나의 기준이 되었다는 점을 인식하지 못했다. 성원들은 자신들이 집단에 있는 이유는 친구가 없다는 것에 슬픔을 표현했고 우정을 발전시키고 싶은 욕구가 있기 때문이라고 말했다.

한 소년이 집단에 들어오기 전에 부모는 아동이 최소한 9회기를 연속적으로 참석할 것에 동의해야 한다. 치료적 계약은 다음과 같이 구체화된다. 즉, 나는 8회기가 끝난 후에 부모와 아동 모두에게 아동의 진보를 개관해 준다. 만일 우리가 그 시점에서 종결을 결정한다면, 우리는 아홉 번째 회기를 종결하는 회기로 활용한다. 그러나 우리가 회기를 계속하기로 합의한다면, 나는 부모에게 또 다른 9회기 계약에 서명하도록 요청한다. 집단에 다시 오는 아동들의 경우에, 나는 그들에게 원래 계약의 아홉 번째 회기를 떠나는 집단원에게 작별인사를 하도록 돕고, 이때만 집단에 새롭게 들어오는 아동을 환영하도록 한다.

매 집단 회기의 형태도 미리 결정된다. 집단 회기의 시작 부분은 집단원들에게 아주 단순하고 직접적인 이완훈련을 완수할 수 있도록 구성한다. 처음에 이것은 그들이 집중하게 하고 지시에 따르는 습관을 들이게 하기 위해서 활용한다. 집단원들 중에 집단의 일과를 따르는 데 많은 어려움이 있거나 특별하게 산만해 보이는 사람이 없었기 때문에 토론 기간을 확대하자는 견해에 따라 이완훈련은 중단되었다.

각 집단 회기의 그 다음 15분 동안, 아동들은 소파와 의자에 앉아서 간식을 먹었다.

이러한 편안한 환경에서 우리는 '이야기 시간'을 가졌다. 이야기 시간 동안에는 집단원들이 관심을 갖는 주제에 대하여 집중적으로 논의했다. 처음에 나는 이야기 카드를 뽑는 방법을 사용하여 이런 토의를 촉진했다. 집단이 보다 응집력을 갖게 되면서, 그들은 자신들의 이야기 주제를 만들어 내었다. 나는 가능할 때마다 이런 토의의 맥락 내에서 집단원들이 문제해결하기를 적용할 수 있도록 안내했다.

'이야기 시간' 다음에는 '활동 시간'이 뒤따랐다. 그 다음 20~30분 동안 소년들은 자리에 앉아서 미술 작품을 완성하거나 테이블 게임을 하거나 대근육 게임을 하기 위하여 방의 빈 공간으로 이동하기도 했다. 나는 이때 참여할 활동들을 선택했고 이끌었다. 나는 '이야기 시간'과 '활동 시간' 모두에서 일차적 통제력을 가졌고, 두 가지 모두를 일과로 정착시키고 유지시키는 책임을 졌다.

시간이 허용될 경우, 집단 회기에서 마지막 15~20분은 '자유 놀이시간'이었다. 집단 회기에서 이런 배분된 시간 동안에 소년들은 자신만의 활동을 선택할 수 있었다. 그들은 함께 놀거나 따로 놀 수도 있었고, '활동 시간' 동안에 시작했던 것을 계속하거나 뭔가 다른 활동으로 바꿀 수도 있었다.

2) 시작하기

치료의 시작단계 동안에 한 집단의 구성원들은 대개 치료에 적응하고 반응하는 과정에서 몇 가지 하위 단계를 거치면서 발전해 간다. 이런 하위 단계 중 첫 단계는 탐색이다. 이 단계 동안에 아동들은 새로운 상황에 대한 정보를 흡수하는 데 집중한다. 이 단계는 대개 심각한 장해가 없거나 심한 방임의 희생자가 아닌 아동들에게는 매우 짧다. 일시적 수용단계 동안 아동들은 치료에 몰입되는 것으로 보이지만 미묘한 불순응을 보인다. 그들은 집단이 자신들의 욕구를 충족시켜 준다면 아주 잘 몰입할 것이지만, 그렇지 못하다면 상당한 저항을 보일 것이다. 부정적 반응은 치료 시작단계의 마지막 하위 단계다. 이 시점에서 아동들은 어떤 행동에 대하여 상황적 요구를 받으면 행위화 반응을 보이는데, 그런 반응들은 밖에서 그들이 통상적으로 보이는 레퍼토리다. 더욱이 그들은 집단에서 자신들의 불순응성을 보다 공공연하게 드러내는 것에 대하여 편안하게 느낄 것이다. 집단의 모든 구성원들이 이런 단계를 거치는 것은 아니지만 전체로서 집단은 이와 같이 진행된다. 놀이치료자는 대다수 집단원들의 치료단계와 집단 전체의 치료단계 모두를 다루는 활동들을 계획할 수 있어야 한다.

놀이치료자는 집단원들이 이런 단계를 공평하게 동시에 거쳐가는 것을 촉진하기 위해서 해석을 사용할 수 있다. 뒤처지는 구성원을 희생양으로 삼는 것을 피하기 위해서, 구성원들을 각기 비교하는 대신에 전체로서 집단원들의 진보를 비교하는 해석을 하는 것이 유용하다. 결정하고 이행하는 것이 어렵기는 하지만, 놀이치료자는 진전할 수 없거나 진전할 의사가 없는 단 한 명의 집단원 때문에 집단을 진전하지 못하게 해서는 안 된다. 때로 어떤 아동은 집단을 통제하는 방식으로써 진전을 거부하고 자신이 휘두르는 힘으로 강화될 수도 있을 것이다. 이런 경우는 그 아동을 지금 막 시작하려고 하는 다른 집단으로 옮김으로써 원래 집단이 나아갈 수 있게 하는 편이 더 낫다.

(1) 탐색하기

탐색단계 동안 대니는 거의 행동을 보이지 않았다. 그는 다른 아이들과 말을 하지 않았다. 그는 행동적으로 매우 보유적이었고 집단 활동에 참여하지 않았다. 시각적으로 환경을 탐색하는 활동을 하는 동안에만 겨우 비슷하게 참여하였다. 그러나 모든 대화에는 분명하게 가담했다. 대니는 집단의 첫 회기와 두 번째 회기의 절반 동안은 이런 유형의 탐색 활동을 하였다.

여기에 새로운 환경을 탐색하고자 하는 대니의 욕구를 다루는 데 사용했던 경험적 활동 유형의 한 예가 있다. 대니의 첫 회기 동안, 집단은 대인관계의 초점을 촉진시키기 위해서 고안된 단순한 게임을 하고 있었다. 한 아동이 집단의 한가운데에 서 있고, 다른 아동들은 시각적으로 그를 조사함으로써 그의 정확한 외모를 기억하려고 하였다. 그런 다음 표적이 된 아동은 방을 나가서 자신의 외모 중 뭔가를 바꾼다. 예를 들어, 신발을 짝짝이로 바꾸어 신는다. 아동이 방에 다시 들어오면 집단은 그 변화를 찾아내는 데 어느 정도 시간이 걸리는 지 시간을 잰다. 대니는 표적 아동이 되는 것을 거부하기는 했으나 관심이 없는 것처럼 보이지 않으려고 노력했고, 표적 아동이 방으로 다시 들어왔을 때 처음으로 차이점을 추측해 내는 아이들 중 하나였다.

나는 대니의 행동과 감정을 언어로 표현하는 데 해석을 사용했을 뿐만 아니라 그런 것들을 집단과정의 일부분으로 만드는 데도 활용했다. 나는 대니의 불안과 새로운 상황을 통제할 수 없다는 불편감을 거론하면서 반영해 주었다. 나는 대니가 놀이를 거부하는 것을 그가 통제할 수 있는 것을 간직하고자 하는 (자가 이식적인) 시도로 해석했다. 나는 대니가 활동에 관심을 보였던 것을 주목하면서 활동 참가에 대한 대니의 양가 감정을 반영하기도 했다.

(2) 잠정적 수용

아마도 앞서 개인치료의 경험 때문이었는지, 대니는 두 번째 회기 동안에 치료의 잠정적 수용의 하위 단계로 나아갔다. 이 시점에서 대니는 말을 더 많이 하기 시작했으나, 그가 말한 것은 모두 나에 대한 것이었다. 그는 다른 아동들이 직접적으로 언어화한 내용을 인식하지 못했다. 대신에 그는 다음과 같은 매우 자기중심적인 뒷얘기를 하는 경향이 있었다. "아, 그래. 그런 일이 내게도 한 번 있었어. 나는……." 대니는 집단에서 활동들을 완수하기 시작했는데, 최소한의 공유를 요구하는 놀이에서만 그랬다. 만일 가능하다면 그는 다른 활동들에서 변화를 피해서 이러한 자세를 유지하려고 할 것이다.

대니가 잠정적 수용단계에 있는 동안, 집단 활동 중의 하나로 '쌍 그림(pair pictures)'이라고 불리는 프로젝트가 있었다. 각 소년들은 상대를 골랐고 나는 한 쌍마다 큰 종이 한 장과 마커 한 상자를 주었다. 나는 그들에게 아무거나 그리고 싶은 것을 그리라고 지시했다. 나는 두 사람이 함께 작업하도록 격려했으나, 종이를 반으로 찢지 않는 한 종이의 개별적인 영역에서 독자적으로 그림을 그리는 것은 허용했다.

대니는 상대방과 상의조차 하지 않은 채 즉시 종이 가운데에 선을 그었다. 그런 다음 그는 종이의 반에 아주 작게 그림을 그려나갔다. 이 시점에서 대부분 다른 쌍들은 처음에 종이를 나누었을지라도 협력적으로 작업을 하기 시작했다. 대니는 외현적으로 이런 동등한 활동 수준을 과도하게 많이 보였는데, 그것은 그가 불응하는 방식을 찾았기 때문이었다. 대니는 종이의 자기 쪽 한 귀퉁이를 접고 거기에 너무나 정교하게 그림을 그렸기 때문에, 그의 짝의 그림과는 완전히 별개의 것이 되었다.

대니가 이 단계에 머무는 동안, 나는 그의 통상적인 행동 양상에 적당하게 도전이 되는 활동들을 선택했다. 보편적으로 앞의 '쌍 그림'과 같은 활동들이었다. 집단의 초점은 낮은 수준의 협력에 있었다. 이것은 대니가 자신이 통상적으로 가담하는 동등 놀이의 유형으로는 강화받지 못한다는 것을 의미했다.

이 단계 동안 나는 대니에게 그가 집단에 통제력을 행사하지 못하거나 독립적 활동에 대해 보상을 받지 못하여 좌절이 증대되는 것을 반영하는 데 해석을 활용했다. 대니가 '쌍 그림' 활동 동안 종이의 뒷면에 그림을 그릴 때, 나는 과제의 규칙을 깨고자 하는 그의 욕구를 말해 주었다. 동시에 나는 다른 아동들이 순응하는 것을 칭찬했다. 나는 대니의 행동이나 내가 정한 한계에 따르지 않는 그를 직접적으로 비난하지 않았다. 오히려 나는 일관적으로 다른 아동들이 상호작용 놀이와 근접해지는 것을 강화하였다. 나는 언제나 자신이 통제하지 못한다면 강화를 받지 못할 것이라는 대니의 신념과 행동 간의 관계성에 대하여 해석했다. 나는 집단에서 대니에게 통제는 강화를 가져다주기보다는 오히려 상실을 초래할 것이라는 사실을 분명히 했다.

(3) 부정적 반응성

대니는 그의 첫 번째 9회기짜리 계약의 끝에서 부정적 반응단계로 나아갔다. 그는 언어적으로 보다 공격적이 되기 시작했다. 그의 논평은 이제 자기중심적이고 침투적이기까지 했다. 그는 다른 아동들에게 설교를 하거나 그들의 말이 어리석다고 하면서 자신의 말로 바꾸어 버렸다. 그는 간식 시간 이외의 다른 어떠한 활동에 참여하는 것을 거부했고, 언어적으로 모든 것을 어리석다고 말했다. 그는 과거 자신의 학업 성취에 대하여 요란하게 떠들었고, 이를 학업 성취에 어려움을 경험하는 다른 집단원을 공격하는 데 이용했다.

대니는 집단에서 나의 역할을 맡으려고도 했다. 이것은 확실히 대니가 가정에서 부모 및 배우자의 역할을 하고 있다는 것의 반영이었다. 그는 어른이 됨으로써 통제력을 가질 수 있다고 생각했다. 그리고 모든 다른 집단원의 행동을 감찰하고 규칙 위반들을 나에게 보고하면서 후속 결과를 제안했다. 내가 그의 지시를 따르지 않으면, 그는 방을 뛰쳐나갔고 몇 분 있다가 새로운 제안을 가지고 다시 돌아왔다. 대니의 부정적 반응의 가장 자비로운 표현은 다른 집단원을 돕는 것이었다. 그는 어떤 게임을 하는 동안 승리전략을 조언해 주거나 다른 아동의 미술 활동을 향상시키기 위한 제안을 하였다. 이런 행동들은 두 가지 수준에서 문제가 되었다. 대니는 제안을 할 때 성인의 어휘를 사용하는 경향이 있어서 다른 아동들로부터 따돌림을 받았다. 왜냐하면 아동들은 대니가 생색을 내는 것이라고 생각했기 때문이었다. 대니는 다른 집단원들이 자신의 지시를 받아들이지 않을 때 적대적으로 반응하기도 했다. 그래서 다른 아동들은 대니가 돕는 것보다는 통제하는 데 더 관심을 두고 있다는 것을 알게 되었다. 그 자신도 실제 어떤 게임을 하거나 어떤 프로젝트에서 자신의 몫을 하는 것을 피하기 위해서 조언-제공자 역할을 하기도 했다.

대니가 부정적 반응단계를 거쳐서 나아가도록 하기 위해서 고안된 활동들은 대안적인 것으로, 대니에게 통제를 허용하는 것과 다른 사람의 지시를 따라야만 하는 것이었다. '시몬 가라사대' 라는 단순한 게임은 대니의 행동을 분명히 하는데 이상적인 방식이었음이 입증되었다. 그는 자신이 시몬이 될 때 굉장히 즐거워했다. 그는 재미있게 지시를 했고 다른 집단원들이 실수를 하면 기뻐했다. 그러나 그가 다른 시몬의 지시를 따라야만 할 때는 입을 삐죽거리고 따지는 말을 하였으며, 자신이 실수를 할 때는 게임을 하지 않았다.

이 시점에서 나는 규칙적으로 대니의 투쟁에 대해, 상황적 통제를 포기해야 하는 불안과 과도한 통제력을 발휘하려고 하기 때문에 나의 인정을 받지 못하고 좌절되는 것에서 자신을 구하기 위한 행동이 나타난 것이라고 말해 주었다. 또한 나는 각 행동들의 동기, 가정과 학교에서 보이는 행동과 집단에서의 행동 간의 유사성에도 주목했다. 나는 그 투쟁의 어려움을 확인했고 결국 이겨낼 것이라는 나의 신념을 반영하는 말을 하였다. 이 단계에서 다른 소년들은 진정으로 대니와 이야기하기 시작하였고, 그들이 말해야 했던 것의 대부분은 아주 부정적인 것들이었다. 그들은 자신들을 통제하려고 하는 대니의 시도를 좋아하지 않았고 대니는 다음과 같은 말을 많이 들었다. "너는 나의 대장이 아니야." 그럼에도 불구하고 집단은 합체되어 가기 시작했고, 대니를 나가게 내버려 두었다.

사례에서 종종 발생하듯이, 대니는 기세 좋게 부정적 반응단계를 완수했다. 어느 날 대니는 자신이 규칙을 지키지 않아 게임에서 나가야 하자 격분했다. 그는 이리저리 쿵쾅거리며 다니다가 방을 나갔다. 나는 그를 회복시키기 위해서 나갔는데 대니는 나에게 소리를 질렀다. "선생님이 아이들에게 나와 함께 놀라고 말해요." 나는 거절하면서 대니에게 스스로 아이들에게 게임에 넣어 달라고 직접 요청해야 한다고 말해 주었다. 내가 대니에게 먼저 게임의 규칙을 깬 것을 사과하라고 제안했을 때 그는 더욱더 격노했다. 그는 다시는 집단으로 돌아가지 않겠다고 위협했다. 그는 부모에게 말한 다음 사회사업가에게 내가 얼마나 치사한지를 말하겠다고 협박했다. 그리고 나에게 상처를 주겠다고 협박했다. 이 시점에서 나는 그의 손을 꽉 잡고 안으면서 다음과 같이 말해 주었다. 즉, 이것이 아마도 그가 오랫동안 다루어 왔던 방식에 대항하는 마지막 투쟁일 것이고, 그가 이겨낼 것이라는 것을 알고 있다고 말해 주었다. 그는 몇 초 동안 저항하다가 이내 멈추었고 주저앉아 체념을 했다.

그런 다음 우리는 약간의 문제해결을 하기 시작했다. 대니는 처음으로 다른 아이들에게 심술궂게 하는 것을 문제로 인식했다. 대니는 약간의 도움을 받아서, 자신이 배제될 때 상처입고 화가 난다는 것으로 문제를 재정의하였다. 그는 상호작용이 아주 나빠질 때까지는 자신이 진정으로 다른 아이들을 화나게 행동했다는 것을 자각하지 못한다는 것에 주목했다. 우리가 발전시킨 많은 계획들 중 하나는 내가 그에게 단순히 그의 이름을 불러 줌으로써, 그가 다른 아이들을 소외시키기 시작했다는 사실에 실마리를 주는 것이었다. 그가 방으로 다시 들어갔을 때, 무슨 말을 해야 할지에 대하여 시연을 하기도 했다. 우리가 연습을 다하자 그는 아직 집단으로 돌아갈 준비가 되지 않았다고 말했다. 나는 대니가 아마도 집단에서 벗어나 나와 함께 있음으로써 상당한 권능감과 보상을 받을 수도 있다는 것을 자각하게 되었다. 나는 떠나면서, 나는 그가 괜찮을 것이고 준비가 되는 대로 집단에 다시 돌아올 것이라는 점을 알고 있다고 말해 주었다.

그가 방 밖에 있는 동안, 나는 소년들에게 만일 대니가 기회를 달라고 말한다면 어떻게 반응할 것인가에 대하여 지도하였다. 나는 그들에게 대니의 행동으로 영향을 받는 측면에 대하여 문제해결하기를 해 보도록 했다. 그들의 계획은 대니가 진짜로 화가 나기 전에 보다 빠르게 언어적인 피드백을 해 주는 것이었다.

몇 분이 지나서 대니가 방으로 들어왔다. 처음에 그는 아무 말도 하지 않고 옆 줄에 앉았다. 다른 소년들은 자신들이 어떻게 반응해야 할지에 대한 실마리를 얻기 위해서 나를 쳐다봤고, 나는 집단원들에게 하던 일을 계속하자고 말했다. 마침내 대니가 다가와서 함께 하려고 했으나 집단원들은 그를 끼워 주지 않았고, 그래서 그는 다시 돌아가서 소파에 앉았다. 나는 그에게 가서 집단의 지침을 촉구했다. 그러자 그는 다가와서 빠르게 사과하더니 놀게 해 달라고 했다. 단서에 따라 집단은 그가 함께 하는 것을 허용했다. 대니는 자신의 욕구를 직접적으로 충족시키기 위해서 또래들에게 다가갈 수 있었고 성공하게 되었다. 그의 부정적 반응단계는 끝부분에 있으며, 집단치료에서 진정한 작업을 할 준비가 되었다.

집단의 부정적 반응단계는 이상의 시나리오에서 분명하게 드러난다. 이 하위 단계에서 집단원들이 단지 수동적으로 대니를 무시했던 것만은 아니다. 그들은 적극적으로 대니의 행동을 좋아하지 않는다고 말하면서 대니를 배제했다. 나의 부드러운 해석적 논평도 집단원들이 대니를 배제시키고자 한 결정을 약화시키지 못했다. 이 시점에서 집단원들은 또 다른 새로운 집단원을 받아들이기로 선택함으로써 대니에게 더욱 공격적으로 반응했다. 대니가 자신의 행동을 확실히 변화시킬 수 있다는 것을 입증할 때만 집단은 그에 대한 반응을 변화시켜 나갈 것이다. 그럴 때조차도 그렇게 하기 위해서 집단원들은 나의 지지를 필요로 하였다.

3) 성장, 신뢰 및 훈습

일단 대니가 자신이 규칙을 어기는 행동 양상을 자각하게 되고 또래와 긍정적이며 욕구충족적인 상호작용을 한 번 경험하자 치료는 매우 빠르게 진전되었다. 이 단계에서 전체로서 집단은 진전을 보였고, 각 소년들은 그들이 회기에서 이루고자 했던 개인적 목표들을 작업해 나갔다. 일부 소년들의 경우, 다른 사람을 때리지 않는 것이 목표였다. 다른 소년들의 경우는 언어적으로 덜 공격적이 되는 것이고, 또 일부는 집단에서 다른 사람들에게 보다 협력적으로 접근하는 것이었다. 우리는 토론 활동의 일부에서 이런 목표를 설정했기에, 모든 집단원들은 서로의 목표를 알 수 있었다. 대니가 자신의 목표를 달성해야 할 때가 되었을 때, 대니는 자신이 사용하는 추상적 개념을 덜 어른스러운 말투로 고치는 데 어려움을 겪었다. 대니는 마침내 다음과 같이 말했다. "알아요. 나는 놀이치료 선생님 노릇을 하고 있는 것을 그만두려고 노력해야 하고 나도 꼬마라는 것을 기억해야 하죠." 이것은 다른 소년들이 조작적으로 정의했던 정확한 목표는 아니었으나, 대니가 자신의 문제에 대한 자각을 발전시키는 데 진전을 나타내고, 문제해결을 위해서 인지적 기술을 사용할 수 있는 능력이 있음을 반영해 주었다. 대니는 나에게 그가 성인의 역할로 빠져들 때마다 그 전에 했던 것처럼 계속해서 단순히 그의 이름을 불러서 상기시켜 줄 것을 요청했다.

성장과 신뢰 단계 동안, 대니 치료의 초점은 상호 유익한 또래 간의 우정을 발전시키는 것이었다. 처음에 이렇게 하기 위해서 나는 대니에게 계속해서 또래에게 초점을 맞추게 하고, 정서적 지지를 해 주는 주요한 원천으로서 나를 멀리하도록 하였다. 나는 대니가 놀이치료자의 역할로 나와 함께 하려고 할 때마다 그에게 언어적인 단서를 계속해서 주었다. 나는 집단에서 대니가 나와 상호작용을 하는 양식과 부모 및 다른 권위적인 위치의 어른들과 상호작용하는 양식 간의 유사성을 일관적으로 해석해 주기도 했다. 그가 포기하기를 가장 주저했던 것으로 보이는 이런 행동들의 요소는 다른 아동의 행동에 제한을 가하였다. 그는 다른 아동들의 나쁜 행동을 동일시하여 어른으로부터 양육을 받지 못하게 된 것처럼 행동했다. 이것은 다시 어른들에게 대니를 보다 활용 가능하게 만들었다. 더욱이 만일 그가 제한을 둘 때 어른과 함께 한다면 어른은 덜 피곤해져서 대니를 위해 더 낫게 제공해 줄 수 있을 것이다. 나는 이 역동을 대니에게 해석해 주었고 그는 그것을 받아들였다. 그러나 치료자들이 알고 있는 것처럼 통찰이 항상 행동 변화를 가져오지는 않는다. 대니는 불안 감소 측면에서 이런 행동으로 받았던 강화가 너무나 컸기 때문에 내가 제안한 새로운 방향설정에 저항하였다.

대니가 보이는 유사 성숙(psedomature), 즉 성인지향적 양식에 변화를 가져왔던 개입은 '활동 선택하기' 였다. 발달 연령에 맞게 대니는 말보다는 경험을 통해서 훨씬 더 많이 배웠다. 물론 이것이 내가 했던 언어적 작업과 해석의 중요성을 반감시키는 것은 아니다. 언어에 기반을 둔 것은 대니의 행동에서 변화의 과정을 일으켰고 변화의 이득과 대가를 견주어 보는 것을 가능하게 했으며 일반화를 빠르게 일으켰다.

대니의 행동을 변경시킨 활동의 유형들은 경쟁이 아닌 집단 협력과 관련된 것이었다. '풀밭의 뱀(Snakes in the Grass)' (Fleugelman, 1976; O'Connor, 1991)과 같은 게임(모든 인간이 뱀으로 변화하기 위해서 함께 집단이 작업을 해야만 하는 게임)이 이상적이었다. 다른 비경쟁적 집단 게임은 『새로운 게임 책(The new game book)』(Fleugelman, 1976), 『더 새로운 게임(More New games)』 (Fleugelman, 1981), 『놀이치료 입문(The Play Therapy Primer)』 (O'Connor, 1991)에서 찾아볼 수 있다. 지역 공원으로 집단 탐방을 나가는 것도 생산적인데, 아동들은 그곳에서 탐색할 수 있고 결과적으로 자신들의 환경에서 강화받을 수 있다. 이런 맥락에서 한 소년이 나무에 올라간다면 그의 기술은 강화받을 수 있다. 그러면 그는 다른 아이들이 나무에 오르는 것을 도와줄 수 있고 또래를 도와주는 행동이 강화를 받게 된다. 도움을 받는 수혜자는 한 명의 또래로부터 지지를 받고, 또래들이 똑같이 오르게 되면 강화를 받는 것이다. 나는 사회적 강화를 주는 것을 계속적으로 시범 보이는 한편, 집단원들이 대부분 서로에게 강화를 해 주는지에 주목해야 한다.

더욱이 나는 주기적으로 성인/치료자의 역할을 포기함으로써 집단원들이 서로를 강화해 주는 경향성을 강화시켰다. 이것은 만일 전체로서 집단이 치료과정에서 성장과 신뢰 단계로 전이되지 않았다면 불가능하다. 왜냐하면 그 상태에서 집단원들은 자신들의 행동을 유지하기 위한 제한과 구조를 지키는 데 있어 여전히 나의 주목을 받고자 하기 때문이다. 이 시점에서 또한 집단 활동에 대부분 적극적인 참가자로 참여하려고 했다. 나는 아동들과 나란히 놀이를 했다. 또한 집단과정에 대하여 깊은 해석을 계속했으나,

채 부모의 요구에 저항할 수 있도록 도와주는 쪽으로 방향을 잡았다. 대니는 부모의 기대가 부적절할 때와 부모들이 합리적인 경계에서 멀어지거나 다른 곳에서 지지를 추구하려고 고집하는 행동을 아주 잘 인식하게 되었다. 이 점에서 분명한 향상을 보이기는 했으나, 대니가 부모를 상대로 한 거짓된 성숙의 역할은 유지되었다. 대니는 부모의 경계와 제한을 신뢰하기보다는 오히려 자신이 경계를 감찰하고 제한을 설정하는 편이었다. 그러나 이러한 대니의 유사 성숙은 실질적으로 지능이나 정서와는 무관했으며, 그에게 다른 관계를 통해서 욕구를 충족시키고 아이가 되도록 허용하였다. 나아가 이런 견지에서 대니의 거짓된 성숙은 부모가 장기적으로 보다 건강한 방식으로 대니에게 제공해 줄 수 있는 지원들을 계속해 줄 수 있도록 하였다.

6. 논의

생태학적 놀이치료는 놀이치료자가 접수 시점부터 평가, 치료계획, 치료 이행 및 종결까지 아동 내담자에게 구현되는 다양한 체계들의 영향과 상호작용을 고려하는 모델이다. 놀이치료자는 아동이 나타내는 문제의 체계적 측면들을 다루는 광범위한 목표들을 세우고 그 목표들을 놀이치료에서, 또는 의뢰나 자문 및 연결작업을 통해서 다룬다. 구조화된 집단 놀이치료는 놀이치료자가 또래 및 사회화의 문제가 있는 아동들을 다룰 수 있는 하나의 개입기법이다.

놀이치료자가 구조화된 집단 놀이치료만을 단독적으로 이행될 수 있는 효과적인 치료방법으로 보지 않는 점은 구조화된 집단 놀이치료 방법을 개념화하는 데 중요하다. 치료가 적절하게 진행되려면 놀이치료자가 아동의 발달 수준과 생활 상황을 고려해야 한다. 이 모델은 특히 제시된 대니의 사례에 적합하였다. 그것은 이 사례가 학교와 가정 법원의 자문과 함께 개인치료, 가족치료 및 집단치료가 조합되어 있고, 그것들이 의뢰된 아동의 기능 양상을 바꾸는 데 기여했기 때문이다. 이런 각 개입에서 기저의 목표는 기본적 욕구와 타인의 권리를 침해하지 않는 방식으로 자신의 욕구를 충족시키는 능력을 증가시키는 것뿐만 아니라 발달적으로 적절한 행동을 재수립하는 것이었다.

이 사례를 다시 검토해 보면서, 치료과정에 부모를 보다 많이 참여시켰다면 결과가 유의미하게 향상될 수 있었을 것이라고 느낀다. 그 당시 가족치료는 두 가지 이유에서 이행되지 못했다. 첫째, 부부 간 이혼이 진행 중이었기 때문에 나는 회기 중에 이런 싸움의 분출이 점차적으로 향상되는 대니의 방어 능력을 압도할까 봐 걱정하였다. 부모가 직접적으로 상호작용을 하지 않는 한, 그들은 신체적으로 폭력적이 될 기회를 갖지 못했다. 가족치료를 수행하지 않은 또 다른 이유는 부모를 재결합시킬 수 있을 것이라는 그의 환상에 기름을 붓게 될까 봐 걱정했기 때문이었다. 만일 이런 일이 생겼다면, 가족 회기들은 그의 행동화를 강화했을 것이다. 이혼에도 불구하고 대니와 부모는 아마도 가족치료에 잘 맞았을 것이다. 이러한 개입의 목표들은 보다 분명하고 적절한 부모-자녀 역할의 경계를 수립하는 것이었을 것이다. 이것은 대니에게 각 부모와 상호작용하는 데 아이가 되는 것을 편안하게 했을 것이다.

대니의 부모가 최소한으로 관여했음에도 불구하고, 실제적 측면에서 나는 이 사례의 결과가 거의 최적에 해당한다고 믿는다. 대니는 자신의 욕구를 충족시키기 위한 많은 새로운 전략들을 배웠다. 이런 전략 중의 일부는 대니에게 자신과 각 부모 간의 경계를 보다 잘 유지할 수 있게 해 주었고 부모의 부부 갈등에서도 벗어날 수 있게 해 주었다. 다른 전략들은 대니에게 또래와의 상호작용을 할 때 아이로서 기능할 수 있도록 해 주었다. 후자는 대니에게 이전에는 활용 가능하지 않았던 전반적인 범위의 강화인 및 지지와 함께 제공되었다. 나는 대니가 부모의 해결되지 않는 자기애적 욕구로 인해 부모와의 상호작용에서 상대적으로 과도하게 성숙한 자세를 보이도록 요구받았음에도 불구하고 그의 예후가 아주 좋을 것이라고 믿는다.

참고문헌

Camp, B., Blom, G., Herbert, F., and Van Doornick, W. (1977). "Think aloud": a program for developing self-control in young aggressive boys. *Journal of Abnormal Child Psychology*, 5, 157-169.

Developmental Therapy Institute. (1992). *Developmental Therapy Objective Rating Form-Revised*. Athens, GA: Developmental Therapy Institute.

Dinkmeyer, D. (1973). *Developing Understanding of Self and Others* (DUSO). Circle Pines, MN: American Guidance Services.

Fleugelman, A. (Ed.). (1976). *The New Games Book.* Garden City. NY: Headlands Press.

Fleugelman, A. (Ed.). (1981). *More New Games.* Garden City. NY: Headlands Press.

Goldfried, M., and Davison, G. (1976). *Clinical Behavior Therapy.* New York: Holt, Rinehart & Winston.

Jacobson, E. (1938). *Progressive Relaxation: A Physiological and Clinical Investigation of Muscular States and Their Significance in Psychology and Medical Practice* (2nd ed.). Chicago: University of Chicago Press.

Meichenbaum, D. (1977). *Cognitive–behavior Modification: An Integrative Approach.* New York: Plenum.

Meichenbaum, D., and Goodman, J. (1971). Training impulsive children to talk to themselves: a means of developing self–control. *Journal of Abnormal Psychology*, *77*, 115–126.

O'Connor, K. (1991). *The Play Therapy Primer.* New York: Wiley.

O'Connor, K., and Lee, A. (1991). Advances in psychoanalytic psychotherapy with children. In M. Hersen, A. Kazdin, and A. Bellack (Eds.), *The Clinical Psychology Handbook* (2nd ed.). pp. 580–595. Elmsford, NY: Pergamon.

9
미약함에서 대담함까지: 게슈탈트 놀이치료

Violet Oaklander, Ph.D.

1. 게슈탈트 치료 소개

게슈탈트 치료는 인간의 모든 측면들(감각, 신체, 감정, 지능)에 관심을 갖는 인본주의적이고, 과정지향적인 치료 형태다. 이 치료는 기본적으로 프레드릭 펄스(Frederick Perls) 박사와 라우라 펄스(Laura Perls) 박사에 의해 발전되었다. 이 치료는 현상학적 측면, 실존주의, 라이히의 신체치료(Reichian body therapy)뿐만 아니라 정신분석적 이론, 형태심리학, 인본주의적 이론 등의 원리들에 기반을 두고 있다. 이런 근간이 되는 것들을 넘어서, 오늘날 우리가 알고 있는 게슈탈트 치료의 이론과 실제를 구성하는 방대한 이론적 개념과 원리들이 발전되어 왔다(Latner, 1986; Perls, 1969; Perls et al., 1951).

게슈탈트 문헌에 제시된 모든 개념들과 원리들은 아동의 정신병리뿐 아니라 건강한 아동의 성장 및 발달과도 관련된다. 다음에 소개되는 개념은 내가 아동과 치료적 작업을 하면서 매우 중요하게 생각하는 것들이다.

1) 나/너 관계

이 개념은 게슈탈트 치료 관련 저술들에서 짧게 언급하고 있으나, 아동과의 작업에서 대단히 중요한 시사점을 갖는다. 마틴 부버(Martin Buber, 1958)의 저서에서 유래된 나/너 관계 유형은 호칭을 붙이는 데 동등한 두 사람의 만남을 나타낸다. 즉, 연령, 교육 및 학위와 상관없이 치료자는 내담자보다 더 훌륭하고 더 중요한 사람이 아니라는 것이다. 치료자는 회기에서 온전하고 참되며 일관되게 참여한다. 치료자는 자신을 어떻게 드러내든 간에, 존중과 명예를 가지고 아무런 판단이나 조종 없이 아동을 대한다. 동시에 치료자는 치료적 대면과정에서 자신의 한계와 경계를 자각하면서 내담자의 상황에 직면하여 결코 자신을 잃지 않는다. 치료자는 회기에 목표와 계획을 가져올 수 있지만 아무런 기대를 하지 않는다. 매 회기는 실존적 경험이다. 치료자는 결코 아동이 그 자신의 역량이나 의지력을 넘어서도록 압력을 가하지 않는다. 치료자는 안전한 환경을 만들어 준다.

관계 자체가 치료적일 수 있다—아동이 이런 종류의 경험을 해 보는 유일한 때일 수 있다. 관계가 없다면, 나아가 치료적 개입도 소용없다.

2) 유기체적 자기조절

건강을 끊임없이 추구한다는 점에서 유기체는 항상성(homeostasis)을 추구한다. 우리는 계속적으로 신체적, 정서적 및 지적 욕구들에 직면한다. 우리는 각 욕구를 만족시키고 평형 상태에 도달할 수 있는 방법들을 찾아내기 전까지 최소한 일시적으로라도 불편감을 경험한다.

나는 영아가 발달해 가는 자연스러운 방식을 모델로 사용한다. 건강한 아기들은 자신의 감각, 신체, 정서 및 지성들을 가지고 잘 기능하는 유기체로서 세상에 도착한다. 아기들의 생존은 바로 그들의 감각에 의존한다. 영아들은 살기 위해서 빨아야 하고, 잘 자라기 위해서 어루만져져야 하고 안겨야 한다. 성장하면서 영아들은 냄새, 소리, 맛, 표정, 색깔 등을 통해서 세계에 대해 배운다. 그들은 활동적으로 만지기, 맛보기, 듣기, 냄새맡기 및 보기를 활용한다.

곧 영아들은 자신의 신체를 자각하게 되고 만지기, 뻗기, 잡기, 떨어뜨리기 및 탐색하기를 통해서 새로운 수준의 통제와 숙달을 발전시킨다. 또한 그들은 성장하면서 기기, 걷기, 뛰기 및 오르기를 통해서 자신의 신체를 열성적으로 활용한다.

영아들이 자신의 감각과 신체를 보다 잘 지각하게 되면서 영아들의 감정 표현은 점차 분화되기 시작한다. 영아들은 아직 자신의 정서 표현을 저지하는 기술을 알지 못한다. 우리는 아기들이 화나거나 슬프거나 행복하거나 두려워할 때를 분명히 안다.

영아들의 지성 역시 빠른 속도로 발전해 간다. 그들은 명료함, 표현 및 자신들의 욕구를 알리고 충족시키기 위한 수단으로서 언어를 사용하는 것을 배운다. 성장하면서 그들은 자신의 욕구, 생각, 아이디어, 호기심들을 표현하기 시작한다.

아동 유기체의 건강하고 방해받지 않은 발달—감각, 신체, 정서, 지성—은 아동의 자기감(sense of self)의 기본적인 기초가 된다. 강한 자기감은 환경과 환경 내의 사람들과 좋은 접촉을 이끈다. 각 욕구가 표면으로 떠오르고 방해받지 않고 충족되면, 아동은 항상성과 균형을 성취할 뿐만 아니라 새로운 수준의 성장과 발달도 성취하게 된다(Oaklander, 1982).

3) 접촉 경계장해

우리는 자신을 넘어서는 곳, 즉 우리의 가장자리, 자기의 경계(boundary of the self)에서 타인 및 환경과 접촉을 한다. "접촉 경계(contact boundary)는 사람이 '내가' 아닌 관계에서 '나를' 경험하는 순간으로, 이런 접촉을 통해서 둘 다를 보다 분명히 경험한다." (Polster & Polster, 1973, pp. 102–103). 만일 자기(self)가 혼란스럽고 약하다면 확실한 경계를 갖지 못하므로 접촉은 고통스러워진다.

건강한 접촉은 자신에 대한 안전감과 혼자 있는 것에 대한 두려움이 없는 것을 포함한다. '접촉을 함께 하는 것(togetherness)이나 합류하는 것(joining)과 구분해 주는 것은, 접촉이 분리감을 유지하는 경계에서 발생하여서 결합이 그 개인을 압도할 정도로 위협적이지 않는 것이다' (Polster & Polster, 1973, pp. 102–103).

우리는 자신을 보호하고자 하는 잘못된 희망으로 강한 접촉을 피하기 위해서 다양한 위장을 한다. 우리는 자신의 감정을 타인에게 투사한다. 우리는 자신을 불편하게 만드는 것을 피한다. 우리는 밖으로 표현하기 두려운 것을 역향시킨다(retroflect)—자신에게로, 안으로 들어가게 한다. 우리는 회피하고 부인하며 혼란을 겪게 된다. 아동들은 이런 방식들을 숙달하게 되면서 부적응적 행동을 발달시킨다.

아동들에게 부적절한 행동과 증상들을 표현하도록 유발하는 몇 가지 발달적 요인들이 있다. 아동의 일차적 과업이 부모로부터 분리하여 발달해 나가는 것임에도 불구하고, 아동들은 기본적으로 부모들과 융합되어 있고 부모의 시각으로 자신들을 본다. 더욱이 아동들은 부모에게 적합한 것과 적합하지 않은 것을 변별하는 데 인지적 또는 정서적으로 성숙하지 못하다. 따라서 자신들에 대하여 들은 것이나 들었다고 상상하는 모든 것을 믿는다. 아동들은 많은 잘못된 내사(introjection)를 받아들인다—자신과 세상이 어떻다는 모든 정보를 꿀꺽 삼켜 버린다. "나는 바보야." "나는 나빠." "나는 화난 감정을 나타내서는 안 돼." "나는 언제나 아주 조용해야 돼." 모든 아동은 발달적으로 자기중심적이어서 자신이 우주의 중심이라고 상상한다. 아동들은 경험을 분리시키고 관점을 분리시켜 이해하는 능력이 결여되어 있으므로, 삶에서 그리고 자신과 가까운 사람들에게서 일어나는 모든 일들에 책임을 지려고 한다. 게다가 아동들은 자신의 기본적인 욕구들을 충족시킬 수 없으며, 세상에 살아 남기 위해서는 자신들의 삶에 있는 어른들에게 완전히 의지해야 한다는 것을 잘 알고 있다.

거부(reject)와 유기(abandonment)를 피하기 위해서, 그리고 인정을 받기 위해서 아동들은 많은 행동적 표현 및 증상들을 나타낼 수 있는데 이런 것들이 다른 아동, 교사, 부모 또는 책들과의 건강한 접촉을 방해한다. 그들은 개인적 경험을 부정하는 방식으로 자신의 감정들을 투사하기도 한다. 그들은 때리거나 치거나 발로 참으로써 고통스러운 감정으로부터 비켜 나갈 수도 있다. 또한 두통, 복통, 호흡발작 등을 보이는 지점에서 자신을 억제함으로써 분노와 비통을 역향시키기도 한다. 그들은 자신의 감정을 회피하기 위해서 과잉행동적이 되거나 거리를 두기도 한다.

나는 이러한 접촉/경계선 장해를 아동의 유기체 욕구의 측면이 강화되어 있으나, 아동의 자기감이 미약하고 약해서 자신을 상실한 증거로 본다. 사실상 일부 아동의 자기감은 너무나 취약해서 자기의 일부분을 느끼는 수단으로서 융합적 행동(confluent behavior)이라고 부르는 행동에 가담하게 한다. 그들은 자신의 삶에 있는 어른들에게 아주 잘하거나 그들을 기쁘게 해 주고, 어른들이 원한다면 무엇이든지 하려고 하며, 때로 문자 그대로 친밀한 삶을 위해 질질 끌려다니기도 한다.

아동을 치료실로 오게 만드는 그러한 행동들은 실제로 아동이 자신의 욕구를 충족시키기 위해서 대처하고 생존하기 위해서 사용하는 방법들이다. 아동은 삶과 성장으로 강력하게 나아가며, 자신을 성장시킬 수 있는 것이라면 무엇이든 한다. 이런 요구에 부응하여 아동은 역설적으로 자기의 측면을 제한하고 제지하며 차단한다. 아동은 둔감해지고 신체를 제한시키며 정서를 차단하고 지성을 억제한다.

> 아동이 치료실에 오게 될 때, 나는 아동의 많은 행동들 또는 증상들이 건강을 찾고자 하는 표현방식이라는 점을 인식한다. 나는 아동이 지금은 거의 잃어버렸지만 아주 작은 아기였을 적에 지녔던 것들을 기억하게 하고, 다시 찾고 새롭게 하며 강화하는 데 도움이 되는 방법들을 발견할 필요가 있다. 자신의 감각을 자각함에 따라, 자신의 신체를 다시 알아가기 시작함에 따라, 묻어 두었던 감정을 인식하고 수용하며 표현함에 따라, 선택을 하고 원하는 것, 욕구, 생각, 아이디어 등을 언어화하는 데 지적 능력을 활용하는 것을 배움에 따라, 자신이 누구이고 너와 나와의 차이를 수용하는 것을 배움에 따라, 아동은 자신의 올바른 성장의 통로를 다시 찾을 수 있게 된다(Oaklander, 1982, p. 69).

게슈탈트 치료 문헌에서는 종종 접촉 경계장해를 저항적 행동으로 보기도 한다. 확실히 저항은 자신을 보호하기 위한 하나의 방식이다. 아동의 저항은 예상되며 존중된다. 이것이 그들의 유일한 동맹자다(융합적 아동들은 저항을 형성할 필요가 있다). 아동과의 작업에서 우리는 여러 차례 저항과 만나게 된다. 왜냐하면 아동들은 너무나 어렵고 다루기에 버거운 것들에 접근하게 되면 접촉을 그만두거나 깨뜨릴 수 있기 때문이다. 나는 저항을 아동이 새로운 존재방식과 새로운 발견에 직면해 있는 증거로써, 인식하기 때문에, 이러한 접촉의 종결을 존중하고 소중하게 여긴다. 내가 저항의 표현을 존중할 때, 아동은 좀 더 진행하여 그것을 넘어서고 싶어 한다 — 때로 아주 조금만 중단을 보이기도 하고, 때로는 그 다음 회기까지 지속되기도 한다.

4) 자각과 경험

내담자에게 자신의 과정을 자각하도록 돕는 것이 게슈탈트 치료자의 주요 목표다. 과정을 경험하는 것 — 내가 무엇을 하고 있고 어떻게 하고 있는가 — 과 과정이 일어나는 순간에 그 과정을 수용하는 것은 개인으로 하여금 선택하고 변화하게 한다. 아동과의 작업에서 경험은 핵심적 역할을 한다. 아동은 치료 경험에서 자신이 누구이고 어떻게 느끼며, 자신이 좋아하는 것과 좋아하지 않는 것이 무엇이고, 무엇을 필요로 하고 무엇을 원하며, 무엇을 하고 있고 어떻게 하고 있는가와 같이 자신에 대하여 보다 잘 자각하

자각하게 되기를 바랐다. 나는 그녀가 자기지지와 자기감을 강화시킬 뿐만 아니라, 자신의 세계에서 보다 건강하게 존재하는 방식까지도 찾을 수 있도록 돕고자 했다.

4. 놀이치료의 과정

1) 관계

처음 몇 회기 동안에 나의 초점은 수잔과 관계를 형성하는 것이었다. 수잔은 재료들에 접근하는 데 매우 소심했고, 단지 수줍게 웃으면서 방 한가운데 간신히 서 있었다. 나는 몇 권의 색칠하기 책들을 가져와서 수잔에게 바닥에 앉아서 나와 함께 색칠하기를 하자고 했다. 소심하고 불안정해 보이는 아동들(여아뿐만 아니라 남아도)은 색칠하기 책에서 그림의 선에 의해 반영되는 경계로 인하여 편안해진다. 나는 그녀에게 크레용, 마커, 색연필, 파스텔을 주었다. 수잔은 크레용을 선택했고(제공된 것들 중에서 가장 안전한 것) 책 한 권을 골랐다. 그리고 색칠하기 시작했다. 우리는 색칠하고 있는 그림과 어떤 색을 써야 하는지에 대하여 얘기했다. 어떤 시점에서 나는 우리가 색칠을 하고 있는 오리에 대하여 웃긴 이야기를 만들었고 수잔은 키득거렸다. 우리가 또 다른 그림을 색칠하기 시작했는데 대화를 통해서 수잔은 이야기를 만들었다("수잔, 이 개는 어디서 살아? 사람들이 이 개에게 잘 대해 주니?" 등등). 우리는 이를 일상적이고 쉽게 했으며, 나는 그 개에 대하여 다음 질문을 해 나가기 전에 각 선을 반복해서 칠했다. 나는 이 상호작용이 수잔에게 어떤 표현을 하는 것을 편하게 느끼도록 하는 데 도움이 되었고 나와 더 많은 접촉을 할 수 있게 했다고 믿는다. 우리는 수잔의 삶과 관련된 무거운 것들을 다루지 않았고, 대신 함께 하는 것의 즐거움을 찾았다.

처음 회기에서 시간이 다 되었을 때, 수잔은 청소를 하고 장난감을 치우면서 모래상자 장면만을 제외하고는 치료의 중요한 보조자처럼 협조적으로 나를 도왔다. 그러나 그녀는 놀이실을 떠나는 것을 꺼리는 것처럼 보였다. 내가 이제는 대기실에 있는 엄마를 만나야 하는 시간이라고 여러 번 말을 해 준 후에도 수잔은 나를 무시하면서, 방에 있는 다양한 대상들을 둘러보았다. 마침내 나는 팔로 수잔의 어깨를 두르고 부드럽게 그녀를 끌면서, 다음 주 회기에서 만날 수 있음을 상기시켜 주었다. 수잔은 경계에 어려움이 있었고 부드러운 한계설정이 필요했다.

수잔은 그 다음 몇 회기 동안 나에게 활동을 지시해 주기를 바라는 것처럼 보였다. 자기 자신이 미약한 아동들은 종종 잘못을 저지를 것에 대한 두려움 때문에 관여(commitment)를 못하곤 한다. 두 번째 회기에서 나는 수잔에게 두 가지를 제시하여 선택할 수 있게 했다. "너는 모래 장면을 만들거나 그림을 그릴 수 있어." 이후 회기에서 나는 하나 또는 둘 이상의 선택을 할 수 있도록 하였다. 선택을 할 수 있는 기회를 아동에게 주는 것은 특히 자아를 강화시킨다. 이 두 번째 회기에서 나는 참을성 있게 기다렸고, 수잔이 나를 쳐다보면 미소를 지어 주었다. 마침내 수잔은 모래놀이를 하기로 선택했다. 그녀는 병원 장면을 만들었고 아픈 사람이 나아가는 이야기를 만들었다.

아동과의 게슈탈트 놀이치료에서 처음 몇 회기는 본질적으로 교육적이다. 이 시기 동안에 나는 아동의 치료적 욕구를 평가하기 시작한다. 수잔은 나와의 관계를 확실히 쉽게 형성할 수 있었고, 나와 접촉을 지속하고 활동을 함께 하는 데 어려움이 없었다. 관계와 접촉은 후속 치료에서 두 가지 중요한 선결 조건이다. 만일 어느 하나에 문제가 있었다면, 나의 초점은 수잔이 나와 관계를 형성하기에 충분히 안전감을 느끼고 나와의 접촉을 유지하며 무엇이든지 함께 할 수 있도록 돕는 데 머물렀을 것이다.

수잔의 과거력 때문에 우리가 아동학대 및 유기와 관련된 문제를 다뤄야 할 필요가 있다는 것은 자명했다. 아동들에게 가해지는 아동학대는 흐릿한 경계, 힘과 권위에 대한 혼동, 저조한 자기 상, 저조한 사회 기술, 신뢰 부족, 자신감 부족, 적대감, 우울, 공포 및 공포증, 자살 생각 등을 창출하는 데 영향을 미칠 수 있다(Sgroi, 1982). 나아가 자기비난, 무력감, 상실, 배신감, 신체 경험의 파편화, 낙인 찍힘, 성적 자극화(eroticization), 파괴성, 해리, 다중 성격장애 및 애착장애가 포함된 문제들을 겪는다(James, 1989). 더욱이 유기는 아동에게 불안, 분노, 슬픔, 우울, 부인, 절망 및 죄책감을 불러일으킬 수 있다(Bowlby, 1980).

우리는 수잔이 자신을 괴롭힐 수 있는 문제들을 직면하기 전에, 더욱 강한 자기감을 발전시킬 수 있도록 도와야 했다. 그래서 나는 그것을 촉진할 수 있는 경험과 활동들을 제공해 주는 데 초점을 두었다. 아동은 종종 스스로 이런 경험들이 필요하다는 것을 알게 된다.

수잔은 모래상자에서 병원 장면을 계속 만들었고, 나에게 기록지를 가져오도록 상기시켜 주어 나는 그녀의 이야기를 받아 적을 수 있었다. 매 장면 다른 사람들이 회복되는 것이 포함되었다(수잔은 한 번도 병원에 입원해 본 적이 없었다). 내가 통상적으로 해석을 하는 것을 주저하기는 하지만, 병원은 그녀의 경험과 새로운 삶에 대한 희망을 나타내는 은유라는 것이 명백했다.

수잔이 만든 마지막 병원 장면에서야 비로소 나는 다음과 같이 과감히 말했다. "이 장면이 너나 너의 삶과 비슷하니?" 수잔은 "그게 무슨 뜻이에요?"라고 물었다. 나는 다음과 같이 대답했다. "음, 사람이 아팠다가 낫는 이야기가 내게는 너의 계부와 너의 삶에 대한 생각을 하게 하는구나. 한동안은 그것이 너를 아프게 했지만, 지금 너는 새로운 엄마와 아빠가 있어서 너를 여기에 데리고 왔지. 그리고 네 삶은 이제 훨씬 더 건강하잖아." 수잔은 눈을 크게 뜨고 들은 다음, 씩 웃더니 병원 침대에 눕힌 모형을 집어들고 다음과 같이 말했다. "그 말 들었지!!? 너는 일어날 수 있고 이제 걸을 수 있어!"

2) 감각 및 신체 경험들

평가단계 동안, 나는 수잔의 신체가 굳어 있다는 것을 관찰했다. 수잔은 딱딱하고 경직된 방식으로 걸었다. 그녀의 목소리는 높고 유아스러웠으며 10세보다 훨씬 더 어리게 들렸다. 그녀는 자신이 원하는 것에 대하여 분명하게 말한 적이 거의 없었고, 사실상 선택을 하는 것에 굉장히 어려워했다. 이는 모두 취약한 자기와 신체와의 단절을 나타내는 지표였다. 나아가 이 시점에서 관찰하기는 어려웠으나 나는 수잔이 자신에 대하여 둔감화시키고 있다고 가정했다. 왜냐하면 그것이 아동 성폭행과 학대에서 흔히 보이는 결과이기 때문이다.

병원 장면들 사이에 나는 다양한 감각과 신체 경험들을 소개했다. 수잔은 손가락으로 물감 칠하기를 굉장히 좋아했고 한동안 이 활동을 하자고 요청했다. 우리는 수잔의 신체를 깨우는 데 도움을 주기 위해서 부드러운 공으로 다양한 게임을 했다. 이런 게임들 중에 많은 것들은 회기와 가정에서 부모와 함께 이루어졌다. 우리는 그녀에게 메시지를 전하기 위해서 손가락과 손, 발의 움직임을 과장할 필요가 있다는 것을 이해시키기 위해서 수많은 팬터마임 활동을 했다. 수잔은 이런 게임들을 좋아했다.

자신감을 획득함에 따라, 수잔은 회기에서 보다 통제력을 발휘하기 시작했고 연극적 놀이가 포함된 활동들을 구성했다. 우리는 학교와 레스토랑 및 의사 놀이를 했다. 수잔은 활기 있게 이런 장면들을 지시했고, 나에게 무슨 말을 하고 어떻게 하라고 말해 주었다. 수잔이 가장 좋아한 것은 의사 시나리오였는데 이는, 모래상자 병원 장면의 확장이었다. 그러나 이번에 나는 환자였다. "아픈 척을 하고 의사가 필요하다고 나에게 전화를 하세요." 대단한 드라마로서, 나는 소파에 누워서 아픔과 고통으로 소리 질렀다. 수잔은 기세 좋게 미소를 띠고 다가와서 모든 것이 괜찮을 거라고 나를 안심시켰다. 수잔은 의사의 진료 도구를 테이블에 조심스럽게 펼쳐 놓고 부드럽게 나를 점검해 나갔으며, 나를 콕콕 찌르고 물을 살짝 뿌리면서 일종의 수술을 하는 시늉을 했다. 수잔은 자신이 돌아올 때까지 누워 있으라고 했다. 그녀가 돌아오면 나는 기적적으로 회복되었고 아낌없이 고마워했다. 우리는 여러 회기에 걸쳐 매번 다양하게 변화시키면서 이 놀이를 했다.

다른 회기들은 수잔에게 숙달감을 성취하는 것뿐만 아니라 자신을 규정하는 데 도움을 주었던 것들도 포함되었다. 학대받고 역기능적인 상황에서 성장한 아동들은 다른 아동들이 그들에게 숙달감을 주는 경험을 하지 못한다. 숙달감이 없다면 자기는 불확실하다. 수잔은 '교수형집행자(hangman)' 게임을 좋아했고 우리가 단어를 선택하는 것과 관련하여 새로운 규칙을 만들기까지 했다. 우리는 종종 다양한 게임을 하여 수잔에게 그녀가 생각하고 있는 뭔가에 대한 질문에 답할 기회를 주곤했다. 수잔은 부모와 함께 회기를 맡기 시작했고, 다양한 다른 그림들뿐만 아니라 우리에게 '안전한 장소'(수잔이 나와 함께 하기를 좋아하는 것)를 그리라고 지시했다. 어떤 회기에서 수잔은 우리 모두에게 방에 있는 사람을 모두 그린 다음 각 사람에 대해 어떻게 느끼는지를 적으라고 요청했다. 수잔은 나와 부모와 함께 모든 활동에 참여했고, 자신이 그린 내 그림 밑에 "나는 폭력으로부터 보호받고 있다고 느낀다."라고 적었다.

3) 공격적 에너지

감각, 신체, 다양한 극적 경험들을 포함한 게임 및 활동들을 3개월 동안 하고 난 후, 그리고 그녀의 새롭게 발견된 강점과 힘을 지켜보면서 나는 수잔에게 공격적 에너지를 표현하도록 격려했다. 이런 종류의 에너지는 공격성과 혼동해서는 안 된다. 이는 자기 안의 힘에 대한 감각(sense of power)에서 나오는 것이다. 나는 공격적으로 행위하는 아동들은 자기 안에 차단되어 있는 것을 표현하는 데 자신의 내적 힘을 활용하지 못하는 것으로 생각한다. 수잔처럼 미약하고 겁에 질린 아동들은 보다 분명하게 그 힘을 안으로 억제한다. 나는 정서를 표현하는 것이 주요한 선결 조건이라고 믿기 때문에 아동들에게 이런 종류의 에너지를 표현하도록 격려하는 것이 필요하다.

일반적으로 공격적 에너지는 그것이 어떤 종류의 내용인지에 관계없이 먼저 놀이적인 접촉에서 표현된다. 수잔은 찰흙으로 다양한 대상을 만들면서 내가 제시한 다양한 도구로 실험하는 것을 좋아했다. 하루는 내가 수잔에게 가능한 세게 찰흙을 던져 보라고 했는데, 수잔은 테이블 위 판으로 찰흙을 아주 조심스럽게 던졌다. 나는 다음과 같이 말했다. "자, 우리 시합을 해 보자. 누가 찰흙을 가장 세게 던지는지 알아보는 거야." 우리는 그렇게 했다. 수잔은 점차 대단한 에너지와 힘을 들이면서 찰흙을 던지기 시작했다. 찰흙을 던지면서, 나는 큰소리를 내었고, 수잔에게 똑같이 해 보도록 격려했다. 수잔은 "바닥에 판을 둘래요."라고 말하며 자리에서 일어났다. 그러더니 수잔은 커다란 고함소리를 내면서 온몸으로 찰흙을 던졌다. 수잔은 "이렇게 하는 게 너무 좋아요."라고 말했다.

다른 회기에서 나는 수잔에게 손인형을 고르라고 했다. 수잔은 귀여운 고양이 인형을 골랐다. 나는 악어 인형을 집었다. "안녕, 야옹아. 너는 귀엽구나. 사실 너는 너무나 먹음직스럽게 보여." 수잔은 깜짝 놀라 고양이 인형을 뒤로 물러서게 하면서 "날 잡아먹지 마. 너는 내 친구잖아."라고 말했다. "오, 그래? 나는 배가 고파서 너를 잡아먹을 거야. 하지만 너는 그 앞발로 나를 때리지 않는 게 좋을 거야!" 나는 고양이에게 천천히 다가가면서 다음과 같은 말을 큰 소리로 여러 차례 반복했다. "너는 나를 때리지 않는 게 좋을 거야!" 순간 고양이의 앞발이 쭉 나오더니 악어를 탁 쳤다. "너 나를 때렸어! 너 나를 때렸어! 오, 이런! 네가 날 때렸어! 나를 때리지 말라고 말했잖아!" 악어는 신음소리를 냈고 고통으로 비명 지르다가 마침내 죽었다. 수잔은 굉장히 놀라면서 나를 쳐다보고 다음과 같이 말했다. "이거 다시 해요!" 이런 방식으로 수잔의 고양이는 늑대, 상어, 악마, 마녀, 악어, 곰 그리고 그 외 나쁘게 보이는 손인형들을 죽였다. 놀이의 끝 무렵에, 수잔은 적을 신나게 때렸다. 수잔은 그 회기를 떠날 때 당당하고 똑바로 서서 걸었는데, 이것은 수잔이 통상적으로 구부리고 다니는 자세와는 대조가 되었다.

4) 정서적 표현

어떤 후속된 회기에서 나는 수잔에게 찰흙으로 계부의 모습을 만들어 보도록 요청했다. 수잔은 "내가 만들어야 하나요?"라고 말했다. 나는 "그래."라고 대답했다. 내 견해로 아동들은 가능한 많이 자신들에게 불편감을 일으키는 재료들과 직면하는 것을 회피한다. 나는 수잔이 회기에 와서 다음과 같이 말하리라고 기대하지 않는다. "내가 생각하기에 오늘은 나의 학대에 관한 작업을 할 필요가 있어요." 나는 수잔이 힘을 획득하고 있으며 자신에 대한 강한 자기감을 경험하고 있다는 것을 관찰함에 따라, 그녀의 학대 및 유기와 관련된 문제들에 직면해야 할 때라고 느꼈다.

수잔은 계부의 머리를 크게 만들었고, 꽤 많은 시간에 걸쳐서 눈썹과 다른 세부적인 부분을 만들었다. 내가 생각하기에는 그녀가 직면하는 것을 피하고 싶어 하는 것으로 여겨졌다. 시간을 확인한 다음, 나는 수잔에게 시간이 다 되어 가기 때문에 마무리를 해야 한다고 말했다. 나는 수잔에게 계부에게 말하고 싶은 것은 무엇이든지 해 보라고 했다. 수잔은 "나는 그에게 말을 할 수 없어요."라고 말했다. 나는 그것이 단지 찰흙인형이고 우리가 놀이를 하고 있는 것이며 그가 결코 알 수 없다고 안심시켜 주었다. 수잔은 "나는 그에게 뭐라고 말해야 할지 모르겠어요."라고 반응했다. 나는 수잔에게 내가 그에게 말을 해도 괜찮겠냐고 물어 보았다. 수잔이 "물론이죠."라고 말했다. 나는 큰소리로 고함쳤다. "나는 당신이 내 친구 수잔에게 한 짓이 싫어! 나는 그것에 대해서 아주 화가 나. 나는 아주아주 화가 나!" 내가 계속함에 따라 수잔은 소리내어 키득거리며 웃었다. 나는 고무망치를 집어들고 수잔에게 다음과 같이 말했다. "내 생각에 이 사람은 한 대 제대로 맞아야 돼. 여기를 해 봐!" 나는 다시 수잔에게 우리는 단지 놀이를 하고 있고 그가 결코 알 수 없을 것이라는 점을 안심시켜 주었다. "선생님이 해요."라고 수잔이 말했다. 나는 "아니야. 이것은 네가 해야 해."라고 대답했다. 수잔은 망치를 집고 찰흙의 머리를 사정없이 치기 시작했다. 나는 "이제 그에게 말을 해."라고 말했다. 그렇게 해서 수잔은 짐짐 더 힘을 들여서 땅땅 치면서 자신의 분노를 보다 많이 표현하기 시작했다. 마침내 수잔은 망치를 내려놓고 으깨진 찰흙에게 다음과 같이 말했다. "당신은 나중에 나를 더 많이 아프게 했을 거야." 그리고 수잔은 나에게 돌아서서 "우리 커넥트 4 게임할 시간이 있나요?"라고 물었다.

바로 그 다음 회기에서 수잔은 모래상자에서 새로운 병원 장면을 만들었고, 모형들을 조심스럽게 배열하는 데 많은 시간을 들였다. 그렇게 한 다음에 수잔은 성이 포함된 장면을 만들었다. 그 성 안에는 공주가 있었고, 성 앞에는 요정 대모같이 보이는 모형을 두었다. 수잔은 다음과 같이 말했다. "이 성 안에는 보물이 있는데 그것은 성에 살고 있는 공주의 것이에요. 그리고 요정 대모가 보물을 지켜 주어서 나쁜 사람들이 가져갈 수 없어요." 나는 수잔에게 그 보물이 되어 보라고 요청했다. 나는 수잔에게 "나는 보물이야."

라고 말하도록 했다. 수잔이 "나는 보물이야."라고 따라했다. "그래, 보석이야."라고 내가 말했다. 그리고 다음과 같이 물었다. "너에 대해서 나에게 말해 줘." "나는 아주 진귀하지." "너를 갖고 있는 사람은 누구니?" 수잔이 다음과 같이 답변했다. "나를 갖고 있는 사람은 공주인데, 나쁜 사람들이 나를 가져가려 해. 하지만 우리 요정 대모님이 그렇게 하지 못하게 해." 우리는 이전에 나쁜 사람들이 보물을 빼앗아 갔던 경험과 공주가 아주 무서웠지만 지금은 요정 대모가 함께 있어서 안전하게 느낀다는 것들이 포함된 이야기를 만들어 갔다. "수잔, 이 이야기에서 어떤 방식으로든 너의 삶을 떠올리게 하는 게 있는지 궁금하구나." "잘 모르겠어요." "그래, 네가 계부와 있었을 때, 그 공주가 두려움을 느꼈었던 것처럼 두려움을 느끼곤 했는지 궁금하구나." "맞아요! 지금은 새로운 엄마와 아빠가 있고 나는 안전함을 느껴요!"라고 수잔이 소리쳤다. 나의 요청으로 수잔은 자신이 느꼈던 두려운 감정을 그림으로 그렸다. 나중 회기에서 수잔은 보물(보물로서 크리스털을 사용했다)이 포함된 모래 장면을 여러 차례 만들었다. 보물은 묻혀 있었고 위험에 처해 있었기 때문에 슈퍼맨이나 다른 영웅 같은 모형에 의해 발견되거나 구조되었다.

나는 수잔을 위해서 나쁜 손인형에게서 신체적 / 성적으로 상처를 입은 소녀의 다양한 특성에 대하여 손인형을 활용하여 공연을 했다. 내 이야기에서 꼬마 소녀는 매번 아주 놀랐다. 마침내 소녀 손인형은 나쁜 손인형을 손으로 치며 다음과 같이 고함치기 시작했다. "저리 가 ! 그렇게 하지 마!" 나쁜 손인형은 슬그머니 도망갔고 "결코 다시 볼 수 없었습니다." 수잔은 이 이야기를 좋아했고 곧바로 다시 해 달라고 졸랐다. 다음 회기에서 수잔은 부모님을 위해 그녀 자신이 약간 수정을 한 이야기를 만들었다. 수잔이 끝냈을 때, 우리는 모두 둘러앉아서 수잔과 관련된 은유에 대해서 이야기했다. 수잔은 다음과 같이 말했다. "나는 그 손인형이 그랬던 것처럼 결코 그에게 그만두라고 말할 수 없었어요." 부모님과 나는 수잔에게 꼬마가 그렇게 하는 것은 불가능한 일이라고 안심시켜 주었다. 우리가 지지해 준 감정으로 수잔은 흐느끼기 시작했다. 그리고 다음과 같이 말했다. "그가 처음으로 아래쪽을 만지기 시작했을 때 나는 그것이 좀 좋았어요. 그러다가 아주 나빴지만, 나는 어떻게 해야 할지 몰랐어요. 그리고 만일 내가 무슨 말을 한다면 나와 엄마를 죽이겠다고 했어요. 그런 다음 허리띠로 나를 때리곤 했어요." 수잔이 이런 감정들을 나올 수 있게 했던 것, 특히나 자신의 공모적인 측면과 관련된 두려움을 표현한 것은 중요했다.

다른 회기에서 나는 수잔에게 생모인 제인의 그림을 그려 보도록 했다. 수잔은 다시 다음과 같이 말했다. "내가 해야 하나요?" 내가 그렇다고 말하자 수잔은 자신이 아름답고 알록달록한 무지개를 그려도 되느냐고 물었다. 아동이 회기에 와서 무지개를 그린 것은 이번이 처음이 아니었다. 나는 이런 그림들이 아동에게 지지 수단으로서 작용하는 것으로 보인다는 것을 한참 후에 깨달았다. 마침내 수잔이 엄마 그림을 그렸다. 나는 그림을 의자에 두고 수잔에게 그림의 엄마에게 말을 해 보도록 했다. 수잔은 한동안 그림에 집중한 채로 앉아 있었다. 나는 조용히 기다렸다. 마침내 수잔이 눈물을 흘리면서 말했다. "왜 나를 떠나셨어요?!" 그런 다음 나를 보더니, "지금은 더 이상 하고 싶지 않아요."라고 말했다. 나는 기꺼이 수잔의 직접적인 말을 강화해 주었고 우리는 회기가 끝날 때까지 함께 게임을 했다. 다음 몇 회기 동안에 수잔은 그림, 모래상자, 손인형, 찰흙을 활용하여 점차적으로 자신의 상실한 엄마에 관한 많은 감정들을 표현할 수 있었다.

5) 자기양육

학대받은 아동은 치료자와 부모로부터 얼마만큼의 지지와 안심을 받았는지와 상관없이 깊은 죄책감, 수치심, 자기비난이 지속된다. 발달적으로 아동은 무슨 일이 생기든, 특히 외상에 대하여 자신을 비난하는데, 이 점이 수잔에게 확실히 나타났다. 수잔은 나와 부모에게 이 감정들의 일부를 표현할 수 있었다. 일부 아동들은 이 감정들을 더 깊고 깊게 밀어 둔다. 이 감정들은 치료가 진행됨에 따라 아동 내에서 분열을 일으킬 수 있다. 한편으로 수잔은 일부분 자신에 대한 자기감, 신체, 지성, 정서에 대하여 보다 강한 감정을 획득하였다. 수잔은 자기지지를 획득했고, 감정을 묻어 두고 있기보다는 표현했으며, 새롭고 건강한 존재방식을 배웠다. 다른 한편으로는 자신에 대하여 부정적으로 내사한 것뿐만 아니라, 자신에 대한 나쁜 감정이 지속되고 있었으며, 참된 통합과 치유가 일어나지 않고 있었다. 오직 아동만이 치료자의 안내를 받아 이런 독소들을 다룰 수 있다. 이것은 간단한 작업이 아니다. 나는 아동들이 자신의 위해한 부분(noxious part)을 다루기 위해서, 보다 강하고 건강한 일상에서 자라는 자신의 부분에 대한 자원을 갖고자 한다는 것을 깨달았다. 나는 수잔이 자원으로써 자신을 활용하도록 안내했다.

우리가 찰흙을 가지고 놀 때, 나는 꼬마 여자아이의 모형을 만들었다. "이게 누구예요?" 수잔이 물었다. "이건 네가 꼬마였을때, 계부가 아프게 했을 때의 너야." 수잔은 한동안 그 모형을 쳐다보았다. "자, 네가 타임머신을 타고 과거로 돌아가서 그 애에게 말을 한다고 상상해 보자. 무슨 말을 할래?" 격려해 주자 수잔은 마침내 꼬마 여자아이에게 다음과 같이 말했다. "나는 네가 좋아." 나는 수잔에게 그 꼬마 소녀인 자기에게 뭔가 좋아했던 점을 말해 주도록 지시했다. "음, 너는 좀 귀여워. 너는 착해." "계부가 꼬마 여자아이를 아프게 했을 때 어떻게 느꼈는지를 말해 줄래?" 수잔은 이렇게 처리해 갔다. "너 그것이 그녀의 잘못이 아니었다고 말할 수 있겠니?" 수잔이 다음과 같이 말했다. "그것은 네 잘못이 아니야." 나는 또 물었다. "그렇게 말하고 나니 기분이 어떠니? 진짜로 그래, 아니면 가짜야?" "진짜 그래요."라고 수잔이 말했고, 모형 쪽으로 돌아서서 다시 말했다. "네 잘못이 아니었어. 너는 단지 작은 꼬마아이였어." 나는 수잔에게 집에서, 그녀의 봉제인형 중의 하나를 선택해서 꼬마 여자아이가 되도록 하고, 매일 밤 잠자기 전에 그 인형을 꼭 안고 인형에게 '그건 네 잘못이 아니었어. 사랑해.' 라는 말을 해 주라고 요청했다. 우리는 이것을 놀이실의 동물인형 중의 하나를 가지고 약간 연습을 했다. 수잔은 이런 의식을 수행하는 것을 동의했고 그에 대해 대단한 기쁨을 보였다.

또 다른 회기에서 나는 수잔에게 자신의 좋아하지 않는 측면을 그림으로 그려 보도록 요청했다. 그녀는 만화 같은 그림을 그린 다음 다음과 같이 이름을 붙였다. "사물을 두려워하는 부분."

치료자: 수잔, 나는 네가 그 부분이 되어 보는 것을 원해. 손인형이라고 상상하고, 말을 해 보게 하는 거야.
내담자: 나는 이 부분이에요.
치료자: 자신에 대해서 말해 볼래.
내담자: 나는 모든 것이 두려워요.
치료자: 뭐가?
내담자: 음, 모든 것, 거미 같은 것, 그리고 벌레, 어둠, 그런 모든 것들이 두려워요.
치료자: 수잔, 너의 그림을 봐. 이 부분에 대해서 어떻게 생각하니?
내담자: 나는 이 부분을 증오해요! [이 활기 넘치는 표현은 수잔이 자신 안에서 간직해 온 역향적 에너지를 반영한다. 그것이 자신에 대한 두려운 부분을 살찌우고 살아남게 한 것이었다. 나는 이 에너지를 끌어내고자, 그림에게 소리를 지르고 자신이 얼마나 증오하는지를 말하도록 격려했다]
내담자: [그림에게] 나는 너를 증오해! 나는 네가 멀리 가 버리길 바래! 너는 나를 질리게 해.
치료자: 그래! 그것을 말해! [나는 그 표현을 촉진하기 위해서 그녀를 부추겼다]

치료자: 수잔, 이 부분이 너와 얼마나 오랫동안 있었니?
내담자: 음. 항상요.
치료자: 네가 가령 네 살이었을 때는 어땠니?
내담자: 음.
치료자: 수잔, 네가 네 살이었을 때 너는 많은 것들을 두려워했니?
내담자: 그래요. 특히 내 의붓아빠요. 그리고 엄마가 맞고 우는 것을 볼 때 정말 무서웠어요.
치료자: 그랬구나. 지금 네가 안전함에도 불구하고 네 안에 살고 있는 그 꼬마 여자애는 자신이 안전한 것을 모르는 것 같구나. 그리고 그 애도 이전에는 결코 없었던 누군가와 함께 하고 있어. 바로 너의 새로운 엄마와 아빠가 곁에 있단다.
내담자: 누가요?
치료자: 너 말이야.
내담자: 나요?
치료자: 그래, 그 애는 너와 함께 있고, 너는 그 애가 결코 알지 못했던 것들을 알고 있어. 그리고 너는 그 애가 결코 할 수 없었던 것도 할 수 있지.
내담자: 마치 내가 읽을 수 있게 된 것처럼요.
치료자: 그래, 훨씬 더 많은 것들을 할 수 있지. 아무튼 그래서 너는 그 애에게 특히 그애가 두려워할 때 네가 함께 있다는 것을 말해 줄 필요가 있어.
내담자: [그림에게] 나는 네가 두려워할 때 너와 함께 있을게.
치료자: 그 애에게 두려워도 괜찮다고 말해. 왜 그런지 알지! 그 애가 두려워하기 때문에 나쁜 애라고 느끼도록 해서는 안돼.
내담자: 네. 너는 나쁜 애라서 두려운 게 아니야. 나는 네가 왜 두려워하는지 알아. 그렇지만 너는 더 이상 두려워할 필요가 없어. 왜냐하면 지금은 내가 너와 함께 있기 때문이야.

5. 결과 및 추수

나는 대략 1년 반 동안 수잔과 함께 했다. 여름 동안에는 잠깐 쉬기도 했다. 우리는 수잔이 일상생활에서 아주 잘 기능했기 때문에 치료를 종결하기로 결정했다. 그녀는 학교에서 잘 지냈다. 그리고 다양한 방과후 활동에도 참여했다. 그녀는 집에서도 잘 지냈다.

부모는 치료를 받도록 격려되었고, 그들을 상당히 걱정하게 했던 수잔의 어떠한 증상도 더 이상 보이지 않는다고 보고했다. 무엇보다도 수잔은 스스로 일어났고 적절하게 분노를 표현했으며 더 이상 공포에 휩싸이지 않았다.

내가 종결을 결정한 또 다른 이유는 내 치료실의 회기에서 활기가 빠지기 시작했기 때문이었다. 수잔은 나에게 협력적이었고 접촉을 잘했다. 그러나 그녀는 더 이상 내가 제안하는 것들에 대해서 많은 관심을 보이지 않았고, 심지어 전에 좋아했던 놀이조차도 시들해진 것이 분명해 보였다. 내가 종결을 제안했을 때, 그녀는 안도하면서 자신이 얼마나 바쁘고 치료실에 오는 것이 얼마나 힘들었는지를 말하기 시작했다. 나는 아마도 그녀가 나에게 여기에 더 이상 오고 싶지 않다고 말하는 것이 나의 감정에 상처가 될까 봐 두려웠을 수 있었겠다고 말했다. 그녀는 수줍게 그랬다고 솔직히 인정했다. 나는 수잔에게 우리가 함께 작업해 온 것을 끝내는 날이 온 것과, 그녀가 새롭게 힘을 발견한 것이 기쁘다고 안심시켜 주었다. 우리는 서로에게 작별 카드를 만들어 주기로 결정했고, 수잔의 에너지는 되살아났다. 그림을 그리면서 우리는 혼합된 감정이 일어나는 현상에 대하여 이야기했다. 우리는 뭔가를 끝내는 것에 행복할 수도 있고, 슬플 수도 있다. 나는 다른 치료자들을 위해서 아동학대 치료에 대한 워크숍을 하려고 하는데 그녀의 이야기를 해도 되는지 허락을 구했다. 수잔은 주저 없이 동의했으며, 그 집단에서 다음과 같은 글을 읽어 달라고 했다.

아동학대

① 아동들은 병원에 갈 수 있다.
② 그것은 끔찍한 일이다.
③ 만일 누군가 그것에 대해 알게 된다면 그 사람을 감옥에 가둘 수 있다. 야호!
④ 아동에게 장해를 만들 수 있다.
⑤ 아동이 자신의 일을 하지 못하게 방해한다.
⑥ 그 사람이 그 짓을 한 후에 아동들은 진짜로 상처받는다. 그들은 그 짓을 하지 말았어야 한다.
⑦ 아동은 정말로 안 좋은 상처를 받는다.

수잔은 나에게 내가 워크숍에서 가르쳤던 사람이 자신과 같은 다른 아동을 도울 수 있다면, 자신이 제공한 글이 어떤 기여를 한 것이므로 자부심과 행복감을 느낄 수 있지 않겠느냐고 여러 차례 물었다.

수잔의 엄마는 2년 후에 나에게 전화를 걸어 예약을 했다. 우리가 함께 한 작업의 결과는 확실히 장기적으로 지속되었다. 수잔은 계속 잘 지냈고 활기가 넘쳤다. 그러나 그녀가 청소년기로 들어가면서 새로운 문제들이 출현하여 부모들은 걱정을 했고 약간의 지도가 필요하다고 느꼈다. 부모는 수잔이 성격이 강하고 자신의 삶의 참된 주인으로 성장해서, 그러한 그녀의 새로운 대담함을 복종시키지 않으면서 제한을 가하는 데 어려움이 있다고 보고했다.

부모가 수잔의 이 발달단계에서 상담을 받기로 결정한 것은 그리 놀랄 만한 일은 아니었다. 외상으로 고통받는 아동들에 대한 나의 경험은 다음과 같은 점을 시사해 준다. 그들은 그들의 발달 수준에 도달할 때 비로소 외상과 관련된 문제들을 극복해 낼 수 있다. 그들이 삶의 새로운 단계로 접근해 감에 따라서, 증상 또는 행동들은 그들이 보다 성숙한 인지적, 정서적 수준에서 문제를 다룰 준비가 되어 있다는 것을 나타내 준다. 나는 우리가 종결을 할 때 이런 현상에 대하여 부모에게 조언하려고 모든 노력을 기울인다.

6. 논의

수잔에 대한 나의 작업은 내가 게슈탈트 치료의 개념과 원리에 기반을 두고 발전시킨 놀이치료 과정의 효율성을 증명한다(Oaklander, 1978, 1992, 1985). 나는 게슈탈트 놀이치료를 어떤 아동들에게나 사용한다. 만일 아동이 발달과정의 한 측면에서 곤경에 빠져 앞으로 나아갈 수 없다면, 나는 나의 에너지를 그 특정한 곳에 집중시킬 것이다. 수잔의 경우 우리는 좋은 관계를 빠르게 형성했고, 그녀는 나와 확실히 좋은 접촉을 유지할 수 있었다. 이 두 가지 모두가 향후 작업의 중요한 전조가 되었다. 나는 수잔이 감각, 신체, 자기증진 활동 등을 통해서 힘과 자기지지를 얻는 것을 지켜보았다. 수잔은 강해짐에 따라, 자신 안에 갇혀 있던 분노와 비통을 훨씬 많이 표현할 수 있었고, 너무나 많은 학대와 유기로 고통받아 온 자신 안의 꼬마아이를 수용하고 양육하는 것을 배웠다. 게슈탈트 놀이치료의 효율성은 수잔이 미약하고 두려워하며 융합되기 쉬운 취약한 아이로부터 세상에서 힘, 즐거움, 대담함 등을 경험하는 아이로 변화되어 가는 것에서 잘 드러났다. 이 치료의 성공에서 언급해야 할 중요한 요소는 기대를 포기한 것과 관련 있다. 나는 확실히 수잔에 대한 계획, 목표, 개념화 등을 하고 있었고, 우리가 함께 하는 동안 그녀의 욕구에 대한 나의 평가에 기초하여 많은 경험과 활동들을 제시했지만, 매 회기 내 입장에서 어떠한 형태의 기대도 걸지 않았다. 무슨 일이 일어나든 간에 매 회기는 실존적인 경험이 되었다.

> 매 회기에서 뭔가 의미 있는 필연적인 일들이 생긴다. 나는 이런 의미 있는 순간들을 포착하기 위해서 초점을 맞추고 집중적인 자각을 유지하는데, 그때는 쏜살같이 빠르게 지나가서 관측하기 어렵다. 이런 순간들이 각 회기의 핵심이고 본질이다. 이런 순간들은 여러 가지 방편으로 나타난다. 그것은 나에게 아동의 내면과 의사소통할 수 있는 수단을 제공한다. 아동의 영혼에 다리 놓기, 그것은 아동의 자기지지를 강화시켜 주는 수단이다. 그것은 내가 아동을 이끌거나 따라가는 새로운 곳으로 가는 실마리가 될 수 있다. 그것은 내가 방해하거나 중단시켜서는 안 된다고 알고 있고 대단히 중요한 것 중의 하나로서 인식하고 있는 것들을 아동이 경험하고 있음을 나타내 준다(Oaklander, 1982, p. 73).

참고문헌

Bowlby, J. (1980). *Loss.* New York: Basic Books.

Buber, M. (1958). *I And Thou.* New York: Scribner.

James, B. (1989). *Treating Traumatized Children.* Lexington, MA: Lexington Books.

Latner, J. (1986). *The Gestalt Therapy Book.* New York: The Gestalt Journal Press.

Oaklander, V. (1978). *Windows To Our Children: A Gestalt Therapy Approach to Children and Adolescents.* Utah: Real People Press (New York: The Gestalt Journal Press, 1992).

Oaklander, V. (1982). The relationship of Gestalt Therapy to children. *The Gestalt Journal, 1,* 64–74.

Oaklander, V. (1985). *The Therapy Process.* (Cassette Recording: 1). Seattle, WA: Max Sound.

Perls, F. S. (1969). *Ego, Hunger and Aggression.* New York: Vintage.

Perls, F., Hefferline, R., and Goodman, P. (1951). *Gestalt Therapy.* New York: Julian.

Polster, E., and Polster, M. (1973). *Gestalt Therapy Integrated.* New York: Brunner/Mazel.

Sgroi, S. (1982). *Handbook of Clinical Intervention in Child Sexual Abuse.* Lexington, MA: Lexington Books.

10
아빠는… 세상 어느 곳에?: 시간제한 놀이치료

Richard Sloves, Psy.D., & Karen Belinger Peterlin, C. S. W.

이 장에서 우리는 완결된 12회기 시간제한 놀이치료를 축약하여 제시한다. 이는 비디오게임 중독 문제가 있는 9세 남아의 시간관리에 대한 치료였다. 부모는 이런 중독 때문에 아들이 집 밖에서 더 많은 시간을 보내게 되고 성적이 떨어지며 더 이상 통제가 안 되는 것 같다고 호소했다. 이 사례를 통해서 우리는 치료자가 빠르게 중심 주제를 설계하는 방법과 이런 과정이 시간제한 놀이치료에서 치료를 구조화하고 설계하는 데 어떻게 적용되는지를 제시하고자 한다.

1. 시간제한 놀이치료 소개

20세기 후반, 심리치료자들은 성인을 위한 단기 심리치료의 모델이 경쟁력을 갖고 우대를 받으면서 괄목할 만한 성장을 하는 것을 지켜보았다(Davanloo, 1980; Malan, 1976; Sifneos, 1979). 그러나 단기적 개인치료에서 특별히 아동에게 맞춘 모델은 적다. 아동치료자들은 선택의 여지 없이 기존의 위기 개입기법들을 확장하여, 절충적이고 즉흥적인 접근방법 또는 단기 성인치료 모델을 변경하여 활용하고자 했다. 단기인 치료의 기법이 잡동사니들로 짜집기되지 않으려면 일관적인 개념적 체계에 기반을 두어야 하므로, 우리는 잠재기 연령의 아동들을 치료하기 위해 기존의 성인 단기 심리치료의 모델을 수정하기로 했다. 우리는 제임스 만(James Mann)이 『시간제한 심리치료(Time-Limited Psychotherapy)』(1973)에서 제시한 12회기 치료전략을 선택했다.

아동에게 시간제한 놀이치료(Time-Limited Play Therapy: TLPT)를 사용하는 임상가들은 치료자가 아동에게 과거, 현재 및 미래를 둘러싼 시간을 은유적으로 사용하는 방식이 성인에 대한 시간제한 심리치료와 구별되는 특징이라는 점에 동의한다. 솔브스와 페터린(Solves & Peterlin, 1986)이 개관한 절차를 보면, 이들은 아동에게 주의를 기울이게 하고 해결되지 않은 분리-개별화 갈등에 기반을 둔 문제들을 강화하기 위해서 시간 여행(passage of time)을 활용했다. 이러한 단계 특징적 해결책이 바로 시간제한 치료의 존재 이유다. 시간제한 치료는 치료과정 전반에 걸쳐 치료를 이끄는 단일하고 지배적인 하나의 중심 주제 또는 핵심 갈등을 강조한다. 치료자는 매 회기에 직접적이고 초점화된 접근법을 시도하고, 아동에게 커져 가는 좌절과 불안에 직면하여 긍정적 전이를 유지할 수 있도록 도움을 주면서 놀이를 구조화하고 재구조화한다(Peterlin & Sloves, 1985).

버드맨과 스톤(Budman & Stone, 1983)은 모든 단기 심리치료의 형태를 치료의 비연속적인 과정으로 개념화했다. 즉, 생활의 모든 스트레스 요인들로부터 아동들을 예방하는 영구적인 치유라기보다는, 단지 아동들에게 잃어버린 발자취를 되찾아서 건강한 발달 경로로 되돌아갈 수 있도록 도와주는 것이다. 시간제한 치료는 아동들에게 부모와 병리적으로 애착되어 있는 것을 극복하고 분화된 자기를 더 많이 수용하며, 개별화로 향한 정상적 압력을 억제하는 내적 또는 대인관계적 방해물을 제거하도록 도울 때 가장 효과적이다. 특히, 효과적인 경우는 한 아동이 독립적으로 기능하려고 노력하고 있는데 외부 환경 때문에 난관에 봉착하거나 방해받을 때다. 특정한 성숙-발달 과제가 운동력(momentum)을 상실했을 때, 단기적 치료는 아동과 부모가 이 어려운 과도기적 시기에 서로 타협할 수 있도록 지원해 준다. 빠른 몰입, 단기적이지만 집중적인 접촉 및 철수는 가족에게 장차 어떠한 문제를 다루는 데 있어 유능할 것이라는 메시지를 전달한다.

잠재기 동안의 아동들은 자존감, 자율성, 정서적 개별성 및 상호의존성에 대한 갈등과 관련된 문제들로 매일 고군분투한다. 치료에 부여된 시간의 제한이 이런 갈등들을 증가시키고 강화시킨다. 아동은 전지전능한 신, 즉 자신의 모든 욕구를 실현시켜 주는 무한한 모성 제공자를 찾는 데 좌절을 겪기 때문에, 시간제한 놀이치료자는 한정적 제공자들이 활용 가능하며 믿을 만하다는 개념을 전하기 위해서 치료적 관계를 활용하려고 한다. 만일 아동이 이런 현실을 수용하고 내재화하는 것을 거부한다면, 외부 세계는 실망 이외에 아무것도 주지 않을 것이다. 또한 시간제한 치료자가 치료가 개시되는 순간 종결의 실망감에 대하여 아동에게 말해준다면, 아동들은 현실적으로 치료자에 대해 휩싸이게 될 공포심에 덜 당황할 수 있고, 갑작스러운 유기에 대한 배신감을 덜 느끼게 될 것이다. 시간제한 놀이치료자는 아동들에게 치료에 집중적으로 참여하는 것 이외에 달리 기대할 것이 없는 고유한 구조를 제공할 수 있도록 치료를 구조화한다. 정해진 종결 날짜는 독립성과 자기방향성(self-directness)을 강화하고, 자기통제력의 상실에 대항하여 약간의 안정감을 제공해 준다.

시간제한 놀이치료의 실제 과정을 이해하기 위한 한 가지 방법은 전체 치료를 장기치료의 부정적인 전이가 없는 농축적이고 강화적인 종결단계로 생각하는 것이다. 중심 주제는 임상적 자료로부터 나오며 아동과 함께 공유한다. 치료자가 분명하고 공감적인 방식으로 주제나 핵심 갈등을 언급하면, 아동들은 치료자가 자신들의 고통을 이해하고 있으며 나눌 수 있다고 여긴다. 중심 주제가 전체 치료의 기조를 정하기 때문에, 아동의 현재 증상은 과거의 역동과 연결될 때 효과적이다. 아동의 부정적인 자기감이 반영되고 다루어지면서, 이런 고통스런 감정들의 원인(etiology)이 밝혀지게 되고, 그 발견에 더하여 숙달감이 강화된다. 치료자는 치료의 적응적 방향을 유지하면서 일차적 정동보다는 파생되는 정동들에서 중심 문제를 논의한다. 예를 들어, 우리는 아동의 실망감이나 불확실성에 대해서 얘기하지만 버림받은 감정이나 격노에 대해서는 얘기하지 않는다. 장기치료에서 치료자는 퇴행을 기대하기도 하고, 어떤 경우에는 퇴행을 독려하기도 한다. 왜냐하면 훈습의 과정이 일어나는 데 제한이 적기 때문이다. 단기치료에서는 그 반대일 수 있다. 단기치료에서의 기법들은 아동의 의존성과 퇴행을 제한한다. 정신분석적 측면에서 치료자는 전이신경증(transference neurosis)이 발전되는 것을 적극적으로 막는다. 치료자는 일관적이고 견고하게 적응과 갈등해결에 대한 초점을 유지한다.

1) 구조화된 놀이

구조화된 놀이의 개정판에서, 우리는 콘(Conn, 1948)과 에릭슨(Erickson, 1950)의 정신역동적 놀이 면접 기술과 미켄바움(Meichenbaum,1974)이 설명한 인지행동 접근 방법을 조합했다. 구조화된 놀이에서 치료자는 구체적인 시나리오를 고안하고 재료들을 선택하며, 주요한 매개 변수들을 통제하고 매 회기의 안내문을 작성한다. 이는 회기가 한정되어 있고 치료자와 아동 모두 한정적 시간을 갖기 때문에 필수적이다. 아동들에게 치료를 관장하는 암묵적 규칙들을 발견해 내도록 허용하기보다는, 치료자가 아동들을 위해서 규칙을 제시해 준다. 치료자는 아동들에게 역동적 설계, 치료의 길이 및 과정의 기본적 기제들에 대하여 말해 준다. 매 회기는 시간을 최적화할 수 있도록 사전에 계획된다. 치료자는 다음 회기가 이전 회기를 잘 반영할 수 있도록 틀을 짜는 데 많은 시간과 에너지를 쏟는다.

방법의 중요한 측면에서 이 방법은 일부 만연된 엑슬린식/로저스식 놀이치료(Axlinian/Rogerian play therapy) 모델과 배치된다. 치료자는 동정적이고 우호적이며 공감적이지만 관계에서 허용적이지는 않다. 치료자가 문제를 해결하는 아동의 능력을 존중하기는 하지만, 문제를 해결하는 데 아동 각자에 맞게 시간을 들이는 것은 공평하지 않을 수 있다. 특히, 치료자가 아동들이 서로 유사한 조건에서 유사한 문제에 봉착해 있다는 것을 알고 있을 때 더욱 그렇다. 치료자는 동맹자로서 아동들이 수동성, 적극적 저항 또는 도피로 놀라는 일 없이 치료에 적절히 따라올 수 있도록 모든 것을 한다. 또한 늘 부정적인 전이에 위협당하면서도 긍정적인 전이를 유지하면서 아동을 안내한다.

치료자는 적극적이며 치료의 주제와 치료과정을 결정하기 때문에, 다른 사람들이 피할 수 있는 특정한 놀이 재료들을 사용한다. 손인형, 인형, 액션 모형, 장난감 동물, 인형의 집과 가구, 블록 및 그림 재료 등이 일차적인 치료의 도구다. 치료자는 합리적이고 구체적이며 분명한 방식으로 핵심 갈등을 재창출하기 위해서 자신의 능력에 맞는 놀이 재료들을 선택한다. 심리적 퇴행에 저항적인 어떠한 재료들도 수용 가능하다. 물론 핑거페인트, 찰흙 및 물놀이를 치료에서 배제할 수도 있다. 동시에 치료자는 착수하는 데 시간이 너무 많이 들거나, 치료적 초점에서 벗어나는 피신처가 되거나 주제를 상연하는 데 시간이 너무나 많이 걸리는 놀이 활동들은 신중하게 삼간다. 시간제한 놀이치료자는 어떠한 치료적 의도가 있든지 간에 보드게임을 사용하지 않는다. 특성상 보드게임은 고정적이고 불변의 규칙에 좌우되어서 자발성 및 상상력을 제한하며 놀이하는 사람들을 경쟁적 관계로 몰아넣기 때문이다.

치료자는 치료적 우위를 갖기 위해서 아동들이 중심 주제를 해결하는 데 도움을 줄 것이라고 생각하는 인형, 액션 모형, 자동차 등을 집에서 가져오게 한다. 아동들은 개인의 소유물에 묻어 있는 기억들을 갖고 있다. 아동은 장난감에 그들의 특성과 경험의 독특한 측면들을 스며들게 한다. 이런 장난감들은 알려진 의미와 기존의 숨겨진 의미들과 함께 놀이실로 온다. 아동과 이런 공상적 표상은 보편적으로 사적이고 대인관계적이며 사회문화적인 경험들을 지니고 있다. 가장 중요한 것은 이런 인격화된 장난감들이 치료 장면에서 자연 환경까지의 일반화를 증진시킨다는 것이다. 그 이유는 아동이 주말 동안 가정에서 치료적 작업을 계속할 수 있기 때문이다.

시간제한 놀이치료자는 아동에게 규정된 각본에 동조할 것을 강요하지는 않지만 놀이 소재들은 반드시 한정한다. 아동이 어떠한 저항과 방어를 진전시키더라도 상관없지만 치료자는 표현의 수단을 조절한다. 아동과 치료자가 동등하게 놀이를 하기 때문에, 서로 상대방의 놀이를 비판하고 논평하는 데 상당한 권리를 갖는다. 치료자가 놀이하는 것을 관찰함으로써, 아동은 즉시 관심 있는 관찰자가 되고 문제를 명료화하며 갈등을 해결하는 과정에 적극적으로 참여하게 된다. 이런 협력적이고 즉흥적인 역할 교대는 아동에게 치료자의 문제해결적 지향을 확인하는 데 도움을 주고, 자신의 생각에 대하여 보다 객관적이 되며, 이런 생각들에 대하여 어느 정도 책임감을 수용하게 한다(Hartner, 1977). 놀이에서 아동과 치료자가 치료적 동맹과 긍정적 전이를 고양시키게 되면, 두 사람 모두 갈등을 견디는 게 더 수월해진다.

구조화된 놀이치료는 치료자를 동등한 지위로 끌어올리지만, 전통적인 놀이치료는 치료자를 제약하고 아동내담자 및 성인치료자 간의 간격을 좁히기보다는 오히려 넓힌다. 치료자는 논평자에서 관찰자까지 의지에 따라 자유롭게 변화하며 참여한다. 평행적으로 또는 공동적으로 놀이에 참여하든지 간에, 치료자는 자유롭게 질문한다. “여기서 나는 무엇을 해야 할까? 이 이야기(행위)가 너에게 어떤 도움이 되는가? 이 모든 것의 요점이 무엇인가?”

‘놀이의 진전(play-in-progress)’은 구조화된 놀이들의 집합을 묘사한 것으로, 이는 안내된 상상, 상호 스토리텔링, 인지적 재구조화 및 상징적 작업들이 결합된 것이다. 치료자는 단계를 설정한 다음 아동들이 놀이실에 들어오기 전에 놀이 소재들을 어떤 장면으로 배열한다. 일단 회기가 시작되면, 치료자는 진행 중인 대화와 관련 있는 놀이로 매끄럽게 작업을 하여서 아동이 처음 꺼낸 말과 관련되게 한다. 놀이가 항상 아동의 생활환경을 정확하게 표상하는 것은 아니다. 때로 놀이는 아동의 내적 세계에 대하여 고도로 상징적으로 묘사될 수 있다. 이를 염두에 두고 우리는 자아 갈등이 없는 영역과 인지기능을 설명하기 위해서 재료들을 직접적으로 사용한다. 우리는 관찰 자아(observing ego)를 확인하고 강화시키기 위해서 분명하게 노력하고, 자기조절과 관련된 모든 활동들을 정교화한다. 또한 아동들에게 그들이 직관적으로 지각하는 내적인 정서적 상태와 인지적 과정역동에 대한 도해적 표상(graphic representation)을 제공하기 위해서 그림문자 기법(pictography)을 사용한다. 이는 언어적 및 개념적 힘을 넘어서는 측면이 있다. 예를 들어, 우리는 엑스레이와 인간의 몸을 잘라서 그린 그림을 도형으로 사용하여 아동 내에서 부인, 분리, 억압, 구획화(compartmentalization) 및 기억의 심리적 과정이 어떻게 작용하는지를 보여 준다.

2. 문제와 배경자료

시간제한 심리치료를 시작할 때 평가는 다소 제한적일 필요가 있다. 대개 우리는 여기서 두 가지 진단적 면접을 수행한다. 정신병리에 대한 상세한 평가는 우리의 일차적인 목표가 아니며 중요하거나 특별히 유용하지도 않다. 최초 접촉의 목적은 간략한 심리사회적 과거력을 얻고, 부모-자녀 상호작용을 관찰하며, 정신상태 검사를 하는 것이다. 두 번째 면접에 앞서, 부모들에게 아켄바흐의 아동행동 체크리스트(Achenbach Child Behavior Checklist; Achenbach, 1981)를 작성하게 하며, 교사에게는 코너스의 교사 평정척도(Connors' Teacher Rating Scale; Connors, 1972)를 작성해 달라고 요청한다. 두 번째 면접 때 우리는 평정척도를 채점하고 검토하며 가족력과 역동을 평가한다. 만일 우리의 선정기준에 부합되면, 우리는 두 번째 회기의 끝 무렵에 가족에게 치료계획과 핵심 주제를 제시한다.

1) 현재 문제

사라 B. 부인은 아홉 살 난 아들 자말의 문제를 다음과 같이 기술했다.

> 이것은 제가 가정법원에 가서 지도감독이 필요한 사람에 대한 탄원서(Persons In Need of Supervision(PINS) petition)를 받기 전에 마지막으로 시도해 보는 것이에요. 아이의 학생지도 상담선생님이 말씀하시길, 제가 도움을 받을 수도 있겠으나, 사실대로 말한다면, 비난할 의도는 없지만 자말에 대해서 어떻게 해야 할지 모르겠다고 하더라구요. 자말에게 어떤 조치가 빠르게 취해지지 않는다면 아이에게 무슨 일이 생길 것 같았어요. 저는 아이를 치료자에게 데려갔고, 넉 달 동안 다녔지만 좋아진 게 없었어요. 아이는 무단결석을 했고 지난 8개월 동안 완전히 통제불능이었지요. 자말은 중독되었어요. 맞아요. 선생님이 제 말을 옳게 들으셨어요. 자말은 비디오게임에 중독되어 도처에 있는 비디오게임방을 서성거렸고, 노는 데 돈이 충분하지 않으면 집에서 돈을 훔쳤어요. 지난 번에 아이는 30달러를 가져갔죠.

자말이 중간에 새지 않고 학교에서 바로 집으로 귀가하는 경우는 매우 드물다. 종종 자말은 저녁 7시까지도 집에 돌아오지 않았다. 엄마가 지역 관할 경찰서에 전화를 걸어 경찰관이 자말을 경찰차로 집에 데려다 줄 때까지 집에 돌아오지 않은 적도 여러 번 있었다. 엄마는 "관할 경찰서에 너무 자주 전화를 해서 이름만 대도 내가 누군지 알아요."라고 말했다. 자말이 처음 집에 늦게 들어오기 시작할 때, 그는 피자 한 조각을 먹기 위해서 상점에 잠깐 들렀다가 예상 시간보다 10~15분 정도 집에 늦게 귀가하였다. 곧이어 학교에서 출발하여 집 현관문 앞에 들어오기까지의 간격이 늘어났다. 자말의 엄마는 이웃 상인들에게 자말을 가게에 들이지 말아 달라고 부탁함으로써 문제를 해결하려고 했다. 그러나 이것은 자말을 더 먼 곳에 있는 가게로 가게끔 만들 뿐이었다.

2) 가족력

이 가족은 의뢰된 내담자 자말, 그의 생모, 의붓아빠 로버트, 그리고 두 살짜리 남동생 앤드류로 구성된 재결합 가족이었다. 이 가족은 자말 엄마의 55세 된 이모와 같은 아파트에서 함께 살았고, 자말의 이모할머니는 자말의 엄마가 8세 때 엄마를 여읜 후부터 그녀를 키웠다. 현재 자말의 부모는 둘 다 고등학교를 졸업했고 부분적으로 2년제 대학의 학점을 인정받았으며, 각기 다국적 대기업에서 중간 수준의 사무원으로 일을 하고 있었다. 그들은 자말이 6세일 때부터 함께 살기 시작했고 앤드류가 태어나기 직전에 간소하게 결혼식을 올렸다. 처음에 자말과 의붓아빠는 잘 지냈으나, 치료가 시작될 무렵 두 사람은 '한밤중의 이방인(strangers in the night)'이 되었고, 로버트는 자말과 관련된 모든 문제를 자말의 엄마에게 미뤘다. 자신과 자말의 관계에 대하여 엄마인 B부인은 다음과 같이 말했다. "나는 자말과 관계가 좋았다고 생각했는데 아이를 출산한 후로 어긋나는 것 같고, 이제는 너무나 화가 나서 말을 할 수도 없어요." 지난 해의 두 가지 스트레스 요인들이 특히 관련 있어 보였다. 로버트가 성인 축구팀에 몰두하기 시작하면서 그는 매주 토요일 오후 코치 일을 했고, 부모의 정신없이 바쁜 일정 때문에 가족이 함께 식사하는 일도 드물어졌다.

자말의 엄마와 생부는 고등학교 졸업반일 때 만났는데, 보호자인 이모가 생부의 생활이 궁핍하다고 강력히 반대했음에도 불구하고 두 사람은 결혼했다. 2년 후에 자말이 태어났고 모든 발달적 과업은 정상 범위에 속했다. 자말의 아빠가 점차 마리화나에서 코카인까지 사용함에 따라 부부관계는 악화되었다. "나는 그를 대단하다고 생각했는데 완전히 바보라는 것이 드러났어요. 처음에 그는 마약을 하기 위해서 생활비를 쓰기 시작했고 그러다가 나를 때리기 시작했죠." 자말이 네 살일 때 부모는 이혼을 했는데, 엄마에 따르면 그때가 자말이 생부를 마지막으로 본 때라고 했다.

3) 학교에서의 기능

자말은 근처의 공립학교에 입학했고 현재 4학년이다. 그는 유치원부터 지금까지 학업 성적이 우수했다. 그러나 자말의 치료가 의뢰되었을 당시, 학교 당국은 자말에게 학업적 요구가 적은 교육 현장으로 옮겨야 한다고 협박했을 뿐만 아니라, 특수교육을 위한 평가에 의뢰될 가능성이 있다고도 했다. 자말의 처음 남자 담임교사인 R선생님에 따르면, 자말은 노력을 하지 않고 급우들과의 대화를 귀찮아 하며 숙제를 거의 하지 않는다고 했다. 자말은 자신의 행동에 대한 비난이 적힌 알림장을 집으로 가져가지 않았고, 어떤 경우는 엄마의 서명을 위조했다. R선생님은 자말에 대하여 한편으로는 매우 사교적이고 지적이며 가능성이 있으나, 다른 한편으로는 극단적으로 다른 사람을 조종하려고 한다고 기술했다. 코너스 교사 평정척도(Connors, 1972)에서 높은 점수를 받은 항목은 침착하지 못함, 안절부절못함, 두려움, 관심을 과도하게 끌려고 함, 그리고 즐거움에 대한 불안이었다. 더 낮게 평가된 항목을 보면, 선생님은 자말이 슬픔과 비판에 과도하게 민감한 것으로 보고했다.

4) 정신상태 검사

자말은 맵시 있고 잘생긴 아홉 살 된 아프리카계 미국인 소년으로, 처음에는 치료자와 조심스럽게 관계를 맺었으나 점차 직접적인 태도를 보였다. 부모 면접 동안 자말은 아주 관습적이고 정교화된 영웅 인물들을 그리기 시작했다. 일단 자말이 치료자하고만 있게 되자, 그는 인형의 집 가구에 몰입하였고, 그 인형들의 생각과 행동들에 대하여 쉴 새 없이 논평하였다. 그는 자신의 현재 문제에 대하여 빠르고 솔직하게 말했고, 직접적인 질문을 해도 방어적이거나 회피하지 않았다.

자말은 부모 모두에게 버림받았다고 느끼는 것이 분명했다. 그는 부모들에 대해 '언제나 바쁘다' 라고 묘사했다. 또한 치료자에 대해서는 부모를 도와서 자신을 멀리 내쫓을 것이라는 신념을 지니고 있었다. 놀랍게도 그는 동생에 대한 원망은 거의 없었고, 동생을 돌볼 때 엄마를 도와주는 것을 좋아했다. 그에게 기분부전 또는 주요 정동장애를 시사하는 징후는 없었으나 우세한 기분 중의 하나는 슬픔이었다. 수용적 및 표현적 언어는 평균적인 인지적 능력에 비례했다. 마지막으로 진짜 아빠를 본 것이 언제냐고 묻자, 자말은 방문을 힐끗 보고 목소리를 낮춰 속삭이고, 비밀을 지킬 것을 요구하면서 증상이 발생하기 한 달 전에 생부를 봤다고 털어놓았다. 그는 다음과 같이 말했다. "아빠는 나를 보지 못했어요. 하지만 나는 봤죠." 이것이 비밀인 이유는 우리 엄마가 아빠를 증오해서 엄마가 이모할머니에게 다시는 아빠 이름을 듣고 싶지 않다고 말했기 때문이라고 했다.

5) 선정 기준

단기 심리치료에서 성인과 관련된 많은 선정 기준들은 아동의 임상적 평가에 직접적으로 적용할 수 없다. 성인의 선정 기준에는 내성적(introspective) 경향성, 합리적 희생을 할 수 있는 의지(willingness), 심리학적 마음가짐(psychological mindedness), 그리고 증상에 심리적 기원이 있다고 인식할 수 있는 능력이 포함된다. 그러나 이러한 기준의 전조들은 대부분의 아동들에게서 나타난다. 평가에서 우리는 자말이 자신의 정서적 어려움에 대하여 솔직한 것 같다고 결론지었다. 자말은 자신의 감정과 행동의 원인에 대하여 호기심을 보였고, 우리가 중심 주제를 제시하자 적극적으로 반응했다.

최종 분석에서 자말은 치료자와 빠르고 긍정적으로 참여해야 했고, 치료의 종결단계에서 필요한 분리에 대한 높은 감내력을 지니고 있어야 했다. 우리는 자말이 이러한 집중적인 심리치료 양식에 참여하는 것이 안전한지, 또는 혼자서 잘 할 수 있도록 충분히 내버려 두는 것이 최선인지를 알아볼 필요가 있었다. 게다가 치료자와 신속하게 긍정적 동맹을 형성할 수 있는 능력이 있는지, 과거에 최소한 하나의 긍정적인 관계가 있었는지, 그리고 그때 최소한 아동의 삶에서 안정적인 기간이 있었는지 과거력을 살펴봐야 한다. 대개 여러 가지 상실을 경험한 아동에게는 시간제한 치료의 활용을 배제한다. 자말의 경우 가족력에서 안정성이 유지된 기간이 적당했음이 밝혀졌는데, 한때 자말은 엄마와 의붓아빠 모두와 잘 지냈던 것이다. 더욱이 자말은 여러 명의 좋은 친구가 있었고, 4학년이 될 때까지는 학교에서도 잘 지냈다.

시간제한 치료의 또 다른 기준은 아동이 시간의 흐름을 이해하는 능력이 있는가다. 정신상태 검사를 통합하여 자말의 연령, 출생일자, 또 현재의 계절, 달, 날짜에 대해서 질문했다. 더 상위 수준의 개념화 능력을 조사할 때, 나(Dr. Sloves)는 자말에게 특정 과제를 완수하는 데 시간이 얼마나 걸릴지, 그리고 중요한 생활 사건들 간에 시간이 얼마나 흘렀는지(즉, 시간의 길이)를 평가해 보도록 했다. 자말에게 차를 운전하려면, 또는 결혼을 하려면 몇 살이 되어야 할지를 물어봄으로써 그의 시간 투사(time projection) 능력도 평가했다. 예를 들어, 나는 자말에게 가족이 최근에 새로운 동네로 이사갔다고 치고 새로운 친구를 사귀는 데 시간이 얼마나 걸릴지를 평가해 보도록 했다.

충족되어야만 하는 가족 기준도 있다. 가족이 불안정한 맥락에서 시간제한 치료는 제한적인 가치를 갖게 된다(Rosenthal & Levine, 1970). 가족이 자말의 변화에 편의를 도모해 줄 수 있는지와 그 목적을 위해서 기꺼이 노력할 의지를 지녔는지가 결정적으로 중요하다. 바람직한 예후와 관련된 다른 가족 지표들은 부모의 높은 동기, 부모의 융통성 및 부모 자신의 변화에 대한 능력이 포함된다. 자말에 대한 평가에서 가족과 자말 모두가 변화에 대한 동기가 있다는 것은 분명했다. 더욱이 나는 자말의 문제가 깊은 심리 내적 또는 구조적 장애의 표현이라기보다는 외부적 환경에 대한 반응이라고 판단했다. 자말의 엄마는 자말의 인생 초기에 흔들리거나 불안정한 대상이 아니었고, 이모할머니도 엄마가 다른 일에 몰두해 있을 때마다 자말을 지지해 주었다. 시간제한 놀이치료에서 적극적인 참여, 치료자와 아동 간의 직접적인 상호작용, 놀이와 언어화를 통한 표현들 간에 균형이 이루어지면 추가적인 이득을 얻게 된다. 진단적 회기에서 자말은 치료자에게 진실하였고 반응할 준비가 된 것으로 보였다. 자말의 환경은 충분히 지지적이고 안정적이어서 외현적인 병리적 압력이 치료를 훼손하지 못할 것 같았다. 이 치료에 적절하지 않은 증상들은 없었다. 즉, 파괴성, 자살사고, 사회적 고립 및 철수가 포함되는 심각한 증상은 없었다.

우리는 평가를 통해 다음과 같이 결론 내렸다. 자말은 치료자와 신속하게 긍정적인 관계를 형성시킬 수 있는 능력이 있다. 게다가 자말의 방어가 너무나 경직되어 있거나 중심 주제를 반영하는 핵심 갈등을 신속하게 해결하는 데 방해가 될 정도로 쉽게 깨지는 것도 아니었다. 더욱이 그는 종결을 또 다른 유기로 경험하기보다는 긍정적인 성장 경험으로서 통합시킬 수 있는 기본적인 신뢰를 충분히 갖고 있었다. 두 번째 진단적 회기의 후반부에서 이루어진 주요 과제는 중심 주제를 제시하고, 부모와 동맹을 굳게 맺으며, 치료적 계약을 작성하여 서명하고, 가족 회기들을 계획하는 것이었다.

3. 이론적 개념화

우리는 자말이 건강한 정서 발달로 나아갈 수 있도록 핵심적 역동 문제를 확인하고 분리하였다. 또한 상실의 요소는 자말을 압박하고 있는 중요한 문제로 보였다. 우리는 자말의 비디오게임 중독의 문제를 액면 그대로 받아들이지 않았다. 그러나 우리는 부모가 자말을 가족 밖으로 내몰고, 지도감독이 잘 안 되는 환경에 두어서, 이런 부수적인 역기능적 행동들이 악순환될 가능성이 있는 심각한 상태로 생각하였다.

자말의 엄마인 B부인은 자말의 외현적인 비디오게임 집착과 생부의 코카인 남용을 묘사하는 데 모두 '중독'이라는 단어를 사용했다. 자말과 생부는 그들의 '습관'을 위해서 가족으로부터 돈을 '훔쳤고', 두 사람 모두 가정법원의 보호하에 가족으로부터 추방되는 위협을 받았다. 우리는 자말과 부모 간에 정서적 애착의 불균형을 가져온 몇 가지 심리사회적 스트레스 요인을 확인했다. 자말은 4세경에 생부를 상실했는데, 구체적으로 아버지를 동일시하는 정상적인 발달단계가 시작됨과 거의 동시에 부모는 별거와 이혼을 하였다. 엄마가 로버트와 결혼하고 앤드류를 출산하는 과정이 바로 이어지면서, 자말이 엄마와 보상적인 관계(compensatory relationship)를 맺을 가능성은 줄어들었다. 자말이 로버트를 친아빠를 대체할 만한 사람으로 보지 않았기 때문에, 이 결혼은 소원감과 격노를 일으켰다. 자말의 관점에서 엄마는 불행의 원천이었고, 친아빠는 기억 속에 보존되고 간직된 채로 범죄의 한패처럼 갈망의 대상으로 이상화되었다.

자말의 상처와 반항에 대한 최초의 표현은 부모로부터 분노를 야기했고, 이는 상실한 아빠에 대한 동일시를 대체시키기보다 오히려 강화시키는 것으로 작용했다. 이런 생생한 역동은 자말이 집 부근에서 친아빠를 만나기 시작함으로써 촉발되기 전에는 강압적이지만 잠재적인 압력으로 남아 있었다. 자말은 가족과 거리를 두기 시작했다. 처음에는 배고픔에 이끌렸고, 그 다음에는 오락실 게임인 '스트리트 파이터 II'가 주는 흥분에 이끌렸다. 이 게임에서 자말은 보상적 힘을 추구했고, 나아가 친아빠와 자신을 동일시했다. 자말이 인간상에 대한 그림을 근육질의 초인적 영웅으로 가득 채웠다는 점도 중요하다. 이런 지도력 있고 강건한 인물에 대한 상상은 상실감을 방어하는 데 있어 충분한 힘(potency)을 갖고자 하는 갈망이 일어난 것처럼 보이게 했다. 또한 그것은 통제력을 연습하고자 하는 욕구의 상징이었다. 비디오게임과 그림 모두에서 자말은 남성적 동일시에 대한 모델뿐만 아니라 가족의 거절로부터의 피난처까지도 찾았던 것이다. 이렇기 때문에 B부인은 충동적으로 자말을 '그 애비에 그 자식'으로 규정지었다. 그 사람은 중독자고 무책임하며 끊임없이 거리를 배회하는 팔자를 타고났고, 여기에 자기충족적 예언이 자리잡고 있었다는 것이다.

그동안 자말은 엄마와의 관계 문제를 학교로 전가하여서 교사와의 관계 문제로 대체시켰다. 자말의 경우 다행스러운 것은 이모할머니가 자말이 나빠지는 것을 막아 줄 수 있을 정도로 영향력이 있었다는 점이다. 이런 갈등이 없는 관계에서 자말의 핵심적 자존감이 보존되었기 때문에 보다 참담한 심리적 결과들을 피할 수 있었다. 엄마를 너무나 화나게 하는 이모할머니의 자말에 대한 관대함은, 자말이 대부분 혼자라고 느낄 때도 그를 지지해 주는 것으로 작용했다. 가장 강력한 예후적 징후 중의 하나는 자말이 이모할머니가 학교로 자신을 데리러 올 때마다 기다렸다는 점이었다. 이모할머니가 단호하게 친아빠를 인정하지 않는 말을 해도 그것이 자말과의 관계를 결코 오염시키지 않았다.

1) 중심 주제

구조화된 시간제한 치료는 독특한 방식으로 이론적 공식화(theoretical formulation)를 한다. 치료자는 역동과 과거력에 대한 공식화를 직접적으로 가족과 공유한다. 이것은 임상적 사례회의, 회진 또는 치료 사후에 동료들과만 공유되는 치료자의 독자적 영역이 아니다. 여기서 치료자는 심리학적 및 정신의학적 전문 용어로 주제를 가르치지는 않는다. 주제의 정확성에 대한 가장 중요한 검증은 가족의 검열을 주저 없이 통과하고 치료자의 입장을 절대적으로 설득하지 않아도 되는 능력에 있다.

중심 주제로 통합되는 세 가지 보조적 요소들은 자말과 가족 간의 관계와 관련된다. 첫째, 나는 가족들이 경험한 발달적 및 체계적 갈등을 요약하고 구체적으로 말하였다. 둘째, 나는 부모, 교사 및 이웃들에게 분노, 불쾌, 화를 일으키는 증상을 어떻게 이해할 수 있는지에 대하여 설명했다. 다시 말해, 그런 증상이 부적응적이기는 하지만 자말의 입장에서는 가족의 갈등을 해결하기 위한 진실된 노력이라고 설명하였다. 마지막으로 나는 적응을 위한 부모의 해결책이 비효율적이었던 것과 더 적절하고 덜 갈등적인 수단을 찾을 필요성을 입증하기 위해서 자말의 문제에 대한 과거력을 검토했다. 중심 주제는 자말에게 자신이 다른 사람의 불행의 원인이 되고 싶지 않다는 욕구를 표현하게 했고, 동시에 향후 향상을 보일 것이라는 기대를 일으켰다.

중심 주제가 적절하게 개념화되고 제시되는 것은 부모에게 힘을 부여하며, 그저 "나아질 거예요."라는 모호한 주장을 넘어서 심리치료에 대한 아동의 이해를 증진시킨다. 시간제한 치료에서 치료자는 아동에게 치료가 힘든 작업이라는 것을 확실히 해 둔다. 나는 자말에게 다음과 같이 강조하며 말했다. "너는 그냥 치료에 오는 것으로 생각해서는 안 돼. 만일 네가 치료에 오는 것보다 훨씬 더 많은 즐거운 일이 생각나기 때문에 치료에 오는 것에 대해서 투덜대고 불평한다면 그것은 괜찮아. 우리 모두는 우리가 할 수 있는 만큼 열심히 작업을 할 거야. 그렇게 12회기 후에 치료가 끝나면, 너와 가족은 삶에 잘 대처할 수 있게 된단다." 치료자는 다음과 같이 말함으로써 아동의 자아를 보강해 준다. "나는 우리가 함께 작업할 수 있다면, 네가 부모님과 선생님들을 화나지 않게 하면서 원하는 것들을 얻을 수 있게 될 거라고 확신한단다." 12회기라는 시간 제한은 자말에게 치료가 영원히 계속되지 않으며, 짧은 기간 내에 나아질 수 있다는 점을 확실히 한다. 처음 자말이 진단적 과정에 왔을 때, 그는 모든 것을 잃어버렸다고 생각했다. 이제 중심 주제가 제시되면서 자말은 구체적인 용어로 문제를 이해할 수 있고, 변화과정이 어떻게 일어나는지를 이해할 수 있게 된다. 치료의 간략함은 고통에 대한 해결책이 자말 자신에게 있다는 증거다.

우리는 두 가지 상호의존적인 주제를 구성했다. 가족 전체에게 처음 주제를 제시한 반면, 두 번째 주제는 자말을 위해서 간직해 두었다. 가족의 주제는 체계에 있었다. 우리는 자말의 증상을 어떤 깊은 심리 내적 정신병리의 독자적인 표현으로 간주하기보다는, 자말의 행동을 가족의 불확실한 안정성과 희미한 응집성에서 관심을 끌고자 하는 노력으로 보았다. 분명한 점은 부모의 결혼과 동생의 출산에도 불구하고, 가족은 아직까지 지지적이고 상호의존적인 단위로 충분히 융합되지 못했다. 자말은 가족에게서 자신을 빼냄으로써 이러한 결여에 대하여 관심을 끌려고 애썼고, 동시에 자신의 굳어진 상호작용 양상으로부터 부모를 물러나게 하려고 노력했다. 가족에게 자말은 난국에 대처해야 하는 도전이었고 전부가 되었다. 자말은 가족 성원들이 서로 접촉하기를 원했으나, 현 시점에서 부모가 자신을 자식으로서 교정하는 데 충분히 관심을 두고 있다는 점을 이해하지 못한 상태였다. 불행하게도 부모는 그 메시지를 빨리 알아차리지 못했고, 자신들에게 득이 되는 것을 거의 하지 않았으며, 자말의 위치에 대하여 협박을 했을 때 우연히 그의 최악의 공포를 확인하게 되었다.

우리는 부모 각자의 가족 배경에서 남성 역할에 대하여 질문했고, 부모들은 아동기에 여성이 주도한 가정에 대한 자신들의 경험을 이야기했다. 우리는 부모에게 치료의 중간쯤으로 계획된 첫 번째 가족 회기에서 초점이 되는 질문들을 생각해 보도록 청했다. 그들은 서로에게 관여할 준비가 되어 있는가? 만일 답변이 긍정적이라면, 그들은 치료가 진정한 성공의 기회가 될 수 있도록 이 점에 대하여 모호하지 않고 분명한 방식으로 자말과 대화하는 게 필요하다.

두 번째 주제는 정신역동적인 측면에 보다 많은 비중을 두고 있다. 친아빠에 대한 자말의 일차적으로 무의식적이고 상징적인 추구, 즉 가족을 재결합시키고 친아빠를 복귀시키고자 하는 갈망과 친아빠를 떠나도록 촉발시켰던 자신의 모든 행동을 상환하려고 하는 것에 대한 것이었다. 나는 부모가 대기실에 있는 동안 놀이 인형들을 활용하여 자말의 주제를 제시하였다.

치료자: 너에게 이 꼬마에 대한 이야기를 해 줄게. 그는…

내담자: 남자예요?

치료자: 그래, 남자애고, 어디 보자, 몇 살인 것처럼 보이니?

내담자: 여덟 살?

치료자: 그래 바로 맞췄어. 어떻게 알았어?

내담자: 몰라요. 그냥 여덟 살 정도로 보여요.

치료자: 어디 보자, 어디까지 했지?

내담자: [놀이 인형을 가리키면서] 그 애는 그들과 살아요.

치료자: 옛날 옛날 아주 오래 전에, 그 애가 두 살, 세 살, 네 살이었을 때, 그들은 모두 함께 살았어. 그것은 멋지고 아름다웠고 모든 것이 훌륭했고, 그 애는 가족 전부가 함께 있어서 행복했지. 너 알지, 엄마와 아빠. 그러던 어느 날 뭔가 끔찍한 일이 일어났어.

내담자: 이게 이야기예요?

치료자: 말하자면 그래. 그런데 너 내가 무슨 생각을 하고 있다고 생각하니? 이게 진짜 이야기라고 생각하니?

내담자: 네. 무슨 일이 일어났어요?

치료자: 그래. 알다시피, 모든 사람들이 행복했고 그 애는 모든 사람들이 자신을 사랑하고 있다고 느꼈는데 어느 날 뭔가 끔찍한 일이 가족에게 생긴 거야.

내담자: 저도 알아요! 지진이 났어요.

치료자: 비슷해, 하지만 그건 지진보다 더 나빴어. 왜냐하면 어느 날 소년이 학교에서 집으로 돌아왔는데 그 애는 가족에게 뭔가 나쁜 일이 생겼다는 것을 알았기 때문이지. 누군가 없어진 거야.

내담자: 아빠요. 나는 이 이야기를 알아요. TV나 다른 데 나왔어요.

치료자: 갑자기 가족이 깨지고 엄마는 외로워서 하루 종일 울었지. 그리고 그 애는 “아빠는 어디 갔어요?”라고 계속해서 물었어.

내담자: 그는 악한들에게 납치됐어요.

치료자: 너는 아빠의 의지와는 상관없이 누군가가 아빠를 멀리 데려갔다고 생각하는구나. 그런데 이 이야기에서 그는 자신이 떠나서 결코 다시는 돌아오지 않겠다고 말했단다.

내담자: 여기는 모든 것이 잘못됐어요. [자말은 블록과 가구를 가지고 아파트를 짓는다] 거기는 좋았어요.

치료자: 너는 남자와 여자를 침대에 함께 놓았구나. 그거 흥미롭네. 소년이 이렇게 되기를 바랐던 거였구나. 너 그거 아니? 그 애는 슬프고 화가 났어. 엄마에게 화가 났어, 왜냐하면 아빠는 엄마에게 좋지 않게 대했지만 아

이에겐 괜찮게 대했기 때문이지. 소년은 엄마에게 물었어, "언제 아빠가 돌아와요?" 그러면 엄마가 말하길…

내담자: 그는 단지 담배를 사러 나간 거예요.

치료자: 이 이야기에서는 그렇지 않아. 그는 다시 돌아오지 않았지만 소년은 기다리고 기다렸지. 3학년이 될 때까지 줄곧 그렇게 기다렸어. 그런 다음 자신에게 말하기를, "이 문제에 대해서 뭔가를 하는 게 좋겠어. 엄마는 새로운 남자친구와 새로운 아기가 생겼는데 아빠는 이것에 대해서 모르고 있잖아." 소년은 두 가지 점을 생각했어.

내담자: 그 애는 아빠가 죽었다고 생각했어요.

치료자: 그는 아빠가 죽었다고 생각했어. 우선 그는 방과 후에 매일 아빠를 찾으러 다녔어. 그런 다음, 엄마에게는 새로운 남편과 아기가 있으니까 아빠와 사는 것에 대해 생각했어. 엄마는 그가 자신의 회사 주위에 머무르는 것을 원치 않았어.

내담자: 난 이 이야기를 알아요. 그리고 어떻게 끝나는지도 알아요. 그 애는 아빠를 찾고 또 찾는 거죠, 그렇죠?

치료자: 그 애는 엄마가 자신을 자랑스러워하거나 자신이 너무 어른처럼 행동하기 때문에 보고 싶어 하지 않을 거라고 생각했지.

내담자: 틀렸어요. 엄마는 행복하지 않았어요. 엄마는……. [폭발음을 낸다]

치료자: 맞아. 엄마는 아이에게 매우 화를 냈고, 모든 이웃사람들에게 말했고 가게 사람과 비디오방 사람과 피자가게 사람과 선생님들 모두에게 말했어. 그녀가 그들에게 그의 …를 찾는 것을 그만두라고 말했어.

내담자: …아빠요. 그런데 그 애는 그러지 않았어요. 그는 영리하고 용감했어요.

치료자: 그는 멈추지 않고 계속 찾았어. 그 애가 원했던 것은 가족이 다시 함께 사는 것이었어.

내담자: 험프티 덤프티(Humpty Dumpty)처럼요.

치료자: 그러나 모든 왕의 말과 왕의 부하들은 험프티 덤프티를 붙일 수 없었지.

내담자: …험프티 덤프티를 다시 붙여 놔요.

치료자: 모든 사람들은 소년에게 화가 났고, 소년이 하려고 했던 것은 모든 것을 바로잡으려는 거였어.

내담자: 사람들은 소년이 나쁜 아이라고 해요. 그 애는 입양아가 되겠죠.

치료자: 소년은 그곳에는 자신과 엄마의 방이 없고, 새아빠와 의붓동생은 더 이상 자신을 필요로 하지 않는다고 느꼈어. 그러던 어느 날, 무슨 일이 일어났는지 아니?

내담자: 네! 알아요! 소년이 그를 봤어요. 소년은 아빠를 봤어요. 소년이 아빠를

보았지만 소년은… 하지만 소년은… 끝날 시간이 됐나요?

치료자: 이야기를 끝낼 만한 시간이 충분하단다. 이건 슬픈 이야기이고 너는 약간의 휴식이 필요하구나. 이야기가 거의 끝나 가니까 조금만 참아. 네가 결말을 이해하도록 돕고 싶어.

[J는 근육질의 남자 그림을 그리기 시작한다]

치료자: 이 사람은 누구니? 우린 서로 알지 못하는 거 같구나.

내담자: 그는 운동선수예요.

치료자: 그리고 매우 힘센 사람이네.

내담자: 그는 스테로이드를 복용해요.

치료자: 이 사람은 자신이 얻을 수 있는 모든 힘과 강함이 필요하구나.

내담자: 아무도 그를 때릴 수 없어요.

치료자: …그리고 아무도 그에게서 아무것도 가져갈 수 없겠구나.

내담자: 아니면 그는 그들을 한방에 날려 버릴 거예요.

치료자: 하지만 너도 알다시피, 그 사람은 그 애조차 도와줄 수 없단다. 그 애는 단지 자신을 도와줄 수 있는 이런 남자와 같은 특별한 친구가 있기를 바라지.

내담자: 그는 친구가 있나요?

치료자: 그래. 너하고 내가 그 애를 위해서 그의 가족이 있을 만한 장소를 찾아 줄 거야, 그러면 그 애는 필요로 하는 모든 사랑을 얻을 수 있을 거야.

내담자: 그리고 그 애 아빠가 돌아오나요?

치료자: 유감스럽게도 아니야. 소년은 엄마와 새아빠로부터 필요한 것을 다 얻을 수 있단다.

2) 부모와의 동맹

자말의 부모가 치료과정에 개입하고 권능감을 느낄 수 있게 하기 위해서, 자말의 필연적인 저항에 부딪혔을 때 나는 부모에게 도움을 청했다. 자말의 부모가 치료를 지지하는 한 나는 치료에서 논쟁적인 자말을 다룰 수 있다. 그러나 만일 치료자에 대한 부정적 전이가 발전하는데 부모가 자말과 공모를 한다면, 짧은 치료의 길이는 치료자에게 부정적 전이를 중화시키는 것을 불가능하게 한다. 몇 차례 연속적으로 약속을 지키지 않는 것은 시간의 압박을 유의미하게 약화시키고, 나아가 결과에 파괴적인 영향을 미칠 것이다. 그러므로 우리는 각 치료단계에서 저항으로 나타나는 모든 양식과 형태에 대해서 논의했다. 우리는 자말이 치료를 피하기로 결정한 것처럼 보이는 무렵에 그가 최선을 다하게 될 것이라는 점을 강조했다. 우리는 부모에게 처음 2회기 또는 3회기 내에 현재 증상이 어느 정도 감소될 것으로 예상된다고 말했고, 보통 치료가 끝나 감에 따라서 완전히 새로운 문제가 다시 나타날 수 있다고 경고해 주었다.

3) 치료적 접촉

치료자가 문서화되고 서명된 계약서를 치료계획에 포함시키면 내담자가 약속에 오지 않거나 약속을 취소하는 횟수를 현저하게 줄일 수 있다(Sloves, 1988). 시간 경과에 대한 명료화 및 구체화는 아동에게 치료의 끝이 다가오는 것에 따른 상실감, 실망감, 거부당하는 느낌 등을 완화시키는 데 유용하다. 자말은 시간에 대하여 변화무쌍하고 유동적인 상태로 개념화하고 있었기 때문에, 그에게 치료에서 시간의 경과를 구체적이고 유형적인 것으로 만들어 주는 것이 필요했다. 자말이 치료적 관계를 영구적인 것으로 경험하지 않도록 하는 것이 중요했다.

계약서에는 자말의 이름, 중심 주제에 대한 간결한 진술, 총 회기 횟수 및 정확한 종결 날짜가 포함된다. 계약서에는 매 회기의 특정한 날짜가 적혀 있어서, 자말은 회기가 있는 날짜를 대조해 볼 수 있었다. 나는 종결 날짜를 잡는데 특히 주의를 기울여서 자말의 일상생활에서 다른 분리들, 예컨대 방학이나 가족 휴가와 동시에 발생하지 않도록 했다. 이렇게 하면 종결단계의 어떤 희석이나 오염을 피할 수 있다. 예를 들어, 마지막 회기가 여름방학이 시작되기 일주일 또는 이주일 전 이내에 계획된다면, 자말은 치료가 실제로 끝나지 않았으며 가을 학기가 다시 시작될 때까지 일시적으로 연기된 것이라고 결론 내릴 수 있다. 나를 포함하여 모든 참석자들이 계약서에 서명을 한 후에 나는 자말과 가족에게 복사본을 주었다.

인지적이고 역동적인 요인들이 종결에 따라서 생기는 상실의 현실을 부인하거나 왜곡하도록 공모하기 때문에, 계약서에 시간의 경과를 강조하는 도형이나 그림 재료들을 보충해 주는 것은 아동에게 도움이 된다. 자말의 생물학적 연령과 정신연령을 감안하여, 나는 달력을 복사해서 매 회기 일자에 동그라미를 쳤다. 일부 아동들은 치료자와의 첫 번째 접촉부터 회기로 세어 두 번의 진단적 만남을 12회기 계약의 일부분에 포함시키기도 하는데 이 점을 주목할 필요가 있다. 이는 개시와 치료의 훈습단계 동안에는 문제가 되지 않지만, 종결 날짜가 다가오면 아동은 치료의 끝에 대하여 잘못된 생각을 가지고 작업을 하기 때문에 과도하게 불안해 보일 수도 있다. 이런 오해를 피하기 위해서 나는 자말에게 다음과 같이 말했다. "다음 주에 우리는 첫 번째 회기를 시작할 거야. 우리는 다음 주에 함께 작업을 시작하는 거지. 지난 주와 오늘은 문제에 대해서 얘기를 했지만, 다음 주에 너와 나는 이런 것들을 고쳐 나가기 시작할 거야."

4) 가족 회기

나는 두 번의 가족 모임을 치료의 중간 시점인 6회기와 끝인 12회기에서 하기로 계획했다. 나는 자말이 가족 회기를 하나의 회기로 치는 것인지 아닌지에 대하여 의아해 할 것이라고 생각하고, 그에게 가족 회기는 12번의 개인 회기와는 별개의 것이라고 말해 주었다. 나는 자말에게 개인 회기의 비밀을 지키기 위해서 가족 모임에 참여할 수도 있다고 말해 주었다.

4. 놀이치료의 과정

간단하게 말해 시간제한 놀이치료의 과정은 세 번 이상 또는 그 이하의 중첩적이고 점진적인 단계를 통해서 진행된다. 시작단계에서 아동의 행동을 외현화하여 고통의 원인이 되는 대인관계적, 심리 내적 갈등에 일종의 공감적 보호막을 제공함으로써 치료자는 치료적 동맹을 체계적으로 양성한다. 이 단계에서 치료자는 전이를 해석하지 않는데, 초기에 전이를 해석하면 결합에 대한 아동의 마술적 소망을 억제할 수 있기 때문이다. 그러나 훈습단계 동안에 치료자는 개별화를 격려하기 위해서 시작단계 동안 장려했던 바로 그 마술적 상상과의 공모를 부드럽지만 점점 빠르게 물리치기 시작한다. 이 시점에서 치료자는 양가적인 대상으로서 기능하는 것처럼, 대개 과거 유의미한 타인과의 관계의 견지에서 전이를 해석한다. 마지막으로 종결단계에서 치료자는 아동에게 양가적인 과거와 불완전한 미래, 그리고 상환에 대한 마술적 소망과 유형적이지만 결함이 있는 만족의 자원 간을 선택할 수 있도록 도움을 준다. 여기서 아동과 치료자 간의 관계는 모든 전이 해석의 주요한 기초가 된다.

1) 개시단계

치료의 시작단계에서, 유아와 마찬가지로 아동은 자기애적 동일시의 성장을 재경험하고, 무한한 시간에 대한 원형적 감정에 뿌리를 두고 있는 전지전능의 감정을 느낀다. 자말의 의식적 및 전의식적 사고와 정서를 표현하게 하면서, 우리는 자말이 나를 모든 것을 아는 특별한 친구로 볼 것이라고 기대했다. 증상들이 함께 감소하거나 사라지는 이유는 증상의 존재가 치료자에게 지각하는 자비로움과 중복되기 때문이다. 이러한 공감적 연계가 형성되는 분위기에서 치료자가 동정적으로 아동의 중심 주제를 탐색함에 따라 격렬한 정서들이 방출된다. 이런 소산(abreaction)은 긍정적 전이를 강화하며 치료적 동맹의 발달을 가속화시킨다. 치료자가 완벽한 결속을 위해서 아동의 소망을 무조건적으로 수용하고 공감적으로 지지하면서, 치료자와 아동은 핵심 갈등을 탐색하기 시작한다.

이 단계에서 일차적인 목표는 의존하지 않은 채 안전감을 느끼는 것과 퇴행하지 않은 채 지지를 받고자 하는 자말에게 직접적으로 호소함으로써 치료적 동맹을 확대하는 것이다. 나는 상실되고 이상화된 대상의 지층(mantle)을 상정했고, 점차적으로 내면화를 위한 기초들을 만들었다. 이런 행위를 통해 치료자는 자말에게 비현실적이지만 이해 가능한, 완전히 자애롭고 버팀목이 되어 주는 인물과 결합하는 상상을 하도록 했다.

(1) 1회기

이 단계 동안의 핵심 과제는 자말의 무기력감에 대항하는 동맹을 양성하는 것이다. 이런 목적을 위해서 자말과 나는 친아빠가 되돌아오는 것, 그리고 보다 의존적인 어린 동생과 경쟁해야만 하는 소외의 고통에 대한 비합리적이고 비현실적인 바람들을 검토할 것이다. 만일 자말이 머뭇거린다면 나의 열정과 두려움 없는 태도는 미래에 대한 낙관성을 전해 줄 것이고, 그에 따라 중심 주제를 탐색하도록 격려할 것이다. 다음 일화로부터 얻은 하나의 교훈은 치료자는 예기치 않은 것에 대해서도 준비되어 있어야만 몰입할 수 있다는 것이다. 원래 가족과 재구성된 가족을 반영하기 위해서 착수된 정교한 놀이 구성은 자말이 문 밖으로 걸어나가는 순간 폐기되었다. 자말은 아프다고 말했지만, 그는 자신의 고통에 대해 어떠한 책임을 질 의도도 없었으며 심리치료의 작업에도 흥미가 없었다는 것이 분명했다. 자말이 치료의 치유적 과정에 대하여 다음과 같이 독특한 조망을 제안했을 때 치료가 시작되었다.

내담자: 기분이 좋지 않아요. 머리가 아파요.

치료자: 엄마와 선생님은 네 머릿속에 걱정이 너무 많은 것은 아닌가 생각해 본단다. 아마 오늘은 그 걱정들이 밖으로 나오고 싶지 않은가 보구나. 걱정들이 힘들게 싸우고 있구나.

내담자: 때때로 나는 생각을 너무 열심히 해서 머리가 아파요.

치료자: 이제 곧 그다지 많이 아프지 않게 될 거야. 우리가 걱정들을 이해하고 나면 너는 훨씬 나아질 거야.

내담자: 알아요. 엄마가 차 안에서 그것에 대해서 모두 말해 주었어요. 그게 선생님이 하는 일이죠? 선생님은 심리학자고 그런 게 심리학자가 하는 일이에요.

치료자: 음, 그런 게 뭔데?

내담자: 나는 심리학자에 대해서 모두 알아요, 왜냐하면 과학시간에 배웠거든요. 그들은 공룡 뼈를 잘 봐요. 우리는 역사시간에 사물들이 어떻게 시작되는지에 대해서도 배워요.

치료자: 너는 사물들이 어떻게 존재하게 되었고 어디에서 생겨났는지에 대해서 관심이 있구나. 그건 그렇고, 너는 무엇 때문에 머리가 아픈 것 같니?

내담자: 모르겠어요. 아마 감기에 걸렸을 수도 있어요.

치료자: 그게 아니라는 것을 알고 있지.

내담자: 나는 휴식이 필요해요.

치료자: 그렇게 해라. 너는 요즘 계속해서 너 자신을 돌보려고 애써 왔고, 항상 혼자 힘으로 자신을 지키려고 노력해 왔고, 엄마와 의붓아빠가 너를 곁에 두려고 한다는 것을 믿지 않았어. 만일 나를 도와줄 사람이 아무도 없다면 나는 너무 지칠 거야.

내담자: 농담하세요! 나는 아기가 아니에요. 내 동생은 아기지만, 나는 혼자서 돌볼 수 있어요. 단지 어떻게 해야 할지를 모를 뿐이에요. 타자기를 써도 되나요?

치료자: 타자기를 가지고 놀 시간이 충분하다면 괜찮겠지만, 우리는 오늘 많은 일을 해야 한단다. 타자기는 네가 가족에 속하는 느낌을 갖게 하는 데 도움이 되지 않고 아빠를 돌아오게 만들 수도 없어. 너의 걱정거리들을 엄마에게 주지 그러니?

내담자: 엄마는 맨해튼 전체를 흔들어 깨울 정도의 악몽을 꾸게 될 거예요.

치료자: 그렇다면 너는 대단히 큰 걱정거리를 갖고 있겠네, 그런데 엄마를 무섭지 않게 보호하려고 하는구나. 우리는 앞으로 열한 번을 더 함께 할 거야. 열한 번 더 만나서 네가 이따금씩 얼마나 외로운지를 깨달을 수 있는

방법을 찾아보자. 물론 너는 작은 걱정거리들은 간직할 수도 있지.

내담자: 엄마에게 걱정거리를 줄 수는 없어요. 걱정거리들을 선생님에게 드릴게요.

치료자: 어떻게 그렇게 할 수 있니?

내담자: 지금처럼요. 제가 이야기하고 선생님은 듣고, 그리고 나는 집으로 가죠. 나는 걱정들을 여기에 선생님에게 두고 갈 거예요. 왜냐하면 선생님은 심리학자고 그것들을 어떻게 해야 하는지 아니까요.

치료자: 그러면 내가 이 믿을 수 없을 만큼 거대한 걱정들과 문제들을 어떻게 할까?

내담자: 땅에 묻어요. 그런 다음 수천억 년이 지난 후에 어떤 선생님 같은 심리학자가 그것들을 파내요. 그리고 연구를 하죠. 그러면 그 걱정들은 더 이상 거대하지 않을 거예요. 걱정들은 오래된 뼈처럼 모두 말라비틀어졌을 거예요.

여기서 나는 일단 자말이 어린아이로서 두려움 없이 지각할 수 있고 이해할 수 있는 단어인 '걱정'으로써 자말이 인식하고 있는 계속되는 심리적 고통을 공식화하려고 했다. 걱정은 아홉 살 된 아이가 성공적으로 다룰 수 있는 그럴 듯한 것이며, 두려움에 떠는 것과는 다르다. 그러나 자말은 처음에 걱정에 대한 정서적 함축, 갈등을 객관화하는 것을 피했다. 그래서 나는 자말이 내 역할을 주지화할 때 분명하게 인지적 가치를 주기로 결정했다. 직면을 피하고 고통의 원인을 가차없이 쫓아갔고, 내가 다시 원인을 찾아가면 자말은 나를 막았다. 나는 긍정적 결과를 예견해 주면서 자말을 지지했고, 중심 주제 및 치료자와 아동의 원칙적 작업을 반복적으로 말했다. 마침내 자말은 모든 일을 아는 것이 치료자의 임무라고 제안하면서 책임감으로부터 자신과 엄마를 구했다. 그리고 이 대화의 출판을 정확하게 예언했다.

(2) 2회기

나는 다시 한 번 준비된 놀이 시나리오를 가지고 시작하고자 했다. 그러나 자말은 숙제를 해 왔고 중심 주제를 어떻게 하면 발전시킬 것인가에 대하여 많은 생각을 해 왔다. 그는 치료실에 들어와서 내가 준비한 것에는 시선 한 번 주지 않고 자신의 배낭에서 두 개의 헬리콥터 장난감을 꺼냈다.

치료자: 거기에 가지고 온 것이 뭐니?

내담자: 헬리콥터요. 이것들을 가지고 놀아도 되요?

치료자: 물론이지. 너는 우리가 함께 하는 것에 대해서 생각을 했구나. 그리고 도움이 될 수 있는 것을 가지고 왔네. 내가 보기에 이것이 다른 것보다 크구나. 하나는 어른 헬리콥터고 다른 것은….

내담자: 작은 거예요. [헬리콥터들은 팔을 뻗은 거리에서 서로 원을 그렸다]

치료자: 그들은 너무 멀리 있지도 너무 가까이 있지도 않구나.

내담자: 그들은 이야기할 수 없어요. 라디오 같은 것이 고장났어요.

치료자: 서로 볼 수는 있지만 서로가 원하는 것을 말할 수는 없구나.

내담자: [헬리콥터들은 테이블 위에 착륙한다] 보세요. 헬리콥터는 위에 날개가 있어서 돌고 돌아요.

치료자: 착륙을 했는데 어째서 서로 이야기를 하지 않을까? 뭐가 문제야?

내담자: 위험해요. 만일 헬리콥터가 가까이 가면, 날개(회전하는 것)가 당신을 산산조각으로 만들 수 있어요.

치료자: 너무 가까이 있어서 위험한 거니?

내담자: 프레디 크루거처럼 산산조각 날 거예요.

치료자: 그들은 서로 안전한 거리를 두어야 하는구니. 안전한 공간을 그렇게 가까이 있으면 안 되겠네

내담자: 너무 가까워요… 쾅!

치료자: 너무 가까운 것이 문제구나. 서로 함께 있길 원한다면 어떻게 해야 할까?

내담자: 이것은 아기예요, 내 말은 작은 헬리콥터라는 것이고…, 이것은 큰 거예요.

치료자: 하나는 어른이고 하나는 꼬마 헬리콥터구나.

내담자: 그것 참 우습네요. 헬리콥터는 자라지 않아요.

치료자: 우리는 헬리콥터와 같은 문제를 가지고 있구나. 그래서 그들이 서로를 이해할 수 없었지?

내담자: 자라는 데 문제가 있었는데… 지금은 선생님처럼 말을 할 수 있게 하죠.… 큰 것을 말하는 건데요. 이것은 도움이 필요해요.

치료자: 그런데 너는 그게 위험하다고 말했어.

내담자: 만일 이게 너무 멀리 가면 그들은 서로 말할 수 없죠. 뭐가 부서졌어요. 지붕에 뭔가 큰 게요.

치료자: 그래, 안테나가 부서졌구나. 만일 그들이 너무 멀리 떨어져 있으면 서로 말을 할 수 없고, 또 너무 가까이 있으면 다치게 된다고 말하는구나.

내담자: 작은 것이 다쳤어요.

치료자: 그렇다면 해결책이 뭐야?

내담자: 그들은 옳은 길을 찾아야 해요. 그것을 뭐라고 했죠? 올바른 공간이요. 그들은 귀먹은 사람들이 하는 것을 해요.

치료자: 사람들이 듣지 못할 때 주의를 기울이게 하는 특별한 방법이 있지.

내담자: 손 같은 거요. 그들은 손으로 얘기해요.

치료자: 우리는 꼬마, 내 말은 꼬마 헬리콥터를 위해서 더 나은 방법을 찾아야 해. 충분히 가까이 있으면 그들은 수화를 사용할 수 있지. 너무 가깝지도 너무 멀지도 않고 딱 적당한 지점에서. 우리는 더 이상 작은 헬리콥터를 다치게 하고 싶지 않아.

내담자: 헬리콥터들이 충돌할 수 있으니까요.

치료자: 우리가 적당한 지점을 찾을 수 없다면 그런 일이 생길 거야. 어디 보자, 우리 무엇을 할까? 꼬마 헬리콥터는 기름을 넣어야 하는데 기름이 많은 큰 헬리콥터에서 기름을 얻을 수가 없구나.

내담자: 줄자 있어요?

치료자: 여기 있어.

내담자: [거리를 잰다] 여기,… 바로 여기가 그 지점이에요.

치료자: 거기서는 기름을 얻을 수 있고 아무것도 잃지 않겠구나.

내담자: 폭발할 수 있어요.

치료자: 거리에 주의를 기울인다면 그렇지 않을 거야. 만일 너무 멀리 떨어진다면….

내담자: 추락할 거예요.

치료자: 사람도 비슷해. 기름 같은 것을 필요로 하는 사람들 역시 그래.

내담자: 먹는 것을 말하는 거죠.

치료자: 너는 내가 말하는 뜻을 아는구나.

내담자: 사람들을 유지시켜 주는 것들이요.

치료자: 정확하네. 너와 나 둘 다 알고 있는 어떤 사람같이 말이야.

내담자: [미소 짓는다] 내 가족 중에 헬리콥터는 없어요.

치료자: 우리는 때로 사랑과 애정을 필요로 하지만 적당한 지점을 찾지 못한단다. 너무 멀리 여행을 해서 우리는 사랑과 애정을 잃어버리지. 부모님들은 화가 나고 말이야. 너무 가까우면 사람들은 너를 아기로 생각하지.

(3) 3회기

처음 두 회기 동안 자말이 구조화된 놀이를 거부했음에도 불구하고 나는 다시 시도했다. 이 회기에서 나는 나무 블록, 장난감 집 가구, 인형 등을 가지고 학교 교실을 정교하게 모사하여 구성했다.

학업적 맥락에서 치료적 작업을 한 것은 자말의 경우에 학교가 상대적으로 높은 유능성을 반영하기 때문이었다. 그리고 학교에서 상대적으로 가벼운 갈등은 남자교사, 의붓아빠 및 친아빠와의 문제를 관련짓는 데 탁월한 방식인 것처럼 보였다.

치료자: 안녕! 나는 학교에서 공부를 하고 있어.

내담자: 경찰이 학교로 와서 약물에 대해서 얘기하고 있는데, 그것은 나쁘기 때문이죠.

치료자: 너는 아빠가 어떻게 지내는지 궁금하니?

내담자: 선생님은 죽을 수 있어요.

치료자: 너는 그것에 대해 뭔가 해 보고 싶구나. 엄마와 로버트가 너를 보호해 주고 돌봐 주는 것처럼 그를 보호하길 원하는구나.

내담자: 할 수 있어요. 금요일에 나는 반에서 생일파티를 하죠. 슈퍼맨이 올 거라고 생각하세요?

치료자: 슈퍼맨?

내담자: 나는 파티에 슈퍼맨이나 스파이더맨이 왔으면 좋겠어요.

치료자: 그가 도와줄 수 있을까?

내담자: 슈퍼맨은 하늘에서 쌩 소리를 내며 내려올 수 있어요. [자말은 배낭에서 슈퍼 영웅 모형을 꺼냈고 그것은 테이블 위를 날았다] 그는 남자죠. 그리고 그는 나를 찾을 거예요.

치료자: 너는 슈퍼맨, 스파이더맨을 바라고, 그 남자는 이런 심각한 문제가 있는 너를 도울 수 있구나. 너가 엄마나 로버트가 너를 구할 수 있게 하지 않고, 이런 사람들이 너를 돕게 하는 것이 흥미롭구나.

내담자: 나는 계속 아기가 아니라고 말하고 있어요.

치료자: 그래, 너는 아기는 아니지. 너도 알다시피 너를 도울 수 있는 너만의 슈퍼맨과 슈퍼우먼이 있다는 것을 알지.

내담자: 원더우먼을 말하는 거죠.

치료자: 그런가.

내담자: 원더우먼은 날지 못해요.

치료자: 너 역시 그래.

(4) 4회기

가족 구성원들 간의 관계성을 알아보기 위해서 나는 인형의 집 가구과 블록들을 자말의 아파트와 비슷하게 배열했다.

치료자: 어떻게 지냈니?

내담자: 이번 주에는 많이 좋아졌어요. 지난 주에는 작은 문제가 하나 있었어요.

치료자: 왜 그렇게 변화가 있었던 것 같니? 왜 나아졌을까?

내담자: 제가 할머니가 위층에 산다고 말했죠?

치료자: 나는 위층에 살고 있는 사람이 너의 이모할머니라고 생각했는데?

내담자: [자말은 할머니/이모와의 관계를 설명하려고 노력했지만 잘 되지 않았다. 마침내 화가 나서 다음과 같이 말한다] 전 이해할 수 없어요.

치료자: 우리가 함께 그것을 이해할 수 있는지 알아보자. [나는 자말, 엄마와 이모할머니를 나타내는 가계도를 그린다] 내가 제대로 그렸니?

내담자: 맞아요. 할머니는 60년대에 죽었고, 할머니의 동생이 엄마를 돌봐 주고 키웠어요. 나는 그녀를 이모할머니라고 부르고 때로는 할머니라고도 불러요. 가족은 결코 헤어지지 않아요.

치료자: 결코?

내담자: 아빠를 말하시는 거예요?

치료자: 그래. 너의 새로운 가족을 그려 보자. [나는 가계도를 다시 그린다.] 그러니까 모든 것이 잘되지 않기 전까지 너의 엄마와 로버트와 어린 동생은 서로 연결되는 거지. [나는 그들을 선으로 연결했다]

내담자: 잠깐만요. 나에게 펜을 주세요. 이렇게 되기 전에는요. [자신의 이름 밑에 '텅 빈' 이라고 적고 동생이름 밑에는 '가득 찬' 이라고 쓴다] 지금은 이것과 비슷해요. [자말은 자기 이름과 동생 이름 밑에 '반' 이라고 쓴다.]

치료자: 음. 이것 참 놀랍구나. 내가 처음에 했던 질문과 우리가 매주 만나는 진정한 이유로 되돌아가자. 어떻게 해서 변화가 생겼다고 생각하니?

내담자: 내 아빠가[의붓아빠] 나를 보다 존중해 줘요. [자말은 자신의 이름 위에 '더 존중' 이라고 적는다]

치료자: 난 잘 모르겠네. 네가 나아지도록 누가 뭔가 특별한 일을 했다고 생각해?

내담자: 아마도 엄마요.

치료자: 너는 가장 중요한 사람을 빠뜨리고 있는 거 같은데.

내담자: 저를 말씀하시는 거예요?

치료자: 그래 맞아. 여기서 선생님이 뭘 좀 보여 줄게. [나는 비디오 오락기 앞에서 서 있는 한 소년을 그린다] 자, 여기 그의 손목에 "나는 괜찮아. 그리고 모든 사람은 나를 사랑해."라는 기계가 있어. 이 소년이 슬프거나 외롭거나 혼자라고 느낄 때 그는….

내담자: 알아요! 그는 이렇게 혼자서 접속을 해요. [그는 비디오게임에서 소년의 손목까지 호스나 탯줄을 그린다] 이건 마치 주유소 같아요.

2) 훈습단계

훈습단계에서 아동은 시간의 한계를 깨닫게 되면서 양가 감정을 경험하고, 모든 대인관계의 유한하고 완벽하지 않은 속성에 직면한다. 치료의 이 결정적인 시점에서 아동은 종료를 둘러싼 슬픔과 불안을 자각하게 된다. 분리불안이 출현하면서 저항이 나타나고, 아동은 양가 감정과 낙심을 모두 행동으로 표현한다. 시간이 다 되어 가고 삶에서 많은 것들이 성취되지 않는 것을 피할 수 없다는 사실에 직면하면서, 치료자와 아동 모두는 시간이 그 불가피한 일들의 발생을 막을 수 없다는 것을 점차적으로 인정하게 된다. 시간과 그 집단과 현실이 끊임없는 애정 및 한없는 공생(symbiosis)에 대한 상상을 침식시키기 시작함에 따라, 아동은 처음으로 치료자의 불완전성에, 그리고 점차적으로 자신의 불완전성에 직면하게 된다. 현실은 깊게 자리하고 있는 상상들을 방해하기 시작한다. 이렇게 격변하는 중간 지점에서, 치료자는 지금보다 천천히 시작단계 동안에 생긴 정서적 신용을 활용하기 시작한다. 훈습단계 동안 치료자의 주요 역할은 분노를 흡수하고 편향시키며 재구성하는 것이다. 미몽에서 깨어남은 적내감으로 바뀔 수 있다. 여기서 동맹관계는 위협당한다. 치료적 동맹이 약화되면서 아동은 치료자가 놀이 재료를 선택하는 것에 저항하려고 한다. 치료자는 이런 것을 명심하면서 통제력과 관련하여 비생산적 투쟁에 얽히는 것을 피하기 위해 치료적 동맹에 어떤 변화가 있는지를 재빨리 평가한다. 긍정적 전이의 맥락 내에서 협력이 중요하므로, 치료자는 적의감이 핵심 주제의 재상연(전이)인지, 핵심 갈등의 회피(방어)인지, 놀이의 관련성 부족에 대한 타당한 비판(자기주장성)인지를 결정할 필요가 있다. 아동의 조망에서 보면, 힘에 대한 불일치는 거의 대부분 치료자를 무능하거나 유능감이 부족한 것으로 지각하게 한다. 이것은 아동에게 치료자를 휘두를 수 있다는 잘못된 인식을 심어 준다. 아동은 자신이 치료자를 권력

투쟁에 가담시키기에 충분한 영향력을 갖고 있다고 믿을 수 있는데, 이것은 자신의 환경에서 중요한 타인들, 예컨대 교사, 부모 및 다른 권위적 인물들과의 관계에서 반복될 수 있다. 치료자는 그것에 휩쓸리지 않으면서 발생한 갈등을 다른 방향으로 이끌고 진정시키며 재구성할 필요가 있다.

과거에 자말은 자신의 의존 감정이 거부당하면 그런 경험을 유사 자율성(pseudo-autonomy)으로 바꾸었다. 정서적 지지를 얻는 방식에서 보다 많이 요청하는 대신에, 자말은 타인으로부터 아주 조금만 필요한 것처럼 행동했다. 규칙을 지키거나 학교에서 집으로 오는 것을 결정한 사람은 바로 그 자신뿐이었다. 치료 동안에 나는 자말의 소외감에 대한 처방으로 그에게 계속해서 마술적 해결책을 떠올려 보도록 했다. 나는 나에 대한 자말의 상승된 양가 감정을 유아적인 의존 감정으로 후퇴한 것으로 해석했다. 자말은 이런 양가 감정을 분노로 표현했으나 그 분노가 나에 대한 신뢰를 파괴하지는 않았다. 이것은 5회기에 예증되었다. 자말이 내 사무실에서 폭발했을 때 다음과 같이 말했다. "당신이 틀렸어요. 지난 주에 선생님이 엄마가 변했다고 했어요. 하지만 선생님은 그리 똑똑하지 않은 거 같아요. 왜냐하면 엄마는 하나도 변하지 않았으니까요." 그러더니 그는 책상 위에 놓인 계약서를 집어들고 쭉 훑어본 다음 다음과 같이 말했다. "엄마가 무슨 일을 했는지 말해 줄게요."

이전 단계 동안 상대적으로 덜 중요하고 무시되었던 치료적 계약서와 달력은 은유적이고 실체적인 의미를 갖기 시작했다. 시간은 관계의 방향성에 영향을 미치기 시작했다. 불과 몇 주 전만 해도 치료에 시간이 많은 것으로 봤던 그가 분리를 생각하기 시작했다. 분리는 새롭게 발전된 관계뿐만 아니라 유아적 공생의 잔여물에서도 나온다. 각 회기의 처음과 끝에 언급되는 회기의 수는 불평거리가 되고 경멸의 표적이 되었다.

(1) 5회기

자말은 이 회기에서 다소 뿌루퉁하고 반항적인 기분으로 시작했다. 그는 나와 치료에 대해 비난하는 것부터 학교에서 선생님에게 집중을 하지 않고 백일몽한다고 야단맞았던 사건까지 말했다.

치료자: 음, 그 선생님은 너를 이해하지 못하는 또 다른 어른인 것 같구나.
내담자: 그렇죠?
치료자: 내 말은 선생님이 네가 뭔가 생각하거나 이해하려고 노력하고 있었던

것을 이해하지 못했다는 거야. 그도 오래 전에 아홉 살이었을 텐데. 놀랍구나.

내담자: 그는 저능아예요.

치료자: 나는 너의 학교에 가 본 적이 없어. 너의 교실의 특징을 나에게 설명해 줄래?

내담자: 그게 무엇처럼 보이냐면요. 그런데 종종 선생님들이 달라져요.

치료자: 너가 듣는 모든 과목들을 열거해 보자.

내담자: 읽기, 수학, 과학, 예술, 체육, 세계사가 있어요.

치료자: 걱정을 하기에 가장 좋은 것은 어느 수업에서니? 네가 알고 있는 것에 대해 생각하기에 가장 안전한 곳은 어디니?

내담자: 나는 미술시간이 가장 좋다고 생각하지만, 내가 제일 좋아하는 과목은 아니예요. 선생님, 무엇을 만들고 있어요?

치료자: 나는 블록으로 뇌를 만들어서 이것이 진짜인 척하려고 해. 자, 우리 뇌에는 걱정거리들을 두는 장소가 있어서, 그 걱정거리들이 여기저기 돌아다녀 엉망이 되지 않게 한단다. 걱정의 방을 어디에다 만들까?

내담자: 여기요. 그런데 충분히 크진 않네요. [자밀은 내가 만든 구조물을 확장시키고 좀 더 낫게 만들었다]

치료자: 훨씬 나아 보이는구나. 우리가 해야 하는 일은 네 걱정거리들의 목록을 만드는 거야. 네가 나에게 말하면 나는 종이 한 장에다 그것을 각각 써 놓을게.

내담자: [자말은 목록을 술술 말했다] 여기에 뭔가를 덧붙일게요. 그 걱정거리들이 무엇처럼 보이는지 볼 수 있도록 그림을 그릴게요.

치료자: 너는 각 걱정을 그림으로 장식했구나. 거의 다 되었네. 그 걱정들을 각각 걱정의 방 다른 장소에 두어 봐.

내담자: 그들이 나올 수 있나요?

치료자: 오직 네가 나오라고 말할 때만 그럴 수 있어. 작동이 되나 보자. 한 번에 하나씩 나오게 하길 바라니? 그런데 한 번에 다 나오면 엉망이 될 거고 그러면 불편해질 거야.

내담자: 지금은 아니구요. 그냥 거기에 둘래요. 다음 번에 꺼낼 수 있나요?

(2) 6회기

이 회기에서 자말은 치료자의 소유물에 대해서 직접적으로 언급을 했다. 그래서 나는 전이를 기대하였다.

내담자: 이런 바보 같고 어리석은 것들은 지겨워요. 게임을 하고 싶어요.
치료자: 변화를 바라는구나.
내담자: 선생님은 여기서 하기에 좋은 것들을 갖고 있지 않아요. 선생님이 갖고 있는 것은 모두 아기들을 위한 것인데 나는 아기가 아니잖아요. 아시죠?
치료자: 내가 너를 다 자란 사람으로 봐 주길 바라는구나.
내담자: 네. 그래서 나는 더 이상 선생님이 가진 게임을 하고 싶지 않아요. 선생님의 물건들은 우스꽝스러워요.
치료자: 내 물건들이 우스꽝스럽다는 거지. 그러면 나에 대해서는 어떻게 생각하니?
내담자: 선생님 역시 우스꽝스러워요.
치료자: 왜 그럴까? [자말은 침묵한다] 너를 어른으로 봐 주길 바라는데 내가 아기들의 게임을 주기 때문이니?
내담자: 아시는군요. [미소 짓는다] 아마 그렇게 어리석지는 않은가 보군요.
치료자: 네가 아기들 놀이를 한다면, 너도 역시 우스꽝스러워질까봐 걱정되니?
내담자: [멀리 쳐다보고 순간 침묵한다] 내 또래의 다른 아이들이 이런 게임을 하나요?

자말이 왜 치료자가 우스꽝스러운지에 대한 질문에 대답을 하지 않으려고 하거나 할 수 없었을 때, 나는 그에게 그렇게 오랫동안 침묵할 수 있도록 허용하지 않았다. 대신에 재빨리 부정적 전이를 탐색적 질문으로 재구성했다. 자말은 치료적 동맹과 치료에 방해만 될 수 있는 비생산적인 반항의 표현으로부터 재지향되고 보호받았다.

3) 가족 모임

아동과 함께 하는 가족 모임은 아동이 변화를 시작하거나 유의미한 타인에게 새로운 방식으로 반응하는 것처럼, 가족체계에서 동요를 일으킬 수 있는 영향들을 다루는 기회가 된다. 부모의 편의, 지지 및 긍정적 강화가 없다면 진보는 억제되고 손상된다. 이는 아동이 치료적 동맹과 가족의 경쟁적 및 갈등적 요구들 간에 사로잡혔다고 느낄 때 확실히 그렇다. 시작단계에서 가족은 치료자를 치유자 및 중재자로, 전지전능한 인식자(omnicognizer)로 지각한다. 치료가 성공하려면, 그리고 제한된 12회기를 넘어서 계속되려면 부모는 자신들이 그 권한을 가져야 한다. 가족 회기에서 힘의 전이가 이뤄진다.

자말의 부모는 2회기의 끝에서 현재의 증상이 경감되고 더 이상 문제가 되지 않는다는 사실에 즐거워했다. 나는 조심스럽게 이런 긍정적 변화에 어떠한 책임도 부인했다. 여기서 치료자에게 가장 중요한 규칙은 부모 혹은 아동이 언급하는 변화에 대해 어떠한 공로도 받지 않는 것이다. 나는 가족에게 그들이 그 행동을 선택했고, 그런 유의한 변화를 이끄는 일을 했다는 것을 강조했다.

(1) 7회기

6회기에서 저항의 출현은 나에게 더 많은 저항이 내재되어 있음을 경고해 주었다. 이런 이유로 나는 자말을 비생산적 갈등으로부터 전환시켜 중심 주제에 초점을 유지하도록 도울 준비를 하였다. 여러 가지 조건들이 활용 가능했다. 나는 자말의 도발성(provocation)을 독립적 사고 혹은 자기주장성의 증거로서 재구성하였다. 그리고 그것들을 일종의 저항으로 해석하며, 친구들 간에 해결되지 않거나 타협되지 않는 불일치로 명명하였다. 훈습단계 동안 각기 다른 시기에 나는 이런 각 개입을 사용했다. 개입이 무엇이든 간에 나는 나중에 자말에게 반항적 행동처럼 오해받는 방식으로 자기주장을 하면, 그의 삶에서 의미 있는 타인들이 어떻게 반응했느냐고 물었다.

이 회기의 어느 시점에 자말은 팔뚝으로 테이블에 있는 놀이 도구들을 천천히 떨어뜨리면서 나의 반응을 살폈다.

치료자: 너는 네가 다 자랐다는 것을 내게 보여 주고 싶어 하는구나. 너 자신이 할 일을 결정하기를 원하는구나. 그러나 여기 치료 계약서를 보면, 너는 다른 사람들이 너에게 화를 내거나 너를 싫어하지 않게 하면서 네가 원하는 것을 얻어야 한단다.

내담자: [미소 짓는다] 나는 그 우스꽝스러운 계약서를 찢을 수 있어요.

치료자: 대신 너는 슬픈 감정과 걱정거리를 빨리 사라지게 할 수 없잖니. 그래, 끝냈니?

내담자: 나는 그것을 하지 않을 거예요. 내 말은 그것을 찢어 버릴래요.

치료자: 지금의 기분은 어떠니?

내담자: 저에게 화났어요?

치료자: 아마도 너는 스스로 결정을 내리려고 할 때 너를 화나게 했던 다른 누군가와 나를 혼동하고 있는 것 같구나. 나는 네 엄마나 아빠가 아니야. 그런 감정에 대해 우리가 무엇을 할 수 있을지 생각해 보자. 그런데 먼저 이 어지럽혀진 것은 어떻게 해야지? [자말이 바닥에 떨어뜨린 블록을 가

리키며]

내담자: 그것을 나 스스로 할 수 있어요.

치료자: 그래, 너는 할 수 있지, 우리는 그런 감정을 안전한 장소에 둘 필요가 있어. 그 감정들을 조절할 수 있는 장소가 있다면 이와 같이 엉망진창이 되지는 않겠지.

내담자: 선생님은 나를 어쩌지 못해요, 어쩌지 못한다구요.

치료자: 절대적으로 옳아. 나도 알아. 나는 이 블록 중의 일부를 가지고 성을 만들 거야.

내담자: [자말은 중세 기사의 모형을 집어서 치료자가 만든 것에 던진다] 하지만 선생님이 만든 성은 적들을 막을 수 없어서 적들이 공격하고, 그런 다음에… [성을 파괴했다]

치료자: 알겠어. 너는 나에게 성이 충분히 튼튼하게 만들어지지 않았다는 것을 알려 주려고 하는구나. 다시 만들어야지.

내담자: [자말은 큰 블록을 치료자에게 건넨다] 이것을 여기에 사용하세요. 아니요. 잘못하고 있어요. 자, 보세요.

치료자: 오, 내가 한 것보다 낫구나. 이제 튼튼한 성이 됐네. 모든 어지러운 감정들을 둘 수 있는 장소야. 그런 감정들은 도망갈 수가 없어.

내담자: 절대로요?

치료자: 오로지 너만이 그 문을 열 수 있는 열쇠가 있고 그것들을 나오게 할 수 있어. 허락 없이는 나올 수 없지.

내담자: 마치 화장실에 가려면 열쇠가 있어야 하는 것과 같네요.

치료자: 맞아. [큰 열쇠를 꼭 쥔다] 이것은 성을 여는 상상의 열쇠야. 오직 이 열쇠와 너의 특별한 힘만이 문을 열 수 있어. 오직 너만이 그것들을 나오게 하는 것이 안전한지를 결정할 수 있어.

내담자: 내가 그 열쇠를 지닐 수 있나요?

치료자: 너는 이미 그것을 뇌 속에 가지고 있어.

내담자: [자말은 벽을 강화하고 성벽을 따라 여러 명의 기사를 두었다] 그들은 성을 방어할 수 있어요. 바깥이 위험하면 그들은 안에 머물죠.

치료자: 그들이 공격에 대항하여 방어를 하는 때를 어떻게 알게 될까?

내담자: [경계탑에 하나의 모형을 둔다] 그들은 경고해 주는 망꾼이 필요해요. 그는 스파이예요.

치료자: 아주 좋은 생각이야. 그러나 모든 기사들은 지도자가 필요해. 기사들은 자신이 하는 대로 언제든지 원하는 것을 할 수는 없어. 때로 조언이나 도움이 필요해.

내담자: 왕과 여왕. 그가 대장이에요. 그는 들을 것이고, 기사들이 듣지 않으면 처벌하고 결정할 거예요.

(2) 8회기

이전 회기에 이어서 나는 나무 블록으로 요새를 만들었다. 자말이 들어와서 테이블에 앉자마자, 나는 천천히 그것을 충돌시켰고 조각들을 줄였다. 내가 세 번째 요새를 만들고 부수자 자말은 불평을 토로했다.

내담자: 왜 그걸 계속 하세요? 그냥 두세요.
치료자: 완전한 요새가 아니야. 함께 다시 만들고 좀 더 안전하게 만들자.
내담자: 나는 요새가 부서지면 싫어요.
치료자: 내가 걱정을 할 때마다 성은 부서져. 내게는 일종의 안전하지 못하다는 느낌을 준단다. 우리가 성을 더 튼튼하게 만들기 위해서 무엇을 해야 한다고 생각하니?
내담자: 벽을 더 두껍게 해야 돼요.
치료자: 우리는 그렇게 해 봤지만 여전히 무너졌어. 모든 화나고 슬픈 감정들을 위해 그것을 더 튼튼하고 안전하게 만드는 방법을 충분히 알고 있지 못해. 누가 우리를 도울 수 있을까?
내담자: 선생님은 박사잖아요. 선생님이 알 수 있을 거예요.
치료자: 그래, 너하고 나는 아주 똑똑하지. 그렇지만 우리가 모든 것을 아는 것은 아니야. 마찬가지로 나는 튼튼한 요새를 만드는 방법에 대해서 많이 알지 못해.
내담자: 요새 박사를 구해요.
치료자: 목수를 의미하는 것 같구나. 너는 손을 잘 사용하는 사람을 알고 있니?
내담자: 아니요.
치료자: 잘 생각해 보자.
내담자: 우리 아버지를 말하시는 거예요, 의붓아빠가 부엌 탁자를 고쳤기 때문에요?
치료자: 좋아. 이제 나는 우리가 누구에게 도움을 청해야 하는지를 알았다.

다시, 나는 자말과 함께 함으로써 자말에게 나타난 부정적 전이를 표현하도록 했다. 나는 자말의 취약성을 암시해 주고, 그의 불완전성을 인정하면서 치료실 밖의 사람의 도움에 따라 좌우되는 해결책을 제안했다. 마법을 포기하라는 것에 위협을 느낀 자말은 상상 속의 박사의 이름을 떠올리려고 시도했으나, 나는 자말에게 실제 인물을 향하도록 재정향시켰다.

4) 종결

종결단계는 이전 단계보다 훨씬 더 격렬하기 때문에 가장 다루기 어렵다. 일종의 상실감이 명백하며, 그것은 치료의 모든 단계에 퍼져 있었다. 그러나 가장 위협을 받는 것은 치료적 동맹이다. 치료자는 어떤 예기치 못한 사건이 아동과 치료자 간의 결속을 단절시켜 치료의 종결이 미숙하게 될 수도 있다는 것을 이해하면서 매 회기를 시작한다. 이런 위험에도 불구하고 치료자는 하나의 통로를 갖는다. 즉, 종결에 대한 적극적 관리다. 만일 아동이 핵심 갈등을 보유할 수 없고 치료자를 초기 양가적 대상의 일시적 대체물로서 내재화하는 데 도움을 받았다면, 어떤 의도나 목적이 있다고 하더라도 시간제한적 치료양식은 실패할 것이다.

치료자는 상실과 분리 경험을 원하며, 떠나는 그 행위가 바로 진정으로 성숙적인 사건이 된다. 모든 아동은 자신만의 작별방법이 있으므로 엄격한 방식 혹은 대본이 적용될 수 없다. 그러나 치료자가 종결을 구조화하려고 노력하면, 아동은 과거에 유의미한 타인이 자신을 떠난 방법보다는 나은 방식으로 치료자를 떠날 수 있게 된다. 이런 새로운 맥락에서 내재화는 보다 긍정적이고 교정적이 되며 분노나 죄의식이 덜 부과될 것이다. 이 기본적인 원칙은 성공적인 분리의 경험으로 실망감을 경험하게 함에도 불구하고 친밀감을 가져다준다.

아동은 이전의 분리를 반복하는 방식으로 치료를 떠날 수 있는데, 이런 경우는 오로지 그 갈등적인 과거를 보존하고 강화시킬 뿐이다. 반대로 아동은 유의미한 타인이 자신을 떠났을 때 좋았던 방법대로 치료자를 떠날 수도 있다. 그러나 이것은 그 상실한 대상이 미래에 다시 올 것이라는 전망을 포기해야 함을 의미한다. 아동이 이런 상황에 대해 화가 나는 것은 아주 당연하다.

종종 이 단계의 증상은 아동이 치료를 연장하기 위한 마지막 노력으로서, 분리 현실이 저항이나 오래된 의존성의 변형으로 재출현한다. 저항이나 그 파생물이 출현할 때마다, 치료자는 아동이 치료자와 분리의 어려움에 있다는 견지에서 해석한다. 종결은 치료자에게 과도한 요구를 하는데, 여기서 가장 다루기 어려운 것은 격렬하게 발생되는 역전이의 위력이다. 모든 치료자들은 일정 수준 과거 자신의 분리를 다루어야 하기 때문에, 종결에서 이것들이 혼합되지 않도록 이 점을 마음에 새겨야만 한다. 특히, 자말이 나머지 증상들이 재등장하여 실망감을 표현했을 때, 나는 자신감이 있었고 그 표명들에도 다른 곳으로 주의를 돌리지 않았다. 대신에 치료는 핵심 주제에 초점을 유지하면서 궤도에 머물렀다.

치료자의 불확실성과 의심은 아동에게 유사한 감정과 인지를 증가시킬 것이고, 그러면 그것이 누구의 감정인지 분류하기 어려워질 것이다. 이 예정된 상실에 부닥쳤을 때 아동을 지탱해 주는 것은 가족과 치료자의 도움뿐이다. 만일 아주 강력한 역전이적 문제가 치료자의 결심을 약화시킨다면, 만일 치료자가 분리에 대하여 유사한 문제에 휩싸여 갈등을 느낀다면, 치료는 분명히 파괴적으로 될 것이다. 왜냐하면 치료자는 고정된 종결에서 개별화를 향한 아동의 구현되는 투쟁에만 초점을 맞출 수가 없기 때문이다. 이 문제를 회피하고 치료적인 초점을 보전할 수 없는 치료자는 적절한 수준의 좌절을 유지하며 분리와 개별화를 진행시켜 갈 수 없을 것이다. 치료자는 분리의 순간으로부터 멀리 떨어져 있어야 한다. 치료자의 전지전능의 환영이 생겨서는 안 된다.

자말에 대하여 우리는 이상화된 아버지의 상실과 정서적으로 집착되어 있는 엄마에게서 생긴 감정들 모두를 유발할 계획을 세웠다. 이런 강한 정서를 중재하기 위해서, 나는 그의 관심을 과거에서 현재와 미래로 이끌었다. 그렇게 계속하면서 나는 자말에게 치료가 끝나도 모든 것이 상실되는 것이 아니라는 것을 보여 주었다. 왜냐하면 상실된 대상의 대용이 활용 가능하기 때문이다.

(1) 9회기

시간제한 놀이치료는 적절한 수준의 좌절을 적용하는 연습을 하는 것이기에, 자말은 회기에서 핵심 갈등을 행동화하기 시작했다. 나는 자말이 좌절을 유용한 방식으로 표현하려고 노력하는 것을 공감해 주었고, 그가 죄책감과 두려움을 느낄 수 있는 지점까지 좌절이 상승하는 것을 허용하지 않도록 표현의 강도를 조절했다. 강한 정동이 판단 기능에까지 번져서, 아동에게 유의미한 대상과 관련된 감정들과 치료적 동맹에서 일어난 감정들을 더 이상 분별할 수 없는 지점까지 가도록 허용하는 것은 무분별한 일이다. 예상한 대로 자말은 우리가 곧 헤어질 것이라는 사실을 무시하거나 부인하려고 했다.

다음 사건은, 자말이 집에서 가져온 영웅 모형을 가지고 노는 놀이 중간쯤에 아주 작은 남자와 아주 큰 여자 간의 상호작용이 갑자기 폭력적인 것으로 변한 사건이다. 등장인물들은 서로를 내리쳤지만, 만족할 만한 해결책은 자말의 손을 떠난 것 같았다. 이 놀이에서 강도가 점점 증가하여 자말은 거의 언어화하는 능력을 상실할 지경이었다. 학교에서의 싸움, 중심 주제, 종결 등과 같은 최근의 스트레스 요인들과 놀이를 관련짓는 시도가 몇 차례 실패한 후 나는 개입을 했다.

치료자: 타임! 타임! 그들은 조절이 안 되고 그것들이 나를 무섭게 하는구나. 그들은 심지어 무엇 때문에 싸움을 시작했는지 기억조차 못하는 것 같고, 어떻게 끝을 내야 할지 합의하지 못하는 것 같구나. 그들은 기억을 상실했어.

[자말은 그 행동을 강화한다]

치료자: 마치 프로 레슬링 같아 보이는구나.

내담자: '아메리칸 글래디에이터' 예요.

치료자: [두 참가자에게 연설을 하는 아빠 인형을 집는다] 그런데 여기에 규칙이 없구나. 누구나 자기가 하고 싶은 대로 한다면 그것은 공정한 놀이가 아니야. 통제력을 상실한 거지. 도움을 주어야겠어.

내담자: 그게 뭔데요?

치료자: 내 초시계. 나는 시계고 정의의 목소리야, 대개 사람들은 나를 '미스터 협력' 이라고 알고 있지.

[자말은 각 모형에서 총을 쏘는 것을 계속한다]

치료자: [아나운서의 목소리로] 너희 두 사람이 공소리가 난 후에도 계속한다면 실점하게 될 거야. 너 작은 꼬마는 5점 실점이니까 35점이야. 너는 빠르게 감점되고 있어.

내담자: 그만뒀어요.

치료자: 자, 다음 번에는 규칙을 지키면서 놀이를 하는 거야. 그게 공정한 거야. 나는 미스터 협력이란다. 다음 시합의 승자는 이런 얇은 장난감을 15초 동안 가장 높이 쌓는 사람이야. 준비됐니? 시작.

내담자: 그가 이겼어요.

치료자: 그래, 그렇구나.

내담자: 그것을 제게 주세요. 제가 아나운서가 되고 선생님이 시합을 해요.

치료자: 그렇지만 다음 경기 전에 시합이 하나 더 있어. 다음 번에 굉장히 위험하고 아주 도전적인 사건은, 소년과 숙녀가 한 팀이 되어서 나쁜 마녀와 못생긴 마녀의 아들에 대항하여 싸우는 거야. 이 구멍들에 막대기를 가장

많이 넣는 사람이 이기는 거지. 준비됐니? 시작.

아동들이 보다 많은 시간 동안 훙정을 하거나 상실에 대한 공포를 분노로 위장하려고 시도할 때마다, 치료자는 그들에게 작업을 하기에 시간이 충분하다는 점을 안심시켜 준다. 다음 개입은 9회기의 끝에 이뤄진 것으로 적응적 경쟁심을 강조한다.

치료자: 자, 오늘 시간이 다 되었구나. 회기 수는 9고 앞으로 세 번이 남았구나. 다음 금요일 날 10회기에서 만나자.
내담자: 수요일은 어때요?
치료자: 미안하지만 네 엄마가 너를 여기에 데리고 올 수 있는 날은 오직 그날뿐이야.
내담자: 아이구! 나는 체육을 빼먹을 거예요.
치료자: 학기가 끝날 때까지는 5개월 남았지만, 여기에 와야 할 회기는 오직 3회기 뿐이야. 무슨 일이 있니?
내담자: [가시 돋친 목소리로] 너무 길어요.
치료자: 네 말이 맞아. 너무 길어서 좋지도 않지. 그렇지만 너는 그보다 빨리 배우는 타입의 아이인데.
내담자: 얼마나 길어요?
치료자: 그것에 대해 생각만 해도 상처가 되는구나. 생각해서 말해봐.
내담자: 알아요, 알아요. 세 번 더요.
치료자: 다음 주에 보자.

(2) 10회기

이 회기에서 나는 무제한적 시간과 영원한 양육에 대한 통념에 도전해 나갔다. 나는 자말이 자신에 대해 보다 책임감을 갖도록 촉구했고, 가족 내에서의 자원과 그 자신의 능력 모두를 지지해 주었다. 나는 자말의 시험을 피했고, 문제의 본질(가족의 재편성)에 직접적으로 접근했다. 그리고 나, 아기인 남동생, 엄마에 대한 부정적 논평을 무시하거나 재구성하였다.

내담자: [찰흙이 있는 깡통을 만지작거린다] 나는 이것을 열 수 없어요. 너무 꽉 닫혀 있어요. [깡통을 치료자에게 내민다] 여기요. 해 보세요.
치료자: [다시 돌려준다] 내가 보기엔 너 혼자 할 수 있을 거 같은데. 너는 여는 것은 모두 내 일이라고 생각하니?
내담자: 네. 하지만 지금은 선생님이 제게 술책을 쓰고 있어요. [그는 열려고 애

썼고 성공했다] 선생님이 나에게 술책을 썼지만 제가 선생님을 이겼죠.

치료자: 너 참 똑똑하구나. 아주 강하고 오직 아주 큰 일에만 도움을 필요로 하는구나.

내담자: 마치 내 동생과 지내는 것 같아요.

치료자: 동생?

내담자: 그 애는 늘 울고 밤에 깨우고 항상 성가시게 굴고 내 물건을 어지럽혀서 심지어 나는 숙제조차 할 수 없어요.

치료자: 그것에 대해서 어떻게 해 왔니?

내담자: 엄마에게 말하지만 엄마는 아무것도 하지 않아요. 그냥 그 애는 아기라서 그렇다고 해요.

치료자: 너는 그런 답변을 좋아하지 않는구나. 그래서 그 다음엔 무엇을 하니?

내담자: 그냥 화를 내요. 내가 뭘 할 수 있나요?

치료자: 그래 너 혼자서는 그다지 많을 것을 할 수 없을 거 같구나.

내담자: [벽에 가족 그림을 가리키면서] 저게 누구예요?

치료자: 네가 진짜로 물어 보는 게 뭐야?

내담자: 제 의붓아빠를 보신 적 있으세요?

치료자: 어떻게 대처해야 할지 알아내기 어렵구나.

내담자: 아빠는 동생을 돌보는 것을 빼고는 잘하는 게 없는데…….

치료자: 그는 네 동생을 잘 돌보는구나. 그는 괜찮은 사람이구나.

내담자: 아마도요. 내가 그렇게 말했나요?

치료자: 너는 그 의미하는 바를 알잖아, 그렇지?

내담자: 그가 나를 돌봐 줄 수 있을까요?

치료자: 우리 모두가 아빠가 그 일에 전문가라는 데 동의한 후에, 네가 아기를 돌보는 것을 도와달라고 시작하면 어떨까?

내담자: 아니면 엄마요.

치료자: 그게 무슨 뜻이니?

내담자: 아마도 엄마는 아기와 나를 도울 수 있잖아요.

치료자: 그것은 두 번째로 좋은 생각이구나.

(3) 11회기

시간 제한이 부여하는 압력은 치료적 관계에서 작용했다. 이 단계에서 나는 시간과 관련하여 파생되는 모든 것들에 조율하고 집중했다. 예컨대 자말이 이 회기에 도착했을 때, 그는 계약일을 확인하는데 혼동을 겪는 것처럼 보였다. 이런 혼동으로 자말은 나에게 종결 때까지 남은 회기 수만큼 예약 장부에 정확하게 기록되어 있느냐고 질문했다. "나는 지난 주에 여기에 없었는데 누군가 여기에 표시를 했네요. 저는 ×표를 하지 않아요. 저는 V표를 해요." 자말이 계약을 파기하려고 애쓰지 않았을 때, 나는 이러한 일이 생길 것에 대비하여 몇 개의 복사본을 만들어 두었다. 그러나 치료적 계약이 단지 아동의 의식적 및 무의식적 분노에 영향받기 쉬운 시간의 상징에 지나지 않는 것은 아니다. 한 아동은 '갑작스럽게' 내 시계를 풀며 다음과 같이 말했다. "이제 여기서 우리는 영원히 함께 해야 해요." 또 어떤 아동은 열쇠를 가지고 안으로 들어가서 문을 잠그고 승리에 찬 목소리로 외쳤다. "이제 선생님은 떠나지 못해요. 내가 가지 않으니까요. 내 생각에는 우리가 주말 내내 여기서 함께 보내야 할 거예요."

치료자는 시간과 그 파생물에 대해서 논의할 때마다 아동이 종결에 대하여 표현하는 생각과 감정을 분리와 상실에 대한 감정으로서 분명하게 명명해 주어야 한다. 동시에 시간제한 치료의 후반부까지 스며 있는 상실에 대한 만연된 분위기는, 치료자가 상실될 관계보다 훨씬 더 영구적이고 잠재적으로 더 만족을 줄 수 있는 기존의 관계들을 지적할 때마다 가벼워진다.

이 회기 동안 자말은 다음과 같이 언급했다. 옆집의 차가 최근에 도난당했다고 하면서 "다음 번은 우리 엄마 차일 거예요."라고 걱정스럽게 소리쳤다. 그 다음에 자말은 가방에 잘못 두어서 잃어버렸다고 생각한 그림을 찾기 위해 귀중한 몇 분의 시간 동안 샅샅이 뒤졌다. 한참 후에 자말은 자신이 빨리 떠나야만 하는 것에 대한 방어를 감지하기도 했으나, 자신의 삶에서 그렇게 하는 이유에 대해서는 떠올리지 못했다.

내담자: [연필을 집어든다] 이것 좋으네요. 집에 가져가도 될까요? 다음 주에 가져 올게요.
치료자: 나는 네가 원하는 것을 갖고 있구나. 또 뭘 원하니?
내담자: 난 이런 게 없어요.
치료자: 그러면 필요한 것을 주지 않는 사람은 누구니?
내담자: 그들을 말하는 거예요?
치료자: 이런 것들을 너에게 줘야 하는 사람은 누구일까?
내담자: 로버트요.
치료자: 너의 아빠 말이지.
내담자: 그는 나의 아버지가 아니예요.
치료자: 세상에는 아버지라는 단어가 있고, 그러면 아버지와 같은 행동을 하는

사람이 있는 거란다.

내담자: 나는 그를 그렇게 부르고 싶지 않아요.

치료자: 나는 네가 아버지라는 이름을 한 사람을 위해서 간직하고 싶어 하는 것을 이해해. 너는 그가 돌아올 때까지 아버지라는 말을 사용하고 싶지 않겠지. 그것은 그를 위해서 남겨 둔 자리 같구나.

내담자: 나는 그가 돌아오지 않을 거라는 것을 알아요.

치료자: 그 자리를 어떻게 채울 거니? 주차장처럼 그 자리를 빈 자리로 둘 거니? 아니면 비디오게임 전문가가 되어 계속 찾아볼 거니?

약 5분 후에 시간에 대한 문제는 다시 자말의 아버지에 대한 욕구, 모든 것을 다 알고 있는 특별한 친구(이상화된 아빠)에 대한 바람, 그리고 의붓아버지가 충분히 좋은 대리인이 될 수 있을지에 대한 희박한 가능성들을 타협하기 위하여 고투하는 것으로 나타났다.

내담자: 내가 어른이 되면 아이였을 때가 그리울까요?

치료자: 너는 어떻게 생각하니?

내담자: 그럴 거 같아요.

치료자: 그렇다면 무엇을 그리워하게 될 거라고 생각하니?

내담자: 닌자 거북이 놀이하는 거… 아이가 되는거요.

치료자: 어른이 된다면 뭔가를 잃게 될 거야.

내담자: 그래야만 하나요?

치료자: 그렇기도 하고 아니기도 하지. 만일 네가 테이프를 되감듯이 시간을 거꾸로 돌릴 수 있다면 어떨까?

내담자: 그런데 시간을 앞으로 감을 수도 있나요?

치료자: 네가 하기에 달렸지.

내담자: 아, 좋아요. 그러면 앤드류가 태어나기 전으로 가 보고 싶어요.

치료자: 어떻게 바뀌면 되니?

내담자: 내가 나중에 태어나는 거예요.

치료자: 그러면 너는 아기고 앤드류가 형이 되겠네. 역전시키는 거구나.

내담자: 그러면 나는 특별 대접을 받을 거고, 내가 혼자서 엄마와 아빠를 차지할 수 있어요. 내 진짜 아빠를 말하는 거예요.

치료자: 그래서 너는 어려지고 싶고, 시간이 거꾸로 가길 바라고, 이렇게 계속하려고 하는구나. 그것이 사랑을 얻을 수 있다고 알고 있는 유일한 방법이기 때문이지.

내담자: 그건 불가능해요. 나는 그들을 증오해요.

치료자: 너는 화가 났고 실망했구나. 그들이 네가 모든 것을 다시 거꾸로 돌려놓으려고 얼마나 애쓰고 있는지를 모르니까.

내담자: 그것이 나를 더욱 화나게 해요. 캠프에서 아주 안 좋은 날이 있었어요. 그래서 엄마에게 그에 대해 말하려고 했죠. 수영 선생님은 마치 괴물 같아요. 그 선생님이 모든 애들 앞에서 나에게 창피를 주었어요. 그래서 엄마에게 말을 하려고 했더니 엄마는 "혼자 알아서 해."라고 말하더라구요.

치료자: 그게 무슨 뜻이지?

내담자: 말하고 싶지 않아요.

치료자: 내가 엄마처럼 이해하지 못할까 봐?

내담자: 잊어버려요. 그냥 잊어버려요.

치료자: 네가 얼마나 노력하고 있는지를 사람들이 이해하지 못하면 너는 상처받는구나. 너를 속상하게 한 게 누구니. 나야, 엄마야?

내담자: 둘 다요. 선생님하고 엄마요. 하지만 엄마가 더해요.

치료자: 이런 일이 집이나 학교에서, 그리고 캠프에서 생기니? 어른들이 들어 주거나 이해해 주지 않으면 너는 그들이 너를 사랑하지 않는다고 느끼니?

내담자: 아무튼 그들은 언제나 너무 바빠요.

치료자: 나는 어떠니? 이제 2회기밖에 안 남았는데. 나 역시 너무 바쁘니?

내담자: 나는 선생님이 내가 무엇을 하기를 바라는지 알아요. 선생님은 그것에 대하여 내가 뭔가 하기를 바라지만 나는 할 수 없어요. 나는 단지 애일 뿐이에요. 그리고 3 대 1이잖아요.

치료자: 너는 엄마가 "너 스스로 알아서 해."라고 말했다고 했지. 엄마는 수영 선생님이 네게 그렇게 말한 것에는 네 책임이 있다는 식으로 말했구나.

내담자: 나는 그들(부모)이 그것에 대해서 말하는 것을 들었어요. 이 부분은 그들에게 말하지 마세요. 아셨죠?

치료자: 알겠어.

내담자: 아빠는 내가 캠프에서 힘든 시간을 보냈다고 말했지만 단지 첫날만 그랬어요.

치료자: 그러니까 아빠가 너를 방어해 주었니? 그가 캠프에 갔니?

내담자: 지금 당장 그에게 가서 말할래요. 금방 올게요.

치료자: 잠깐만 기다려 봐. 사실상 10분, 오늘 시간이 10분 남았고 우린 끝나기 전까지 오직 한 번의 회기가 더 있을 거야. 너는 아빠와 얘기하고 그가 아홉 살 소년이 좋아하는 것을 알고 있는지 알아내는 데 충분한 시간이 있어.

(4) 12회기

마지막 회기로서 회기의 끝에 치료자는 아동과 부모를 함께 만났다. 이 부분은 아주 중요하다. 치료자는 치료의 여러 측면을 함께 가져와서, 12회기 동안 성취한 것들을 치료 종결 이후에도 지속할 수 있도록 부모와 아동 모두를 격려한다. 종종 마지막 회기를 취소하거나 오지 않는 가족이 있는데, 이는 분리와 그에 따른 한정적인 현실의 고통과 외상을 직면하는 것이 너무나 괴롭기 때문이다. 이런 일이 생기면 치료자는 즉각적으로 약속을 다시 잡는데 가능하다면 그 주 내로 약속한다. 치료자는 가족이 이 마지막 약속을 지킬 수 있게끔 부모에게 많은 압력을 견딜 수 있도록 돕는다.

내담자: [자말과 내가 대기실에서 출발할 때 그는 앞서 달린다] 말하지 말아요. 나도 알아요. 오늘이 우리의 마지막 시간이에요. 12는 좋은 숫자예요. 그리고 우리에게 더 이상 남겨진 시간이 없으니까 가야만 하죠.

치료자: 오늘 우리 회기를 시작할 때 너는 아주 서두르는구나.

내담자: 그래요. 나는 선생님이 오늘 우리 부모님을 만나려 한다는 것을 알아요. 그래서 그 전에 우리의 일을 끝내고 싶었어요.

치료자: 일이라고?

내담자: [외투 주머니에서 컴퓨터 디스켓을 꺼낸다.] 아빠가 여기 오는 길에 이것을 주었는데 나는 이것으로 놀고 싶어요. 자, 해요. 이것은 "카멘 샌디에고는 세상 어느 곳에?"라는 게임이에요. 이 게임은 선생님에게 질문을 하고 만일 그 답이 맞으면 카멘을 찾는 거죠. 그녀는 어딘가에 숨어 있어요. 내 생각에 선생님은 여기 어딘가에 컴퓨터가 있을 거 같아요. 그것을 숨겨 놓은 거죠?

치료자: 네 생각이 맞는지 한 번 보자. 너는 컴퓨터가 숨겨져 있다고 생각하고 컴퓨터를 찾으려고 하는구나. 그리고 너는 이 카멘 샌디에고라는 여자가 숨어 있다고 생각하고 그녀를 찾으려고 하는 거야. 그리고 만일 내 기억이 맞다면 너의 아빠, 제1호는 숨겨져 있고…….

내담자: 선생님의 일은 그를 찾는 거예요. 아녜요, 농담이에요. 내 생각에 아빠는 가버렸어요. 아마도 아빠는 그를 찾는 것을 원치 않을 수도 있어요. 아마도 그는 더 이상 존재하지 않을지도 몰라요.

치료자: 더 이상 존재하지 않는다구?

내담자: 죽은 것처럼요. 그럴 수도 있죠. 지진이 났거나 에이즈에 걸렸거나 뭐 그런 거요. 아빠를 한 번 찾았는데 오랫동안 보지 못했어요. 그런 종류의 모든 일들이 그에게 일어났을 수 있어요. 하지만 단지 숨어 있을 수도

있죠.

치료자: 그렇다면 너의 일은 계속해서 그를 찾는 거구나, 마치 카멘 샌디에고처럼? 아니면 그것을 내 임무라고 생각하니? 선생님은 혼동되는구나.

내담자: 아니요. 제 일인데요, 더 이상은 아니예요. 내가 그를 찾았다고 해도 상관없어요.

치료자: 상관없다고?

내담자: 아무튼 그는 집으로 오길 바라지 않아요. 설사 죽지 않았다고 해도요.

치료자: 그래. 더 이상 존재하지 않는다는 것이 무슨 뜻인지 이제야 이해되는구나. 그가 너에게 진정으로 존재하지 않는다고 말하는 거구나.

내담자: [컴퓨터 디스켓을 여전히 손에 두고 만지작거린다] 아직 부모님을 만날 시간이 안 됐나요?

치료자: 시간이 다 된 거 같니?

내담자: 아직요. 거의 되긴 했어요. 이것을 먼저 놀아 봐요. 누가 당신의 컴퓨터를 가져갔나요?

치료자: 너는 한번 둘러보더니 뭔가 잃어버린 게 있다고 느끼는구나.

내담자: 아빠가 나를 위해서 이것을 가져다 주었지만, 나는 그가 무엇을 하려고 하는지 알아요. 나에게 비디오 가게에 그만 가게 하려는 거죠.

치료자: 아니면 너를 집으로 데려가 가족과 함께 있게 하려고 하거나.

내담자: 그럴 거예요. 여기에 컴퓨터가 없었나요?

치료자: 내가 너를 실망시켰니?

내담자: 선생님은 괜찮아요.

치료자: 그럼 너는?

내담자: 내가 뭘 원하는지 아세요? 3조 개의 비디오게임이죠.

치료자: 3조? 그거 굉장히 많구나.

내담자: 네. 그런데 제가 진짜로 원하는 게 뭔지 아세요? 그것보다 많이 여기로 올 수 있게 되는 거예요.

치료자: 나 역시 네가 보고 싶을 거야. 그렇지만 우리의 일은 거의 끝나 가고 너는 참 잘 해냈어. 더 이상 치료가 필요하지 않아. 너는 너의 주변 사람들과 지내는 방법을 알게 되었고 너 자신을 돌보며 주변 사람들이 너를 사랑하고 돌봐주기를 바란다는 것을 표현할 수 있어. 너는 아홉 살짜리 어린이가 친구를 사귀고 학교에 가며, 새로운 가족 구성원이 되는 것들을 배웠어. 너의 부모님도 역시 자신들의 임무에 대해서 알게 되었지. 드디어 너는 부모가 해야 할 일들을 네가 해야 할 일로 받아들이지 않게 되었고.

내담자: 나는 진짜 아빠를 집으로도 오게 할 수 없어요. 그 자신이 오고 싶어 하

지도 않는데, 내가 어떻게 할 수 있겠어요?

치료자: 너는 이제 확실해졌고 네가 확실하지 않을 때 가족이 너를 돕기 위해서 거기에 있을 거라는 것을 아는구나. 서로 함께…

내담자: 그렇게 말하지 말아요! 그렇게 말하지 말아요 ! 브래디 번치.

치료자: 브래디 번치가 이것과 무슨 관계가 있니?

내담자: 제1호 아들 [약간 으쓱하는 제스처를 하며], 제2호 아들 [표정을 지으며], 제2호 아빠 [눈을 굴리며], 그리고 제1호 엄마.

치료자: 네가 아주 잘 이해한 것처럼 보이는구나.

나는 이 마지막 개별 회기를 한 후에 바로 자말과 그의 부모를 만났다. 치료에 대해 간단하게 훑어보면서 회기를 시작했는데, 자말이 치료로 가져온 것과 가족이 경험한 일종의 좌절들 및 자말이 드러낸 행동들을 살펴보았다. 나는 가족에게 서로 함께 아주 어려운 길을 걸어 왔고, 행동이나 기능상의 긍정적인 변화는 가족들의 노력의 결과라는 점을 이해하도록 도왔다. 나의 목적은 가족에게 권능을 부여하는 것이었다. 일단 이것이 강조되면, 가족은 어떠한 어려움이 생겨도 자신들의 자원을 계속적으로 사용하도록 지지받는다. 나는 자말이 그렇게 멀지 않은 장래에 일종의 재발을 보일 수 있는데, 그렇게 되면 부모와 자녀 간의 특정적 불화가 심화되는 사춘기 동안에 가족의 생활에서 아주 긴장이 많아지면서 악화될 것이라고 예측했다. 나는 자말과 가족에게 현재 어려움을 해결했듯이 다시 제기될 수 있는 문제를 다룰 수 있을 것이라고 안심시키기도 했다.

놀이치료자는 가족과 접촉할 때 공식적으로 6개월 후의 추수와 함께 치료과정을 끝내며 추수의 목적으로 회기에 오도록 요청한다. 기본적으로 추수 회기는 12주 치료에서의 마지막 가족 모임과 흡사하다. 추수 회기는 새로운 의사소통을 강화하고, 치료로 가족 정돈은 양성된다. 심리학적으로 조율됨에 따라, 추수 회기에서는 가족에게 충분한 기술과 통찰이 있고, 치료 없이도 계속할 수 있는 능력이 있다는 자신감을 불어넣어 준다. 어떤 사건이나 환경이 이런 면대면 만남에 방해가 된다고 할지라도 치료자는 모든 노력을 기울여야 한다. 만일 어떤 가족이 전화 연락은 되는데 약속을 잡을 수 없다면 치료자는 전화로 추수 회기를 갖는다. 이런 경우에 사건은 추수 회기에 방해가 되지만, 우리는 전화를 통해 자말이 계속 좋은 진보를 보이고 있으며, 부모는 추가 치료를 받을 필요를 느끼지 않고 있다는 점을 알게 되었다.

5. 논의

적절한 환자를 선별하고 중심 주제를 선택하며, 치료자와 치료양식 간의 적합성에 세심하게 주의를 기울인다면, 시간제한 놀이치료는 굉장히 효과적인 치료모델이 될 것이다. 기본적으로 치료자는 이런 치료양식에 참여하여 적극적이고 지시적인 치료적 입장을 갖는 것에 편안해야 하고, 이런 독특한 모델이 주는 압력에 대한 감내력이 높아야 한다. 이런 압력들은 치료자 개인의 상실 및 통제에 대한 문제에 계속해서 부딪히게 할 뿐만 아니라 계속되는 많은 시작, 격렬한 참여, 항상적인 분리들까지도 포함한다. 더욱이 시간제한 치료의 치료자는 단기적이지만 만족스러운 관계에 대한 감내력이 높아야 한다. 또한 대개 우리가 일상생활에서 하는 작별인사 이상의 것을 준비하고 있어야 한다. 치료자는 가족의 정신 혹은 아동의 심연을 이해하기 전에 종결 준비가 되어 있어야 한다. 많은 정신건강 종사자들이 이 전문 분야로 유입되는 것은 만족감 때문이다. 시간이 경과하면서 아동과 치료자 간에 발달되는 친밀감과 지속적 관계에 대한 즐거움이 있다. 심리치료의 상징인 양육적 관계가 심도 있게 실현된다. 그러나 시간제한 치료에서 치료자는 아동의 꺼진 정신적 엔진(psychic engine)을 재가동하거나 재정향하도록 해야 한다. 여기서 대부분 경우에 치료자는 노력의 완전한 결실을 볼 수 없다. 이는 아동과 가족이 치료가 종결된 후에 그 일의 대부분을 하기 때문이다.

시간제한 치료자의 또 다른 특성은 다음과 같다. 즉, 치료자는 중심 주제의 모든 파생물들에 대해 늘 주의를 기울여야 하고, 관련없거나 비본질적인 것들을 걸러내야 한다. 치료자는 초점, 치료단계, 치료자와 아동 간의 제휴, 부정적 전이의 탐색, 치료자의 역전이 및 저항에 매우 민감해야 한다. 치료자들은 명심해야 한다. "계획이 뭔가? 어디로 가고 있는가? 이번 회기는 어땠는가? 내담자가 말하고 행동하는 것이 치료계획에 맞는가? 이와 함께 치료자는 아동이 지지적일 때와 지시적일 때를 계속적으로 평가해야 한다.

시간제한 치료는 장기적 모델과 달리 질적으로 차별적인 접근법을 요구한다. 그뿐 아니라 평가의 결과를 정확히 하고 우선순위를 나타내기 위해서, 각 회기에 대해 미리 계획하기 위해서, 종결과정을 위해서, 치료적 이득이 치료 종결 후에도 지속되도록 하기 위해서, 그리고 내담자와 가족 평가에 대하여 완전히 다른 접근법을 취하기도 한다. 시간제한 치료는 효과적이기는 하지만, 다른 치료양식과 마찬가지로 제한점도 갖고 있다.

즉, 이 치료는 일부 아동, 일부 치료자 및 일부 문제에만 적절하다.

이 사례는 비난받을 수 있는 만큼이나 칭찬받을 만하기도 하다. 자말의 사례가 시간제한 치료에서 제시되는 대표적인 사례가 아니라는 점은 너무나 분명하므로 무시된다. 예를 들어, 어떤 사람은 자말이 매우 조리 있게 말하고 통찰력이 있으며 세련되어서, 이러한 강점이 있는 아동에게는 어떠한 심리치료 양식도 잘 적용되었을 것이라고 주장할 수 있다. 사실상 자말은 다방면에서 아주 평균적인 아동이었다. 그와 그 연령의 다른 아동 간의 차이점은 자말이 기민한 사회적 직관력이 있었고, 가족이 자신들의 어려움에 대해 보다 나은 해결책을 찾으려고 노력했다는 점이다. 이 제시된 상징적인 사례에서 무엇이 잘못된 것일까? 무엇보다도 시간제한 치료는 숙달하기에 쉬운 방법이라는 잘못된 인상을 줄 수 있다. 이것은 온실 환경에서의 치료다. 이것은 훈련과 지도감독 모두에 영향을 미칠 수 있고, '지난 회기에서 어떤 일이 벌어졌는가?' 에서 '다음 50분 동안 무엇을 하려고 계획하는가?' 까지 지향점을 바꾸는 것을 결정해야 한다. 수련생은 자신이 각 회기를 정서적으로 끝냈고, 어떤 경우는 신체적으로 소모되었다고 보고한다. 이는 결코 완전히 사색적이거나 숙고적인 경험이 아니다.

심리치료자가 시간제한 치료의 단기간 동안, 정서적으로 용해되는 완전한 경험을 하거나 그 사례에 대하여 완전한 부담을 질 수는 없다. 더욱이 친밀감과 상실에 대한 반복적인 양상이 너무나 많아서 오랜 시간 동안 견딜 수 없다. 자말에 대한 치료의 경우, 우리는 우리의 시간제한 접근의 내적 작업들을 통찰력 있게 충분히 표현해 내는 예외적인 한 아동을 접했고 우리는 그 아이의 신뢰와 우정에 경탄했다. 그러나 바로 그 특성들이 우리로 하여금 자말과 작별하기 어렵게 했다. 단기 심리치료자들은 이런 전이적 쟁점, 특히 아동의 코멘트나 행위가 단기치료가 가지고 있는 오래된 신념들을 확증할 때, 이러한 전이적 문제들에 면역력을 가지고 있지 못하다. 거의 10년 동안 시간제한 치료양식에 종사해 온 저자들은, 자말이 종결을 준비하는 바로 그 순간에 치료를 연장시키게끔 손짓하는 그 피할 수 없는 슬픈 감정에 준비가 되어 있었다. 수련 중인 치료자의 경우에는 이와 같다고 말할 수 없지만 오랜 기간 치료해 온 치료자는 이와 같은 것을 경험한다. 긴밀하게 지도감독을 받지 않는 그 시련에 덜 준비가 된 수련생들은 고정된 종결 날짜를 넘어서 치료를 연장시키는 모든 방법들을 모색할 것이다. 이것은 곧 상실 경험에 대하여 자신을 방어하기 위한 노력인 것이다.

시간제한 치료가 실패하는 데는 두 가지 이유가 있다. 치료자가 선택 준거에 대한 합리적 고려 사항이 없이 아동에게 방법을 적용하거나, 치료자가 이 기법에 적합하지 않는 경우에 그러하다. 만일 치료자가 시간적 압박감 혹은 종결일자를 잘 다루지 못하거나, 부모와 같은 관계를 점차적으로 전개시켜 나가는 데 일차적 즐거움을 둔다면, 시간제한 놀이치료를 연습하는 데 개인적 혹은 전문가적 만족을 거의 얻지 못할 것이다.

단기 및 시간제한 심리치료는 우리가 대하는 아동들의 치료적 욕구를 만족시켜 주는 저자의 상호작용 스타일에 맞는다. 원래 대개의 우리 세대들과 마찬가지로, 저자들은 정신분석적 놀이치료의 프로이트학파-엑슬린학파(Freudian-Axlinian) 방식으로 수련을 받았지만, 우리는 이 패러다임에서 완전한 편안감을 느껴 보지 못했다. 왜냐하면 우리는 기질적으로 수동적이거나 오랜 기간 동안 침묵을 유지할 수 있는 능력이 없었기 때문이다. 그럼에도 불구하고 우리는 치료적 중립성에 대한 정통성을 고수하기 위해서 최선을 다했으며, 지시적이고 상호작용적이 되고자 하는 충동을 보유하려고 노력했다. 장기적 접근법은 우리가 뉴욕 시립병원의 응급 소아 신경정신과실에서 작업을 하면서 중단되었다. 그곳에서는 응급 정신의학과 중재주의자적 태도가 요구되었다. 그 즈음 장기 심리치료적 전략이 외래환자 집단의 많은 문제들을 알리는 데 실패하자 우리는 낙심했다. 대부분 이런 가족들은 단기간에 치료를 중단한다. 이런 상태들이 시간제한 치료접근법을 이끌었다.

결론적으로 말해서, 벼랑 끝에서 작업하는 것을 좋아하지 않고 모험을 감수하는 것이 당신의 강점이 아니라면 이 방법은 최선이 아닐 수 있다. 그렇지만 이 치료방법은 활기 넘치고 효과적이며 실제적인 양식이다. 이것은 정서와 창조성의 장이며 치료자와 아동 모두가 수혜를 나눌 수 있는 방법이다.

참고문헌

Achenbach, T. M. (1981). *The Child Behavior Profile.* Burlington, VT: University of Vermont.

Budman, S. H., and Stone, J. (1983). Advances in brief psychotherapy: a review of recent literature. *Hospital and Community Psychiatry, 34,* 939-946.

Conn, J. H. (1948). The play-interview as an investigative and therapeutic procedure. *The Nervous Child, 7,* 257-286.

Connors, C. (1972). Pharmacotherapy of psychopathology in children. In H. Quay and J. Werry (Eds.), *Psychopathological Disorders of Children.* pp. 287–299. New York: Wiley.

Davanloo, H. (1980). *Short–Term Dynamic Psychotherapy.* New York: Jason Aronson.

Erikson, E. (1950). *Childhood and Society.* New York: W. W. Norton.

Hartner, S. (1977). A cognitive–developmental approach to children's expression of conflicting feelings and a technique to facilitate such expression in play therapy. *Journal of Consulting and Clinical Psychology, 45*, 417–432.

Malan, D. H. (1976). *The Frontier of Brief Psychotherapy.* New York: Plenum.

Mann, J. (1973). *Time–Limited Psychotherapy. Cambridge,* MA: Harvard University Press.

Meichenbaum, D. (1974). *Cognitive–Behavior Modification.* New York: Plenum.

Peterlin, K., and Sloves, R. (1985). Time–limited psychotherapy with children: central theme and time as major tools. *Journal of the American Academy of Child Psychiatry, 24*, 788–792.

Rosenthal, A. J., and Levine, S. V. (1970). Brief psychotherapy with children: a preliminary report. *American Journal of Psychiatry, 127*, 646–651.

Sifneos, P. E. (1979). *Short–Term Dynamic Psychotherapy.* New York: Plenum.

Sloves, R. (1988). The impact of therapeutic contracts on patient attendance and treatment outcome. *Quality Assurance Report,* OPD, Child and Adolescent Psychiatry, Kings County Hospital Center, Brooklyn, New York.

Sloves, R., and Peterlin, K. (1986). The process of time–limited psychotherapy with latency–aged children. *The Journal of the American Academy of Child Psychiatry, 25*, 847–851.

11
내부적 및 외부적 전쟁들: 정신역동적 놀이치료

Donna M. Cangelosi, Psy.D.

1. 정신역동적 발달심리학 소개

정신분석적 발달심리학은 자아심리학(ego psychology)이라고도 불린다. 이 장의 이해도를 높이기 위해 이론에 대한 논의를 할 때 보다 간결한 명칭인 자아심리학을 사용할 것이다.

내가 이 지향을 받아들인 데는 몇 가지 요인들이 있다. 독자들이 알게 되겠지만, 자아심리학의 기조는 기능과 적응의 측면을 다룬다. 이 이론은 다음과 같은 생각에 기반을 둔다. 즉, 인간의 내면에는 그들이 부딪치는 내적 갈등과 외적 도전에 응하는 크거나 작은 능력들이 있다. 임상 장면에서 자아심리학은 기존의 자아 기능을 강화하고 결핍된 영역이 발달할 수 있는 조건을 구비해 주는 데 초점을 둔다. 나는 이 이론이 긍정적이며 대단히 희망적이라는 점을 인식한다.

'정신분석적 발달심리학(psychoanalytic developmental psychology)' 이라는 용어에서 시사되는 바와 같이, 이 학파의 기조는 아동의 발달과정에 대한 관찰 및 조사들에서 도출되었다. 이론은 안나 프로이트(Anna Freud, 1965)가 '발달적 노선(developmental lines)'이라고 칭한 것에 따라서 정상과 병리에 대한 귀중한 임상적인 이론적 틀을 제공한다. 자아심리학적 조망을 가지고 치료를 하면 임상가들은 발달하지 못했거나 부족한 것뿐만 아니라 효과적으로 작동하는 자아의 처리과정에 대하여 이해할 수 있게 된다. 임상 장면에서 안나 프로이트(1965)가 지적했듯이, 나는 자아심리학이 특히 종종 약하고 미성숙한 자아 구조를 드러내는 아동과 작업을 할 때 정신병리의 단계적 변화를 이해하는 데 도움이 된다는 것을 깨닫는다.

1) 역사적 기술

자아심리학은 세 가지 정신 구조, 즉 원초아(id), 자아(ego), 초자아(superego)를 기술하는 프로이트의 구조적 이론(Structural theory; 1923)에서 발전되었다. 구조이론에서 프로이트는 자아가 방어적 기능을 수행하고 억압하는 책임을 진다고 가정했다. 그는 정신분석의 일차적 목표를 '자아가 억압된 것 자체에 대항하여 드러내는 저항을 제거하는 것' (1923, p. 7)이라고 했다. 쉽게 말해서 정신분석의 목표는 프로이트가 인식하고 있는 것처럼, 무의식을 의식화하는 것이다.

안나 프로이트(1966)는 부친의 정신구조와 리비도/심리성적 발달단계(구강기, 항문기, 남근기, 잠복기, 생식기)를 아동과의 작업에서 통합하는 한편, 원초아를 덜 강조하고 자아의 기능에 보다 많은 초점을 두었다. 그녀는 억압을 제거하는 것에 대한 관심보다는 자아가 원초아 충동 및 초자아의 요구에서 유래된 갈등을 다루기 위해서 사용하는 기제들에 더 많은 관심을 두었다. 안나 프로이트는 특히 방어기제와 자아가 숙달을 위해 노력하는 것에 관심을 집중했다(A. Freud, 1966).

하트만(Heinz Hartmann, 1958)은 자아심리학의 아버지라고 불린다. 그는 특히 자아의 적응적 기능에 초점을 두었고, 처음으로 자아 안에 존재하는 '갈등 없는 영역(conflict-free sphere)' 개념을 제안했다. 이를테면 지각, 현실 검증, 기억, 집중 등과 같은 기능은 이런 영역의 일부다. 하트만(1958)은 적응이란 아동의 타고난 재능과 생후 환경의 특성들 간의 상호작용에 따라 좌우된다고 제안했다. 여기서 상호호혜적 관계가 존재하는데, 유리한 상황에서 아동은 내적(심리 내적) 및 외적 요구 모두에 적응을 촉진하는 자아 역량(ego capacity)을 발전시킬 수 있게 된다.

자아심리학의 보다 최근의 진전은 유아와 엄마에 대한 직접적인 관찰로부터 이루어졌다. 말러와 동료들(Mahler et al., 1975)은 독립적으로 기능하기 위한 능력 또는 '아동의 심리적 탄생(psychological birth)' 을 이끄는 일련의 단계들을 대략적으로 제시한 이론을 발전시켰다. 이 과정은 엄마에게 절대적으로 의존하는 단계 또는 공생(symbiosis) 단계에서 시작된다. 최적의 조건하에서 이 단계에는 점차적인 분리(separation)가 뒤따른다. 개별적으로 기능하는 아동의 능력이 증대되는 것은 아동의 활동에 참조점(reference point)으로써 작용하는 엄마와 같은 사람과의 경험에 따라 좌우된다. 동시에 아동에게 외부 세계를 자유롭게 탐색하고 독립적으로 타협할 수 있도록 허용해 주었는지에 좌우된다.

분리/개별화(separation/individuation) 발달단계의 해결에는 대상 항상성(object consistency)이 요구된다. 이것은 항상 긍정적으로 부착된, 엄마에 대한 내적 심상을 점진적으로 내재화했는지에 좌우된다(Mahler et al., 1975). 엄마를 받아들이고 동일시하는 이러한 점진적 과정은 아동에게 엄마의 역할과 기능들을 점차적으로 받아들이게 한다. 아동이 대상 항상성을 성취하면, '내적 엄마(internal mother)' 또는 엄마에 대한 심리 내적 표상은 엄마가 물리적으로 없을 때 아동에게 편안함을 제공한다.

이 이론에서는 정신병리를 하나 또는 그 이상의 발달 하위 단계들에서의 부적당한 타협의 산물, 다시 말해서 자아 구조의 결핍으로 초래된 결과라고 본다. 그러므로 치료자는 발달적 정체를 분석하여 내담자가 치료적 관계를 통해서 작업을 할 수 있도록 돕는다. 예컨대, 블랭크와 블랭크(Blank & Blank, 1974)는 치료자의 공감적 관계성(empathic relatedness)이 내담자의 심리적 성장을 촉진하는 조절 기능을 한다고 제안한다. 치료적 동맹을 수립하는 것은 자아심리학에서 매우 중요한 측면이다. 치료적 관계는 치료자가 친밀성뿐만 아니라 자율성을 위해서도 아동의 욕구에 반응적일 것을 요구한다.

2) 치료적 관계

자아심리학의 이론적 틀 안에서 치료적 관계를 개념화함에서, 안나 프로이트 (1968)는 성인 내담자와 아동 내담자 간의 차이점을 대비시켰다. 하나의 중요한 고려점은 아동 내담자는 꼭 치료를 받겠다는 의사결정을 하지 않는 대신에 아동의 부모나 보호자가 그 결정을 내린다는 점이다. 치료자는 아동에게 낯선 사람이고, 일반적으로 치료는 완전히 새롭고 낯선 경험이다. 많은 경우에 보다 큰 어려움은 아동이 고통을 겪지 않고 있거나 문제를 자각하지 못하는 것이다. 아동의 증상들은 아동에게 영향을 미치는 것보다 환경과 타인에게 더 많이 영향을 미치곤 한다. 그러므로 아동치료는 성인치료에서 결정적인 세 가지 주요 요소, 즉 장애에 대한 통찰, 자발적 몰입 및 치유되고자 하는 소망이 결여되어 있다.

안나 프로이트(1968)는 성인 정신분석과 달리 아동 치료에서는 준비 기간이 필요하다고 제안했다. 이 준비 기간 동안에 치료자의 초점은 아동의 통찰을 증진시키고, 치료자가 신뢰를 전하며, 치료의 결정을 치료에 데려온 다른 사람에게서 아동 자신이 조절하는 것으로 전환시킴으로써 아동이 분석 가능해지도록 돕는 데 둔다.

안나 프로이트(1968)는 아동에게 분석적 작업을 할 때 '애정적 애착(affectionate attachment)' 이 필수적이라고 제안했다. 그녀는 치료자는 아동이 그에게 강한 애착을 발전시킬 수 있도록 도와야 한다고 강조했다. 아동은 도움을 받고 싶은 사람으로서 치료자를 만나러 와야 한다. 부모는 이 과정에서 중요한 역할을 한다. 부모는 치료자와 함께 해야 하며 치료에 관해 명료하고 지지적인 메시지를 전달함으로써 도움받기를 소망하는 아동 자아의 일부분이어야 한다.

자아심리학의 조망 내에서 치료자와 임상가들은 아동치료에서 전이의 발전 가능성과 발생 범위에 대하여 의견의 불일치를 보인다. 나는 치료적 동맹은 유용한 동맹으로서 치료자에 대한 아동의 신념과 긍정적 전이 및 전치(displacement) 모두에 기초한다고 주장하는 글렌(Glen, 1978)의 입장에 동의한다. 글렌은 전이를 인생 초기에 부모들에게 향했던 것으로 보이는 정서와 방어들을 분석가에게 전치한 것으로 정의한다(p. 176). 게다가 그는 어린 아동들이 치료적 상황에서 감정을 경험하고 방어를 사용하는 것이 아동의 현재 가정 상황과 관련 있을 수 있다고 주장한다.

3) 치료적 기법

치료자는 자아심리학적 조망에서, 아동과 친해지고 아동의 신뢰를 얻으며 아동을 긍정적인 치료적 관계에 참여시키기 위한 수단으로써, 그리고 정신분석적 도구이자 의사소통의 방편으로써 놀이를 활용한다. 치료의 초기단계 동안, 치료자는 부모 및 아동에 대한 임상적 관찰을 통해서 얻어진 정보로부터 아동이 가진 어려움들의 내력들을 조합하기 시작한다. 아동의 놀이는 갈등, 충동, 대인관계 기술, 방어, 상상 활동, 그리고 원초아, 자아 및 초자아의 기능 수준에 대한 값진 정보를 제공해 준다.

치료자는 아동의 놀이 활동이 가능한 방해받지 않으면서 자연스럽게 전개되도록 한다. 아동이 이끄는 대로 따라가고 연극적 놀이를 통해서 치료자에게 무엇을 하고 싶은지, 무슨 말을 하고 싶은지, 무엇이 되고 싶은지 등을 말할 수 있게 격려하면, 그 대화들은 아동의 관심과 욕구를 묘사할 것이다.

치료자는 네 가지 개입을 사용한다. 처음에 치료자는 '직면' 을 통해서 행동, 놀이 주제, 또는 중요하게 관찰된 현상들을 지적한다. 놀이치료자는 아동의 관찰 자아(observing ego)의 역량을 증진시키려고 노력하면서 즉석에서 문제를 분명하게 드러나게 한다. '명료화' 는 이 과정을 촉진시키기 위해서 사용된다. 여기서 치료자는 행동을 명료화하고, 발생한 일의 특징을 묘사하며, 아동의 자각을 증진시키고, 관련된 정동을 탐색하기 위해서 상세한 질문들을 한다. 치료자는 일반적으로 내용이나 추동 이전에 방어를 지적한다.

직면과 명료화는 모두 의식적 행동을 다루며 해석의 전조(precursor)가 된다. 정신역동적으로 지향된 치료자의 '해석' 은 치료자가 아동에게 자원, 과거력, 방어, 내용 및 추동의 의미를 이해시키는 데 사용하는 일종의 설명이다. 이 통찰은 아동에게 자신의 문제들을 '훈습' 하게 한다.

치료에서 아동의 갈등과 상상이 보다 명백해지면, 아동의 방어 구조의 가변성이 증가되고 보다 적응적인 방어의 사용을 초래한다. 이런 과정을 통해서 아동은 보다 적응적인 방식으로 보다 큰 추동 만족을 성취한다. 치료가 성공적이면, 아동은 보다 진보된 리비도 단계(libidinal stage)로 나아간다. 자아가 보다 성숙하게 발전함에 따라 아동은 일차적 사고과정을 이차적 사고과정으로 대체하게 된다(Glen, 1978). 이 기법과 관련하여 초점은 모든 건강하고 적응적인 영역을 지지하고, 아동에게 비적응적인 방어, 증상, 사고 및 행동들을 보다 적응적인 기제로 대체할 수 있도록 지원함으로써 자아를 강화하는 데 둔다. 어린 아동들의 경우, 치료자는 치료의 훈습단계에서 이 과정을 촉진시키기 위해 흔히 교육적 기능을 담당한다.

4) 놀이의 이론

정신분석학자들이 놀이에 관심을 둔 것은 초기 지그문트 프로이트(Sigmund Frued, 1920)의 관찰에서 비롯되었다. 프로이트는 놀이에서 아동이 새롭고 보다 유쾌한 방식으로 사물들을 재배열함으로써 자신만의 세상을 창출한다고 믿었다.

프로이트(1920)는 수동성에서 적극성까지 역할을 변경하고자 하는 아동의 욕구에 관심을 가졌다. 그는 아동에게 했던 일들이 아동을 통제하지 못한다는 것을 관찰했다. 이런 경험으로부터 성장하고 통제력을 얻고자 하는 욕구가 저지된다. 이 이론은 아동의 놀이에서 왜 아동들이 수동적인 경험을 적극적인 것으로 전환하고, 왜 그렇게 많은 놀이가 성인 역할들을 모방하는지에 대한 이유를 설명한다.

프로이트(1920)는 놀이를 정상 아동의 자아 강도의 발달에서 결정적인 과정으로 보았다. 그는 놀이가 특히 현실과는 분리된 행위이고, 아동의 자아에 원초아 및 초자아의 요구를 굴복시키게 해 준다고 생각했다. 아동은 놀이를 통해서 새로운 기제를 시도해 볼 수 있으므로, 자아가 원초아 및 초자아의 갈등을 해결하는 연습을 해 보는 것이다. 이 이론에 따르면, 놀이는 자아에 의한 통제력 획득과 아동의 통제력 상실의 영향을 치유하는 것을 포함한다.

정신분석적 접근의 이런 기조는 프로이트의 반복 강박(repetition compulsion)에 대한 개념화—이전에 압도되었던 어떤 경험을 반복하고자 하는 유기체의 욕구—에서 유래되었다. 프로이트는 이 과정을 자신의 18개월 된 손자가 반복적으로 실타래를 던지고 다시 찾는 것에서 관찰했다. 그는 이 행위를 아동이 엄마로부터의 분리에 숙달되기 위하여 노력하는 것으로 이해했다.

발데르(Waelder, 1933)는 불쾌한 경험의 반복은 과다한 경험들이 작은 수량으로 나뉘어짐으로써 놀이에서 재시도되고 동화되는 하나의 과정이라고 설명한다. 동화의 이러한 점진적인 기제는 애도, 상상, 악몽의 과정과 동일한 목적으로 작용한다. 즉, 압도되는 경험의 잔여적 영향력을 감소시키기 위한 것이고, 이에 따라 아동에게 압도되는 경험과 타협할 수 있게 해 준다.

놀이와 관련한 정신분석적 이론을 개관하는 데, 그린에이커(Greenacre, 1959)는 놀이의 여섯 가지 심리적 기능을 기술한다. 즉, 욕구실현, 숙달에 대한 본능, 반복 강박의 기제에 따른 강력한 경험의 동화, 수동성에서 적극성으로의 변환, 현실과 초자아로부터 벗어남, 실제 대상들에 대한 상상이다. 이에 더하여 놀이는 정화적 기능도 갖는다. 아동에게 자기인식을 더 많이 하게 하고 향상된 자아 기능을 발전시킬 수 있는 기회를 줌으로써 막힌 감정을 분출할 수 있게 해 준다.

2. 문제와 배경자료

에릭은 처음 의뢰되었을 때 6세 6개월이었다. 그의 아버지인 K씨가 나에게 전화를 걸어 놀이치료를 신청했다. 아버지는 에릭에 대해 학교와 가정 모두에서 '훈육 문제'가 있으며 엄마에게 적대적인 태도를 보인다고 말했다. 에릭은 숙제하는 것을 거부하기도 했고, 학교에 가는 것에 대해서도 저항적이었다. 이런 문제들은 6개월 전에 표면화되기 시작했고, 학교 심리학자가 두 달에 한 번 에릭과 상담을 하고 있었다. 처음 전화 접촉에서, K씨는 가족이 함께 살고 있기는 하지만, 부부 간에 심각한 문제가 있고 이혼을 하려 한다고 말했다. 에릭은 부모의 이혼 계획을 알고 있었다. K씨는 에릭에게 임박한 이혼을 준비할 수 있는 도움이 필요하다고 느꼈다.

나는 K씨에게 에릭의 현재 가정과 학교 환경, 관계 및 발달력에 대한 더 많은 정보를 얻기 위해서 부부를 만나고 싶다고 말했다. 나는 그가 부인과 사이가 좋은 기간이 있었는지 물었고, 나와 개별적인 만남을 선호하는지도 물어보았다. K씨는 부인과 함께 나를 만나서 나에게 자신들의 조망을 이해시키고 싶다고 말했다. 그는 솔직하게 그들은 서로를 믿지 않는다고 말하였다.

이 전화를 받았을 때 나는 사설 상담소를 1년째 하고 있었다. 나는 당시에 부모의 이혼이 자녀에게 미치는 영향에 대한 연구를 주제로 박사학위 논문을 막 끝낸 상태였다. 이 주제가 나의 마음에 너무나 신선하게 남아 있었기에, 나는 에릭이 경험할 수도 있는 것에 대하여 많은 걱정을 했다. 부모가 에릭에게 이혼을 할 것이라고 말했다는 점, 그러나 아직 함께 살고 있는 것이 여섯 살짜리 아동에게는 굉장히 혼란스러운 메시지일 수 있을 것이다. 나는 가정에서 이 문제를 에릭이 어떻게 다루고 있는지, 그리고 가정 환경이 어떨지에 관하여 몇 가지 의문들을 가졌다. 에릭은 부모에 대하여 어떻게 지각하고 있을까? 에릭이 각 부모와 맺는 관계의 특징은 무엇일까? 부모의 차이점에 관하여 어떤 종류의 언어적 및 비언어적 메시지가 에릭에게 전달되었을까? 이런 의문들에 대한 답변은 증상과 현 문제에 대해서는 물론, 에릭과 그의 가족에게 가장 적절한 개입에 대해서도 시사점을 줄 것이다.

첫 번째 부모 면담 동안, K부부는 소파의 양쪽 끝에 각기 앉았다. 그들은 서로에 대해서 얘기하는 동안 외현적으로 상호 간 협력이 결여되어 있었고, 상호교류를 하는 데서도 냉담한 거리가 있었다. 그들이 유일하게 합의를 본 것은 에릭의 문제가 부부 문제가 장기화된 것에서 유래되었다는 점이었다. 그들은 에릭을 공격적이고 종종 난폭해지는 아이로 기술했다. K씨는 에릭이 1년 반 전에 같은 마을의 다른 학교로 전학했던 때 처음으로 또래에게 폭력성을 드러냈다고 명확하게 말했다. 최근에 들어서는 에릭의 폭력성이 엄마를 향해 직접적으로 나타났다.

에릭은 아빠에게 심술궂은 경향과 비협조적 경향을 보였지만 결코 신체적으로 난폭한 행동을 보인 적은 없었다. 이와 달리, 엄마에게는 빈번히 주먹질을 하고 발로 차며, 물건들을 던졌다. 이런 행동들은 대개 K부인이 에릭을 훈육하려고 하고, 제한을 가하거나 숙제를 끝내라고 지시하며, 학교 갈 준비를 하거나 다른 책임들을 실천하도록 한 이후에 뒤따랐다. K부인이 에릭의 폭력을 다루는 방식은 자신도 에릭을 때리는 것이었다. 이는 길고 때로는 통제 불가능한 싸움의 원인이 되었다. K씨는 과거에 에릭과 엄마 간의 싸움을 말리는 일을 했다고 말했다. 그러나 최근에는 그 책임에서 벗어나기로 결정했다. 그래서 에릭은 아빠를 '나쁜 사람'으로 보지 않았다. 더욱이 그는 에릭이 K부인에 대해 갖는 분노는 근거가 있다고 느꼈는데, 그녀가 너무나 에릭을 돌보지 않았기 때문이었다. K씨는 부인이 일을 많이 하고 무질서한 생활양식을 이끈다고 비난했다. 그는 에릭의 공격적인 행동들은 엄마로부터 보다 많은 관심을 끌기 위한 시도일 것이라고 생각했다.

이 접수 면접을 할 당시에 K부인은 두 개의 시간제 일을 하였고 자원봉사 단체와 과도하게 연결되어 있었다. 그녀는 자신이 굉장히 바쁘다는 것에 동의했으나 남편도 바빠서 마찬가지였다고 비난했다. 그 당시 남편은 일을 하면서 대학을 마쳤다.

부부는 5년 전에 부부상담을 받았다고 했다. 1년 동안 부부상담을 받았을 때, 그들은 자신들의 차이점이나 서로에 대한 신뢰의 부족에 대하여 결코 타협할 수 없었다. 그들은 모두 결혼을 포기했으나 이혼을 할 때 해결하여야 할 경제적 문제 때문에 계속 함께 살아야 했다. 그들은 이런 협정에 대처하기 위해서 가능한 서로 신체적, 언어적 접촉을 하지 않으면서 지냈다. 각 부모는 에릭과 개별적으로 시간을 보냈다. 그들은 따로 살지는 않았으나 두 사람 간의 유일한 다리인 에릭과 함께 같은 집에서 따로따로 살았다. K부부는 더 이상 논쟁하지 않았다. 대신에 그들은 일종의 '침묵의 전쟁'으로 서로를 무시했다.

K부부는 두 명의 완전히 다른 사람으로서 아동 양육에 대하여 극단적으로 상이한 철

학과 견해를 지녔으며, 에릭과 그의 욕구에 대하여 상반된 조망을 지닌 것으로 나타났다. K씨는 에릭에게 구조를 제공해 주는 것을 매우 중시했다. 그는 방과 후 노는 시간, 이후의 저녁식사 시간, 텔레비전 시청 시간 및 잠드는 시간들을 계획했다. 그는 K부인이 자신이나 에릭에게 아무런 시간계획을 갖고 있지 않다고 비난했고, 그녀를 '무질서하고 비조직적이며 비일관적이고 엉망진창' 이라고 묘사해 나갔다. K씨는 에릭에게 지도, 구조, 일관성, 훈육이 필요하다고 생각했다. 반면에 K부인은 가정 밖에서의 경험과 자율성에 대한 에릭의 욕구를 매우 중시했다. 그녀는 에릭의 공격적 에너지와 지적인 재능(예: 증진 프로그램)들을 펼치는 데 도움이 되는 과외 활동들에 참여시키고자 많은 투자를 했다.

나는 여러 가지 이유들을 가지고 K부부와의 두 번째 약속을 했다. (a) 발달력을 완성하기 위해서, (b) 부부의 기능 수준, 양육 기술 및 개입에 대한 개방성을 평가하기 위해서, (c) 에릭의 치료에 몰입과 지지를 유발하기 위해서, (d) 최초 회기와 관련하여 어떻게 에릭을 준비시킬지에 대하여 부모와 얘기하기 위해서였다.

에릭은 외동아들이었기 때문에 부모 모두는 에릭의 발달 이정표에 대하여 아주 잘 묘사하였다. 부모는 에릭의 발달의 여러 가시 세부적인 사항들을 잘 회상했으며 대견해했다. 사소한 문제는 에릭을 분만했을 때 겸자(forceps)를 사용하게 되었던 점이었다. 출생 당시 에릭의 몸무게는 8파운드였다. 부모 모두 그때 여러 가지 부부 문제가 있었음에도 불구하고 아이의 탄생에 대한 기쁨으로 짜릿했다고 했다. 에릭은 모유 수유를 거부해서 젖병으로 수유했다. K부인은 이 경험을 확장할 수 없었다.

에릭은 급성 호흡기 문제로 입원을 했고, 그 후 2세 6개월경에 천식으로 진단받았다. 그의 주치의는 벤톨린을 처방했다. 발달 이정표는 모두 정상 범위 내에 있었고, 부모는 일관적으로 에릭이 영리하고 발달이 빨랐다고 기술했다.

에릭은 두 살 때 어린이집 종일반 프로그램에 다니기 시작했다. K씨는 부인이 집에서 에릭을 돌보기를 원했기 때문에 이를 반대했다. 그러나 그녀는 집 밖에서 일하는 것을 선호했고, 에릭은 외동아들이기 때문에 다른 아동들과 함께 지내는 것이 에릭에게 긍정적일 것이라고 느꼈다.

에릭은 생일이 빨라서 유치원을 일찍 다니기 시작했다(4세 10개월에 시작). K부인은 그렇게 어린 나이에 에릭을 보내기로 결정한 것에 대해 많은 후회를 했다. 그녀는 에릭이 반 친구들에게 공격성을 보인 것을 그가 그들에 대해 열등감을 느꼈기 때문이라고 귀인했다. K부인은 에릭의 공격성을 자기보다 나이든 친구들에게 자신을 증명하는 방법으로서 지각했다.

학업 면에서 에릭은 성적이 우수했다. 그러나 숙제하는 것에 저항을 보였고 2학년 담임교사가 말한 에릭의 자기통제 곤란은 부모의 걱정을 유발했다. 게다가 K씨는 에릭의 습성이 과다해져서('마치 그의 엄마처럼'), 자기 침대에서 자지 않으려 하고, 학교에 갈 때면 복통을 호소하며, 성마름을 보이고, 혼자 노는 능력이 제한적이며, 만연된 신경질을 보였다고 기술했다. 부모는 친구를 쉽게 사귀는 아이로 에릭을 기술했지만, 그는 싸움 때문에 관계를 유지하는 데 약간의 어려움이 있어 보였다.

두 번째 회기의 끝에, 나는 부부 간의 차이점과 적의감이 있음에도 불구하고 그들은 자식에 대하여 걱정하고 있을 뿐만 아니라 자녀를 위해서 기꺼이 나와 작업할 것이라고 느꼈다. 나는 몇 회기 동안 에릭의 어려움을 평가하기 위해서 그를 개별적으로 만나고 싶다고 설명했다. 나는 부모에게 피드백을 제공하고 에릭과의 초기 회기들 이후에 권고들을 제공하는 회기가 있을 것이라고 알렸다.

K부부는 에릭의 첫 회기에 둘이 함께 에릭을 데리고 왔다. 에릭은 자신의 생물학적 나이보다 키가 크고 매우 매력적인 아동으로 보였다. 에릭은 나를 아주 만나고 싶어 했던 것처럼 보였다. 그는 부모와 떨어지는 데 주저함이 없었고 나에게 자신의 가장 좋아하는 봉제 인형을 보여 주었다. 엄마는 나에게 에릭이 유아였을 때부터 가지고 있었던 봉제 인형이라고 알려 주었다. 그 회기 내내 에릭은 아기 목소리로 속삭이는 것처럼 소심하게 말했다. 그는 처음에 자신이 봉제 인형을 찢어 엄마에게 그것을 꿰매 달라고 했다고 말했다. 그는 나중에 나를 '감정 박사(feeling doctor)'로 이해하고 있다고도 말해 주었다. 우리는 사무실에 장난감이 있고, 슬프고 걱정스럽고, 화난 감정들을 다루는 데 도움을 줄 수 있다는 점에 대하여 얘기했다.

그의 두 번째 회기에서는 K부인 혼자 에릭을 데리고 왔다. 이전 회기와는 반대로, 에릭은 화가 난 기분으로 도착했고 사무실에 들어오는 것을 저항했다. 에릭과 K부인은 한창 싸우고 있는 중이었다. 얼마간 문 앞에 서 있다가 마침내 에릭이 사무실로 들어왔다. 그는 놀이 재료들을 탐색해 나갔다. 에릭은 상자에서 장난감을 꺼내들고 그것을 다시 던지는 것을 반복했다. 그는 군사들을 꺼내어, '미국과 러시아의 전쟁'을 준비했다. 회기의 끝에 그는 장면을 준비한 방식을 엄마에게 보여 줘도 되는지 물었다. 나는 단순히 에릭에게 얼마나 잘했는지를 엄마에게 보여 주고 싶어 한다는 점을 강조해 주었다.

3. 이론적 개념화

에릭과의 처음 두 회기에서, 부모가 말해 준 정보와 함께 이 아동이 당면하고 있는 도전들에 관한 여러 가지 양상들을 확인할 수 있었다. K부인은 일관적으로 에릭에 대하여 마치 제법 나이든 아동인 것처럼 말했다. 결과적으로, 그녀는 그를 어린이집, 유치원 및 과외 활동에 성급하게 등록시킴으로써 에릭을 자기충족으로 내몰았다. 그녀는 양육과 친밀성에 대한 아들의 욕구를 조율하지 못했다. 대신에 그녀는 그에게 가정 밖의 자율적 경험에 참여시켰고, 그로 인해 에릭은 혼자이며 단절되고 취약하고 곤궁하다고 느끼게 되었다. 이러한 역동의 시작을 종합하는 것은 어렵지만, 이 과정은 에릭이 유아였을 당시 모유 수유를 거부했을 때 작동했던 것으로 보인다.

나는 2세 초반경에 에릭이 어린이집의 종일반을 다닐 때, 자신의 양육에 대한 욕구가 적절하게 충족되지 못했다면 압도되는 경험을 하기 쉬웠을 것이라고 느꼈다. 말러와 동료들(1975)은 걸음마기 아동은 2세경에 자신이 엄마로부터 분리되어 있다는 것을 자각하기 시작한다고 주장했다. 이 때 대상 상실에 대하여 두려움을 느낄 뿐만 아니라, 분리불안이 나타나게 된다. 아동은 탐색하고 자유로워지고 싶은 욕구를 경험하지만, 동시에 진정으로 신체적인 감각 면에서 엄마가 가까이에 있고 엄마에게 지지를 받으며 엄마를 정서적으로 활용하기를 원한다. 에릭은 이 민감한 발달의 시기 동안에 정서적으로 독립적이었을 것으로 보였다. 나의 인상으로 에릭은 걷자마자 독립한 것으로 보였다. 에릭이 보다 최근에 숙제하기와 학교 가기를 저항하는 것은 자신의 방식대로 '제동을 거는' 것으로 보였다. 이런 증상들은 에릭이 자신에게 부여되는 요구를 받아들일 준비가 되어 있지 않음을 시사했다. 그는 부모들이 이 점을 알아주기를 원했지만, K씨는 에릭이 (엄마처럼) 통제력을 상실해 가는 것에 불안해 했고, K부인은 이런 통찰을 하면서 에릭의 의존성 욕구를 조율하는 능력이 부족하여서 불안해 했다. 부모 모두 임박한 이혼에 집착하고 있었기에 이 역동은 더 복잡해졌다.

에릭은 나와의 최초 접촉에서, 찢어진 동물 인형을 통해서 수줍고 소심한 아기처럼 말했으며, 꼬마아이로 인식되고 싶어 하는 자신의 욕구를 전했다. 그는 상처를 입었고, 채워지길 바라며, 돌봄을 받고 싶어 하는 감정들을 표현했다. 이 접촉에서 그는 엄마가 그 장난감을 꿰매 주길 바란다는 욕구를 표현했다. 나는 이를 에릭의 취약성이 반영되고 엄마와 가까이 있고 싶고 양육받으면서 고쳐지길 바라는 상징적인 진술로 들었다. 에릭이 두 번째 회기 전에 보였던 돌 던지기 행동은 엄마에 대한 분노의 표현일 뿐만 아니라 자신의 취약한 감정에 대한 반응으로 보였다.

엄마가 에릭에게 뭔가를 지시하거나 한계를 정할 때, 엄마에 대한 그의 공격성은 전형적으로 표면화되었다. 엄마가 통제력을 발휘하려고 할 때 에릭은 가장 취약해지고 통제력 상실을 느끼는 것처럼 보였다.

말러와 동료들(1975)은 분리-개별화 과정에서 정체(arrest)는 항문기 갈등에서 초래된 것일 수 있으며, 이것이 엄마에 대한 강렬한 분노와 동시에 방어적 애착을 자극한다고 주장했다. 에릭과의 처음 두 번의 회기들은 이런 '재접근 갈등(rapprochement conflict)'의 존재를 명백하게 예시해 주었다. 에릭의 분리불안(학교 가기 전의 복통, 혼자 잠드는 것의 어려움, 등교 거부에서 시사됨)은 그가 분리-개별화 단계에서 정체되어 있다는 또 다른 지표였다.

가정생활의 환경과 함께 에릭의 이러한 발달지연은 오이디푸스 문제를 해결하는 능력에서의 문제를 초래한 것으로 보였다. 이혼 관련 연구들에 따르면, 남아의 오이디푸스 콤플렉스 기간 동안에 부부 간의 불화가 있으면, 소년은 경쟁적인 아빠로부터 엄마를 쟁취하고자 하는 바람이 실현되었다고 지각하기 때문에 더욱 놀란다고 한다(Wallerstein, 1983; Wallerstein & Keely, 1972). 에릭 가족에게 바로 이 역동이 발생했다. 엄마는 아빠를 싫어하고 무시했으며 에릭에게 일차적 관심을 두었다. 아동 자신이 너무나 강해진다고 지각하는 것은 장차 아빠로부터 보복을 당할 것이라는 취약성과 공포가 수반되는 두려운 경험인 것이다.

에릭은 이런 취약성에 대처하기 위하여 안전한 방법을 찾아낸 것처럼 보였다. 엄마에 대한 명백한 공격성은 엄마를 향한 오이디푸스적 소망을 감추는 수단이었고, 동시에 아빠에게 자신이 적이 아닌 동맹자라는 점을 명백하게 나타내는 것이었다. 불행하게도 이것은 에릭이 아빠에게 긍정적인 동일시를 형성하고자 하는 욕구일 뿐만 아니라 엄마와 친밀하고자 하는 욕구를 타협한 것이었다. 이 역동은 에릭의 격노, 공허함, 필요함(neediness) 및 불안을 설명해 준다.

에릭은 해결되지 않은 무의식적인 오이디푸스적 갈등의 한가운데 있는 데다가 부모의 침묵 전쟁의 한가운데 있었다. 이혼 연구 결과, 아동은 실제 헤어짐을 사실로 경험하지 않는 한 부모의 이혼에 대한 도전거리들에 숙달되지 않는다고 제안한다(Wallerstein,

1983). 에릭의 경우, 서로 말을 하지 않거나 자식을 위해서 함께 일하지 않는 부모와 함께 사는 에릭의 경험에 대하여 부모가 공감하지 못하는 것처럼 보였다. 치료가 시작될 때 공동 양육의 개념은 거의 없었다.

이런 문제들에 더하여, 나는 K부인이 여가 시간이 날 때마다 에릭을 이동시키는 방식이 에릭에게 미치는 효과가 무엇인지 궁금했다. 마찬가지로 에릭이 엄마처럼 통제력을 상실할 것이라는 K씨의 불안은 또 다른 적신호였다. 나는 부모들이 가정에서 이 문제를 어떻게 다루는지, 에릭이 전달받는 메시지는 무엇인지, 그리고 통제하고 일정을 잡으며 구조화하는 데 초점을 두는 아빠의 전반적 역할이 에릭의 발달에 어떻게 영향을 미치는지 등이 궁금했다.

에릭과 부모를 평가하는 과정에서, 나는 이 가족이 어려운 문제를 많이 가지고 있음을 인식했다. 이상적으로 부모 모두에게 각자 개인 치료를 받게 하는 것이 도움이 될 것이다. 그러나, 내가 이 주제를 꺼냈을 때 K부부는 아무도 권고를 받아들이지 않았다. 만약 부모도 보충적인 부모상담에 기꺼이 참여하고 가정에서 어떤 변화를 보인다면, 그때 비로소 놀이치료가 에릭에게 도움이 될 것이라고 느낄 것이다. 이전에는 두 사람이 함께 한 부부상담 회기가 잘 진행되었는지 확신할 수 없었다. 그러나 나는 부부의 결혼 상태와 상관없이, 그들이 에릭을 공동 양육해야 한다는 생각을 장려하기 위해서 이런 유형의 치료를 시도해 보는 것이 중요하다고 느꼈다. 나는 가족을 결합시키는 대신에 에릭을 결속시키는 것이 중요하다는 것을 잘 자각하고 있었다. 에릭의 자아는 자신의 세계에서 많은 스트레스들과 갈등들을 타협시키기 위해서 굉장히 열심히 노력했다. 이런 목표를 가지고 나는 에릭을 주 별로 놀이치료 회기에서 만났고, 보충적 부모상담을 위하여 부모를 한 달에 한두 번 만났다.

부모상담 회기들은 에릭 치료를 촉진하기 위하여 제공되었다. 나는 에릭의 치료실 밖 생활에 대한 정보를 얻고, 에릭의 내적 경험과 심리적 욕구를 다루는 방법에 대하여 부부를 교육하며, 에릭의 진전에 대한 피드백을 구하기 위해서 그들을 활용했다.

4. 놀이치료의 과정

치료의 초기단계 동안, 나의 목표는 에릭과 치료적 관계를 수립하고 그가 놀이치료의 과정과 분위기에 익숙해지도록 돕는 것이었다. 나는 에릭에게 성인과 관계를 맺는 새로운 방식뿐만 아니라, 자신이 주도하고 페이스를 조절하면서 장난감을 탐색하는 기회도 제공함으로써 자유롭고 수용적인 분위기를 만들려고 하였다.

나는 에릭에 대해 매우 온정적인 감정을 가졌고, 이 어린 아동의 삶에서 흔치 않은 정도의 자율성을 반복적으로 접하게 되었다. 에릭의 큰 키와 고도의 언어 능력을 접하면서, 왜 많은 성인들이 에릭을 나이든 아동처럼 취급하는지를 이해할 수 있었다. 그럼에도 불구하고 에릭의 버릇과 행동은 그가 정서적으로는 그다지 독립적으로 기능할 준비가 되어 있지 않다는 것을 분명하게 나타냈다. 나의 역전이적인 반응은 '정서적으로 홀로서기' 를 하는 것처럼 보이는 이 아동에 대한 슬픈 감정이었다. 이것과 일치하여 나는 에릭의 기분이나 태도에 상관없이 에릭과 교류할 때 그에 대해 공감적이고 온정적인 감정을 분명하게 느꼈다.

치료의 처음 두 달 동안, 에릭은 매주 상당히 다양한 모습을 보였다. 어떤 주에는 아기였고, 다음에는 군인이 되었고(말 그대로 군복을 입었다), 그 다음에는 꼬마를 때려 주는 방법에 대하여 허풍을 치는 '거친 사내' 가 되었다. 이러한 다양성에도 불구하고 그는 일관적으로 놀이를 즐겼다. 에릭은 군인 장면을 정교하게 만들었다. 그는 기관총도 만들었고 그 총의 파괴력을 정교화했다. 놀이 주제는 일관되게 매우 공격적인 것이었다. 언제나 폭발, 전쟁, 살육이 있었다. 에릭은 공격적 충동들을 중화시킬 수 없었고 자주 압도당했다. 그로 인해 그는 취약한 아기로 퇴행했다. 이 단계 동안 나는 에릭의 역동을 관찰했으며 다음과 같이 미묘한 반영을 하였다. "너는 강하고 거칠어야 한다고 느끼는 것 같구나."

이러한 치료의 초기단계에 걸쳐 에릭은 유사한 놀이를 했다. 그는 나의 존재를 잘 알아차렸으나 혼자 놀았고, 그때 매우 몰입된 태도를 보였다. 나는 에릭의 맞은편 바닥에 앉아서 그가 주도하는 대로 따랐고, 그와 함께 하기 위해서 놀이에 대하여 기술적인 논평을 간헐적으로 하기도 했다. 나는 에릭에게 주의와 관심을 기울이고 있다는 것과 동시에, 그의 자율성에 대한 욕구를 존중한다는 점을 전달하고자 했다.

치료가 거의 두 달이 다 되어 가면서, 에릭은 자신의 건축물을 만드는 것을 도와 달라고 요청하는 데 매우 능숙해졌고, '군인들' 을 어디로 이동시킬지, 무슨 말을 할지 등에 대해 나에게 자주 지시했다. 나는 그의 귀에 속삭이면서 그가 주도하는 대로 따랐고, 장난감이 무엇을 하고 무슨 말을 해야 하는지 지시해 달라고 요청했다. 이런 변화는 에릭에게 중요한 것으로, 그가 나와 관계를 맺기 시작할 때 보였던 방식과는 아주 다른 것이었다. 처음에 에릭은 자신이 홀로서기를 하고 있다는 것을 확인받고, 나로부터 고립되어 혼자 놀이를 하는 동안 자신을 붕 띄우려는 감정들이 있었다. 이제 그는 나에게 두 가지 중요한 방식으로 자신의 세계로 들어오도록 했다. 정서적으로 그는 나에게 도움을 청하거나 참여를 유발함으로써 놀이를 공유했다. 동시에 에릭은 군인과 다른 놀이 재료들을 위해 만든 대화에서 자신의 걱정들을 상징적으로 표현했다.

이 치료단계 동안, 에릭은 주말(내가 사무실에 없을 때)에 나에게 자주 전화를 걸어 자동응답기에다 자신이 엄마와 싸우고 있다고 알렸다. 당시에 그는 엄마에 대한 극단적인 분노에 대하여 말했고, 다른 때는 퇴행했으며, '아기의 말' 을 사용했다. 에릭은 회기 동안에는 이런 전화에 대하여 논의할 수 없었다. 그러나 K부인은 나에게 에릭이 전화를 하고 난 후에는 진정이 되는 것처럼 보인다고 알려 주었다. 엄마는 에릭의 전화를 타임아웃(timeout) 형태로 이해한 반면, 나는 엄마에 대한 공격성에 대하여 나에게 도움을 원하고 나와의 관계에서 위안과 희망의 자원을 찾는 것의 지표로 개념화했다. 에릭은 이런 전화를 통해서 자신의 문제 범위에 대해 나에게 알려 주었고, 내 목소리를 듣고 자신이 혼자가 아니라는 것을 떠올림으로써 진정되는 것처럼 보였다.

치료가 시작된 후 네 번째 달에, 에릭의 부모는 에릭이 편도선 수술을 받기 위한 일정이 잡혀 있다고 말해 주었다. 외과수술 직전의 회기(15회기)에서 에릭은 처음으로 게임을 선택했다. 나는 그가 '수술' 을 선택한 것을 알고 흥분했다. 그는 심장 다친 사람을 수술하는 의사 흉내를 냈다. 에릭은 나에게 이런 상태는 담배 때문이고 '사람들은 문제에서 벗어나기 위해서 담배를 핀다' 고 설명해 주었다. 나는 이 놀이를 통해서 에릭이 수동적인 환자 역할에서 적극적인 의사 역할로 변화를 시도하는 것으로 느꼈다. 이것은 사실상 에릭의 자아가 다가올 수술 때문에 생기는 불안들을 타협하기 위해서 힘들게 작업을 하며 숙달을 시도하고 있음을 나타내 주었다. 나는 에릭의 수술 주제를 끄집어 내고 그것에 대해 약간의 정보를 제공함으로써 에릭을 격려했다. 이것은 내가 회기에서 처음으로 에릭에게 어떤 주제를 소개한 것이었고, 그는 나의 관심과 의사놀이에 대하여 얘기하는 것에 놀라는 것처럼 보였다.

에릭은 편도선 수술 때문에 한 회기를 빠졌다. 그 다음 회기에서 그는 협동하고 차례가 포함되는 게임을 하자고 했다. 에릭의 놀이는 이전 회기보다 더 의미 있게 상호작용적이 되었다. 게다가 그는 차분했고 아기나 거친 사내의 목소리로도 말하지 않았다. 이것이 몇 주 동안 유지되었다. 동시에 에릭의 부모는 에릭이 가정에서 엄마에게 덜 공격적이 되었다고 보고했다.

치료 5개월째에 에릭은 다시 군인에게 매우 관심을 보였다. 17회기에서 그는 군인을 한 줄로 배열한 다음 다리를 만들어서 군인들이 다른 쪽으로 건너갈 수 있게 하였다. 에릭은 매우 흥이 나서 다리를 만드는 데 많은 에너지를 쏟았다. 이것이 회기의 중심이 되어서 군인들의 전쟁에 관심이 멀어지게 되었다. 그는 매우 상호작용적이었다. 다리를 설계하기 위한 자신의 계획을 설명했고, 동시에 나에게 다리를 건설하는 데 사용했던 도구를 건네 달라고 요청했다. 나는 그가 주도하는 놀이에 동참했고 그를 따랐다.

그 다리는 에릭에게 희망적 상징으로, 그야말로 심리적 확장의 징후로 보였다. 이제 에릭의 놀이는 이전 회기에서 내가 보았던 그의 홀로서기를 덜 보였다. 그는 다른 사람에게 쉽게 접근하는 방법들을 찾고자 했고 자신의 다른 측면들, 예컨대 '취약한 에릭'과 '공격적인 에릭'을 찾는 방법들을 모색했다. 다리는 에릭의 자아에 대한 은유로서 건설되고 있는 과정으로 보였다. 에릭의 공격적 충동을 중화시킬 수 있는 능력이 개선된 것은 자아 기능이 증진되었음을 입증한다.

다음 회기 동안 에릭은 '이동 간호대(nurse mobile)'라고 부르는 차량을 만드는 데 매우 몰입하였다. 처음에는 간호병들을 보호해서 그들이 상처 입은 군인들을 도울 수 있도록 고안되었다. 그러나 회기를 거듭하면서(18회기에서 28회기까지) 에릭은 이 차량에 부가적 특징과 기능들을 추가했다. 안전한 전쟁용 탱크를 추가했고, 거리 청소, 무기, 숨는 곳, 집, 그리고 마침내 산 파괴용이 되기도 했다.

이런 일련의 기능들은 치료와 에릭의 향상된 자아 기능과 매우 밀접하게 출현했다. 에릭은 편도선 수술 3주 후에 자신의 이동 간호대를 건설하기 시작했다. 이것의 원래 목적은 본질적으로 양육적인 것이었다—간호병들을 보호해서 그들이 상처 입은 군인들을 도울 수 있도록 했다. 나는 이것에 전이적 의미가 있는 것으로 보았다. 에릭은 나를 그의 안전을 확인해 줄 수 있는 간호사나 치유자로 보았기 때문에 나는 그를 도울 수 있었다. 이런 측면에서 그는 내적 및 외적으로 혼자서 전쟁을 치렀던 '상처 입은 군인'이었다. 에릭은 더 이상 혼자가 아니며 나를 간직함으로써 그 상태를 지속시키고자 했다. 에릭은 이동 간호대를 만들면서 매우 흥겨워했다. 나는 그의 흥겨움을 반영해 주었고 내가 에릭에게서 보았던 성장과 간호사의 기능이 유사하다는 것을 설명했다.

이 놀이 주제는 간호사가 에릭의 일부이기도 하다는 측면에서 과잉규정되었다. 치료적 관계에서 '안전' 은 에릭을 치유가 일어날 수 있는 곳으로 이동시켰다. 에릭은 이동 간호대를 안전하다고 묘사했고, 나는 문자 그대로 치료적 관계 내에서 그의 경험에 대한 진술들로써 해석해 주었다. 군인들의 전쟁 한가운데에 그는 안전한 장소를 창출했다. 이 놀이 회기 동안, 나는 안전한 장소가 있다는 것이 얼마나 중요한지를 반영했다.

에릭이 이동 간호대를 추가했던 회기의 주말 동안, 그는 동시에 나에게 매우 애착되었다. 에릭이 회기에 일찍 도착했을 때, 그는 매우 화를 냈고 내가 다른 환자와 있을 때 소유욕을 나타냈다. 그는 매주 점점 더 회기를 끝내는 것에 저항을 하기도 했다. 치료의 이 시점에서 이동 간호대는 전이적 대상으로서 작용하는 것처럼 보였다. 이는 우리들 간의 결속을 반영했으며 에릭에게 새로운 방식으로 분리되는 경험을 하게 해 주었다. 나는 그를 거절하는 것을 피해야 한다는 것을 인식하고 있었다. 동시에 나는 그에게 분명한 구조를 설정해야 했다. 나는 그와 함께 시간을 보내고 싶어 하는 내 감정에 대해서도 이야기했다. 나는 에릭의 아빠에게 그를 회기 시작 한 시간 반 전에 데리고 오는 것을 피해 달라고 요청했다.

에릭은 매주 이 훌륭한 창작품을 나에게 맡겨 아무도 보거나 만질 수 없는 안전한 은신처(즉, 내 책상 선반)에 두도록 했다. 회기에서 그는 그 자품을 개선시키기 위한 새로운 생각들을 자주 떠올렸다. 이 과정은 에릭에게 치료자와 치료적 상황을 내면화하도록 허용했으며, 따라서 분리의 어려움을 숙달하기 시작할 수 있는 대상 항상성을 촉진시켰다.

나는 이 과정에서 에릭을 돕는 데 적극적인 역할을 했다. 나는 에릭이 떠나는 것을 저항할 때마다 그의 감정을 직면시켰다. 그러면서 나는 취약한 감정에 압도되는 에릭이 위협당하지 않도록 하기 위해서, 조심스럽게 '너' 진술문을 사용하는 것을 피했다. 동시에 나는 공감을 전하고 에릭이 자신의 정서적 경험을 인식할 수 있도록 도왔다(예: "우리가 이렇게 굉장히 재미있을 때 떠나기가 정말 힘든 거로구나."). 나는 매 회기를 끝내기 위해서 에릭을 준비시키는 것이 도움이 된다는 것을 알게 되었다. 그러면 그는 어느 정도 마무리를 할 수 있고 심리적으로 나와의 분리를 준비할 수 있을 것이다. 가능할 때마다, 나는 이전 회기와 현재 회기도 연결하여서 우리 관계의 연속성과 우리가 함께 작업을 한다는 감각을 촉진하려고 했다.

이동 간호대를 만든 몇 주 후에, 에릭은 거기에 거리를 청소하는 기능을 부가했다. 그는 많은 시간을 들였고, 거리 청소를 하는 이동 간호대는 마치 자신을 위한 통로를 명료화하는 과정에 있는 것 같았다. 흥미롭게도 거리를 청소하기 위해 부착된 것이 나중에 기관총으로 전환되기도 했다. 에릭은 무기를 정교화시켜서 이동 간호대가 적군으로부터 방어할 수 있는 능력을 발전시키는 데 매우 몰입했다. 다목적용인 이동 간호대는 에릭에게 힘을 부여했고, 이를 통해 그는 자신의 취약한 감정을 숙달할 수 있었다.

내가 오이디푸스 주제를 해석하지 않는 동안, 그 소망들은 놀이에서 두드러지게 나타났다. 에릭의 놀이 주제와 가족 역동의 변화 간 유사성이 현저해졌다. 통제권 다툼이 두 부모에게 지속되는 동안, 에릭의 엄마에 대한 공격성은 사실상 보이지 않았다. 에릭은 아빠와 친해지기 위해서 엄마를 증오하게 되었던 무거운 짐으로부터 어느 정도 완화되는 길을 알게 되었다.

대략 치료가 7개월째로 접어든 7월 중순에, K씨는 나에게 에릭은 8월 한 달 동안 휴가를 떠날 것이라고 알려왔다. 이는 에릭의 치료에서 장기적인 중단이기도 했지만, 에릭이 처음으로 며칠 동안 엄마와 떨어지는 것이기도 했다.

휴가에 앞서 두 번의 회기 동안, 에릭은 이동 간호대를 확장하여 간호사를 위한 집을 만들었다. 나는 에릭이 간호사들을 위해서 영구적인 집을 제공한 것은 휴가에서 돌아왔을 때 나와 엄마와 함께 할 수 있는 장소가 있을지 없을지에 대한 걱정을 숙달하기 위한 시도로 느꼈다. 나는 그의 휴가와 오랫동안 조숙했던 과거력 및 갑작스러운 분리에 대하여 짧게 지적해 주어 그런 측면들을 안심시켜 주는 것이 중요하다고 생각했다. 나는 그 주제를 꺼내어 에릭과 함께, 사람들은 서로를 그리워하고 서로 떨어질 때 분리에 대한 감정들을 갖는다는 점에 대해서 이야기했다. 마지막 회기에서 나는 우리의 다음 약속 날짜와 시간을 말함으로써 에릭의 '자리'를 구체화시켰다.

에릭은 여름 휴가에서 돌아와 자신의 이동 간호대를 보완하는 것에 대하여 생각했던 모든 것들을 나에게 알려 주고 싶어 했다. 간호사들이 있는 창고에서 플라스틱 관을 빼는 대신에, 에릭은 나에게 그 관의 크기와 색깔을 만드는 데 도움을 청했다. 에릭은 색깔별로 더미를 만들었고 자신의 아빠처럼 조직화했다고 논평했다. 그리고는 빠르게 덧붙였다. "엄마에게 내가 그렇게 말했다고 말하지 마세요. 엄마는 상처받을 거예요." 이 시점에서, 에릭은 이동 간호대를 소파로 돌진시켰다. 그는 화가 난 것처럼 보였고 그것을 내리치면서 다음과 같이 알렸다. "산 파괴자가 모든 것을 부숴요!" 에릭이 그 이동 간호대를 소파에 내리찧을 때, 나는 그것이 산을 부수려고 하지만 자신이 망가진다는 점을 강조했다. 에릭은 점차적으로 초조해 했고 이동 간호대가 조각났음에도 불구하고 반복적으로 쾅쾅 내리쳤다. 에릭은 그 회기 동안 이동 간호대를 거의 다 파괴시켜 나갔고, 단지 한 조각만을 남겨 두고 떠났다. 그의 격노는 이전에 엄마에게 표현했던 분노를 회상케 했다. 그것은 혼자라고 느끼는 징후이자 치료에서 어떤 균열이 생겼음을 나타내는 지표였다. 에릭이 휴가를 갔다 왔지만, 나는 그가 나에게 버림받았다고 느끼고 있다고 생각했다. 이에 대한 분노가 에릭에게 우리가 함께 만든 모든 것의 상징인 이동 간호대를 부수게 했다.

그 다음 주에(30 회기) 에릭은 몇 달 동안 사용하지 않았던 아기 목소리로 말하면서 도착했다. 이것은 이전 회기에서 이동 간호대를 파괴하면서 경험했던 분노와 공격성에 대한 직접적인 반응으로 보였다. 에릭은 이동 간호대를 두었던 것을 복구하기 위해서 조용하고 매우 성실하게 작업을 했고, 자신이 그것을 '크게' 만들고자 한다고 반복적으로 말했다. 이 회기는 에릭에게 보상적(reparative) 회기로 여겨졌다. 그는 이동 간호대를 복구하고 재건설하기 위해서 애썼고, 나는 그것을 치료적 동맹을 맺으려고 하는 노력으로 보았다. 에릭의 주도에 따라서, 나는 그가 필요로 하는 다양한 색깔의 도구들을 건네주고 그가 애쓰는 것을 격려해 주면서 지원하였다. 초기 회기에서처럼, 나는 그가 주도하는 대로 따랐고 그에게 지지적이 되려고 노력했다. 우리가 이동 간호대를 함께 고치는 동안에 나는 도움을 주는 동맹자로서의 나의 역할을 다시 수립하기 위해서, 그리고 공감적 관계를 복구하기 위해서 상호적 노력과 그 창작품을 활용했다.

회기가 끝나자 에릭은 나에게 이동 간호대를 숨겨 달라고 요청했다. 그러나 그는 몇 달 동안 그것을 가지고 다시 놀거나 첨가하지 않았으며, 치료의 어느 순간에도 이전처럼 그 창작품에 몰입되지 않았다. 우리는 새로운 치료단계로 접근한 것처럼 보였다.

에릭이 휴가에서 돌아온 몇 달 동안, 그의 놀이는 양육적인 속성을 보였다. 군인들은 서로를 도왔고, 지아이 조는 스머프 마을을 보호했고, 에릭은 '수술' 놀이를 하면서 환자들을 치료했다. 에릭은 아기 인형에도 관심을 보여서 인형을 안거나 기저귀를 갈아주기도 하였다. 이때쯤 에릭은 엄마에게 햄스터를 사 달라고 졸랐다.

새로운 애완동물을 구매한 후 다음 회기에서 에릭은 전보다 행복해 보였다. 그는 작은 동물이 어떤지 뿐만 아니라(이름이 땅콩이었음), 애완동물을 키우는 데 많은 책임이 따른다는 것에 대해서도 논의했다. 에릭은 우리가 함께 만나면 좋겠다고 말하면서, 다음 회기에 땅콩을 데리고 와도 되냐고 물었다. 나는 에릭이 열광하는 것에 동참했고 땅콩을 만날 기회를 갖게 된 것이 좋다고 말했다. 계획대로 에릭은 그 다음 회기에 땅콩을 데리고 왔고, 우리에서 꺼내어 어루만지면서 햄스터를 잘 다루는 방법을 보여 주었다.

나는 에릭이 나에게 강한 동일시를 하고 있는 것으로 보았다. 그는 우리 관계에서 자신이 경험한 양육하고 진정시켜 주는 기능을 내면화하기 시작했다. 자신의 작은 애완동물에게 그러한 새로운 기술들을 연습하는 것은 자신의 취약성을 숙달하도록 해 주었다. 에릭은 더 이상 수동적이고 작지 않았으며, 취약성을 '돌보는 데' 적극적이고 유능하며 능력이 있었다. 나는 이 점을 회기에서 에릭에게 지적해 주었다. 땅콩을 돌보는 사람으로서 에릭의 역할은 나아가 자신을 진정시키는 능력을 내면화하도록 하였다. 어느 회기에서 에릭은 자신이 화가 나거나 엄마 때문에 속상할 때, 땅콩(그리고 땅콩의 새로운 짝 제시)을 어루만지면 편안해진다는 것을 알게 되었다고 나에게 알려 주었다. 이것은 에릭이 동물을 진정시킬 수 있을 뿐만 아니라, 동시에 자신을 위로할 수 있다는 것을 나타낸다.

에릭의 증가된 자기진정(self-soothing) 능력은 어느 회기에서 에릭이 갑자기 소파 옆을 손으로 내리쳤을 때 극적으로 입증되었다. 그는 "아야!"라고 외쳤고, 자신의 손에 입맞추면서 "엄마는 이렇게 해 줘요."라고 말했다. 나는 이에 대해 에릭이 어떤 상처를 입었을 때 자신을 달랠 수 있다는 것을 강조해 주는 반응을 했다.

에릭의 향상된 자아 기능과 함께 치료적 관계에서 변화가 왔다. 그는 협력, 협동, 공유 등이 포함되는 게임을 빈번히 선택했다. 에릭은 컬러폼(colorform)을 조각으로 나누거나 똑같이 쌓았고, 그림을 그리거나 만들기를 하는 데 순서를 정하자고 요청했다. 그는 큰소리로 함께 책을 읽자고 요청했고, 자신이 한 페이지를 읽으면 나에게 다른 쪽 페이지를 번갈아 가면서 읽으라고 지시했다. 상호적 목적으로 우리가 함께 작업을 하고 있다는 인식이 분명했고, 에릭은 돕는 사람, 보호자 또 점차적으로 파트너로서 나와 관계를 맺었다.

에릭은 나를 공유하는 데 극단적인 어려움을 보였고, 일찍 도착해서 내가 다른 환자와 함께 있는 것을 보면 매우 화내는 것을 계속 보였다. 우리 관계가 발전됨에 따라, 그는 회기의 시작이나 끝에 나와 자신의 부모가 의사소통하는 것을 참을 수 있게 되었다. 나는 부모에게 이런 소유욕은 치료과정에서 자연스러운 부분이라는 점을 교육했다. 에릭의 걱정은 확실히 소유적, 오이디푸스적 속성이지만 나를 상실하는 것에 대한 두려움도 드리워져 있었다. 이것은 치료가 거의 12 개월에 접어들었을 때 내가 사무실을 옮기려고 한다고 알려 주자 보다 분명해졌다.

나는 이런 변화를 6주 전에 예고했고, 부모는 에릭이 준비하기에 시간이 충분하다고 했다. 6주 중의 5주 동안, 에릭은 자신이 가장 좋아하는 두 권의 책을 교대로 읽자고 요청했다. 내가 어떤 책을 좋아하냐고 물었을 때, 그는 순번을 번갈아 가며 읽도록 요구했다. 내가 그 책에 대해서 무엇이 좋은지 질문하자, "저는 무슨 일이 벌어질지 알아요."라고 말했다. 이 진술은 다가오는 이사와 관련된 긴 이야기를 제공했다. 나는 에릭에게 새로운 사무실에 대해서 알고 싶은 것은 아무거나 질문할 수 있도록 허용하는 게임을 만들어 주었다. 에릭이 질문하는 주제는 내가 가져갈 것들에 관한 것이었다(예: "소파를 가져갈 거예요? 장난감들을 가져갈 거예요?"). 나는 남겨지는 것들에 대한 에릭의 걱정을 없애기 위해서 에릭의 모든 질문에 특별한 단어를 사용하면서 대답했다(예: "내 말은 네가 보고 있는 것을 볼 수 있을 거라는 거지."). 나는 이동 간호대를 상자에 넣어서 이사하는 동안 안전하게 할 것이라고 말해 주기도 했다.

에릭은 새로운 사무실에 도착해서, 소파에 몸을 던지고 손을 목 뒤로 깍지 낀 다음에 다음과 같이 말했다. "나는 이 곳이 좋아요.…훨씬 더 크네요!" 그는 새로운 장난감 선반을 탐색했고, 방이 너무 크고 더 많은 장난감이 있다고 논평하였다. 에릭은 회기의 대부분을 사무실을 탐색하고 친숙한 장난감과 물건들을 확인하는 데 보냈다. 나는 그것을 '편하게 지내려고' 하는 것으로 보았다. 그는 자신에 대한 자신감이 있었는데(논평과 조합해 보면), 이는 에릭이 보다 큰 사무실 공간을 성장을 위한 공간을 제공해 주는 것으로 느꼈음을 시사한다.

다음 주에 에릭은 여느 때처럼 정시에 도착했다. 어느 주에 그는 나에게 자신의 햄스터들이 세 마리의 새끼를 낳았다고 알려 주었다. 에릭은 땅콩 가족의 확장과 안녕에 대해 자부심과 이득을 얻었다. 동시에 그 자신은 일종의 심리적 재탄생을 경험했다. 그는 행복했고 참여적이었고 가벼워졌다. 치료의 이 단계에서 에릭은 자주 집중력 놀이를 하자고 요청했다. 우리는 카드의 위치를 기억해 내서 짝을 맞추는 놀이를 교대로 했다. 에릭은 웃었고 키득거렸으며 성공적으로 기억해 낼 때마다 매우 신나 했다. 그는 뛰어난 기억력을 입증했다. 이것은 에릭의 증가된 '가벼움'과 결합하여 자아가 자유로워졌음을 시사한다. 에릭은 명료한 사고, 증가된 에너지 및 이전에 볼 수 없었던 활기들을 보여 주었다.

집중력 게임을 하는 동안, 에릭은 카드의 위치를 기억해 내는 데 일관적으로 나보다 월등히 유능하였다(이것은 인위적인 단계가 아니었고 실제였다!). 에릭은 자신의 능력에 즐거워하면서 내가 이 과제에서 그렇게 하지 못한다는 것에 동정심을 보였다. 에릭은 나에게 양육적이고 지지적인 입장을 보였고, 힌트를 줌으로써 나를 도와주려고 했다. 에릭은 이 기회를 나를 양육하고 나에게 제공해 주는 것으로 삼았다. 나는 서로를 돕는 데 순서를 정하고 싶어 하는 에릭의 욕구에 반응했다. 그리고 해결되지 않은 오이디푸스 주제와 에릭이 누군가에게 상처를 주고 다른 사람을 패자로 만드는 것에 대한 두려움 때문에 '승자' 가 되는 것에 불편함을 느끼는지 조용히 질문했다.

17개월째 치료를 하고 있었을 때 에릭이 나의 자동응답기에 자신의 애완동물 땅콩이 죽었다는 메시지를 남겼다. 메시지는 매우 간단했고 몇 달 동안 들어 보지 못했던 아기 목소리로 녹음되었다. 내가 에릭에게 다시 전화를 걸었을 때, 엄마가 받았고 에릭이 아빠와 함께 나갔다고 말해 주었다. 그녀는 에릭이 아주 속상해 했고 매우 공격적이었다고 했다. 그녀는 에릭과 땅콩의 죽음에 대하여 얘기했으나 그 얘기가 도움이 되지 못했다고 느꼈다. 나는 이 대화를 하면서 K부인의 무력감을 감지했다. 그녀와 에릭을 돕기 위해서 나는 주디스 비올스트(Judith Viorst)의 『The tenth best thing about barney』라는 아동용 도서를 추천하였다. 나는 K부인에게 에릭과 함께 큰소리로 읽으라고 조언했다. 그리고 다음 날 오후에 에릭을 만나기 위한 시간을 계획했다. 나는 K부인에게 내가 전화를 걸었으며 다음 날에 만나기로 한 것을 에릭에게 전해 달라고 했다. 에릭이 나에게 도움을 청했던 것을 내가 들었음을 그에게 알려 주고자 했다.

다음 날 에릭은 내가 추천한 책을 들고 회기에 왔다. 그는 그 책을 소리 내어 번갈아 가며 읽자고 했고, 그가 한 페이지를 읽으면 내가 다음 페이지를 읽었다. 이렇게 하는 동안, 우리는 땅콩이 에릭과 엄마에게 좋았던 점 10가지를 나열해 보는 논의를 했다. 책을 읽은 후에 에릭은 '새로운 탱크' 를 만들기 시작했다. 만들기를 하면서 그는 나에게 도움을 청했고, 탱크는 '적과 대항하여 싸우기 위해서 막대한 탄약' 이 있어야 한다고 반복해서 강조했다. 이 회기에서, 에릭은 자신의 나쁜 기질의 측면이 나오는 것이 두려울 때를 자발적으로 밝혔다. 그는 나에게 땅콩이 죽은 이후로 '나쁜 기질' 을 느꼈다고 말해 주었다.

에릭은 그 다음 회기에 두 개의 새로운 장난감을 가지고 왔다. 그는 '트럭과 자동차처럼 보이는 합체물' 을 보여 주었으나, 실제적으로 그것은 '필요할 때마다 매우 빠르게 튀어나올 수 있는 무기' 였다. 나는 그것(그리고 에릭)이 한 가지 방식으로 보이지만, 실제 내부는 얼마나 다른지에 대하여 진술했다. 그 다음 주에 에릭의 놀이 주제는 차분함에서 혼동으로, 평화에서 전쟁으로 갑자기 극심한 변화를 나타내었다. 스머프 랜드에 조용하게 어떤 일들이 생겼고, 갑자기 지아이 조 군인들이 공격을 했다. 완전히 기습이었으며 스머프들은 자신들이 전쟁의 한가운데 있다는 것을 알게 되었다. 동시에 에릭의 부모들은 에릭이 학교에서 신체적으로 싸움을 하기 시작했다고 보고했다.

에릭의 놀이에는 분명히 여러 개의 수준과 의미가 있었다. 그러나 나는 대개 에릭이 스스로 놀란 정도(땅콩의 죽음뿐만 아니라 자신이 여전히 극단적으로 취약하고 무기력하고, 한편으로는 다른 사람에게 극단적으로 화가 나고 공격적이며 격노하고 있는 감정이 있다는 것에 의해)를 전달하려고 노력했던 점에 감동받았다. 그의 놀이는 두 가지 측면을 통합하려고 했다. 또한 하나 아니면 다른 하나인 합체물과 달리, 하나 이상의 감정, 기능 및 역할을 동시에 할 수 있다는 생각에 타협하려고 애쓰는 것처럼 보였다.

스머프와 지아이 조 군인에 대한 에릭의 반복적인 놀이는 갑작스럽고 예상치 못한 변화를 반영하였다. 그것은 땅콩의 죽음으로 발생된 상실 문제와 부모의 임박한 이혼의 현실이 혼합되어 에릭 인생에서 당면하게 된 변화를 설명해 주었다. 우리가 치료를 한 지 20개월이 지난 즈음에 에릭의 부모는 공식적으로 이혼하였다. 그들은 양육 순서를 협상하는 데 나의 조언을 구했다. 에릭은 아버지와 살 것인데 주중의 하룻밤과 격주 주말에는 엄마와 함께 보내기로 했다. K부인은 에릭을 자주 보기 위해서 근처의 아파트를 구하기로 했다. 그녀는 한 달 혹은 두 달 이내에 집을 떠날 계획을 하고 있었다.

에릭은 이 기간 동안에 이혼에 초점을 두었다. 그는 부모의 이혼에 대하여 매우 개방적으로 말했고, 책꽂이에 보관하던 나무 조각품과 상당한 연관이 있었다. 그 조각품은 네 가족 구성원들(엄마, 아빠, 두 아이)이 하나의 단위로 구성된 것이었다. 그들은 함께 서 있거나 양쪽으로 분리될 수 있었다. 이 조각품을 구상한 예술가는 기능적인 가족, 즉 아이는 자유롭게 동시에 오고 갈 수 있으며 항상 제자리에 놀아올 수 있는 가족을 묘사하고 있었다.

에릭은 조각을 통해서 부모의 신체적인 분리 이후에 자기 자리에 대한 불확실성을 다루었다. 비록 그가 그 조각품을 가지고 노는 데 많은 시간을 보내지는 않았지만, 에릭은 매주 그 조각품을 만지면서 가족 구성원들을 분리시켰다가 재결합시키는 실험을 했다. 가능할 때마다 나는 에릭에게 자녀들은 부모와 함께 있든 따로 있든 간에 모두 잘 맞으며, 에릭도 마찬가지일 것임을 반영하는 말을 반복해 주었다. 에릭이 그 조각품과 연루되기 시작한 지 몇 주가 지난 후에, 엄마에게 한 번 보여 줘도 되는지 물어왔다. 나는 그가 "아이들이 있을 수 있는 곳은 언제나 있어요."라는 말을 어떻게 설명하는지 지켜보았다.

부모가 이혼한 지 2주 후가 마지막이 되었는데, 이때 엄마는 단구핵증진단을 받았다. 그녀는 일을 할 수 없었고 이사를 연기하였다. K씨는 우리가 몇 주 전에 계획했던 부모 회기에 혼자 도착해서 나에게 K부인이 회복될 때까지 자신이 모든 경제적 책임을 져야 한다는 점과 변호사 비용 때문에 이전 달의 치료비를 낼 수 없다고 말했다. 그는 재정적인 문제 때문에 다시 올 수 없을 것 같다며 나에게 조언을 구했다. K씨는 에릭의 문제가 잘 해결되었다고 말했다. 그는 이혼이 결정된 지금은 치료가 필요없다고 생각하였다. 나는 치료의 종결은 치료에서 중요한 부분이고, 여러 주가 걸리는 과정이라고 강조해서 설명하였다. 불행하게도 K씨는 3주 후 휴가를 계획하였고, 그 시점에서 치료를 중단해 줄 것을 요청했다. 치료비가 밀리는 것에 대한 그의 불안은 에릭의 엄마가 조만간에 이사를 갈 것인지가 의문시되는 점을 인식하는 데 방해가 되었다. 이런 이유로 나는 단 3주만에 에릭과의 종결과정을 시도했다.

에릭은 그 다음 회기에 커다란 색칠하기 책을 가지고 왔다. 그는 나에게 자신이 엄마와 아빠를 색칠한 그림을 보여 주면서 함께 색칠을 하자고 했다. 에릭은 나에게 자신의 가족 색칠하기 그림책을 알려 주려고 했던 것이다. 우리가 함께 색칠을 하는 동안에 나는 종료가 다가오고 있다는 얘기를 꺼냈다. 에릭은 부모가 중단에 대해서 자기에게 말했다고 하면서, "나는 지금은 괜찮다고 생각해요."라고 말했다. 슬프게도 에릭의 목소리에는 허세감이 있었다. 그는 그 다음 주에 자신의 색칠하기 그림책을 다시 가지고 와서 함께 그리자고 했다. 나는 에릭이 분리를 준비하기 위한 시도로서 우리가 함께 한 시간에 대한 기념품을 수집하고 있다는 강한 인상을 받았다.

에릭은 우리의 마지막 회기 동안에 매우 생기가 있었다. 그는 나에게 엄마와 아파트를 보러 갔다고 말했다. 에릭은 아빠(대기실에서 기다리고 있음)는 그것을 모른다고 속삭였다. 에릭은 그 아파트에 대해서 홍겹게 설명했다. 자건거로 왔다 갔다 할 수 있으며 매일 엄마를 볼 수 있을 정도로 가깝다고 강조하면서 다음 주에 플로리다에 갈 것이라고 나에게 말해 주었다. 분리, 돌아옴 및 떠남의 주제들은 에릭이 나에게(그리고 자신에게) 자신이 괜찮다는 것을 알려 주는 것 같았다.

5. 결과 및 추수

에릭이 치료를 그만둔 지 거의 1년이 지난 뒤에, 나는 사무실을 청소하면서 그의 이동 간호대를 떠올리게 되었다. 그것은 선반 뒤에 숨겨져 있었다. 확실히 나는 우리가 갑작스럽게 끝냈기 때문에 종결감을 갖지 못했다. 2년 반이 지난 후에 몇 차례 에릭에 대한 소식을 들었지만, 우리는 공식적으로 함께 작업을 계속하지 못했다. 7개월 전에 에릭은 서로 편지를 쓸 수 있는지를 묻는 편지를 보내 왔고, 나는 기꺼이 편지를 교환하고 싶다는 답장을 보냈으나 한 달이 지나도록 편지를 받지 못했다.

어느 날 내가 내담자를 만나러 대기실로 들어섰을 때, 에릭이 나를 기다리고 있는 것을 보았다. 나는 그가 나에게 "도나 선생님, 안녕하세요. 저 에릭이에요. 기억나세요?"라고 말하기 전까지 그를 알아보지 못했다. 우리는 다른 내담자와의 약속 때문에 오랜 시간 이야기하지 못했다. 나는 반가웠고 기뻤으며 매우 감동을 받았다. 나는 에릭에게 방문해 주어서 고맙다고 했고, 그는 "다시 올 거예요. 아마도 언젠가 여기에 운전을 하고 올 거예요."라고 답했다. 나는 이 말과 에릭이 나와 관계를 유지하려는 능력이 있다는 것에 감동받았다. 그는 그렇게 하는 데 더 이상 이동 간호대가 필요 없었고…, 그건 단지 추억일 뿐이었다.

6. 논의

에릭의 치료에 대한 기억은 나에게도 매우 강력한 것이었다. 치료를 끝낸 1년 후에, 나는 부모의 이혼과 관련된 문제를 다룬 아동용 책을 썼다. "언제나 나를 위한 곳은 있다."라는 책제목은 확실히 에릭으로부터 영감을 받았다.

참고문헌

Blanck, G., and Blanck, R. (1974). *Ego Psychology.* New York: Columbia University Press.

Freud, A. (1965). *Normality and Pathology in Childhood: Assessment of Development.* Madison, CT: International Universities Press.

Freud, A. (1966). *The Ego and the Mechanisms of Defense.* Madison, CT: International Universities Press.

Freud, A. (1968). *The Writings of Anna Freud*: Vol. 4. 1945–1956. *Indications for Child Analysis and Other Papers.* New York: International Universities Press.

Freud, S. (1920). J. Strachey (Ed.), *Beyond the Pleasure Principle.* and trans. New York: W. W. Norton, 1961.

Freud, S. (1923). J. Strachey (Ed.), *The Ego and the Id.* and trans. New York: W. W. Norton, 1960.

Glen, L. (1978). *Child Analysis and Therapy.* New York: Jason Aronson.

Greenacre, P. (1959). Play in relation to creative imagination. *The Psychoanalytic Study of the Child, 14*, 61–80. New York: International Universities Press.

Hartmann, H. (1958). *Ego Psychology and the Problem of Adaptation.* New York: International Universities Press.

Mahler, M. S., Pine, F., and Bergman, A. (1975). *The Psychological Birth of the Human Infant.* New York: Basic Books.

Waelder, R. (1933). The psychoanalytic theory of play. *Psychoanalytic Quarterly, 2*, 208–224.

Wallerstein, J. S. (1983). Children of divorce: the psychological tasks of the child. *American Journal of Orthopsychiatry, 53*, 230–243.

Wallerstein, J. S., and Kelly, J. B. (1972). The effects of parental divorce: experiences of the preschool child. *American Academy of Child Psychiatry, 14*, 600–616.

12 상습적 학대의 희생자 앤: 역동적 놀이치료

Steve Harvey, Ph.D., A.D.T.R., R.D.T., R.P.T.

1. 역동적 놀이치료 소개

어떤 관찰자가 한 가족이 상호작용하는 장면을 가까이에서 보고 그들의 정서적 경험에 관한 이야기를 주의 깊게 들을 때, 관찰자는 부모와 자녀 간의 애착의 방략, 관계 양상, 조율 및 공감에 대하여 주목할 것이다. 이런 양상과 전략들은 전형적이고 흔하게 발생하는 일상사의 결과물과 정서적 질에 강한 영향을 미친다. 이와 같은 중요한 정서적 표현의 형태와 양식은 모두 신체적 거리 및 가까움, 얼굴 표정, 정서적 표현에 포함되는 신체적/언어적 리듬의 조화 및 부조화, 비언어적 및 언어적 교환의 속도, 연극적인 역할 행동 등과 같은 비언어적 요소들의 관계에 따라서 창출되고 반영된다. 이런 목록이 총 망라된 것은 아니지만, 가족의 정서적 삶이 개인적 교류에서 즉각적으로 나타나는 것은 분명하다.

이런 개념을 활용하여 놀이치료자는 전형적인 가족의 상호작용을 일상생활에서의 춤/연극(dance/drama)으로 생각한다. 그 춤/연극에서 관계적인 몸짓, 자세, 그리고 가족 성원들의 안면적, 언어적 표현 특징들의 비언어적 양상은 강력한 정서적 의미와 은유적 의미를 갖는다. 가족은 가족들만의 독특한 춤을 창출한다. 이는 마치 안무가가 리듬, 조화 및 부조화, 공간의 수준, 보완적 몸짓 및 자세, 모양을 다양하게 변화시키는 정도, 상이한 긴장/몰입의 양식, 그리고 다른 동작 요소들을 이용하여 특정한 정서적 효과를 내기 위해 무용수들에게 동작, 패턴 등을 제공하는 것과 같다. 특히, 이와 같은 가족의 춤들이 반복될 때 어떤 기본적, 핵심적 경험들이 산출되고 반영된다. 또한 가족은 정서적 표현과 관련된 연극적 전략들도 사용하는데, 마치 연극 또는 영화감독이 입구와 출구의 차단 및 양식화, 공간적 자각 및 대사의 속도, 등장인물들 간의 역할관계들을 활용하는 것과 같다. 춤과 연극 공연에서와 마찬가지로, 이와 같은 표현은 가족의 경험에서 조직화와 의미를 산출하고 표현하는 은유적 속성을 갖는다. 모든 가족의 특정한 춤과 연극 장면에서, 가족 성원들은 각기 이런 가족 상연에 영향을 미치고 변화시키기 위해 기본적 주제를 따르면서 즉흥연기를 하는데 보다 많거나 적은 기회를 갖는다. 더 기능적인 가족은 자신들의 욕구를 더욱 적절하게 만족시키기 위해서, 자신들의 표현 양상에 영향을 미치고 변화시키기 위한 동작, 연극 및 은유적 표현을 활용하여 독창적인 방법으로 즉흥 연기를 할 수 있다. 가족이 역기능적일수록 그 가족의 춤/연극은 개인이 가족과 서로 상호작용할 때 친밀감과 안전감의 발전을 방해한다.

역동적 놀이치료의 핵심이 되는 이론적 개념(Harvey, 1990, 1991)은 가족 성원들이 비언어적 의사소통을 통해서, 현재 진행 중이며 쉬운 방식으로 가족 내에서 친밀한 관계의 속성과 양식을 끊임없이 창출한다는 것이다. 애착과 학대처럼 신뢰와 관련된 문제들에서 과거의 영향은 그러한 표현과정에 상당한 영향을 미친다. 치료 회기가 전개되면, 역동적 놀이치료자는 상호작용이 일어날 때 주관적 경험을 이해하고 영향을 주기 위해 실제 진행되는 역동적 상호작용을 활용한다.

역동적 놀이치료자는 가족에게 일련의 상호작용적인 미술, 동작 및 연극적 일화들을 제시해 준다. 이런 활동을 하는 동안 가족의 표현과정은 자신들의 핵심적인 춤/연극을 드러낸다. 이러한 것들은 특히 가족 성원들이 약간의 상호작용적 일탈, 초점의 이동, 놀이 규칙의 변경 및 파기, 새로운 연극적 재료 도입, 반복되는 주제 및 심상, 그리고 처음의 활동을 방해하거나 바꾸게 하는 강한 정서적 주제들을 끌어들임으로써 나타난다. 역동적 놀이치료자는 이런 이탈들에 주목하고 이를 뒤이어 일어나는 상호작용과 통합시키며, 제2 및 제3 수준의 상호작용 장면에서 변화를 산출해 낸다. 이런 가족의 표현과정의 통합을 통해 초기 놀이가 변형되어 감에 따라 상호작용은 보다 핵심적인 가족 문제와 관련되어 간다. 이런 상호작용 장면들이 보다 명확해지면, 치료자는 다른 중요한 가족 성원과 함께 그들의 상호작용 양상을 발전시키고 변화시키도록 지도한다. 가족이 새로운 춤/연극/예술 은유들을 생성하는 동안, 가족이 새로운 상호작용을 만들어 가는 실제적이고 구체적이며 창의적 과정을 강조함으로써 새로운 신체적 경험을 할 수 있도록 치료자가 도와줄 때 역동적 놀이치료의 가장 강력한 변화가 일어난다.

대개 치료의 어떤 시점에서 역동적 놀이치료자는 아동과 부모를 자신이 하고 있는 상호작용 활동에 직면시킨다. 놀이치료자는 새로운 은유를 제안하거나 이전 활동들에서의 파기와 이탈에 포함된 표현적 요소들로부터 재구성된 잠재적 선택권을 활용함으로써 직면시킨다. 이로써 하나의 '새로운 게임'이 형성된다. 이러한 직면은 강한 감정을 일으킨다. 놀이치료자는 바로 이 시점에서 가족이 기본적 드라마를 실제적으로 재안무하거나 재연출하도록 지도한다. 이런 재안무 과정을 통하여 가족 성원들은 자신들의 유의미한 타인과의 관계에서 다른 동작이나 연극적 활동을 새롭고 적극적으로 선택하고 이에 따라 실제적으로 상호작용 변화와 정서적 변화를 일으킨다. 이런 과정의 도움으로 가족들은 새로운 은유 안에서 환상적이고 상상적이며 즐거운 방식으로 소원함, 외상 및 단절에 대해 이야기하기 시작한다. 이런 새로운 이해에 기초하여, 가족 성원들은 놀이치료에서 다르지만 더욱 만족스러운 장면을 실제적으로 만들어 내고 원상태로 돌려놓는 과정을 시작한다. 그러면 그 가족 장면들은 심상, 스토리텔링, 가족 숙제 및 가족치료에서 흔히 사용되는 행동적 기법들을 통해서 정상적인 일상생활 속으로 도입된다.

역동적 놀이치료가 가족관계를 강조함에도 불구하고, 치료자는 필요한 경우에 개인의 미술 작품, 동작 표현, 비디오 혹은 연극적 재상연을 발전시키기 위해서 특정한 가족 성원을 개별적으로 만날 수도 있다. 예컨대, 아동 혹은 형제들은 부모에게 자신을 표현할 수 없거나 표현하지 않으려는 때가 있다. 이 시점에서 치료자는 아동만 따로 만나서 나중에 부모에게 보여 주기 위한 비디오 이야기, 드라마 혹은 미술작품을 발전시키는 것을 도울 수 있다. 치료자는 부모에게 가족의 근원, 학대력을 말해 달라고 요청하거나 자녀가 나오지 않는 가족 드라마를 개발해 보도록 요청한다. 그러면 이와 같은 놀이 표현의 일부 변형이 이런 표현들의 통합과 중요한 해결책을 모색하기 위해서 가족 회기에 재도입된다. 놀이치료자는 필요성이 제기되면 단일 회기나 여러 회기에 걸쳐 이런 구분과 재통합을 할 수 있다.

이런 과정에 대해 특별히 소개해 줄 수 있는 사례는, 생부에게 반복적으로 성학대를 당해 온 8세 아동의 경우다. 학대가 보고되었고 생부의 방문이 중단되었으며 딸이 엄마에게 언어적으로 이 사실을 폭로했지만, 아이의 행동은 매우 산만하고 우둔했으며 엄마와 어떤 종류의 상호작용을 하건 간에 매우 변덕스러워 보였다. 처음 치료에서 놀이치료자는 딸과 엄마에게 여러 장의 그림, 동작 및 영화를 만드는 활동을 하도록 안내했다. 예컨대, 서로에게 얼굴 표정을 만들고, 바보 게임을 하며(누가 가장 바보스런 얼굴을 짓고 바보스런 몸짓을 할 수 있는지 알아보는 시합을 극적으로 하는 것), 달리기 경주를 하고, 안전한 소녀를 그리는 등의 활동을 하였다. 이런 초기 활동들은 회기 시작 동안 엄마와 딸의 초기 상호작용뿐만 아니라 그 주 동안 그들의 행동에 대한 묘사에서도 나온 것들이었다. 나는 처음 몇 회기의 앞부분에서 엄마와 딸을 개별적으로 만나 그들 각자에게 이런 게임 동안에 보인 자신의 행동들에 관해 얘기할 수 있는 시간을 주었다.

그러나 대부분의 회기 동안에 나는 엄마와 딸 모두를 함께 보았다. 이런 상호작용을 한 후에, 나는 엄마가 보다 철수되고 좌절되며 비효과적으로 행동함으로써 이런 게임에 이탈(정서적 상태의 변화)을 도입하는 한편, 딸은 계속해서 어리석은 행동을 더해 나간다는 것에 주목하였다. 딸은 계속적으로 높은 강도로 키득거렸고, 언제나 상호작용의 모든 측면을 지배하여 게임들을 바꿈으로써 엄마를 무시하고 통제하는 경향을 보였다. 이런 특정한 양상은 모녀간에 분노, 좌절, 통제력 싸움 이외의 어떠한 정서적 교류도 일어나지 않게 했다. 고조시키는 데 특정한 연극적, 언어적 및 비언어적 양상을 사용하여, 나는 딸에게 목소리를 내지 말고 몸과 얼굴 표정을 사용하여 엄마의 관심을 필사적으로 구하는 춤과 연극적 인물을 개발하도록 하였다. 흥미롭게도 소녀는 큰 동물 인형과 레슬링을 함으로써 그렇게 하는 것을 선택했다. 처음에 나는 엄마에게 딸을 도우러 가도록 지도했다. 엄마와 딸 모두와 얘기를 하면서 나는 이 장면이 어린 소녀가 성학대 가해자로부터 오럴 섹스를 당한 후에 느꼈던 정서적 유기를 표상하고 있음을 깨달았다. 그래서 나는 그 활동을 성적 활동에 맞게 재구성했다.

딸이 레슬링을 하는 동안에 보여 준 강하고 격렬한 뻗기 자세와 엄마가 느꼈던 철수 및 정서적 무력감이 새로운 연극적 은유의 기초가 되었다. 장면이 계속되면서 딸은 침묵의 강한 몸짓을 엄마에게 했기 때문에, 엄마는 딸의 비언어적인 신체적 도움 요청에 대해 반응할 수 있게 되었다. 딸은 보다 분명하게 엄마의 주의를 직접적으로 끌 수 있었다. 마침내 그들은 고무줄을 구조용 밧줄로 활용할 수 있게 되었고, 엄마는 큰 동물 인형이 함께 있는 장면에서 딸을 끄집어 낼 수 있게 되었다. 딸과 엄마 모두 동물을 아빠로 인식했다. 엄마와 딸은 여러 해 전의 학대 사건에 대해 이야기했는데, 이 새로운 구조 장면의 실제적인 연극적 산물은 보호, 안전 및 친밀감과 관련된 문제를 둘러싼 그들의 관계를 재정의하는 데 매우 유용했다. 구조 장면을 실제로 산출해 내는 동안, 엄마와 딸 모두는 새로운 은유적 장면 안에서 새로운 연극적 몸짓을 만들어 냄으로써 정서적 상태에서 유의미한 변화를 보였다. 엄마의 좌절되고 무력한 반응과 함께, 소녀의 서투르고 통제적이며 '바보 같은' 킥킥거림에서 나오는 이런 표현적 장면의 전개는, 그들 간에 핵심적인 경험을 드러나게 했다. 나중에 말하기를, 엄마와 딸 모두는 하루에도 여러 번 일어나는 침묵을 인식했고, 그 구조 장면의 상연이 딸의 관심을 끌려는 행동을 보다 정서적으로 충족시킨 것 같다고 하였다.

1) 표현양식의 사용

역동적 놀이치료는 상호작용 장면을 창출하기 위해서 모든 표현양식을 사용한다. 미술, 동작, 연극, 음악, 비디오 등을 이용해서, 역동적 놀이치료자는 가족 구성원이 각 양식 내에서 기본적인 핵심 관련 상호작용 전략을 사용할 것이라고 가정한다. 역동적 놀이치료자는 하나의 양식에서 산출되는 어려운 상호작용 장면은 다른 양식으로 표현될 때 강조되고 분명해지며 변형될 수 있다고 믿는다. 양식의 이러한 전환은 상이한 구체적 활동들을 통해서 새롭게 은유를 만드는 창조적인 과정을 권장하는 데 도움이 된다. 종종 놀이치료자는 동작으로 상호작용 게임을 설정하기도 하는데, 예를 들면 상호작용 이탈이나 어려움을 나타나게 한다. 이때 변화시켜서 가족 구성원들에게 그 상호작용에 대한 개인적 변형을 그리도록 하는 것이 종종 매우 유용하다. 이런 방법에서는 이탈이 강조되며, 미술 작품은 거기서 나오는 어려움에 대한 은유를 만드는 데도 도움이 된다. 이런 양식의 전환에서 활용되는 것이 비디오다. 이 전환에서 가족 구성원들은 사실적으로 혹은 은유적인 방식으로 전형적인 문제들의 극적인 상호작용을 만들어 낸다. 놀이치료자는 이를 녹화하여 한 주 동안 볼 수 있도록 가족에게 비디오 테이프를 주는데, 그들에게 힘든 영화를 보고 변화시켜 보라는 숙제를 내 준다. 예를 들면, 숙제 회기에서 치료자는 가족에게 영화의 새로운 종결이나 시작을 찾아보도록 요청한다.

다른 매체를 통해 상호작용에 접근하려는 것의 목표는 상호작용 장면에 창의적 선택권을 부가하여 가족 구성원의 동기를 증진시키는 데 있다. 종종 권력 투쟁 중에 있을 때, 어린 아동들은 어떤 생산적 상호작용도 거부하고 부모를 통제하기 위해 떼쓰기를 이용해서 아주 고집쟁이가 되거나 성질을 부린다. 이런 상황에서 유용한 역동적 놀이치료 기법의 예는 '낙서 전쟁(scribble-wars)' 이라는 게임을 도입하는 것이다. 낙서 전쟁에서는 놀이치료자가 부모와 아동에게 미술 재료를 가지고 서로에게 아무렇게나 선을 그리라고 요청한다. 그런 다음 놀이치료자는 부모와 아동에게 그들의 낙서를 새로운 상상적 인물이나 이야기로 변형시키도록 요청한다. 이 시점에서 다른 양식을 사용하는 것은 매우 강력한 힘을 지니는데, 이런 전환은 힘 겨루기가 포함된 부모와 자녀 간의 상호작용을 창의적 싸움으로 변형시키기 때문이다. 역동적 놀이치료자의 주요 과제는 가족 성원들이 상호작용을 하는 동안에 보이는 작은 변화의 순간을 강조하고 격려해 주는 것이다. 이런 작은 변화는 가족 간의 보다 기본적인 정서적 갈등을 다루기 위한 창의적 힘의 저장고를 만드는 데 유용하다. 또한 그것은 여러 가족 성원들에게 새롭고 기존과는 다른 방식으로 상호작용할 수 있는 가능성을 보여 준다.

치료자는 진행 중인 장면에 새로운 소품으로서 부가적인 미술 작품들, 비디오 및 춤들을 첨가할 수도 있다. 이렇게 첨가하게 되면, 상호작용적 표현을 은유를 만들어 가는 창의적 과정으로서, 계속해서 강화해 나갈 수 있다. 예컨대, 위에서 언급한 '낙서 전쟁' 은 치료실에서 일어나는 가족 동작 논쟁을 명명하는 지표로 사용할 수 있다. 마찬가지로 한 아동이 뭔가에 대하여 말할 수 없다고 말한다면, '비밀을 낙서' 해 보라고 권유할 수 있다. 그러면 나중에 가족이 숨바꼭질 놀이를 할 때 이 비밀 '낙서' 를 어떤 베개 밑에 숨길 수 있다. 가족 영화 혹은 미술 작품들은 가정에서 보다 직접적으로 창조적 과정을 일으키기 위해서 집으로 가져갈 수도 있다. 예를 들어, 한 가족이 '안전한 집에서 지내기' 라는 영화를 연기할 수 있는데, 악몽에 시달려 온 아동은 자러 가기 전에 그 영화를 볼 수 있다.

2) 초기의 가족 회기

치료의 초기 회기 동안, 역동적 놀이치료자는 구조화된 놀이와 비구조화된 놀이, 그리기, 동작 및 연극적 과제 모두에서 가족을 관찰한다. 이처럼 최초의 미술, 이야기, 춤 및 연극 만들기를 관찰함으로써, 치료자는 핵심적 상호작용 과정과 잠재적 강점을 이해하기 시작한다. 놀이치료자는 다양한 가족 집단을 관찰한다. 예컨대, 형제, 모자, 가족과 아이, 혹은 아동 개인만을 관찰한다. 어떤 통제된 상호작용은 춤/연극의 보다 구체적인 측면들을 강조하는 데 유용하다는 것이 입증되었다. 이 시점에서 사용되는 역동적 놀이치료에서 구체적으로 지도되는 몇몇 놀이 과제에는 다음과 같은 요소들이 포함된다.

① 지도자를 따라 한다(누구나 지도자가 될 기회를 갖는다). 이 과제는 가족 구성원들이 상상력을 발휘해서 서로 함께 창조하는 능력뿐만 아니라 힘과 통제력 문제를 강조하는 데 매우 유용하다. 치료자는 역할들과 그것의 변화, 다른 가족 성원들의 지도력과 관련된 동작 상호작용 및 갈등해결을 관찰하는 데 이 활동을 활용할 수 있다.

② 신축성 있는 끈으로 함께 묶여 있는 동안 큰 베개로 만들어진 장애물 코스를 통과한다. 이를 통해 놀이치료자는 상호적으로 문제를 해결하는 것과 애착과 관련된 협력적 상호작용 행동을 관찰할 수 있다.

③ 부모(들)가 한 더미의 베개 속으로 아동을 던진다. 이 과제는 정동 조율과 흥분 혹은 신체적 적합/비적합과 관련된 자연스러운 부모-자녀 안무를 예증해 보이는 데 특히나 유용하다. 부모와 자녀가 서로 감정의 신체적 표현에 조율을 잘하면 할수록 이 게임을 하는 것이 더 쉬우며, 부모/자녀는 자연스럽게 이 게임을 계속하고 싶어 할 것이다. 그러나 신체적/표현적 조율에 문제가 있으면 흔드는 행동이 조화롭지 못하고 강한 신체적 긴장과 안무의 어려움을 가져온다.

④ 부모가 자녀를 차분하게 진정시킨다. 이 과제는 달래고 기운을 회복시키는 행동을 관찰하는 데 유용하다.

⑤ 단기적인 부모와의 분리, 아동의 단독 놀이 및 재결합 결과. 여기서의 관찰은 놀이치료자가 특히 아동들이 부모 상을 어떻게 내재화하고 있는지, 놀이를 하면서 독립적인 주제를 생성하고 불안을 감내하며, 부모를 안전기지로서 활용하는 능력을 이해하는 데 도움이 된다. 아동이 함께 놀이를 할 때의 놀이 주제와 은유들은 단독 놀이와 비교되며, 놀이치료자가 애착과 관련된 감정들에 대하여 보다 깊이 이해하는 데 유용하다.

⑥ 초기에 가족 역동을 관찰하고 가족 성원들의 은유를 사용하고 만드는 능력을 관찰하는 데 유용한 미술 활동으로는 가족 구성원 각자가 하나의 큰 종이에 집을 그리게 하는 활동이 포함된다. 그런 다음에 가족에게 집에서 나오는 도로들을 그리고

이야기를 전개하도록 요청하면서 상호작용을 그리게 한다. 치료자는 각 성원에게 여러 번 차례가 돌아가도록 한다. 어린 아동, 취학 전 아동의 경우 유사하고 덜 정교한 그림을 완성할 수도 있다. 아주 어린 아동의 경우 아주 단순한 표시를 만드는 상호작용이 가능하다.

⑦ 다양한 크기의 동물 인형들을 가지고 하는 연극적 놀이는 연극적 은유들, 삽화들, 등장인물/역할의 활용, 갈등의 창출 및 해결책들을 표집하기 위해서 가족과 함께 할 수 있다. 가족에게 어떤 집을 만들어 보도록 한 다음에, 이를테면 곰 가족에 대한 이야기를 해 보라고 시작하는 것이다.

이 목록은 최초의 상호작용 활동들이 가족의 표현적 양식을 드러낸다는 생각을 내포한다. 더 많은 활동들과 가족 평가에 대한 응용은 다른 책에 제시되어 있다(Harvey, 1990, 1991). 벨(Bell, 1984), 랜드가르텐(Landgarten, 1987), 미컴스(Meekums, 1991) 등은 역동적 놀이치료의 최초 회기 동안 사용할 수 있는 부가적인 상호작용적 표현 동작 및 미술 활동들을 제안했다.

어느 최초 회기에서 나는 7세 소년에게 지도자 따라 하기 놀이를 하고, 상호 및 단독 놀이를 하며, 외조부모와 함께 묶어 장애물 코스를 완수하도록 요청했다. 생후 2년 동안 생모가 방임하고 신체적으로 학대했던 이 어린 소년은 외조부모에게 입양되어 양육되었다. 이 소년은 애착과 관련된 문제가 있는 아동들이 전형적으로 보이는 몇 가지 행동들을 보였는데, 예컨대 불 지르기, 거짓말하기 및 강한 적대적 행동을 보였다. 이 가족에서 문제가 되는 상호작용은 즉각적으로 나타났다. 소년은 큰소리로 가장 먼저 리더가 되겠다고 했다. 그리고 소년은 외조부모가 따라 할 수 없는 큰 체조 동작을 하기 시작했다. 소년은 특히 외할아버지에게 경쟁심을 나타냈다. 외할아버지는 속도를 늦추게 하려고 애썼으나 갈등만 커졌다. 소년은 장애물 코스를 완수하기 위해 외조부모들을 잡아당겼고, 특히 외할아버지를 줄다리기하는 것처럼 잡아당겼다. 강하게 잡아당기는 동작은 상호적 문제해결 논의 또는 신체적 활동을 허용하지 않았으며, 잡아당기기가 그런 활동을 지배해 버렸다. 소년은 외조부가 방을 떠나면 짧게 단독 놀이를 하다가 낙하산 안으로 숨었고, 외조부모들이 돌아오는 것을 꺼렸으며, 가족은 상호적 활동을 재개하는 데 어려움이 있었다.

생모와 재결합한 3세 6개월 된 여아의 사례에서는 흔들기, 진정시키기, 집 그리기 및 동물 인형으로 가족 이야기 연극하기를 활용했다. 이 소녀는 1세경에 집을 떠나 생활했다. 엄마가 처음 딸아이를 베개 쪽으로 흔드는 시도를 하자, 몸통이 즉각적으로 뻣뻣해졌고 다리와 팔이 움직이지 않았다. 엄마도 마찬가지로 딸의 몸을 흔들어 주는 협응 능력에 어려움이 있어 보였고 딸을 안는 동안 자세를 제대로 취하지 못했다. 처음 시도 후에, 소녀는 흔들기 게임을 중단하기를 바랐으며, 신경질적으로 웃기만 했다. 소녀는 엄마가 진정시키려고 다가오는 것을 거부했다. 집 그림을 그리고 그 집에서 그들만의 상호작용적인 이야기를 해 달라고 했을 때, 소녀는 집 그림을 그리기는 했지만 이야기하는 것은 거부했다. 엄마가 서로 관련 없는 두 인물들에 대하여 혼란스러운 이야기를 하는 동안 소녀는 여러 차례 그림으로부터 멀리 떨어져 서성였다. 소녀는 가족 이야기를 연기할 때도 유사한 행동을 보였다. 엄마가 이름이 같은 두 '형제 개'에 대하여 혼동되는 이야기를 하자, 딸은 동물 인형을 내버려 둔 채로 놀이실을 서성거렸다.

이런 상호작용적 활동들은 명백하게 애착과 관련된 문제를 확실히 반영하고 있었다. 이런 문제들은 초기 발달력과 양육자와의 언어적 면접을 통해서도 예측될 수 있다. 그러나 최초의 활동들은 치료자, 가족 및 아동에게 관계에 대한 감정을 묘사하는 그들의 실제적 상호작용 행동을 제공해 준다. 이와 같은 행동은 어떤 변화가 일어날 수 있는 방법을 분명하게 나타내 준다.

나는 외조부모와 손자가 게임을 발전시키도록 도왔는데, 그 게임은 아이가 가장 좋아하는 체조 동작을 하는 동안에 외조부모가 아이를 베개 쪽으로 흔드는 것이었다. 손자는 자발적으로 솔직하게 말하는 것이 참으로 좋다고 이야기했다. 외조부와 외손자는 신축성 있는 끈으로 줄다리기 시합을 하도록 지시받았고 그 끈을 '힘껏 하기' 끈으로 이름 붙였다. 나는 딸과 생모가 보다 부드럽고 이완할 수 있노록, 큰 베개를 사용한 흔들기 의식(rocking ritual)을 발전시키도록 지도했다. 한편으로 그들은 이런 활동과 연합된 감정들에 관한 이야기를 했다. 이런 방식으로 초기 게임은 상호작용 게임 행동에서 문제가 되는 가족 상호작용을 강조해 준다. 이와 같은 게임들은 놀이 활동 내에서 변화를 다루는 새로운 게임 은유로 발전될 수 있다. 이런 최초 활동을 하는 동안, 나는 가족에게 예제를 들어 구체적인 행동을 사용하여 직접적인 방식으로 치료 활동과 목표를 설명한다. 게임과 같은 접근방법은 부모와 아동 모두에게 치료에 참여하는 동기를 부여하는 데 기여하기도 한다.

3) 초기 게임

이러한 초기의 관찰과 상호작용 놀이를 소개한 후에, 역동적 놀이치료의 다음 단계는 치료자가 이런 정보와 또 다른 현재 문제 행동을 활용하여 초기 게임을 설정하는 것이다. 이것이 역동적 놀이치료의 주요 개념이다. 이와 같은 게임들은 대개 초기 활동에서 나오며, 보다 특정한 상호작용적 어려움을 강조하기 위해서 설계된다. 예컨대, 위에서 언급한 지도력이 지배적인 소년의 경우에 계획된 초기의 게임은 외조부와 협력하여 베개로 집을 만드는 활동이었다. 이 게임은 두 사람의 어려움을 증명했고, 그들이 불일치를 보일 때마다 베개가 흘러내렸다. 우리는 그 집을 '주장의 집(argument house)' 이라 부르기로 결정했다. 이런 게임들은 치료자가 놀이를 활용하여 가족의 상호작용 체계에 대한 질문을 할 수 있도록 해 주며, 가족 성원들은 그 상호작용 놀이로 답변을 한다.

역동적 놀이치료자는 각 가족이 그들의 상호작용 양식을 사용하여 초기 게임을 변형시킬 것을 기대한다. 이런 양식은 애착과 친밀감을 포함하는 핵심적 상호작용 과정과 관련된다. 가족은 일련의 놀이 파기–신체적 이탈, 연극적 이탈 및 정서적 파기를 통해서 변화한다. 신체적 이탈들은 자발적인 신체적 몸짓, 자세 변화, 눈 흘끗거림, 정동의 표정 표현 및 작은 물리적 사고들을 포함한다. 일부 가족성원들은 상호작용을 하고 있는 동안에 서로 충돌한다. 연극적 이탈은 역할 변이와 부적절한 역할 활동을 포함하며, 초기 게임에서 원래 언급하지 않았던 새로운 등장인물의 소개, 특이한 줄거리의 변이, 그리고 초기 게임에서 포함되었던 기대나 규칙들의 파기 등이 해당된다. 정서적 파기는 상호작용이 진행되는 동안에 정서적 상태의 유의미한 변화를 말한다. 이런 정서적 변화들은 높은 강도의 공격성 혹은 의존성의 연속선상에서 발생한다. 정서적 파기는 애착과 친밀감에 대하여 독특한 과거력을 지닌 가족에서 나온다. 초기 게임이 진행되면서 치료자는 이런 파기들을 관찰한다. 이런 파기들은 게임을 와해시키고 이탈시키며 다른 특이한 결과를 산출할 수 있다. 가족이 초기 게임을 할 때마다 성원들은 그들만의 특정한 방식으로 이탈과 놀이 파기를 통해 그것을 변형시킨다. 그러면 치료자는 가족의 이런 이탈을 새로운 게임으로 각색한다.

'괴물(monster)' 은 역동적 놀이치료에서 빈번하게 사용하는 초기 게임의 하나다. 이 게임에서 치료자는 접근하는 큰 괴물의 역할을 한다. 어린 아동 혹은 외상 경험이 있는 개인들의 경우, 치료자는 괴물로 큰 동물 인형이나 스카프를 사용한다. 접근을 시작하기 전에, 놀이치료자는 부모와 아동에게 언어적 명령어를 사용하여 괴물에게 "멈춰." "저리 가"라는 말을 간단한 손짓과 함께 조합하여 사용하도록 가르친다.

부모와 자녀들은 접근하는 괴물에게 아주 다양한 반응을 한다. 어리고 외상이 있는 아동들은 때로 중지 명령어를 언어화하지 못하지만 부수적인 동작 행동, 예컨대 눈을 깜박거리거나 손가락을 실룩이거나, 몸을 가볍게 비트는 것 등과 같은 동작을 보이기도 한다. 이런 경우에 놀이치료자는 그 게임을 중단할 수도 있고 그와 같은 동작들도 괴물에게 멈추라고 하는 새로운 방식이 될 수 있다고 말해 준다. 예컨대, 놀이치료자는 아동의 눈 깜박거림을 재구성하여, 눈을 깜박거릴 때마다 괴물이 물리적-공간적 퇴각을 하게 한다. 신뢰 관련 애착 혹은 학대의 문제가 있는 가족 성원들은 괴물이 접근하는 것에 대해 다소 수동적이 될 수 있고, 움직이는 몸짓이 다른 성원들과 조화를 이루지 못한다. 놀이치료자는 이 정보를 다음과 같은 새로운 지시를 만드는 데 사용할 수 있다. 즉, 부모는 아동의 손을 잡아 주고 자녀의 손의 움직임이 느껴지는 순간 괴물을 멈추게 하기 위해서 손을 앞으로 내밀도록 지시받는다.

극적인 예를 하나 들어 보면, 과거 신체적 학대의 희생자인 어느 엄마와 자녀는 괴물이 접근하자 넘어졌다. 그 다음에 괴물을 멈추기 위한 몸짓으로서 엄마와 딸이 넘어져야 하는 것으로 상호작용 규칙을 바꿨다. 또한 괴물이 허리 아래쪽으로는 건드릴 수 없다는 새로운 규칙을 첨가했다. 이런 두 가지 새로운 규칙으로 엄마와 딸은 괴물인 치료자와 놀 수 있었고, 다리 밑으로 기어다니고 편안하게 접촉할 수 있었다. 이런 이탈들을 초기 게임으로 합병시키는 목적은 접근하는 괴물의 위협에 직면하여 부모와 자녀의 창의적 상호작용을 증진시키고자 하는 것이다.

심각한 신체적 학대 혹은 강간을 경험한 가족과 부모의 경우, 나가오는 괴물이 포함되는 제2, 제3 수준의 장면들은 권능감(empowerment)을 극적으로 상연할 수 있게 한다. 역동적 놀이치료 개입의 주요 구성 요소는 과거를 상연함으로써 가족들 간에 새로운 은유를 형성하는 상호작용을 하게 하고 신체적으로 느껴지는 표현들을 증진시키는 것이다. 그러므로 눈을 깜박거림으로써 괴물을 멀리 가게 할 수 있었던 경험을 한 아동은, 한 수준에서 외현적으로 작은 것이기는 하지만 권능에 대한 새로운 경험을 한 것이다.

마찬가지로 과거 어떤 성인에게 광범위하게 구타를 당했던 경험이 있는 모자는 넘어지는 연극적 활동에 새로운 의미를 부여함으로써, 내적으로 느꼈던 고통을 어느 정도 통제할 수 있는 경험을 한다. 이 경우에 모자는 상상적으로 창출된 감정 상태에서 본질적으로 유쾌한 상상 활동에 참여할 수 있었다. 이런 상태 동안, 엄마와 아들 모두는 정서적 통제와 창의적인 선택을 하는 경험을 할 수 있었다. 그들은 충격받고 무력한 반응을 하기 바로 직전의 순간에 연극적인 괴물의 심상에 직면하여 과거의 어려움을 다룰 수 있는 새로운 은유를 창출할 수 있었다.

역동적 놀이치료에서 비록 순간적이기는 하지만 이러한 상태의 변화는 치료 활동의 기초를 형성한다. 즉, 가족들은 애착 파기와 강한 외상을 경험했음에도 불구하고 신체적이고 연극적이며 은유적인 수준에서 새로운 관계를 재구성하기 위하여 그들만의 자연스러운 창조성을 경험할 수 있는 것이다. 실제적인 동작 활동을 통해서 엄마와 아들은 보다 창의적이고 상상적인 문제해결 양식을 산출했을 뿐만 아니라, 정서적 경험에 대한 신체적 느낌에서도 변화를 경험했다. 이 모자는 치료자의 큰 몸집이 빠르게 다가오는 것에 대하여 그들의 희생자 춤을 변경시키는 새로운 동작을 발전시킬 수 있었다.

게임의 측면도 있기 때문에, 모자는 자연스럽고 자발적이며 쉬운 방식으로 변화하고자 하였다. 더욱이 모자가 게임에 대하여 얘기하고 괴물을 과거의 아버지로 확인함으로써, 그들이 새로운 게임 은유를 발전시켰던 것처럼 변화의 춤은 신체적이고 상징적일 수 있었다. 그들은 나(괴물)에게 천천히 가라고 즐겁게 졸라댔고, 내가 다가갈 수 없는 안전한 곳을 찾으면서 그들의 활동을 괴물을 길들이는 은유적 춤/연극으로 확장하고 가정 폭력에 대한 과거 경험들을 변화시켰다. 괴물을 그리는 미술 활동을 하거나 집에서 볼 수 있도록 길들이는 춤을 영화로 만듦으로써, 그 가족은 보다 의식적 수준에서 그들의 관계에 더욱 새롭고 유용한 측면을 함께 창출해 내는 경험을 확장할 수 있었다.

역동적 놀이치료자는 초기 게임을 가족의 자연스런 창조성을 통해서 가족 구성원들의 독특한 상호작용적 행동에 정확하게 주의를 기울이고 확인하며 촉진하는 시작점으로 사용한다. 놀이치료자는 신체적, 연극적, 정서적 이탈에 초점을 맞추고 그 이탈에 맥락을 제공하기 위해서 초기 게임을 고안한다. 이런 맥락을 사용할 때 치료자는 가족 구성원들이 외현적으로 중요하지 않은 행동들, 예컨대 눈 깜박거리기, 넘어지기와 같은 행동들에 다시 이름을 붙이고, 행동을 조직화하는 독특한 방식으로서 정의할 수 있도록 돕는다. 안정된 애착관계를 경험하고 상호작용 양상에서 거의 문제가 없는 가족은 이런 게임들을 상대적으로 쉽고 창의적이며 상상력이 풍부한 방식으로 발전시킨다. 초기 게임은 많은 문제를 경험하는 가족의 상호작용 행동에 초점을 맞추는 데 유용하다.

하비(Harvey, 1989)는 여러 가지 다른 포괄적인 초기 게임을 기술했다. 역동적 놀이치료자는 가족들이 당면한 상호작용적 역동에 특히 적합한 초기 게임을 고안할 수도 있다. 예컨대, 엄마와 아빠가 취학 전 자녀의 떼쓰는 행동을 묘사하는 동안에 그 아이가 소파에 얌전히 있으면서 꼼지락거리기 시작하는 장면을 생각해 보자. 이 장면의 역동은 자녀 입장에서는 회피와 공포이고, 부모 입장에서는 통제력과 관련되어 있다. 이 상황에서 초기 게임은 부모들이 아이의 문제점과 긍정적인 행동들을 열거하는 동안에, 아동에게 동물 인형을 선택해서 꼼지락대는 행동을 하도록 하는 것일 수 있다. 일단 가족이 이런 행위를 시작하면, 역동적 놀이치료자는 이탈, 놀이 파기 및 비언어적 측면의 모든 가능한 대인관계를 살펴본다. 이상적으로 어린 아동은 부모가 자녀에 대하여 어려운 정서적 반응뿐만 아니라 긍정적인 반응을 열거하는 동안, 부모가 언어적 묘사에서 변화를 보이는 것과 일치되게 봉제 인형의 움직임의 변화를 통제한다. 그러나 부모와 아들이 서로의 욕구에 호의적으로 응할 수 없다면, 부모는 자녀를 더 비난하고 통제하며 좌절을 느끼고, 자녀는 부모를 더 피하는 쪽으로 상호작용이 진행된다.

만일 이런 행동이 증가하면, 치료자는 아이에게 베개로 안전한 집을 짓고 봉제 동물 인형이 부모에게 맞서게 하여 이 같은 이탈을 통합시키는 한편, 부모들에게는 동물 인형의 이상적인 행동을 묘사하거나 목록을 나열해 보도록 지시할 수 있다. 이런 개입을 통해 통해 아동은 부모를 자기 집으로 초대하거나, 부모가 자녀에게 그들과 함께 하는 것을 격려하기 위해서 동물 인형을 가지고 충분히 재미있는 미술이나 동작을 만들어 낼 수 있다. 놀이치료자는 이 순간을 강조함으로써, 부모와 아동 모두에게 가능한 해결책을 지도하면서, 그들에게 신체적인 방식뿐만 아니라 은유적인 방식에서 보다 창조적으로 관계를 다룰 수 있는 게임과 같은 도전을 제안한다. 아무런 긍정적 상호작용이 발전하지 않는 경우, 치료자는 부모와 자녀를 따로 만나 개인적인 표현이나 논의를 유도할 수 있다. 이 시점에서 종종 아동들은 자신의 비디오를 만들어 부모에게 보여 준다.

긴급한 선택과정에 가족 구성원들을 참여시키는 측면은 실제 선택의 결과보다 더 중요하다. 예컨대 아동이 부모에게 자기 집에서 함께 하자고 요청하거나, 부모가 자녀와 함께 하기를 바라는 방법으로써 봉제 동물 인형을 흔들거나 갖고 노는 것들은 긍정적일 수 있다. 그러나 초기 게임을 사용하는 데 가장 중요한 측면은 놀이치료자가 가족의 안전, 신뢰, 제한, 경계에 대한 욕구들을 보다 완벽하게 충족시키는 상호작용과 은유 생성의 신체적 및 연극적 전략들을 변화시키는 실제 과정을 장려하는 것이다.

4) 소품을 이용한 자유놀이

초기 게임을 활용하는 것에 더하여, 역동적 놀이치료자는 문제가 되는 상호작용 행위를 강조하고 촉진하기 위해서 놀이실 전체에 여러 가지 소품들을 흐트러 놓기도 한다. 이런 소품들로는 몇 개의 크고 다른 모양의 베개들, 신축성 있는 끈, 낙하산, 큰 체조용 공, 여러 가지 크기의 동물 가족 인형들, 크고 화려한 색의 무용 스카프 등이 있다. 놀이실에는 또한 방의 곳곳에 빨강, 파랑, 노랑, 초록의 빛들을 여러 가지 조합으로 비출 수 있도록 조명을 설치한다. 아주 큰 종이, 크레용, 색연필 등의 미술 도구들도 잘 닿는 위치에 놓는다. 마지막으로 음악을 준비하는데, 전형적인 어린이 음악 외에도 고전음악, 오페라, 재즈, 록음악 등에서 고른 곡들을 극적인 상호작용 행위를 유발하기 위해서 사용한다. 이 소품들은 초기 게임을 보다 확장할 뿐만 아니라, 자유로운 상호작용 놀이의 자극제로도 쓸모가 있다.

때때로 아무런 상호작용 활동이 이루어지지 않거나, 초기 게임을 성공적으로 한 후에, 역동적 놀이치료자는 부모와 아동에게 아무런 준비된 놀이 각본 없이 놀이 영역으로 들어가 볼 것을 권한다. 가족 구성원들이 이런 소품들을 사용함으로써, 상호작용 활동은 즉각적으로 강조되고 초점이 맞춰지며 은유적 활동을 위한 잠재력을 발전시킬 수 있다. 예를 들어, 어린 아동들은 종종 베개 위로 기어오르기 시작한다. 놀이치료자는 그런 행위를 '부모를 기어오르거나 탈출하거나 떠나는' 행동으로 기술한다. 어떤 아동들은 베개들 사이로 올라가면서 독자적인 '집' 또는 경계선으로 볼 수 있는 방이나 비밀 동굴을 만든다. 가족 구성원은 큰 베개들을 사용해서 아동들이 안전하게 놀도록 도와줄 수 있다. 놀이치료자는 이 베개들을 '안전지대' 또는 '엄마/아빠의 무릎'으로 정의할 수 있다. 몇 개의 (대략 직경이 1m 정도 되는) 하트 모양의 큰 베개들은 '엄마/아빠의 땅' 또는 '집'으로 표현된다. 부모들이 이 베개 위에 있고 아동이 방의 다른 곳에서 놀도록 기회가 주어지면, 엄마/아빠 땅과 아동 사이에 자연스럽게 나타나는 공간적인 상호작용을 통해서, 치료자는 아동이 '집'으로 돌아올 때나 집에서 떨어져 있을 때를 통제하면서 적극적인 탐색과 안전추구 행동을 하도록 격려한다.

큰 낙하산은 영역들을 보다 더 세분화하고 추상적인 감정을 반영하는 것으로 작용한다. 종종 큰 낙하산이 위로 올라가거나 아래로 내려올 때, 예를 들어 미친 낙하산, 슬픈 낙하산처럼 다른 감정 상태들을 반영할 수 있도록 정의한다. 이와 같이 소품의 은유가 작동하기 위해서, 그것은 부모와 아동의 즉각적이고 관찰가능한 상호작용적 행동에 통합되어야만 한다.

동물 가족 인형들은 대개 부모만큼 큰 것, 취학 전 아동에서 잠재기 연령의 아동만큼 큰 것, 그리고 아주 작은 것들이 있다. 다양한 크기는 아주 유용하다. 그것은 그 인형들을 가지고 노는 아동들의 행동이 엄마와 아빠, 형제자매, 부모와 자식들 간의 관계를 알아내는 데 도움을 줄 수 있기 때문이다. 특히, '곰' 과 '개' 의 가족 인형을 구비하고 있는 것이 유용하다. 위협적인 면을 갖는 동물(늑대나 뱀처럼)이나 안도감을 갖게 하는 동물(큰 엄마 개나 크고 부드러운 엄마 곰처럼)과 같이 여러 가지 다른 감정을 대표하는 동물들을 갖추는 것이 중요하다.

놀이치료자는 소품들을 이용하여 잘 정의되지 않고 조직화되지 않은 행동들을 상징과 의미를 나타내는 상호작용의 시나리오로 전환하는 데 도움을 줄 수 있다. 역동적 놀이치료자는 긴 밧줄을 줄다리기에 사용함으로써 논쟁을 정의하는 데 도움을 줄 수 있다. 예를 들어, 어떤 어린 아동이 자기 부모를 피하기 위해 방 안으로 빨리 들어와 베개 속에 머리를 파묻었다고 하자. 놀이치료자는 베개들을 안전한 집 또는 숨는 장소의 경계로 정의할 수 있다. 놀이치료자는 아동의 이런 행동을 안전한 보호자와 더 많은 접촉을 하기 위한 자연스럽고 창조적인 행위로 재해석할 수 있다.

더 생산적인 역동적 상호작용의 상징을 개발하기 위하여, 언어적인 표현과 비언어적인 상호작용 행동을 적극적으로 함께 사용하는 것이 역동적 놀이치료의 독특한 측면이다. 더 전통적인 놀이치료에서 이런 유형의 행동은 가족 구성원과 치료자에게 종종 문젯거리를 제공한다. 그러나 역동적 놀이치료에서 놀이치료자는 그런 반항적이고 두려워하는 행위들을 문제 상황을 정의하고 치료적인 재해석을 위한 도약대로 활용한다.

가족이 상호작용 장면을 개발하기 위해 초기 게임과 자유 놀이를 활용하고, 그런 상호작용을 확장 · 정의하기 위해 미술 활동을 사용하는 데 더 익숙해지게 되면, 역동적 놀이치료자는 더 어려운 문제들을 다루기 위해 가족들로 하여금 자신들만의 게임, 춤 및 미술 활동을 고안하도록 한다. 이 시간 동안 치료자는 부모와 아동에게 과거의 이야기를 하게 하고, 그 이야기를 여러 가지 치료 활동의 부분으로 사용한다. 여기서 목적은 가족들이 자신들의 강점을 더 정확히 진술하고, 자기 자신의 새로운 상징적 활동을 창조하도록 돕는 것이다. 그러한 시간 동안 그 행위들은 대개 더 극적이 된다. 예를 들어 자신의 학대자가 처벌받지 않은 나이 든 학대 아동의 경우, 가족들은 치료자가 판사 역할을 하는 '정서법정(emotional courtroom)' 무대를 연출할 수 있다. 이런 활동은 아동들이 배반감이나 무력감과 같은 자신의 감정들을 정의하고, 상징적으로 만들어진 범죄자가 적당한 감정적 처벌을 받는 것을 요청하는 데 도움이 된다. 구체적인 예로, 아버지에게 성학대를 당했으나 그 아버지가 한 번도 법적으로 처벌받지 않은 한 12세 소년의 경우를 들 수 있다. 소년은 치료자 '판사' 에게 자신은 아버지의 행동으로 인해 부끄럽고 수치스럽게 느꼈다고 말하면서 판사에게 아버지의 행동을 비밀리에 처벌해 줄 것을 요구했다. 치료자는 소년에게 아버지의 실물 크기 그림을 그리게 한 후, 그 그림의 인물이 아들에게 느끼게 했던 수치심을 평생 동안 항상 느끼도록 선고하는 형태로 개입하였다.

5) 반복적 주제, 심상 및 외상 후 놀이의 전개

학대의 피해자인 아동은 혼자 놀고 있을 때 학대의 정신적 충격을 반영하는 놀이를 한다. 테르(Terr, 1983, 1990)는 이런 표현적인 놀이가 강박적 반복 행동을 포함하고, 숙달감 또는 정화를 거의 보이지 않으며, 매우 단조롭고 구체적이라고 주장한다. 놀이의 주제 및 세세한 표현 부분은 놀이 행동과 외상적 사건 사이의 무의식적인 연관이 있음을 드러낸다. 그 표현들을 살펴보면, 외상 경험이 없는 아동의 놀이에서 보편적으로 보이는 감정의 은유적이거나 상징적 표현과 숙달감이 부족하다. 외상과 관련된 구체적인 세부 사항을 나열하는 것은 피해자들이 무의식적으로 다시 한번 외상을 겪고 공포감을 느끼게 할 뿐이다. 역동적 놀이치료의 개인 놀이 회기에서도 아동들은 유사한 반복적 놀이 행동을 보여 줄 수 있다.

학교에서 급우들과 싸우고 바지에 대변을 보곤 하는 문제를 가진 한 8세 소년을 1년간 본적이 있다. 처음 반 년 동안의 수많은 회기에서 이 소년은 처음에 큰 곰들을 때리다가 나중에는 곰인형 밑에 기어들어가 몇 분간 움직이지 않고 기운 없이 누워 있는 놀이 양상을 반복하곤 했다. 이런 행위를 몇 번 반복한 후 소년은 가만히 누워서 똥을 싸기 시작했다. 곰과 싸우다가 그 밑에 누워 있는 것이 무엇을 의미하는지 물어 보았더니, 소년은 몇 년 전에 헛간 구석에서 나이 많은 사촌에게 항문 강간을 당한 것에 대하여 말했다. 이 아동은 처음에는 저항했지만 나중에는 사촌의 요구를 받아들여 가만히 누워 있었다. 분명히 이 소년의 곰인형을 이용한 반복적인 행위는 자신의 충격적인 경험을 나 또는 자신에게 말로 표현할 수 있기 전에 행동으로 표현한 것이었다.

학대 외상을 겪은 100명 이상의 어린 아동들이 학대 당사자가 아닌 부모와 자기표현적인 놀이를 할 때, (a) 강한 회피, (b) 강한 공격성, (c) 수동성, (d) 학대의 직접적인 재현 등의 요소들을 반복하는 경향이 있다. 그런 놀이는 사람들 간의 친밀한 장면 중이나 후에 나타나는 것으로 보인다. 그것은 대개 친밀감, 밀접함, 안락감 등과 관련된 부모와 아동 간의 비언어적 행동들을 방해한다. 회피적인 특징을 보이는 아동들은 활발하게 활동하는 동안에도 부모로부터 멀리 떨어져 있으려는 경향이 있다. 더 자세히 보면, 이 아동들의 움직임은 휴식이나 질서가 없고 이 행동에서 저 행동으로 빠르게 옮겨 다니는 경향을 보인다. 이와 같은 형태의 움직임은 어른 보호자가 가까이 있을수록 증가한다. 공격적인 특징을 나타내는 아동들은 아무런 예비 동작도 없이 갑작스럽게 공격적이 되고 공격을 한 후에도 어떤 카타르시스도 하지 못한다. 수동적인 특징을 나타내는 아동들은 무기력해져서 모든 표현 행위를 멈추고 놀이 장면 중간에 종종 바닥에 누워 버리곤 한다. 마지막으로 학대 장면을 직접 보여 주는 경향이 있는 아동들은 부모와 놀이를 하는 중에 바닥에 누워 동물 인형을 자기 위로 끌어당겨 육체적 공격이나 성행위처럼 보이는 장면을 연출한다. 이 아동들은 여러 가지 상호작용의 주제들을 여러 가지 조합으로 보여 주는 경향이 있다.

반복적인 개인 행동 및 상호작용 행동은 이 아동들이 아직 그것을 말로는 표현할 수 없지만 외상 경험에 강하게 영향받았음을 시사한다. 이러한 사례들에서 보면, 외상의 신체적, 감정적, 감각적 경험은 너무 강렬해서 말로 표현하기 어렵다. 또한 상호작용 행동은 외상 경험이 아동들의 애착 행동, 즉 가장 친밀하고 신뢰할 수 있는 보호자를 포함한 다른 사람들을 믿는 기본적 능력에도 영향을 미침을 보여 준다. 상호 신뢰나 애착 행동의 혼란스러운 역동은 그들의 충격적인 경험을 말하지 못하도록 실제적이고 임시적으로 협박받았던 것과 연관이 있을 수도 있다.

이런 역동을 염두에 두고 치료자는 개개 아동들이 외상적 놀이 행동을 통해 새로운 창조적 은유들을 더 잘 표현하고 통합하며 발견하여 그 반복된 주제를 확장하고 정교화시키는 데 도움이 되도록, 역동적 놀이치료의 표현적이고 상호작용적인 측면을 활용한다. 또한 역동적 놀이치료는 아동과 부모의 관계에서 신뢰와 안정감을 유발하는 상호작용을 재생산하게 한다.

반복된 심상과 관련된 예로, 2세 남아를 성학대했던 가해자가 아이의 이마에 총을 대고 엄마에게 그 사실을 이야기하지 말라고 협박한 경우가 있다. 1년간의 놀이치료 회기에서 소년은 놀이 소품들을 총으로 여기어 자기 머리까지 들어올린 후에 자신을 쏘는 행위를 반복했다. 그리고는 쓰러져 죽곤 했다. 나이든 소년들은 공격성, 성욕 및 특정한 역할들을 조직화하고 표현하기 위해 총을 사용하지만, 이 소년의 놀이는 아주 달랐고 공포심을 지속시키는 역할만 했을 뿐이다. 이 놀이는 어떤 숙달감도 만들어 내지 못하는 듯했다. 놀이 중간 중간에 끼어들면서 나는 아동에게 총을 종이 위에 그려 보도록 했다. 또 그의 엄마에게는 같은 종이 위에 아들이 총으로부터 안전하게 피할 수 있는 집을 그려 달라고 부탁했다. 그 다음에 나는 아동이 총에서 벗어나 엄마의 '안전한 집' 으로 갈 수 있는 지도를 그리는 것을 도와주었다. 이 활동을 되풀이한 후에 어린 아동은 엄마에게 안전한 집 주위에 방어벽을 그려 달라고 부탁할 수 있게 되었다. 이 활동이 계속되면서 아동은 엄마가 노래를 불러 주는 동안 엄마 무릎 위에 얌전하고 편안하게 앉아 있었다. 이 아동은 이전의 회기들에서 이런 종류의 친밀감이나 신뢰하는 행동을 보여 준 적이 없었다. 다음에 엄마는 아들을 부드럽게 안으면서 엄마와 함께 안전하게 집에 오는 것에 관한 몇 가지 이야기와 노래를 들려 주었다. 그들은 그 그림을 집으로 가지고 가서 아이 방에 붙여 놓았다. 나중에 엄마는 아이가 잠들 때 그 그림을 보면서 이야기와 노래를 들려 주었다. 이후 아동은 악몽을 덜 꾸게 되었다. 유사한 방식으로 역동적 놀이치료자는 회피적이고 공격적이며 수동적이고 자신들이 당한 학대를 직접 보여 주는 아동들에게 더 안정적이고 정교한 표현을 할 수 있도록 지도한다. 앞에서 기술한 것처럼 그런 지도에는 보호자와 새로운 상호작용 행동과 새로운 놀이의 심상을 개발하는 것이 포함된다.

2. 문제와 배경자료

앤이 북 콜로라도의 사회복지기관을 통해 나에게 의뢰되었을 때의 나이는 만 3세 10개월이었다. 앤의 부모는 이혼을 했고, 앤은 엄마(줄리)와 함께 살면서 아빠인 토드를 장기간 방문하였다. 의뢰되기 직전에 앤은 자신이 아버지에게 성학대당했다는 말을 엄마, 정신건강 분야 전문가, 사회복지사에게 말했다. 사회복지사가 조사를 시작했을 때 토드는 앤을 성학대한 적이 없고 오히려 줄리가 아이를 때리는 것이 의심된다고 했다. 사회복지사는 나에게 앤을 검사해서 성적, 육체적 학대가 실제로 이루어졌는지, 만약 그랬다면 누가 그랬는지 의견을 달라고 부탁했다. 사회복지사는 양육권 및 방문권에 관한 결정을 내려야 했기 때문에 이 정보가 필요했다.

평가는 앤과 아빠, 앤과 엄마 간의 상호작용 관찰 놀이와, 투사적 놀이와 그림그리기를 포함하는 두 번의 개별 놀이 회기로 구성되었다. 성학대의 역동에 친숙하고 성인 심리검사의 전문가인 다른 심리학자가 앤의 부모의 심리 평가를 실시했다.

평가 기간 동안에 한 평가보조원이 토드가 다른 어린 취학 전 아동을 성적으로 학대하는 것을 관찰했다. 토드는 성학대 혐의로 기소되었다. 이 증거와 앤의 진술을 토대로 법원은 앤과 아버지 간의 모든 방문을 중단하도록 결정했다. 이로 인해 앤이 성적으로 공격받았는지와 부모의 방문 스케줄에 관해 심리 평가를 통한 의견을 제시할 필요성이 없어져 버렸다. 그리고 나서 나는 앤을 놀이치료를 위해 만났는데, 법적 문제를 다룰 필요성이 없어졌기 때문에 때때로 사례에 영향을 주는 압박 없이 치료가 진행될 수 있었다.

처음 면담에서 줄리와 토드는 둘 다 앤이 평균적으로 발달해 왔다고 말했다. 앤은 자연분만으로 출생하였다. 신체적인 발달을 보면 다섯 달째에 구르기를 했고 여섯 달째에 앉았으며, 열한 달째에 기어다녔고 열세 달째에 걷기 시작했다. 한 단어나 문장을 말하는 것은 좀 빨라서 열여섯 달째에 시작했다. 처음 면담에서 줄리와 앤의 외할머니는 아동 발달에 관한 표준화된 설문지를 작성했다. 두 보호자들이 설문지에 기술한 내용은 앤이 나이에 비해 빠르다는 측면에서 사무실에서 관찰한 것과 유사했다. 그들의 보고를 종합하면 앤의 사회적, 인지적 행동이나 의사소통 능력은 평균보다 대략 12~18 개월가량 빨랐다. 처음 관찰했을 때, 3년 10개월 된 이 아동은 복잡한 노래를 부르고 이야기를 말할 수 있었다. 또 이야기 속의 간단한 인과관계에 관한 질문에 답을 하여 인과관계에 관해서도 이해하고 있음을 나타내었다. 더 나아가 놀이할 때 행동에서, 앤은 등장인물과 줄거리를 알고 있고 사회적 인과관계를 이해하고 있음을 보여 주는 간단한 장면들을 연출하였다. 나중에 앤이 학교에 들어갔을 때 받은 인지검사의 결과, 앤은 평균 이상이거나 우수한 IQ의 소유자임이 밝혀졌다.

전에 줄리와 앤을 검사한 적이 있는 정신건강 전문가에 따르면, 앤이 2세 후반에서 3세 초 사이의 시기부터 토드를 방문하고 온 다음에는, 어른이나 여동생 티파니에 대해 공격적이고 성적인 행동을 보이기 시작했다고 했다. 앤의 엄마는 앤이 더 오랜 시간 동안 아버지를 방문하고 온 후에는 며칠 동안 우는 등 공포에 찬 행동을 보였다고 했다. 성적인 행동은 큰 걱정거리였는데, 앤이 티파니와 오럴 섹스를 하려고 시도하는 경우도 있었다. 더군다나 앤은 엄마, 사회복지사, 정신건강 전문가에게 아빠와 서로의 성기를 간지럼 태우고 입으로 빠는 행위들을 포함하는 구체적인 게임들을 묘사했다. 앤은 두 살이 되면서부터 아주 쉽게 대소변을 가릴 수 있었음에도 불구하고, 토드를 방문한 후에는 밤에 침대에 오줌을 싸곤 했다. 또한 앤의 엄마는 앤이 잠자는 데 어려움을 겪는 것을 목격했다. 앤은 악몽을 꾸다가 비명을 지르면서 깼는데 엄마가 달래 줘도 한참 동안 두려움에서 벗어나지 못했다. 줄리와 앤의 외할머니, 나중에는 앤의 계부인 조지까지도 앤의 악몽이나 공격적이고 성적인 행동들이 갑자기 쏟아져 나오는 것이 토드를 방문하는 것과 관계 있어 보인다고 하였다.

앤은 그러한 행동을 하지 않을 때는 잘 행동했고 어른 말을 잘 따랐으며 성격이 좋은 아동처럼 보였다. 그러나 성적이거나 공격적인 행동을 하고 있을 때 앤은 엄마나 주위 다른 어른들이 아무리 잘해 주려 해도 아주 변덕스럽고 극도로 반항적이 되었다. 이런 반항적인 삽화 후에 줄리가 앤의 행동 통제를 돕기 위해 앤과 대화를 하는 데는 별 문제가 없었다고 보고했다. 그렇지만 아무리 얘기하고 계획하더라도 앤의 잘못된 행동에 영향을 줄 수 있는 것처럼 보이지 않았다. 게다가 그런 경우에 앤은 옷을 벗고 가족 앞에서 자위를 하곤 했다. 옷을 벗고 자위하는 행위는 토드가 앤에게 자기 성기를 만지고 빠는 법을 설명해 주었던 것과 연관이 있어 보였다. 자위 행위와 아버지 사이의 일을 설명하는 것은 앤의 행동 통제력을 더 잃게 만드는 것 같았다. 그런 후에 앤은 엄마와 애완동물들에게 극도로 공격적이 되었고 티파니를 성적으로 공격하려고 하였다. 최종적으로 그런 삽화를 극복하고 잠잠해졌을 때 앤은 매우 빈번하게 토드가 자신을 납치할까봐 두렵다는 이야기를 했다. 앤을 처음 정신건강 전문가에게 데리고 가서 해부학 인형을 주었을 때도 유사한 성적 행동을 보였고 비슷한 얘기를 하였다.

1) 상호작용 관찰

엄마와 같이 상호적 행동을 할 때 앤은 엄마의 말에 쉽게 따르는 침착한 학령 전 아동으로 보였다. 줄리는 어린 딸이 필요로 하는 것과 생각하는 것에 예민했고, 그림 그리기와 인형놀이를 하도록 잘 이끌었다. 첫 번째 상호작용에서는 어떤 장면도 주목할 만한 것이 없었다. 그러나 내가 줄리에게 방을 떠나도록 부탁했을 때, 그 애는 너무 심하게 불안에 빠져서 겨우 몇 초 만에 엄마를 다시 방으로 들어오라고 해야 할 정도였다. 내 견해로는 괴로워하는 정도가 매우 높았고, 엄마가 잠깐 자리를 뜬다는 소리가 나오기가 무섭게 엄마에게 매달리면서 아주 크게 울부짖었다. 이런 행동은 아주 오랫동안 줄리와 조용하게 잘 논 후에 일어났다. 나중에 줄리는 사무실에서 앤이 보인 고통의 강도는 토드를 방문하고 돌아온 날 밤에 보이는 공포와 비슷하다고 말했다. 강하게 고통스러워하는 모습을 보인 삽화 후에 엄마와 다시 놀 수 있게 되었을 때, 앤은 다시 아주 협조적이고 억압적이지 않은 상태로 돌아왔고 더 안정된 감정 상태로 회복된 것으로 보였다. 그러나 앤은 다시 엄마로부터 떨어질지도 모를까 봐 매우 경계하였다. 전체적으로 이런 관찰은 엄마로부터의 분리에 대한 앤의 반응이 불안전한 애착과 관련된 강압적 상호작용 스타일에서 전형적으로 보여지는 것보다는 외상에서 기인된 것임을 시사한다.

또한 앤은 자기 아버지가 다른 아동을 성적으로 공격하여 기소되기 전에 아버지와 함께 검사를 받았다. 앤은 토드와 함께 있을 때는 상호작용하는 양식이 뚜렷이 바뀌어서 겉보기에는 더 강도가 높고 긍정적인 표현을 하는 것으로 특징지어질 수 있었다. 그러나 비디오테이프를 더 자세히 보았더니 앤의 감정들은 자발적인 표현이라기보다 토드가 긍정적인 좋은 감정의 장면들을 이끌고 있는 것처럼 보였다. 놀이 행위 동안에 토드는 분명히 활동들의 변화를 지시했고, 앤이 재빨리 그 지시를 따르는 것을 알 수 있었다. 이런 양식의 상호작용은 크리텐돈(Patricia Crittendon, 1988)이 육체적으로 학대받은 적이 있는 어린 아동들에게서 관찰한 바 있는 '강박적인 복종(obsessive obediene)' 양식의 기준에 부합하였다. 그러나 흥미롭게도 앤은 한 가지 행동에서 그 아동들과 달랐다. 크리텐돈은 학령 전의 이런 아동들이 부모가 이끄는 대로 아주 빨리 따를 뿐 아니라, 감정을 아주 적게 나타내고 부모의 생각에 매우 예민하게 눈치를 본다는 것을 관찰한 바 있다. 그러나 앤은 아버지가 어떤 특별한 장면을 이끌기 시작하면, 그녀와 아버지 모두는 겉보기에 상호적이고 동시에 높은 강도의 즐거움, 재미, 웃음 등을 표현할 수 있었다.

테이프를 본 후에 알게 된 앤의 놀이의 또 다른 특징은 그 장면들이 처음에는 자발적인 것처럼 보였지만 사실은 미리 계획되고 연습된 것처럼 보인다는 것이다. 이 상호작용들은 영아 시절에 부모가 미리 정한 방식대로 아동이 따르는 '너 잡으러 간다' 식의 게임과 유사했다. 그러나 아동이 사회적으로 더 발달하면서 앤 또래 아동들은 이런 놀이를 자신의 방식대로 변형하거나 더 정교하게 만들 수 있다. 이런 발달이 앤과 엄마의 상호작용에서는 분명히 나타났지만 아버지와의 상호작용에서는 나타나지 않았다. 일반적으로 토드와의 상호작용은 앤 나이에 적합한 자발성이나 놀이 생각의 주고받음이 없다는 점에서 토드가 앤을 그의 방식대로 따르게 하고 있다는 인상을 주었다.

앤과 아버지와의 상호작용에서 또 다른 이상한 특징은 몇 년 뒤에 앤의 치료를 모두 마친 후 테이프를 다시 검토해 본 다음에야 분명해졌다. 놀이 중에 앤이 "오, 아빠는 이제 하나님의 땅에 있어." "이건 악마 편이야." 등의 말을 했다. 그러자 아버지 토드는 이 말에 대답하지 않고 즉시 주의를 다른 게임으로 돌렸다. 또 놀이 도중에 토드는 여러 차례 놀이를 중단하고 자기 딸에게 뭔가 귓속말을 했다. 마지막으로 앤의 아버지는 어떤 상호작용 장면 도중에 앤에게 손가락으로 매우 상투적인 손동작을 하는 것처럼 보였다. 1년 반 뒤에 앤은 아버지가 자기에게 말하지 말라고 할 때 사용했던 일련의 수신호들을 설명하면서 똑같은 동작을 보여 주었다. 이런 손동작들은 정상적인 손동작들과는 달랐다. 한 가지 동작이 특별히 두드러졌는데, 여기서 토드는 자기 손을 어린 딸의 눈 바로 앞에서 빠르게 움직였다. 이 동작은 놀이 소품을 가지고도 똑같이 되풀이되었다. 이러한 움직임은 움직임의 흐름에서 아주 특이했으며, 어떤 준비과정이나 끝마무리도 없었고 진행되고 있는 놀이와 아무 관계도 없었다.

이 동작들이 토드가 앤에게 어떤 방식으로 행동하도록 하기 위한 신호였는지를 결코 알아낼 수 없을지 모른다. 그러나 이런 단서들과 다른 놀이 유도 행위들은 앤의 주의를 끌었고, 자발적인 친밀감의 비언어적 춤에서 흔히 나타나는 생각의 발전이나 비언어적이고 사소한 기분의 변화들을 통합하지 않는 식으로 행동하게 했다. 그런 행동은 앤과 아빠 사이의 상호작용의 양식을 엄마와의 그것과는 매우 다르게 만들었다. 줄리와 함께 있을 때 앤의 행동은 또래의 다른 아동들과 유사하게 조용한 방식으로 자기의 생각대로 놀이를 시작한 반면, 토드에 대한 앤의 반응은 빠른 리듬을 보였고 행동의 자발적인 회복 및 변화가 없었다. 앤은 처음에 아빠와 방 안에 들어왔을 때 두려움을 나타냈다. 아빠와 위에서 기술한 일련의 행동들을 한 후 앤은 아빠와 훨씬 더 편안해진 것처럼 보였다. 결과적으로 자신과 아빠 사이에 창조된 '친밀감의 춤/연극'에서 자신의 기여를 희생한 것처럼 보였다.

2) 초기 개별 놀이

앤과 엄마, 아빠와의 상호적 놀이를 관찰한 후에 나는 앤이 지시 없이 혼자서 놀이하는 것도 보았다. 이 놀이를 할 때 나는 이 장의 앞에서 언급했던 놀이 소품들을 앤에게 제공했다. 나는 해부학 인형을 사용하지 않았다. 대신에 남루한 옷을 입은 앤 인형과 동물 인형들을 주었다. 이전에는 엄마와 분리되는 것이 매우 어려웠으나, 이 회기에서는 잠깐 동안 엄마와 같이 있고 나서 훨씬 더 쉽게 떨어질 수 있었다. 두 번의 회기에서 앤은 누더기 앤 인형들의 옷을 벗기고 아버지 역할 인형이 누더기 앤 인형들 중 하나의 다리 사이를 만지는 행위를 반복적으로 보여 주었다. 그 애는 소녀 인형과 아버지 인형이 다른 인형의 가슴 부위를 키스하고 마사지하는 행위를 보여 주었다. 이때 앤은 매우 흥분되어 있었고 낄낄 웃으면서 "난 그녀의 젖꼭지를 빨고 싶어." 등과 같은 자극적인 말들을 많이 했다.

두 번째 회기에서는 이런 행위들을 되풀이하면서 나체에 집착하여 온 방 안을 전부 나체로 보았다. 한번은 베개의 찢어진 곳을 발견하고는 베개가 벌거벗었다고 얘기했고, 방 안의 모든 곰인형들이 벌거벗었다고 말했다. 성적인 내용을 연기할 때 앤은 아빠 인형 또는 아빠 곰인형에 자신의 아빠 이름을 불렀다. 이 놀이 장면의 끝부분에서 앤은 점점 더 고통스러워 하는 몸짓을 보이면서 자기와 아빠 인형이 나쁜 일을 많이 했고 '사탄'이 되었다고 말했다. 이런 말을 한 후 앤은 극도로 회피하고 입을 다물었다. 그리고는 나를 불러들여 '의사' 놀이를 하려고 했다. 이 놀이에서 앤은 누워 있고 내가 그녀의 배를 만져서 무언가를 없애 달라고 하는 내용으로 시작했다. 앤은 내가 방 반대쪽에 있을 때도 그렇게 해 달라고 요청했다. 나는 예의 바르게 거절한 후 기록을 계속했다.

3. 이론적 개념화

이와 같은 놀이와 상호작용은 앤이 아빠에게 성학대당했을지도 모른다는 것을 시사한다. 사회복지기관의 담당자에게 견해를 피력하는 데 정보가 더 필요했다면 구조화된 놀이 삽화를 시행했을 것이다. 그러나 앞서 언급했듯이 평가 기간 동안 토드는 다른 아이를 성학대하여 기소되었다. 그 이유로 더 이상의 평가는 필요하지 않았다.

줄리는 다음 해까지 앤을 치료받게 하고 싶지 않았다. 앤은 치료가 시작되자 집에서 공격적이고 성적인 행동을 계속 했고 악몽을 꾸고 공포감을 나타냈다. 또한 이상하고 공황 반응을 보였는데, 예컨대 벌레 같은 것이 없는데도 벌레와 거미가 있다고 두려워했다. 게다가 토드를 한동안 보지 못했음에도 불구하고 납치될지도 모른다는 공포를 느낀다고 했다.

성학대에 대한 앤의 보고, 악몽, 공격성 및 성적 행동화와 같은 외상 관련 행동, 기이한 공포, 앞서 언급한 엄마로부터 분리될 때의 공포를 나타낸 상호작용적 행동, 아빠가 리드할 때 보인 강박적 수행, 인형과의 성적인 놀이, 회피, 의사 놀이 등을 볼 때, 이 소녀의 아버지가 성학대했다고 말하는 것은 전혀 무리가 아니었다. 계속되는 공포, 공격성 및 성적 행동화는 앤의 경험이 정말로 외상이었고, 신뢰감과 가족과의 애착 행동에 영향을 미쳤을 것이라는 생각을 지지해 준다. 이런 상황으로 인해 최초 치료의 목표는 (a) 앤이 자신에게 의미가 있고, 외상과 관련된 정서적 경험을 이해하고 표현하며 해결하는 데 도움이 되는 놀이 은유를 개발할 수 있게 하고, (b) 앤, 엄마, 계부가 앤에게 무슨 일이 있었는지는 알지만 서로 신뢰롭고 안전한 관계를 발전시킬 수 있도록 돕는 것이었다. 이와 같이 개별적이면서도 가족이 공유하는 상호작용적 은유의 개발은 앤의 문제 행동과 감정을 감소시키는 데 도움이 될 수 있었다. 벌레에 대한 두려움, 성적 행동, 부모에게 통제되지 않은 행동을 보이는 것 등을 개별적으로 다루기보다는, 나는 앤이 일반적 심상, 주제 및 드라마를 찾을 수 있도록 도왔다. 이런 것들을 통해 앤은 공포를 직접적으로 표현할 수 있었고, 줄리와 조지는 앤에게 민감하고 보호적으로 반응하여 앤이 신뢰와 안전을 발전시키게 도왔다. 그리고 나서야 앤은 엄마와 계부, 그리고 자신을 완전히 신뢰할 수 있게 되었다. 앞서 소개된 사례들처럼, 앤은 자신 내부의 괴물을 쫓아내거나 부모와 공유할 수 있도록 감정을 표현하는 방법을 찾았다. 또한 이 가족들은 자신들의 행동에 강하게 영향을 미치는 것을 이해하고 인정하는 전략과 이미지를 창출해 낼 수 있었다. 이런 창의적 개발을 통해 앤과 부모는 실제 외부의 괴물에 대해 더욱 솔직하게 토의할 수 있는 보다 나은 상태가 되었고, 가정에서 안전하고 안정된 관계를 만들 수 있었다.

이런 목표를 성취하기 위해서 나는 처음에 앤과 줄리를 함께 만났다. 앤이 처음에 엄마와의 분리불안을 나타냈던 것과 최근의 공포를 결합해서 생각해 보면, 엄마와 딸이 안전과 안정감에 대한 문제에 대처할 수 있는 놀이 행동과 초기 은유를 개발하게 하는 일이 중요했다. 나는 줄리가 다른 공격적인 행동과 공포 관련 행동을 보다 생산적으로 다루기 시작할 것이라고 믿었다.

놀이 맥락에서 상호작용의 문제와 공포스러운 외상 관련 감정을 포착하기 위해서, 나는 이 장의 앞부분에서 개관한 전략에 따랐다. 처음 회기 동안, 나는 앤과 줄리에게 첫 번째 그리기 활동을 완수하도록 요청했고, 표현과정에서 보인 이탈을 초기 게임을 형성하는 데 활용했다. 나는 이런 게임들을 비슷한 방식으로 도입했다. 나는 다시 이들이 집에서 확장 가능한 은유를 발전시키는 데 이탈과 중단을 사용했다.

이런 단계 직후에 앤이 놀이에서 충분히 안정감을 보였을 때, 그녀에게 베개, 공, 봉제 인형, 스카프 등의 소품들을 가지고 자유 놀이를 하라고 요청했다. 이 개별 놀이 단계는 앤이 엄마의 영향에서 벗어나 자신만의 주제와 심상을 개발하는 것이 중요했다. 나는 반복되는 주제와 심상을 확인했고, 그것들을 다른 표현적 양식으로 창조적으로 확장했다. 즉, 나는 앤에게 다른 움직임, 미술 혹은 연극적 활동이 필요한지를 물어보곤 했다. 앤의 반복적인 동작 심상의 예를 하나 들면 그녀가 떨어져 죽었다고 말하는 것이다. 이때 나는 앤에게 그 다음에 무슨 일이 생기는지를 물었고, 그녀는 "이제 나는 베개에 묻혔어요."라고 말했다. 나는 반복되는 주제를 계속해서 확장했다.

이 시점에서 나는 앤의 외할머니인 캐서린에게 놀이에 동참해 달라고 요청했다. 외할머니는 이 동작/연극/미술 은유에 참여했다. 앤은 캐서린이 동참한 것이 자기가 처음에 엄마와 함께 있는 것을 두려워했기 때문이냐고 물었다. 앤은 가족을 향한 위협이 아무것도 아닌 것으로 밝혀져야 된다고 말했다. 약 4개월 동안 외할머니와 함께 치료를 한 후에 앤은 놀이에서 엄마와 계부를 함께 만났다. 앤을 위해서 유지된 전략은 그녀가 두려움을 표현하고, 보호자들은 보호적 방식으로 참여하는 것이었다. 이런 은유의 핵심은 앤의 반복적인 주제와 합쳐졌다. 약 8개월 동안 앤이 놀이의 심상을 표현하고 새롭게 창조한 후에야, 그녀는 비로소 자신에게 있었던 일을 언어적으로 표현할 수 있었다.

4. 놀이치료의 과정

1) 치료의 초기 단계

줄리는 첫 번째 회기에서 딸의 계속되는 어려움을 말한 후에, 모두가 각자 큰 종이에 집을 그리는 구조화된 상호작용 활동을 했다. 앤은 이 시기에 그림 그리기를 어려워해서, 그녀의 집을 엄마의 이미지 옆에 동그라미로 그렸다.

다음 활동 동안 줄리, 앤, 그리고 나는 차례대로 집에서 나오는 자신을 각기 그리고,

이야기를 말하면서 상호작용을 했다. 그러는 동안 앤은 자신의 집과 엄마의 집에 불이 나는 것을 그렸고 종이 전체를 꽉 채웠다. 이 단서를 활용하여 나는 이 심상을 앤과 줄리가 방에서 큰 베개가 있는 안전한 장소를 만들 수 있는 보다 극적인 활동으로 확장했다. 그때 나는 낙하산을 이용해서 그들의 새로운 장소로 다가가는 불인 것처럼 연기했다. 앤은 소방수로 활약했는데 불 끄는 활동을 흉내 내면서 성공적으로 불을 끄는 소방대장 역할을 엄마에게 주었다. 초기 게임 중의 하나로서 '괴물' 게임이 제시되었는데, 나는 이 활동을 통해 앤과 엄마가 불을 끄는 방식을 발전시키도록 확장했다. 예컨대, 부드럽게 노래하거나 크게 노래 부르거나 즐겁게 노래함으로써 다른 노래방식을 개발하는 것처럼, 낙하산 불에 베개를 던지는 활동, 불에게 "멈춰, 저리 가, 가만 있어." 라고 말하는 법 등을 개발하도록 하였다. 앤은 특히 낙하산을 향하여 강하고 직접적인 움직임을 반복하였고 흥분하였다. 이 단서를 활용하여 나는 앤에게 불을 잘 끌 수 있도록 베개를 던지는 방법을 엄마에게 가르치도록 했다. 줄리는 노래를 잘 불러서 베개로 불을 끄는 노래를 만들도록 지시받았다.

이런 서로 다른 연기를 하고 났을 때, 앤은 제법 흥분했고, 이런 활동에 엄마를 동참시키려는 의욕을 갖게 되었다. 접근해 오는 위험한 힘은 불이 난 것에서부터 다른 괴물 및 유령으로까지 바뀌면서, 이런 활동은 다음 한 달 내내 역동적 미술과 연극적 활동의 모델이 되었다. 나는 앤에게 낙하산, 스카프, 봉제 인형 등과 같은 다른 소품을 사용하여 이런 심상들을 묘사하는 방법을 선택할 수 있게 했다. 그리고 나는 그 장면들을 녹화했고, 앤과 엄마는 치료받는 중간에 녹화 테이프를 계부와 함께 볼 수 있었다. 그들은 이 비디오를 잠자리 이야기로 발전시키는 데 활용했다.

처음 몇 회기 동안 정교화가 이뤄졌다. 치료 회기의 구조화에는 앤과 엄마가 '이야기하는 땅(talking-land)' 이라는 소파에 앉아서 지난 주의 활동에 대해서 이야기하는 짧은 시간도 포함되었다. 세 번째와 네 번째 회기 동안 줄리는 '벌레 스프레이(bug spray)' 로 상상의 벌레를 쫓아내면서, 그들이 발전시킨 게임과 화재 장면의 긍정적인 결과들을 기술하기 시작했다. 엄마가 말할 때 우리는 앤을 진정시키려고 최선의 노력을 다했지만, 앤은 초조해 했고 방을 이리저리 뛰어다녔다. 앤은 짧은 시간 동안 걷고 엄마에게 가볍게 안기고 나서야 마침내 진정되었고, 자신의 생각이 자신을 이리저리 뛰어다니게 했다고 말했다. 이런 침투적 사고와 관련된 주제는 치료 전반에 걸쳐 일어났다. 나는 화재 게임을 '달리는 생각(running thoughts)' 게임으로 변형시켰고, 앤은 생각들을 멀리 쫓아낼 수 있는 소품이라며 낙하산을 선택했다. 앤과 줄리는 춤을 추고 생각에다 '안전한 물(safe water)'을 끼얹음으로써 그 생각들을 없애 버리는 방법을 발명했다. 이 게임이 가져온 평온은 아주 짧았고 치료 회기 내에서는 단지 몇 분만 지속되었으나, 줄리와 나는 놀이 활동이 앤에게 어떻게 영향을 미치며 내적 감정 상태를 변화시키는지를 말할 수 있었다. 나는 나머지 치료 동안 이 절차를 구체적으로 활용하여 어떻게 상호작용적 게임이 감정을 통제하는 데 도움이 되었는지를 지적했다.

앤과 줄리가 불을 끄거나 달리는 생각을 성공적으로 쫓아버린 게임을 한 후에, 나는 엄마에게 회기에서 나가 줄 것을 요청했다. 나는 이 치료 선택을 통해 앤이 더욱 의미 있는 방식으로 엄마와 관계할 때 사용할 그녀만의 놀이, 동작 및 심상을 개발하도록 하였다. 엄마의 보호와 안전감을 앤 자신에게 제공한 '달리는 생각' 게임을 하는 동안 앤이 성공적으로 창조적 관여를 한 것은, 앤이 자신의 고통을 표현하기 시작할 수 있었음을 시사하며, 자신의 두려움에 대하여 안전감을 주는 방식으로 엄마에게 반응할 수 있었음을 나타낸다. 더욱이 줄리는 앤의 악몽과 벌레-공포 행동이 감소되었다고 보고했다.

2) 앤의 개별 놀이

그 후 약 2~3 개월 지속된 단독 놀이 기간 동안, 앤은 반복적이고 사실적인 연극 활동을 드러내기 시작했다. 나는 이 놀이가 초기 외상과 관련 있을 수 있다고 믿었다. 게다가 그녀가 그린 그림 중의 일부는 아주 이상하고 기이한 심상을 나타냈다. 성급하게 줄리를 포함시키기보다는 이와 같은 심상을 정교화시켜 앤이 아무런 영향을 받지 않으면서 그녀만의 이야기를 연출할 수 있도록 하였다. 또한 앤이 나에 대한 치료적 동맹을 발전시키는 것도 중요했다.

이때 (a) 의사놀이 게임, (b) 죽음 연기, (c) 소방차의 세 가지 주요 연극적 주제가 도입되었다. 의사놀이 게임에서 앤은 계속 누워 있었고 나에게 의사가 되라고 했으며, 나에게 손을 배에 올려놓고 뭔가를 제거하는 수술을 하게 했다. 나는 이런 요청들을 거절하고 봉제 인형을 활용하여 앤 자신이 의사가 되어 다시 지시하도록 했다. 대개 이런 시점에서 앤의 활동은 중단되었다.

이 반복적인 주제가 특히 흥미로웠던 것은 앤이 평가 회기 중에 첫 단독 놀이를 할 때, 한 1년 반 전에 했던 동일한 연극적 게임을 보였기 때문이었다. 이 시점에서 나는 이

게임이 외상적 기원일 수 있다는 의심을 하면서 게임에 참여하지 않기로 했다. 만일 게임에 참여한다면, 앤과 나와의 관계에 유의미한 영향을 미칠 수 있다고 생각했다. 이것이 특히 사실인 것은 그녀가 나에게 실제적이고 신체적으로 자신의 배를 만지고 수술해 달라고 강하게 요청했기 때문에 그러했다. 일부 경우에 신체적 접촉이 일어나기도 하지만, 이런 요청은 앤과 나 사이의 관계에서 매우 일찍 나타났다. 이 게임이 나와 앤 사이에서 직접적으로 상연되기보다는 앤이 통제할 수 있는 인형, 손인형 혹은 동물의 은유적 맥락에서 발전되는 것이 앤에게 매우 중요해 보였다.

두 번째로 주요한 반복적 행동은 죽음놀이를 하는 것이었다. 이 활동에서 앤은 단순히 베개로 떨어지고 죽었다고 말하며 약 몇 분 동안 움직임 없이 누워 있다가 다시 살아나서 자신이 하던 일을 계속했다. 이러한 일화는 앤의 이야기 주제와 관련이 없었고, 이 행위 후에는 새로운 놀이, 이야기, 혹은 동작 행동이 생성되지 않았기에 놀이 중단으로 간주될 수 있었다. 이 시기에 나의 개입은 단지 기다려 주고 다시 살아났을 때 어떤 일이 생기는지를 물어보는 것이었다. 내가 의사놀이와 죽음놀이 간의 관계를 구체적인 용어로 언어적으로 기술하며, 그것이 다른 놀이 활동에 어떻게 방해가 되는지를 설명하려고 시도하는 것에 대하여 앤은 거의 관심을 보이지 않았다. 또한 이런 논의가 그녀의 행동에도 거의 영향을 미치지 않았다. 앞서 언급했듯이 앤은 이 죽음의 주제를 확장했다.

이런 주제들이 초기에 드러나는 동안, 앤은 자신을 소방차라고 하는 세 번째 놀이 주제를 나타냈다. 여기에서 그녀가 통제할 수 있도록 돕기 위해 운전자가 되어 보라고 제안하면서 개입을 하였다. 이런 삽화는 대개 의사 혹은 죽음의 심상 이후에 나타났다.

6~16회기 동안, 나는 상대적으로 비지시적인 스타일을 유지하는 치료를 선택했고, 이에 앤은 어떠한 교정적 장면, 해석 혹은 놀이에 대한 다른 개입 없이 즐겁게 자신의 연극적이며 놀이적인 심상을 생성할 수 있었다. 이 비지시적 입장은 앤과 내가 놀이를 통해서 서로를 알아 가게 했으며, 어떤 방식으로든지 그녀의 초기 외상을 고의적으로 다시 연기하게 하거나 사회적 강화를 통해서 언어적 보고에 영향을 주는 것을 피했다. 각 회기 동안, 그녀가 이런 반복적 주제를 드러낼 때 나는 약간의 해석을 했다. 그러나 앤은 활동을 계속하였고, 놀이에 조작을 하려는 시도는 너무 성급한 것이어서 잘못된 심상이나 조기 종결과 같은 부정적인 결과를 초래할 것이라는 실마리들이 있었다.

3) 성학대와 관련된 보다 위협적인 소재의 노출

다음 치료 국면에서 앤은 자연스럽게 놀이를 확장할 준비가 되어 있었다. 이 단계의 앤은 첫 회기에서 의사가 필요한 곰인형들에 대하여 말했다. 다른 시점에서는 너무나 많이 먹도록 강요당한 아기가 있었고, 앤은 아기의 배가 튀어나올 거라고 말하면서 그림을 그렸다. 앤은 나중에 그 아기가 자신이었다고 말했다. 아기에 대해 상연하는 동안, 앤은 자신의 입에 하얀 물질이 많이 있고 자신의 배에는 자신을 해칠 것들로 가득 차 있다고 말했다. 약 세 달 동안 이런 활동을 하면서, 앤은 죽음 장면을 정교화했는데 그 심상은 배가 아프게 되는 것과 관련 있었다.

이 게임에 이어 놀이를 하는 동안 앤의 노출 수준이 증가했다. 노출을 하는 동안 앤은 반복적으로 어떤 일이 실제로 일어났지만 비밀이라고 말했다. 앤은 만일 엄마가 자신이 재상연한 것, 그린 것, 얘기한 것들을 알게 되면, 누군가가 죽거나 살해당할 거라고 두려워하며 방에 엄마가 있는 것을 거부했다.

치료가 시작되고 약 6개월 동안, 앤은 엄마가 나가면 매우 초조해 했고 방 주위를 이리저리 뛰어다녔다. 이 시점에서 그녀는 신이 자신의 입에 있고, 뱃속으로 갔다고 말하기 시작했다. 이런 말을 하면서 앤은 눈을 매우 빠르게 깜빡거리기 시작했고, 나쁜 사람이 이렇게 하는 방법을 자신에게 가르쳐 줬다고 말하였다. 동시에 그녀는 아주 특정한 몸짓을 했는데, 손가락으로 '신', 그녀의 '배', 그리고 '지옥'을 나타냈다. 그런 다음 그녀는 이런 몸짓은 악마와 관련 있는 것이고 자신은 진짜 나쁜 사람들을 여러 명 안다고 말했다. 그리고는 모든 곰들이 아픈 것을 연기했고 그녀는 반복적으로 죽기 시작했다. 매번 죽을 때마다 그녀는 베개로 매장해 달라고 요청했다. 그래서 나는 한 번 베개 하나를 그녀 위에 올려놓았다. 이런 삽화 다음에 앤은 죽음에서 벌떡 일어나 괴물이 되었다. 몇 분 후에는 자신이 괴물로 변하는 알약을 먹었다고 말했다.

다음 여러 회기 동안에 앤은 괴물로 변하는 술을 마시는 연기를 계속했다. 게다가 그녀는 뱀이나 벌레와 함께 매장되는 것을 연기했다. 그녀는 뱀과 벌레가 자신을 먹어치운다고 묘사했다. 이런 장면을 통해서 앤은 내가 자신의 배를 만지고 소리를 들어 보게 하는 의사놀이 장면을 재개했다. 또 다시 나는 거절했고 앤이 봉제 인형과 놀이를 하도록 제안했다. 그녀는 놀이에서 다시 죽는 장면과 매장당하는 연기를 하였다. 이 장면은 다시 앤이 괴물로 태어나는 것으로 변했다. 앤은 괴물을 연기할 때 완전히 다른 신체적 태도와 얼굴 표정을 취했다. 그녀의 움직임은 컸고 얼굴 표정은 보다 격렬했다. 또한 자발적으로 크게 웃기 시작했다. 이런 표현은 앤의 이전 레퍼토리에는 없었던 것이기 때문에 의미가 있었다. 이 괴물은 확실히 뭔가 달랐다.

이러한 장면 중 어떤 시점에서 앤은 사탄이 있다며 뒤로 움츠러드는 행동의 변화를 보였고 나에게 그를 쫓아내 달라고 요청했다. 이에 대한 반응으로 나는 연극에 보다 적극적으로 개입하여 사탄에게 직접적으로 다음과 같이 말했다. "여기는 나의 상담실이고 모든 어린이들은 안전하다." "사람들에게는 오로지 좋은 일들만 일어나는 것이 중요하며, 사탄은 아이들과 다른 사람들을 상처 주지 않는다는 규칙에 복종하지 않는 한 내 상담실에 들어올 권리가 없다." 사탄에 대한 이런 말들은 앤을 진정시키는 데 도움이 되었다. 사탄과 관련된 앤의 창조적 생각을 보다 직접적으로 개입시키기 위해서, 나는 앤에게 사탄을 다른 소품으로 지정하고 그것을 어딘가에 두라고 했다. 앤은 사탄이라고 지정한 소품을 상담실 밖에 두었다. 나의 말들과 더불어 이 활동도 앤을 진정시키는 데 도움이 된 것으로 보였다.

치료가 시작된 지 7개월 후, 앤은 자신이 목격했다고 말하는 장면을 묘사했는데, 여기서 검은 옷을 입은 나쁜 사람들이 불이 난 곳에서 동물을 다치게 했다. 실제 일어났고 그녀는 이것을 언급한 후에 비밀을 말한 것에 대해 매우 두려워했다. 만일 누군가 자신이 말한 것을 알게 된다면, 자신의 개와 가족이 다칠 것이고 유괴범이 밤에 창문으로 들어올지 모른다고 말했다. 그러면서 유괴범이 실제 사람일 뿐만 아니라 언제나 자신의 모든 얘기를 들어 주는 수호천사일 수도 있다고 말했다. 이런 노출을 하는 동안 그녀는 다시 눈을 깜빡거렸고, 앞에서 언급했던 손가락 제스처를 보였으며, 자신의 수호천사가 이렇게 하는 방법을 가르쳐 주었다고 말했다. 이 회기 이후에 줄리는 가정에서 앤의 공격성과 성적 행동이 다시 나타났다고 했다. 게다가 악몽과 벌레 공포도 다시 등장했고 앤은 자신의 침대에서 자는 것을 매우 두려워했다.

집에서 강한 공포와 관련된 행동이 다시 나타났기 때문에 나는 다시 줄리를 동참시키기로 결정했다. 이 논의 동안에 앤의 엄마는 어느 누구도 앤을 해칠 수 없으며 강아지를 훔쳐 가려고 하는 사람은 없다고 말했다. 우리는 몇 개의 계획을 세워 앤의 방 창문을 보다 안전하게 만들고 방에 비상등을 두도록 했다. 앤은 자신의 방에 있기를 바라는 가장 강한 보호자를 그림으로 그렸다. 이 보호자는 줄리가 상상하여 정교화한 것과 만화 주인공이 연합된 형태였다. 줄리와 앤은 이 그림을 완성했다. 나는 앤에게 이전에 엄마와 만든 보호적 내용의 테이프를 시청하게 하였다. 이 회기 동안, 앤은 앞서 언급한 위험 때문에 나와 논의한 것을 엄마에게는 더 이상 얘기할 수 없다는 것을 분명히 했다. 그러나 앤은 외할머니가 방에 있는 것에는 동의했다. 이는 내가 말했듯이 이런 무서운 감정에 대해 알고 있는 가족이 있어서 도움을 줄 수 있다는 것만으로도 중요하다. 앤은 외할머니에 대해서는 이와 같은 위협이 없기 때문에 같이 놀이를 할 수 있다고 말했다. 그 다음 주 동안, 앤의 엄마와 계부는 집에서 앤의 안전을 확신시켜 주려고 노력했고 그녀의 악몽과 공포 행동은 유의하게 감소되었다.

그 주 동안의 앤의 행동에 대한 줄리의 언어적 보고 이후에 몇 달에 걸쳐 앤과 캐서린은 놀이 회기에 함께 참여했다. 이 기간에 엄마에게는 안전과 관련된 놀이 게임, 심상, 잠자기 전 사용되는 이야기를 적용시켜 보도록 하는 추가 과제를 주었다. 캐서린과 함께 하는 회기 동안, 앤은 여전히 노출을 계속했고 보다 정교화된 의사놀이와 죽음놀이에서 앤, 캐서린, 그리고 나를 포함하여 더 극적인 놀이를 하였다. 그리고 앤은 자신에게 있었던 일을 보다 명확하게 언어적으로 기술하기 시작했다. 종종 나는 앤에게 나쁜 사람, 사탄에게 말하고 싶은 것, 자신이 경험한 다양한 동물 손상과 감금 상황과 관련해서 말하고 싶은 것 등을 그림으로 그려 보게 했다. 할머니를 회기에 포함시키는 것은 아주 손쉬웠다. 나는 그녀에게 앤의 리드에 따르도록 했다.

4) 고문, 동물 손상 및 극악한 활동을 보다 정교화시킨 형태

외할머니와 함께 한 회기 동안, 앤은 그녀가 가장 좋아하는 동물 인형을 가지고 와서 놀이와 언어적 노출을 하는 데 도움이 되도록 하자는 나의 의견에 동의했다. 종종 앤이 자신에게 벌어진 일을 설명하지 못하면, 그녀는 마치 그것이 인형에게 일어난 일인 것처럼 생각했다. 그 노출과정이 아주 당황스럽고 고통스럽다는 것은 분명하다. 종종 앤은 방에 들어가는 것을 거절했다. 이 시기 동안에 앤, 할머니와 나는 인형과 걷기를 하면서 앤과 인형이 등장하는 보호적 이야기를 들려 주었다. 이런 회기 동안에 앤은 노래를 부르거나, 다른 주제에 대하여 크게 말하거나, 창문을 쳐다보는 것 같은 방해 행동을 보임으로써 놀이 참여를 거절하기도 했다. 이 시점에서 앤이 상호작용적 놀이에 참여할 준비가 되었다고 말할 때까지 앤, 캐서린과 나는 걷기를 했다. 내가 처음 앤의 회피적 행동에 직면하여 걷기를 활용할 때 우리는 전체 회기 내내 걷는 데 시간을 보냈다. 그러는 동안 앤은 자신이 주의산만해지는 것이 허용되지 않자 점점 더 나에게 화를 내었다. 마침내 회기를 끝내기 약 5분 전에 앤은 방으로 돌아오는 것에 동의했다. 이 시점에서 그녀는 놀이가 더 이상 허용되지 않는다는 것에 아주 실망했다. 이 걷기 기법이 어린 소녀의 불안과 불안 관련 회피와 적대주의에 직면하는 최선의 방법 중의 하나임이 입증되었다.

더 극단적이고 구체적인 노출의 기간은 약 4개월 동안 지속되었다. 앤은 위에서 기술한 행동을 나타냈음에도 불구하고, 대부분의 시간을 그림 그리거나 연기하거나 언어적 진술을 하는 데 보냈다. 종종 앤은 그림을 사용하여 보다 구체적인 노출을 하였고, 생성된 심상에서 이야기를 만듦으로써 언어적 노출을 하였다. 앤은 이야기와 미술 재료에 관한 나의 질문에 반응하면서 이야기를 정교화시켰다. 그녀는 대개 회기가 시작하는 동안에 보다 극적인 상연을 통해, 노출 후에 놀이를 통해 이것을 하였다.

이런 초기 노출 동안, 앤은 자신의 인형과 어린 소녀가 주위에 15명의 벌거벗은 어른들이 춤을 추는 것을 보고 있는 가운데 어떻게 둘이 같이 묶여져 있는지를 묘사하고 보여 주었다. 앤은 자신의 인형이 어떻게 우리나 땅 속 감옥에 있는지를 말했다. 또한 그 인형 주위에 검은색 옷을 입은 몇 명의 나쁜 사람들이 있었다고 하였다. 노출을 하는 동안에, 앤은 땅 속에 살고 있는 악마 그림을 그렸다. 그 악마는 집 아래에 지하 터널과 구불구불한 공간을 통해서 갈 수 있는 특별한 침실도 갖고 있었다. 이 시점에서 그녀는 인형에게 몇 명의 나쁜 사람들이 피를 마시고 동물들을 상처 입히고 칼로 찢는 것을 보는 의식을 말하게 했다. 이런 장면을 묘사하면서 앤은 유행하는 록음악을 노래하기 시작했고, 그 장소에서 성적 행위를 묘사한 단어를 일반적인 단어로 대체하였다. 마치 찬송가인 것처럼 노래를 불렀고, 관습적인 태도로 걸으면서 자신이 '사탄의 군사' 라고 말하기 시작했다. 이때 이전에 보였던 것처럼 눈을 매우 빠르게 깜빡거리기 시작했다.

이런 노출 이후에 앤은 다시 죽음의 주제를 나타냈고, 죽거나 떨어지는 장면을 짧게 상연했으며 매장된 후 외할머니와 나에게 구조해 달라고 요청했다. 이 같은 첫 번째 죽음 장면 동안, 나는 외할머니와 함께 앤의 옆에 앉았다. 한동안 움직임 없이 누워 있다가 앤은 손가락을 조용히 움직이기 시작했다. 나는 캐서린에게 만일 외손녀가 다시 살아 돌아오면 앤이 느낄 수 있는 손가락 춤을 추도록 지도했다. 잠시 후에 앤은 다시 활기를 띠었다. 몇 분 지나 앤은 비언어적으로 신호를 보낼 수 있었고, 처음에 그녀 위에 놓였던 베개를 우리에게 집어던졌다. 흥미롭게도 앤은 이 시기 동안 괴물을 잘 드러내지 않았다. 나는 캐서린에게 괴물이 무섭지 않고 기꺼이 괴물과 놀이를 하겠다고 말하도록 지도했다. 앤의 괴물 특성은 변화하기 시작한 것으로 보였다.

이런 노출 사이에, 앤은 의사놀이 주제를 다시 꺼냈다. 이 시점에서 그녀는 나와 외할머니에게 의사와 간호사가 되어서 그녀의 배에서 뭔가를 꺼내도록 했다. 이것을 여러 차례 상연한 후에 그녀는 검은색 과부 거미를 먹도록 강요받았다고 하였다. 그 거미가 또한 사탄이며 거미와 이 힘을 자신으로부터 끌어낼 필요가 있다고 기술했다. 여러 차례 이 주제를 나타낸 후에야 캐서린과 나는 마침내 그 힘을 제거하는 수술놀이 장면을 연기했다. 이런 노출 과정에서 앤은 교회 지하 동굴에서 벌어지는 의식에 대해 아주 상세한 특성을 묘사했는데 그 벽에는 몇 가지 마술 주문이 적혀져 있다고 했다. 그녀는 여러 동물들이 상처입은 것과 어린아이들이 죽는 것을 목격했다고 말했다. 이런 의식 동안, 앤은 자신과 다른 아이들이 뱀과 검은 과부들이 있는 동굴에 있다고 말했다. 이런 구체적인 진술을 할 때 앤은 그 정보를 노출하면 혀가 잘리게 될 것이라고 말했다. 한 시점에서 앤은 나쁜 사람과 사탄의 목소리가 자신의 내부에서 들린다고 하였고, 그 목소리가 자신을 나쁘게 행동하게 만들어 여동생에게 상처를 주고 협력을 거절하며 상담실에서 소리 시르게 한다고 했다. 앤은 이런 목소리를 나선형의 회오리바람으로 그렸다. 그녀는 그림을 그리는 동안 아주 초조하게 행동했다. 외할머니와 나는 목소리를 조용하게 하는 춤 연기를 할 수 있었다. 점차적으로 앤, 외할머니와 나는 목소리에게 조용해지라고 말하는 노래를 개발하였다.

동시에 줄리는 앤이 상점이나 다른 장소에서 남자를 만나면 극도로 두려워한다고 보고했다. 앤은 남자들이 자기를 유괴하거나 칼이나 도끼로 죽일 거라고 보고했다. 이런 노출과 공포스러워 하는 행동 이후에, 나는 앤이 공포스런 노출과 강한 정서적 반응을 가정에서의 애착관계와 통합시키는 데 도움이 되도록 다시 엄마와 계부를 회기에 참여시키기로 결정했다. 이것은 매우 중요했다. 이렇게 회기의 초반에 나는 점차적으로 앤의 할머니와 엄마, 계부를 포함시켜 나갔다. 캐서린은 회기 참여가 점점 줄어들었고, 마지막 회기에는 앤, 줄리, 계부만이 참석하게 되었다. 이런 회기의 목표는 앤의 부모와 안전감과 재애착을 발전시킬 수 있도록 교정적이고 보다 긍정적인 활동의 개발을 포함한다.

5) 교정적 애착 은유

이 부분의 치료는 약 6개월에 걸쳐 진행되었다. 처음 4개월 동안에 나는 앤을 부모와 함께 일주일에 한 번씩 만났다. 마지막 달에는 두 번을, 종결과정에서 마지막 치료 한 달 동안에는 한 번을 만났다. 앞서 언급했듯이, 캐서린은 전이에 도움을 주기 위해서 세 번 참석했다. 그러나 첫 달에, 나는 엄마와 계부를 앤과 따로 만났다. 이런 회기의 최초 목표는 앤이 할머니의 영향력과는 상관없이 엄마와 계부에게 상습적인 학대를 노출할 수 있도록 돕고, 이에 대해 양육자들은 안전감과 보호감을 제공하는 것이었다. 이런 노출 과정 동안, 앤은 앞서 한 것처럼 자신의 보고를 그림으로 표현하는 미술작업을 하였다. 이런 보고들은 이전에 할머니에게 보고한 것과 아주 유사했고, 나의 어떠한 도움도 없이 자발적으로 일어났다.

앤은 처음에 엄마와 계부와 함께 하는 첫 회기 동안 방에 들어오는 것을 거부했다. 앤은 자신이 뭔가에 대해서 얘기한다면 엄마가 칼에 찔려 살해당하거나, 수호천사가 자신을 지켜보고 있다가 나쁜 사람들에게 알릴 것이라고 말했다. 이 회기에서 앤의 부모들은 자신들이 살해당하지 않을 것이며 자신들과 개, 아이들을 안전하게 보호할 수 있다고 말하면서 앤을 안심시켜 주었다. 이런 노출 동안에 앤은 눈동자를 빠르게 굴렸고, 기분의 변동이 빨랐으며, 이전 회기에서의 삽화와 유사한 방식으로 정서적 변화를 보였다. 다음 몇 회기 동안 앤은 동물이 상처 입고 아이들은 동굴에 있으며 나쁜 사람과 사탄들이 활동하는 삽화를 부모에게 나타내는 데 계속해서 미술을 사용했다.

이런 미술 회기 이후에 나는 앤과 부모에게 어떠한 수호천사나 사탄 혹은 나쁜 사람들이 들어올 수 없는 안전한 집을 만들도록 개입하였다. 앤과 부모들은 협력해서 큰 베개를 날랐고, 방 가운데 집을 지었다. 이 절차가 완성되는 데 시간이 걸렸고, 앤은 처음에는 함께 작업하는 것을 거절했다. 그러나 나는 "유령 이야기"에서 나오는 진짜로 안전한 집은 부모와 자녀가 함께 일하고 서로 이야기하며 즐거움을 찾는 집이라고 계속해서 말해 주었다. 이 만들기 활동의 목표는 우선 과제를 완수하는 데서 상호작용의 어려움을 강조하고, 그 어려움을 안전과 관련된 은유로 재구성하는 것이다. 그 다음 목표는 함께 집을 만드는 행위가 은유를 함께 만드는 것이 되도록 하는 것이다. 이 시기 동안에 나는 과제를 완수하는 방식에 상이한 지시를 주고 안전한 집을 만드는 은유 활동을 첨가하면서 활동을 지도했다.

가족이 안전한 집에 있는 동안에, 나는 거의 1년 전에 앤과 엄마가 함께 놀이를 했던 불, 유령 및 괴물을 쫓아내는 게임을 다시 도입했다. 왜냐하면 줄리는 앤이 잠들 때 도움을 주기 위해서 이와 유사한 게임을 사용해 왔기 때문에, 앤에게 얼마나 부모가 나쁜 사람들로부터 안전하게 지켜 주는지를 쉽게 말해 줄 수 있었다. 괴물과 안전한 집 간의 관계는 은유적 가치를 수립하는 데 유용했다. 또한 엄마와 계부는 앤이 묘사한 삽화의 특징을 잘 들어 주고 알아 주었을 뿐만 아니라, 집에서 앤의 공포스러운 정동에 아주 지지적인 태도를 보였다는 것도 매우 중요했다. 그러므로 집을 짓는 활동은 상징적 수준뿐만 아니라 과제에서도 성공적이었다. 이 건설 활동은 너무나 성공적이어서, 앤과 부모는 나중에 이를 여러 차례 반복하고 싶어 했다.

다음 몇 달 내내 앤과 줄리, 때로 계부는 몇 차례의 교정적이거나 치유적인 은유적 연극 상연을 발전시키는데 참여할 수 있었다. 여기에는 앞서 언급한 죽음과 의사 장면을 정교화시킨 것이 포함된다. 앤은 언어적으로 정보를 말했고, 매장당하는 놀이를 하기 시작했다. 이 놀이에서 나는 엄마를 지도하여 앤을 발견하고 구조하도록 개입했다. 점차적으로 앤은 죽거나 살해당한 동물도 구조될 수 있다고 생각하기 시작했다. 이때 앤의 엄마와 외할머니는 의사와 간호사 역할을 하였고, 나쁜 사람들이 찢어 놓은 동물들을 꿰매 주었다. 그들은 여러 개의 큰 동물 인형이 작은 동물들을 찢는 나쁜 사람이 되는 장면을 상연했다. 이 시점에서 앤은 구조자로서 장면에 들어올 수 있었다. 그녀는 나쁜 사람을 쫓아버리고 동물들을 구급차에 태워서 엄마와 외할머니가 외과수술을 해 주는 안전한 병원에 데려갔으며 그들을 꿰매서 다시 생명을 주었다. 이에 앤은 대단히 즐겁고 긍정적인 기분을 보였다. 흥미로운 장면은 앤이 앞서 동물들의 심장이 갈가리 찢겼다고 묘사했는데 이들에게 심장을 되돌려 준 것이다.

이 치료 기간에 또 다른 중요한 연극적 장면은 앤이 토드(생부)와 나쁜 사람들에게 작별인사를 하고 줄리와 조지에게 입양되는 일련의 회기들이었다. 우리는 이 장면을 여러 회기에 걸쳐 발전시켰고, 연극적 상연과 마찬가지로 그리기 활동을 포함시켰다. 그리기에서 앤은 여러 차례 토드를 그렸고, 그를 땅에 묻고 작별인사를 했다. 또 다른 때 우리는 앤이 계부에게 입양되는 과정을 법정 장면으로 만들었다. 법정놀이에서 앤은 어떤 가족을 나쁜 사람으로 규정했다. 이 가족은 방의 한쪽에 있었고, 그녀의 현재 가족은 반대쪽에 있었다. 나는 정서적 재판관을 연기했으며 아동의 안전성과 같은 주제에 대해서 엄마와 계부에게 정서적으로 관련 있는 질문을 하였다. 나는 그들에게 앤에게 상처를 줄 것인지, 앤을 안전하게 해 줄 수 있는지를 물어보았다. 그런 다음 나는 앤에게 옛날 가족과 작별하고 아이들에게 상처를 주지 않는 새로운 '사랑하고 안전한 가족' 에게 가는 과제를 주었다.

이 활동은 앤이 상연하기에는 매우 어려운 것이었다. 그녀는 가족과 친밀해질 때마다 스스로 나쁜 사람이 되는 것으로 인식하여, 아주 어리석고 도발적이며 적대적이고 초조해졌다. 흥미로운 것은 나쁜 사람에게 접근하는 앤의 동작 양상은 1년 반 전에 생부와 함께 있을 때 보였던 것과 유사했다. 이 장면을 보다 확실하게 하기 위해서 내가 동물 인형을 사용하는 동안에, 나는 앤에게 엄마와 계부 옆에 앉아서 옛날 가족에게는 의식적인 작별인사를 하고 새로운 가족에게는 환영을 받도록 했다. 이때 나는 '앤' 동물 인형으로 옮겨서, 동물이 무슨 생각을 하고 어떤 느낌이 드는지를 물어보기 위해 순간순간 잠시 멈췄다. 줄리와 조지는 앤이 안심할 수 있도록 도울 수 있었고, 앤은 예전의 나쁜 사람들과 작별인사를 하는 것에 슬프고 두려워하는 감정을 모두 느꼈다고 보고했다.

아동을 다치게 하지 않고 안전하게 돌보는 것에 대한 판사의 질문에 답을 한 후에, 동물과 앤은 동시에 엄마와 계부를 만남으로써 법정놀이 활동을 완성하였다. 이 시점에서 줄리, 조지, 그리고 앤은 자신들이 상상하는 이상적인 가족에 대한 그림을 그렸다. 이런 그림들에는 부모와 자녀가 안전하고 놀이를 하며, 부모는 결코 아이를 다치게 하지 않는다고 약속하는 내용이 있었다. 그들이 긍정적이고 놀이적인 상호작용을 보이는 가족 그림을 완성한 것처럼, 앤은 계부를 받아들이고 그가 입양하는 것에 동의했다. 그들은 그림을 집으로 가져갔고, 그것을 집 안의 중요한 장소에 두었다.

이런 활동들은 유의미한 정서적 안도감과 카타르시스를 야기했으며, 앤이 엄마와 계부와 보다 친밀해지는 데 도움이 되고, 가족을 더욱 신뢰하는 데 유용했다. 그러나 앤은 상호작용 시에 여전히 주의분산의 문제와 적대적인 비언어적 행동을 나타냈다. 치료에서 이와 같은 상호작용은 아주 빠른 정서적 변화, 새로운 물리적 전이에 대한 준비성 부족, 그리고 아주 강한 몸짓과 자세들로 나타났다. 이런 비언어적 행동은 앤과 부모가 전형적으로 안정된 애착을 발전시키기 어렵게 만들었다. 예컨대, 이후 회기에 새로운 안전한 집을 세우면서 앤이 부모와 상호작용할 때, 그녀는 행동을 자꾸 바꾸고 다소 적대적으로 행동하였다.

이런 행동에 대해서 나는 앤과 가족이 안정된 애착 행동에 필요한 상호호혜적 동작 양식을 개발하는데 비언어적 교환들을 재안무할 수 있도록 그들에게 지도자 따라하기 게임을 소개했다. 지도자 따라하기 게임 동안에 나는 앤의 엄마나 계부를 대장 지도자로 지목했다. 나는 이런 역할을 설정하여 대장 지도자가 다음 지도자를 결정할 때까지 앤이 비언어적 활동에서 부모를 이끄는 식으로 지도력이 변화될 때를 부모가 정하게 했다. 우리는 이런 상호작용을 녹화했고 관찰했다. 이 시기 동안에 나는 부모에게 지도력을 바꾸기에 좋은 때를 선택할 수 있도록 적극적으로 지도했고, 앤이 부모와 최대한으로 참여하며 자유 놀이에 그들이 본래 생성한 비언어적, 상호작용적 생각들을 포함시킬 수 있도록 했다. 또한 앤이 상호적 양상을 통제하고 변경하고 깨려고 할 때, 부모로 하여금 지도력을 바꾸도록 하였다. 일단 그들이 일반적 게임을 배우면, 테이프를 관찰하고 그 게임을 집에서 연습하도록 하는 과제를 내주었다. 앤과 가족은 이런 신체적 교환양식에 빠르게 적응하였다. 나는 그들에게 다른 과제를 주었는데, 예컨대 대장 지도자의 개념을 활용하여 그림을 그리거나 부모가 앤에게 정상적인 또래 아동기의 노래와 게임을 가르치게 하였다.

대략 한 달에 걸쳐 앤은 신체적으로 관련하여 훨씬 더 통합된 양식을 발전시킬 수 있었다. 그녀는 부모와 자유롭게 협력하는 데 자신만의 생각을 활용하기 시작했고, 거리감과 탐색을 유지하면서 접근과 편안함 추구 간의 적절한 균형을 찾았다. 부모는 어떤 과제를 수행하는 데 필요한 최소한의 지시 사항만을 제공하는 방식으로, 상호작용할 때 자신들의 리더십 단서를 조절하는 방식을 배울 수 있었다. 또한 부모와의 관계에서 앤이 자신의 생각을 자유롭게 발전시킬 수 있도록 하였다.

앤과 부모 간에 치료적 춤과 연극이 쉽게 수행됨에 따라, 보다 정상적인 자유로운 주고받기 상호작용 양식이 발전되었다. 그런 다음 나는 치료 종결의 주제를 도출했다. 이 회기에서 앤과 부모는 1년 반이 넘는 치료 동안에 기억나는 치료적 개입에 대해 얘기할 수 있었다. 앤은 외할머니와 엄마가 놀이 상연으로 제거해 주기 전까지 자기 안에 있는 것으로 묘사했던 거미를 그렸던 것을 언급했다. 또한 치료 회기 초반에 자신의 집에 불이 났던 것으로 묘사했던 것도 기억했다. 후에 앤은 학대에 대한 정보를 언어적으로 노출했다면; 자기 집이 나쁜 사람들에게 위협당하여 불에 타 버렸을 것이라고 회상했다. 앤은 다시 집에 불이 나고 사람들이 타는 생각을 드러냈다. 엄마는 재빨리 줄리, 조지, 캐서린이 앤과 완수했던 모든 구조 장면을 떠올렸다. 엄마가 딸에게 이런 구조 장면들을 상기할 수 있도록 함으로써, 줄리는 불타는 집 안에서 아동을 구해 오는 소방차를 그렸다.

모든 이런 심상들로부터 우리는 앤, 엄마 및 계부가 궁극적으로 나와 동시에 작별을 할 수 있도록 작별 드라마를 고안했다. 이 은유에서 앤의 엄마와 나는 집에 있는 사람이 외부 화재에 책임이 없는 것처럼, 어느 것도 앤의 잘못으로 인해 생긴 것이 아니며 엄마가 구조해야 했었다고 재차 안심시켜 줄 수 있었다. 마지막 작별 방문 동안, 앤은 나쁜 사람과 그들에 대한 기억에 안녕이라고 말할 수 있었다. 이때 그녀는 무서운 거미를 포함하는 기억들에 대한 그림을 그렸다. 이 그림을 그린 후에 앤은 과거의 심상을 제거하는 방식으로서 그림을 찢어 버리기로 결정했다. 마지막 종결 회기에서 앤은 다시 불타는 집 그림을 그렸는데, 마침내 그녀 자신의 역할로 한 작은 동물을 구조하는 연기를 하였고 엄마, 계부와 나는 그것을 지켜보았다. 앤은 자신의 가족과 함께 있는 안전한 집에 그 동물을 둠으로써 회기를 마쳤다. 자신(곰인형)을 구조하는 연극적 심상과 곰을 엄마에게 가져와 안전하게 만든 것은, 처음에 앤이 불에 압도당하는 그림을 보여 주었던 것을 회상해 본다면 특히 앤과 엄마에게 아주 강력했음을 알 수 있다.

5. 결과 및 추수

마지막 회기 이후에 나는 줄리와 추수 회기를 약속했는데, 이는 앤이 스트레스가 많은 시기에 문제를 계속적으로 보일 수 있기 때문이었다. 앤, 엄마와 계부는 보다 신뢰롭고 친밀한 관계, 앤의 내적 표상과 만연한 외상에 압도되는 경험들을 재설정하는 데 확실히 오랫동안 작업을 해 왔지만, 신체적 기억들과 미래의 자신에 대한 신념과 기대들은 앤이 성장하면서 대인관계 측면에서 강력한 도전을 받으면 문제가 될 수도 있다. 지금까지 전화 접촉을 통해서 줄리는 앤이 초등학교에서 잘 지내고 있으며, 외상적 행동, 악몽, 공격성, 자위 행위, 그리고 처음 치료를 받게 된 성적 활동들을 다시 보이지 않았다고 말했다. 이 시점에서 앤의 생부는 어떤 식으로든 앤과 접촉하려 하지 않았기에 그의 아버지로서의 법적 권리는 종결되었다. 앤의 엄마에 따르면, 토드는 다른 아동을 성학대한 것으로 아직 형량이 남아 있는 상태라고 하였다.

6. 논의

안정적인 가족 애착은 부모와 자녀 간의 상호작용을 토대로 수립되고, 상호작용을 하는 동안에 부모와 자녀는 순간순간 창조적 선택을 하는 경험을 하며, 부모는 자녀의 비언어적이고 정서적 단서에 민감하게 반응한다. 이런 상호작용 양식은 비언어적이고 연극적인 표현의 흐름 속에서 안전감에 이르게 한다. 내적으로 느껴지는 안전감은 부모와 자녀가 부합되든 부합되지 않든 간에 비언어적 갈등해결책들을 성공적으로 타협했음을 반영한다. 이 장의 앞에서 소개한 것처럼, 미술을 실행하는 것에서 심상이 계속된다. 그리고 가족의 내적 안무가는 현재 진행 중인 애착의 춤을 제공하고 몸짓, 리듬을 만들며 동작을 형성하는데, 그 움직임이 얼마나 작은지는 상관없다. 정서적인 내용을 상연하는 연극을 통해 애착된 가족들은 갈등을 성공적으로 해결할 수 있고 서로 보완적이며 독자적인 선택권을 장려한다. 사랑과 선의를 경험하는 가족들은 이런 춤과 연극을 일상생활에서 계속해서 창조적인 방식으로 반복하고 정교화한다. 이런 표현들은 긍정적 심상, 은유, 상징, 이야기, 궁극적으로는 결합을 상징하는 긍정적 의식을 창출한다.

외상의 순간 동안 학대의 경험은 아동들을 두렵게 하고 공포에 떨게 한다. 만일 이와 같은 학대가 계속된다면, 아동들은 자신이 경험한 정서 강도를 통제 · 조절하고 살아남기 위해서 그 경험을 내면화하게 되고 궁극적으로는 분리시킨다. 그러나 이런 방어의 대가는 다음과 같다. 즉, 자발적이고 개방적인 방식으로 친밀한 관계를 맺는 어린 아동 피해자의 능력은 유의미하게 저하되어, 실제 외상적 사건 이후 여러 해 동안 붕괴된 애착관계가 설정된다. 이런 환경이 외상후 증후군을 경험하는 아동들을 만든다. 예컨대, 지연된 공포 반응, 악몽, 공황적 반응, 발달적 · 사회적 · 정서적 · 인지적 과제를 성취하는 데서의 어려움, 그리고 정서적 무감각 및 차단의 조합들을 경험하게 한다. 외상은 아동의 장래에 대한 감각을 붕괴하여 행복한 삶을 영위하는 것에 대한 부정적 신념과 감정을 갖게 한다. 왜냐하면 학대의 외상적 경험은 이런 아동들의 신체적이고 감각적인 수준에서 발생되기 때문에, 앤의 사례에서와 같이 은유를 통해 그것들의 관계를 이해하는 능력과 마찬가지로 비언어적 상호작용 행동들을 왜곡한다. 다른 가족들과의 관계는 무의식적인 방식으로 영향받을 수 있다. 아동과 가족이 서로 이해하고 소속되고자 하는 의도와 욕구가 높다고 하더라도, 동작 양상과 극적인 상연이 재생산되어 공포, 분노, 적대감 및 불안정을 경험하고 궁극적으로 소원해지는 것은 비극이다.

역동적 놀이치료의 주요 공헌 중의 하나는 이런 가족이 신뢰와 안정된 관계를 재건하는 데 유용하다는 것이다. 이와 같은 맥락에서 기본적이고 핵심적인 신체적, 감각적, 정서적 수준에서 압도되고 무기력감을 경험함에도 불구하고, 어린 아동이 자신과 세계에 대한 긍정적 기대를 재창출하는 데 도움을 줄 수 있다는 것은 희망적이다. 부모가 도와서 아동이 부모와의 일차적 애착을 재건함으로써, 이 개입의 주요 목표는 자녀를 악몽과 공포에서 벗어나게 하려는 부모의 희망을 구체화하는 것이고, 부모가 실제로 돌봐 주는 것에 대하여 모든 아동이 편안함을 느낄 수 있도록 하는 것이다.

역동적 놀이치료는 사회적, 감정적 측면을 매우 구체적으로 재창조, 재안무, 방향 재설정들의 다양한 표현 형태를 활용하여 가족 성원들을 돕고자 고안된 통합적 표현예술 형태다. 이런 치료 형식에서, 애착 문제와 외상 경험은 신뢰와 안정감과 관련된 감정에 영향을 미치며 부모와 자녀 간의 표현에도 영향을 미친다. 이런 영향들은 놀이 파기의 비언어적, 연극적, 시각적 지표에서 쉽게 보여지며, 정서적 변화, 미완성된 심상 및 순간순간의 연극적 변화에 영향을 미친다. 역동적 놀이치료에서 이 놀이 파기가 확인되면, 치료자는 안정감 맥락 내에서 가족 구성원들을 도와서 이런 심상들을 발전시키고 확장시키는 치료적 개입을 고안한다. 개입은 부모와 아동 모두에게 상호작용을 재창출하게 하며, 신체적으로 느끼는 것을 선택하는 경험을 하게 하여 본질적이고 자발적인 방식의 은유를 개발하게 한다.

연극적, 동작적, 미술적 상호작용과 단독 놀이를 통해서, 사탄의 의식적 학대 경험으로 고통받고 있던 어린 소녀에게 개입한 사례를 개관했다. 이 사례에 대한 개입 내내 치료적 선택은 소녀와 주변의 성인들에게 신체적, 정서적 애착과 이런 경험의 가치, 신념 측면을 말할 수 있도록 돕는 것이었다. 이 어린 소녀는 신체적, 정서적, 그리고 영혼의 황폐화가 심했기 때문에, 나는 치료자로서 가족 구성원들에게 언어적이고 통찰을 제공하는 방식으로 정서적 감정들을 말해 주는 것이 필요했다고 생각한다. 이 소녀는 만연한 행동 증상, 연극적 심상, 목소리가 들리는 비언어적인 어려움(어린 여동생을 강간하는 것과 같은 나쁜 짓을 하라고 말하는 사탄과 소녀가 연결되어 있는 것을 수호천사가 감시함)을 나타냈다. 또한 그녀는 침투적 사고, 공포스러운 악몽 및 와해된 애착 행동을 보였다. 나는 이런 모든 쟁점을 이끄는 데 역동적 놀이치료의 은유를 사용하기로 결정했다. 이 소녀가 자신의 동작, 연극 및 시각적 놀이 심상을 발전시키게 내버려 두는 것도 중요했다.

나는 앤의 행동이나 문제의 원인에 대한 나의 해석이 치료과정이나 엄마와 계부와의 관계 측면에 영향을 미쳤다고 생각하지 않는다. 나는 이런 종류의 학대에 익숙해지기 전에 오랫동안 앤을 보았다. 부모가 보고하고 앤이 확증한 대로, 앤은 무서운 TV 프로그램을 시청하지 않았다. 부모는 보편적인 기독교도의 신념의 규범을 벗어나는 행위는 하지 않았다. 게다가 나는 예컨대, 이혼, 입양, 그리고 한 명의 가해자에 의해 성학대를 경험한 아동들과 같이 보다 전형적인 문제를 겪는 가정들 뿐만 아니라, 문제가 없는 가정들에게 이와 동일한 기법들을 적용한다고 하여도, 동작, 연극, 미술 및 비디오 치료의 실제적 활용이 이런 수준의 심상을 생성하지 않는다고 확신한다.

이 사례에서 내가 배운 것 중의 하나는 긴급한 과정에서 창의적이고 회복적인 애착 경험을 자극할 수 있는 치료적인 가족의 은유가 어떻게 생성되는가 하는 것이다. 앤과 그녀의 가족을 치료하는 기간 동안, 우리는 상습적 학대 경험에 반작용하는 긍정적 예를 계속해서 만들었고, 새로운 은유 활동을 하여 온화함과 가족 간의 관계를 재건하게 하였다.

앤의 경우 흥미로운 것은 가장 강력한 치료적 심상이 그녀가 반복적으로 제시한 공포스러운 심상에서 왔다는 것이다. 반복되는 동작, 극적 행동 및 이야기들을 결합하여 앤과 가족들은 성공적인 재결합을 할 수 있었다. 예컨대, 앤이 그린 죽음 장면과 괴물 장면에 생명을 불어넣고 자발적인 손가락 춤을 통하여 외할머니가 구조하는 것으로 바뀌었다. 이 활동은 궁극적으로 앤이 죽은 동물을 구조하여 그것들을 엄마와 외할머니에게 데려와 병원에서 꿰매게 한 것이다. 이처럼 마침내 새로운 의사가 사탄 거미를 제거하게 하는 장면은 극적 의례의 특징을 지닌다. 게다가 가족들은 안전한 집 은유를 생성하였다. 이런 긍정적 은유는 이 가족이 친밀성을 경험하는 데 도움이 되었다.

법률적, 사회적 봉사체계는 실제 개입 이전에 생부가 이 소녀를 볼 수 없도록 결정했기 때문에, 그녀의 실제적인 신체적 안전은 보장되었다. 이 사례에서 보면, 치료와 더불어 사회복지기관과 법률의 동시적인 개입은 상대적으로 만족스러운 것이었다. 이런 각각의 체계는 각기 다른 협의 사항, 증거 수준 및 학대를 다루었다. 그러므로 이 장에서는 이런 사례들에 종종 수반되는 보호, 방문 및 범죄 측면에 관한 매우 복잡한 쟁점들은 언급하지 않았다. 상습적 학대와 관련된 영역은 그러한 학대가 있었는지에 관해서조차 양측에서 내세우는 정신건강, 법, 사회복지, 종교의 전문가들 간에 매우 상반된 주장들이 제기되곤 한다.

이 사건을 사회복지기관에 보고했을 때, 한 주의 직원들은 보고를 전혀 믿지 못했고 다른 시의 직원들과 경찰들은 꽤 흥미로워했다. 개인적으로 전문가로서 이 사례는 매우 도전적이고 충격적이며 경악스러웠다. 이 사례와 유사한 다른 사례의 결과로 내 우편물은 위조되었고, 전화는 종종 뚝뚝 끊겼으며, 가족과 나와 동료들은 이상한 위협을 받았다. 심지어 일부 지역의 정신건강 전문가들은 나에게 추가 의뢰를 하는 것을 꺼려했다.

다른 임상가들은 이런 종류의 사례들에서 유사한 경험을 보고했다. 또한 나는 영혼의 신념에 부딪혔고 일부 이차적 외상 후 증상을 경험했다. 이런 혼란 내내, 나는 출현하는 동작과 표현 활동에서 드러나는 연극적이고 이야기적인 재료들을 활용하여 은유를 계속해서 개발하는 것에 초점을 두는 것이 중요함을 깨달았다. 이 사례는 이와 비슷한 사례가 있는 놀이치료자들에게 모델로 제시될 수 있을 것이다. 앤과 그녀의 엄마 및 계부는 함께 치료를 받으면서 새로운 친밀감을 만들 수 있었다. 이 가족과 나의 상호작용에서 강조할 부분은 그들에게 창조적 표현을 통해서 안정된 관계를 발전시키도록 도왔던 점이다.

참고문헌

Bell, J. (1984). Family therapy in motion: observing, assessing, and changing the family dance. In D. Bernstein (Eds.), *Theoretical Approaches to Dance-Movement Therapy,* Vol. 2. pp. 177-256. Dubuque, Iowa: Kendall/Hunt.

Crittenden, P. J. (In press). Quality of attachment in the preschool years. *Development and Psychopathology.*

Crittenden, P. M. (1988). Relationships at risk. In J. Belsky and T. Nozworski (Ed.), *The Clinical Implications of Attachment.* pp. 136-167. Hillsdale, NJ: Lawrence Erlbaum.

Dulica, D. (1976). *Movement Therapy with Families.* Monograph of the American Psychological Association. Special Education, 1104.

Harvey, S. A. (1989). *Initial Games in Dynamic Play Therapy.* Copyrighted, unpublished manuscript available from the author.

Harvey, S. A. (1990). Dynamic play therapy: an integrated expressive arts approach to the family therapy of young children. *The Arts in Psychotherapy, 17,* 239-246.

Harvey, S. A. (1991). Creating a family: an integrated expressive arts approach to adoption. *The Arts in Psychotherapy, 18,* 213-222.

Harvey, S. A. (In press-a). The development of attachment: long-term family intervention with the adoption of a sexually abused child. In F. Levy. Reston (Ed.), *Dance Therapy: A Healing Art,* Vol. 2. VA: The American Alliance for Health, Physical Education, and Dance.

Harvey, S. A. (In press-b). Patterns of movement interaction observed in child sexual abuse victims. *Journal of the American Dance Therapy Association.*

Landgarten, H. B. (1987). *Family Art Psychotherapy: A Clinical Guide and Casebook*. New York: Brunner/Mazel.

Meekums, B. (1991). Dance movement therapy with mothers and young children at risk of abuse. *The Arts in Psychotherapy, 18*, 223–230.

Terr, L. C. (1983). Play therapy and psychic trauma: a preliminary report. In C. Schaefer and K. O'Connor (Eds.), *Handbook of Play Therapy*, Vol. 1. pp. 308–319. New York: Wiley.

Terr, L. C. (1990). Too Scared to Cry: Psy*chic Trauma in Childhood*. New York: Harper & Row.

13 오, 단지 심장과 용기와 두뇌: 통합적 놀이치료

Jan Faust, Ph.D.

1. 통합적 놀이치료 소개

통합적 놀이치료(Integrative play therapy)는 아동에 대한 절충적 놀이치료의 한 형태다. 여러 해 동안 전문가들과 연구자들은 절충적 심리치료의 구성에 대해 논쟁해 왔다. 많은 심리학자들은 절충주의가 여러 가지 지향의 결합인지, 또는 어떤 지향을 적용하는 것의 결여인지에 관하여 상이한 의견을 가지고 있다. 노크로스(Norcross, 1987)는 절충주의가 심리학 전문직 내에서 갈등과 파벌의 분위기를 초래한 전문가들의 단일한 방향에의 교리적 집착에 반발하여 발전되었다고 주장한다.

실제로 전문가들은 종종 어린 내담자들을 치료하는 데는 오직 하나의 특정한 접근방법만 있는 것처럼 아이들의 치료에 선호되는 방법을 논의해 왔다. 아동 심리치료에서 다른 지향을 제치고 단일한 이론적 지향만을 선택하는 것은 종종 정당화되지 않고, 치료자는 아동의 주요 욕구들을 설명하기보다는 자신이 수련받은 권위자를 맹목적으로 따르게 될지도 모른다. 그리하여 아동 성격 발달의 특별한 요구와 수준을 배제시킨 채

치료적 모델이나 체제가 치료를 이끌어 간다. 예를 들어, 놀이치료의 정신분석적 접근법을 수련받은 사람들은 명백한 양육의 결핍을 자세히 다루지 않고 가족을 배제시킨 채 아동에게만 초점을 맞출지 모른다. 외상에 대한 아동의 반응을 다룰 때 인지행동 치료를 실시하는 치료자들은 가족 환경에 대한 아동의 변화된 인식뿐만 아니라 외상의 감정적인 영향까지도 자세히 다루지 못할 수 있다(예를 들면, 아동의 주요 보호자들이 외상을 막지 못함).

노크로스(1987)는 문헌들을 개관한 결과 수많은 제안된 절충 모델들 중에서 가장 우세한 세 가지 종류의 절충 이론, 즉 종합적 절충주의, 싱크대 절충주의, 선형 절충주의를 소개하고 있다. 종합적 절충주의는 통합적 놀이치료의 근거가 되는 통합적 절충 이론과 같은 것이다. 이 접근방법은 다양한 이론적 모델들을 상호작용하고 조합된 치료 노력으로 통합하는 것에 중점을 둔다. 기본 개념은 여러 다른 이론들을 통합하는 잘 발달된 개념화를 가지는 것인데, 이를 어떤 특정한 치료 장면에서 즉흥적으로 하지 않고 체계적이고 방법론적으로 수행하는 것이다. 사례를 통하여 통합적 놀이치료를 소개하기 전에, 이 치료가 다른 절충적 아동 방법 및 접근과 어떻게 다른지를 논의하는 것이 유용할 것이다.

1) 싱크대 절충주의(역주: 무작위 절충주의)

부주의한 절충적 놀이치료 접근은 '싱크대' 기법(역주: 이것저것 아무거나 다 사용하는 방법)의 유혹을 일으킨다. 이는 이론적 기초가 부족한 치료와 치료자가 어떤 마술적인 치료 비법을 찾고자 하는 절망감을 나타내는 역효과를 낳는다(Eysenck, 1970; Norcross, 1987). 아동을 치료하는 데 한 가지 특정한 방침만을 너무 엄격하고 완고하게 집착하는 것은 위험이 큰 것과 마찬가지로, 절충적으로 아동을 치료하는 것도 반치료적일 수 있다. 예를 들어, 어떤 치료자가 한 회기의 전반부에 아동 및 부모와 함께 행동적 부모훈련을 수행하고, 후반기에는 내담자중심 놀이치료를 위해 아동만 만나는 경우를 생각해 보자. 이 경우 회기의 후반부에 치료자가 아동이 자기 자신에 대해 개방적으로 배울 수 있도록 내담자중심 자세를 유지하는 능력은, 회기 전반부의 치료자의 한계설정 및 목적지향적 행동 때문에 방해받을지도 모른다.

더 미묘한 예는 극도로 수줍어하고 선택적으로 말을 하지 않는 아동을 치료할 때, 치료자가 인본주의적 접근법을 사용하려고 시도하면서 아동의 언어적 의사소통을 '강화' 하고 그것을 내담자 중심적인 반영으로 위장할 때다. 예를 들어, 조용하고 자기주장을 하지 않던 아동이 장난감에 대한 도움을 요청하면, 치료자는 "네가 나에게 장난감에 대한 도움을 요청하는구나. 잘 했어."라고 대답하는 경우다. 이런 치료자들은 칭찬을 언어 표현의 양을 증가시키기 위한 의사소통의 강화로 간주하면서 그 기법에 대한 정당화를 할 수도 있다. 그런 다음 치료자는 그 내용을 반영할 수 있을 것이다. 본질적으로 이 치료자는 아동에게 가치 판단을 부여했고, 성인의 기대에 순응하기를 바라는 정서적 태도를 만들어 냈다. 따라서 그 행동은 더 이상 아동에게 속하거나 아동의 일부가 아닌 성인 행동이 되었다. 이는 아동 행동 문제를 성인들의 아동에 대한 부적응적 반응과 대우로부터 발달된 정서화된 태도의 결과로 규정하는 내담자중심 놀이치료의 기본 전제들 중의 하나를 위배한다(Axline, 1947). 이 경우에 두 모델을 융합하려고 시도하는 것은 모델의 기초가 되는 이론을 무효화하는 동시에 실제로 아동에게 파괴적일 수 있다. 성인에 관한 문헌들은 이런 유형의 치료를 비논리적 절충주의라고 부른다(Norcross, 1987). 비논리적 절충주의에서 치료자는 치료기법에 기저하는 이론을 무시한다. 임상가는 단지 여러 가지 기법을 합치는데, 그럼으로써 자신이 그 기법이 근거하는 이론의 철학적 토대를 위반한다.

2) 선형적 절충주의

선형적 절충주의는 첫 번째 모델 내에서 치료를 끝낸 후에 한 지향에서 다음 지향으로 이동하는 것이다. 이런 유형의 절충주의에도 한계가 있다. 예를 들어, 치료자가 정신분석적 놀이치료에서 무의식 세계의 문지기와 전령의 역할로부터 행동적 부모훈련의 초자아 부모상으로 바뀐다면, 잠재적으로 마음에 엄청나게 부정적인 영향이 있을 수 있다. 이런 선형적 형태의 절충주의는 아동의 과거 이력과 치료의 경과를 제대로 다루는 데 실패한다. 치료자는 마치 모든 치료 경험이 진공 포장되어 있고 그 자체가 본질이라는 생각을 가지고 각각의 사례 개념화와 치료에 접근한다. 실제로 경험이 신체적인, 경험적인, 정서적인 것과는 상관없이, 모든 경험은 아동의 심리 속에서 서로 연관되어 있다.

3) 임상적 지향: 양의 옷을 입은 늑대, 아니면 전부 양?

많은 전문가들은 치료 모델들 사이의 실제 차이는 단지 의미의 문제라는 것을 입증하려고 시도한다. 이런 임상가들은 대개 절충주의나 (다른 치료적 지향들에 대한 지식 없이) 한 가지 방침만 사용하는 접근법을 고집하고, 모든 치료방법들은 기법을 기술하는 데 사용되는 용어를 제외하고는 똑같다고 선언한다. 예를 들어, 그런 절충적인 사람은 자기 가치에 대한 부정적인 진술들(예: 나는 무능하다, 나는 사랑스럽지 않다)로 구성된 자동적인 비합리적 신념의 결과로서 인지행동적 틀로부터 우울을 설명할지 모른다. 동시에 그는 분노의 내재화로부터 나온 죄의식과 관련된 무의식적 침투의 결과로서 정신역동적 관점으로부터 우울을 설명할지 모른다(Josephs, 1992; Klein, 1979).

언뜻 보기에 이러한 다른 지향들에서의 개념들은 똑같지는 않더라도 유사해 보인다. 그러나 더 자세히 본다면 결코 같지 않다. 정신역동 모델에서는 죄의식의 무의식적 침투는 대체로 오랜 발달력을 가진 성격 조직과 심리 기능에서의 문제들의 잔류물이라고 가정한다(Klein, 1979). 그러므로 우울은 실제로는 심리 기능에서의 다른 문제들의 증상이다. 한편, 인지행동적 관점에서는 우울과 같은 부적응적 심리 기능은 내담자가 너무 자주 들어서 습관화되거나 자동화된 학습된 자기진술에서 비롯된다고 본다(Burns, 1981). 이러한 관점에서 치료자는 우울을 직접적으로 다루고, 그것을 전반적인 심리기능이나 적응에서의 문제들의 증상으로 보지 않는다. 그 결과, 당연히 치료방법은 매우 다르다. 정신역동적 접근은 견고한 치료 동맹을 통해 무의식적 재료와 연관된 정서를 밝히는 것에 초점을 두는 반면, 인지행동적 접근은 내담자가 습관적인 비합리적 사고를 적응적 인지로 대체할 수 있도록 자기진술과 귀인을 수정하고 실습하는 데 초점을 둔다.

그러므로 모든 치료는 동일한데 단지 언어만 다르다는 것이 아님은 분명하다. 오히려 실제 실행에서, 그리고 임상적 영향과 관련해서 각각의 치료들을 독특하게 만드는 근원적인 차이가 있어 보인다. 결과적으로 모든 치료가 단지 언어적 성질의 차이만 있다고 기대하는 것은 오류다.

4) 대안으로서의 통합

(1) 치료 상황으로서 환경

아동을 치료할 때 특정한 치료적 토대에만 너무 강하게 집착하는 것과 연관된 또 다른 잠재적인 문제는 아동과 성인이 외부적 현실과 관련될 때 갖는 발달적 차이에서 생긴다. 많은 전통적 치료에서 아동의 외부 환경이 고려되기는 하지만 심리적 개입에서는 배제된다. 많은 치료자들은 성인에 대한 접근방법과 유사하게, 다른 것이 섞이지 않은 순수한 임상적 자세를 유지해야 한다고 믿는다. 환자-치료자 관계를 보존하려고 하는 것이 치료자가 아동의 부모, 학교, 다른 지역공동체 자원에 대해 덜 관여하거나 관여하지 않는 핵심적 이유다. 아동은 성인보다 훨씬 더 많이 환경적인 영향을 받는다. 아동들은 그들의 삶에서 많은 사건들을 통제할 수 있는 자원을 가지고 있지도 않고, 그들의 욕구에 대해서 의사소통을 잘하지도 못한다. 순전히 생존의 관점에서 볼 때, 아동은 그들의 생존에 필요할 수도 있는 정보의 원천으로서 외부 환경에 크게 의존한다(Harter, 1983). 유창하게 언어를 구사하는 데 한계를 가지고 있는 아동들은 성인들보다 훨씬 쉽게 물리적 환경에 반응한다. 환경은 아동이 자율성과 분리를 획득하는 토대다. 그러므로 통합적 놀이치료자들이 놀이치료 회기에서 물리적 환경과의 상호작용을 고려하는 것은 논리적이다. 놀이치료자는 환경을 실제 있는 그대로 학교, 가족, 가정, 실외, 실내 등으로 느슨하게 정의해야 한다.

공간은 모든 사람들에게 경계를 결정함에서 중요하지만, 아동이 의존성에서 자율성으로, 무능함에서 유능함으로 계속 변화하는 역할을 감당해 갈 때 정체감의 중요한 결정 요인이 된다. 물리적 공간은 공간 속에서의 심리적 변화에 따라 바뀌기 때문에, 은유적 의미의 공간과 물리적 공간은 분리될 수 없다(어머니가 자녀와 너무 많이 함입되어 있을 때 사용하는 경우처럼). 예를 들어, 너무 많이 함입되어 있는 어머니는 아동이 자기와 더 가깝게 있도록 하기 위해, 또는 보이지는 않지만 예상되는 위험으로부터 아동을 보호하려는 시도로 아동의 활동을 제한한다. 이러한 부모의 행동은 아동의 환경에 아동이 접근하는 것을 제한한다. 물리적 공간/환경은 네 번째 차원, 즉 시간에 끼워 넣어진다. 그러므로 통합적 놀이치료자는 시간의 흐름이 아동의 물리적 공간과 과거력 지도와 관련되어 있기 때문에, 평가(진단)와 치료에서 그것을 고려해야만 한다.

(2) 사례 개념화의 전개

통합적 놀이치료는 아동 발달력과 가족체계를 포함한 대인 간, 대인 내적 과거력의 모든 측면을 고려해야 한다. 게다가 놀이치료자들은 일차적 개념화와 대안적이면서 경쟁적일 수 있는 이차적 개념화를 선택할 때, 아동의 과거 맥락과 과거력이 묻어 있는 아동의 물리적 생활도 고려해야 한다.

그렇다면 아동의 욕구에 치료를 개별적으로 맞추는 데 관심 있는 놀이치료자들은 치료를 어떻게 진행시켜야 할까? 발달력, 병력 및 사회/가족력에 대한 정보를 충분히 갖춘 통합적 놀이치료자는 상세하게 사례를 개념화하는 것이 유리하다. 사고의 특정한 학파에 비중을 두고 개념화하는 경우에는 다른 이론적 배경에 기초한 보완적이고 대안적인 개념화를 포함하고 있어야 한다. 따라서 일차적 사례 개념화는 치료를 위한 지도가 된다. 대안적인 개념화가 활용 가능하다면, 치료자는 내담자의 잘 알려지지 않은 영역(추가적으로 과거의 정보가 드러남)에 대해 기록할 때조차 그러한 지도를 활용하여 융통성을 발휘할 수 있다.

어떤 사례 개념화를 선택할 때 고려해야 하는 몇 가지 요인들이 있다. 가장 분명한 것은 치료자 개인과 관련된다는 것이다. 첫째, 훈련, 능력, 지식이 이용 가능한 치료의 선택을 결정할 것이다. 만약 치료자가 세 가지 다른 학파들에 대하여 수련을 받았다면, 그 밖의 다른 치료들은 적합하지 않다. 치료자가 치료의 구성을 결정할 때 고려해야 하는 두 번째 요인은 아동의 과거력과 현재 맥락이다. 마지막으로 아동치료에 기꺼이 참여하는 양육자와 같은 아동의 활용 가능한 자원이 통합적 치료의 구성을 결정한다. 마지막 요인은 치료에 대한 관여와 탈락의 가능성을 결정하는 데 도움이 된다. 일부 치료 유형은 탈락의 가능성을 증가시키고 부모를 정서적으로 위협할 수도 있기 때문에(예를 들어, 부모를 개입시키는 것이 실패감과 비난을 증가시킬 수 있다) 치료에 대한 관여가 특히 중요하다.

일차적 사례 개념화를 선택한 다음에, 치료자는 사례에 대하여 일차적인 사례 가설을 생성하는 데 사용했던 정보로부터 이차적 개념화를 발전시킨다. 이런 과정이 나중에 치료에서 새로운 정보를 얻게 되었을 때 개념화를 바꾸거나 추가하는 것을 배제하지 않는다. 그런 다음 치료자는 이차적 개념화가 적합한지를 결정해야 한다. 즉, 이차적 개념화가 일차적 개념화와 환경적 맥락을 보완해 주는지 또는 적합하지 않는지를 결정해야 한다. 만약 이차적 개념화가 일차적 개념화와 양립할 수 있는 사례 개념화라면, 치료자는 일차적인 개념화와 결합하여 추가적인 개념화로 사용할 것인지, 아니면 일차적 개념화가 문제를 해결하는 데 불충분하므로 대안으로서 사용할 것인지 결정해야 한다. 치료자가 이러한 대안적 접근들을 통합하기로 결정한다면, 그 사례의 과정과 치료에서 일차적 개념화와 이차적 개념화의 차별적 역할을 항상 분명하게 이해하고 있어야 한다. [그림 13-1]은 이러한 통합적 접근을 그림으로 나타낸 것이다. 치료자는 또한 통합의 수준과

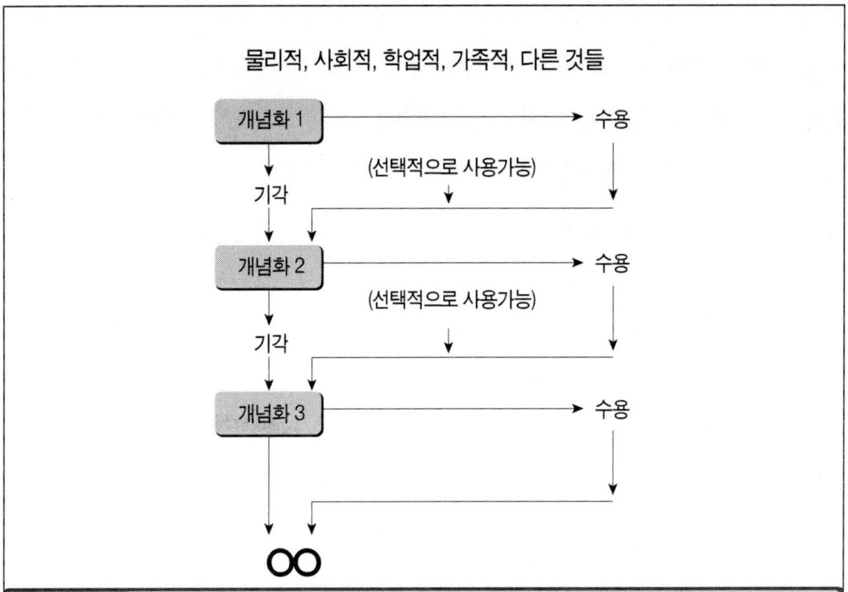

[그림 13-1] 환경적 맥락

과정을 결정하여 두 가지 방법을 연속적으로 수행하거나 동시적으로 수행하거나 병합하여 수행할 수도 있다.

만약 이차적 개념화가 일차적 개념화와 양립할 수 없다면, 치료자는 일차적 개념화만을 사용하고, 나중에 일차적 개념화가 치료적 효과에 기여하지 못할 때 사용할 수 있도록 이차적 개념화를 마음 속에 간직한다. 예로, 수련 중이던 클리닉에서 만난 주의력 결핍 과잉행동 장애(ADHD) 아동의 사례를 들어 보고자 한다. 평가단계 동안에 부모와 학교 직원들은 주의력 결핍이 또래와의 상호작용에서 어려움을 가져오는 것에 대하여 불평을 했다. 게다가 행동 관찰을 한 결과, 이 아동은 또래와 상호작용을 할 때 사회적 기술을 부적절하게 사용하고 있는 것으로 나타났다. 수련생 치료자는 처음에 이 사례를 인지행동적 틀로 개념화했고, 또래와의 상호작용의 어려움을 사회적 단서를 잘못 이해하고 학습이 잘못되었기 때문이라고 보았다. 우리는 치료의 평가 기간 동안에 내담자의 증상이 발생했을 때 부모가 내담자의 자기감에 대하여 얼마나 정서적으로 잘 반응하고 지지해 주었는지를 질문하고 그 증거들을 찾았다. 그 결과, 아동에게 적절한 적응적 사회 행동의 교육과 강화뿐만 아니라, 역할 연기를 통해서 친사회적 행동을 증가시키기 위해 인지행동적 치료를 일차적 사례 개념화로 선택하였다. 시간이 경과함에 따라 아동은 더 많은 친사회적 행동을 습득했으나, 새로운 기술들을 외부 환경적 장면으로 일반화하지 못했다. 결과적으로 우리는 내담자중심 치료 전략인, 이차적 개념화가 수반된 치료로 변경했고, 자기발견을 통해 아동의 행동은 극적으로 향상되었다.

마지막으로 치료과정 평가척도를 사용하게 되면, 선택된 개념화에 따라 목표로 삼은 치료들이 얼마나 잘 이행되었는지를 알아보는 데 도움을 준다. 번즈 박사(Dr. William J. Burns)와 나는 임상가들 및 연구자들이 심리치료 과정과 결과를 평가하는 데 도움이 되도록 노바 심리치료 평가(Nova Assessment of Psychotherapy: NAP)를 개발했다(Faust & Burns, 1991). 임상용 노바 심리치료 평가는 연구를 위한 단축판으로, 치료자들이 치료회기가 끝났을 때 방해받지 않고 빠르게 실시할 수 있도록 고안되었다. 이것은 치료자들이 다양한 이론적 지향의 기법들을 얼마나 잘 실행하였는지와 선택한 접근법이 아동에게 어떠한 영향을 미치는지를 추적하는 데 도움이 된다.

5) 통합적 사례 개념화를 정착시키고 전달하기 위한 은유 사용

은유는 언어의 원래 의미를 넘어 다양한 의미를 전달함으로써 말을 능가할 수 있는 강력한 의사소통의 형태다. 은유는 분명하게 서로 관련되지 않는 두 가지 실체들을 비교하기 위해 고안된 언어상(figure of speech)이다(Lankton & Lankton, 1983). 은유는 이전에 존재하지 않았던 두 가지 정체성의 혼합물을 만든다. 그렇기 때문에 은유는 정보를 추가하거나 원래 정보 메시지의 질을 바꾸는 의사소통의 한 형태다.

은유 사용은 통합적 놀이치료와 특히 관련이 있다. 은유의 초월적인 의사소통 능력의 바로 그 본질 때문에, 은유는 다양하고 복잡한 이론적 구성개념을 상호합성적 체계(interactive cybernetic system)로 조직화하는 데 유용하다. 따라서 상호합성적 체계는 새로운 혹은 변경된 형태의 의미를 갖는다(Lankton & Lankton, 1983). 놀이치료자는 통합적 개념화에서 은유를 활용한다. 은유를 통해 내담자의 다면적인 모습에 대한 형태가 나타나기 때문에, 치료자는 많은 사례 개념화를 통해서 내담자에 대한 이해를 공고화할 수 있다. 이러한 이해는 치료과정의 유동성을 유지시켜 준다. 은유적으로 말하면, 통합적 놀이치료는 일련의 스냅사진이라기보다는 비디오테이프를 가지고 조합한 이론들과 같다. 사실상 전체가 부분의 합보다 더 클 수 있다.

가족체계 치료뿐만 아니라 개인치료를 실시하는 치료자들은 무의식적인 재료들을 끌어내고, 한 가족체계 내에서 상위 의사소통을 하며, 개인과 가족이 다른 관점에서 문제를 볼 수 있도록 돕기 위해서 광범위하게 은유를 사용해 왔다. 사례 개념화를 이해할 때 은유를 사용하는 것 이외에도, 치료자는 학생들을 교육할 때 전달하는 지식을 더욱 명료하게 하기 위해 은유를 사용한다. 이런 목적에서 은유는 문제에 대해 학생들에게 참신한 대안을 제공해 준다(Bergman, 1992). 은유에 대한 반응으로, 가족 구성원들 사이에서 행동적이고 효과적인 변화가 나타날 수 있다. 이로 인해 가족체계는 항상성을 유지하려는 피드백 환(homeostatic feedbck loop)에서 자유로워질 수 있다. 그에 따라 체계의 기능이 변경된다. 치료자는 다양한 방식으로 변화를 초래하기 위해서 은유 사용을 계획한다(예: Bergman, 1992; Gutheil, 1979).

다음 사례를 통해 독자에게 통합적 놀이치료 방법의 예를 제공하려 한다. 특히, 이 내담자의 통합적 놀이치료 과정 묘사에 있어서 오즈의 마법사에 대한 은유(Baum, 1993)는 유용한데, 이는 오즈의 마법사가 아동이 경험한 내적 사건과 관련이 있기 때문이다. 또한 은유는 내담자의 심리적 경험을 이해하고 훈습하는 데 중요한 역할을 하는 환경과 관련성을 갖기도 한다. 폴을 위한 치료 여행은 도로시의 오즈 여행과 유사한 성장 경험이었다.

2. 문제와 배경자료

3세 백인 남아인 폴은 주말에 아빠를 방문하고 나면, 눈에 띄게 과격해지고 '통제 불능의' 행동을 했기 때문에 폴의 엄마가 폴을 치료에 의뢰하였다. 치료를 받을 당시에 폴은 엄마와 단 둘이 살고 있었다. 부모는 폴이 두 살 때 별거했다가 이혼하였다.

폴은 폭풍이 언제 시작되었는지를 결정하는 것을 어려워했지만, 그의 가족 환경과 심리 내적 모두에서 형성된 깔때기 모양의 구름은 그의 부모가 물리적으로 별거에 들어갔을 때 최고조에 달했다. 아빠인 앨 존슨이 집에서 이사 나간 다음 날 아침, 폴의 엄마인 수잔은 폴이 아빠가 돌아오기를 기다리면서 현관문 옆에서 자고 있는 것을 발견했다. 도로시도 비슷하게 먼저 그녀의 부모로부터 보호자인 아줌마와 아저씨에게로 옮겨졌고, 그 후 다시 토네이도로 오즈에 착륙하는 등 적어도 두 번 옮겨졌다(Baum, 1993). 부모의 결혼 생활이 엉망이 된 것과 그 폭풍이 폴의 성격 발달에 끼친 해악 때문에, 그의 회복에 이르는 길은 벽돌이 아닌 진흙, 진창, 돌멩이 등으로 덮여 있음이 분명했다. 폴은 같이 사는 양육자로서의 아빠를 상실한 고통을 견뎌내야 했을 뿐 아니라, 쓰디쓴 이혼 과정에서 부모들 사이에 끼어 있기도 했다.

부모들이 별거하기 전 폴의 가정 환경은 아빠가 바람을 피우고 결혼 생활의 갈등을 신체적 폭력으로 해결하려 했다는 점에서 역기능적이었다. 부부 갈등을 유지하는 데 수잔의 기여로 보이는 것은, 남편이 변화할 것이라는 희망으로 관계에 헌신한 것과 당시에 체계를 변화시키고자 시도했던 것들이 갈등을 악화시켰던 것과 관련 있어 보였다. 존슨 씨 부부는 별거하기 전 3년 반 동안 결혼 생활을 했다. 수잔은 결혼의 파경을 앨의 수많은 혼외정사 문제와 그녀에게 가한 신체적, 정서적 폭행의 탓으로 돌렸다. 그녀는 앨이 끊임없이 자기를 비난하고 모욕했다고 보고했다. 나중에 놀이치료에서 폴은 남편이 아내를 죽이겠다고 협박하는 행동을 보였다. 이는 그들이 함께 살 때, 폴의 아빠가 수잔을 죽이겠다고 위협했다는 것을 분명하게 해 준다. 수잔은 앨이 그녀의 생명을 무수히 위협했다고 확인해 주었다. 폴과 작업하면서 아주 명백해졌듯이, 이런 폭풍은 상당 기간에 걸쳐 형성되었다.

존슨 씨는 집을 떠난 후 이혼이 확정되기까지 8개월 동안 자신의 아들과 접촉하지 않았다. 내가 이 가족을 만나는 동안에 앨은 법원이 부과한 소액의 양육비를 종종 지불하지 않았다. 앨이 자신의 몫을 내지 않았기 때문에 수잔이 모든 의료 및 교육 비용들을 부담하였다. 앨은 이혼이 확정된 지 약 4개월이 지난 후에 방문권에 대한 관심을 표현했다. 그는 아들을 방문하기 시작했으나 산발적으로만 방문하다가, 점차 이혼 판결의 범위를 넘어서며 더 많은 방문권을 요청하기 시작했다. 증가된 방문권을 얻어 내기 위해서, 존슨 씨는 존슨 부인을 가정과 직장에서 심하게 협박하고 그녀를 지치게 만들면서 졸라댔다. 마치 사악한 마녀가 도로시를 추적하고 괴롭힌 것처럼, 존슨 씨도 폴과 그의 엄마를 쫓고 괴롭혔다.

수잔과 폴은 폴이 태어나고 세 살 반이 될 때까지 원래 살았던 집에서 살았다. 그 당시, 폴과 엄마는 외갓집으로 이사를 했다. 외조부모들은 교인들을 통제하기 위해 죄의식에 의존하는 어떤 보수적인 교회에 깊이 관여되어 있어서, 특히 분노와 같은 부정적인 감정 표현에 대한 참을성이 거의 없었다. 게다가 수잔은 부모를 무서워하는 것 같았다. 폴이 엄마에게 자신이 회기에서 '나쁜 말을 했다' 고 고백했을 때, 수잔은 자신에게는 어떠한 말을 해도 괜찮다고 말했다. 그러더니 매우 불안해 하며 서둘러 다시 말하기를, 외조부모님들이 있는 집에서는 그런 말을 하지 않는 것이 좋겠다고 덧붙였다. 폴은 가족 구성원들 간의 대결을 피하기 위해서 그의 행동과 자기감을 변화시키지 않으면 안 되었다. 유사하게 영화에서 도로시는 캔자스에서 토토의 불복종에 대하여 교정을 요구하는 옆집의 굴치 부인 때문에 그와 관련하여 적당한 조치를 취해야만 했다. 그 대가로 도로시는 토토와 떨어져야만 했던 극히 중요한 상실을 치렀다.

존슨 부인은 대기업의 비서였고 승진하는 것이 가능했다고 보고했다. 매우 똑똑하고 의욕이 있었지만, 그녀는 고등학교를 졸업한 후에 더 높은 교육을 추구하지 않았다. 앨 존슨 또한 고등학교를 마치고 매우 유망했던 가족사업 회사에 취직되었다.

수잔은 남편이 매우 처벌적이고 엄격한 가정에서 자랐다고 보고했다. 그 가정에서 신체적 처벌의 사용은 주요한 훈육 수단이었지만, 보수적인 가정이라고 보기에는 어려울 정도로 훨씬 경계가 느슨한 남성중심적인 가정이었다. 예를 들어, 존슨 씨의 부모는 존슨이 14세 때부터 빈번하게 집에 여자들을 데리고 와서 자는 것을 용인하였다. 또한 존슨 씨는 청소년기에 빈번하게 싸움을 했고 총기 사용과 관련하여 법적인 문제가 있었다고 했다.

최근에 앨 존슨은 자신의 가족사업을 했고 사냥과 캠핑 휴가를 떠났다. 앨은 이 사냥 여행에 폴을 동반했고, 폴이 세 살이 될 무렵까지 사슴, 멧돼지, 토끼, 기타 다른 동물들을 쏘는 것을 목격했다. 회기에서 폴은 그 방문 동안 아빠와 그의 여자친구와 잤던 것뿐만 아니라 사냥에서의 경험들도 보고했다. 아빠는 자신의 그런 행동을 확인해 주었으나, 그렇게 하는 것이 폴에게 미치는 부정적인 결과들을 생각해 보지 않으려고 했다. 그는 이러한 잠자리 양상을 바꾸는 데 동의하여서 폴의 침대를 구입했다. 이런 일이 있고 몇 달 후에, 폴은 아빠의 애인인 리네트가 자신의 성기를 만졌다고 보고하여서 아동보호기관이 조사를 했다. 아동보호기관은 그 성학대 혐의를 확인하지 못했으나 폴은 회기에서 그것을 확증하였다. 즉, 그의 행동은 급격하게 성인과 유사한 성적 언어 및 행위와 함께 성적인 것으로 변화되었다. 또한 아동보호기관은 나에게 리네트는 그녀의 자녀들처럼 희생자 목록이 있는 기록에서 아동 성학대에 대한 미확인된 기록을 갖고 있다고 알려 주었다.

폴이 아빠를 방문하는 동안, 아빠는 여자를 만나기 위하여 술집에 갈 때 자주 폴을 데리고 갔다. 폴은 회기 내내 그 경험들을 실연했다. 그는 또한 치료과정 전반에 걸쳐 폭력적이고 선정적인 R등급 영화/비디오에 노출되었던 것을 행동화했다.

이 보고된 성학대 사건이 있은 지 약 6개월 후에 수잔은 폴의 엉덩이에 상처가 난 것을 보았는데, 폴은 그것이 아빠가 때릴 때 사용한 허리띠장식 때문에 생긴 것이라고 말했다. 또 다시 아동보호기관의 조사가 시작되었으나 학대는 확인되지 않았다.

폴은 아빠를 방문하는 것을 자꾸 거부했다. 처음에 그의 아빠는 방문에 응하도록 뇌물을 주고 부추기다가 나중에는 협박하고 모욕했다. 더욱이 앨은 전처가 폴이 방문을 원하지 않게끔 세뇌시켰다고 비난하였는데, 이런 논쟁은 종종 폴 앞에서 전개되기도 했다. 존슨 씨가 방문 횟수를 늘리기 위해 소송을 하겠다는 협박이 결코 실현되지 않았지만, 그는 존슨 부인이 이직을 위하여 그 주를 떠나는 것을 막는 소송은 제기했다. 존슨 부부의 이혼 판결에는 폴의 일차적 양육자인 수잔은 앨이 동의하거나 그가 먼저 그 주를 떠나지 않는 한 주 밖으로 이사할 수 없다고 되어 있었다.

치료를 시작한 지 약 2년 후, 존슨 부인의 회사는 그녀의 마을에 있는 지점을 폐쇄하고 그녀를 이웃 주의 도시로 전근시켰다. 그녀는 자신의 교육 수준에 비해 월급이 매우 높고 혜택을 받았기 때문에 그것을 거절하기 어려운 기회라고 믿었다. 또한 그녀는 이와 같은 발전의 기회를 거절하는 것을 주저하였다. 흥미롭게도 부모와 종종 여행을 했던 폴은 새로운 주로 이사를 가고 싶어 했다. 그러나 판사는 수잔이 다른 주로 전근을 가는 것을 막았고, 더 나아가 다른 주 또는 다른 도시로 이사갈 수 없게 규정하였다. 결국, 수잔의 회사는 수백 명의 피고용인들을 방출하거나 전근시킨 후에 그 지역의 많은 사무실들을 폐쇄했다. 그녀의 고용주는 그녀의 가정 상황에 대하여 매우 지지적이어서 그녀를 회사 내의 다른 지위로 옮길 수 있게 해 주었다. 다행스럽게도 그녀는 수입, 지위 및 발전의 기회를 놓치지 않았다.

3. 이론적 개념화

처음에 이 사례에 대해 고려할 때 가장 눈에 띄는 특징은 어린 시절 내내 직면했던 폴의 발달적 외상 및 위기의 양과 질이었다. 출생한 직후부터 어린 시절 전반에 걸쳐 그는 수많은 부부 갈등에 노출되어 있었다. 이 아동이 생애에서 이와 같이 일찍이, 발달적으로 결정적인 지점에서 위기들에 봉착했고, 그 위기들의 중심에 그의 생존과 적응에 중요한 핵심적 인물들이 자리 잡고 있었기 때문에, 나는 애초에 일차적 개념화로서 정신역동적 이론적 기초를 선택하였다.

이혼과 그에 수반된 정서적 혼란이라고 하는 깔때기 구름의 회오리바람으로 표현된 개인 내적 역동을 깨닫는 것은 어려웠다. 그러나 더 자세히 검토해 본 결과, 나는 이혼의 시기가 폴의 부모가 헤어졌다는 단순한 사실보다 더 결정적인 영향을 미쳤을 것이라고 결론지었다. 이혼과 부부 갈등의 증가는 폴의 개별화 및 분리의 마지막 결정적 타협단계와 동시에 일어났다. 폴은 아빠로부터 분리가 강요됨으로써 그의 발달에 대한 통제력 상실로 힘들어 했다. 폴 자신의 자율성과 개별화를 향한 노력은 아빠가 집에서 물리적으로 분리됨으로써 혼란과 좌절을 겪게 되었고, 이것이 그에게 지나치게 자율적이 되는 것은 위험하다는 것을 시사해 주었다. 게다가 이 연령에서 아동은 오이디푸스 콤플렉스와 관련하여 타협을 시작한다는 것을 나타내는 몇 가지 증거도 있다(Mahler et al., 1975; Rangell, 1989).

부모 두 사람과의 관계성에 대한 폴의 이해는 아빠와 엄마에게 투사되었던 이미지뿐만 아니라 가정의 폭력 및 결혼 파경(아빠가 나간 것)으로 더 혼탁해졌다. 폴의 초기 시절 동안 부모의 대인관계 상호작용은 자기와 타인의 표상을 포함하여 건강한 인지적 도식을 발전시키는 데 특히 중요했다. 연구자들에 따르면(Blatt, 1993; Diamond et al., 1992), 그러한 도식은 확장적이고 독특하지만 잘 통합된 자기정체감과 성숙하고 상호적 및 공감적 대인관계를 형성할 수 있는 능력 모두를 반영한다고 한다. 폴의 경우, 그가 받아서 통합시킨 개인 내적 및 대인관계적 메시지들은 그가 양육적인 방식으로 충족되는 자신의 욕구에 의존할 수 있기에는 일관성이 부족하였다. 게다가 폴이 사랑한 사람들 간의 폭력과 갈등 때문에, 타인과의 관계에서 그의 환경과 자기감은 보잘것없는 것이었다.

더구나 발달적 위기를 차치할 수 없었던 것은, 폴이 반복적으로 부모와 조부모의 기대에 순응하라는 메시지를 받았던 것이다. 폴은 그의 삶에서 중요한 인물들로부터의 부정적인 정서적 태도에 동화되어 그의 나쁨 또는 틀림만을 확증할 뿐이었다(예: Axline, 1947). 성인들은 폴에게 그들의 낮은 자기가치를 주입했고, 그를 가치 있고 정당한 생득권을 지닌 개별적이고 독특한 존재로서 인정하지 않았다. 폴은 다른 사람들과 맺었던 부정적이고 파괴적인 상호작용에 대한 반응으로 정서적 태도들을 발전시켜 왔는데, 그러한 상호작용이 그의 아동기 전반에 걸쳐 만연해 있었던 것이 분명했다. 결론적으로 내담자중심, 인간중심 접근법이 고통을 지닌 이 아동을 이해하고 도울 수 있는 이차적인 개념화인 것으로 여겨졌다.

마지막으로 부모님의 부족한 양육 기술이 폴의 적응 문제를 더욱 악화시키기만 했다는 점도 분명했다. 폴은 부모가 적절하게 한계를 가하고 그 한계를 지키게 하는 부모의 능력 이상의 것과 씨름을 하고 있는 것이 분명했지만, 존슨 부부는 폴에게 적절하고 건강한 구조를 제공하는 능력이 결여되어 있어 보였다. 일반적으로 이런 이차적(삼차적) 개념화는 다른 두 가지 치료 접근방법에 대한 폴의 반응과 타협을 한다. 나는 회기에서 폴에게 한계를 설정하고 적절한 양육 기술을 시범 보임으로써, 부모의 접근방법을 반박하지 않은 채 신뢰롭고 비판단적인 분위기 속에서 자신의 문제, 감정, 갈등을 탐색할 수 있도록 돕고자 했다. 그 결과, 나는 치료를 방해하지 않는 제한적 방식으로 삼차적 개념화(외현적으로 양립 불가능한)를 사용해도 좋을지를 확신할 수 있는지 조심스럽게 측정했다. 결과적으로 나는 수잔의 양육 기술을 향상시키기 위한 교육을 할 때 폴이 나의 역할에 관여하지 않도록 그 없이 행동적 부모교육을 시행했다. 존슨 씨는 치료에 저항을 보였고, 폴의 치료 중 이 부분에 참여하지 않았다.

이 사례에서 나는 폴을 치료하는 데 모두 세 가지 접근법을 사용할 수 있었기 때문에 치료의 목적을 신중하게 고려하면서 이행했다. 실제로 정신역동적 접근과 내담자중심

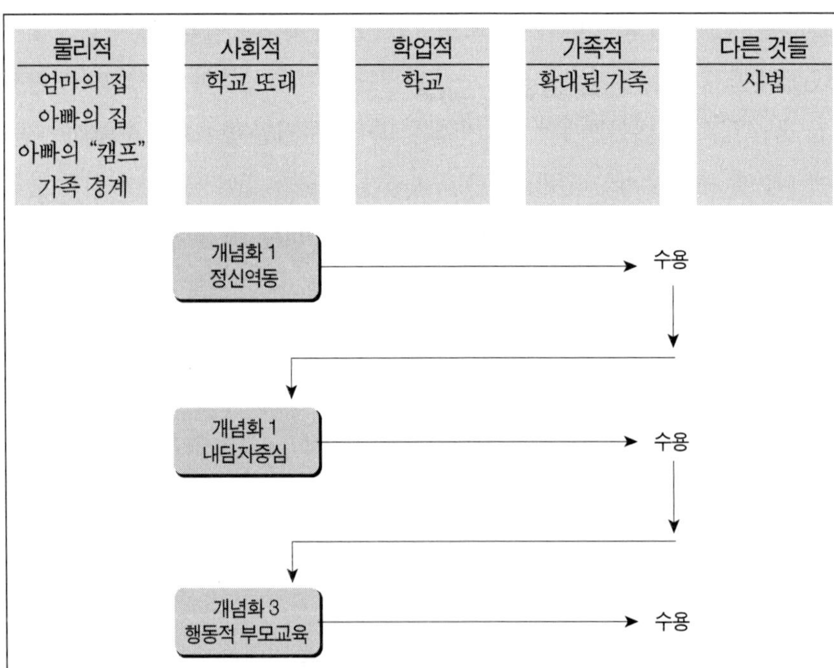

[그림 13-2] 폴: 사례 과거력-환경적 맥락

접근은 본질적으로 상호보완적이다. 폴의 문제를 고려해 볼 때, 세 가지 관점은 서로의 이론적 전제와 기능을 위배하지 않으면서 동시에 사용될 수 있었다. 행동치료는 행동 기법과 이론이 다른 두 가지 개념화와 직접적으로 상반된다는 점에서 다르게 통합되어야 했다. 그래서 나는 폴이 인식하지 못하는 채로 수잔에게 행동적 부모훈련을 이행했다. [그림 13-2]는 폴의 사례에 대한 통합적 놀이치료 개념화를 그림으로 나타낸 것이다. 이 아동은 3년 8개월 동안 치료받았다.

1) 일차적 개념화: 정신역동

(1) 초기 발달: 내사된 대상과 투사적 동일시

폴은 초기에 그의 가족 내에 존재하는 폭력을 통해 정신적으로 많은 위협을 경험하였다. 그는 실제적 또는 주관적 상실과 생존에 대한 위협을 경험했다. 폴은 부정적이고 긍정적인 부모 대상의 경험을 동시에 함으로써, 이러한 일차적인 양육 대상을 통합하는 데 큰 어려움을 경험하고 있었다. 부모들의 일관적이지 않은 행동과 폭발 직전의 예측할 수 없는 부부 갈등은 폴에게 대상관계의 질을 혼란스럽게 했다. 숙달감을 얻기 위한 폴의 시도는 놀이에서 그가 경험한 대상의 부분들을 분리하는 데서 명백했다. 상어와 돌연변이 닌자 거북이는 부모의 처벌적이고 두려운 부분들을 반영했다. 수잔은 폴을 따라다니면서 많은 에너지를 쏟았지만, 아빠의 위협적인 부분들과 싸우도록 폴을 돕는 데는 효과적이지 못했다. 놀이에서 폴은 놀이 역할을 상어에서 고양이로 바꾸면서(그리고 때로는 '고양이 상어'로 역할들을 섞으면서), 엄마가 자신을 효과적으로 보호하지 못하는 데서 오는 취약한 감정을 드러냈다.

그는 자신을 자기 삶에서 아주 무서워 보이는 악당 슈레더(역주: 닌자 거북이에 나오는 악당), 사냥꾼 및 상어들로부터 거리를 두는 방식으로 놀이를 했다. 폴은 심지어 아빠의 공격적이고 폭력적인 경험들을 자신의 성격으로 통합하였다(예: 슈레더). 폴은 공격자에 대하여 방어적인 동일시 방식을 통해서는 물론, 동화와 조절의 정상적 발달과정에서도 그렇게 했다. 공격자인 부모를 동일시하는 것은 자신의 생존을 위협하는 것에서 유발되는 불안을 막아 주는 것으로 작용했다.

새끼 고양이는 온순함과 상징적 취약성 면에서, 폴의 아동 부분(child part)을 반영한다. 이는 발달적으로 당연히 존재하며, 폴이 발달적 궤적에서 건강했던 적이 있음을 말해 준다. 새끼 고양이는 초기 아동기와 어머니의 양육을 상징한다(예컨대, 정서적, 신체적 및 수면 조건, 놀이 시간과 같은 양육에 필수적인 것; Gutheil, 1979). 폴이 아이가 되는 것이 어려웠던 것은 생의 외상과 위기, 그리고 폴이 부모 역할을 해야 했기 때문이었다. 부모는 자신들의 자기애적 욕구로 인하여 폴에게 아이가 될 기회를 결코 주지 않았고, 건강하게 성장하고 정체감을 발달시키는 데 필요한 정서적 지지를 제공하지 않았다. 게다가 폴은 건강, 양육, 일차적인 사회적 관계에 대하여 왜곡되게 이해하고 있었다.

오즈의 마법사에서 도로시가 고아였고 엄격하고 비양육적인 아줌마와 아저씨와 함께 살았던 것처럼, 폴은 따뜻하고 활기 있는 가족 생활을 경험하지 못했다. 엄마는 전남편으로부터의 폭행을 완충하는 데 폴을 필요로 했고, 외로울 때 정서적인 지지를 해 주는 친구로서 폴을 찾았다. 존슨 씨는 전부인과의 열정은 있으되, 갈등적인 관계를 지속하기 위해서 폴을 바람막이로 활용했다. 부부 간의 갈등이 앨(남편)에게는 정서적 결속을 유지할 수 있게 하였다. 마치 마녀가 자신의 욕구 때문에 도로시를 통해서 마법의 신발을 얻으려고 했던 것처럼, 폴의 부모도 폴을 통해서 서로가 원하는 것을 얻으려고 했다. 폴이 아동기를 잃어버렸다는 증거는 두드러졌는데, 이러한 빈 구멍을 분명하게 나타내 주는 하나의 경험은 엄마와 관련된 것이었다. 어느 날 저녁, 수잔은 폴의 방에서 쿵 하는 요란한 소리와 뒤이은 비명소리를 들었다. 폴은 딱딱한 마룻바닥에 머리를 박고 있었다. 수잔이 폴의 방으로 달려가 문에 도착하기도 전에 폴은 완전하게 울음을 그쳤다. 상처가 꽤 심해 보였기 때문에 수잔은 어째서 울음을 갑자기 멈추었는지를 물어 보았는데 그 벌어진 일에 대한 답을 듣고 나서 당황했다. 세 살 된 폴은 "여자 아기들만 우는 거야."라고 말했다.

폴이 아이이기를 포기했거나 부모 노릇을 했던 것의 또 다른 예는, 폴이 네 살 때 아빠가 선물로 장난감 소총을 사 주었을 때다. 폴은 아빠에게 꿀꿀이 흉내를 내라고 말했고, 그 다음에 총으로 돼지를 쏴 죽였다(폴은 놀이 회기에서 나에게 종종 이렇게 했다). 앨은 이러한 현실을 참으며 폴과 놀이를 할 수가 없었다. 폴의 놀이는 앨에게 자기애적인 모독이었다. 이 심리적 손상에 대한 반응으로, 앨은 폴에게 화를 내면서 "이건 좋지 않아." 라고 말했다. 영화에서도 이와 비슷하게 도로시의 아줌마와 아저씨는 너무나 자기몰입을 해서 잠시도 일을 중단하지 못했다. 따라서 굴치 부인과 토토 사이의 갈등과 관련된 조카의 급박한 두려움과 욕구에 관심을 보이지 못했다. 수잔은 자신의 양육 결정에 자신이 없어서, 부모가 한계를 두어야 하는 장면에서조차 폴에게 과도한 자율성을 허용했다. 그래서 폴이 엄마에게 공격적이 될 때, 그녀는 앨이 그녀에게 그랬던 것처럼 폴이 신체적으로 공격하는 것을 효과적으로 막지 못했다. 폴은 자신의 전지전능한 양육자인 엄마가 취약한 어린아이의 분노로부터 스스로를 보호할 수 없다는 것을 알았기 때문에 자신의 격노 감정에 대하여 안정감을 느끼지 못했다. 엄마에 대한 아빠의 공격성을 목격했고, 엄마가 외현적으로 아빠로부터 자신을 보호하는 데 무능력했기 때문에(예: 방문을 요구하며 방문 동안에 발생되는 폭행), 폴의 불안정성과 취약성은 강화되기만 하였다. 도로시와 친구들이 잠재적 존재인 적, 예를 들면 호랑이의 이름을 외우면서 직면하게 될지도 모를 위협에 대하여 지나치게 경계하며 여행을 계속한 것처럼, 폴은 상상이 되는 상처와 위협 때문에 생기는 주관적인 불안으로부터 자신을 보호하기 위해서 부분적으로 공격적인 아빠와 동일시했다. 이러한 상처의 일부는 현실에 기반을 둔 것으로, 존슨 씨는 가시적으로 처벌적이고 공격적인 남자이며 아빠였던 것이다.

오즈의 마법사에서 마법사는 도로시를 보호하는 데 실패했을 뿐만 아니라 그녀를 위험 속으로 보내기조차 하였다(Baum, 1993). 역설적으로 말하자면, 폴의 삶에서 마법사는 무엇보다도 판사일 수 있는데, 재판정에서 법복을 입고 있는 이 판사는 감독을 지시하고 엄마와 폴이 근처의 다른 도시로 도주하지 못하도록 방해했다. 오즈에서 좋은 마녀가 마법사와 함께 일하는 것처럼, 폴의 엄마는 가능한 많은 법적 방문권을 주기로 했을 때 판사와 결탁했다(감옥에 더 머무르게 하면, 그녀는 폴의 양육권을 얻을 수 있을 것이다). 추측컨대, 판사와 엄마는 좋은 의도를 가지고 폴을 '마녀'와 마녀의 모든 상징적 표상들에 직면시켰다. 이와 유사하게 마법사는 자신을 보호하기 위해서 몇 가지 방식으로 도로시를 희생시켰고, 폴의 엄마는 자신을 보호하는(예컨대, 남편의 격노나 법적 분쟁으로부터) 방편으로서 아빠에게 폴을 제물로 바쳤다.

어쩌면 나 역시 어떤 치료적 힘을 부여하여 폴이 건강해지게 하고, 아마도 그의 부모의 잘못된 측면들, 특히 사악한 마녀의 나쁜 속성들로부터 그를 구원하고 전지전능하게 돌보아 주는 마법사 역할로서 간주될 수 있을 것이다. 마법사가 마녀에게 무력했듯이(Baum, 1993), 나 또한 폴을 그 마녀로부터 직접 보호할 수는 없었다. 폴은 도로시와 마찬가지로, 자신의 생존을 위한 두려움과 위협을 물리치는 데 스스로의 능력 및 자원들에 의존해야만 했다.

2) 나중의 발달: 오이디푸스 콤플렉스와 연관된 문제들

폴은 그의 오이디푸스 콤플렉스와 연관된 충동을 처리하려고도 애썼다. 그의 부모와의 관계는 이 발달적으로 적절한 불안을 증가시키는 데만 작용했다. 일상생활에서 폴은 아빠로부터 보복당할 것이라는 두려움이 매우 컸다. 폴의 소멸(annihilation)에 대한 위협감은 아빠의 부재로 더욱 고조되었다. 게다가 수잔의 수동적이고 비효과적인 양육으로 인해 엄마와 아들의 경계가 지나치게 흐릿해졌기 때문에 폴의 소멸에 대한 공포는 더욱 심해졌다. 동시에 존슨 씨는 계속해서 아들에게 자신과 수잔이 곧 다시 함께 지낼 것이라고 말했다. 그리하여 폴이 아빠의 재혼에 대한 약속뿐만 아니라 이전보다 더 엄마를 얻을 가능성이 커진 환상과 유혹에 빠지면서, 그의 오이디푸스적 감정과 관련된 불안은 팽창되었다. 아빠가 여성을 신체적으로 학대하고, 사냥 여행 때 동물을 학살하며, 엄마에게 죽이겠다고 위협하는 것을 지켜보면서, 폴은 아빠가 소멸시키는 능력이 있다는 증거를 얻었다. 폴은 자신의 발달단계로 인하여, 이런 공격성을 소멸과 거세를 통해서 신체적 생존과 심리적 생존 모두를 위협하는 것으로서 지각했다.

여러 가지 면에서 폴에게는 아빠에 대한 과도한 동일시가 생존에 대한 유일한 희망이었다. 도로시와 달리, 폴의 존재를 위협하고 있던 것은 호랑이와 곰 같은 동물이 아니라, 훨씬 더 예측 불가능하지만, 직접적인 힘을 지닌 인물들이었다. 즉, 숲 속의 괴물들이 아닌 사냥꾼과 가상의 슈레더처럼 적극적으로 폴을 찾아다니는 사람들이었다. 그러므로 주저하면서 두려움을 표현하고, 조심스럽고 조용하게 되풀이해서 이야기하며 두려움에 떠는 대신에, 폴은 놀이에서 괴물의 역할을 맡아야 할 것이다. 폴은 자신의 불안과 외상을 훈습하기 위하여, 괴물의 정체감을 가장했을 뿐만 아니라 괴물의 심상들에도 맞섰다. 이러한 괴수들을 적극적으로 기대하고 풍자적 그림으로 통합해 감으로써, 그는 거의 그의 아빠와 등등해질 수 있었고 거세와 최악의 죽음을 막을 수 있었다.

3) 이차적 개념화: 내담자중심

폴의 아빠에 대한 동일시와 모성적 및 부성적 대상들에 대한 함입(incorporation)은 그의 삶에서 많은 성인들에 대한 감정적 태도와 관련된다. 그의 부모 이외에도 조부모들은 아동들, 특히 남자아이가 어떻게 행동해야 하는지에 대한 경직된 선입견을 그에게 전달했다. 폴의 생활 속에 있는 성인들은 폴의 행동을 자신들의 기대와 욕구에 맞게 만들고 통제하려고 했다. 이러한 통제나 비밀스런 시도들은 은밀하면서도 공공연하게 이루어졌고, 폴은 계속해서 자기가 나쁘고 사랑스럽지 않다는 메시지를 들었다. 역설적이게도, 폴의 행동은 부모가 그에게 제공해 준 정체감의 산물이었고, 정서화된 태도들을 통하여 그에게 지속적으로 반응함으로써 유지되었다. 엑슬린(1947)이 종종 그녀가 치료하던 아동들에게서 관찰했던 것처럼, 폴의 행동화 행위는 자신의 정체성이 없어지지 않을까 하여 그것을 보존하고 보호하기 위한 시도였다.

영화에서 도로시는 분노와 관련된 어려움이 있었던 엄격한 보호자들과 함께 있었다. 굴치 부인이 강아지를 압류할 권리가 있음을 인정해 주는 법적 서류를 내밀었을 때, 이 보호자들은 굴치 부인에게 직접 토토를 넘겨 주었다. 엠 아줌마는 도로시에게 법 때문에 토토 없이 지내야만 한다고 말했다. 도로시가 방 밖으로 뛰쳐나간 후에, 엠 아줌마는 20년 이상 굴치 부인에 대해 지니고 있던 부정적인 감정을 이야기하고 싶었으나 엄격한 종교적 신념 때문에 그러지 않았다. 그런 다음 그녀는 그 방에서 벗어났다. 도로시에게 분노는 금지된 것이었는데(폴의 경우도 마찬가지였다), 손해를 보거나 다치면 안 되기 때문이었다. 이 신념에 대한 증거는 오즈에서 여행을 시작하는 동안에 나타났다. 즉, 도로시가 허수아비에게 함께 마법사를 만나러 갈 수는 있지만 사악한 마녀가 자신에게 화가 나 있어서 위험에 빠질지도 모른다고 경고해 주었을 때였다.

폴은 성장하고 배우기 위하여 자신을 경험하고 이해할 수 있는 공간, 기회, 지지 등을 필요로 했다. 그러나 그에게는 그러한 정서적이고 물리적인 환경은 제공되지 않았다. 도로시가 강아지의 나쁜 행동 때문에, 엄격하게 규정된 도덕적 과실을 수정하기 위해서 사악한 이웃 굴치 부인에게 토토를 양도해야 했던 것처럼, 폴은 부모와 조부모의 기대를 충족시키기 위해서 자신의 감정과 욕구에 상관없이 행동해야만 했다. 유사하게 도로시는 굴치 부인과 관련된 자신의 문제를 엠 아줌마와 상의했을 때, 아줌마를 성가시게 하지 않도록 나가라는 말을 들었다. 폴의 가족과 환경 내에서 사람들은 직접적 또는 간접적으로 폴에게 '나쁜 아이' 라고 말했고, 심지어 치료가 처벌이면서 교정적인 경험이 될 것으로 생각했다(예: '그를 다시 착하게 만들기 위한'). 폴은 자신의 정체성을 유지하기 위해, 계속해서 '나빠야만' 했다(예: Axline, 1947). 그가 행동화를 계속함에 따라 소용돌이(나선형의 깔때기 구름처럼)는 계속되었고, 어른들은 폴이 정말로 나쁘고 그에 맞게 반응한다는 판단을 재확인하였다. 내가 폴의 분노와 공격성에 대한 반응에서, 부모, 조부모, 선생님과 전적으로 다르게 반응했을 때, 그의 얼굴에는 강렬한 놀라움이 나타났다. 회기에서 이탈을 보이고 욕설을 하는 것에 대한 그의 염려를 보는 나의 반응은 슬프기도 하고 귀엽기도 한 것이었는데, 그는 그의 행동이 나에게 수용된다고 믿지 않았다. 욕설을 하고 회기를 갑자기 떠나는 것으로 엄마로부터 인정을 얻어야 했다는 점이 그러했다.

4) 이차적 개념화(세 번째): 행동적

행동적 개념화는 폴의 심리적 적응을 설명할 만큼 충분히 포괄적이지는 않았지만 부수적인 목적으로 작용했다. 사례의 개인력과 행동 관찰에 대한 이해를 토대로, 나는 부모가 폴의 발달을 돕는 데 필요한 필수적 양육 기술을 갖고 있지 않다고 생각했다. 폴은 엄마에게 꽤 공격적이어서 내가 옆에 있을 때도 엄마를 때리곤 했다. 수잔은 아들이 이런 방식으로 자신을 위협하지 못하게 하는 방법을 알지 못했고 통제 불가능하다고 느꼈다. 수잔은 한계를 두고 그것을 철저히 지키는 능력이 부족했기 때문에 경계가 흐릿했다. 폴은 자신이 부모에 대하여 분노와 공격적인 충동을 조절하지 못하기 때문에, 부모를 향한 격노와 공격적 충동을 통제하는 데 자신의 무능함에 대한 반응으로, 부모가 어떤 시점에서 개입할지를 예상함에 따라 보복당할 불안감이 고조되는 것을 경험하고 있었다. 게다가 수잔은 은연중에 자신이 세 살짜리 폴로부터 자신을 안전하게 지킬 수 없다고 말하였다. 폴은 회기에서 세 살짜리 아들로부터 자신을 보호할 수 없는 엄마의 무능함 때문에, 자신의 안전을 의심하고 있다는 점을 인정하였다. 앨이 강압과 공격성으로 양육했다는 것은 확실했다. 이에 대하여 폴은 두려움과 분노를 보였다. 도로시의 캔자스 양육자들 또한 그녀를 양육하는 데 어려움을 가지고 있었다. 그들은 도로시가 토토를 돌볼 수 없는 것과 관련해서, 그녀를 어떻게 양육하고 교육할지에 대해 난감해 했다. 오즈에서 그녀가 채택한 지원체계는 가족으로서 잘 기능했고, 사악한 마녀로부터 그녀를 구출하고 오즈에 함께 있자고 요청하면서 도로시에 대한 사랑을 표현했다.

폴이 있을 때의 행동 개입 방법들은 다른 치료방법에 부정적 영향을 줄 수 있기 때문에, 나는 유인물을 보내고 전화 통화를 통해서 행동적 부모훈련을 수행하였다. 또한 나는 부모 모두에게 정신과 병원에서 제공되는 공식적 부모교육에 참여하도록 권고했다. 수잔의 지적 능력, 동기 및 자녀를 돕고자 하는 열망 때문에, 나는 그녀가 전화로 감찰하는 이러한 개입을 잘 해낼 것이라고 믿었다. 또한 그녀는 내가 폴을 치료하는 역할과 양육 기술을 가르치는 역할을 구별해 달라는 요청을 받아들였다. 다시 말해서, 나는 수잔에게 양육 기술을 이행하는 데 나의 이름을 연결짓지 말도록 요청했다. 예컨대, " 너가 나를 때리면 3분 동안 타임아웃해야 한다고 파우스트 선생님이 말했어."라고 말하지 않는 것이다.

4. 놀이치료의 과정

1) 치료 시작단계-오즈에 착륙

넉 달 동안(20회기) 지속된 치료 초기단계 동안 폴과 나 사이의 신뢰를 쌓는 것에 초점을 둔 것은 놀라운 일이 아니다. 내담자중심 심리치료와 정신역동 심리치료의 정상적인 선행 조건임에도 불구하고, 신뢰관계의 발전은 폴이 그의 짧은 인생에서 경험했던 수많은 신뢰의 위배를 고려한다면 특히나 힘든 과제가 될 것이었다. 치료가 진행되면서 신뢰의 위배는 접수상담을 할 때 명백해 보였던 것보다 더 미묘한 수준으로 폴의 인생에 침투해 있다는 것이 분명해 보였다. 예를 들어, 폴의 아빠는 엄마가 폴을 사랑하지 않으므로 곧 아빠와 다시 살게 될 것이라고 말하곤 했다. 폴의 치료에 대한 존슨 씨의 책임감의 부족은 치료 관계와 치료자를 미묘하게 거부하는 것으로 나타났다. 그는 폴에게 내가 가족체계에 속하지 않는 사람이므로 신뢰할 수 없다는 의미를 전달했다. 나중에 치료에서 이것이 더욱 강화되었다. 내가 아동보호기관에 신체적 폭력과 성폭력에 대해 보고하며 직·간접적으로 아빠가 가해자임을 시사한 이후에, 존슨 씨는 폴에게 나에게 아무것도 말하지 말라고 말했다. 수잔과 나는 여자이므로 폴은 외현적으로 여자는 믿을 수 없다는 메시지를 받았고, 내현적으로는 남자(즉, 아빠)도 신뢰할 수 없다는 메시지를 받았다.

폴이 성인을 신뢰하는 데 갖는 어려움은 초기 회기들에서 명백했다. 그는 긴 사적 상호작용을 감내하지 못하고 자주 엄마를 확인하기 위해 회기를 떠났다. 첫 회기에서 나는 그의 엄마가 문을 반쯤 열어 놓은 채로 치료실 바로 밖에 앉아 있도록 놀이 환경을 구조화했다. 말할 필요도 없이 비밀보장이 깨지는 문제가 있기 때문에 나는 진행되는 소재들을 조심스럽게 다루었다. 두 번째 회기에서 폴은 자기 엄마가 같은 장소에 앉아 있되 문을 좀 더 닫는 것을 용인했다. 그는 빈번하게 엄마가 계속 자리에 있는지를 확인하고 엄마를 안전기지로 사용했다. 엄마에게서 정서적으로 재충전받은 후에 그는 회기로 되돌아오곤 했다. 세 번째 회기에서 폴은 대기실에서 자기 엄마에게 작별 인사를 한 후 그녀 없이 치료실로 갔다. 다음 몇 회기에 걸쳐 폴은 어려움 없이 대기실에서 엄마를 떠나 혼자 나를 따라 놀이실로 갔다. 그러나 이 회기들 중에 폴은 자주 방을 떠나서 대기실의 엄마를 확인하곤 했다. 그는 언제나 전이 대상인 담요를 놀이실로 가지고 왔고 종종 손가락을 빨았다.

공간(물리적 공간과 정서적 공간)이 폴에게 특히 안전 및 신뢰와 관련된 많은 의미를 갖는다는 것이 분명했다. 내담자중심 관점에서 내가 이것을 받아들이지 않고 폴에게 회기의 참석에 대한 나의 기대에 따르도록 고집했다면, 나는 폴에게 자기 자신이 되고 스스로 성장하는 기회를 박탈하면서 다시금 폴 스스로의 욕구와 선택을 부인하였을 것이다. 나아가 정신역동 관점에서 회기 참석의 양면성에 대하여 제한을 했다면, 나는 치료적 동맹을 발전시킬 기회를 깨뜨렸을 것이고, 폴은 자신의 분리 및 개별화 문제를 극복해 나갈 기회를 잃었을 것이다. 후자는 이미 그의 주요한 애착 대상들 때문에 좌절되었다.

6회기에서 폴은 엄마의 물리적 안정성과 그의 삶에서 나의 역할들을 신뢰하지 못했기 때문에, 나는 그의 안전감과 신뢰감을 높이기 위하여 회기 내에서 그의 물리적 환경을 구조화하려고 시도했다. 나는 문 앞에 세 개의 안정된 중간 크기의 의자를 수직으로 쌓아 놓았다. 폴은 탈출할 수 있었지만 그렇게 하지 않았고 그 장벽을 자기 놀이에 활용했다. 그럼으로써 그는 나와의 물리적 경계를 변화시킬 수 있었고, 필요한 경우 회기를 떠나지 않고도 탈출할 수 있었다. 나는 이것이 그가 회기를 떠나는 것을 물리적으로 억제시키고, 동시에 안전감을 충분히 높여서 그가 놀이실 안에 머무는 것을 견딜 수 있기를 기대했다. 이 물리적 구조는 처음에 그의 배나 자동차가 되었다가 나중에는 로켓이나 비행기가 되었다. 모든 구조들은 그의 갈등뿐만 아니라 나에 대한 친밀감과 거리를 조절할 수 있는 운송 수단의 형태를 띠었다. 예를 들어, 모형에 관하여, 폴은 배로 고안한 구조물 내에 앉아 있고 나에게 다른 배역(예: 상어, 고양이)을 연기하도록 했지만, 나는 물에서(그 구조물로부터 멀리 떨어진 바닥에서) 수영을 하였다. 놀이 동안에 그는 몇 차례 아빠를 방문하려고 운전을 하는 대신에 나의 부모님의 집으로 가기로 결정하였다. 그러나 내 부모님의 집에 도착하기 전에 그는 어떻게든지 그들을 만나는 것을 회피했고, 맥도날드나 다른 곳으로 운전해 감으로써 실제 놀이 자체를 변화시켰다. 물리적 환경의 활용과 폴의 초기의 신뢰 문제에 대한 나의 접근법에 대한 일례로서, 여기에 초기 회기 중의 한 회기에 대한 녹취록을 소개한다.

내담자: [야옹이 놀이를 하는 맥락에서 폴은 화나고 공격적인 야옹이의 부모 역할을 했다. 화를 내며] 우리는 부모들에게 갈 거야. [우리 두 사람은 세 개의 의자로 만들어진 차에 함께 앉았다. 폴이 '운전석에' 있다]

치료자: [나는 내 목소리의 어조로 정동을 반영한다] 오, 이런. 우리는 너의 부모님에게 갈 거야.

내담자: 그래요. 우리는 내 부모님에게 갈 거고, 그들은 선생님을 잘라버릴 거예요.

치료자: [다시 목소리 어조를 통해 폴의 두려움과 분노를 반영하며] 그들이 나를 아프게 할 거야.

내담자: [화를 내며] 우리 여기 나의, 나의, 선생님의 부모님에게 왔어요. 우리는 내 부모님이 아니라 선생님의 부모님 앞에 왔어요. 나에게 좋은 생각이 있어요, 볼링 놀이를 해요!

폴은 그런 다음 그 주제가 자기개념과 개인적 통합성에 대한 위협의 측면 및 발달적 과업의 측면 모두에서 그에게 지나치게 위협이 되는 놀이를 변화시켰다. 부모가 자르는 것은 그것의 일차적인 형태에서 거세(castration)를 반영한다. 나는 이 치료의 초기 시점에서 폴의 통합감과 나에 대한 신뢰를 고양시키기 위해서 그 내용과 맥락을 반영하기로 선택했다. 내가 거세와 상실의 문제에 대해 너무 일찍 해석을 했다면, 폴은 그것을 자신에 대한 공격으로 지각하고 나에 대한 신뢰를 감소시켰을 것이다. 게다가 내가 폴의 갈등에 대한 나의 가설을 즉각적으로 말해 주었다면, 그것이 폴에게는 스스로 도울 수 있는 자원이 없다는 메시지로 전달되었을 것이다.

폴이 나를 기꺼이 신뢰하기 시작한 후(대략 10번째 회기 무렵부터), 그는 나와의 치료를 분리하는 데 어려움을 겪었다. 분리-개별화에 대한 폴 자신의 타협 능력이 약하고 부정적, 처벌적, 유기적 대상과 통합되어 있다는 것은 그리 놀랄 만한 일은 아니었다. 게다가 그의 낮은 자기가치감은 자기방어적 감정들을 이끌었다. 따라서 나에 대한 친밀한 감정은 그의 인생에서 많은 성인들이 그러했듯이 나 또한 사라져 버리거나 그에게 정서적으로 상처를 입힐 수 있다는 취약한 감정과 공포를 일으킨 것이다. 폴은 치료로부터 분리되는 것의 어려움을 회기 내에서 엄마에 대한 공격성으로 행동화하였다. 그는 엄마에게 자신을 보호해 주지 못하고 개별화되는 것을 허용하지 않은 책임이 있다고 보았다. 회기의 종결은 폴을 취약하게 만들었고, 모든 상실과 경계를 설정하는 데 무능력함과 관련된 격노를 촉발하였다. 그리하여 그의 엄마에 대한 성적 욕구가 적재되면서 정서적으로 분리될 수 없었던 것이다. 이상의 결과로서 나는 수잔에게 부모훈련 프로그램(Forehand & McMahon, 1981)의 지침서와 읽을거리들을 보내 주었다. 더욱이 수잔이 행동규약들을 효과적으로 이행할 수 있도록 전화 접촉을 계속하였다(나는 존슨 부부에게 양육교육, 개인치료 및 커플 이혼치료에 참여하라고 추천하였으나, 폴이 치료받는 동안에 둘 중 어느 누구도 이 권고에 따르지 않았다).

오즈의 마법사 영화에서 묘사되었듯이 신뢰는 도로시에게도 중요한 문제였다. 첫째, 그녀는 전이적 애착 대상(토토)을 자기에게서 빼앗아 간 이웃집 마녀로부터 자신을 보호하는 데 아줌마와 아저씨(보호자)를 의지할 수 없었다. 그들은 토토를 빼앗아 가는 것을 허용했을 뿐 아니라 이웃이 갖고 있는 조례를 따름으로써 그것을 간접적으로 지원했다. 그들은 토토를 위해 싸우지 않았기에 도로시를 보호하는 데 실패했다. 도로시는 허수아비, 양철 나무꾼, 사자로 구성된 그녀의 가족을 만들기 시작하면서 다시 신뢰 문제와 맞섰다. 처음에는 두려웠지만 그녀의 두려움은 곧 가라앉았고, 도로시는 이 인물들을 자신이 스스로 선택한 가족으로서 받아들였다. 이 동료들은 도로시에게 집에서 아줌마와 아저씨로부터 얻을 수 없었던 보호와 의리를 제공해 주었다. 여정과 자기발견을 통해서 도로시는 정서적으로 성장하였고, 이전에는 어느 누구도 하지 못했던 마법사에게 맞서는 일에 자신의 판단을 신뢰할 수 있게 되었다.

2) 중기 치료단계의 초기–노란 벽돌길을 따라가기: 상어, 사냥꾼, 슈레더를 물리치기(4~6개월, 20~30회기)

치료가 진행됨에 따라 폴은 자신의 인생에서 중요한 대상(부모)에 대한 일차적 투사와 관련된 자신의 감정을 더 잘 이해하고 재통합함으로써, 관계에서 자기 및 타인에 대한 지각을 바꾸기 시작했다. 폴이 안전한 환경에서 부모와의 관계, 취약성 및 분노에 대한 감정들을 탐색함에 따라서, 그는 그의 현실에서 보다 직접적으로 상어, 사냥꾼, 괴물들과 부딪힐 수 있었다. 치료 동안에 폴의 놀이는 이러한 중요한 대상들과의 갈등과 나아가 자신의 일부와의 갈등을 드러내는 식으로 전개되었다. 이 영역에서 폴의 진보에 대한 가장 분명한 상징들 중의 하나는, 계통발생학적 측면에서 동물의 역할과 특성(상어, 파충류)이 사람으로 옮겨 간 것이다. 특성적 범주에서 그는 점차적으로 초점을 인간 역할, 예를 들어 경찰, 사냥꾼과 같이 활동적인 것부터 자신의 삶을 정확하게 회상하게 하는 사람으로 옮겨갔다.

다음의 비디오테이프 기록은 폴이 보다 원초적인 상징들을 통해서 성격 통합과 핵심 갈등을 표현한 것에서, 인간 역할과 같은 보다 진보된 구성체로 전이되어 가는 것까지를 예시해 준다. 19회기에서 폴은 상어놀이를 하지만, 그의 역할은 아기, 아빠 및 그와 비슷한 것으로 묘사된다. 그렇게 하면서 그의 핵심 갈등은 의식에 보다 근접하여 출현한다. 우리의 관계가 강했기 때문에, 나는 이런 잠재적인 주제들을 한층 더 의식으로 끌어들이기 위한 기법으로 정신역동적 접근법을 수행했다. 이때 나는 그 주제들을 직접적으로 폴의 놀이에 꺼내지는 않았다.

내담자: 여기에 큰 아빠 상어가 있다고 해요. 그리고 선생님은 이것들 중에 하나를 들어요. [폴은 망치 비슷한 플라스틱 물체를 이미 하나 들고 있었다] 그리고 우리 아빠 상어를 두들겨 패요. [그는 부품을 사정없이 쳤다] 눈알을 빼 버려요.

치료자: 아빠 상어는 나빠. [나는 폴과 함께 의자 쿠션을 세게 쳤다]

내담자: 아, 이건… , 이건 아기 상어예요.

치료자: 우리가 아기를 아프게 했구나.

내담자: [아빠에 대한 공격을 취소하려는 방어를 보인다] 눈알을 거기에 도로 넣어요.

치료자: 아빠 상어일 때 그의 눈알을 빼 버렸던 것은 너무나 무서웠어. 그런데 이제는 아기 상이구나.

내담자: 예, 이건 아기 상어야! [폴은 마지막 단어에서 공격적으로 소리 질렀다.]

치료자: [폴의 실제 또는 상상의 신뢰 문제를 암시한다] 상어가 우릴 속였어.

회기들이 진전됨에 따라서 배역과 역할에 대한 동물 및 사람의 움직임은 보다 분명해졌다. 다음 녹취 테이프는 21회기에서 나온 주제들로서 인간으로의 진전을 반영한다.

내담자: [폴의 상징들은 보다 더 직접적으로 (의식적으로) 가족과 비슷했다] 총을 가진 남자 아기가 있어요. 나는 그 남자 아기를 패 버릴 거예요. [폴은 쿠션을 강하게 친 다음 쓰러져서 죽은 체하였다]

치료자: 너가 남자 아기를 때리더니 지금은 네가 쓰러져서 죽었구나. 그 남자에

게 화를 내는 것이 무서운 것은 그 사람이 너를 쓰러뜨려 죽일 수 있는 것처럼 보이기 때문이구나.

폴의 분노와 오이디푸스적 갈등, 타인에 대한 신뢰 부족, 공격자에 대한 동일시와 자신에게 권능을 부여하고자 하는 시도, 그리고 개별화/분리의 문제들 때문에, 아빠에게 보복당할 것이라는 두려움을 포함하고 있는 이 녹취록에서 폴의 여러 가지 문제들을 파악할 수 있다. 위의 말을 하고 약 5분 정도 후에 폴의 격노와 그 표적은 점차 더 의식화되었다.

내담자: 우리는 이제 캠핑을 가서 진짜 야생 돼지에게 총을 쏴요. 크고 검은 진짜 돼지들에게요. 와, 재미있겠다. 선생님이 돼지가 되면 어때요?

치료자: 그래. 너는 나에게 총을 쏘려고 하는구나. 꿀! 꿀! 꿀! [폴은 총을 쏘고 나는 죽는 체한다] 나는 죽은 돼지야. [폴은 다시 나에게 총을 쏜다] 어, 너는 나를 다시 쏘는구나.

내담자: [소리 지른다] 일어나.

치료자 : 그는 나에게 정말로 화가 났구나.

내담자: [소리 지른다] 기어.

치료자 : 어른들이 항상 아이들에게 이거 해라 저거 해라 하니까, 특히 어른에게 명령하는 것은 기분이 좋겠다.

내담자: [세 차례 나에게 총을 쏜다] 나쁜 돼지. 너가 우리 집에 오면 나는 너의 배를 잘라 버릴 거야. 우리 집에 한 번 와 봐, 내가 너를 모조리 잘라버릴 테니.

치료자 : 많은 사람들에게 그렇게 하고 싶은 거 같구나.

내담자: 그래요. 조금이 아니라 많은 사람들에게요. [내가 '많은' 이라고 말했음에도 불구하고, 그는 자신의 만연된 분노를 내가 이해하고 있는지를 확인했다]

회기의 이 부분에서 폴의 격노의 표적과 갈등은 그가 동물(돼지)에서 사람(사냥꾼)의 역할과 그에 상응하는 정동으로 옮겨감에 따라서 보다 의식화되었다. 게다가 그는 '숲' 또는 '캠프' 에서 '그의 집' 으로 옮겨가면서, 경계가 세워지는 것을 돕기 위해 물리적 공간을 활용했다. 이것은 폴이 안전감을 느낄 수 있도록 하는 데 도움이 되었을 뿐만 아니라, 그의 감정과 사람과 연합된 부산물(엄마와 그녀의 집, 아빠와 그의 집 등)을 이해하는 데도 도움이 되었다.

치료를 시작한 지 약 6개월이 지난 후, 폴은 자신의 부모와 의미 있는 타인에게 지녔던 갈등 관계를 직접적으로 상연하는, 여자친구가 있는 남편이나 남자 및 엄마의 놀이를 하자고 반복적으로 요청하였다. 그의 놀이에서 종종 나타났던 것처럼, 폴은 이런 관계 역할들을 끝까지 해냈지만 아기는 종종 살해당하였다. 그가 공격적이고 위협적이며 처벌적인 아빠에 대하여 느끼는 취약성이 증가되었을 뿐만 아니라, 오이디푸스적 소망과 그에 수반되는 공포는 그의 취약성을 더욱 악화시켰다. 이것은 그의 오이디푸스적 문제를 탐색하게도 하였다.

가장 중요한 치료 회기 중의 하나(25회기)에서 그는 어떤 칸막이를 변기로 사용했던 화장실 장면을 연출했다. 나는 칸막이 밖에서, 그렇지만 화장실 안에서 그를 기다렸다. 도로시가 물리적 환경을 문제해결을 하는 데 도움이 되는 놀랄 만한 정보의 근원으로 이용한 것과 유사하게, 폴의 회기에서 가장 중요한 치료적 변화 중 하나는 물리적인 공간의 사용에서 발생했다. 의자들, '배/차/로켓' 이 신뢰적인 치료관계를 형성하는 데 촉진제가 되었던 것처럼, 화장실은 폴에게 자신의 문제를 더 탐색하기 위한 충분한 공간과 환경적 자극으로 작용했다. 이 회기 동안에 폴은 역할을 종종 바꾸어 가면서, 여자친구 및 엄마와 함께 있는 아빠의 역할을 연기했다. 무의식적으로 아마도 그의 놀이(이 회기에서 화장실을 사용하기에 앞서)는 그에게 화장실 사용을 촉진하는 문제의 탐색을 촉발하였을 것이다. 폴은 화장실을 사용하는 동안, 나에게 성기가 있는지 알고 싶어 했다. 이것을 그와 함께 탐색하면서, 그는 엄마에게 없었듯이 나에게도 없는 것으로 믿는다는 것이 분명해졌다. 폴은 그 점이 자신을 슬프게 하는데, 왜냐하면 내가 그와 같지 않기 때문이라고 말하였다. 그는 만일 나에게 성기가 있다면 내가 그를 더 좋아할 수 있을 것이고, 그러면 우리는 더 많이 놀고 친구가 될 수 있을 거라고 말했다. 또한 자신의 엄마가 성기가 없어서 그렇게 하지 못했기 때문에, 내가 성기가 없어서 아빠와 다른 사람들로부터 그를 보호할 수 없을 것이라는 그의 두려움을 다루기도 했다. 우리는 이런 감정들을 아빠가 보복할지도 모른다는 공포뿐만 아니라, 나와 엄마를 얻고자 하는 갈망과 사랑받고자 하는 것들과 연결지었다. 무엇보다도 존슨 씨는 부모 간의 해부학적인 차이와 폭력을 통해서 외현적으로 엄마를 무력화시켰다. 따라서 폴은 아빠가 나와 폴을 아주 쉽게 거세할 수 있다고 걱정한 것이다(왜냐하면 폴은 야옹이에 불과했기 때문이다).

치료자: 나는 이따금 네가 엄마를 갖고 싶어 하는 것처럼 나도 갖고 싶어 하는지

궁금하단다. [조용한 점에 주목하면서] 그런 식으로 느끼는 것이 겁나는 게 틀림없구나.

내담자: [흥분해서] 그래요.

치료자: 너는 엄마에게 남편으로서의 아빠 일을 한다면, 아빠가 진짜로 화가 날 것이고, 그러면 아빠가 너를 해칠까 봐 걱정이 되는구나.

내담자: [풀죽어서] 네.

나아가 폴은 내가 그의 시련을 이해할 수 있고 도와줄 수 있다는 신뢰의 관점에서 우리들 간의 차이를 처리했다. 우리는 내가 그와 다르기 때문에 아마도 내가 그를 이해하거나 도울 수 없을지도 모른다는 감정에 대하여 논의했다. 그의 오이디푸스적 주제에 초점을 맞춘 실망, 공포, 분노에 대한 감정을 이야기함에 따라 그의 불안은 감소하기 시작했다. 또한 도로시는 폴보다는 더 미묘하기는 해도, 오이디푸스/엘렉트라 삼각관계를 발전시키고 있었다. 도로시는 힘과 남근을 상징하는 마법의 신발에 대하여 마녀와 첫 경쟁을 하였다. 엘렉트라 삼각관계는 마녀의 진술에서 명백하게 드러난다. "나는 여전히 도로시를 나의 노예로 만들 수 있어. 왜냐하면 그 애는 자신의 힘을 쓰는 방법을 알지 못하기 때문이지." (Baum, 1993, p. 36) 또한 도로시의 아름다운 외모에 대해 마녀가 공격적 말을 많이 한 것에서도 나타난다. 실제로 경쟁은 타협되지 않는 오이디푸스와 엘렉트라 삼각관계에서와 같은 심각한 결과물이다. 마녀가 도로시에게 다음과 같이 말한다. "…내가 너에게 말하는 모든 것을 주의해. 네가 그렇게 하지 않으면, 난 너를 끝장내 버릴 거야…." (Baum, 1993, p. 96) 도로시는 마녀를 없애고 '승리' 했다. 비록 도로시가 우연히 마녀를 죽였지만, 그녀의 힘과 분노가 통제를 넘어섰다는 것은 분명했다.

내담자중심의 이차적 개념화를 고려해 보면, 회기에서 폴의 공격적 행동도 나쁜 것에 대한 자기인식을 증진시켰다는 것이 명백했다. 폴은 핵심적 갈등 역동과 연합된 정동이 드러나는 것에 대한 반응뿐만 아니라, 자신이 어떻게 인식되는지에 대한 반응으로서 놀이실을 파괴할 필요가 있었다. 그는 '나쁜' (나는 이 단어를 아동이나 성인에게 적용해 보지 않았다) 행동을 한 후에 나에게 어떻게 할 것이냐고 물어봄으로써 자신에 대한 처벌을 준비시키려고 했다. 내가 계속해서 폴의 행동에 대한 감정과 그의 가족들이 그랬던 것처럼 그가 나에게 처벌을 기대하고 있다는 것을 반영해 주었더니, 그는 내가 오로지 그의 감정과 경험들을 지지할 뿐이라는 것을 이해하기 시작했다. 폴은 아빠가 그랬듯이 내가 자신을 처벌할 것으로 기대했다고 말했다. 처벌이 발생하지 않았을 때 그의 불안은 사라졌다. 내담자중심의 관점에서, 폴이 놀이치료실을 '엉망' 인 채로 나가는 것은 그의 자기상과 그가 타인으로부터 받은 조건부적 가치 및 내사물을 반영한다. 이에 비해 역동적 관점에서는 엉망인 그의 가족(오이디푸스적, 빈약한 대상 등)과 가정에서의 혼동, 그리고 발달과정 전반에 걸친 반응으로 그의 원초아의 잔재를 반영한다.

28회기 이후에 폴은 엄마, 아빠, 애인(또는 남편, 아내), 아기와 같이 그의 삶에서 가장 중요한 역할들을 연기하는 데 집중하면서 많은 시간을 놀이하면서 보내기 시작했다. 그는 아직 이 사람들에 대하여 직접적으로 관계를 맺고 감정을 얘기할 수는 없었지만, 더 이상 그들을 상어, 슈레더/사냥꾼, 고양이로 위장하지 않았다. 이러한 진보는 우리가 치료의 다음 단계로 넘어가는 데 분명한 선이 되었다.

가치 있음의 문제는 오즈에서 도로시가 만난 성인들도 표현하였다. 도로시를 돕기 전에 마법사는 도로시에게 도움과 양육을 받을 만한지 보여 주어야 한다고 말했다(Baum, 1993). 마녀는 도로시에게 그녀가 자신에게 일으킨 모든 골칫거리만큼의 가치는 없다고 말했다. 영화의 중간에 마녀에게 사로잡힌 도로시는 엠 아줌마에 대한 분노 감정에 대하여 상당한 죄의식을 경험하였다. 그녀는 엠 아줌마가 자기에게 잘해 주었지만 그것을 느끼지 못했다고 외쳤다. 도로시는 자신이 달아났기 때문에 그 행동의 결과로서 엠 아줌마가 아프거나 어쩌면 죽었을 수도 있다고 생각했다.

3) 중기 치료단계: 에메랄드 시에 도착했으나 사악한 마녀와 대결해야만 한다(6개월~2년, 30~92회기)

이 단계 동안 치료에서 폴의 일차적인 관심은 그의 삶에서 많은 삼각관계들을 실연하는 것이었다. 그의 삶에서 사람들과 관련된 공포, 상실감 및 분노감은 과거와 현재 모두에서 새어나왔고 상상놀이에서 넘쳐났다. 몇 달 동안 폴의 특성은 겉보기에 정서적으로 불안정하고 예측 불가능하여서, 난폭하게 때리는 것에서 사랑하는 것으로 변화하였다. 예를 들어, 한 인상적인 회기에서 폴은 아빠 인형이 여자친구 인형에게 키스를 하게 했고, 그런 다음 바로 아빠 인형이 여자친구 인형을 때리게 했다. 이런 문제에 대하여 훈습을 촉진하기 위해서, 31번째 회기를 시작하면서 나는 폴에게 공포나 분노보다는 덜 직접적인 감정에 직면시켰다. 그리고 폴이 서로 다른 방식으로 사람들을 대하는 것을 좋아한다는 것을 다른 사람들이 안다면 틀림없이 혼란스러울 것이라고 말해 주었다. 그런 다음 나는 세 살짜리가 혼란을 어떻게 정의하고 있는지에 생각을 집중했다. 나는 폴이 이 단어를 이해할 필요가 있다는 점을 인식했다. 폴은 '혼란' 이 무슨 뜻인지 모른다고 말했고, 이에 나는 자유롭게 연상시켜 나갔다. 우리는 '안에서 모든 것이 뒤섞여 있는 것' 으로 정의했다. 그날 회기를 마치면서 나는 그가 이것을 이해했는지가 궁금했다.

그 다음 32회기에서 폴은 상상놀이를 반복했다. 그런데 이번에는 엄마와 아빠 인형만 가지고 놀았다. 그는 인형놀이를 하면서 갈등적이고 모순적인 행동이 한창일 때 멈추고는 다음과 같이 말했다. "그 단어를 다시 말해 봐요." 내가 폴에게 설명해 보라고 하였더니 그는 "선생님은 혼란이라는 말을 알잖아요."라고 말했다. 나는 그에게 그런 것을 경험하고 있는지, 그리고 우리가 그 말의 의미를 무엇이라고 정의했는지 기억하고 있는지를 물어보았다. 그는 두 가지 질문 모두에 대하여 단호하게 대답했고, "모든 것이 안에서 섞여 있는 거지요."라고 덧붙였다.

이 치료단계 동안에 폴은 인형들을 가지고 성적인 장면을 상연했다. 그는 인형들이 서로의 찌찌에 키스를 한다고 말했다. 더욱이 그는 아빠의 여자친구가 그에게 그렇게 했던 것을 시사했다. 폴이 이런 추행 장면을 기술하면서 매우 공격적이고 불안해졌다는 것은 그리 놀랄 만한 일이 아니다. 이 행동은 폴이 상상놀이를 할 때와는 질적으로 달랐다. 아동보호기관과 폴의 엄마에게 이 점을 보고해야 하는 나의 의무에 대해 폴과 논의할 때, 폴은 나에게 알리지 말라고 하면서 친구가 되지 않겠다고 말했다. 내가 그의 감정을 다루고 그를 안전하게 하려고 하는 노력들을 설명했음에도 불구하고 폴은 분명하게 화를 냈다. 왜 그가 나를 믿어야 하는가? 무엇보다도 그는 아빠가 방문하는 동안 안전감을 느끼지 못했고, 엄마나 나도 이런 상황에서 그를 보호해 줄 수 없었던 것이다. 나는 그가 무엇보다도 이러한 폭로에 대하여 아빠가 보일 반응에 두려워하고 있음을 느꼈다.

흥미로운 것은 성추행에 대한 보고에 대하여 폴이 저항을 보였음에도 불구하고, 그는 다음 회기에서, 나에 대한 그의 신뢰가 증가한 것처럼 개방적이고 솔직한 태도를 보였다. 그는 '혼란' 이라는 이름표를 캐릭터 인형부터 자신의 삶에 연관된 사람들에게까지 확장하면서, 부모에 대한 자신의 감정을 조금 더 직접적으로 논의할 수 있게 되었다. 이런 놀이 양상은 약 6개월 동안 지속되었다. 엄마는 폴이 아빠를 만나고 온 후에 엉덩이에 멍이 들었는데, 폴이 엄마에게 아빠가 벌로 벨트 장식으로 때린 거라고 말했다고 보고한 후로 더 이상 이러한 놀이 양상은 나타나지 않았다. 엄마의 보고가 있은 후 (57회기에서) 존슨 씨는 폴에게 아무것도 드러내지 말라고 말해 주었음이 분명해졌다. 아빠와 여자친구 인형에 대한 감정과 관련한 폴의 놀이를 자세하게 조사하고 해석하는 기간 동안에, 폴은 몹시 화를 냈고 나에게 말해서는 안 된다고 했다. 그것은 마치 저항을 하고 의심이 많은 내담자와 치료의 처음 단계를 하고 있는 것과 같았다. 그때 나는 그렇게 하려고 의도하지는 않았지만 폴을 곤경에 처하게 했다. 많은 치료자들은 자녀의 치료에 대해 부모의 관여가 부족한 경우 치료의 종결을 권고한다. 나는 이것을 불합리하다고 생각한다. 만일 내가 치료를 종결한다면, 이 아동의 예후는 기껏해야 불확실일 것이다.

그래서 이러한 치료의 위기에서 나는 주요한 치료 초점을 일차적 개념화에서 내담자중심 접근으로 바꾸기로 결정했다. 내담자중심 접근의 일차적 가정이 자기탐색을 통해서 아동이 성장하고 성숙할 수 있도록 돕는 것이기 때문에 매우 유용한 것 같았다. 나는 폴에게 그의 이면을 반영할 수 있는 거울이 되었고, 그는 자신과, 자신의 삶에서 중요한 타인들과의 관계에 대하여 더 많은 것을 배울 수 있었다. 그렇게 하면서 그는 자신이 누구인지에 대하여 더 명확하고 더 폭넓게 이해했을 뿐만 아니라, 자신으로부터 물러나서 부모에 대하여 명확한 그림을 그려 볼 수도 있게 되었다. 나는 이것이 폴에게 그의 과거와 일상생활 속에서 생기는 무의식적 갈등의 탐색을 촉진해 주기를 바랐다.

이 단계의 끝무렵에 폴은 임지손가락을 빼는 버릇과 담요를 가지고 다니는 것을 포기하였다. 그는 언어적으로 아빠에 대한 공포와 분노를 인정하기 시작했다. 또한 엄마가 그에게 아빠를 방문하게 하고, 아빠로부터 자신을 보호할 수 없다고 느끼게 한 것 때문에 화가 났다고 말했다. 오즈의 마법사에서 도로시는 성장 경험을 계속하면서 현저한 변화를 보였다. 이러한 심리 내적 변형(intrapsychic transfomation)의 외현적 징후는 도로시가 처음 에메랄드 시에 도착한 후에, 땋은 머리를 길게 늘어뜨린 머리로 바꾸었을 때 분명하게 나타났다. 또한 이 중기 단계의 끝무렵에(대략 90회기), 존슨 씨는 수잔이 근처의 노시로 이사가는 것을 막으려고 법적 소송을 제기했다. 나는 이 소송에서 증인으로 소환되었다. 비록 폴이 직접적으로 참여하지는 않았지만, 나는 폴과 폭로의 일반적인 성격에 대하여 논의하고, 가능한 그의 사생활을 보호할 것이라고 확신시켜 주면서 법적 소송에서의 내 역할에 대하여 간단히 설명해 주었다. 이러한 정보를 알려 준 후, 나는 일반적 또는 전이적 측면에서 폴의 행동과 실제적 상태에서 뚜렷한 변화를 감지하지 못했다.

폴은 증언하지 않았고 재판에 참석하지도 않았다. 그러나 그가 이런 특정한 갈등에 얼마나 많이 노출되었는지는 말로 다 형언하기 힘들다. 그는 나에게 엄마와 함께 새로운 도시로 이사갈 가능성이 있어서 신이 난다고 말했다. 그는 이사하는 것을 원하는 것처럼 말했다. 정확한 이사 날짜가 잡히지 않았지만, 판사의 결정을 기다리는 동안 우리는 회기의 종결 가능성에 대하여 상의해야만 했다. 그러나 그 몇 주 내에 판사는 존슨 부인이 다른 주나 지역으로 이사갈 수 없다는 판결을 내렸다. 도로시가 처음에 마법사를 만나려고 에메랄드 시에 도착했던 것과 같이, 폴도 물리적으로 다른 삶을 찾을 수 있는 기회를 잡았다. 그러나 도로시와 폴 모두에게 이 최초의 여정은 헛된 것이었다.

4) 치료 종결단계-사악한 마녀와 그 '패거리/조직'과 대결하기 (2~3년, 93~132회기)

폴의 마지막 단계는 치료 여정의 종결이지만, 이 치료단계가 보다 중요한 것은 의미 있는 대인관계적 및 심리 내적 발달과 성숙이 최고점에 도달하기 때문이다. 도로시가 처음부터 자신에게 집에 갈 수 있는 능력이 있다는 것을 발견했던 것처럼 변화에 역량을 갖고 있었던 것은 폴 자신이었다. 그러나 도로시는 문자 그대로, 폴은 비유적으로 사악한 마녀와 맞닥뜨리면서, 자신에 대하여, 그리고 다른 사람과의 관계에 대하여 보다 많은 것을 배울 수가 있었다. 그것이 그들에게 다른 발달단계로 나아가게 했다. 변화를 위한 마지막 매체는 내가 우연하게 제안하게 된 시험, 곧 나의 임신이었다. 이 사건은 폴의 오이디푸스 문제를 완전히 의식으로 떠오르게 했다. 폴은 내가 그를 대체하지 않았으며, 나에게 남편이 있었다는 것에 대해서도 나에게 화가 난다는 이야기를 직접적으로 했다. 그는 누군가가 나의 삶에서 그와 똑같이 중요한 위치를 차지하고 있다는 사실을 받아들이지 못했다. 그래서 그는 내 '남편' 의 위치를 '남자친구' 로 격하시켰다. 폴은 화가 나서 아기는 자신의 아이며, 내 남자친구를 죽이겠다고 말했다. 그는 나에게(나의 하체 부분에) 신체적으로 공격을 해 왔고, 경쟁심을 느끼는 자신과 자신의 상징을 없애 버리고 싶어 했다. 나는 나와 아기를 보호할 뿐만 아니라, 폴이 자신의 분노에 대하여 안전감을 느끼게 하기 위해서 한계를 가해야 했다. 폴은 그의 부모와의 관계 맥락에서 나를 향한 감정 및 행동을 점검할 수 있었다. 그는 엄마에 대한 감정과 아빠에게 보복을 당할 것이라는 공포감을 논의했다. "만약 내가 엄마와 결혼하면 아빠는 나를 죽일 거예요." 폴은 이런 문제를 훈습하면서, 6세 아이의 적응적인 호기심으로 아기가 태어나면 한 번 보고 싶다고 요청하였다. 우리는 6주간의 출산휴가 이후에 그런 만남을 갖기로 했고, 두 회기 동안은 그동안 내가 없었던 것과 나의 출산에 대하여 다루기로 했다. 폴은 나의 딸을 만나 보고 매우 좋아했고 즐거워하는 모습이 보였다. 그는 "와, 너무 귀엽다."와 같은 말을 자주 했다.

이 단계의 치료 동안에 폴은 너무나 많이 부정적인 방식으로 취급받아서 그런 식으로 행동하게 되었다는 것이 분명해졌다. 회기 안에서나 밖에서 폴은 자신을 헐뜯는 것을 중단했고, 언어적 공격도 현저하게 줄어들었다. 그는 학교에서 아무런 충동적 행동도 나타내지 않고 잘 지냈다. 폴의 충동성은 그의 삶에서 양육자의 역할과 행동에 대하여 타협을 이루었을 때 현저히 감소했다. 그는 자신에 대한 양육자들의 행동을 조망할 수 있는 것처럼 보였고, 그런 행동들이 자신의 통합성에 해가 된다고 여기지 않는 것 같았다. 나아가 그는 자신의 분노가 타인으로부터 본질적인 보복(예: 거세, 죽음, 유기)을 당하는 것은 아니라는 점을 깨달음으로써 분노를 덜 위협적으로 느끼게 되었다.

5) 종결-집보다 더 좋은 곳은 없다(여러 가지 점에서) (치료의 마지막 여덟 달, 133~164회기)

치료 조기에 예기치 않은 종결을 하게 될 가능성이 존재했지만, 판사가 존슨 부인이 다른 주로 이사가는 것을 막았기 때문에 예기치 않은 종결이 쟁점화되지는 않았다. 우리는 폴이 치료받은 시간이 길었기 때문만이 아니라 상실, 분리개별화 및 정체성 형성을 둘러싼 폴에게 원래 있었던 문제들로 인해서 사전에 마지막 종결을 계획했다. 우리는 치료과정과 회기를 종료하는 것에 대하여 폴의 준비된 정도를 논의했다. 비록 폴은 처음에 이해하기 힘들어 했지만, 그렇게 과도한 불안 없이 종결을 다룰 수 있었다. 나는 내가 떠나는 것과 활용 불가능성, 부모가 떠나는 것과 활용 불가능성을 동일선상에 놓았다. 우리는 또한 회기를 끝내는 것이 실제로 그와 나의 아기를 교체하려는 것이 아니라, 폴의 성장과 그와 부모의 관계가 타협되었기 때문이라는 점을 다루었다. 폴은 약간의 불안과 혼란을 나타냈다. 그의 놀이 주제는 눈에 띄게 바뀌었다. 그는 규칙이 있는 게임을 선택했고, 두드러질 정도로 공간을 활용하면서 환경을 활용하는 폭이 넓어졌다. 그가 진지하게 자기 공간을 구별함에 따라 치료 초기에 명확했던 불안은 분명하게 없어졌다. 우리는 그의 감정과 문제에 대해 개방적으로 이야기하는 동안 잡기놀이를 하였다. 그가 현실을 보류하고 상상놀이에 참여할 때, 그의 정서적 상태는 훨씬 덜 혼란스러운 것 같았고 공격성과 공포는 현저하게 감소되었다. 그는 다른 또래 아이처럼 자동차,

장난감 병정, 농장들을 가지고 놀았다. 게다가 그는 짧은 개인력에 많은 사건과 외상들에 부착되어 있는 분노와 슬픈 감정을 처리할 수 있었다. 나는 그것들을 반영해 주고 함께 다루었다. 폴은 아빠를 사랑했지만 그가 다른 사람들과는 다른 애정과 양육에 대한 견해를 갖고 있다는 것을 알게 되었다고 말했다. 예컨대, 그는 나에게 아빠가 여자친구를 때릴 때 괴로웠고, 그 행동은 '옳지 않다' 라고 말했다. 그는 아빠를 방문하는 것은 괜찮으며, 성인이 될 때까지 방문해야 하는 것은 성인이 되면 그다지 아빠를 만나지 않아도 되기 때문이라고 말했다. 그는 아빠와의 관계를 유지하고 싶다고 인정했으나, 때로 관계를 유지하는 것이 어려운 것은 아빠의 애인이 포함되면 부-자의 이자관계의 경계가 늘어나기 때문이라고 말했다.

또한 그는 엄마가 자신을 완벽하게 보호할 수 없다는 것을 알게 되는 것이 얼마나 겁나는지에 대하여 말했다. 그리고 그는 고양이에 대한 사랑을 이야기할 수 있었고, 부드럽고 다정한 대화 시간을 가질 수 있었다. 그는 대학에 갈 때까지 엄마와 살고 싶다고 말했다. 수잔은 폴이 아빠를 방문하고 난 후에 학교에서 공격적 행동이 가라앉았고 학업성적도 좋아졌다고 보고했다. 게다가 폴은 엄마의 새로운 남자친구에 쉽게 적응했고, 그와 함께 교류하는 것을 즐거워하는 것 같았다. 질투나 경쟁을 나타낼 만한 증거는 전혀 없었다. 부모님의 실망스러운 부분에 대한 폴의 통찰과 유사하게, 책에서 도로시는 양육자 형상인 마법사에게 사기꾼 같은 속성을 발견하고는 그에게 다음과 같이 말한다. "나는 오즈가 커다란 머리인 줄 알았어요. 당신은 위대한 마법사가 아니죠?" (Baum, 1993, p. 123) 나중에 마법사는 다음과 같이 대답한다. "나는 정말로 아주 좋은 사람이란다. 그렇지만 나는 매우 나쁜 마법사라는 것을 인정한다." (Baum, 1993, p. 123)

이 치료단계에서 폴은 아빠의 양육방식에 대한 이전의 문제들보다는 현재 아빠의 여자친구로 인해 더 많이 혼란스러워 하는 것처럼 보였다. 폴은 "우리는 항상 캐리를 데리고 다녀야만 해요. 우리는 캐리가 없으면 아무것도 함께 하지 못할 거예요."라고 말했다. 도로시는 몇몇 가족 단위(아줌마/아저씨 단위, 오즈에서의 유사 가족 단위, 캔자스에서 목장일꾼 단위)와 타협하면서 그들이 자신의 삶에서 상이한 역할을 한다는 점을 알게 되었다. 폴 또한, 자신의 상이한 가족들(엄마 단위, 엄마와 남자친구 단위, 아빠와 여자친구 단위, 조부모 단위)에게서 받는 것들에 대한 감정, 갈등 및 반응들을 처리해야 한다.

4. 결과 및 추수

아동의 삶의 복잡성과 영향력 있는 발달력, 환경이 성격 발달과 적응에 영향을 미치기 때문에, 아동의 심리적 변화들은 다양한 조망에서 평가되어야 한다. 종종 아동들은 심리적 고통이나 다른 심리적 상태에 대한 주관적인 감정을 분명하게 의사소통할 수 있는 언어적 및 인지적 역량을 갖지 못한다. 게다가 폴의 사례에서 통합적 놀이치료의 활용은 전통적으로 문헌에서 경험적으로 조작화되지 않은 심리 내적 갈등에 초점을 둔 변화를 목표로 했다. 그러므로 치료자는 효과적인 개입이 아동에게 이루어졌는지를 확실히 이해하기 위해서 변화에 대한 준거를 확장시켜야만 한다. 이런 경우에서 변화는 수많은 다양한 환경적 맥락(예: 치료, 학교, 가정)의 다양한 영역(예: 언어적, 행동적, 신체적)에서 측정되어야 한다.

폴에게 처음에 다루어졌어야 했던 결정적인 문제는 신뢰였다. 신뢰 형성의 관찰 가능한 최초의 지표로 그가 나와 함께 회기에 참여하기 위하여 엄마로부터 오랫동안 떨어져 있는 것을 참아내는 능력이 생기는 것을 포함했다. 사소한 것처럼 느껴질 수도 있겠지만, 폴의 신뢰하는 능력(변화의 징후로서)은 치료를 활용하는 그의 능력에 상당한 영향을 미쳤다. 6회기부터 그는 회기 동안에 엄마를 확인하려는 압박감 없이 엄마를 떠날 수 있게 되었다. 대부분의 경우에 우리가 간접적(놀이 역할을 통하여) 또는 직접적으로 양육자들에 대한 그의 격노와 공포에 대해 논의하지 않는 한, 그는 회기에 머무를 수 있었다. 치료의 처음 2년 동안, 이런 논의들은 회기에서 드러난 위협적인 소재들로부터 벗어나도록 폴을 이따금 치료실에서 떠나게 하거나, 존슨 부인이 있는지 섬섬하게 하거나, 환경을 변화시키도록(예: 밖으로 나가거나 화장실에 가는 것) 부추겼다.

폴이 곤란한 소재에 직면했을 때 처음에 활용했던 다른 형태의 회피로는, 나와 함께 방에 있는 다른 대상들에 대하여 공공연한 공격적 행동을 보이는 것이었고 보다 온순하게는 놀이 활동을 바꾸는 것이었다. 예를 들어, 10회기에서 존슨 부인은 나에게 폴이 그날따라 특히 공격적이고 화가 난 것 같다고 알려 주었다. 그녀는 그의 반응이 아빠와 함께 한 주말 여행의 결과라고 믿었다. 내가 폴에게 주말에 아빠를 방문한 것에 대하여 질문하고 난 후, 그는 그의 놀이를 바꾸고 망치로 장난감과 선반을 공격적으로 내려치기 시작했다. 그의 공격성(그가 처음에 논의하기를 거부함)을 주말 방문에 대한 그의 감정과 연결시키자 폴은 나를 공격하기 시작했다. 그의 공격적인 행동을 나에게서 무생물 대상에게로 다시 돌려 놓은 다음 나는 그의 주말에 대해 자세히 물었다. 그는 그 사건들에 대해 털어놓는 것을 거절했다. "때로 네가 속으로 상처 입은 무언가에 대해 말하고 나면 기분이 좋아져."라는 나의 말에 대한 반응으로 그는 "아니요, 그렇지 않아요."라고 대답했다. 비록 처음에 그는 공격을 통해 고통을 회피했지만, 비밀을 털어놓는 것에 대한 그의 감정을 말로 표현할 수 있었다. 그런 다음 주말에 실제로 일어난 일을 얘기하지 않으면서 나에게 아빠에 대한 그의 공포감을 말할 수 있었다. 도로시와 오즈에서의 그녀의 친구들은 영화에서 더 나아지기 전에 항상 더 나빠지는 것 같다고 말함으로써 경험(예: 심리치료)의 고통스러운 과정을 요약했다.

신뢰는 폴의 치료의 토대가 되었다. 우리의 관계를 통하여 그는 결국 그의 삶에서의 양육자들에 대해서, 그 다음 자신에 대해서 심리적 도식들을 변화시킬 수 있었다. 그에 대한 나의 무조건적인 수용을 통하여, 그는 자유롭고 수용적인 분위기 속에서 자신에 대해서 배울 수 있었다. 이런 배움은 폴에게 양육자 및 일차 애착 대상과의 관계에서 그 자신이 갖는 감정에 대한 탐색과 해석 및 명료화를 견딜 수 있는 능력을 촉진시켰다. 이는 내재화된 대상과 그와 연합된 감정들을 다시 작동시킴으로써 자기도식 및 대인관계적 도식을 변화시키는 데 유용하였다. 이는 이러한 관계 내에서의 기능과 자신의 삶에서의 역할 및 관계에 대한 혼란을 인식하는 능력에서 잘 나타났다. 게다가 엄마는 6개월간의 치료 후 폴의 공격적인 행동은 학교에서 유의미한 감소를 보였고, 집에서는 적당한 정도로 줄어들었다고 보고하였다. 또한 내재화된 대상에 대한 폴의 지각과 정서에도 어떤 변화가 있었다. 존슨 부인이 부모 양육훈련을 받고 치료단계의 끝부분에서 처음 훈련계획들을 이행하자, 가정에서 폴의 파괴적인 행동들은 상당히 감소되었다. 비록 나는 폴의 감정의 동요를 그의 인생에서 지속되는 스트레스(학대사건 등)에 대한 반응으로 인식하고 있기는 했지만, 전체적으로 폴의 공격적인 행동은 치료과정 전반에 걸쳐서 선형적으로 줄어들었다.

대략 1년 반 동안의 치료 후에 폴은 자신의 담요를 내놓고 손가락 빨기를 중단하면서, 더 확고한 애착과 자신의 일차적인 애착 대상들로부터의 성공적인 분리 및 개별화를 나타냈다. 더 이상 어머니(아버지)의 이상적 이미지를 유지하기 위한 전이적 대상들을 필요로 하지 않았기 때문에, 폴은 투사된 대상들을 안전하고 안정된 도식 내에서 재편성하는 것처럼 보였다. 그의 정체성은 더 안정되어 보였고, 전이에서 나오는 오이디푸스적 갈등에 대한 훈습은 다른 사람들과의 관계에서 그의 정체성을 견고하게 하는 데 도움이 되었다. 또한 충동 통제를 잘하기 시작했고, 지나치게 성적인 특성을 띠는 분노 행동도 감소하였다. 치료의 종결단계를 시작할 무렵, 그의 성적 언어화는 현저하게 줄어들었다. 그는 아빠가 공격적이고 성적으로 행동화하는 부분들을 확인하는 대신에, 그러한 것들을 아빠의 문제로 확인할 수 있었다. 폴은 그러한 문제들에 동의하지 않았고, 더 이상 자신의 행동의 일부라고 생각하지도 않았다. 치료의 끝인 대략 135회기쯤 되어서, 치료 회기에서 보이는 그의 동요는 감소되었고, 그는 더 이상 아빠에 대한 이야기를 할 때 두려운 행동을 보이지 않았으며, 아무런 공포도 남아 있지 않다고 하였다. 그는 객관적으로 부모의 돌봄을 더 잘 평가할 수 있었고, 자신의 감정과 행동을 연결시킬 수 있었다. 또한 파괴적으로 감정을 표출하지 않고 자신의 감정을 명명할 수 있었다. 종결 회기는 그의 일곱 번째 생일 몇 달 전에 있었다. 이 시기에 폴의 행동은 모든 점에서 주목할 만한 향상을 보였다. 위에서 묘사된 변화들은 이 글이 출판사에 보내진 무렵인 6개월 뒤의 추수에서도 유지되었다. 역설적이게도 그 시기에 존슨 씨는 회사에서 해고되었다. 존슨 씨는 5개월 동안 실업자였는데 이웃 주로 이사하려고 했다. 그것은 '마법을 깨는' 것이었기에 존슨 부인과 폴은 어느 곳으로든 이사할 수 있는 자유를 갖게 되었다. 그러나 존슨 부인의 새 직위가 확고하여서 추수 회기 때까지 이사할 계획은 없었다.

또한 도로시에게도 그녀의 여정은 정서적인 성장을 촉진시켜서 그녀는 수줍고 의존적인 소녀("나는 아주 작고 약한 도로시예요.")(Baum, 1993, p. 78)에서 주장이 강하고 독자적인 지도자로 발전했다. 처음에 그녀는 두려움, 감정, 분노로부터 도망쳤으나 나중에는 자신의 모든 갈등과 맞설 수 있을 만큼 성장했다. 마법사를 마지막으로 방문했을 때 그녀는 그에게 "당신은 아주 나쁜 사람이에요." (Baum, 1993, p. 123)라고 외친 후, 자기를 캔자스로 돌려보내 달라고 직접적으로 요구했다. 도로시는 또한 노란 벽돌길을 따라가고 허수아비와 마녀에게 물을 뿌리면서, 자신의 성장을 촉진하기 위하여 자신의 환경을 활용했다.

5. 논의

폴의 치료에 사용된 접근방법(일차적 접근방법)은 정신역동적 개념화와 내담자중심 및 행동적 개념화(이차적 접근 방법)를 통합하고, 그에 상응하는 치료기법들을 통합한 것이었다. 나는 폴이 경험했던 수많은 발달적 외상과 위기 때문에 일차적인 개념화로서 전자를 선택했다. 폴은 분리 및 개별화 문제, 오이디푸스 콤플렉스와 관련된 노력, 수반된 신뢰 문제, 연합된 정서(공포, 분노, 애도/상실) 등과 싸웠다. 그의 자기 및 타인 도식들은 부정적 내사물들로 얽혀 있었는데, 그것이 그의 정체감과 대인관계와 관련된 유의미한 혼란에 기여했다. 게다가 일반적으로 폴의 자기개념은 그가 많은 양육자들로부터 받은 대우 때문에 열악하게 형성되어 있었다. 이러한 대접, 그의 신뢰 및 상실의 문제, 그리고 치료 외적 문제들(예: 치료를 방해하려는 아빠의 시도) 때문에, 나는 일차적인 정신역동적 개념화에 보조적인 접근법으로서 내담자중심 개념화와 치료를 사용했다. 마지막으로 나는 구체적으로 묘사된 영역(즉, 폴의 정동과 행동에 부정적인 영향을 주는 잘못된 양육이 계속됨)에서 폴의 적응과 환경을 다루기 위해 행동적 개념화를 통합시켰다. 나아가 물리적 환경이 아동의 발달과정을 결정하는 데 중요하듯이, 나는 치료 시 치료의 내부 및 외부 모두의 맥락과 과정 및 이런 통합적 접근법의 결과들을 고려하였다.

이 사례는 내담자의 과거력뿐만 아니라 폴에게 진행되었던 수많은 치료 내적, 외적 문제들 때문에서라도 선택된 개념화들의 정확성과 견고함을 검증했다. 치료 내적 문제는 폴이 그의 발달과 삶의 경험들을 통해서 치료에 오게 된 것을 포함한다. 치료 외적 문제는 치료 그 자체와 직접적으로 관련된 것들을 일컬으며 치료 회기 밖에서 생긴 문제들을 말한다.

임상가들은 치료 내적 문제들이 치료적 과정과 진보를 협상하는 데 결정적이라고 일관적으로 주장하였다. 신체적, 성적 학대를 보고하는 데, 법적 소송에서 증언하는 데, 내 임신 상태를 처리하는 데, 그리고 장기간의 심리치료에서 계획된 종결과 계획되지 않은 종결 모두를 다루는 데서 나는 치료를 희생시키려는 부모의 시도들을 다루지 않을 수 없었다. 게다가 나는 물리적 공간과 환경적 타협이 아동의 발달과정에서 필수적이라는 점에서 치료 동안에 폴의 환경적 맥락을 고려해야 했다. 이 통합적 놀이치료 사례연구를 제시하면서 오즈의 마법사라는 은유를 사용한 것은 이 특정한 중다요소적 치료 접근방법에 대한 이해와 의사소통을 촉진하고 부가적 맥락을 제시하기 위해서 고안된 것이었다.

폴에 대한 치료는 하나의 도전이었으나, 그럼에도 보람이 있었다. 여느 내담자들과 그랬던 것처럼, 나는 특히 아동의 환경과 치료적 맥락 및 관계를 최대한 활용하는 방법에 대하여 많은 것을 배웠다. 치료자는 모든 환자로부터 배우지 않을 수 없다. 왜냐하면 모든 사람에게는 그 개인의 심리 구조에 의미 있는 영향을 주는 독특한 인생사가 있기 때문이다. 이는 개별 아동에게 각 치료를 맞춤해 주는 통합적 놀이치료 접근법에 대한 믿음을 준다. 치료에 대한 폴의 반응을 도표로 만들어 보았더니, 폴은 세 가지 이론적 접근법 모두에 잘 반응하였고, 현재의 욕구와 기능 수준에 대한 반응으로 내가 사용했던 개입에 대해 잘 반응하였다. 나는 통합적 놀이치료를 사용하여 폴 개인의 다면적 복잡성을 다룬 것이 치료의 효과를 최대화시켰다고 믿는다. 이런 접근을 사용하는 데 가장 큰 어려움은, 이론적 기원이 다른 개입들이 주어진 순간과 맥락에서 아동에게 어떠한 영향을 미치는지에 관하여 분명하게 이해하고 있어야 한다는 것이다.

폴은 얼마나 많은 아동들이 진정으로 이해받고 있으며, 얼마나 그들이 환경 및 대인관계 상호작용에 대한 개인의 도식들을 통합시키고 있는지를 계속적으로 상기하게 하였다. 아동들의 언어 능력은 서서히 발달되기 때문에 인지적 능력을 과소평가하기 쉽지만, 우리는 귀로 이러한 어린 내담자들이 지니고 있는 지식들을 모두 처리할 수 없으므로 눈으로 자세히 경청해야 한다.

또한 나의 임신이 폴에게 미친 영향을 지켜보고 이런 현상을 치료적으로 유익하게 통합시킨 것도 강력한 경험이었다. 나의 임신은 그에게 초기 아동기와 버림받고 대체되며 양육받지 못한 감각들을 떠올리게 했다. 임신은 그의 문제들을 총체적으로 떠오르게 했다. 그의 분노 때문에, 나는 나의 태아를 보호하는 것과 폴이 죄의식 또는 자학적 불안을 더 많이 갖지 않으면서 그의 문제를 극복해 나가도록 허용하는 것 사이의 미묘한 경계선을 따라 걸어야 했다. 때때로 이러한 균형은 나 자신의 불안한 감정에도 영향을 미쳤다. 임신이 나에게 모성 감정을 불러일으키기도 하여서, 나에게 폴을 "구원하도록" 점검하게 하는 신호로 작용했다. 이것은 폴이 엄마와 가졌던 함입된 경계와 자신에 대한 무능감 지각을 강화시켰을 뿐만 아니라, 분리하고 개별화하려는 어떠한 시도까지도 방해하였다. 잠재적인 모성 역전이 문제는 치료 기간 자체로 더욱 강화되었다. 폴에 대한 치료가 그가 치료를 시작했을 때의 연령보다 더 오랫동안 지속되었다는 것을 생각해 보면 묘하다. 세 살짜리 아기가 성숙한 7세 소년으로 발전하는 것을 관찰하는 아름다움은 보람되지만, 종결을 피할 수 없기에 슬프기도 하다.

마지막으로 나는 우리의 사법체계에 대하여 내가 계속해서 얼마나 많이 배우는지 깜짝 놀란다. 이 체계는 계속해서 나의 진보적인, 아마도 순진한 이상주의를 조금씩 깎아내고 있다. 많은 면에서 한 가족이 주 경계를 가로질러 이사하는 것이 그 가족의 경제적인 안정성을 보장하고, 그럼으로써 잠재적으로 아동의 신체적, 교육적, 정서적 복지를 향상시킬 수 있음에도 불구하고, 우리의 사법과정이 그것을 실제로 막을 수 있다는 것은 나에게는 상상할 수 없는 일이었다. 이혼을 할 때 여성은 세 가지 사회경제적 수준이 낮아지는 반면에 남성의 경우는 변함이 없다는 사실을 고려할 때(Lahey, 1984), 그런 이사를 방해하는 것은 여성이 해방되는 것을 막고 종속적이며 무력하게 만드는 것이다. 그러나 아동과 한 부모 사이의 접촉을 막는 것 또한 관련 당사자들의 권리에 위배되는 것이고, 잠재적으로 그들의 정서적 복지에 손상을 줄지도 모른다. 정신건강 종사자들의 목표와 법률체계가 종종 모순이 된다는 것은 분명하다. 존슨 부인이 다른 주로 이사를 신청한 것과 관하여 내가 법정 증언을 하는 동안에, 존슨 씨의 변호사인 애덤스 씨는 내 진술의 신뢰성을 떨어뜨리기 위한 시도로 나에게 '심리학이 진리' 라고 믿는지를 물어보았다. 나는 "아니요, 심리학 연구는 진리를 추구하는 것이고, 심리치료는 연구의 응용입니다."라고 대답했다. 실망한 애덤스 씨는 "파우스트 박사, 당신은 법률과 변호사를 좋아하지 않죠?"라고 말했다. 나는 "우리의 법률체계는 세상에서 제일 좋은 것입니다." 라고 열정적으로 말했다. 그 말에 이어 나를 좌절하게 만든 것은 내가 법률체계를 좋아하지 않아서가 아니라, 심리치료의 목표와 실제과정이 여러 차례 사법체계와 상충되었고 종종 그것들이 갈등을 빚었기 때문이라고 말했다. 이와 비슷한 좌절을 겪은 적이 있는 변호사들과 정신건강 종사자들은 침묵의 동의를 하였다. 그런 다음 애덤스 씨는 계속 변론을 진행하였다.

"나는 항상 있는 그대로의 너를 좋아했어."

(Baum, 1993, p. 125)

참고문헌

Axline, V. M. (1947). *Play Therapy,* New York: Ballantine.

Baum, L. F. (1993). *The Wizard of Oz.* New York: Tom Doherty Associates Inc.

Bergman, J. (1992). Affect, humor, and metaphor in family therapy. Paper presented at the annual meeting of the American Association of Marital and Family Therapy, Miami Beach, FL, October.

Blatt, S. J. (1993). Object relations perspective on personality development. Paper presented at Continuing Education Conference, Ft. Lauderdale, FL January.

Burns, D. (1981). *Feeling Good: The New Mood Therapy.* New York: Signet.

Diamond, D., Blatt, S. J., Kaslow, N., and Stayner, D. A. (1992). Cohesion, differentiation and relatedness of self and other representations. Unpublished manuscript.

Eysenck, H. J. (1970). A mish mash of theories. *International Journal of Psychiatry, 9,* 140–146.

Faust, J., and Burns, W. J. (1991). Coding therapist and child interaction: progress and outcome in play therapy. In C. Schaefer, K. Gitlin, and A. Sandground (Eds.), *Play Diagnosis and Assessment.* pp. 663–689. New York: Wiley.

Forehand, R. L., and McMahon, R. J. (1981). *Helping the Noncompliant Child: A Clinician's Guide to Parent Training.* New York: Guilford.

Gutheil, E. A. (1979). *The Handbook of Dream Analysis.* New York: Liveright.

Harter, S. (1983). Cognitive developmental considerations in the conduct of play therapy. In C. E. Schaefer and K. J. O'Connor (Eds.), *Handbook of Play Therapy.* pp. 95–127. New York: Wiley.

Josephs, L. (1992). *Character Structure and the Organization of the Self.* New York: Columbia University Press.

Klein, M. (1979). The psychoanalytic play technique. In C. Schaefer (Ed.), *Therapeutic Use of Child's Play.* pp. 125–140. New York: Jason Aronson.

Lahey, B. B. (1984). Child psychopathology. Paper presented at University of Georgia, Athens, Georgia, January.

Lankton, S. R., and Lankton, C. H. (1983). *The Answer Within: A Clinical Framework of Eriksonian Hypnotherapy.* New York: Brunner/Mazel.

Mahler, M. S., Pine, F., and Bergman, A. (1975). *The Psychological Birth of the Human Infant.* New York: Basic Books.

Norcross, J. (1987). *Casebook of Eclectic Psychotherapy*. New York: Brunner/Mazel.

Rangell, L. (1989). Rapprochement and other crises: the specific and nonspecific in analytical reconstruction. *The Psychoanalytic Study of the Child*, *44*, 19–39. New Haven, CT: Yale University Press.

14
아이가 놀이를 하면서 가족의 나무가 자란다: 가족 놀이치료

Ruth A. Anderson, Ph.D.

스코트 씨네 4인 가족은 여섯 살짜리 남자 쌍둥이의 야뇨증 문제로 치료를 받으러 왔다. 이 쌍둥이들은 첫 회기를 하기 약 6주 전부터 밤에 오줌을 싸기 시작했다. 실망한 엄마는 매일 아침 침대 매트리스를 말리는 일에 지쳐서 아이들을 소아과 의사에게 데려갔는데 그 의사가 그들에게 가족상담을 추천했다. 첫 회기는 야뇨증의 과거력과 부모들이 시도했던 것이 무엇이었고, 효과적이었던 것과 효과적이지 않았던 것이 무엇이었는지에 초점을 두었다. 효과적이었던 것은 전혀 없었다고 했다. 그 회기 동안, 쌍둥이들은 모든 말들을 경청하면서 레고를 가지고 놀이를 했다. 두 번째 회기에서 비로소 엄마는 첫 남편이자 쌍둥이의 친아빠가 쌍둥이들이 태어나기 전에 집을 나갔다는 것을 밝혔다. 그 후로 그녀는 그를 보거나 소식을 듣지 못했다고 했다.

엄마가 이 사실을 밝히자 쌍둥이들의 얼굴 표정이 달라졌다. 그들은 자신들의 과거에 대하여 이런 설명을 들은 적은 없었지만, 자신들의 출생 비밀에 대한 이야기를 이해하고 있는 것이 분명했다. 현재 남편인 존은 아이들이 2세 6개월이었을 때부터 아이들을 양육했다. 존은 무릎수술로 인하여 자신의 꿈을 접어야 했던 1년 전까지 직업 운동선수였다. 회복하는 동안, 존은 집에서 아이들과 함께 지냈다. 엄마가 이런 이야기를 하는 동안, 나는 가족 그림을 그리고 있는 쌍둥이들 곁에 앉아 있었다. 나는 팀이 존 옆에 매우 큰 나무를 그린 점에 주목했다. 나는 장난으로 존이 가족과 소년들을 위한 나무 같다고 말했다. 그러자 쌍둥이들은 모두 "그래요."라고 말했고, 덧붙여 팀은 자신들이 앞마당에 있는 나무에서 하는 것처럼 존을 올라탄다고 했다. 이야기가 진행됨에 따라, 판매원 일을 시작한 존이 아이들과 보내고 놀아 주는 시간이 줄어들었다는 것이 분명해졌다. 나는 존에게 쌍둥이들과 함께 장난치는 활동을 다시 시작하라고 제안했다. 엄마는 2주 뒤에 전화로 아이들이 지난 회기 이후로 단 한 번만 실수를 했다고 말했다.

팀의 큰 나무와 그 나무만큼이나 큰 아빠의 그림은 나에게 나무와 존 사이에 어떤 유사성이 있음을 시사해 주었다. 내가 이런 연관을 짓자 쌍둥이들의 심각한 얼굴 표정은 즐거움으로 변화되었다. 그리고 방 안의 정동적 분위기는 더 편안해지고 놀이적으로 되었다. 아이들은 유명한 운동선수가 되고자 했던 꿈을 상실한 존의 비통함에 대하여 은밀하게 행동화해 왔을 수 있다. 그러나 팀과 톰의 눈에 존은 여전히 크고 강했던 것이다. 또는 아이들은 존이 전일제로 일을 하게 됨에 따라 그를 상실하게 될 것을 불안해 했을 수도 있다. 존이 그들에게 보였던 정서적 투자로 인해서, 아이들은 여전히 그로부터 돌봄을 받을 권리가 있다고 느꼈다. 존 또한 자신이 아이들로부터 받았던 사랑의 결과로 성숙해졌다고 인정했다. 그는 전일제 아빠 역할을 하는 것이 즐거웠다. 쌍둥이로 인해 존은 아이답고 사내다운 활동에 헌신할 수 있었다. 가족 전체는 판매원이라는 존의 새로운 지위가 그들에게 던진 현재 역할들을 넘어서는 의미를 찾는 데 열중하고 있었다. 6개월 후에 이 가족은 앞마당의 나무가 여전히 자라고 있으며, 모든 가족 구성원들도 그렇다고 말했다.

1. 가족치료 소개

1) 가족치료의 정수

가족치료는 역동적 유기체 또는 체계로서 가족 전체에 초점을 두는 치료방법이다. 가족치료 전문가들은 하나의 체계로서 가족과 관련지어 평가, 치료기법, 치료 계획 및 목표들을 고려한다. 또한 심리 내적 현상이 아닌 대인관계 연결망에 강조점을 둔다. 놀이

치료와 성인 개인치료에서 중요한 여러 가지 핵심 요소들이 가족치료에서도 중요하기는 하지만, 가족치료에서는 치료적 신뢰를 그 가정 내의 관계 연결망에 둔다.

일반적 체계 이론에 근거하여, 가족치료 전문가는 가족을 안정적이고 동시에 변화하는 강력하게 상호 연관된 체계로 간주한다. 가족은 본질적으로 환경으로부터 영향을 주고받는 데 개방적인 체계다. 이런 개방적 체계들은 다음의 세 가지 특징을 지닌다.

① 전체성: 가족은 개인들의 집합이라기보다는 오히려 응집력이 있고 나눌 수 없는 단위다. 한 명의 가족 구성원의 변화는 다른 가족 모든 구성원들에게 영향을 미칠 것이다. 예를 들어, 아버지가 실직을 해서 우울해지면 다른 모든 가족 구성원들도 영향을 받는다.

② 피드백: 가족체계로 가는 모든 입력들은 가족체계에 따라서 수정된다. 긍정적인 피드백은 가족체계에 변화를 가져오고, 부정적인 피드백은 체계에 안정을 가져온다. 건강한 가족에게는 두 가지 피드백이 모두 필요하다. 예를 들어, 건강한 가정에서 규칙들은 자녀들이 성숙해 감에 따라 조정이 되고, 자녀들이 성장함에 따라 더 많은 자유가 주어진다.

③ 동일 결과(equifinality): 출발점이 다르더라도 동일한 결과에 도달할 수 있다. 따라서 가족치료 전문가에게는 가족 상호작용이 가족 양상의 출처나 결과들보다 더 중요하다. 어떤 치료적 목표를 달성하기 위해서(예컨대, 행동화하는 아동을 돕기 위해서), 가족치료 전문가는 가장 변화가 일어나기 쉽다고 생각되는 곳이라면 어디에서든지 그 가족체계에 개입할 수 있다.

2) 가족치료에서 다른 핵심적 개념들

① 가족치료 전문가는 가족이 성격 발달에 가장 영향력이 있는 것으로 본다. 이는 개인치료의 통상적인 기초인 심리 내적 힘이 보다 중요하다는 개념과는 대조된다.

② 가족치료 전문가들은 아동기 장애를 종종 가족 문제의 표명으로 생각한다. 과거 수십 년에 걸쳐서, 아동지도의 움직임은 한 개인에 대한 모델에서 이자적, 삼자적 모델로 변화되었다. 행동은 언제나 상호작용적이다. 이러한 견해에서 보면, 한 명의 가족 구성원의 행동은 다른 가족 구성원의 행동과 관련 있다. 이는 아동 내부에

단독으로 뭔가 있어서 아동들을 괴롭게 한다는 개별적 관점과는 대조된다.

③ 순환적인 사고를 활용하여, 가족치료 전문가는 별개의 사건들을 진행 중인 순환적 고리의 한 부분으로 본다. 예컨대, 아동이 행동화를 하고, 부모중 한 명이 교정하며, 다른 한 명의 부모는 철수되고, 아동은 다시 반응을 한다고 본다. 반면에 개인치료자들의 선형적 사고는 인과관계에 초점을 둔다. 이를테면, 어떤 정서적 상처가 어떤 증상을 일으킨다고 본다.

④ 모든 체계는 그 체계가 기능할 수 있는 경계(boundaries)들을 갖는다. 이러한 경계들이 기능적이지 못한 가정의 자녀들 중에서 증상이 나타난다. 예를 들어, 통제 불능의 아동은 보통 부모의 하위 체계에 속하는 가정에서 힘을 가질 수 있다. 아동을 아동으로서 다루는 대신, 부모의 하위 체계의 한 명이 아동을 배우자로서 대한다. 이로 인해 아동은 아이가 될 것인지 배우자가 될 것인지를 선택하는 어려운 입장에 처하게 된다. 가족치료 전문가는 가족이 모든 가족 구성원들을 위하여 적절한 역할을 타협하고 부적절한 교류 양상을 중단할 수 있도록 돕고자 한다.

⑤ 이자관계의 구성원들이 그들 간의 상호관계적 스트레스를 더 이상 감당할 수 없을 때, 2인 정서체계(예를 들어, 부부)는 3인 체계(삼각관계)를 형성하는 경향이 있다. 아동들은 종종 가정의 다른 부분에 속하는 문제들에 대한 짐을 떠맡게 되곤 한다. 남편과 아내의 갈등은 양육 영역 전반에 걸쳐 영향을 미칠 수 있다. 부모의 권위가 분열되면, 각 부모는 자녀를 통해서 상대방을 공격할 수 있다. 치료자의 역할은 세대를 분리시키고 남편과 아내를 둘러싼 경계를 강화하는 것이다.

⑥ 가족치료 전문가들은 대개 증상을 보이는 사람을 스트레스 상황에서의 전체 가족의 역기능이 표현된 것으로 본다. 그러나 환자로 간주되는 사람은 종종 가족 스트레스를 전달하기에 충분히 강한 사람이다. 이런 개인치료 접근에서, 치료자는 증상을 보이는 사람(예: 행동화하는 아동)을 치료적 도움이 필요한 확인된 환자로 본다.

3) 개인치료와 가족치료: 간략한 비교

수십 년 동안 심리적 역기능을 위한 유일한 치료양식은 개인치료였다. 이 패러다임은 개인의 내부에 역기능의 자원이 있다고 본다. 이 모델에서 치료는 치료자가 비밀보장을 하고 지지적이며, 개별적 관계를 맺고 환자를 치료하는 것을 포함한다. 목표는 환자가 보다 환경을 효과적으로 다룰 수 있도록 그들의 개인적 세계를 다루는 방식을 변화시키는 것에 있다.

가족치료는 문제(개인의 증상이 아닌 가족 상호작용에서 기인한 것)와 내담자(아동만이 아닌, 가족 전체) 모두를 다른 방식으로 정의한다. 가족치료 전문가들은 대개 역기능적인 가족은 꽉 막혀 있어서 성장하는 가족의 발전적 욕구에 반응할 수 없다고 간주한다. 따라서 가족치료 전문가들은 가족 및 개인 모두의 수준에서 변화를 불러일으키려고 노력한다.

본질적으로 가족치료의 과정은 각 구성원들에게 보다 큰 그림에서 문제를 포함하고 있는 맥락을 볼 수 있도록 밖으로 나아갈 것을 요구한다. 상담과정은 가족 관계를 재정의하고 상호작용 양상에서 변화하는 것을 포함하므로, 가족이 자기치유를 할 수 있도록 돕는 것이다. 불행하고 불필요하게도, 이런 상이한 두 패러다임의 충돌은 오늘날에도 계속되고 있다. 가족치료는 쉽게 말해서 임상적 문제를 개념화하고 치료를 수행하는 방식이 다양하다. 심지어 어떤 치료자가 단 한 명의 사람을 치료한다고 하더라도 그것은 가족치료의 측면으로 볼 수 있다. 그 이유는 그 내담자가 보이는 모든 변화는 전체 가족 체계에 영향을 미치기 때문이다.

4) 가족 놀이치료자의 주안점

가족치료의 맥락에서 아동과 작업을 하는 이 접근법이 문제가 있는 아동들을 치료하는 데 확실히 차별적이기는 하지만 반드시 더 나은 것만은 아니다. 체계적인 패러다임을 활용하면서, 가족 놀이치료자는 가족 환경과는 별개로 개별 아동과 놀이치료를 하는 사람들이 사용하는 것과는 다른 주안점을 갖는다. 기본적인 원칙은 다음과 같다. 즉, 행동이란 모든 가족 구성원들이 의미 있는 가족 맥락 내에서 지각된 상호관계성에 대한 개인적 경험을 표현한 것이거나 행동화한 것이다. 감정은 개인의 정서체계와 가족의 관계체계 간의 결합이다(Bowen, 1971). 이와 같은 체계적 접근은 종종 다음과 같은 치료적 요점들 중 하나 또는 그 이상을 포함한다.

① 가족치료 전문가는 가족의 문제를 정의하는 데 모든 가족 구성원들에게 도움을 줄 것이다. 증상이 그 아동에게만 나타난 것인가? 아동의 행동화에서 표현된 은밀한

부부 갈등의 소재가 있는가?

② 가족치료 전문가는 가족 구성원들이 서로서로 관계를 맺고 모든 구성원들이 자신의 성장 문제에 도움이 되는 새롭고 주장적인 방식들을 배울 수 있도록 긍정적인 분위기를 창출하도록 도움을 준다.

③ 가족치료 전문가는 가족이 가족 이행단계, 예를 들어 자녀가 학교에 들어가거나 청소년이 될 때와 같은 단계에서 적응하는 데 새로운 방법을 배울 수 있도록 돕는다. 이따금 가족들은 이와 같은 발달단계에서 꽉 막혀 버리곤 한다. 하나의 고전적인 예는 사춘기의 가족 구성원이 가족을 떠나면서 시작되는 개별화 과정의 정상적인 붕괴과정에 대하여 가족체계가 적응하지 못할 때 보이는 십대 청소년의 행동화다.

④ 가족치료 전문가는 대부분의 부모들이 그들의 자녀에게 갖는 과도한 정서적 투자에 대하여 자각하고 있다. 따라서 치료자는 특히 증상이 있는 아동과의 연합을 통해서 그 가족으로 들어가려고 시도하곤 한다.

⑤ 마지막으로 가족 결속은 문제를 해결하는 데 유용하다. 왜냐하면 그것이 신뢰의 핵심이고 변화의 기초이기 때문이다. 가족체계에서 이러한 강한 상호관련성에 대한 믿음이 있기 때문에, 가족 놀이치료자는 아동의 놀이가 가족의 어떤 핵심 감정과 관계들을 반영하는지 이해하고자 노력한다. 치료자는 치료에서 적절한 시기에 강하지만 돌보는 방식으로 이런 관련성을 만들 수 있다.

5) 가족치료에서 아동

치료에서 아동들이 지닌 생각은 대부분 부모들에게 불안과 혼란감을 일으킬 뿐만 아니라 양육적 죄책감과 수치심을 건드리기도 한다. 부모들은 '내 아이가 정말로 명백하게 끔찍한 두 살인가? 내 아이는 아주 까다로운 청소년인가? 내 아이가 정상인가?' 와 같은 생각을 곰곰이 하기 시작한다.

모든 아동들이 참여하는 가족치료에서, 치료자는 가족의 정직성에 도전하면서도 가족에게 힘을 부여하는 치료과정을 위하여 필수적인 요소들을 갖는다. 이런 과정은 증상의 결합, 기저의 갈등, 관련된 과거력을 필요로 한다(Weltner, 1982). 만일 가족이 어떤 문제가 있다고 지각한다면 문제가 있는 것이다. 그러나 그 문제는 가족이 인식하는 것들과는 다른 차원에 있을 수 있다. 아동의 원래 자원체계로서 가족은 아동이 건강하고 성장으로 충만된 삶을 수립하는 데 가장 중요한 자원이다. 아동은 가정 내에서 양육되고 발전하며 성장하고 배우며 상호작용하고 성숙한다. 가족 여과체계(filter system)를 통해서, 아동은 처음으로 가치, 진실, 역사, 사람, 사실, 환상, 왜곡 등을 경험한다. 이러한 가족 맥락 내에서 가족 구성원들은 모두의 이익을 위해서 그들의 자원체계를 제공하는 것을 배우기도 한다.

가족은 부모와 자녀의 핵가족을 넘어서, 다면적인 방식으로 상호작용하는 가족 구성원들의 다세대적 집단을 포함하기도 한다. 이런 세대들은 현재의 삶과 자기상에 영향을 미친다(Keith, 1986). 이러한 가족의 세대들을 가능한 많이 치료에 포함시키는 것은 심리치료의 힘을 증가시킨다. 세대적 가족 맥락은 과거력에 대한 강점을 가지며, 가족뿐만 아니라 치료자에게도 정보를 주며 우호적이게 하고 격려가 되는 경험을 하게 한다. 세대 간 가족치료의 맥락에서 아동들은 가족과 작업을 해 나감에 따라서, 가족과 치료자에게 깊은 희망감을 불러일으킨다. 가족치료에 아동을 포함시킴으로써 아동의 세계는 현재보다 나은 곳이 된다(Combrinck-Graham, 1986).

6) 놀이치료와 가족치료

놀이치료와 개인 성인치료가 의식과 무의식을 모두 다루는 것과 마찬가지로 가족 놀이치료도 의식과 무의식을 모두 다룬다. 가족과 작업을 하면서 놀이치료 방법을 활용하면 종종 은밀한 것이 명백하게 드러난다. 자신의 상처나 외로움에 직면하지 않으려는 성인들은, 자녀들이 가족 놀이치료 동안 놀이를 하면서 자발적으로 행동화하거나 은유적인 방식으로 그들의 상처를 도출해 내는 것을 보고 깊은 감동을 받곤 한다. 부모에 대한 자녀의 이러한 재능은 종종 어른을 앞으로 나아가게 하고, 그들만의 감정과 관계에 직면하게 하며, 취약해지거나 변화를 위한 모험을 감수하게 하는 데 도움을 준다.

놀이는 아동의 가장 자연스러운 활동이다. 놀이는 아동들이 스스로를 표현하는 매개수단이다. 가족치료의 맥락에서 놀이는 가족 전체를 가담시키고 치료자에게 가족 역동에 대한 정보를 제공해 준다. 놀이는 가족에게 즐거움을 허용해 준다. 종종 놀이는 놀이치료실에서 에너지를 창출하는데 그것은 변화에 추진력을 제공한다. 따라서 변화에 대한 책임은 부모 혹은 확인된 내담자 아동뿐만 아니라 모든 가족 구성원들이 공유한다. 놀이를 통해서 모든 가족 구성원들이 놀이와 장난감의 마법의 세계로 이동함에 따라,

그들은 자신들의 광기(Whitaker, 1987; Whitaker & Keith, 1981), 공상, 좌절 등을 편안하게 경험할 수 있게 된다. 놀이는 가족들이 그들의 부적응적인 양상을 이해할 수 있도록 돕고, 창조적인 방식들에 개방적이게 하여 새로운 해결책을 이끌어 낸다. 그리고 놀이는 가족의 친밀한 측면을 그대로 유지하면서 모든 구성원들에게 자율성을 성취할 수 있는 접근 가능성을 창출한다(Carey, 1991). 위테커와 키이스(Whitaker & Keith, 1981)는 가족들이 놀이하는 방법을 배워야만 하는 이유를 다음과 같이 설명했다. 즉, "놀이는 여가 시간 중 남은 시간에 하는 것이 아니고, 오히려 건강과 성장을 촉진하기 위해서 해야 하는 것이다."(p. 200) 가족 맥락 내에서 이루어지는 놀이치료의 목적은 가족의 정서적 분위기, 역할 기대, 경직된 자기상 및 구조를 변화시키는 것이다.

가족치료의 맥락에서 놀이치료를 활용하기 위하여 치료자는 놀이적이고 창의적인 양식을 행한다. 치료가 재미있을 수 있다는 마음 자세를 갖고 있으면, 치료자는 편안해지고 가족 구성원들과 치료자 모두는 창조적 에너지를 방출하게 된다. 놀이는 해결책을 생성해 내는 데 유용하다. 놀이는 가족의 고통을 함께 처리하는 과정을 촉진시키는 신뢰로운 분위기를 형성하기도 한다. 가족 놀이치료는 의사소통과 상호작용에서 새로운 현실을 창출함으로써 긍정적인 기능을 증진시킨다.

7) 가족 면담

아동들은 가족치료에서 독특하고 강력한 기여를 한다. 아동들의 의사소통 양식은 종종 자연스러운 신선함, 정직한 정동 및 흥미를 끄는 솔직함으로 특징지어진다. 놀이에서 아동들이 보이는 흥분은 자유로운 분위기를 만들어 내고, 그것이 가족치료 회기 전체에 퍼지게 되어 감정과 숨겨진 의도들을 드러나게 하며, 전체 가족체계를 위한 장래의 가능성을 열어 준다. 아동이 그들의 자유로움을 연습해 나감에 따라서 가족 구성원들에게는 새로운 변화와 대안책들이 생긴다. 가족치료 맥락에서 놀이를 통해, 아동들은 가족이 가족의 규칙, 역할, 가면 및 관습 너머의 숨겨진 영역으로 여행을 하게 한다. 아동들은 가족에게 신선한 공기를 들어오게 하는 창문이자 문이다.

(1) 기본적 치료 자세들

가족과 작업하는 데 첫 번째 단계는 함께 하기로 불리는 과정이다. 이 과정은 치료자가 새로운 체계를 시범 보이기 위해서 그 가족으로 들어가는 것을 포함한다. 나는 보통 "나는 앤더슨 박사예요. 그냥 루스라고 부르세요."라고 말함으로써 분위기를 설정한다. 그런 다음 가족 구성원들은 그들이 좋아하는 이름을 쓰면서 편안하게 자신들을 소개한다. 나는 아이들의 눈높이에 맞게 몸을 아래로 숙이고, 이름과 나이를 물으면서 모든 아동을 반긴다. 나는 어느 누구도, 심지어 갓난아기도 간과하지 않는다. 어떤 가족이 참석했을 때, 남자아이가 자신을 다음과 같이 소개했다. "엄마는 나를 제이티(J.T.)라고 불러요. 내 진짜 이름은 조슈아 토마스예요. 선생님은 나를 조쉬라고 불러 주세요." 나는 조쉬와 눈을 맞추려고 몸을 구부리면서, "너 여기에 무엇 때문에 왔니?"라고 물어보면서 시작하기보다는 "여기서 우리는 무엇을 하는 걸까?"라고 말했다. 나는 모든 가족 구성원들에게 이 회기에서 얻고자 하는 것이 무엇인지를 물으면서 시작한다. 이를 통해서 부모가 아이들에게 치료를 받으러 오는 것에 대해서 어떻게 말했는지를 알게 된다. 나는 가족들이 그들의 명백하며 은밀한 목표뿐만 아니라 긍정적인 것들에 대하여 상의하도록 이끈다. 초점을 체계에 두는 것이지 가족 구성원의 '병'에 두는 것이 아니다. 이렇게 함으로써 나는 문제를 강조하는 것에서 벗어나서 가족에게 희망감을 준다. 그 문제의 원인은 곧 드러나게 될 것이다.

치료자는 내담자의 수준에서 시작한다. 이것은 현실에 대한 지각을 가족과 함께 하는데 필수적이다. 그렇게 함으로써, 치료자는 그 가족과 치료 동맹을 발전시킬 수 있게 되고, 가족을 재구조화하고 역기능적 교류 양상을 변화시키는 데 도움을 주게 된다. 이는 가족 내에서 개인들이 가족관계에서 자신들을 인식하고 다르게 받아들이도록 이끈다.

전체로서, 그리고 개별 구성원으로서 가족 모두는 있는 그대로의 그들의 모습을 수용할 필요가 있다. 각 개인에 대한 치료자의 수용과 언어적, 놀이적, 미술적 표현 등은 향후 표현을 격려하며 가족 역동을 드러나게 한다. 이는 치료자의 자각과 가족의 고통 및 스트레스에 대한 평가를 촉진한다.

내가 가족과 함께 하는 바로 그 순간은 진행 중인 과정으로, 나는 가족들의 여러 가지 표현들을 관찰하고 정보를 수집하며 가설을 세운다. 가족의 상호작용에 대해서 보다 잘 알게 되는 한 가지 방법은 순환적 상호작용에 대한 의문에 집중하는 것이다. 나는 어떤 아동에게 다음과 같이 말하기도 한다. "너의 형이 심하게 짜증을 부릴 때 엄마가 어떻게 반응하는지 선생님에게 보여 줘." 또는 가족에게 다음과 같이 물어보기도 한다. "엄마가 출장을 가시면 가족들이 어떻게 달라지는지 궁금하구나."

분명한 규칙과 한계를 설정하는 것은 가족 및 아동을 치료하는 데 중요한 부분이다. 치료 회기에서 아동의 품행에 대하여 개방적인 진술을 함으로써 치료자는 훈육이 부모가 공유하는 공동 책임이라는 기대를 분명하게 해 준다. 나는 대개 다음과 같은 식으로 말한다. "여기서 여러분은 여러 가지 다른 방식으로 해 보고 싶은 여러 가지 안전한 것들을 해 볼 수 있습니다. 부모님께서는 가정에서와 마찬가지로 자녀들에 대한 책임을 집니다." 나는 가족에게 말한 것처럼 놀이를 할 수 있다는 개념을 전달하고자 한다.

가족들 및 아동을 치료할 때 또 다른 중요한 문제는 치료 장면에서 아동들이 말하거나 행동한 어떤 것에 대해서도 부모가 집에 돌아가서 처벌하지 않아야 한다는 것이다. 만일 아동이 회기 동안 잘못된 행동을 한다면, 부모들은 회기에서 그 행동을 다루어야 한다. 또 만일 아동이 가족의 비밀을 공표한다면, 그 비밀은 그 회기 동안의 치료적 쟁점이 된다.

아동은 놀이를 하는 데 안전한 분위기를 누릴 권리가 있다. 가족치료 회기에서 이렇게 해 주는 방법은 모든 가족 구성원들에게 공정한 한계를 설정하고 규칙을 수립하는 것이다. 돌봐 주는 행위를 하면서 가족 구성원들이 서로에게 우호적으로 반응할 때 작지만 신뢰가 자란다. 가족 건강의 토대인 신뢰는 이러한 가족의 관심, 공정함 및 안전을 지원해 준다. 예를 들어, 한 아동이 아빠에게 학교에 와서 같이 점심을 먹자고 하는 것은 그녀가 아빠에게 딸에 대한 사랑을 보여 줄 수 있는 기회를 주는 것이다. 딸이 아빠와 친해지고자 하는 욕구를 가족이 믿어 주는 것도 중요하다. 따라서 신뢰란 가족이 함께 자유롭게 놀이를 할 수 있는 안전한 분위기를 만들면서 비롯된다.

아동과 함께 가족을 치료하는 것 주요 목표 중의 하나는 일상생활에서 가족의 일차적 과정을 확증하는 것이다. 가족 생활은 행복하고 놀이적일 수 있다. 그러나 치료에 오는 가족들은 종종 재미와 기쁨이 거의 없다. 이들은 이를 뽑으러 치과의사에게 가는 것처럼 삶을 살아간다. 따라서 놀이는 가족이 수년간 발전시켜 온 역기능적인 상호작용, 고통으로 가득 찬 환경과 무망감을 변화시키는 데 강력한 도구가 된다. 가족 구성원들이 일단 놀이에서 아주 잘한 것처럼 보이면 그들은 변화의 가능성을 경험하기 쉬워진다. 치료자에게 도전이 되는 것은 가족 구성원들과 서로 신뢰할 수 있게 되는 것으로, 그렇게 되면 그들은 함께 놀이를 하고 삶을 즐길 수 있게 된다.

아동들이 없다면 치료자는 가족과정의 많은 것들을 놓칠 수 있다. 아동들은 보편적으로 인식할 수 있는 상징의 언어를 놀이화하는, 은유적인 방식으로 의사소통을 한다. 감정과 생각을 표현할 수 있는 어휘력을 갖고 있지 못해도, 아동들은 의사소통을 하는 데 놀이를 사용한다. 때로 전체 가족이 아동과 비슷할 때도 있다. 즉, 가족 전체가 단지 자신들을 개방하고 솔직하게 표현하는 발달 수준에 있지 못한 것이다. 그들은 취약해지는 것을 주저하는데, 그 이유는 그들이 다시 가정으로 돌아가서 서로 함께 살아야만 하기 때문이다. 따라서 가족놀이 치료자는 안전한 분위기를 제공하여 그곳에서 가족 구성원들이 스스로 변화를 위한 동기를 불러일으키도록 도전할 기회를 준다. 가족놀이 치료자는 가족에게 언어화되기를 기다리고 있는, 아직 말로 되지 않아 들리지 않는 언어를 표현할 수 있도록 격려한다. 치료적 작업은 가족의 내적 희망과 꿈을 현재의 현실 속에서 일관성 있는 전체로 통합하는 기술이 된다.

(2) 제안된 방법들

첫째, 매 회기에 모든 아동을 참석하게 하는 이유는 아동들이 가족 정체성의 일부분이기 때문이다. 모든 가족 구성원들은 가족의 동질정체성(homeostasis)에 기여하는데, 그것은 가족 내에 균형의 힘을 작동시키고 정동적 관계를 이루기 위한 과정이다. 어떤 가족에게 이러한 강한 현상은 변화를 차단할 수 있다. 그러나 다세대 간의 대화와 놀이는 각 세대의 구성원들에게 그들을 변화로 이끌 수 있는 새로운 균형 정신을 경험하는 기회를 준다.

나는 항상 아동들이 얼마나 현명한지에 대해 감탄한다. 아동들은 가정에서 무슨 일이 일어나고 있는지를 안다. 그들은 단순하고 적절한 방식으로 가족의 욕구와 감정을 표현한다. 어느 한 가족은 누가 최고의 부모인지, 그리고 아들이 음식을 먹지 않는 것으로 비난받아야 하는 사람이 누군인지에 대해 끊임없이 은밀하게 싸움을 하였다. 마침내 작은 탁자에서 놀고 있는 딸이 다음과 같이 말했다 "부모님은 항상 싸워요. 엄마는 아빠를 비난하고, 아빠는 엄마를 비난해요. 두 사람은 나에게 성장해서 책임을 지라고 말해요. 그러면서도 부모님들은 어째서 성장했는데도 책임을 지지 않는 걸까요? 그러면 이 싸움을 중단하고 잘 지낼 수 있을 텐데요."

둘째, 사용할 수 있는 장난감을 갖추라. 장난감이 비쌀 필요는 없다. 다음과 같은 목록을 제안한다. 손인형, 작은 차들, 인형들, 종이와 크레용, 가위, 가구가 있는 인형의 집, 여러 종류의 모자, 동물 봉제 인형, 장난감총, 전화기, 퍼즐 등이다. 만일 상담실에 장난감이 없다면, 아동들에게 다음 회기에 자신이 좋아하는 장난감들을 가져오라고 청한다. 잠재기 발달단계에 있는 아동들의 경우, 보드게임과 체커는 유용하다. 찰흙으로 물체를 만드는 것과 같은 단순한 놀이 활동은 아동과 부모가 그들의 고통스러운 경험들을 이야기할 때의 불안을 감소시켜 주는 데 도움이 된다.

요구가 많은 7세 여아 베키는 소파에서 부모 사이에 끼어 앉았다. 그런 다음 베키는 빠져나가서 그림을 신나게 그리다가 자신이 그린 것을 보여 주려고 재빨리 다시 나타났다. 엄마는 그림을 보고 바닥에 내려놓았다. 부모 모두 딸이 우리의 주의를 분산시켰기 때문에 못마땅한 것처럼 보였으나 아무런 말을 하지 않았다. 나는 이 행동을 방해로 보지 않고, 가족들이 누구에게도 짐을 지우지 않는 방식으로 배려를 주고받는 것을 배울 수 있는 기회로 보았다. 치료 회기 동안에 베키의 놀이는 관심과 애정을 받으려고 분투하는 가족의 역동을 은유적으로 드러냈다.

셋째, 아동의 특정한 발달적 욕구를 위한 계획을 세워라. 아동의 나이에 따라 상담 회기의 길이를 정하라. 어린아이들은 주의 폭이 짧다. 장난감과 상호작용적 과정을 적당히 혼합하여 적절하게 계획을 세우면, 상담 회기는 가족 전체에게 생산적이고 즐거우며 유용할 수 있다.

바닥에 있게 하거나 작은 책상을 주는 것은 아동들에게 그들만의 공간을 주고 서로 친해질 수 있는 자유를 허용해 준다. 나는 방에서 아동들과 함께 바닥에 앉아서 장난감을 이용하여 이야기한다. 이것은 나를 보다 취약한 상태로 만들고 '아주 현명한' 역할에서 벗어나게 해 준다. 아동의 수준에 머무는 것 또한 나를 보다 창의적이고 자발적이게 하는 데 도움이 된다. 나는 가장 어린 유아를 안고서 아동들과 함께 게임에 참여한다. 유아가 있을 때 가족 상호작용의 양상은 때때로 가족관계에 대한 가치 있는 단초를 제공해 준다.

넷째, 잘못된 행동을 가르쳐라. 키이스와 위테커(1981)는 한 명의 가족 구성원이 행동화를 함으로써 가족 문제를 해결하려고 할 때, 이 개념을 활용하여 그 가족 양상을 깨뜨린다. 청소년 자녀가 소리를 지르고 분노 발작을 보이고, 엄마는 냉정해지려고 애쓰면서 큰소리를 내지 않고 평정을 잃지 않으려고 한다. 그러나 속으로 엄마는 화가 부글부글 끓고 있다. 치료자는 오히려 두 사람에게 동시에 열을 내라고 제안한다. 청소년 자녀는 엄마에게 열을 올리는 방식을 가르쳐 줄 수도 있으며, 그렇게 해서 두 사람은 모두 부글부글 끓는 지점까지 도달할 수 있게 된다. 그렇게 하다가 역할을 바꾼다. 이제 십대 자녀는 엄마의 변화를 촉진하는 데 치료자와 함께 참여한다. 기본적인 과정은 가족에게 즐기는 것을 가르치는 것이 된다. 전체 가족이 애매모호하게 신성시해 왔던 뭔가에 대하여 즐거움을 알게 되면 치유가 일어난다. 그 반대의 경우도 그러하다. 뭔가 어리석어 보이는 것을 심각한 것으로 만드는 것도 복구적일 수 있다.

다섯째, 긍정적인 함축(connotation)을 사용하라. 가족놀이 치료자가 문제행동 또는 상황을 받아들이고 재구성하면, 이것은 가족에게 새로운 방식으로 생각하고 행동할 수 있게 한다. 이것은 가족과 각 구성원에게 새로운 조망으로 자신들을 보는 기회를 제공한다. 엄마는 딸을 '흥분을 잘하고 고집 센 아이' 로 묘사했다. 나는 그것을 수용하고 그 행동에 새로운 의미를 부여해 준다. "네, 따님은 강한 의지력과 결정 능력을 지녔어요." 이것이 가족의 주의를 사로잡는다.

긍정적인 피드백은 가족이 이미 하고 있는 것을 강화해 주는 자연스러운 과정이다. 예를 들어, 어떤 아빠는 아들이 언제나 모든 일을 급하게 한다고 불평한다. 만일 아들이 천천히 하기만 한다면 일을 훨씬 더 잘 할 수 있을 거라는 것이다. 아들은 아빠가 거북이만큼 느리다고 투덜댄다. 그래서 나는 다음과 같이 말하면서 두 사람을 칭찬하였다. "한 사람은 거북이고 다른 사람은 토끼인 것처럼 들리네요. 굉장한 팀을 만들 수 있겠어요. 하나는 아주 정확하고 정교하며 다른 하나는 매우 빠르고 신속하죠." 따라서 나는 그 가족에게 새로운 조망으로 행동을 보도록 했다.

여섯째, 가족의 의례를 위해서 규정을 만든다. 가족 놀이치료자는 기존의 가족 게임의 규칙을 변화시키기 위해서 가족 의례를 고안한다. 가족 의례들은 행동 계열을 변화시킨다. 치료자는 가족 행동에 맞는 규정을 신중하게 만들 필요가 있다. 가족들이 특정 행동 양상을 유지하는 것은 그 행동이 그들에게 쓸모가 있기 때문이다. 가족이 치료에서 생기는 변화를 성공시키기 위해서는 타당성과 책임감이 필요하다. 규정은 어디서 누가 무엇을 해야 하는지의 행위 계열을 기술하는 것이다. 두 명의 어린 자녀가 있고 편모인 것같이 느껴진다는 린다는 아이들이 항상 싸운다고 불평하였다. 린다는 다음과 같이 말했다. "나는 5남매가 있는 가정에서 자랐지만, 우리 형제는 절대 이 애들처럼 싸우지 않았죠." 싸움이 가족 내에 있는 모든 사람들에게 어떻게 도움이 되고 상처가 되는지, 싸움에 대해서 어떻게 느꼈는지, 그리고 싸움의 원인과 결과에 대해서 논의를 한 후에, 나는 블랑코(Blanco, 1972)가 고안한 가족 의례를 제안했다. 나는 린다에게 닦아야 할 필요가 있는 창문이 있는지를 물었다. 그런 다음 두 아이들에게 서로 얼굴을 마주 보면서 창문의 한 면씩을 닦으라고 제안하였다. 창문을 닦는 동안, 나는 두 아이들에게 싸울 때

하는 것처럼 서로를 정말로 비난하고 노려 보게 했다. 먼저 웃거나 찌푸리는 얼굴 표정을 푸는 아이는 엄마와 아빠 사이에 끼어서 포옹을 받게 된다. 나는 아무런 설명 없이 회기의 끝무렵에 이 규정을 전해 주었다. 엄마와 아이들은 창문을 닦는 의례 행동을 하겠다는 확실한 의지를 보였다.

나는 싸움 없이 함께 일을 하는 강점을 통해서 가족을 연결시키고자 했다. 또한 그것이 아동들 간, 부모 간, 아동과 부모 간의 긴장을 치유하기를 바랐다. 포옹은 부모와 아동들에게 안전감, 확실하게 의지할 수 있는 안착감(sense of anchor)을 제공했다. 의례 행동이 도움이 되었던 이유는 가족을 에워싸고 있었던 통념의 일부분, 즉 '친해지는 유일한 방법은 싸움을 통해서다' 라는 생각의 폐기를 촉진했기 때문이다. 그 다음 회기를 시작할 때 그 아동들이 다음과 같이 물었다. "우리를 위한 또 다른 게임이 있나요?"

창문을 닦는 의례는 가족 기능을 향상시켰다. 따라서 이것이 기존 가족 게임의 규칙을 변화시켰다. 이제 서로 포옹을 주고받는 것이 괜찮아진 것이다. 가족 구조는 가족들이 부모와 아동 사이에 보다 강한 경계를 수립해 나감에 따라서 변화되었다. 아동들은 그들의 하위 구조에서 안정되었다. 행동의 계열 또한 변했다. 아이들은 비난을 받기보다는 포옹을 받았다. 가정에서의 행동은 서로를 확인시켜 주는 방향으로 나아갔다. 이러한 의례는 가족의 생활양식에 놀이와 즐거움을 통합시키기 시작했다.

일곱째, 이해와 의사소통을 촉진하기 위해서 스토리텔링을 사용하라. 모든 사람들이 이야기할 것이 있는 것처럼, 모든 가족들은 그들만의 이야기가 있다. 치료자는 옛날 이야기의 양상으로부터 새로운 이야기를 지어내는 역할을 하는 대장 이야기꾼이다. 치료자는 가족이 친숙한 이야기 주제를 가지고 새로운 이야기를 창출할 수 있도록 돕는다. 모든 가족 구성원들은 이야기를 발전시키고 새로운 각본과 가능성을 열어 두면서 이야기를 정교화하는 데 참여한다. 스토리텔링은 창을 열어서 가족에게 신선하고 성공적인 방식으로 창의적으로 생각할 수 있게 해 준다. 가족은 받아들일 준비가 되어 있지 않은 감정들과 행동들을 의미 있게 다루고 인식하지 못했던 결과들을 볼 수 있게 된다. 가족 구성원들이 덜 위협적인 방식으로 개인적 환상을 더 할 수 있게 되는 이유는 치료가 안전한 분위기를 제공하기 때문이다.

여덟째, 가족 구성원들에게 회기에서 상호작용 양상을 상연하게 하라. 상연(enactment)은 치료자가 변화를 촉진하기 위해서 가족에게 그들의 상호작용 양상을 사용하는 것을 허용하는 과정이다. 가족 구성원은 치료자가 있을 때 서로에게 직접적으로 대하고, 이에 따라 새로운 가능성이 나타날 수 있는 어떤 맥락을 창출하게 된다. 가족들은 종종 치료에 대하여 자신들에게 어떻게 하라고 말해 주는 전문가인 치료자에게 자신들의 문제를 얘기하는 것으로 생각하고 치료에 오곤 한다. 가족이 그들의 이야기를 함에 따라서, 한 명의 구성원은 상연을 촉발하게 될 다른 것에 대하여 말을 하게 된다. "질은 결코 자신이 한 말을 지키지 않아요. 제 시간에 오지도 않고 청소하지도 않아요." 치료자는 다음과 같이 말하면서 상연을 발전시킬 수 있다. "그녀는 당신이 고분고분하지 않다고 말하네요. 당신이 그녀에게 답변을 해 주시면 좋겠네요." 모호한 요청을 하는 것보다는 어떤 특정적인 것을 선택하는 것이 대화를 개시하는 데 더 좋다. 예컨대, "나는 이런 것들에 대하여 이야기가 되었으면 좋겠습니다."와 같이 말한다. 치료자는 지지와 도전을 요령 있게 혼합함으로써 새로운 관계 현실과 대안책들을 경험하도록 돕는다.

상연 동안에 치료자는 가족의 경계, 규칙, 양상을 발견할 수 있다. 아동들이 의사소통을 하는가? 누가 누구에게 이야기하는가? 관계는 어떤가? 상연은 가정에서 그 가족에게 일어나는 일들에 대한 정확한 특징을 자발적으로 드러나게 할 수 있다. 상연은 치료자에게 그 경험 자체에 대한 치료자의 반응과 함께 그 가족의 정서적 분위기를 경험할 수 있는 기회를 제공한다. 상연은 재현되는 대인관계적 상호작용과 구조의 정서적 과정에 대한 은유적 청사진을 제공한다.

상연은 또한 다른 가족 구성원에게 회상을 이끌어 낸다. 만일 아동이 엉망진창이었다고 묘사함으로써 자신의 자율적이고자 하는 욕구를 상연하는 데 자연스러워진다면, 이에 엄마는 친정으로부터 분리되는 데 고생했던 기억을 편안하게 떠올릴 수 있을 것이나. 독립적이고자 하는 딸의 권리를 엄마가 수용하면, 자녀는 자유롭게 나아갈 수 있게 된다.

아홉째, 전체 가족에게 의사소통을 하는 데 손인형과 장난감을 사용하도록 격려하라. 상연에서처럼, 인형과 장난감은 가족에게 직접적으로 말할 용기나 자유가 없는 것을 실행하는 기회를 제공해 준다. 어느 날 혼란스럽고 당황한 엄마가 4명의 아이들을 이끌고 내 사무실로 왔다. 아이들의 아빠가 떠난 것이었다. 세 살 반짜리 가장 어린 아이는 사무실로 들어와서, 주변을 살펴보고 즉시 선반에 있는 인형 쪽으로 걸어갔다. 그리고는 내 의자 뒤에 숨어서 말하기 시작했다. 가장 큰 여자아이가 손인형을 가지고 그를 따라갔다. 오래지 않아 4명의 아이들이 모두 내 의자 뒤에 와서는 제각기 선택한 인형을 가지고 그들의 인생 드라마를 상연했다. 아이들의 놀이를 흘려 들으며 엄마를 압도한 이야기를 들은 후에, 나는 아이들에게 함께 해도 되는지 물어 보았다. 나는 가장 어린 아이에게 나를 위하여 인형을 하나 골라 달라고 했다. 그런 후에 나는 가장 큰 아이에게 내 인형이 무슨 말을 했으면 좋겠는지를 물었다. "선생님이 아빠 역할을 하고 돌아오겠다고 말하세요." 아이들은 엄마가 했던 것과 매우 똑같은 가족 이야기를 나에게 말했다. 이 가족은 가족에게 문제가 있을 때 모든 구성원들이 그것을 느낀다는 개념을 매우 분명하게 예시해 준다. 모든 가족 구성원들이 지금 벌어진 일을 어떻게 지각하고 있는지를 들어 보는 것은 매우 중요하다. 손인형들은 가족의 분리감을 직접적으로 표현하고 상연하게 된다.

2. 문제와 배경자료

내가 대학교의 상담소에서 근무하는 동안, 6세 아동 아담이 물건을 훔치는 문제로 의뢰되었다. 가족들은 똑똑하며, 잘 놀고 상상력이 풍부한 아이인 아담의 문제에 대하여 치료를 원했다. 부모는 그가 집뿐만 아니라 상점에서도 물건을 훔친다고 호소하였다. 아담의 부모인 벳시와 제리는 아들의 훔치는 행위에 놀랐다. 부모는 아동이 집에서 돈을 훔치는 것보다 동네 몇 군데 상점에서 도둑질을 한 것에 대하여 매우 속상해 하는 것처럼 보였다. 약 1년 전부터 잔돈이 없어지곤 했지만, 그들은 이 문제에 대하여 아담에게 얘기를 하거나 추궁해 본 적이 없었다. 그러나 부모가 아담을 상담소에 데리고 오기 두 달 전에, 그는 동네의 두 군데 상점에서 사탕과 작은 장난감을 훔치다 붙잡혔다. 부모는 모두 이 행동을 '용서받을 수 없는 것' 이라고 했다. 부부는 가족 이외의 사람들이 이런 그의 행동을 알게 되어 가족의 평판이 나빠질까봐 두려워했다.

아담의 친할머니인 애나를 포함한 전체 가족과 함께 가족력을 모으기 위한 첫 회기에서 아담과 여동생이 유아였을 때 입양되었음이 밝혀졌다. 혼혈아인 아담이 두 살이었을 때 여동생 카라가 입양되었다. 아담은 카라가 올 것이라는 말을 들었고 가족이 카라의 등장을 준비할 수 있도록 도왔다. 그때 아담은 아기 여동생이 생기는 것에 대해 매우 흥미로워 했다. 아시아계인 벳시와 제리는 처음 아담을 가족으로 받아들였을 때의 감격을 이야기했다. 무심결에 벳시는 아담이 흑인 혼혈이라고 말했다. 가족 전체는 아담의 혼혈이 문제라는 것을 부인했다. 그러나 가족 모든 구성원들은 인종적인 문제와 그것이 가족에게 주는 의미에 대해 이야기하는 것을 꺼리는 듯했다. 아담은 '흑인' 이라는 것에 양가 감정이 있어 보였다. 위테커(Whitaker, 1987)는 인간은 자녀들의 얼굴에 반영된 자신의 얼굴을 보고자 하는 강한 욕구가 있다고 주장하였으나, 이 가족은 이것이 그들에게 문제라는 점을 부인했다.

부모는 카라를 '사랑스럽고 똑똑하며 아무런 문제가 없는 아이'로 묘사했다. 아담에 대해서는 '말썽꾸러기며 불손하고 무례하고 그리고 좋지 않은… 씨가 나쁘다'라고 묘사했다. 제리는 아담의 절도 행위가 '옳지 않고 나쁜' 것이라고 느꼈다. 그가 치료에 아담을 데리고 온 한 가지 이유는 '고치기' 위해서였다. 제리는 아담을 결코 입양하려고 하지 않았고 입양한 결과에 대하여 매우 실망스럽다고 표현했다.

또한 벳시와 제리는 최근에 아담에게 어떻게 해야 할지에 대해서 몇 차례 열띤 논쟁을 했다고 하였다. 벳시는 너무 무기력하고 당황스러워서 입양기관에 아담을 돌려보낼 준비를 했다. 제리도 이 상황에 대해 낙담하고 실망하는 동시에, 아담과 입양기관에 극도로 화를 냈다. 그러나 그는 아담을 기관에 돌려보내는 것은 법적으로 가능하지 않다고 생각했다. 애나는 아담의 행동보다는 오히려 벳시의 양육에 문제가 있다고 하면서 논쟁에 끼어들었다. 이러한 일이 일어나기 전에 이 부부는 결혼 생활에서 거의 다투지 않았기 때문에, 이러한 벳시와 제리 간의 논쟁은 두 사람의 관계를 위협하였다.

제리는 가족의 장남이었기 때문에 애나는 이 가족과 함께 살았다. 친할아버지는 2년 전에 돌아가셨고 그 후로 애나는 이 가족이 사는 집으로 이사를 왔다. 나는 애나에게 부모로서가 아닌 조부모로서 치료 회기에 오기를 청했다. 애나를 참여하게 한 목적은 그녀가 손자와 관계를 즐겁게 하기 위해서 어떻게 해야 할지를 정하고 아들과 며느리를 지지할 수 있도록 하는 것이었다. 나는 동양인들이 세대 간의 위계를 강조하는 것에 존경을 표하고 싶다. 나는 애나에게 이와 같이 도움이 필요한 시기에 아들을 도울 수 있는 여력이 있는 것에 경의를 표했다.

벳시와 제리는 모두 아담이 치료를 통해 좋아질 것이라고 생각했고, 가족 놀이치료에 참가하는 것을 동의했다. 부부는 그들의 결혼 상태를 문제로 생각하지 않는 것처럼 보였기 때문에 나는 현재 문제만을 다루기로 결정했다. 우리는 5회기를 계약했고, 끝날 때 함께 진전에 대하여 평가하기로 합의했다.

3. 이론적 개념화

입양아가 있는 가족을 치료하는 것은 처음이었기에, 나는 아이디어를 얻기 위해서 도서관을 찾았다. 나에게 도움이 되었던 책은 브로진스키와 동료들(Brodzinsky et al., 1992)이 쓴 『입양: 평생동안 계속되는 자기찾기(Being Adopted: The Lifelong Search for Self by)』였다. 이 책은 이 가족을 위하여 설득력 있는 계획을 개발할 필요가 있었던 나에게 도움이 되었다.

나는 아담의 훔치기 행동을 입양부모 두 사람에게 향한 해결되지 않은 양가 감정의 명백한 표현으로서 개념화하였다. 또한 입양 경험을 공유하고 있는 여동생 카라에게 수용될 수 있는지에 대한 탐색적 표현인 것으로도 보였다. 훔치기 행동은 벳시와 제리의 훌륭한 양육 기술을 희생시키려고 하는 것은 아니었다. 또 다른 가설은 다음과 같다. 아담의 행동은 더 이상 자신이 특별하지 않은 것 같은 감정을 폭로한 것이다. 아담의 훔치기 행동은 아담에 대한 부모의 애착을 위태롭게 했다. 카라는 부모가 갈망했던 환상적인 자녀인 것처럼 보였기 때문에, 나는 아담이 동생에 비해 자신을 무가치하고 사랑받지 못하고 있다고 느낄 것이라고 추측했다.

친할머니인 애나, 엄마인 벳시, 아담 사이에는 삼각관계가 존재하며, 기존에 애나, 벳시, 제리 사이에 삼각관계가 있었던 것은 아주 명백해 보였다. 벳시와 애나는 가족 내에서 확실하게 정의된 역할들을 가지고 있지 않은 것으로 보였다. 나는 그들 간에 분노가 어느 정도 깔려 있다는 것에 주목했다. 나는 아담이 엄마에 대한 통제력과 할머니로부터의 관심을 모두 얻기 위해서 할머니와 동맹을 형성했다고 보았다. 아담과 할머니는 공모자인 것처럼 보였다. 아담의 훔치기 행동에 대한 가족의 반응은 제리와 애나 간의 친밀성을 해쳤고, 제리와 벳시 간의 결혼관계에 갈등을 야기하였다.

할머니는 가족의 교환대(switchboard)이자 실행자였다. 모든 가족은 그녀를 통해서 친교 활동을 하고 의사소통을 했다. 그녀가 가족과 함께 살기 이전에는 그렇지 않았다. 왜냐하면 그녀가 '고국' 에서 자랐을 때 그녀는 엄격한 성 역할을 유지하는 것이 필요하다고 여겼기 때문이다. 제리, 벳시, 애나 세 사람 모두는 애나가 아담 행동의 책임이 벳시에게 있다고 생각한다고 보고했다. 애나는 남자가 경제적으로 가족을 부양하고, 여자는 가정을 돌보고 아이들을 키워야 한다고 생각했다. 애나가 있을 때 벳시의 권능감과 유능감은 사라지는 것처럼 보였다. 나는 엄마로서 벳시의 역할을 애나가 침해하지 않기를 바랐다. 이 점이 매우 중요했던 이유는 벳시가 모성 능력에 대하여 애나로부터 상당히 부정적인 피드백을 받고 있었기 때문이었다. 이런 부정성을 중화시키기 위해서, 나는 어머니로서 벳시의 강점을 확인해 주었다. 벳시는 진심으로 아이들을 돌보았다.

나는 아담의 훔치기 행동을 입양기관으로 돌려보내질 것에 대한 고통스러운 공포에 대항하는 방어로 보았다. 게다가 나는 훔치기 행동을 할머니에 의해 교체될지도 모른다는 엄마의 공포를 상징화하고 있는 것으로 가설을 세웠다. 벳시는 애나로부터 경계하는 눈총을 받으면서 엄마로서 잘하고 있지 못한다는 위협을 느끼고 있는 것처럼 보였다. 그러나 벳시는 가족 내에서 가장 중요한 양육자였고 돌보는 사람이며 감동을 주는 사람이었다. 높은 힘을 지닌 전문가인 제리는 자녀들과 몰입을 하는 데 거리를 두었다. 그는 주로 주말에 아이들과 약간의 놀이를 했다. 그는 자신에 대하여 '돈벌이하는 사람' 이자 미국인 규율의 통역자라고 묘사했다.

4. 놀이치료의 과정

두 번째 회기에서 나는 아담과 카라와 함께 바닥에 앉았다. 나의 의도는 아이들이 편안함을 느낄 수 있도록 돕고, 그들이 자신을 다른 사람과는 다른 개인으로서 인식할 수 있도록 돕는 것이었다. 아이들은 참된 지각과 감정을 느끼면서 특별한 사람으로서 대우받는다는 것을 느낄 필요가 있다. 나는 아담이 그 자신을 어떻게 생각하고 있는지에 대하여 더 많이 알게 되기를 바랐다. 로슨(Lawson, 1987)의 '스토리델링' 에 대한 개념을 도대로 나는 다음과 같이 이야기를 시작했다 "아담, 이 어린 소년은 갈색과 검은색이 있는 강아지에 대한 꿈을 꾸었는데 그 강아지는 친구가 없었대. 왜냐하면 몸 전체가 까맣거나 전체가 갈색이거나 모두 하얀색인 다른 강아지들과 달랐기 때문이야. 강아지는 슬퍼하면서 다른 강아지들이 노는 것을 바라보았어. 강아지는 하고 싶은 것을 모두 꿈으로 꿨어." 그런 다음 나는 아담에게 주의를 돌려서 짧게 이야기를 이어 보라고 했다. 아담은 "이 강아지는 아주 강해요. 나는 그를 호랑이라고 부를 거예요."라고 덧붙였다. 나는 다른 가족 구성원들에게 그 이야기를 확장시키는 것을 도와 달라고 청했다. 다른 것이 좋은 것이라는 생각에 집중하도록 했다. 그 생각은 누구에게나 특별함을 느끼는 데 도움을 준다. 할머니가 덧붙여 말하길, "호랑이는 정말 화가 났어. 그런데 다른 강아지들이 함께 아주 재미있게 노는 것을 보더니, 자신이 얼마나 화가 났는지를 잊어버리고 그 강아지들과 함께 어울렸단다." 나는 다음과 같이 이야기를 끝맺었다. "아담, 어린 소년이 그 강아지에 대한 꿈에서 깨어났을 때, 그는 자신이 특별하다는 것을 알았기 때문에 자신이 다르다는 것은 문제가 되지 않았단다." 이 이야기를 활용하면서 나는 아담에게 선택권을 주기 시작했다. 그는 호랑이가 되는 것을 계속 할 수도 있고 행복한 강아지가 되는 것을 선택할 수도 있었다.

가족은 아담이 그 주에 훔치지 않으려고 상당히 노력했다고 보고했는데, 그것은 주로 할머니가 여러 가지 특권을 빼앗았기 때문이었다. 세 번째 회기 동안에 나는 아담과 대부분의 시간을 보냈다. 나는 가정의 어떤 스트레스 요인이 훔치는 행동에 기여하는지를 알고자 했다. 아담은 자신을 괴롭히는 것은 아무것도 없다고 부정했다. 이 회기 동안 아담은 한 놀이 장소에서 다른 장소로 옮겨가면서 회기 내내 적극적인 모습을 보였다. 카라는 모래상자에서 놀이를 하고 있었는데, 갑자기 아담이 함께 참여하였다. 아담은 자동차, 버스, 트럭을 선택해서 자신이 만든 터널이나 다리 위를 지나가게 했다. 그는 모래놀이에서 매우 공격적이었다. 트럭, 자동차, 버스는 서로 충돌했고 터널이 무너졌다. 카라는 빵과 케이크를 만들었다. 그녀는 우리 모두에게 그것을 먹을 수 있도록 가져다주었다. 아담은 카라를 위하여 특별한 쿠키를 만듦으로써 음식축제에 끼어들었다.

치료자: 어린 여동생에게 특별한 과자를 만들어 주다니 너는 진짜 책임감 있는 오빠구나.
아　들: 예, 저는 카라를 먹여 주는 걸 좋아해요.
치료자: 오, 카라를 돌보는 것이 너에겐 중요하구나.
아　들: [카라를 보며] 예. 카라는 그게 어떤지 알아요. [아담은 모래에서 노는 것을 멈췄다. 그는 못이 잔뜩 있는 통나무 쪽으로 갔다] 이게 뭐예요?

그 회기 후반에 벳시는 나에게 아담이 대개 그녀의 지갑에서 돈을 훔쳤다고 말했다. 그는 그 돈으로 자신과 여동생이 사용할 쟁반 같은 것을 샀고, 카라와 함께 간 상점에 가서 훔친 사탕과 다른 것들을 동생과 나누기도 했다고 말했다.

세 번째와 네 번째 회기에서 성인들과 함께 작업을 하면서, 나는 훔치기 행동을 제거하는 데 도움이 될 만한 아동-양육 행동을 연습하는 데 초점을 두었다. 나의 의도는 아빠, 엄마 모두에게 양육적인 역할을 보다 강화하여, 그들이 아담이 간절히 원하는 양육, 안전 및 신뢰를 그에게 제공하는 것이었다. 나는 아담이 부모와 관계를 맺기 위해서 애쓰고 있다고 생각했다. 나는 제리와 아담에게 그들이 함께 할 수 있는 활동들을 찾아보도록 격려했다. 이는 그 가정에서 제리가 양육에 참여하는, 아빠의 역할에 대한 새로운 정의를 요구했다.

네 번째 회기에서 나는 가족들을 만났지만 할머니에게 일면경(one-way mirror) 뒤로 가서 아들과 며느리가 손주들을 양육하는 것을 관찰하도록 함으로써 할머니를 배제하였다. 일면경은 애나에게 가족의 입장을 느낄 수 있도록 해주는 한편, 교환대 역할을 하는 것은 단념하게 하는 경계를 형성케 했다(Minuchin, 1974). 또한 나는 아이들이 엄마와 할머니 사이에서 겪는 충성심 갈등의 혼란이 해소되기를 바랐다.

나는 아이들에게 가족 그림을 그리게 했다. 나는 어느 아이도 애나를 포함시키지 않았다는 것이 놀라웠다.

	대　　화	논　　평
내담자	이게 내 가족이에요. 보시다시피 나는 모든 사람들보다 검어요.	
치료자	오, 너의 피부는 너의 엄마, 아빠, 카라보다 더 검구나.	나는 아동들이 그렸던 그림을 반영하여서 의도적으로 할머니를 빼고 말했다.
내담자	예, 나는 달라요.	나는 그에게 그가 다르다는 것에 당황하고 있다는 것을 내가 이해하고 있음을 알리고자 했다.
치료자	때로 다르다는 것은 혼란스럽지.	이 말은 그의 행동을 정상적인 것으로 만들려고 한 말이다.
내담자	[엄마를 본다] 엄마는 나에게 몽상을 많이 한다고 말해요.	아담은 주머니에서 트럭을 꺼냈다. 나는 그가 다른 것에 대한 어떤 불편한 감정을 억누르고 있다는 것을 인식했다.
치료자	그것은 네가 어떻게 다르게 됐는지를 알아내려는 한 가지 방법인가 보구나.	
내담자	내 합체물을 보세요.	
아빠	아담, 우리는 널 선택했다. 우리는 널 요청했어.	
[아담은 그림을 보더니 모든 사람들을 더 검게 칠하기 시작한다]		

〈계속〉

치료자	오, 너는 너의 가족이 모두 너랑 비슷하길 바라는구나.	아담은 반응하지 않았다. 나는 그림에서 부모들은 서로 가까이 서 있었고 카라는 벳시 근처에 있다는 것에 주목했다. 아담은 따로 떨어져 있었던 것이다.

나는 과제로 부모에게 안데르센 동화 『미운 오리 새끼』를 아담과 카라에게 읽어 주도록 했다. 그렇게 함으로써 나는 이 가족이 문화적이고 인종적인 문제들을 다룰 수 있게 되기를 바랐다.

그 다음 회기는 벳시와 제리가 양육의 어려움을 이야기하면서 시작하였다. 그들은 애나가 함께 살게 되면서 양육이 더 어려워졌고 그들의 의사소통 양상이 더욱 은밀해졌다고 보고했다. 양육은 극도로 어려운 과정이다. 부모가 실행할 수 있는 힘을 갖지 못한다면, 실행적 역할을 수행할 수 없다. 이러한 힘들은 강한 모계적 체계에게 빼앗긴 것처럼 보였다. 나는 벳시와 애나가 서로 지지적인 입장과 상보성으로 함께 참여하는 목표를 두고 작업했다. 나는 할머니와 벳시 간의 하위 체계의 경계에 도전함으로써 이 목표를 수행했다. 또한 그들이 역할을 명확히 정의하는 노력을 기울일 수 있도록 도왔다. 벳시는 신중하게 자각하면서, 자신과 시어머니가 어떻게 한 팀으로서 함께 작업할 수 있었는지를 묘사했다. 벳시와 제리에게 훈육의 책임이 있었다. 나는 그들의 노력과 돌봄을 칭찬하였다. 또한 애나에게 그녀가 가족을 강력하게 지지해 주고 있다는 점을 확신시켜 주었다.

나는 부부에게 아담과 카라가 그들 가족과 부부관계에 야기하는 스트레스를 이해할 수 있다는 점을 전달하려고 노력했다. 그들은 어느 정도 혼자만의 시간이 필요했는데, 이는 서로에게 더 도움을 줄 수 있을 것이다.

다섯 번째 회기 동안에 우리는 치료가 얼마나 진전을 보이고 있는지를 평가하였다. 가족들은 더 강해졌다고 느꼈지만 보다 많은 도움을 요청했다. 우리는 3회기를 더 갖기로 계약했다. 그들의 목표는 여전히 아담의 행동에 초점이 맞추어져 있었다. 나는 이 가족에게 차이점을 가지고 사는 방법을 알게 하고, 그 존재 자체로 수용될 수 있는 아담의 가치와 능력을 가능한 강력하게 강화시키고자 하였다.

나는 부모들에게 정보 공개에 대한 동의를 요청해서 아담의 교사와 이야기할 수 있었다. 아담의 1학년 때 담임교사는 아담을 다음과 같이 묘사했다. "그 아이는 아주 호감이

가고 활동적이었고, 교실에서 끊임없이 다른 아이들을 찾아다녔죠. 아마도 아담을 에너지가 높은 아이로 묘사하는 것이 더 나을 겁니다. 때로는 그가 끊임없이 말을 하는 것이 성가시기도 했지요. 그 아이는 빨리 배웠지만 언제나 과제를 시간 안에 완수하지 못했어요. 나쁜 아이는 아니에요. 학교에서 보이는 행동은 파괴적이고 미성숙한 편이었어요. 아담의 심리사회적 기술은 연령에 적절하지 않았어요." 아담의 교사는 구체적이고 현실에 기반을 둔 논리적 결과들로 교실에서의 행동을 개선시킬 수 있는 행동수정 기법들에 관용적이었다. 나는 아담의 학업 및 사회적 자신감을 증진시키고자 했다. 나는 일단 아담이 거부에 대한 두려움과 그 결과로서 관여하는 데 주저하는 것을 다룰 수 있게 된다면, 학습하는 데 더 많은 에너지를 기울일 수 있을 것이라고 가설을 세웠다.

여섯 번째 회기에서 나의 목표는 아담이 그의 능력을 인식하고 자신과 다른 사람들을 신뢰하게 되는 것이었다. 이 회기에서 아담은 괴물을 그렸다. 그 괴물은 눈이 굉장히 컸고 머리에 여러 개의 뿔이 달렸으며 칼 같은 손과 발을 지녔다.

	대 화	논 평
치료자	네가 이걸 그렸구나. 그림에 대해서 얘기해 줄래?	
내담자	괴물이에요.	
엄마	아담은 항상 괴물을 그려요. 모두 똑같이 생겼죠.	나는 벳시의 말을 무시했다. 가족의 의사소통 규칙을 가르친다. 즉, 가족 성원들은 모두 다 생각이 다르다.
치료자	오, 괴물이구나. 이것들에 대해서 말해 봐.	나는 괴물의 손을 가리켰다.
내담자	이건 손과 발이에요. 그리고 이건 큰 구멍인데 여기서 많은 불꽃이 나오죠.	

회기의 나머지를 위하여 벳시, 제리, 카라, 아담, 그리고 나는 바닥에 앉았다. 이것은 부모와 아이들에게 그들 간의 지지감을 경험할 수 있는 기회가 되었다.

아담의 괴물 그림은 그가 가족 안에서 어떻게 느끼고 있는지에 대한 은유처럼 보였다. 나는 가족이 아담을 문제로 개념화하고 있는 것에 도전해야 함을 알고 있었다. 나는 가족이 아담에게 집중하고 있는 것이 다른 가족 성원들 간의 문제로부터 주의를 분산시

	대 화	논 평
치료자	오, 괴물의 한가운데서 굉장히 많은 불꽃이 나오는구나.	
내담자	네, 그는 다른 사람들을 멀리 있게 할 수 있어요.	
치료자	그러니까 너의 괴물은 다른 사람들과 거리를 갖는 것이 중요하구나.	따라간다.
딸	그는 무서워. 그가 다른 괴물들을 잡아먹을까?	
내담자	아니야. 괴물은 단지 불꽃을 뿜을 뿐이야.	
치료자	저런! 정말 굉장하구나. 괴물은 그 일을 참 잘하는 구나.	능력에 관한 단어를 사용한다.
내담자	네, 언젠가 그 불꽃들이 보다 작아질 거예요.	
딸	[양손을 들어 올린다] 그 불꽃들은 이만큼 커?	
치료자	그래. 앞으로 불꽃들은 더 작아지겠구나.	
아빠	아담은 환상의 세계에 살아요.	
치료자	음.	나는 제리와 아담이 어떻게 상호작용하는지를 보려고 기다린다.
내담자	[아빠를 무시하면서] 나는 정확히 언제인지 알아요.	
아빠	언제 불꽃들이 작아지는지 말해 볼래?	나는 제리의 질문을 무시함으로써 긍정적인 것들에 집중했다.
내담자	내가 스스로를 돌볼 수 있을 정도로 충분히 커지는 때요.	
치료자	그러니까 너는 정확히 언제 그 불꽃들이 작아지는지를 아는구나. 넌 단지 어른이 되는 것을 기다리고 있구나.	아담은 괴물을 통해 힘을 갖는다.

키는 작용을 하는 것처럼 느꼈다. 나는 아담이 가족 내에 힘을 지니고 있다는 점을 축하했다. 가족 내에 '불꽃' 을 만들어 냄으로써, 아담은 모든 가족 구성원들에게 거리를 유

지할 수 있게 하였다. 벳시는 애나와, 제리는 그의 엄마와, 카라와 아담은 벳시와 제리와 거리가 있었다. 나는 다음과 같이 말했다. "아담, 너의 훔치는 행동은 흥미로운 방식으로, 너의 가족을 함께 하게도 하지만 떼어 놓게도 할 수 있는 것처럼 보이는구나."

내가 내준 과제는 가족이 가족식사 중에 한 끼를 미국 흑인가정의 음식으로 하는 것이었다. 또한 나는 가족에게 몇몇 흑인 가정들과 만나는 노력을 기울여 보도록 제안하기도 하였다. 그러면 아담은 자신과 유사한 인종의 다른 사람들을 볼 수 있게 될 것이다.

나는 일곱 번째 회기에서 부모와 애나만을 참석하도록 했다. 제리와 벳시는 그들이 아시아 음식과 흑인 음식을 통합시킨 특별한 저녁식사 시간을 보냈다고 알려 주었다. 제리는 다음과 같이 말했다. "음식을 더 맛있게 만들어야 하겠지만, 어쨌든 기꺼이 노력할 겁니다."

가족의 문화적 배경과 위계를 존중하는 한편, 나는 아담이 가족체계를 통제할 수 있다고 생각하고 있는 것에 도전하고자 했다. 이 회기에서 나의 목표는 성인 가족 구성원들이 가족 상호작용에서 그들 자신의 입장을 확인하고, 스스로가 변화에 책임이 있다는 것을 받아들이게 하는 것이었다. 나의 가설은 다음과 같았다. 만약 그들이 그렇게 한다면, 아담을 변화시키는 데 도움이 될 것이다. 만일 벳시와 애나가 서로 맞지 않는다는 것을 합의할 수 있고, 제리와 벳시가 배우자 하위 체계에서 그들의 역할을 수용한다면 기존의 힘의 균형은 재조정될 수 있을 것이다. 결국 아담은 더 이상 희생양이 될 필요가 없을 것이다.

나는 제리와 벳시가 자녀 양육에 책임을 지는 그들의 실행적 하위 체계(executive subsystem)를 창출하기를 원했다. 그들은 제한을 설정하는 권위를 가질 필요가 있었다. 나는 이 가족 내에서 할머니의 역할을 재구성해서 그녀의 일차적인 의무가 아이들을 사랑하고 돌보는 것이 되기를 원했다. 또한 아담과 카라가 협력, 상호작용, 경쟁, 다툼 및 화해를 배울 수 있도록 보호적인 경계(protective boundary)를 세우고자 했다.

이 회기에서 나는 배우자 하위 체계의 경계를 다시 그어서, 애나가 연루되지 않은 채 벳시와 제리가 서로의 문제들을 타협할 수 있도록 작업했다. 나는 이 부부의 이자관계를 둘러싼 경계를 강화시키려고 노력했다. 나는 이 영역에서 제한적인 성공을 거두었는데, 그 이유는 문화적 배경이 가족의 상호작용 양상에 강력하게 작용했기 때문이었다. 제리와 그의 엄마의 관계는 매우 중요해서, 제리는 벳시와 보다 강한 관계를 세워 나가기 위하여 엄마와 관계에서 어떠한 부분도 희생하려고 하지 않았다.

벳시와 제리는 양육과 자녀와 상호작용하는 양식에 대한 그들의 철학에 대하여 이야기했다. 나는 제리의 의견을 들은 다음 벳시에게 주의를 기울였다. 벳시는 울먹이면서 다음과 같이 말했다. "나는 당신 두 사람이 아담의 문제로 나를 비난한다고 느껴요." 애나는 벳시에게 잘못이 있다고 생각하고 있었다는 점을 인정했다. 애나는 벳시가 아이들과 더 많은 시간을 보내야 한다고 생각했다. 그리고 그렇게 했다면 아담이 이와 같이 되지 않았을 것이라고 말했다. 애나가 "언제나 가족이 우선시되어야 합니다."라고 말하자 제리는 동의한다고 고개를 끄덕였다. 제리와 그의 엄마 사이의 이런 동맹은 가족 내에 긴장과 갈등을 만들었고 벳시에게 상처가 되었다. 벳시는 자신이 제리와 그의 엄마와의 애착관계에서 두 번째 위치에 있다는 사실을 마지못해 받아들이는 것처럼 보였다. 나는 벳시의 감정적 고통과 좌절을 공감했다. 나는 그녀에게 아담하고만 작업을 하도록 권했고, 결과적으로 그동안 약했던 벳시와 아담의 이자관계의 경계가 강화되었다.

여덟 번째인 마지막 회기에서 그동안에 있었던 일들을 검토하였다. 벳시와 제리는 다음과 같이 인정하였다. "아담은 나아지고 있어요. 일주일이 넘도록 집이든 어디에서든 돈을 훔치지 않았어요." 그러나 문제가 중단되었음에도 불구하고, 가족의 상호작용 양식은 유의미하게 변화하지 않았다.

이 회기 동안에 아담은 다시 괴물을 그렸다. 이번에 나는 아담에게 그림에서 그 괴물과 함께 있을 수 있는 또 다른 살아 있는 생명체를 상상해 보도록 요청했다. 아담은 개를 그렸다. 나는 괴물이나 개에게 이름이 있는지 물었다. 긴 침묵이 흐른 다음 그가 대답했다. "예, 개의 이름은 맥스예요." 우리의 대화는 다음과 같이 계속되었다.

	대화	논평
치료자	아담, 나는 네가 괴물에게 이름이 있는지를 물어봤으면 싶구나.	나는 아담이 괴물에게 안전감을 느낀다는 것을 알고 있었다. 괴물은 그에게 막역한 친구였다.
내담자	[오랜 침묵이 흐른 후에] 자신의 이름은 위험한 늑대래요.	
치료자	그를 어루만져도 괜찮은지 물어봐 주렴.	그의 환상으로 들어가서 안전한 분위기를 만들려고 시도한다.
내담자	그렇대요.	
치료자	그가 너의 친구인지 물어봐 봐.	은밀한 것을 명백하게 한다.

〈계속〉

내담자	그렇대요. 왜냐하면 내가 그를 좋아하고 무서워하지 않으니까요. 나는 그를 어루만지고 그를 돌봐줄 거예요.	
치료자	위험한 늑대와의 우정의 징후로서, 그에게 네가 너의 부모님을 믿을 수 있는지를 물어보겠니?	부모님을 신뢰하고자 하는 아담의 욕구를 촉진한다.
내담자	[그의 괴물을 쳐다본다. 그의 얼굴에 환한 미소가 나타났다] 그렇대요.	

아담의 공상으로 들어감으로써 나는 아담이 자신의 자원들을 신뢰할 수 있도록 노력했다. 나는 아담이 아주 많은 자원을 지녔다는 것을 알았다. 나의 목표는 그가 자신을 신뢰할 수 있도록 힘을 부여하고, 부모가 그를 입양기관에 되돌려 보내지 않을 것임을 믿게 하는 것이었다.

벳시와 제리는 그들이 아담을 매우 사랑하고 그를 입양기관에 돌려보내지 않을 것이라는 것에 동의했다. 그들은 모두 아담을 포옹했고 그에게 사랑을 표현했다. 카라 역시 아담에게 큰 포옹을 해 주었다. 아담은 아주 활짝 웃었다.

5. 결과 및 추수

나는 아담의 이해, 사랑, 수용에 대한 깊은 소망을 끌어내기 위해 노력하였다. 치료의 전반적인 목표는 부모와 할머니가 아담 및 그의 여동생과의 관계에서 다르게 행동하도록 하고, 아담의 훔치기 행동과 관련된 역기능의 영역들(가족 생활, 학교 및 또래 상호작용)을 다루는 것이었다. 초점은 아동 수용, 온정, 치료적 관계 및 임상적 장면을 넘어서 변화를 유도하는 것에 있었다. 특히, 나는 부모 모두가 자녀와 관계에서 어떻게 행동하는지를 알고 싶었다. 회기 동안, 엄마는 아담이 얼마나 형편없이 행동하는지에 변함 없이 집중하였다. 가족관계에 대한 벳시의 혼란스러운 감정과 가족 내에서의 그녀 역할은 모두 아담에게 집중되어 있었다. 나는 부모에게 역할놀이 상황을 주어서 그 회기에서 바로 상연하게 했고, 그리하여 그들은 보다 효과적으로 반응할 수 있었다. 나는 벳시가 아들을 훈육하고 관계를 맺는 데 대안책들을 찾아냄에 따라 그녀에게 부모로서 역할을 하는 데 힘을 부여해 주고자 노력했다.

나는 그 가족에게 다음과 같은 과제를 내주었다. 예를 들어, 부모가 자녀들에게 간단한 집안일(예: 식탁 차리기, 쓰레기 버리기)을 시키면, 아이들은 스스로를 보탬이 되는 가족 구성원으로 느끼게 된다. 또한 부모에게 입양아를 둔 부모들을 위한 지지체계에 참여하도록 격려했다. 이 사회적 지지체계는 치료의 성공에 크게 공헌했다. 부모는 자신들이 혼자가 아니라는 사실을 알게 되었다. 입양아가 있는 다른 가족들은 유사한 문제들을 겪는다. 추수 회기에서 엄마는 시어머니가 자신을 대신할 것이라는 공포를 확실히 인식했다. 부모들은 가족 내에서 할머니의 역할에 대한 그들의 갈등에 대하여 새로운 조망을 얻게 되었다. 그리고 아담은 가족 내에서 아이로서 보다 더 편안해졌다.

정신건강의 개념은 이 가족에게는 생소한 것이었다. 나는 그들이 도움을 찾고자 자신들의 가족 경계를 넘어서 온 것과 나를 신뢰해 준 점을 축하했다.

6. 논의

가족치료의 맥락에서 놀이치료는 아담과 그의 가족에게 효과적이었다. 나의 목표는 가족 구성원들이 생활을 즐기고 신뢰하며, 서로에 대한 우애와 친밀성을 발전시키도록 돕는 것이었다. 이 점에서 아동들은 타고난 스승이다. 그들은 그들의 단순함과 정직성으로 가족에게 다리를 놓도록 도움을 준다.

아담의 경우, 놀이는 인종 차이와 대인관계를 둘러싼 그의 여러 가지 괴로운 감정들을 표현하는 중요한 수단으로 밝혀졌다. 그것은 아담이 그의 공상과 두려움, 갈등을 표현할 수 있는 안전한 환경을 제공하였다. 전체 가족이 놀이에 참여할 수 있었다. 이것이 그들에게 비언어적이고 비위협적인 방식으로 의사소통하는 데 도움이 된 것으로 보였다.

아담 가족에게서 나는 아동들의 행동이 몇 가지 기능을 하는 것을 느꼈다. 아담의 도둑질은 엄마로부터 거리를 두고 아빠가 할머니와 거리를 갖게 하는 데 도움이 되었다. 그리고 부모 간의 긴장을 만들어 냈다. 그러나 어떤 면에서 그들은 이 행동적 딜레마를 해결하기 위하여 노력해 나감에 따라 보다 가까워지게 되었다. 아동들은 가족이 서로 간에 보다 많은 논의를 하고, 보다 동등하게 이야기를 하며, 보다 자발적이고 일상생활에서 재미를 느끼게 하는 데 도움이 되었다. 나는 그들이 '아동의 문제' 를 보다 큰 가족 및 상호작용의 틀로 재정립할 수 있도록 도왔다.

문제를 지닌 아동을 치료하는 것은 하나의 과업이다. 아동의 가정을 치료하는 것은 수행하기에 복잡하다. 가족, 놀이 및 아동치료 패러다임의 통합은 가족 치료에서 목표를 정의하고, 변화과정을 조직화하며 가족과 작업할 때 심상적이고 중다적인 조망들을 사용하는 데 유용하다. 가족치료의 맥락에서 놀이는 가족에게 서로를 사랑하고 지지하며, 의사소통과 경청에 보다 개방적이게 하고, 각 개인의 독특한 잠재력의 발달을 양성하며, 이해를 위한 민감성과 역량을 자극하는 역동적, 유동적, 도전적 분위기를 창출하는 데 효과적인 과정이다.

참고문헌

Blanco, R. (1972). *Prescription for Children with Learning and Adjustment Problems.* Springfield, IL: Charles C Thomas.

Bowen, M. (1971). The use of family therapy in clinical practice. In J. Haley (Ed.), *Changing Families.* pp. 159–192. New York: Grune & Stratton.

Brodzinsky, D., Schechter, M., and Marantz Henig, R. (1992). *Being Adopted: The Lifelong Search for Self.* New York: Doubleday.

Carey, L. (1991). Family sandplay therapy. *The Arts in Psychotherapy*, *18*, 231–239.

Combrinck–Graham, L. (1986). Family treatment for childhood anxiety disorders. In *Treating Young Children in Family Therapy.* pp. 22–30. Rockville, MD: Aspen Publications.

Keith, D. V. (1986). Are children necessary in family therapy? In L. Combrinck–Graham (Ed.), *Treating Young Children in Family Therapy.* pp. 1–30. Rockville, MD: Aspen Publications.

Keith, D. V., and Whitaker, C. A. (1981). Play therapy: paradigm for work families. *Journal of Marital and Family Therapy*, *7*, 243–254.

Lawson, D. (1987). Using therapeutic stories in the counseling process. *Elementary* School *Guidance and Counseling*, *22*, 134– 142.

Minuchin, S. (1974). *Families and Family Therapy.* Cambridge, MA: Harvard University Press.

Weltner, J. S. (1982). One to three session therapy with children and families. *Family Process*, *21*, 281–289.

Whitaker, C. (1987). Dynamics of American family as deduced from twenty years of family therapy: the family unconscious. In J. Zeig (Ed.), *The Evolution of Psychotherapy*. pp. 75–83. New York: Brunner/Mazel.

Whitaker, C., and Keith, D. (1981). Symbolic–experiential family therapy. In A. Gurman and D. Kniskern (Eds.), *Handbook of Family Therapy*. pp. 187–226. New York: Brunner/Mazel.

15
"제발 나를 다시 아프게 해 주세요.": 학대 아동의 외상 후 놀이치료

Jamshid A. Marvasti, M.D.

1. 외상 후 놀이치료 이론 소개

외상 후 놀이치료(Post Traumatic Play Therapy; PTPT)는 아직 심리치료의 학파나 특별한 이론으로 간주되지 않는다. 그러나 이것은 일반적으로 피해를 당한 적이 있고 현재 외상 후 사건이나 단계를 경험하고 있는 아동을 위한 치료로 정의할 수 있다. 특히, 외상 후 놀이(PTPT)는 정신적 상처를 겪은 사람이 치료 동안에 보여 주는 특별한 종류의 반복적 놀이를 말한다.

나는 외상 후 놀이를 긍정적 유형과 부정적 유형의 두 가지 종류로 나눈다. 외상 후 놀이의 긍정적 유형은 아동이 치료자의 도움을 받으면서 반복적으로 외상을 재상연하여 외상의 부정적인 요소들을 수정할 수 있게 되고 점차 외상에 대해 둔감해지는 것이다. 결국 아동은 자아 숙달감(ego mastery)을 획득하게 된다.

외상 후 놀이의 부정적 유형에서는 테르(Terr, 1983)가 '외상 후 놀이' 라고 기술한 대로 어떤 반복적인 종류의 놀이가 발생한다. 이런 반복적 놀이에서 놀이는 아동에게 어떠한 불안도 가라앉히지 못하고 자아 숙달감을 획득하는 데 아무런 도움이 되지 않는다. 테르(1990)는 외상 후 놀이가 단조로우며, 일부 아동에게는 그의 공포감을 악화시키기 때문에 위험할 수도 있다고 설명했다.

존슨(Johnson, 1989)은 외상 후 치료의 중요한 목표는 '재경험(reexperience), 방출(release), 재조직화(reorganization)' 라고 주장했다(p. 119). 문헌을 개관해 보면서 나는 여러 치료자들이 자신들의 사례에서 외상 후 놀이라고 확인하거나 명명하지 않은 채 외상 후 놀이를 관찰해 왔다는 것을 알게 되었다. 에릭슨(Erickson, 1950)은 5세 아동의 사례를 제시하였는데, 그 아동은 3세 때 할머니의 심장발작과 그 후에 시신이 관 속으로 옮겨지는 것을 목격하였다. 그는 놀이를 하면서, '무수히 다양한 직사각형 상자를 만들었고, 그 상자의 입구를 조심스럽게 봉했다.' 또 다른 예는 네 살짜리 버니가 공습 때 폭격으로 아버지가 사망한 후 보인 반복적인 놀이다(Freud & Burlingham, 1942). 버니는 아파서 침대에 누워 지냈는데, 그의 침대에는 종이로 만든 집으로 가득 찬 정리함이 있었다. 그는 집들을 만들고, 지붕을 덮은 다음, 그의 폭탄이었던 작은 구슬을 가지고 지붕을 무너뜨렸다.

일반적으로 외상을 입은 아동들은 외상에 대한 자신들의 지각과 자아 구조, 외상 이전의 성격 및 외상 후의 사건들에 기초하여 반응한다. 그러나 임상가들은 외상 후 아동을 치료하는 데 각기 다른 접근방법을 가질 수 있다. 이 장에서는 내가 외상을 겪은 아동을 치료하는 방식을 설명하고자 한다. 이 방법은 '전체적(holistic)' 이며 성격 발달에 대한 정신역동적 이론에 기초하여 인지치료의 요소와 교육을 혼합한 것이다(Marvasti, 1989).

나는 보다 깊은 갈등의 탐색(진단) 및 심리치료를 하는 데 정신역동적인 원리들을 활용한다. 이 '전체적' 접근에서 나는 전이, 역전이 및 저항을 찾고 그것을 다루려고 한다. 나는 자아 방어기제가 원초아의 충동에 대한 보호적 대행자(protective agent)라고 본다. 사람들은 자신의 수용할 수 없는 소망을 위장하고 고통스런 감정에 대한 자각을 피하기 위해서 이러한 방어기제를 사용한다.

인지치료는 부적응적이고 왜곡된 태도나 가정을 확인하고 교정하는 것을 돕는 기법이다. 더욱이 인지치료는 이러한 인지에 기저하고 있는 역기능적인 신념에 주의를 기울인다. 이 기법은 개인의 정서와 행동은 주로 그 개인이 세상을 해석하는 방식에 따라서 결정된다는 이론적 근거에 기반을 두고 있다. 여기서 개인이 어떻게 생각하느냐가 어떻게 느끼고 반응하는지를 결정한다(Beck, 1976). 따라서 개인은 인지적 왜곡을 교정하고 수정함으로써 정동과 행동을 변화시킬 수 있다.

치료의 교육적 요소(Marvasti, 미발간)는 치료자가 아동에게 직접적으로 얘기하거나, 치료자의 손인형이 아동의 손인형과 의사소통하는 방식으로 이루어진다(예: "이 인형은 아마 아빠를 좋아하기도 하지만 아빠에게 화가 날 수도 있어. 인형에게 '어른한테 화를 내고도 여전히 그들을 좋아할 수 있어' 라고 말해 보자.").

내가 사용하는 놀이치료 양식은 구조화된 놀이치료와 자유 놀이가 혼합된 것이다. 이 양식에서 아동은 자신의 내적 갈등과 피해당한 것을 상징적인 방식으로 표현하기 위해서 인형, 손인형, 그림, 심리극 등과 같은 투사적 소재들을 사용한다. 치료자는 이러한 표현들을 관찰하고 주제와 상징들을 알아내고자 한다. 그런 다음, 동일한 놀이 소재들을 가지고 아동들이 자신들의 갈등에 대하여 더 나은 해결책을 찾을 수 있도록 격려한다. 치료자는 자신의 손인형을 사용해서 의사소통할 수 있고, 인형의 감정, 행동 및 피해당한 것으로 논의를 제한하거나 인형의 감정/행동과 아동의 감정/행동을 연결지을 수 있다.

하워스(Haworth, 1990)는 이러한 혼합된 치료적 접근의 종류를 설명하면서 그것을 자아역동(ego-dynamic)으로 명명했다. 치료의 시작단계에서의 관심은 아동의 현실 기능과 자아방어의 현재 상태에 있다. 이러한 방어들이 중성화됨에 따라, 아동이 방어하고자 했던 감정과 정동 상태는 탐색의 주제가 된다. 이 과정에서 치료자가 아동의 전이 대상이 될 수도 있고, 해결되지 않은 갈등이 놀이나 치료적 상호작용 내에서 재연될 수도 있다.

외상을 경험한 아동들에 있어서 외상에 대한 개념은 상징과 은유로 위장되어 반복해서 나타난다. 이러한 방식으로 아동은 자신이 외상으로 지각하는 것을 치료자와 소통하게 된다. 아동이 지각하고 있는 것은 치료자가 사전에 개념화한 것과 다를 수 있다. 치료자는 치료적 도구로서 명료화, 설득, 제안, 반영, 해석, '자기(self)' 를 사용할 수 있다. 치료자는 아동의 눈으로 세상을 볼 필요가 있으며, 그 다음 아동에게 치료자의 눈으로 자신들을 보도록 격려한다. 이런 기법에서 자기 관찰과 통찰은 치유적인 요인들이다. 다른 치료 목표나 요소들에는 치료자와의 동일시, 교정적 정서 경험, 외상에 대한 재작업, 피해자에게 힘 부여하기, 발달적 위기에 대한 해결, 그리고 외상사건들에 대한 통합이 있다(Marvasti, 1992).

나는 이런 종류의 외상 후 놀이치료(PTPT)를 '페르시안 유형(Persian type)' 이라고 부른다. 나는 중동 지역의 아동들(특히, 페르시아의 아동들)이 넘어져 아플 때 어떻게 대처하는지를 관찰하였다. 예를 들어, 한 작은 소년이 넘어져 무릎을 다치면, 울기 시작한다. 주변에 있던 사람들은 그 즉시 그에게 넘어진 것은 땅 때문이라며 땅을 발로 차거나 때려줘야 한다고 말해 준다. 나는 아동이 즉시 울음을 멈추고 일어나서, 그가 넘어졌던 바로 그 장소를 차고 때리기 시작하는 것을 관찰했다. 이 경험은 나에게 피해당한 아동의 치료에 대한 약간의 아이디어를 주었다.

정신역동적 관점에서 보면, 넘어진 아동은 넘어진 것에 대해서 자신을 비난할 수도 있다. 그렇지만 그에게 고통과 희생당한 것의 책임이 땅에 있다는 것을 상기시킴으로써, 자기비난과 죄책감을 느끼는 것을 중지하고 넘어져서 아픈 것의 원인이 땅이라는 생각을 받아들이게 한다. 이 예에서 성인들은 아동에게 희생당한 것에 대한 설명과 의미를 제공한다. 그 의미란 땅이 딱딱했기 때문에 아이가 넘어져서 다쳤으므로 땅이 나쁜 대상(bad object)이라는 것이다. 두 번째 정신역동적 이해는 희생당한 것을 역전시키는 문제와 관련된다. 이러한 역할의 역전을 통해서 이제 넘어진 아동이 공격자가 되고 땅은 희생자가 된다. 넘어진 아동은 이 지표로 더 이상 무기력함이나 고통에 사로잡히거나 집착하지 않는다. 어떤 면에서 그는 그 외상을 통합하고 극복했다. 이 과정은 아동이 공격자와 동일시하는 것이라고 말할 수도 있는데, 이 예에서 땅은 아동에게 상처입혔던 것과 동일한 고통을 받게 된다. 그러나 PTPT에서 이러한 모든 사건들은 외부 세계보다는 놀이치료실 안에서 일어나며 전치(displacement)로서 발생한다는 점을 주시하는 것이 중요하다.

PTPT의 단순한 사례로 개한테 물린 아동의 예를 들 수 있다. 놀이치료자는 치료과정에 봉제된 개인형을 사용한 구조화된 놀이 회기를 포함시켜서 아동에게 그를 다치게 한 책임이 개에게 있음을 알려 준다. 그러고 나서 치료자는 아동에게 희생당한 것을 재상연하게 하고, 개에게 당했던 것을 그대로 하게 함으로써 점차적으로 그 현상을 역전시킨다. 이는 설사 아동이 그렇게 하겠다고 할지라도, 장난감 개를 물어야 할 필요가 있음을 의미하는 것은 아니다. 개인형을 때리기 위해서 야구방망이를 사용하는 것은 개를 무는 것과 같은 역할을 한다. 이러한 치료 유형은 낯선 개한테 공격받은 아동에게 충분할 수 있다. 하지만 만일 그 개가 아동의 개라면, 믿었던 사람이나 동물에 의한 외상의 결과로 나타날 수 있는 다른 요소들에 대한 정신역동적 놀이치료가 필요하다. 정신역동적 놀이치료는 아동에게 배신, 신뢰 상실, 사랑하는 대상에 대한 양가 감정, 그리고 세상에 대한 아동의 관점의 변화들을 다룰 수 있게 해 준다.

PTPT의 '페르시안 유형'에서, 놀이치료자들은 대개 아동에게 외상을 재연해 보도록 요청함으로써 첫 단계를 시작한다. 아동은 장난감과 놀이 재료들을 사용하고 투사, 전치, 상징화 같은 다른 자아 방어기제들을 사용함으로써 그들이 당했던 것을 놀이로 표현한다. 두 번째 단계는 치료자가 놀이를 수정할 목적으로 아동에게 개입하는 것으로 구성된다. 아동이 놀이를 하는 동안 외상을 반복 재연함에 따라, 치료자들은 아동이 경험했던 피해당한 것, 수동성, 무력감들을 천천히 뒤집으면서 부정적 결과들을 점진적으로 변화시킨다. 치료자들은 점차 아동들에게 희생당했던 것과 반대로 공격자에게 당한 만큼 갚아 주도록 함으로써 상황을 반전시킨다. 마지막 단계는 외상을 중화(neutralization)하는 것으로, 달리 말하면 아동의 성격 내에서 외상을 통합하는 것이다. 이 단계에서 치료자는 아동에게 공격자의 부정적인 측면으로부터 긍정적인 측면을 분리하여 그것을 인정하고 이해하도록 하며, 마지막으로 부정적인 측면에 자신이 당한 것을 갚아 주도록 격려한다. 그러고 나면 아동은 긍정적 측면과 부정적 측면을 통합할 수 있게 되고, 두 가지 측면이 모두 한 사람 또는 하나의 대상에 속해 있다는 것을 알게 된다. 나는 이것을 탈분리 절차(de-splitting procedure)라고 부른다.

나는 살해된 희생자의 친척(성인)들을 면접하였다. 나는 그들을 살해당한 사람들만큼이나 피해자로 본다. 그러나 놀랍게도 어떤 친척들은 내가 기대했던 우울이나 희생당했다는 감정을 보이지 않았다. 그보다는 그들에게서 복수나 앙갚음하고자 하는 욕구를 발견했다. 어떤 사람은 나에게 다음과 같이 말했다. "그게 내 인생목표예요. 나는 그 목표를 달성하기 전까지는 쉬지 않을 거예요." 복수하려는 현상은 아동과 성인 모두에게서 엄청난 에너지와 동기를 창출해 내고 우울, 무력감, 수동성, 및 희생당했다는 느낌을 감소시켜 준다. 나는 희생자들에게 앙갚음이나 복수를 하라고 격려하지 않음에도 불구하고, 인재로 유발된 외상에서 앙갚음하고자 하는 희망과 쾌락으로 생존할 수 있게 되는 것을 목격했다.

중동 지역에서 관찰한 또 다른 것은 정치범으로 감옥에 갇혀 있는 죄수들이 사용하는 기법이다. 정치범들은 감금 기간 동안 정신적, 신체적 고문에 저항하는 방법들에 대해서 교육받는다. 정서적, 신체적 압박에 대항하는 방법은 복수에 대해 생각하고 고문하는 사람에 대한 그들의 분노, 화, 증오를 키우는 것이다. 경험에서 볼 때, 희생자가 고문자에게 그렇게 할 수 있다면 그들이 고문에 저항할 수 있다는 것은 분명하다.

어떤 문화권에서는 학대의 희생자에게 공격자에 대해 경험할 수 있는 분노, 증오, 살해 욕구들에 대처할 수 있게끔 특정한 자아 방어기제를 사용하도록 격려한다. 이런 방어기제에는 승화, 반동형성, 부인, 억압 등이 있다. 한편, 어떤 문화권에서는 희생자들에게 복수를 위하여 분노를 결집시키는 대신에 수동적이 되도록 하기도 한다. 나는 보복을 주제로 하여 그것이 학대 희생자 심리치료에서 치료적 가치가 있는지를 알아보는 연구를 했다. 고대 문화에서 전통적으로 관찰되는 '눈에는 눈, 이에는 이' 라는 개념은 놀이치료에서 놀이 소재에 전치되어 상징적으로 사용될 때 가치 있는 치료 수단이 될 것이다.

2. 문제와 배경자료

카멜롯은 경찰의 권고로 나의 사무실에 온 6세 아동이었다. 그날 카멜롯은 계부인 잭에게 강간당했다고 진술했기 때문에 여자 경찰관과 면담을 했다. 나는 아이를 만나기 전에 가족들로부터 정보를 얻었다. 가족들의 관점에서 보는 현재 문제는 아이가 계부에게 성폭행을 당해 왔고 치료가 필요하다는 것이었다.

가족력에서 카멜롯의 외할머니(마가렛)는 부녀 간 근친상간의 희생자였음이 밝혀졌다. 카멜롯의 엄마(사만타)도 동일인(즉, 마가렛의 아버지: 사만타의 외할아버지)에게 성학대를 당했다. 아주 종교적인 아일랜드계 천주교도 이민자인 마가렛은 내성적이었다. 그녀는 우울과 불안으로 30대 중반부터 정신과 치료를 받고 있었다. 나는 카멜롯을 담당하기 몇 년 전에 그녀를 치료한 적이 있었다. 마가렛은 카멜롯의 엄마가 없을 때 카멜롯과 시간을 보냈고, 자주 그녀를 돌보아 주었기 때문에 카멜롯의 인생에서 매우 중요한 존재였다. 카멜롯은 어휘력이 매우 풍부하고 똑똑했다. 나는 그녀가 어려운 단어나 표현들을 많이 사용하는 것은 조부모와 많은 시간을 보냈기 때문이라고 생각하였다. 할머니는 엄청나게 많은 죄책감을 가지고 있었는데, 특히 성적인 측면에서 더욱 그랬다. 마가렛은 아이들이 태어나서 우는 것을 세상이 고통과 상처로 가득 찼기 때문이라고 생각했다. 그녀는 죽음이 행복을 가져오는 고통의 끝이라고 보았다. 또한 대개 사람들은 타락했으며, 얼마나 죄를 짓지 않으려고 노력하는지에 상관없이 사람들은 악마의 통제 안에 있기 때문에 결국 죄를 짓게 된다고 믿었다. 마가렛은 행복이나 성공에 대한 감내력이 거의 없었고, 너무 성공하거나 너무 즐거워하게 되면 나쁜 일이 일어날 것이라는 예기불안을 가지고 있었다. 그녀는 복권을 사지 않았다. 만일 당첨되어 사람들이 그 사실을 알게 된다면, 돈 때문에 자신의 아이들을 납치하거나 소송을 걸 것이라고 두려워했기 때문이었다.

카멜롯의 어머니, 사만타는 출생 시 별 문제 없이 태어났고 성장했지만 가족은 다소 역기능적이었다. 대략 15세에서 16세 정도가 되었을 때, 그녀는 매우 경직되고 과도하게 도덕적인 어머니에게 반항을 하면서 다소 성적으로 문란해지게 되었다. 결국 사만타는 임신을 하게 되었고 카멜롯을 낳았다. 사만타는 카멜롯의 아버지와 결혼하지 않았다. 사만타가 임신에 대해서 그에게 말했을 때 그는 떠나 버렸다. 하지만 사만타는 언젠가 그가 미안하다고 말하며 자신에게 돌아올 것이라는 환상을 가지고 있었다. 그녀는 카멜롯의 생물학적 친부에 대해 아는 것이 없다고 말했다. 그렇지만 그녀는 여전히 그를 사랑하고 언젠가는 그가 돌아올 것이라고 믿었다. 사만타는 다음과 같이 말했다. 그는 자신이 여자를 임신시켰다는 것을 견디지 못했고, 그녀에게 임신했다는 말을 들은 순간 짐을 싸서 도시를 떠났다. 그리고 지금은 그가 어디에 있는지 모른다. 이와 같은 생각은 카멜롯에게 전달되었고, 카멜롯은 어느 날 알지도 못하는 아빠가 와서 자신을 불행에서 구해 줄 것이라는 공상을 하였다.

카멜롯이 태어난 후에 사만타는 학교를 그만두었다. 그녀는 마리화나에 빠졌으며 가족의 가치체계에 완전히 반항했다. 그리고 집에서 나와 카멜롯과 함께 아파트에서 살았다. 몇 년 동안 그녀는 많은 남자들과 동거했다. 사만타에 따르면, 그들은 모두 마약, 술, 폭력 등에 관여되어 있었다. 사만타는 그들에게 마약과 술을 배웠고, 때때로 그들의 폭행 대상이 되었다. 마침내 사만타는 한 남자(잭)를 만났는데, 그는 술과 마약 경력이 있는 남자였다. 잭은 사만타와 결혼했고 카멜롯을 입양했다. 몇 달간 그들의 관계는 양쪽 모두에게 만족스러웠다. 하지만 오래지 않아 그들의 관계는 나빠지기 시작했다. 사만타와 잭은 돈 때문에 자주 싸웠고 그녀는 잭에 대한 관심이 줄어들었다. 그럼에도 그들은 아이를 가졌고 사내아이인 마이클이 태어났다.

카멜롯과 계부와의 관계는 짧은 기간 내에 아주 특별하게 되었다. 엄마가 냉담하거나 약물에 취해 있거나 우울해 하고 잠을 자는 동안 두 사람은 함께 있었다. 그들은 마이클을 돌보거나 부엌에서 함께 음식을 만들었다. 부부 문제는 사만타에게 일종의 통제를 하고자 하는 잭의 욕구와 그녀가 자신을 소홀하게 대한다는 느낌 때문에 시작된 것처럼 보였다. 카멜롯은 계부와의 관계가 결국 성적인 것이 되었으며 수차례 강간당했다고 보고했다. 처음에 계부는 카멜롯에게 이것은 어떤 아빠나 계부가 아이들과 놀이를 하는 일종의 게임이라고 말해 주었다. 그는 그녀에게 이것은 둘만의 특별한 비밀이라고 말했다. 그로 인해서 카멜롯은 엄마와 다소 멀어지게 되었다. 때때로 잭은 카멜롯에게 사만타를 감시하는 것을 도와 달라고 부탁하였다. 그는 아내가 부자 마약상인 그의 친구와 관계가 있을 수도 있다고 의심하였다. 나는 이러한 정보들을 치료의 처음 몇 주 동안 카멜롯, 사만타, 카멜롯의 외할머니 등으로부터 얻을 수 있었다.

처음에 사만타가 카멜롯을 내 사무실로 데리고 왔다. 나는 먼저 사만타를 면접했는데, 그녀는 완전히 상황에 압도되어 있고 우울해 보였다. 그녀는 나에게 자신도 치료해 줄 수 있는지 물었다. 나는 그녀가 이미 다른 임상가에게 치료를 받고 있다는 것을 상기시켜 주면서, 내가 그녀와 딸을 동시에 치료하는 것이 적절하지 않을 수 있다고 말해 주었다. 그 후에 그녀는 내가 과거에 그녀의 엄마를 치료한 적이 있다는 것을 상기시켰다. 그러나 나는 약물치료와 입원만 담당했으며, 대화로 하는 치료는 다른 치료자가 했음을 말해 주었다. 나는 할머니에게 약물 처방을 했던 것과 그녀의 손녀를 놀이치료하는 것에는 문제될 것이 없는 것 같다고 말해 주었다.

첫 회기에서 나는 사만타가 아이 문제보다는 그녀 자신의 문제에 더 집착되어 있다고 느꼈다. 그녀는 미성숙했고 완전히 압도되어 있었다. 그녀의 인생사는 나에게 자기패배적 행동을 많이 보였던 누군가를 떠올리게 했다. 그녀는 극단적으로 투사를 사용했다. 그녀는 자신의 문제에 대해서 모든 사람들을 비난했다. 그녀는 자신이 학교에서 퇴학당하고, 직장을 잃고, 부양해 줄 남자에게 의존하게 되는 것들의 원인을 알코올과 마약 때문이라고 했다. 그녀는 엄마와 자신은 서로 사랑하기는 하지만, 사실 그녀의 문제는 엄마의 탓이라고 했다. 많은 부분에서 두 모녀는 애증의 관계에 있는 것으로 볼 수 있었다. 사만타는 자신의 아버지에 대해서는 긍정적인 감정을 가졌고 동정심을 느꼈으며, '어떻게 그가 평생 엄마를 견딜 수 있었는지' 를 의아해 했다.

사만타는 나에게 그녀의 엄마의 양육방식에 대해서 말했다. 성은 금기시되는 것이었고, 그녀는 성교육을 받아 본 적이 없었다. 월경 시작에 대해서 준비가 되어 있지 않아, 첫 월경 기간 동안 피를 보고 죽을까 봐 무서웠다고 했다. 그녀는 부모가 성관계를 갖는 것과 엄마가 거절하는 소리를 여러 차례 들었다고 말했다. 그녀는 자신이 엄마가 되고 아버지를 성적으로 만족시켜 주는 상상을 자주 했다. 하지만 그녀는 자신이 아버지가 제일 좋아하는 아이가 아니라고 느꼈고, 세 자매들이 함께 엄마를 내쫓고 주방에서 아버지에게 딸들 중에서 그를 돌봐 줄 사람을 선택하게 하는 꿈을 꾸었다. 아버지는 사만타의 큰언니를 선택하였고, 큰언니는 주방을 침실로 변형시켜 이런 방식으로 아빠를 돌봐 주었다고 했다. 성과 관련하여 그녀는 엄마가 큰언니에게 결혼하기 전날 밤 다음과 같이 이야기하는 것을 듣게 되었다. "내일 밤 너에게 평생 후회하게 될 어떤 일이 일어날 거란다."

사만타는 낮은 자존감과 빈약한 자기상을 가졌다. 그녀는 여전히 자신의 자매들과 엄마와 오이디푸스적 경쟁을 하는 발달단계에 머무르고 있었다. 그녀는 어머니의 가치체계를 거부할 뿐만 아니라 그것에 대항해 반항하기도 했다. 사만타가 엄마의 다른 부분; 즉 매우 종교적이고 억압적이며 도덕적인 부분에 대하여 반항하기를 원했던 부분이었다는 지표들이 있다. 사만타가 여러 차례 집에 늦게 들어왔을 때, 마가렛은 매우 의심이 많아져서 성관계를 가졌다고 비난하였다. 그녀는 사만타에게 남자는 여자를 이용하고 상처를 준다고 말해 주었다. 놀랍게도 사만타의 엄마는 성에 대하여 상세하게 파고들었다. 사만타는 엄마로부터 성적으로 문란해질 것이고, 과다한 성행위를 할 것이며, 성적 감정들을 행동화해서 결국은 부모로서 실패할 것이라는 말을 들었다. 마가렛은 자신의 원치 않는 부분들을 사만타에게 투사했고, 마침내 사만타는 마가렛의 이러한 투사적 동일시를 행동화한 것으로 보이는 몇 가지 지표들이 있었다.

사만타는 아동기에 엄마가 우울증으로 입원한 것 이외에는 별다른 사건이 없었다고 설명했다. 마가렛은 자녀들에게 애정과 관심을 기울이지 않았으며 우울 삽화가 있을 때마다 은둔하였다. 이런 기간 동안에 사만타의 이모나 외할아버지가 집에 와서 몇 시간 단위로 그녀를 돌봐 주었다. 이 당시 외할아버지가 손녀들 중 2명에게 성적 학대를 했다는 징후가 있었다. 자매들은 그것을 기억했고 그런 일이 있었다고 인정했다. 사만타는 언니가 성적으로 희생되는 것을 목격했음에도 불구하고, 그런 일이 있었을 수도 있겠다면서 기억이 다소 희미하다고 했다.

사만타의 아동기는 다른 자매들과의 경쟁으로 가득 차 있었다. 그녀는 가족의 희생양이었고, 자신이 다른 자매들만큼 매력적이지 않다고 느꼈다. 그녀는 언니가 아버지의 총애를 받고, 남동생은 엄마의 총애를 받는다고 느꼈다. 그녀는 아버지를 즐겁게 하려고 자매들과 경쟁했으나, 모든 시도가 실패했다고 느꼈다.

사만타는 카멜롯에게 개방적이었고 많은 경우에 그들은 서로 '마치 친구처럼' 이야기를 한다고 했다. 그녀는 카멜롯이 자신을 자주 돌봐 주었는데, 특히 자신이 울거나 우울할 때 그렇다고 했다. 그녀는 자신이 우는 것은 남자친구들이 자신을 떠날 때의 상실감과 관련된다고 덧붙였다. 그녀와의 면접에서 나는 카멜롯이 엄마와 딸의 역할이 뒤바뀐 것이 분명한 부모 역할을 하는 아이(parentified child)라는 인상을 받았다. 내가 사만타에게 자녀에게 일어난 일에 대해서 어떻게 생각하냐고 묻자, 그녀는 이전 몇 년 동안 생활이 매우 불안정했음에도 불구하고 자녀의 상태에 대한 어떠한 책임도 완전히 부인하였다. 그녀는 잭에 대한 분노를 나타냈고, 그가 아이를 성학대하였기 때문에 아이에게 영원한 손상을 입혔을지도 모른다는 걱정을 하고 있다고 말했다. 그리고 자신이 많은 의지력을 보이고 가족의 강력한 지지를 받아 그와 별거를 했다고 보고했다. 그녀는 자신이 남편과 함께 할 것인지, 카멜롯과 지낼 것인지를 선택해야 했다고 느꼈다. 그녀는 딸을 선택했다. 사만타는 형제들이 자신에게 현실을 왜곡한다고 늘 비난했으며, 지금까지도 자신을 '병리적인 거짓말쟁이' 라고 부른다고 했다. 이 거짓말 문제는 나중에 내가 이혼이나 별거를 사만타가 아니라 남편이 요구했다는 서류를 발견했을 때 분명해졌다.

여러 달 지나 어느 회기에서 카멜롯은 다음의 각본으로 놀이를 하였다. 어떤 엄마가 남편을 위해서 아이를 고아원으로 쫓아 보냄으로써 아이를 희생시킨다. 그런 다음 엄마는 아이들의 방을 남편에게 준다. 끝부분에서 남편은 그녀의 등 뒤에서 비수를 꽂고 그녀를 떠난다. '등 뒤에서 비수 꽂기' 는 카멜롯이 여러 번 놀이했던 주제다. 이 단계에서 그녀는 문자 그대로 어떤 사람을 뒤에서 찌른다는 의미로 이해했고, 그것이 그녀가 놀이를 하는 방식이었다. 엄마와 할머니를 면접하면서 나는 이 단어가 모녀가 대화를 하면서 둘 다 자주 사용하는 단어라는 것을 알았다. "나는 이 남자를 집으로 데려왔어요. 그를 믿었고 그를 먹여 줬지요. 그런데 결과적으로 그는 내 등 뒤에서 나에게 비수를 꽂았죠. 내가 어떻게 남자를 믿을 수 있겠어요?"

3. 이론적 개념화

처음에 내가 카멜롯을 진단하기 위한 놀이를 시작했을 때, 나는 외상 후 놀이치료가 필요한 상황인지 아닌지도 알지 못했고, 그녀가 어떤 반복적인 놀이를 하고 있는지도 분명하지 않았다. 가족은 카멜롯이 계부에게 성적 학대를 당한 것을 매우 염려하고 있었다. 하지만 치료 초기의 놀이에서, 그녀는 학대로 인해 외상을 입었다는 것을 나타내는 어떠한 지표도 보이지 않았다. 하지만 그녀는 계부가 '어른들끼리 하는 짓을 했다는 것' 때문에 얼마나 속았다고 느끼며 상처받았는지에 대해서 말했다. 카멜롯의 가족은 그녀에게 '아이에게 행해졌을 때' 강간은 나쁜 것이라고 설명했다. 그녀가 자신을 비난하고 있다는 지표가 있었는데, 그 이유는 당시에 그녀가 그와 성적 놀이에 가담하고 있었고, 그로부터 많은 관심과 돌봄을 받았다고 느꼈기 때문이었다.

하지만 치료가 서너 달이 지난 후에는 반복적인 놀이 양상이 분명하게 드러났다. 놀이 회기 내내 반복적인 놀이에만 집중했다. 내가 그녀를 이끌면 그녀는 다른 놀이에 참여할 수는 있었다. 예를 들면, 우리는 그림을 그리거나 색칠을 하였다. 그러나 그림에 대한 이야기를 만들면, 언제나 집에 와서 여자를 때리고 떠나는 남자에 대한 이야기였다. 카멜롯은 성행위와 같은 신체적, 심리적 외상을 나타내는 놀이 유형을 반복하기 시작했다. 처음에 그녀는 여자 인형의 복부와 생식기 부분에 찰흙을 놓는 것으로 시작하였다. 내가 손인형으로 "거기서 무슨 일이 생긴 거야?"라고 물었더니, 카멜롯은 "인형은 거기가 아파요."라고 대답하였다. 그 후에 다른 놀이에서 총을 든 군인이 집으로 들어와서 여자를 쏘았고, 총을 여자의 생식기 부분에 겨냥했다. 마침내 그 놀이는 반복적 양상으로 변했다. 한 남자가 다른 인형의 생식기 부분에 앉아 있거나 여자 인형을 들고 그의 생식기에 가져다 놓으려고 하였다. 그녀는 안 된다고 말했고 남자는 된다고 말했다. 이 반복적인 놀이 주제를 우리는 나중에 '여자는 안 돼, 남자는 돼 놀이'로 칭했고 여러 차례 반복하였다. 마침내 카멜롯은 이와 비슷한 일이 엄마에게도 일어났다고 말했다. 한번은 그(잭)가 술에 취한 상태에서 카멜롯이 다른 방에 있는 동안 엄마를 범하려고 하였다.

사만타는 비록 그 문제를 다음과 같이 말함으로써 최소화하려고 했지만 카멜롯이 그녀가 강간당하는 것을 목격했을 수 있다고 확인해 주었다. "나는 취했고 내가 뭐라고 말했는지는 정확히 모르겠네요. 아마도 그가 나를 밀어서 나는 비명을 질렀고, 안 돼라고 말했지만 그가 돼라고 말했을 수도 있어요. 딸아이가 자신의 방에서 그 소리를 들었는지는 모르겠어요." 한 남자가 성기를 여자에게 강제로 삽입하는 양상은 카멜롯의 놀이에서 반복되었다. 나는 어느 정도가 그녀의 경험이고 어느 정도가 엄마의 경험을 목격한 것인지를 구별할 수 없었다.

반복적인 놀이의 몇 가지 삽화가 인형의 집에서 나타났다. 남자 인형은 신체적으로,

성적으로 여자 인형을 폭행한 다음 그녀를 떠난다. 여자 인형은 울면서 그에게 돌아오라고 외치면서 "제발 나를 또 아프게 해 주세요."라고 애걸한다. 여러 회기 동안 이 놀이 양상이 반복되었다. 나는 또다시 이것이 객관적인 사실인지, 그녀의 엄마가 진짜로 "제발 나를 또 아프게 해 주세요."라고 말했는지, 아니면 성교를 '아프게 하는 것'으로 카멜롯이 지각한 것인지를 구별할 수 없었다.

놀이의 다른 양상 또한 강박적 방식으로 반복되었다. 한 남자가 집에 와서 여자를 때리고, 그녀의 돈과 음식을 빼앗으며, 여자가 울면서 돌아오라고 청해도 남자는 떠난다. 그리고 다음 날 다른 남자가 집으로 와서 같은 행동을 한다. 카멜롯은 이 놀이에 매우 몰입했고, 놀이의 일부가 된 것처럼 보였다. 카멜롯의 시선은 그녀가 얼마나 놀이에 집중하고 있는지를 나타냈을 뿐만 아니라, 나는 대부분 그녀가 모든 것을 관찰하면서 그 인형의 집 안에 있다는 느낌까지도 받았다. 처음에 그녀는 그 인형의 집에서 일어난 일과 자신의 집에서 일어난 일 사이에 유사점이 있다는 것을 부인하였다. 그러나 마침내 카멜롯은 나에게 엄마가 폭력적인 남자친구들을 계속해서 집으로 데려온 점이 비슷하다고 설명했다.

이러한 반복적인 놀이 양상이 계속될 때, 나는 이 아동이 외상을 입었으며 외상 후 놀이가 일어나고 있음을 느꼈다. 그녀는 강박적인 방식으로 자신의 외상 양상을 반복하였고 그 양상에 더욱더 집착하였다. 그녀는 다른 종류의 놀이를 하는 것에 어려움을 보였다. 그녀가 그리기, 색칠하기, 공을 가지고 노는 것 등에서 나에게 반응하고 나를 즐겁게 해 주려고 했음에도 불구하고 비구조화된 반복적 놀이는 다시 나타났다. 이 시점에서 나는 페르시안 유형의 PTPT 기법을 사용하기로 결심하였다. 나는 그녀가 분노를 언어로 표현하는 데 어려움이 있다고 느꼈다. 나는 그녀가 집으로 와서 그녀와 엄마를 두렵게 했던 계부와 엄마의 남자친구들로부터 외상을 당했다고 느꼈다. 그녀가 인형의 집에서 놀이했던 사건들 중 어떤 것들은 사만타가, 또 어떤 것들은 마가렛이 확인해 주었다. 현실에서 엄마의 집에는 많은 남자들이 왔는데, 카멜롯의 관점에서 보면 그들은 자신과 엄마 모두를 놀라게 하였다. 그러나 카멜롯이 이런 남자들에게 신체적으로, 성적으로 학대를 당했음을 나타내는 지표는 없었다. 그럼에도 불구하고, 카멜롯 앞에서 엄마를 때린 몇 명의 남자들로 인하여 정서적 학대를 받았음을 보여 주는 분명한 지표가 있었다. 그녀는 부모 노릇을 하는 아이가 되었을 때 엄마의 고통을 완화시켜 주려고 노력했다.

카멜롯을 평가하면서 나는 그녀에게 몇 가지 강점과 자산이 있다고 느꼈다. 즉, 지능, 신체적 매력 그리고 재능이다. 더 나아가 나는 그녀가 엄마가 아닌 할머니로부터 '충분히 좋은 모성'을 경험했을지도 모른다고 생각했다. 또한 그녀에게 낙오되지 않고 많은 스트레스 상황을 견뎌낼 수 있는 충분한 자아 역량(ego capacity)이 있다고 생각했다. 그녀의 취약성은 외상 이전부터 있었다. 그녀는 혼외정사로 인하여 사생아로 태어났고, 생물학적 아버지에게 거부당했다는 감정과 아버지가 없기 때문에 다른 아이들과는 다르다는 느낌을 경험했으며, 변덕스러운 양육을 받았고 엄마와 뒤바뀐 역할을 한 것이었다. 카멜롯이 사만타의 많은 남자친구들과 계부가 집에서 행했던 학대를 목격했던 것과 마찬가지로, 그녀가 부모 노릇을 하는 것 또한 부정적인 요소였다.

이혼한 부모의 자녀들을 치료할 때, 많은 치료자들은 온전한 부모 단위(unit)의 부재를 자기애적 손상(narcissistic injury)으로 간주한다. 아동은 온전한 자기감을 복구하기 위하여 부모 단위의 통합을 다시 수립하려고 할 수 있다. 그러나 카멜롯에 대한 나의 인상으로는 그녀는 할머니의 이데올로기와 엄마가 자신에게 양육자 이미지를 투사한 것이 혼합되어 있는 온전한 자기감을 가지고 있는 것처럼 보였다. 나는 그녀가 애어른(little child)으로 느껴졌다.

카멜롯에게 일관된 아버지의 부재(특히, 중요한 오이디푸스 단계에서)는 그녀의 성 정체감, 자존감 및 자기상에 다소의 영향을 주었다. 그녀가 약간 유혹적이 되거나 나에게 시시덕거리며 장난을 치기 시작할 때, 이러한 태도는 그녀에게 선의적인 행동으로 느껴졌다. 그녀는 나에게 자신의 매력을 시험해 보고 있었고, 나를 안전하고 거부적이지 않으며 안정된 사람으로 간주하였다. 그녀는 나에게 버림받거나 성적인 관계로 발전되는 것에 대한 두려움을 갖고 있지 않은 것으로 보였다. 성 정체감과 대상관계에서 그녀가 처벌이나 버림받지 않으면서 어떤 남자와 관계를 맺을 수 있다는 것은 중요하게 여겨졌다. 부모 인물들에 대한 동일시는 초자아, 자아 이상 및 성 정체감의 발달에서 중요한 요인들이다. 그러나 나는 카멜롯이 최소한 부분적으로라도 할머니를, 또 부분적으로는 계부를 동일시했다고 느꼈다(두 가지 상반되는 특성을 동일시함). 카멜롯의 이데올로기의 일부와 자아 이상은 마가렛의 종교 및 가치체계에 대한 투사를 동일시한 것으로부터 부분적으로는 계부인 잭의 그녀를 향한 성적 행동으로부터 생긴 것이었다.

나는 카멜롯이 보여 준 문제를 토대로 몇 가지 치료목표를 고안했다. 나는 그녀가 여자를 수동적이고 복종적인 희생자로 보고, 남자를 학대적이고 공격적으로 지각한다고 느꼈다. 나는 그녀가 부모 노릇을 하는 역할을 발전시켰고, 엄마와 동생을 방어하고 보살펴야 하는 책임을 느끼고 있다고 생각했다. 또한 그녀가 엄마와 같은 방식으로 배신에 대처할 것이라고 느꼈다. 즉, 엄마는 남자를 믿었고 집으로 데려왔으며, 결과적으로 그들은 '그녀의 등 뒤에서 비수를 꽂는다.' 카멜롯은 계부를 신뢰했으나, 결과적으로 그녀는 그가 자신에게 한 일이 범죄이고 나쁘다는 말을 들었다. 나는 또한 외할머니의 많은 생각들이 그녀 안에 존재하여 분노와 증오를 금기된 감정으로 간주하여서 카멜롯이 분노를 표현하는 데 어려움을 갖고 있다고 생각했다. 그녀는 특히 복수를 금기로 간주했다.

카멜롯은 인생에서 자신의 역할은 마치 엄마와 할머니처럼 고통받고, 착취당하는 것이라고 느꼈다. 그녀는 마가렛의 생각을 내면화했으며, 진짜 삶은 어떠한 희생도 고통도 없는 다른 세상(사후 생애)에 있다고 믿었다. 카멜롯은 두 가지 생각에 집착하였다. (a) 한 남자가 그녀에게로 와서 그녀를 구해 줄 것이다(내 생각에 그것은 상실한 대상인 생물학적 아버지였던 것 같다). (b) 어떤 고통도 없는 다른 세상이 있을 것이다. 나는 그녀가 외할머니와 엄마로부터 '탈동일시(de-identify)' 할 필요가 있다고 느꼈고, 그녀에게 이 세상에서 행복, 정의, 공정함을 경험할 권리가 있다는 개념을 전달하고자 했다. 카멜롯의 '세상에 대한 시각' 은 왜곡되어 있었다. 소수 남자들과의 경험을 모든 남자에게로 일반화시켰기 때문이다. 그녀는 세상의 방식이 자신의 집에서 일어난 것, 즉 부당하고 불공평하며 학대적이고 희생당하는 것이라고 믿었다.

치료목표 중의 하나는 엄마, 계부, 그리고 엄마의 많은 남자친구들과의 고통스러운 경험을 바꿔 주고 중화해 주는 것이었다. 시작단계에서 내 첫 번째 목표는 위니코트(Winnicott)가 말하는 안전하게 '버텨 주는 환경(holding environment)' 을 만드는 것이었다. 내가 만들어 낸 안전하고 양육적인 환경으로 인해 카멜롯은 혼란, 외상에 대한 개념 및 가족 상황에 대한 집착을 드러낼 수 있었다. 두 번째 목표는 카멜롯이 자신의 외상을 이해하고, 자신과 가족에게 일어났던 일들에 대하여 어떤 의미를 도출해 낼 수 있도록 돕는 것이었다. 나는 그녀의 치료에서 상징적이고 은유적인 방식으로 외상을 재연하는 것을 치료의 중요한 요소로 간주했다. 이 안전한 환경에서 카멜롯은 자신의 행동을 통해서 감정을 표현할 수 있었다. 그녀는 그녀의 걱정, 두려움, 고통 및 소망에 대해서 생각할 수 있었다. 카멜롯은 매우 내성적인 아이였고, 외할머니의 엄격한 가치체계를 내면화하였다. 또한 그녀는 분노와 증오를 나타내지 않는 것과는 반대로, 학대를 불러일으키고 그것을 참아내며 즐겼을 가능성도 있는 엄마로부터 일종의 정체감을 학습하기도 하였다.

카멜롯에 대한 나의 치료목표는 정신병리를 확인하고 근친상간의 부정적 영향을 확인하는 것으로 구성된 외상당한 아동들을 위한 치료 프로그램과 매우 비슷했다. 정신병리에는 자기비난, 무기력감, 상실과 배신, 애착장애, 대상관계 문제, 관계에 대한 성적 자극(eroticization of relationship), 손상된 물건증후군(Sgroi, 1982) 및 세상에 대한 부정적인 관점이 포함된다.

외상적 사건에 대하여 카멜롯이 어떻게 지각하는지를 알아내는 것은 매우 중요했다. 나는 카멜롯 엄마의 방임과 유기가 계부의 성학대보다 더 외상적이었다는 것을 알고서 매우 놀랐다. 그러나 나중에 나는 그녀가 가장 사로잡혀 있었던 한 가지 외상은 엄마가 폭행당하는 것을 목격한 것이라는 것을 알게 되었다.

4. 놀이치료의 과정

외상 후 놀이치료는 몇 단계로 이루어진다. 첫 단계는 놀이 진단(play diagnosis)이다. 이 단계 동안 나는 대부분의 시간을 카멜롯이 집착해 있는 것과 외상 및 소망을 알아내기 위하여 인형과 장난감들에게 그녀의 내적 세계를 투사하도록 격려하는 데 소요했다. 모든 회기에서 카멜롯은 감정이나 욕구를 표현할 수 있었으나, 치료의 처음 서너 달 동안에 나는 우선 카멜롯이 자신의 세계에 대하여 어떻게 지각하고 있는지를 이해하는 데 관심을 집중시켰다.

진단적 회기들과 맞물리면서 전이 감정들이 나타날 수 있는 관계단계(relationship stage)가 전개되기 시작했다. 이 단계에서 카멜롯은 나에 대한 의심부터 양가 감정까지 전개시키다가, 마침내 내가 그녀의 상실한 오이디푸스적 대상이 되기를 갈망하였다.

치료의 세 번째 단계는 아동의 반복적인 놀이가 명백해지는 시기들로 구성된다. 이런 상태 동안에 나는 권능을 부여해 주기 위해 공격자를 향한 카멜롯의 분노와 증오가 발현될 수 있도록 노력했다. 이 시기는 (긍정적 유형의) 외상 후 놀이치료를 구체화하고 PTPT가 주된 치료적 접근이 되는 시기다.

1) 첫 단계

처음 몇 번의 치료 회기 동안 나는 카멜롯의 아빠(오이디푸스 콤플렉스의 대상인)에 대한 욕구와 남자들에 대한 두려움에 주목했다. 남자는 그녀에게 큰 흥미를 끌었지만 동시에 위험하기도 했다. 이런 개념은 인형놀이 도중에 두드러지게 나타났다. 예를 들어, '어린 인형' 이 굴뚝에 갇히거나 '인디언들' 에게 납치될 때마다 '아빠 인형' 이 와서 구해 주곤 했다. '어린 인형' 과 아빠는 함께 손을 잡고 '메리 포핀스' 처럼 집 위로 날아다니지만, 때로는 아빠 인형이 어린 인형을 하늘에서 땅으로 떨어뜨리기도 했다.

치료자의 손인형: 어린 인형이 땅에 떨어진 이유가 뭐니?
내담자 : 엄마 말을 안 들어서 그래요.

치료자의 손인형: 엄마가 뭐라고 말했지?
내담자 : 엄마가 세 가지를 말했어요. 첫째, 비 올 때는 절대 날지 마라. "너는 메리 포핀스가 아니야." 둘째, 엄마가 자고 있을 때는 절대로 어느 누구와도 어디에도 가지 마라. "넌 다칠 거야." 셋째는 잊어버렸어요.

처음 몇 회기에서 나는 카멜롯에게서 엄마인 사만타에 대한 분노를 관찰했는데 그것은 두 가지 문제에서 나오는 것으로 느껴졌다. 첫째는 카멜롯이 엄마에게 자신의 생물학적 아버지를 없애 버린 책임이 있다고 느끼는 것이었다. 카멜롯은 자신의 오이디푸스 콤플렉스 대상의 상실에 대하여 사만타를 탓했다. 둘째는 엄마를 학대하고 폭행하였던 여러 명의 남자들(잭을 포함한)과 연관되어 있다. 나는 또한 그 애가 엄마와 관련하여 역할 전도를 발전시킴에 따라, 엄마에 대하여 보호적인 태도를 채택하여 때로 남동생뿐만 아니라 엄마를 양육하는 것으로 느껴졌다. 궁극적으로 이러한 감정은 나에게 옮겨져서 그 애는 나를 보살피기 시작하였다. 나의 영양 상태에 대하여 걱정을 했고 내가 충분히 좋은 음식을 먹고 있는지를 궁금해 했다. 카멜롯이 음식과 영양 섭취에 대해 약간 사로잡히기 시작했을 때, 이러한 구강기적 집착은 놀이치료의 과정을 통해 매우 명백하게 나타났다.

처음 서너 달 동안, 놀이와 상징화를 통해 카멜롯은 나에게 자신의 소망과 갈등, 심리적인 상태를 표현하였다. 생부의 유기 문제가 그 애에게 매우 중요하다는 것은 자기애적 손상의 증거로 보였다. 그녀는 생부가 그랬던 것처럼 자신의 삶 속으로 들어왔다가 떠났던 여러 아버지 상들(father figures)에 노출되어 왔다. 열 번째 회기에서 우리는 인형놀이와 '상호 이야기하기(mutual story telling)'를 혼합했다. 카멜롯은 인형의 집 안에 인형 가족들을 배치했다. 모든 인형들이 한 방에 있었지만 서로 이야기할 수는 없었다. 카멜롯과 나는 "사람들은 서로를 다치게 하기 때문에 함께 있는 걸 두려워해요."라고 카멜롯이 말했던 외로운 가족에 대한 이야기를 만들기 시작했다.

치료자: 그들이 어떻게 서로를 다치게 하지?
내담자: 어떻게 하는지는 몰라요.
치료자: 뭐든지 아는 큰 새에게 물어 보자. 큰 새를 네 손에 놓고 그것이 마술을 부려서 너의 입으로 말을 넣는다고 상상하자.
내담자: 좋아요.
치료자: 큰 새가 뭐라고 말하니?
내담자: 아무 말도 안 해요.
치료자: 큰 새에게 이 인형들 중에 빨간 셔츠를 입고 있는 인형에 대해 얘기해 달라고 하자.
내담자: 그게 빨간 거예요.
치료자: 큰 새에게 그 인형이 무엇 때문에 슬퍼하는지 물어보자.
내담자: 얘는 남자친구가 없어서 기분이 상했어요.
치료자: 왜?
내담자: 왜냐하면 못생겨서요.
치료자: 얘가 못생겼는지 어떻게 알았니?
내담자: 왜냐하면 어떤 남자도 걔를 안 원해요. 그들은 전부 "안녕." "잘 가."라고 말해요.
치료자: 얘는 그들 중 누구 그리워하는 사람이 있니?
내담자: 없어요.
치료자: 확실해? 물어볼까?
내담자: 그중 한 명을 그리워할지 몰라요. 그 사람이 그걸 알고 돌아오고 있어요. [카멜롯은 여자 인형이 있는 방으로 남자 인형을 가지고 와서 옆에 놓았다]
치료자: 나는 거기서 무슨 일이 일어났는지 알아야겠다. 그들이 서로에게 무슨 얘기를 하고 있지?
내담자: 여자가 남자를 만나서 반갑다고 말하고 있어요.
[카멜롯은 조용해져서 거의 움직임 없이 인형의 집을 바라본다]

치료자: 그리고 또 무슨 말을 하지?
내담자: 남자가 여자를 떠나서 좋다고 말하고 있어요.
치료자: 뭐라고?
내담자: 남자가 떠났고 여자가 울고 있어요.
치료자: 어떻게 하면 그녀를 도울 수 있을까? 그녀의 부모님이 어디에 있지?
내담자: 그녀의 부모님은 돌아가셨고 그녀는 죽을 거예요. 아니, 아니, 내가 도와줄 거예요.

카멜롯은 큰 새를 인형의 집 안으로 가지고 와서 소녀 인형을 그 등위에 놓았으며 둘 다 도시 위로 날았다. 결국 소녀 인형은 큰 새의 등을 붙잡고 있는 동안 잠이 들었고 하늘에서 떨어졌다. '다행히' 그녀는 조부모 집의 지붕에 떨어졌고, 조부모들은 그녀가 땅에 부딪히지 않도록 손으로 붙잡았다. 그들은 큰 새에게 소리쳤으나, 카멜롯은 그들에게 자신의 잘못이었다고 말했다. 만약 잠들지 않았더라면 그녀는 여전히 하늘에서 큰 새와 함께 있었을 것이었다.

놀이를 통하여 카멜롯은 특히 대인관계에서 대상 비항상성에 대한 감정뿐만 아니라 버림받고 거부당하는 것에 대한 공포도 표현했다.

자신의 삶에서 안정적인 사람들이었던 조부모에 대한 애착은 카멜롯이 종종 마가렛을 인용한다는 점에서 명백하게 드러났다. 때때로 카멜롯은 외할머니의 관념과 심지어 몸짓 및 태도까지 동일시했다. 예를 들어, 카멜롯은 나에게 커피나 소다를 너무 많이 마시지 말라고 충고했다. "그것은 당신에게 좋지 않아요. 내가 당신에게 말했잖아요. 그것은 당신에게 좋지 않다고요." 그녀의 목소리 톤과 팔 동작은 마가렛을 생각나게 했다. 나는 카멜롯이 할머니를 동일시했고, 이때 나에게도 '할머니'가 된 것처럼 느껴졌다.

나는 이 놀이치료에서 적극적인 역할이 필요하다고 느꼈다. 나는 카멜롯이 결과적으로 나의 관념들이나 행동들을 동일시하고, 그녀의 세계에 대한 관점을 수정할 수 있게 되기를 희망했다. 나는 나의 역할을 발달 촉진자, 때로는 일종의 보조 자아로 생각했다. 다른 치료자들이 언급한 것처럼(Sgroi, 1982), 특히 아동이 성학대를 받은 경우에 그들은 부모 노릇을 하고 조숙하게 성숙한다. 나는 카멜롯이 부모 노릇을 하는 것을 줄이고, 어른들은 스스로를 돌볼 수 있다는 것, 그리고 엄마나 나, 또는 어느 누구도 보호해 주거나 양육해 줄 책임이 없다는 것을 이해할 수 있도록 도와줄 필요가 있다고 느꼈다. 나는 카멜롯이 동생을 돌보는 책임은 사만타에게 있다는 것을 이해하기를 바랐다. 이러한 문제들을 내가 사만타와 카멜롯, 그리고 그녀의 외할머니와 함께 한 8회기와 9회기 동안 논의하고 훈습하였다. 우리 모두는 카멜롯이 '애어른' 이 될 때마다 그 애의 태도에 적극적으로 제한을 가하고, 일곱 살짜리 아이처럼 행동할 때마다 그 애를 칭찬하기로 결정했다. 우리는 카멜롯이 아니라 할머니가 사만타를 돌볼 책임을 맡도록 했다. 사만타는 카멜롯에게 자신은 스스로를 돌볼 수 있는 어른이고, 만약 도움이 필요하다면 부모들로부터 도움을 받을 수 있다는 것을 말할 수 있었다. 사만타는 카멜롯에게 "너에게 나에 대한 걱정을 하게 하고, 오랜 시간 동안 나를 돌보게 했던 것에 대해 미안해."라고 말했다.

12회기에는 이모가 카멜롯을 치료실로 데리고 왔다. 하지만 카멜롯은 엄마가 자신을 데리러 오고 주말에 집에 갈 것으로 기대했다. 카멜롯은 매우 흥분되어 있었고 엄마와 시간을 보내기를 학수고대하고 있었다. 결국 사만타는 오지 않았다. 카멜롯은 대기실에 있으면서 엄마를 기다렸고 엄마 차가 오는지 보기 위해 창문으로 뛰어가곤 했다. 30분 후 사만타가 아직 도착하지 않았을 때, 나는 전화로 그녀와 연락을 시도했으나 통화할 수 없었다. 카멜롯은 엄마에 대한 걱정을 포함해 약간의 감정들을 내보이기 시작했다. 그녀는 "아마도 엄마는 자동차 사고가 났거나 병원에 있을 거예요."라고 말하며 두려움을 표현했다. 나는 카멜롯이 엄마에게 매우 화가 났지만, 그 분노를 사만타가 사고로 다쳤을 것이라는 바람으로 간접적으로 표현한다고 느꼈다. 그녀는 작화증 수준에서 부인 방어를 사용함으로써, 여전히 엄마를 사랑하고 돌봐 주는 긍정적인 감정들을 유지할 수 있었다. 여러 번 나는 카멜롯에게 부인을 직면하도록 하는 것은 공평하지 않거나 적절치 않다고 느꼈다. 왜냐하면 카멜롯은 엄마는 외부적인 사건들 때문에 고통을 받고 있으므로 배려해 줘야 한다고 강하게 믿고 싶어 하는 욕구가 있어 보였기 때문이었다. 그녀는 엄마에게 실망할 때마다 언젠가 되돌아올 수도 있는, 배려해 주는 아버지 상에게

	대 화	논 평
치료자의 인형	나는 이 외로운 토끼 때문에 가슴이 정말 아프구나. 아무도 이 귀여운 꼬마 친구를 원하지 않는 것 같아.	나는 버림받음/거부당함 때문으로 추정되는 토끼의 고통에 대한 감정이입과 동정심을 나타냈다.
내담자	걱정하지 말아요.	카멜롯은 부인하고 회피하고 있다.

〈계속〉

치료자의 인형	그렇지만 나는 걱정돼. 나는 토끼 엄마가 밖으로 나가서 토끼가 먹을 음식을 가지고 집으로 오는 길에 늑대를 만난 것을 알아. 토끼 엄마는 그 음식을 늑대에게 주고 그 집에 가서 재미있게 놀기로 했어. 아마 자기 아이보다 늑대와 같이 있는 게 더 좋은가 봐. 참 형편없는 엄마야. 모든 엄마들이 다 그런 건 아니야. 세상에는 좋은 엄마들이 아주 많아. 나는 수백 명을 알지.	나는 카멜롯의 해결책(회피)을 받아들이지 않았다. 나는 그녀의 놀이를 해석하고 엄마를 '형편없다.' 고 평가했지만, 인형의 엄마에 대한 카멜롯의 개념을 모든 엄마들에게 일반화하지 말아야 한다는 것을 알려 주었다.
내담자	토끼 엄마는 좋은 엄마예요. 자기 아이들을 사랑해요.	그녀는 엄마들은 보살펴 주고 사랑해 주는 사람들이라는 것을 믿을 필요가 있었다.
치료자의 인형	이게 도대체 어떤 엄마니? 왜 그녀는 자기 아이들을 보살피지 않니?	
내담자	왜냐하면 토끼 엄마가 늑대에게 먹을 것을 주지 않으면 늑대에게 잡아먹히기 때문이에요. 그러면 토끼는 엄마가 없게 되잖아요.	
치료자의 인형	그녀는 '이 엄마' 가 없어도 다른 엄마를 찾을 수 있을 거야. 토끼는 귀여운 아기니까 모든 사람이 보살펴 주고 엄마가 되고 싶어 할 거야.	나는 그녀가 자기 이모네 집에 가게 되는 상황을 준비시켜 주려고 했다. 나는 '자기비난' 을 줄이고 토끼가 아닌 토끼 엄마가 잘못이라는 것을 선언하였다.
내담자	그렇지만 토끼는 다른 사람은 아무도 원하지 않아요. 서로 사랑하기 때문에 자기 엄마만을 원해요.	
치료자의 인형	좋아. 그렇다면 만일 꼬마 토끼가 지금 도움이 필요하다면 무슨 일인지 말해 줄래? 그녀는 배가 고프고 아주 화가 났을 거야, 왜냐하면 아무도 먹을 것을 주지 않았기 때문이지. 만일 아무도 나에게 음식을 주지 않는다면 나 역시 화가 날 거야.	나는 분노가 박탈에 대한 정상적인 반응임을 알려 주고 있다.
내담자	그러나 선생님은 몰라요. 토끼도 모르고 엄마도 몰라요. 나는 토끼아빠가 산꼭대기에서 토끼를 보고 있다는 것을 아는 유일한 사람이에요. 토끼에게 도움이 필요하면 언제든지 아빠가 도와주러 올 거예요. 토끼가 911에 전화를 걸기만 하면 아빠가 올 거예요.	그녀는 자기를 거부하지 않고 자기를 돌봐 주는 아빠가 있었으면 하는 소망을 표현하고 있다.
치료자의 인형	토끼는 왜 지금 전화를 걸지 않는 걸까?	
내담자	왜냐하면 토끼는 전화를 어떻게 거는지 모르기 때문이에요.	이것은 그녀의 자기비난(자기중심적 사고)이다.

로 옮겨갔다.

다음 두 회기(13, 14회기)에서, 카멜롯의 놀이는 상실의 문제와 관련되었다. 인형의 집 안에는 부모님이 돌아가신 작은 소녀가 있었다. 그녀는 부모들을 인형의 집 앞 마당에 묻었다. 나의 손인형은 그 작은 소녀가 부모에게 화가 났는지를 알아내려고 노력했다. 비록 그들의 죽음이 '우연한' 것이기는 했지만, 인형의 집 안에 있는 그 작은 소녀는 부모에게 매우 화가 났음이 분명했다. 분노에도 불구하고, 그녀는 상실 때문에 울고 있었다.

치료자의 손인형: 이 어린 소녀의 부모에게 무슨 일이 생겼니? 왜 그들이 그녀를 도와주지 않는 거야?
내담자 : 왜냐하면 그들이 죽었기 때문이에요.
치료자의 손인형: 오, 어떻게 그런 일이 생겼니? 그들은 살해당했니?
내담자 : 사고였어요. 그들은 열려 있는 창문 근처에서 키스하고 있었는데 폭풍이 불어와 창문 밖으로 날아가 버려서 죽었어요.
치료자의 손인형: 그들이 자기 아이에게 어떤 말을 남겼니?
내담자 : 아무도 몰라요.
치료자의 손인형: 이제 그 어린 소녀는 무엇을 하지?
내담자 : 부모를 땅에 묻고 있어요.
치료자의 손인형: 지금 그 소녀의 기분은 어떠니?
내담자 : 별로 좋지 않아요, 기분이 나빠요.
치료자의 손인형: 어떤 '나쁜' 느낌이니?
내담자 : 아주 나쁜 느낌이에요.
치료자의 손인형: 화가 났니? 슬프니? 걱정하고 있니? 배고파? 비명을 지르고 싶어? 벽을 치고 싶어? 하느님과 모든 사람에게 소리치고 싶어?
내담자 : 아무도 없기 때문에 슬퍼요.
치료자의 손인형: 그리고 화가 났을지도 몰라.
내담자 : 아니에요. 화 안 났어요.
치료자의 손인형: 나는 '폭풍'이 부모들에게 화났는지 궁금하구나. 안 그랬다면 죽이지 않았을 텐데.
내담자 : 그것은 죽인 게 아니라 사고였어요.
치료자의 손인형: 맞아. 사고가 부모님을 죽였어. 폭풍이 그랬지. 그건 그렇고 폭풍이 부모님을 죽였을 때 어린 소녀는 어디에 있었니?
내담자 : 부모님이 소녀를 할머니 집에 보냈어요.

치료자의 손인형: 왜? 그들은 소녀를 좋아하지 않았니?

내담자 : 그들은 재밌게 지내려 할 때마다 자기 아이를 다른 데 보내요.

치료자의 손인형: 그들은 자기들이 재미있게 지내는 걸 어린 소녀가 보는 것을 원하지 않니? 도대체 왜 그러지?

내담자 : 선생님은 이해하지 못해요. 애들은 있으면 안 돼요.

치료자의 손인형: 더 자세히 얘기해 줄래?

내담자 : 아니 안 돼요. 선생님은 이 소녀를 화나게 하고 있어요.

치료자의 손인형: 내가 너무 질문을 많이 해서? 아니면 내가 폭풍이 부모들에게 화가 났듯이 어린 소녀도 부모들에게 화가 났는지를 궁금해하기 때문이니?

내담자 : 조용히 해요. 폭풍이 다시 오고 있어요.

치료자의 손인형: 나는 어린 소녀가 나에게 화가 나서 폭풍에게 그녀의 화를 주었고 폭풍이 나를 혼내 주려고 오는 건지 궁금하구나.

내담자 : 결코 아니에요…. 그렇지만 허리케인이 오고 있으니까 창문 근처에는 있지 말고 지하실로 내려가요.

치료자의 손인형: 폭풍에게 말할 수 있었으면 좋겠다. 화를 내는 것은 괜찮아. 얘기해 보자.

내담자 : [내가 말할 때 끼어들면서] 말하지 마요. 폭풍은 죽었고 지금은 허리케인이 오고 있어요.

치료자의 손인형: 나를 잡으러 오니?

내담자 : 지하실로 내려가요.

다음 회기(15회기)에서 카멜롯은 우울해 했고 계속해서 울었다. 그녀는 인형의 집을 가지고 노는 것을 거부했다. 그녀는 배가 아프다고 호소했다. 나는 그녀가 인형의 집 근처에 가고 싶어 하지 않는 것은 지난 주에 그녀가 부모들의 죽음에 책임을 느꼈고 그들을 묻었기 때문이라고 여겼다. 만약 그녀가 인형의 집 근처로 갔다면 나는 그녀가 부모들을 죽인 것에 대해서 얘기할 수 있었을지도 모르고, 그녀는 그것들에 대해서 조금 더 많이 생각해 볼 수도 있었을 것이다. 이전의 회기에서 나의 손인형이 드디어 분노에 대해서 얘기했고, 그 회기에서 우리는 부모에게 실망스러울 때의 그들에 대한 분노에 초점을 두었다.

다음 회기(16회기)에서 카멜롯이 말하는 것을 내켜 하지 않아서 나는 그녀에게 복통에 대해서 물어 보았다. 그녀는 괜찮지만 아직도 아프다고 했다. 그녀는 아직 말할 준비가 되지 않았다는 메시지를 나에게 주고 있었고 변명으로 병을 사용하고 있었다. 나는 그녀를 놀이로 끌어들였고, 그녀는 인형의 집으로 괴물을 가져오면서 놀이를 시작하였다. 그 괴물은 먹이를 주기 위해서 작은 코끼리를 집으로 데리고 왔다. 그러나 괴물은 코끼리를 데려오기 전에, 자신이 돌봐야 할 사람들이 너무나 많기 때문에 자신이 얼마나 힘든지에 대해서 말하였다. 또한 그 괴물은 코끼리를 해쳤다. 코끼리는 아팠고 의사를 필요로 했다. 놀이를 하는 동안 괴물에 대한 그 작은 코끼리의 양가적인 감정들이 분명히 드러났다. 이 회기에서 코끼리는 괴물에 대해서 적대적이면서도 그 괴물을 점심에 초대하거나 함께 지내는 친절한 태도를 지니고 있었다. 놀이는 계속되었고 작은 코끼리는 마침내 괴물이 되었다. 나는 괴물을 카멜롯으로 느꼈는데, 그녀는 괴물이 됨으로써 괴물에 대한 두려움을 감소시키고자 했다. 그 다음에 그 작은 코끼리 괴물은 원래의 괴물, 내 생각에는 카멜롯의 엄마와 대립했다. 이 대립이 있은 후에 원래의 괴물은 울기 시작했고 작은 코끼리에게 진찰을 받고 싶다고 말하면서 변화하기 위해 도움을 청했다.

변화하기 위해서 도움을 요청하는 문제는 카멜롯의 놀이에서 여러 번 나타났다. 그녀의 마음 속에서 '변화'는 치료자에게 가는 것을 의미하는 듯했다. 또한 법원은 그녀의 계부에게 평가와 상담에 어느 정도 참여하도록 명령했다. 나는 그 작은 코끼리가 괴물의 학대적인 태도로 인해서 병이 든 괴물의 희생자로 여겨졌다. 인형을 통해서 나는 카멜롯에게 작은 코끼리가 경찰을 부르거나 다른 친구들을 불러서 그 괴물을 잡고, '괴물이 코끼리를 괴롭혔던 그 방식' 대로 괴물을 괴롭히라고 요청하였다. 처음에 카멜롯은 주저하면서 괴물이 울고 있고 변화하기 위하여 도움을 청하고 있다고 말했다. 나는 카멜롯에게 작은 코끼리는 괴물이 한 짓 때문에 그 괴물에게 여전히 상당히 화가 나 있을 것이라는 점을 상기시켜 주었다. 마침내 우리는 작은 코끼리를 '의사' 에게 데려갔고, 그 작은 코끼리는 의사에게 무엇을 해야 하는지를 물어보았다. 의사는 코끼리에게 괴물이 그녀에게 했던 대로 그 괴물에게 해도 괜찮다고 말했다. 이 시점에서 작은 코끼리는 결심을 한 듯했고 매우 활기가 넘쳤다. 코끼리는 날거나 깡충 뛰어오르기 시작했고("이제 이것은 나는 코끼리예요."), 주위의 모든 사람들을 모아서 코끼리가 괴물에게 어떻게 할 것인지를 보라고 했다. 카멜롯은 많은 인형들을 법정에 거의 비슷하게 세웠다. 작은 코끼리는 괴물을 붙잡아서, 배 부분을 쳤다. 코끼리는 괴물 위로 뛰어올라서 "울어! 울어! 울어!" 라고 말했다. 괴물은 울기 시작하였고 용서를 빌었다. 마침내 코끼리는 행복하고 만족스러워 했으나, 괴물은 진압되었고 '남은 삶' 동안 벌을 받으러 감옥에 갔다.

이 시점에서 나는 손인형을 통해서 작은 코끼리는 좋은 투사였고 아주 잘 싸웠다고 말해 주었다. 그러나 작은 코끼리는 또한 다른 사람들을 돕는 것을 포함해서 다른 것들도 잘했다. 내 손인형은 작은 코끼리에게 돌봐 줄 부모가 없는 아이들을 위해 맛있는 아침을 줄 수 있다고 알려 주었다. 또한 작은 코끼리를 다른 인형의 집으로 데려갔는데, 그곳은 고아원으로 나의 손인형과 작은 코끼리는 배고픈 아이들과 동물들을 위해 찰흙으로 음식을 많이 만들었다. 그들은 작은 코끼리가 싸우고 받은 대로 해 주는 것만 잘하는 것이 아니라, 도움이 필요한 아이들을 도와줄 수도 있다는 점을 깨달았기 때문에 기분이 좋았다.

나의 계획은 카멜롯의 엄마에 대한 분노를 타당화하는 것이었다. 또한 나는 그녀에게 투쟁자가 되는 것만이 유일한 가치라거나 치료자를 기쁘게 해 주어야 한다는 메시지를 전달하고 싶지 않았다. 나는 그녀에게 그녀의 다른 자질, 예컨대 도움이 필요한 사람들의 고통을 감소시켜 주고자 하는 욕구 같은 것을 상기시켜 주고자 했다. 카멜롯은 대개 공격성을 보인 후에 죄책감을 느꼈고 자기처벌적인 생각들을 발전시켰다. 어떤 공격적 삽화를 보인 후에 자비를 보이거나 희생하는 행동을 가르침으로써 나는 그녀의 죄책감들을 감소시킬 수 있었다.

2) 두 번째 단계

카멜롯의 경우 두 번째 단계는 나와의 관계를 발전시키기 위한 것이었다. 이 단계는 처음 단계와 중복되어 있었고, 5~6개월간 지속되었다. 초기에 그녀는 나에게 다소 의심을 가졌고, 내가 그녀를 해칠 것이라고 느꼈다. 그녀는 모든 남자들을 학대적인 것으로 생각했다. 그녀는 이모와 엄마뿐만 아니라, 할머니에게서도 성적으로 학대한 외증조부에 관한 이야기를 들어 왔었다. 또한 집에서 엄마를 정서적, 신체적, 성적으로 학대한 여러 명의 남자들을 목격하였다. 그녀에게 이상하게 보였던 것은 학대받고자 하는 엄마의 욕망이었다. 나는 사만타가 남자에 대한 두려움 또는 분노를 감소시키기 위해서 사용한 것이 왜곡이었는지 방어였는지 궁금했다. 이는 많은 회기 동안 반복되었던 놀이에서, 즉 여자 인형이 남자 인형에게 "제발 다시 나를 아프게 해 주세요." 하는 말에서 구체화되었다. 카멜롯에게 엄마가 엄마 자신을 아프게 하는 사람들을 불러들이는 이유는 수수께끼인 듯했다. 결국 그녀는 상처받는 것에 어떤 즐거움이 있다고 느꼈을 수도 있다. 그렇지 않다면 왜 엄마가 그렇게 하겠는가? 나는 또한 그녀가 엄마의 성교 행위를 본 적이 있었는지 궁금했다. 대개 아동들은 그것을 공격적 행위로 지각할 수 있다. 그녀는 엄마의 섹스에 대한 욕구를 "나를 다시 아프게 해 주세요."라는 욕구로 생각했을지도 모른다. 이 문제는 나에게 여전히 수수께끼로 남아 있다.

16번째 회기를 시작하면서 나는 내가 언젠가 그녀를 구하러 올 그녀의 잃어버린 생물학적 아버지 상이 되었다고 느꼈다. 달에서 왔으며 누구도 그에 대해서 알지 못하고 들은 바도 없는 어떤 남자가 등장하는 반복적인 놀이의 삽화들이 있었다. 그는 육백만 불의 사나이 힘을 가지고 이곳에 왔고, 작은 코끼리와 다른 인형들이 곤란에 처해 있을 때마다 구출해 주었다. 한번은 그가 작은 소녀를 달로 데려갔고, 그곳에 있는 모든 사람들에게 자신이 유일하게 걱정하는 사람이 이 소녀이며 몇 년 만에 만나서 행복하다고 말하였다. 나는 이것을 생부에 대한 이야기를 들은 후에 그를 만나고자 하는 욕구와 갈망이 투사된 것이라고 여겼다.

치료한 지 넉 달 정도가 지난 어느 시점에서, 그녀는 내가 그녀의 엄마와 결혼을 할 것이라는 환상을 발전시켰다. 그녀는 나와 매우 친밀해지고 있었고, 그녀가 어쩌면 나를 자신뿐 아니라 약물, 술 및 학대하는 남자들로부터 엄마를 구출해 줄 수 있는 사람으로 보고 있다는 것이 명백하게 드러났다. 내가 놀이를 통하여 여러 차례 그녀에게 어른들을 돌보아야 할 책임이 없으며 또한 그럴 능력도 없다고, 안심시켜 왔기 때문에 그녀는 나에게 그 역할을 입혔다고 느껴졌다. 나는 그녀가 엄마에 대하여 걱정을 하도록 놔두었지만, 엄마는 성인이므로 도와줄 수 있는 친척들과 친구들이 많이 있다는 점을 분명히 했다.

18번째 회기에서 그녀는 집에서 열리는 생일 파티에 나를 초대하였다. 나는 그녀에게 초대는 고맙지만 내 사무실에서만 그녀를 보기 원하기 때문에 갈 수 없다고 말했다. 그녀는 사만타가 나를 위해서 매우 맛있는 음식들을 만들 수 있고, 특히 그녀가 술을 조금만 마신다면 얼마나 나를 즐겁게 할 수 있는지, 그리고 얼마나 많은 사람들이 엄마의 유머 감각을 좋아했는지에 대해서 말했다. 나와 엄마와의 낭만적인 관계에 대한 카멜롯의 환상은 나에게 역전이 감정을 일으켰다. 그 주에 나는 카멜롯과 매우 유사한 꿈을 꾸었는데, 그것은 나로 하여금 우리의 꿈에서 우리가 다소 연결되어 있다고 느끼게 만들었다. 카멜롯은 나에게 케이크 한 조각을 주는 꿈을 꾸었다. 나는 내 생일에 누군가가 나에게 큰 케이크로 보이는 커다란 선물을 주는 꿈을 꾸었다. 내가 선물 포장을 벗겼을 때 진짜 여자가 나타났는데, 그녀의 얼굴이 희미해서 나는 꿈에 나타난 그녀의 정체를 알아볼 수가 없었다.

나는 카멜롯의 치료에서 치료적인 요소들 중의 하나는 어느 날 한 남자가 와서 그녀의 비참한 상황을 역전시킬 것이라는 환상이라고 여겼다. 나는 그녀가 잃어버린 대상에 집착하고 있으며, 내면의 공허한 공간을 채우려고 필사적으로 노력하고 있다고 느꼈다. 나는 항상 상황에 대한 해결책, 희망, 낙관성 및 긍정적인 태도를 제시하는 인형과 손인형을 데려오는 구출자 역할을 적극적으로 했다. 비록 현실에서 나는 생물학적인 아버지가 쓸모 없고 자신의 아이를 돌보지 않는다는 것을 알았지만, 나는 한 남자가 와서 그녀를 구출할 것이라는 믿음을 주는 역할을 적극적으로 해냈다. 나는 언젠가 잃어버린 대상을 찾을 수도 있을 것이라는 측면에서, 카멜롯의 환상뿐만 아니라 희망도 존중하였다. 나는 이 환상(비록 그것이 사실이 아니더라도)이 그녀의 비참한 상황에서 생존하고 고통을 감소시키기 위하여 필요한 것으로 느꼈다. 고통스러운 현실을 견디기 위해서는 적정 수준의 부인이 필요했다. 카멜롯에게 어느 정도의 자기기만적 사고와 행동은 다음 발달단계와 성장과정을 통과해 나가는 데 필요했다. 그 시점에서 카멜롯에게 현실은 너무나 견디기 어려운 것이고 부정적인 것이었다. 그녀는 성장의 사다리를 올라가야 했지만, 그 사다리는 디디고 올라갈 계단이 많이 빠져 있었다. 나는 '환상의 계단들' 을 만들어 냄으로써 그녀를 도울 수 있었다. 나는 그녀에게 약간의 부인과 자기기만적인 사고들을 격려할 뿐만 아니라 대단히 긍정적인 환상의 계단들을 만들어 내도록 격려하였다. 나는 치료자로서 카멜롯의 정상적인 성장과정에서 그녀에게 지지적인 체계가 되었다. 부정적인 것들이 드러날 때마다 나는 그녀의 삶에서 긍정적인 측면, 예컨대 지능과 같은 것에 초점을 맞추려고 했다. 나는 그녀의 삶에서 부정적인 사건들과 긍정적인 사건들 간의 균형을 맞추려고 노력했다. 예를 들어, 만약 카멜롯이 친가 쪽 조부모를 잃었다고 해도 여전히 외가 쪽 외조부모님들이 있다고 균형을 잡아 주었다.

다음의 두 회기(19, 20회기) 동안, 나는 내가 카멜롯의 아버지가 되어 영원히 그녀와 함께 머물기를 바라는 그녀의 환상과 싸우고 있다는 것을 느꼈다. 카멜롯은 나의 사무실에 오는 다른 아이들에 대해서 알고 싶어 했다. 그녀는 내가 결혼을 했는지, 나에게 자녀가 있는지에 대해서 묻기 시작하였다. 또한 내가 사무실의 2층에서 살고 있는지에 대해서 알고 싶어 했다. 카멜롯은 어떤 여자가 두 명의 아이들과 함께 뒷문을 통해서 밖으로 나가는 것을 보았는데, 그들이 나의 아이들일 거라고 생각했다고 말했다. 나는 사실에 입각하여 모든 질문에 대답했다. 예를 들어, 나는 카멜롯에게 그 여자는 나의 여동생이고 두 아이는 그녀의 아이들이라고 말해 주었다. 또한 나는 결혼을 했지만 자녀는 없다고 말해 주었다. 그녀는 나의 결혼에 대해서 조금 알고 싶어 했다. 나는 카멜롯에게 모든 결혼이 그녀의 부모님의 결혼과 같지는 않다고 설명해 주었다. 나는 그녀에게 비록 몇몇 결혼은 이혼으로 끝나기는 하지만, 실제로 많은 결혼이 행복하다고 설명하였다. 나는 때때로 이혼은 부모가 서로 싸우는 것보다도 좋은 것이라고 설명해 주었다.

16회기부터 24회기 동안, 나는 카멜롯이 나와 점점 가까워지고는 있었지만, 내가 그녀를 떠나거나 학대할지도 모른다고 두려워하고 있는 것으로 느껴졌다. 그녀에 대한 나의 감정들에 관해서 그녀가 나를 시험하고 있었다는 몇 가지 지표들이 있었다. 어느 시점에서 나는 카멜롯이 나에게 화를 내고 있다고 느꼈다. 그러나 그녀는 나의 건강에 대하여 매우 염려하면서 그 분노를 왜곡된 방식으로 표현했다. 카멜롯은 오는 도중에 교통사고를 보았는데, 그때 그 사고 현장에 내가 있어서 자신을 못 보게 될지도 모를까봐 걱정했다고 하였다. 나는 나에 대한 그녀의 분노가 생일 파티에 가는 것을 거절했던 것과 연관이 있을 것이라고 생각했다. 나는 카멜롯에게 다음 시간에 사무실에서 그녀를 위한 작은 생일 파티를 열어 주고 싶다고 말했다.

내담자: 여기 올 때 사무실 근처에서 차 사고를 봤어요. 이모에게 "제발 의사 선생님이 사고를 당해서 저를 만날 수 없게 되는 일이 일어나지 않았으면 좋겠어요."라고 했지요.

치료자: 너는 나를 걱정해 주었구나. 물론 내가 너를 만나지 않는다면 너는 나에게 매우 화가 나겠지?

내담자: 아니에요. 화나지 않아요.

치료자: 나에게 화를 내더라도 괜찮아. 나는 네가 나에 대하여 느끼는 것이라면 어떤 것이든지 나에게 얘기할 수 있기를 권한단다. 여기서 아이들은 자신들이 나에게 얼마나 화가 났고 나를 얼마나 미워하는지 말하기도 하고, 때로는 내가 제일 좋은 친구라고 말하기도 한단다. 같은 사람에게 분노와 친밀감을 동시에 느껴도 괜찮아.

내담자: 알아요.

치료자: 내가 너의 생일 파티에 가지 않아서 네가 나에게 화가 났는지 궁금하구나.

내담자 : 그건 어떻게 알았어요?

치료자: 추측했어. 내가 누군가를 내 파티에 초대했는데 그 사람이 내 초대를 거절한다면 나도 기분이 나쁠 테니까.

내담자: 많은 사람들을 초대했어요. 그중의 어떤 사람들은 오지 않을 거라는 것을 알았어요.

치료자: 그들이 오지 않을 것을 미리 알았는데도 그들을 초대한 이유를 말해 줄 수 있니?

내담자: 그들이 뭐라고 말하는지 알고 싶었어요.

치료자: 그들이 너의 초대를 거절했을 때 네가 그중 몇 사람에게 화가 났다 해도 나는 놀라지 않을 거야.

내담자: 아마도요.

치료자: 차 사고 얘기를 다시 해 보자. 두 달 전에 너의 엄마가 내 사무실에 너를 데리러 오기로 약속하고 오지 않았던 일을 기억하니?

내담자: 예.

치료자: 엄마가 널 실망시켰기 때문에 엄마에게 화가 났지?

내담자: 예.

치료자: 그리고 너는 엄마가 차 사고가 나서 아마도 다쳐서 병원에 있을 거라고 생각하기 시작했어. 그것도 기억나니?

내담자: 예.

치료자: 나는 화를 내는 것과 자동차 사고 사이에 관계가 있는지 궁금해. 무슨 말이냐 하면, 너는 엄마나 나 같은 사람들이 너를 실망시킬 때 화가 나지만 그 사람에게 그것을 말하지를 못해. 내 말 이해하니?

내담자: 예.

치료자: 그들에게 네가 얼마나 화났는지 말하는 대신에 너는 그들이 아마도 나쁜 사고를 당했다고 생각하면서 걱정하기 시작해. 내 말이 맞니? 틀리면 말해 주렴.

내담자: 맞아요.

치료자: 여기 내 사무실에서 연습을 해 보자. 네가 나에게 화가 날 때마다 너는 나에게 즉시 그것을 말해야 해. 나는 네가 그럴 때마다 너를 칭찬해 줄게.

내담자: 우리 할머니는 내가 다른 사람들에게 화를 내면 그 사람들이 나와 함께 있을 수 없다고 했어요.

치료자: 그 사람들이 차 사고가 나거나 병원에 있어도 너와 함께 있을 수는 없어. 네가 나에게 화를 내더라도 내가 너를 떠나지 않기로 약속했다고 할머니에게 말해 드려라.

내담자: 좋아요.

24회기에서, 인형의 집 놀이는 카멜롯과의 대화로 바뀌었다. 나는 카멜롯에게 그녀의 삶에서 남자에 대한 복이 없었다고 말해 주었다. 나는 그녀에게 그녀를 버렸다고 지각하는 생부 문제를 꺼냈다. 그녀는 외증조부가 성적으로 학대적이었다는 얘기를 듣고 실망하였다. 사만타와 관계를 발전시키고 그녀를 착취하고 학대하며, 결국 그녀를 떠난 남자들도 많았다. 카멜롯을 학대한 계부도 포함된다. 나는 그녀에게 지금까지 남자 복이 없었는데, 남자인 나에 대해서는 어떻게 느끼느냐고 물었다. 그녀는 나를 신뢰할 수 있고 내가 그녀를 학대할 것이라고는 결코 믿지 않는다고 대답했다. 그러나 그 회기의 후반부에, 그녀는 "사람들은 그 짓을 가족들에게 할지도 몰라요."라고 말했다.

27회기에서, 우리는 공을 던졌고, 둘 다 피곤해서 바닥에 앉았다. 그러고 나서 그녀는 나의 옆에 누웠고 다리를 유혹적으로 뻗었는데 그녀의 얼굴에 두려움이 보였다. 그녀는 그냥 나를 응시했고 조용하고 말이 없었다. 나는 그녀에게 손인형을 주었다. 나도 손인형을 집고 그녀에게 손인형들이 서로 얘기하게 하자고 말했다. 두 손인형들은 서로 얘기를 했고, 카멜롯의 손인형은 나의 손인형에게 다음과 같이 말했다. "제발 나를 다시 아프게 해 주세요."

3) 세 번째 단계

네 번째 달에 시작된 중복단계(overlapping stage)는 반복적 놀이로 구성되었다. 그 달의 놀이에서 보인 하나의 반복적인 주제는 어른들이 아기 코끼리를 희생시키고 때리며 협박하는 것이었다. 어떤 장면에서는 경찰조차 어른들과 합세해서 이기 코끼리를 괴롭혔다. 이런 반복적 놀이는 17회기에서 23회기까지 계속되었다. 그러나 내 인형(아기 코끼리)과 카멜롯 간에 약간의 대화가 있었다. 나는 감정의 문제를 제기했다. "어른들에게 맞을 때 아기 코끼리는 느낌이 어떨까?" 카멜롯은 때로 작은 코끼리는 맞을 만하다고 말하기도 했다. 나는 즉시 아기 코끼리에게 다음과 같이 말했다. "너는 이런 어른들을 몹시 두려워하는구나. 그래서 어른들이 너에게 말해 준 것을 믿고 있구나. 나는 어른들이 그것이 너의 잘못이라고 말하고 너를 나쁘게 대한 것은 아닐까 하는 의문이 든다." 나는 진실을 말했다. 그것은 너의 잘못이 아니다. 어른들의 잘못이다. 마침내 나는 이 반복적인 놀이에 적극적으로 관여하였다.

이 놀이 동안에 내 목표는 아기 코끼리에게 힘을 부여해서 어른들에게 학대당하고 희생당하는 것을 멈추게 하는 것이었다. 또한 그들을 법정에 세워서 그들이 상처를 준 대로 그들을 처벌하게 하는, 정확히 말해서 어른들이 아기 코끼리에게 상처를 주었던 방식 그대로 그들을 처벌하는 것이었다. 이런 놀이 회기 중 어느 한 회기에서 스누피도 희생되었고, 내가 가져온 두 개의 인형들은 매우 강력하고 힘이 세서 작은 아기 코끼리와 스누피를 도와 나쁜 어른들을 물리쳤다. 우리는 나쁜 어른들을 테이프로 묶었고, 야구 방망이로 쳐서 감옥에 넣었다. 이 모든 일이 매우 자발적으로 일어났고, 결국 스누피와 아기 코끼리가 구타당했던 방식대로 나쁜 어른들도 똑같이 맞았다. "오, 이런. 우리는 그들을 법정으로 데려가지 않았네요."라고 갑자기 카멜롯이 말했다. 그녀는 재판관이 되었고 스누피와 아기 코끼리에게 이 어른들은 벌받을 만하다고 말해 주었지만, "너희들이 했던 것만큼 나쁘지는 않으니까, 더 이상은 그러지 마."라고 말했다.

치료의 다섯 번째 달에 나는 해부학적으로 정확한 인형을 소개했다. 이것은 성교육을 목적으로 하거나 의사소통을 용이하게 하고자 하는 것이 아니라, 성적 학대를 받은 아이들을 치료하거나 평가할 때 사용되는 것이었다. 이를 통해 집에서 그녀가 목격한 성적 장면을 놀이로 드러내고자 하는 목적이 있었다. 25회기에서 그녀가 나체 인형을 바닥에 던지고는(놀람 반응) 약간 몸을 부들부들 떨고 겁냈을 때, 외상후 스트레스 장애(PTSD)에 대한 지표를 나타내었다. 처음에 나는 이것을 '놀이 붕괴'라고 생각했다. 하지만 나중에 카멜롯은 밤에 나체 사진을 보게 되면, 계부에게 괴롭힘당하는 악몽을 꾼다고 나에게 설명하였다. 카멜롯은 벌거벗은 남자 인형의 성기 부위가 잭이 카멜롯에게 성기를 만지라고 요구하던 때를 떠오르게 한다고 얘기하였다. 나체 인형에 대한 그녀의 두려움을 줄이기 위해, 그리고 외상 후 스트레스 장애 증상으로부터 그녀를 둔감화시키기 위해 나는 무언가로 인형을 감쌌다. 그녀는 인형들이 감싸져 있으면 인형에게 다가갈 수 있었다. 그녀는 남자 신체 위에 다른 무언가를 더 덮었다. 여성의 나체는 그녀에게 어떤 증상도 일으키지 않았다. 그녀가 인형들 때문에 혼란스러워졌을 때, 나는 인형들에게 옷을 입히라고 지시했고, 그녀가 그것들을 가지고 놀 준비가 될 때까지 서랍장 속에 보관해 두도록 하였다. 그런데 그녀는 이제 인형들이 필요하다고 했다.

26회기에서 나는 구조화된 놀이 회기를 착수했는데 내 손인형은 그녀가 싫다고 해도 '그녀 위에 앉았던' 남성 범죄자에게 '보복을 하는' 것으로 계획하였다. 나는 카멜롯이 놀이 동안에 점차적으로 희망을 갖게 되는 각본대로 놀이를 하도록 격려했다. 그리고 그녀는 희생당하고 수동적이며 복종적이고 두려웠던 인형의 모습을 점차 줄여 나갔고 수정시켜 나갔다. 예를 들어, 내 손인형이 펄쩍 뛰면서 그 소녀 옆에 있던 전화기를 집어 들고 "경찰에게 신고해."라고 말하곤 했다. 또는 "그 남자는 거짓말하고 있어. 이건 게임이 아니야. 그는 거짓말하고 있는 거야. 그 사람은 거짓말쟁이야."라고 말했다. 그것도 아니면, 내 손인형은 펄쩍 뛰면서 "비명을 지르지 그래. 소리 지르고 발로 차면서 화를 내. 그는 널 해치고 있어. 그를 물고 펀치를 날려."라고 말했다. 초기에 그녀는 내 개입을 완전히 무시하였다. 나는 때때로 그녀에게 "내 손인형의 말을 듣고 있니? 들어 봐. 그녀의 말을 좀 들어 봐."라고 말했다. 30회기 무렵에 나는 어떠한 종류의 반복적인 놀이가 나타나건 간에 내 손인형이 바이오닉 우먼에게 와 달라고 해서 희생당하는 것을 막는 특별한 각본을 짰다. 나는 남자처럼 힘이 세고 강력하며 현명한 여자가 있다는 메시지를 전달하기 위해서 의도적으로 바이오닉 우먼을 불러들였다.

30회기부터 34회기까지 놀이는 반복되었고, 희생당하는 인형과 완전하게 결합되었으며, 공격자를 집에 가두고 판사의 명령에 따라 처벌받는 것으로 변화되었다. 원래 처벌은 감옥에 가거나 면전에서 한 대 맞는 것이었지만, 내 손인형은 다음과 같이 제안했다. "그 사람이 여자에게 했던 대로 그에게 해 주자." 이런 바람은 그 다음 몇 회기 동안 내 손인형이 여러 차례 제기하였고, 마침내 카멜롯의 손인형도 당한 대로 그대로 해 주는 놀이를 착수하기 시작했다. 내가 반전(reversal)이라고 칭한 이 치료단계는 남자 인형의 복부를 때리면서 시작되었다. 그리고 나중에는 결국 바닥 위에 그 인형을 두고 군인용 총을 한 자루 가지고 그의 성기 부위를 해쳤다. 그녀는 군인용 총을 나체인 해부학적 남자 인형의 근처로 가져갔다. 그녀는 총을 이리저리 움직였는데, 그러는 동안 나는 나체인 인형에게 "안 돼, 안 돼."라고 비명을 지르게 했으며 군인들에게는 "돼, 돼."라고 소리를 지르도록 했다. 이런 직접적인 놀이의 반전은 그 다음 몇 회기 동안 계속되었다. 하지만 그녀는 이 놀이를 먼저 시작하지 않았고 내 손인형이 그녀의 손인형에게 그 각본의 놀이를 하자고 요청해야 참여하였다. 이 기간 동안에 그녀는 자신의 분노, 복수의 개념 및 상징적인 방식으로 그 나쁜 남자를 처벌하는 것에 접촉할 수 있었다.

	대 화	논 평
치료자의 손인형	이런, 군인이 총으로 이 사람을 마구 때리고 있구나.	나의 계획은 이해/의사소통을 향상시킬 목적으로 감정과 행동을 언어 표현으로 가져가는 것이다.
내담자	온몸이 다 아파요.	카멜롯도 나를 아주 잘 흉내 내며 감정을 말로 표현하였다.
치료자의 손인형	군인이 발가벗은 남자에게 아주 화가 났구나. 그가 이 사람의 온몸을 아프게 하고 있어. 나는 누가 나에게 군인이 무엇 때문에 화났는지 말해 주었으면 해.	나는 분노와 고통을 가하는 행위 사이의 인과관계에 대하여 추정했다. 다시 한 번 나는 언어에 의한 의사소통을 권유했다.
내담자	잘 봐요.	
치료자의 손인형	물론 잘 볼 거야. 그렇지만 이 사람들 머릿속에 무슨 생각을 하고 있는지 듣고 싶어.	
내담자	소리 내지 말아요.	나는 그녀가 자기의 감정과 생각을 인형들의 마음 속에 투영해서 내가 그것을 알아낼 수 있도록 권유하고 있다.
치료자의 손인형	오, 제발 제발. 용감한 군인 아저씨, 내가 친구가 될 수 있나요?	그녀는 내가 더 조사하는 것을 막으려고 노력하고 있다.
내담자	[군인의 얼굴을 내 인형 쪽으로 움직이면서] 예, 좋아요.	나는 '용감한 군인' 이라는 단어를 사용함으로써 군인의 속성이 그렇듯이 화를 내고 복수하는 것이 괜찮다고 승낙하고 있다.
치료자의 손인형	그러면 친구, 도대체 이 발가벗은 사람이 너에게 어떻게 했길래 네가 화가 났는지 말해 줄래?	
내담자	[군인을 내 인형 근처에서 자기 손으로 잡고서] 나는 그가 그 소녀에게 한 짓 때문에 화가 났어요.	
치료자의 손인형	소녀도 그에게 화가 났는지 궁금하구나.	
내담자	나는 몰라요.	
치료자의 손인형	인형집 안에 들어가서 그 애에게 물어보자.	

〈계속〉

내담자	[내 인형이 따라갈 때 군인을 인형집 안으로 움직였다] 안녕, 꼬마야.	
치료자의 손인형	어린 소녀야, 너는 이 발가벗은 사람에게 화가 났니?	
내담자	[어린 소녀를 손에 잡고] 아니요, 아니요, 아니요.	이것은 그녀가 받아들일 수 없는 감정(분노)의 부인이며, 그녀의 할머니가 강요한 것이다.
치료자의 손인형	오, 아마 너는 너의 분노를 군인에게 주어서 그가 처리하게 했구나. 제발 분노를 도로 가져와라. 화를 내는 것은 괜찮아. 너를 해치는 사람을 미워하는 것은 괜찮단다.	
내담자	[소녀 인형을 내 인형 쪽으로 움직이며] 내가 화났나요? 왜 어린 소녀가 화를 내야 돼요?	이것은 자기 할머니를 직접 흉내 내는 것이다.
치료자의 손인형	그가 그녀를 다치게 했기 때문에 그녀가 화가 난 서지. 너는 화를 군인에게 주어서 용감한 군인이 벌거벗은 남자에게 벌을 주었구나. 나는 군인이 벌거벗은 남자를 아주 아프도록 때린 이유가 그가 어린 소녀를 아주 아프게 했기 때문인 것 같은데?	나는 대명사를 '나' 에서 '그녀' 로 바꾸었다. "내가 화났나요."는 카멜롯이 인형의 입을 빌려서 말하긴 했지만 그녀에게 다소 위협적이었는지 모른다.
내담자	예, 예, 예.	
치료자의 손인형	그러니까 그녀는 이 벌거벗은 남자에게 아주 화가 났음에 틀림없구나.	나는 분노의 전치(소녀 인형은 화가 났지만 그것을 받아들이지 못하고 군인에게 전위시켰다)를 중성화시키려고 노력하고 있다. 나의 목표는 화난 감정을 원래의 소유자(소녀 인형)에게 도로 가져오고, 궁극적으로는 소녀 인형으로부터 카멜롯에게 가져오는 것이었다(카멜롯은 화가 났는데 그것을 받아들일 수 없어서 소녀 인형에게 전치시켰다).
내담자	[목소리를 바꿔 어린 소녀 인형처럼 말했다] 예, 예. 그녀는 그에게 아주 화가 났지만 그가 알아채선 안 돼요.	이것은 다소 억압이다. 이제 그녀는 분노를 받아들였지만 그것을 비밀로 하기를 원했다.
치료자의 손인형	왜 그렇지?	

〈계속〉

<table>
<tr><td>내담자</td><td>왜냐하면…. 그가 알아서는 안 돼요. 아무도 몰라야 해요.</td><td></td></tr>
<tr><td>치료자의 손인형</td><td>그렇지만 나, 어린 인형은 어린 소녀가 얼마나 화났는지 알고, 군인도 알고, 온몸이 아프니까 벌거벗은 남자의 몸도 알아.</td><td></td></tr>
<tr><td>내담자</td><td>이제 모든 사람이 알게 됐으니까, 음… [카멜롯이 조용해졌다]</td><td></td></tr>
<tr><td>치료자의 손인형</td><td>[어린 소녀 인형을 들고 인형이 카멜롯에게 말하는 것처럼 한다.] 그것에 대해 말해 보자. 모든 사람에게 벌거벗은 남자가 나를 다치게 해서 내가 화났다는 얘기를 해 보자. 나는 그를 미워해. 나는 내가 군인처럼 용감해져서 그를 붙잡아서 그가 나를 다치게 한 것과 똑같은 방법으로 그를 다치게 하고 싶어. 그건 그렇고, [카멜롯 쪽을 향하면서] 너는 그가 나를 어떻게 다치게 했는지 아니?</td><td>또 다시 나는 받은 대로 해 주는 것과 복수의 개념을 제기했다.</td></tr>
<tr><td>내담자</td><td>그가 강간했어.</td><td>그녀가 자신의 강간보다는 '인형의 강간'을 말하는 것이 더 쉬웠다.</td></tr>
<tr><td>치료자의 손인형</td><td>그게 뭐니? 좀 더 얘기해 줄래?</td><td></td></tr>
<tr><td>내담자</td><td>그가 너의 성기를 다치게 했어.</td><td>'강간'은 어른의 언어다. 나는 그녀에게 내가 어른들이 뭐라고 하는지보다는 그녀의 개인적 경험과 감정에 더 관심이 있다는 인상을 주었다.</td></tr>
<tr><td>치료자의 손인형</td><td>오, 나에게는 그게 이해하기 쉽구나.</td><td></td></tr>
<tr><td colspan="2">[이 시점에서 나는 인형을 놓고 카멜롯에게 직접 말했다]</td><td></td></tr>
<tr><td>치료자</td><td>나의 감정과 이 인형의 감정 사이에는 비슷한 점이 있구나. 나도 이 벌거벗은 인형이 어린 소녀에게 저지른 짓에 대해 들으니 화가 나. 나는 너도 이 인형처럼 화가 나는지 궁금하다.</td><td>나는 인형에의 감정의 전치를 중성화시키고, 인형의 감정을 나의 감정에 연결시켜서 치료자들조차도 화를 낸다는 메시지를 주고 있다.</td></tr>
<tr><td>내담자</td><td>나도 아주 화가 나요. 그 사람은 많은 소녀들을 다치게 했을지도 몰라요.</td><td></td></tr>
<tr><td>치료자</td><td>성기에?</td><td></td></tr>
</table>

〈계속〉

내담자	그리고 또 다른 곳에도요.	
치료자	감정에 대해 얘기하는 것은 괜찮아. 카멜롯, 나는 네가 벌거벗은 인형과 네 실제 생활에서의 누군가 사이에 어떤 비슷한 점을 찾을 수 있는지 궁금하구나.	나는 그녀의 방어기제(전치)를 중성화시키고, 주제를 카멜롯과 그녀의 실제 생활로 돌리려고 하고 있다.
내담자	아무도 없어요. [조용해졌다]	부인과 회피
치료자	확실하니?	
내담자	물론이에요.	
치료자	너의 새아빠는 어떠니?	나는 그녀의 부인과 회피에 도전하고 있다.
내담자	예, 아마도요.	

나는 카멜롯의 계부에 대한 증오와 분노에 대해서 말하고 그것을 인식할 수 있도록 남은 회기를 구조화했다. 그녀는 "신은 절대로 우리가 화내는 걸 원치 않는다."라는 할머니의 말을 인용하였다. 그러나 나의 격려로 그녀는 그녀와 사만타에게 상처를 준 잭에 대한 부정적인 감정들에 대해서 말하기 시작했다. 나는 한 가지 임무를 달성했고, 내가 적어도 한 번은 마가렛의 이데올로기를 꺾을 수 있었다고 느꼈다.

나는 카멜롯의 상실한 대상인 생물학적인 아버지를 대신하게 되었다. 어떤 측면에서 나는 그런 역할을 하는 것을 즐겼다. 나는 부분적으로 그 상실된 대상을 대신한다고 느꼈고, 카멜롯이 나와 결합되어 있으며 불행에서 자신을 구출해 줄 아버지로서 나와 관계를 맺고 있다고 느꼈다. 시작단계에서 카멜롯은 내가 치료자 이상이 되어 줄 수 있고 엄마와 결혼해서 그녀의 아빠가 되기를 바랐다. 그러나 카멜롯이 사만타에 대하여 점차 부정적으로 말하기 시작하면서 오이디푸스 경쟁이 일어났고, 어떤 측면에서 그것은 사만타에 대한 어떠한 관심도 갖지 못하도록 나를 실망시키고자 하는 것으로 느껴졌다. 그녀는 자신만을 위해서 나를 원하고, 엄마와 내가 어떤 관계도 맺지 않기를 바라는 것처럼 보였다. 예를 들어, 치료가 시작된 지 2개월이 되는 달의 초순에, 그녀는 나에게 엄마가 요리를 잘한다고 말하였다. 그러나 치료 중간 즈음(4개월)에는 엄마가 핫도그를 태우는 형편없는 요리사라고 말했다. 그 다음 달 말경에 그녀는 인형의 집에서 놀이를 했고, 소녀 인형이 어떻게 인형의 집을 관리하고 엄마를 내쫓았는지를 예시하는 놀이를 했다. 그런 다음 인형은 요리를 했고, 아빠를 포함한 가족을 돌보았다.

놀이의 어느 한 시점에서(4개월이 지난 달), 카멜롯은 그녀가 나를 소유한다면 마치 자신의 생물학적 아빠관계를 발전시키려고 했던 여러 명의 남자들을 상실한 것처럼 나를 상실하게 될지도 모른다는 걱정을 나타내는 지표들을 보였다. 나는 그녀가 생물학적 아빠를 상실한 것에 대하여 엄마를 비난함으로써 나와 엄마 사이에 거리를 두려 한다고 느꼈다. 그렇지 않으면 그녀는 사만타가 나마저 제거해 버릴 수 있을 것이라고 생각하고 있는 것처럼 느꼈다.

20회기에서 카멜롯은 나를 '닥터' 에서 '닥(doc)' 이라고 불렀다. 그 주 동안에 그녀는 오리(duck)에 관한 꿈을 꾸었다. 그녀는 여러 마리의 오리들과 함께 연못 근처에 있었다고 했다. 갑자기 엄마가 도착해서 오리들을 공포에 떨게 했고 오리들이 차례로 사라졌다. 그러나 한 마리가 남아 있어서 그녀는 오리와 함께 놀 수 있었다고 했다.

같은 달에, 카멜롯은 또 다른 꿈을 꾸었다. 그 꿈은 그날 낮에 일어났던 일과 상당히 관련이 있었다. 그녀의 엄마는 핫도그를 만들고 있었는데 급하게 나가야 했기 때문에 핫도그가 '타 버렸다.' 카멜롯은 나에게 그것이 얼마나 맛이 없었는지에 대하여 이야기했다. 그날 밤에, 그녀는 매우 오래된 빌딩에서 성냥들을 가지고 놀면서 사탕을 먹고 있는 꿈을 꾸었다. 조금 후에 소방관이 와서 누가 성냥을 가지고 놀았는지를 물었다. 소방관은 옆 방에 한 여자가 있었는데 만일 불이 났다면 그녀가 불에 다 탔을 것이라고 말했다. 그런 다음 경찰관이 와서 집 안에 누가 있었는지, 누가 사탕을 훔쳤는지를 물었다. 카멜롯은 꿈에서 조금 당황했다. 그러나 그녀는 성냥들을 숨길 수 있었고, 사탕에 대해서도 거짓말을 하였다. 두 명의 남자들은 떠났고 그녀는 잠에서 깨어났다.

이 꿈의 주제는 구강 만족, 공격 및 비밀들과 관련되어 있었다. 카멜롯이 자유 연상을 했을 때, 나는 내가 그 집에 왔던 소방관과 경찰관으로 위장되어 그녀의 꿈 속에 나타난 것으로 생각하였다. 꿈은 또한 사만타에 대한 적대감을 보여 준다. 왜냐하면 그녀가 핫도그를 태웠고, 카멜롯에게 말을 너무 많이 해서 자신을 정신없게 하였으며, 신경질나게 만든다고 비난했기 때문이었다. 한편, 잭이 마을의 소방관 자원봉사자였기 때문에 성냥을 가지고 노는 것은 계부에게 비밀스럽게 저항하는 지표가 되기도 했다.

34회기에서 42회기까지 점차적으로 그 인형이 희생당하는 것이 줄어들었다. 일반적으로 반복적인 놀이가 시작되면, 곧 내 손인형의 지지가 주어지면서 도움의 손길이 도착한다. 인형이 희생을 당하는 시간은 줄어들기 시작한 반면, 희생자의 정당한 분노는 표면화되고 상승하였다. 결국 그녀의 손인형이 '받은 대로 해 주기' 를 제안했고 희생당하는 놀이는 반전되었다. 손인형들은 재판을 하기로 결정했는데 그 재판은 단 2분짜리였다. 처벌이라는 생각은 카멜롯의 손인형에게서 나온 것이고, 여러 회기 동안 손인형들은 "우리를 상처입힌 누군가에게 화를 내는 것은 괜찮아." "우리에게 상처입힌 사람들을 벌 주는 것은 괜찮아."와 같은 주제에 대해 토론하였다. 결국 2분짜리 재판 시간은 조금 더 길어졌고, 모든 손인형들은 "그는 처벌받아야 돼."라고 말했다. 그러나 한 여자 인형이 달려들어서 그 남자를 구하려고 하였고 그 남자가 무죄라고 했다(사만타의 양가감정의 내재화). 그러나 나의 손인형은 그 여자에게 맞섰고, 카멜롯의 손인형은 나와 함께 그 여자에게 다음과 같이 소리 질렀다. "당신은 게으른 거지 같아."

4) 종료와 역전이

종결단계는 우리 치료에서 어려운 단계였다. 이것이 카멜롯보다는 나에게 더 어려운 것이 아닌지 의아스러웠다. 종결 초기에 그녀는 가벼운 퇴행을 보였고, 때때로 회기에서 울곤 했다. 몇몇 초기 증상이 다시 나타났다. 엄마는 그녀가 복부의 통증이 약간 있다고 했으며, 카멜롯의 보호적인 태도, 보살피는 태도, 가끔 나를 향한 유혹적인 태도들은 조금 증가하였다.

나의 역전이는 카멜롯이 나의 특별한 내담자가 되었다는 점에서 분명했다. 예를 들어, 나는 내담자들을 보기에 충분히 기분이 좋지 않았을 때 그녀와의 약속을 제외한 모든 약속을 취소했던 날을 기억한다. 나는 카멜롯과 매우 친밀함을 느꼈다. 그녀는 나에게 자신의 부모보다 내가 더 낫다는 감정을 느끼게 하였다. 나는 내가 중요하며 나의 구원 환상에 의해 상당히 만족스러웠다고 생각한다. 나는 내가 그녀의 부모와 경쟁한다는 것을 느꼈고, 재판관, 변호사 및 보호기관의 권위를 가진 사람들과 경쟁했으며, 내가 이겼고 내가 그들 모두보다 낫다고 느꼈다. 나는 약한 희생자를 자기주장적이고 힘이 있으며 강한 사람으로 변화시키고자 했던 나의 목표를 달성했다고 믿었다. 나는 으쓱해졌다. 결국 그녀는 나를 도움을 주고 보살펴 주며 양육해 주는 자원으로, 인생에서 가장 중요한 사람으로 간주하게 될 것이라고 믿었다. 그것은 정신분석가에 대한 나의 감정들을 상기시켰다. 카멜롯은 나 자신의 정신분석에 대한 정확한 기억들을 떠올리게 했다. 나는 나의 분석가를 강하게 동일시하여 그의 윤리적 및 도덕적 쟁점들을 많이 가져왔기 때문에, 그에게 내 지식의 많은 부분과 나와 나의 내담자에 대한 통찰에 대하여 신세를 졌다고 느꼈다. 그는 현명한 사람이자 나의 스승이었다. 나는 이런 감정들이 전부 또는 부분적으로 전이 감정이라 하더라도 그를 흠모하는 그의 제자였다.

종결단계 동안에 나는 흥미로운 꿈을 꾸었다. 꿈에서 영국인 치료자인 위니코트가 나에게 다가오더니, 웃으면서 그가 나를 "버텨주고 있는" 한 내가 '충분히 좋은 엄마' 라고 말해 주었다. 현실에서 나는 이 꿈을 아동치료와 관련한 위니코트의 책에서의 그의 진술과 관련지었다. 그것은 그가 치료자의 임무란 '충분히 좋은 모성' 또는 '충분히 좋은 받쳐 주는 환경' 을 창출하는 것이라고 자주 말했기 때문이었다.

5. 결과 및 추수

카멜롯은 내가 그녀와 신체적으로 연루되지 않고도 함께 있는 것을 즐거워한다는 것을 알게 되었다. 그녀는 내가 그녀의 총명함, 창의성, 친절함, 돕고자 하는 태도 등에 감탄한다는 것을 느꼈다. 그리고 성적인 대상이 되거나 학대받지 않고도 힘을 가질 수 있다는 것을 알게 되었다. 그녀는 일부 인지적 왜곡을 수정하였고, 남자도 그녀를 학대하거나 버리지 않고도 강할 수 있다는 것을 믿기 시작하였다. 또한 일부 세상에 대한 시각도 변화시켜 이 세상이 행복하다는 생각을 받아들였다. 그녀는 나로부터 '화나는 것은 괜찮다' 와 '미움과 증오를 나타내도 괜찮다' 라는 것을 배웠다.

치료에서 희생자들에 대한 나의 가장 중요한 목표는 희생당함이 다음 세대로 전이되는 것을 막는 것이다. 나는 희생자가 자신의 형제 또는 자녀를 희생시키거나, 수동적인 방식으로 자신이 희생당하는 것을 방관하는 것을 허용하지 않기를 바랐다.

치료의 시작단계에서 나는 카멜롯이 외할머니와 사만타에게서 배운, 세상에 대한 경직되고 도덕적이며 극도로 비판적이고 부정적인 태도를 남동생과 사촌에게 가르치는 것을 보았다. 나는 카멜롯이 외할머니와 엄마에게서 탈동일시할 수 있도록 돕고자 했다. 나는 끊임없이 카멜롯에게 그녀가 엄마와는 다르다는 것을 상기시켜 주었다. 우리는 사만타와 달리, 카멜롯이 약물, 술, 폭력에 연루되지 않는 '괜찮고 평화로운 사람' 들과 지내는 것이 왜 좋은지에 대하여 상세하게 논의하였다. 나는 그녀에게 모든 남자들이 그녀와 엄마를 학대하는 것에 연루되었지만, 내가 그들 중의 어느 누구도 학대하지 않았다는 점을 인정할 필요가 있다는 것을 알려 주었다. 나는 카멜롯에게 모든 남자는 학대적이라는 일반화를 종식시키기에 충분한 영향을 미쳤고, 남자는 모두 부정적이라고 일반화시키는 데 장애물이 되었다.

종결되고 약 5년이 지나서 나는 카멜롯을 치료 회기에서 몇 번 보았다. 그때 그녀는 십대였고 다른 문제로 나에게 왔다. 특히, 관계에 대한 문제였다. 그녀는 이 문제에 대하여 외할머니가 자신을 통제하기 때문이라고 말했다. 마가렛은 카멜롯이 '남자에게 미쳤다' 고 나에게 말했다.

몇 년 후에 카멜롯은 엄마와 살기 위하여 그 도시를 떠났다. 할머니가 가끔 약물치료를 받기 위해서 나에게 왔을 때, 나는 그녀에 대한 소식을 접할 수 있었다. 마가렛은 카멜롯이 우수한 학생이었고, 학교에서 미술과 연극 활동에도 참여했으며, 매우 인기가 좋았다고 말했다(그녀는 미인대회에도 나갔다). 지난 몇 년 동안의 나의 환상과 기대와는 다르게, 카멜롯은 전화로 나에게 이야기하는 것을 내켜 하지 않았다. 모녀 간에 갈등이 있을 때, 대개 사만타는 카멜롯에게 "박사님한테 전화를 해서 뭐라고 말씀하시는지 알아보자."라고 제안했지만 카멜롯이 사절했다.

나는 놀이치료 개입의 결과가 이로웠다고 느낀다. 치료적 이득은 몇 년 동안 지속되었고, 그녀는 성 이외의 자신의 가치에 대한 인식을 발전시켰다. 그녀는 소년들을 신뢰하기 시작했고, 남자들에 대한 그녀의 인지적 왜곡은 변화되었다. 그녀는 모든 남자들이 학대적인 것은 아니라는 것을 믿었다. 그녀는 엄마의 행동과 왜 엄마가 그런 학대적인 남자들을 집으로 끌어들였는지에 대하여 어떤 결론에 도달할 수 있었다. 그녀가 청소년이 되어 추수 회기를 하는 동안, 몇 년 전에 그녀는 자신이 남자에게 학대당하고자 했다는 것을 느꼈다고 인정하기도 했다. 또한 그녀는 내가 언젠가는 그녀를 학대할 것이라고 생각했다고 보고했다.

6. 논의

카멜롯과의 의사소통으로 나는 놀이치료가 아동에게 매우 자연스러운 치료라는 것을 확인하였는데, 그 이유는 놀이가 아동들에게 자연스러운 의사소통의 매체이기 때문이었다. 나는 카멜롯이 놀이를 통해 나에게 보여 줄 수 있었던 것들을 언어적으로는 결코 나에게 의사소통할 수 없었을 것이라고 느꼈다. 그녀의 놀이는 그녀의 무의식 및 전의식적 소재들로 가는 왕도였다.

나는 외상 후 놀이치료의 기법 중에서 페르시안 유형이 효과적이라고 느꼈다. 그러나 이 방법이 아동을 치료하는 가장 효과적인 방법이라는 것을 확증해 줄 수 있는 과학적 연구나 통제집단은 없었다. 나는 카멜롯이 어떤 치료기법으로도 치료될 수 있었을 것이라고 느꼈다. 그러나 나는 그녀가 분노를 활용할 수 있고 그것을 내적 엔진으로 만들 수 있다면, 그녀는 희생당함, 수동성 및 무력감을 훨씬 더 빨리 극복할 수 있었을 것이라고 느꼈었다. 나는 어떻게 분노와 복수, 당한 대로 해 주기가 희생자를 흔들고 형성하며, 무망감, 무력감, 수동성, 굴종, 혼동 및 충격 상태를 변화시킬 수 있는지를 관찰하였다. 이러한 부정적인 특성들은 강인함, 희망, 방향, 목표(받은 대로 해 주기, 처벌하기)로 반전될 수 있다. 나는 희생당한 다음에 일어나는 분노, 복수 및 보복이 자연스럽고 적응적인 기제인지 궁금하였다. 또한 희생자에게 이러한 정상적인 감정들의 임무가 '자기' 의 통합을 유지시키고자 하는 것인지도 의아했다. 격노와 분노 반응은 외상을 당한 이후와 외상을 당하는 동안에 자기가 산산이 부서지는 것을 막는 데 기여할 수도 있을 것이다.

PTPT, 페르시안 유형의 나의 이론에 대하여 내가 분명 깨달은 것은 그것이 효과가 있다는 것이다. 공격자를 향한 분노와 증오를 발휘하도록 하고 당한 대로 해 준다는 개념은 치료적 이득들이 있다고 느꼈다. 어떤 정신과 논문에서는 이것을 '공격자와의 동일시' 라고 보았다. 그러나 나는 그것을 다쳤을 때 보이는 인간의 정상적인 반응이라고 느낀다.

카멜롯과 그녀와 비슷한 다른 아동들과의 작업에서, 나는 그들에게 승화하거나 억제하라고 배워 온 많은 분노, 증오 및 살인적 욕구가 있다는 것을 알게 되었다. 희생당한 것에 대한 반응으로, 많은 아동들은 그들의 분노를 승화시키고 미묘한 방식으로 나타내는 것을 격려받는다. 나는 분노와 증오가 무기력, 수동성 및 무력감을 극복하기 위해서 발휘될 수 있으며 건설적인 방식으로 사용되었다고 느낀다. 분노는 희생당한 아동들에게 에너지와 힘을 줄 수 있고, 복수는 자포자기하게 된 상태에서 목표와 방향성을 제시해 줄 수 있을 것이다. 이런 모든 감정들은 놀이 회기를 하는 동안 상징적인 방식으로 표현되었다.

이 사례를 돌이켜 보면, 내가 사용할 수 있고 이 아동에게 효과적이었을 수 있는 또 다른 전략은 가족을 포함시키는 것이다. 만일 변화를 줄 수 있었다면, 나는 가족과 제한적으로 접촉했을 것이다. 나는 너무나 한 아동을 옹호했기에 계부는 나와의 관계를 발전시킬 수 없었다. 나의 중립성 부족은 매우 정당하고 정상적인 감정이었다. 나는 그것을 알았으며 그것이 이 가족과의 관계를 방해하지 않을 것이라고 느꼈다. 그러나 나는 잭과의 관계를 발전시키는 데 소홀했다. 따라서 나는 카멜롯과 계부가 '사과하는 회기'를 가질 수 있는 가능성을 미처 깨닫지 못했다.

카멜롯을 치료하는 동안, 나는 나의 정신분석가에 대한 강한 동일시를 깨닫지 못했다. 치료 후 몇 년이 지난 지금에서야 나는 당시에 정신분석가로서의 역할을 했고 내담자인 카멜롯이 나의 역할을 했던 것 같다고 느낀다. 내가 나의 정신분석가에게 가졌던 감정은, 나를 향해 카멜롯이 가졌던 혹은 가지고 있었을 것이라고 내가 기대했거나 믿었던 것과 같은 감정이었다. 난 나의 정신분석가가 되었고("난 그를 잃지 않을 것이다."), 카멜롯에게는 내가 되게 하였다("난 그녀를 잃지 않을 것이다.").

종결과정을 진행하면서, 나는 이것이 나의 성인기 삶에서 두 번째로 의미 있는 분리와 종결이었다고 느꼈다. 첫 번째는 몇 년 전 나의 정신분석가로부터의 분리였다. 나는 그 분리가 나의 인생에서 미결 요인이었다고 느낀다. 나는 훈습을 했고 그것을 이 두 번째 분리를 통해서 내 내담자로부터 완결하게 했다고 느낀다. 내가 분석가와의 종결과정에서 느꼈던 것과 동일한 상실 감정이 다시 돌아왔다. 분석가에 대한 나의 감정과 카멜롯의 나에 대한 감정 간에는 유사성이 있었다. 예를 들어, 나는 분석가가 종결을 계획했을 때 그에게 화가 났다. 내 분석의 종결 끝부분의 몇 회기에서, 나는 사망 기사를 점검해야 했던 기억들이 떠올랐다. 만일 내 분석가가 죽었다면, 나는 관에 있는 그를 볼 수 있는 마지막 기회를 가질 수 있을 텐데. 그가 죽었다는 것을 알게 된다면 나는 얼마나 속이 상할까 하는 생각을 했다. 동일한 감정이 카멜롯의 꿈에서도 나타났다. 그녀는 나에게 달에 사는 한 남자가 지구로 와서 그녀(카멜롯)를 돕고 그녀와 결혼하며 아이를 갖는 꿈을 꾸었다고 말했다. 그러던 어느 날 그는 아내와 자녀들에게 달로 되돌아가고 싶다고 말하고 밤에 잠을 잤는데 결코 깨어나지 않았다고 했다. 아침에 그들은 그가 침대에서 죽어 있는 것을 발견했다. 이제 이런 사건들을 되돌아보건대, 나는 카멜롯과의 치료에서 내가 분석가로부터 분리된 것에 대한 외상을 반복했다고 느끼지만, 이번에는 그 외상의 일부분을 수정한 것처럼 보인다. 나는 내담자가 아닌 치료자였고 나의 수동성과 무력함은 통제되었으며 권한을 지니고 있는 것으로 변화되었다.

카멜롯과 나는 서로가 가진 이전의 외상들(혹은 남아 있는 문제들)을 반복하고 있었고 그것을 반복함에 따라 수정할 수 있었다. 나는 여전히 우리가 자아 숙달의 목적을 위하여 과거 사건들을 재창조했고, 그것이 우리 둘 어느 쪽에게도 어떤 해가 되지 않았다고 생각한다.

종결과정에서 내가 그녀에게 투사적 동일시 기제를 사용했는지 궁금하다. 아마도 나는 나의 분석가로부터 분리되면서 남은 문제들을 카멜롯에게 투사했고 그것들을 그녀에게 동일시했을 수도 있다. 만일 그런 것들이 그녀에게 문제가 되었다면, 그녀는 그것을 느끼고 나에게 드러냈을 것이다.

이번 치료를 통해서 내 자신에 대하여 알게 된 것 중 하나는, 내가 나의 분석가로부터의 분리를 완전하게 훈습하지 않았다는 것이었다. 또한 나는 나에게 아이들을 돌보고자 하는 욕구가 있다는 것을 발견했다. 나의 자기애는 한 아이가 남은 생애 동안 나에게 고마워하기를 기대하는 것으로 그 기대 정도는 여전히 강했다. 나는 아동 정신의학자로서 일하며 아동을 학대하는 부모와 비교해서 나 자신이 항상 승리자가 되는 상황에 처함으로써 나의 돌봐 주고자 하는 욕구와 환상을 부분적으로 만족시켰다.

종결은 우리 모두에게 어려웠지만, 그 당시 내가 꾼 꿈에서도 드러나듯이 나에게 더 어려웠던 것 같다. 난 영국에서 터키인 정신분석가와 함께 걷고 있었고, 두 사람은 모두 마술사 멀린과 아서왕을 찾고 있는 꿈을 꾸었다. 내가 깨어나면서 꿈은 중단되었다. 나는 이 꿈의 어떤 세부적인 것도 기억하지 못하지만, 내가 자유 연상을 했을 때 떠오른 것은 터키 출신의 정신분석가가 그의 내담자(그 역시 의사였음)를 분석한 것에 대하여 쓴 어떤 책이었다(Volkan, 1984). 종결단계에서 분석가가 내담자에게 종결과 이제 더 이상 분석가를 만나러 오지 않는 것과 관련된 감정과 반응을 물어보자, 내담자는 분석을 잃는 것에 대한 슬픔을 아서왕을 인용하여 표현했다. "누구나 카멜롯을 영원히 그리워할 것이다."

그리고 나는 내가 그러한지 궁금하다…….

참고문헌

Beck, A. (1976). *Cognitive Therapy and the Emotional Disorders.* New York: International Universities Press.

Erikson, E. H. (1950). *Childhood and Society.* New York: W. W. Norton.

Freud, A. (1936). *The Ego and the Mechanisms of Defense.* New York: International Universities Press.

Freud, A., and Burlingham, D. (1942). War and children. In *The Writings of Anna Freud,* Vol. 3. pp. 143–211. New York: International Universities Press.

Haworth, M. R. (1990) *A Child's Therapy: Hour by Hour.* Madison, CT: International Universities Press.

Johnson, K. (1989). *Trauma in the Lives of Children.* Claremont, CA: Hunter House.

Marvasti, J. A. (1989). Play therapy with sexual abused children. In S. Sgroi (Ed.), *Vulnerable Populations: Sexual Abuse Treatment for Children, Adult Survivors, Offenders, and Persons with Mental Retardation,* Vol. 2. pp. 1–41. New York: Lexington Books/ MacMillan Free Press.

Marvasti, J. A. (1992). Psychotherapy with abused children and adolescents. In J. R. Brandell (Ed.), *Countertransference in Psychotherapy with Children and Adolescents.* pp. 191–214. Northvale, NJ: Jason Aronson.

Marvasti, J. A. (In press). Playgroup therapy with sexually abused children. In S. Sgroi (Ed.), *Handbook of Clinical Intervention in Child Sexual Abused* (Rev. Ed.). New York: Lexington Books/MacMillan Free Press.

Sgroi, S. (1982). *Handbook of Clinical Intervention in Child Sexual Abuse.* Lexington, MA: Lexington Books.

Terr, L. (1983). Play therapy and psychic trauma: a preliminary report. In C. Schaefer and K. O'Connor (Eds.), *Handbook of play Therapy,* Vol. 1. pp. 308–319. New York: Wiley.

Terr, L. (1990). *Too Scared to Cry.* New York: Harper & Row.

Volkan, V. D. (1984). *What Do You Get When You Cross a Dandelion with a Rose?.* New York: Jason Aronson.

Winnicott, D. W. (1971). *Playing and Reality.* New York: Basic Books.

16
게임에 모든 게 다 있다: 게임 놀이치료

Steven Reid, Ph.D.

1. 게임 놀이치료 소개

놀이치료와 아동 심리치료에 관한 주요 안내서들을 훑어보고 난 후에 나는 사람들이 짐작하는 것보다 훨씬 더 자주 아동 심리치료에 게임이 사용되고 있는 것을 알게 되었다. 무엇보다도 개인적 경험에 근거해서 게임이 많은 아동치료자들의 사무실 선반에 상당한 공간을 차지한다고 추정한다. 나는 전통적인 놀이치료의 재료와 방법이 심리치료를 위해 나에게 의뢰된 많은 아동들의 흥미를 끌거나 유지하는 데 종종 실패한다는 것을 발견했다. 발달상 잠복기(6~12세)에 있는 아동들은 종종 인형, 손인형, 모형 등을 가지고 노는 것을 너무 아기 같다고 거부하곤 한다. 나는 이런 행동을 저항으로 해석하려는 유혹을 받은 적도 있지만, 게임에 대한 선호가 잠복기 아동들의 발달적 흥미와 사회적 세계로의 방향설정에 더 잘 맞는다고 확신한다.

치료 도구로서 게임을 사용하는 것에 대한 이론적인 토대를 이해하기 위해서, 게임과 놀이 사이의 유사점과 차이점을 알아보는 것이 필요하다. 놀이는 외적인 보상이나 타인에게 의존하지 않는 자발적이고 내적인 동기를 지닌 즐거운 활동으로 간주된다. 놀이는 끝나는 특정한 지점이나 목표를 가지지 않는다. 또한 종종 환상을 포함하는데 그것은 내담자가 의식적으로 표현하기에는 너무 어려운 무의식적인 소재들을 방출할 수 있게 허용하곤 한다.

놀이치료 문헌에서 전형적으로 언급되는 게임들에는 보드게임, 소운동 및 대운동 게임, 카드게임, 스트리트 게임 등이 포함된다. 비디오게임, 조직화된 스포츠, 수학 및 논리 게임, 레크리에이션 게임 등은 아직 놀이치료에서 사용되지 않고 있다. 게임은 인위적인 것뿐 아니라 즐거운 느낌까지도 포함하고 있다는 점에서 자유 놀이와 유사하다. 게임은 실제 삶으로부터 분리되어 있고 정의적으로 즐거운 활동이라고 가정된다.

놀이와 게임의 주요한 차이점은 게임이 규칙과 이기려고 노력하는 것에 초점을 두는 것에 있다. 게임들은 개방적인 놀이에 비해서 '실제의 삶'과 유사해서 보다 더 자유로운 충동의 표현과 현실의 조작이 허용된다. 게임은 빈번하게 지능, 감정조절, 사회적 기술을 더 많이 요구한다. 규칙은 게임을 하는 사람의 행동을 제한한다.

이에 비해 놀이는 대개 치료자의 이론적 지향에 따라 방어의 이완과 사고, 정서 및 갈등의 표현을 포함하는 치료의 목표에 따르는 것처럼 보인다. 놀이는 개방적 특성을 가지며 규칙의 제한으로부터 자유롭기 때문에 종종 언어화, 환상 표현 및 자유 연상의 매개체 또는 대치물이 된다.

그러나 치료문헌에서 게임 놀이에 대한 초기의 저작들은 게임들도 감정적 표현을 유도해 준다는 점에서 가치있다고 지적하였다. 치료에서 체스의 말들을 활용하는 것에 대한 루미스(Loomis, 1957)의 논문은 게임의 치료적인 적용에 대한 최초의 출판물이었다. 루미스는 게임 놀이를 저항과 반항적인 태도들의 매개체로 간주하였다. 믹스(Meeks, 1970), 베이서(Beiser, 1979) 등은 게임 놀이란 게임하는 사람들 간의 관계가 투사된 것이라고 주장하였다. 저항, 전이 및 역전이를 포함하여 치료자와 아동 사이에 작용하는 관계의 요소들은 게임을 하는 사람들의 상호작용 속에서 쉽게 관찰될 수 있다.

게임을 투사적 도구로써 활용하는 것은 지난 10년에 걸쳐 발달된 많은 치료적 적용들 중의 하나에 불과하다(Reid, 1992). 게임 놀이의 치료적인 특성들에 대해 더 자세히 알아보기 전에, 정상적인 인간 발달에서 게임 놀이의 중요성에 대해 간단히 알아보는 것이 유용할 것이다.

1) 발달적 관점

놀이의 주요 이론들은 5세에서 8세 사이의 정상적인 발달과정에서 게임 놀이가 나타난다고 일관적으로 주장한다. 놀이치료 문헌에서는 게임이 규칙의 지배를 받으며, 사회적 활동들을 조직화하는 것으로 정의되었지만, 게임에 대한 관심은 새로운 인지적, 사회적, 정서적 능력의 변화나 습득 등과 관련이 있다.

피아제(Piaget, 1962)는 상징 놀이에서 게임 놀이로 이행되는 것을 논리적 사고 및 현실에 대한 지각 향상의 특징을 지닌 보다 고차적인 인지로 발달해 가는 것과 관련지었다. 아동은 점차 전형적으로 어른들과 같은 더 현실적이고 목표지향적인 게임을 선호하게 된다.

펠러(Peller, 1954)는 게임 놀이가 오이디푸스적인 집착과 그에 수반되는 마술적 사고들이 감소되고, 동성의 동료와의 동일시를 촉진하는 활동들이 증가하는 것을 반영한다고 주장한다. 정신역동적 이론에 따르면, 오이디푸스적 갈등은 동일시를 통해 해결된다.

미드(Mead, 1934)와 같은 사회이론가들은 초등학교에 들어가는 아동들을 동등하게 결속할 수 있도록 준비시키는 것이 중요하다고 강조했다. 이는 동지애뿐만 아니라 성인 세계의 권위에 직면하는 데도 도움이 된다. 게임은 규칙 지배적인 행동들을 포함하고 있다는 점에서 성인의 세상에 존재하는 행동 규범 및 규칙들과 유사하다. 다른 사람들(예: Serok & Blum, 1983)은 게임을 생활의 축소판으로 기술하였는데, 게임에서 사회화의 기본적인 요소들은—공격성의 통제, 규칙에 대한 순응, 집단 규범의 수용—놀이 과정의 동합적 요소들이다.

게임 놀이는 아동들의 정체감 발달과 관련있다. 바움마이스터(Baumeister, 1986, 1987)는 아동의 게임에서 상이한 역할 구조들은 보다 안정적이고 수동적으로 획득된 역할부터 유능감에 기초하고 외적으로 규정되며 불안정한 역할 등까지로 정체감 발달의 진전을 반영한다고 주장했다. 학령기 이전의 아동들은 미리 할당되고 수동적으로 얻게 되는 변화하지 않는 역할을 하는 게임들을 선호한다(예: Simon Says, House, Mother May I). 이러한 게임들은 학령기 이전의 아동들이 자신들의 정체감에 대한 안정적인 특징(예: 성, 인종, 주거지)을 확실히 자각하는 데 도움을 준다. 초기 잠재기(5~8세)에 속하는 아동들은 몇 가지 역할들 사이에서 역할을 전환하는 게임들을 더 좋아한다. 이 시기의 아동들은 상대에게 전략적이고 기술적으로 대응하는 것을 요구하지 않고, 새롭고 상이한 역할들을 실험해 볼 수 있는 경쟁적이지만 우연에 기초한 게임들(예: 캔디랜드, 전쟁놀이, 숨바꼭질)을 더 좋아한다. 사춘기 이전이나 사춘기의 아이들은 유능감에 기초한 경쟁적인 게임들을 선호한다. 이는 점차적으로 자기가 수행능력과 동일해지는 정체감에서의 변화를 반영한다(Baumeister & Senders, 1988; Erikson, 1968).

대략 5세나 6세경에 게임 놀이가 나타나서 전 생애에 걸쳐 지속되는 것에는 발달적 필요성이 있다. 이는 게임이 사회 어디에나 있으며 역사시대 이후로 있어 왔기 때문에 놀랄 만한 일은 아니다. 많은 게임들은 생존적 가치가 있으며 선사시대부터 존재해 왔다. 예를 들어, 단순한 공 던지기 게임에 두 가지 적응적 기능이 있다. (a) 던지기 연습은 창이나 바윗돌을 던져서 먹이감을 죽이는 데 필요한 협응 능력을 향상시킨다. (b) 한 가지 물건을 사람들과 반복적으로 교환하는 것은 자원을 공유하는 행동을 연습하는 것으로 생존적 가치를 가진다.

프로이트(Strachey, 1962 참조)는 게임이 그가 일차적 과정의 산물이라고 보았던 놀이보다도 불안감의 숙달에서(이차적 과정) 더 큰 역할을 한다고 여겼다. 펠러(Peller, 1954)는 게임 놀이가 금지된 충동들, 특히 공격적인 충동들의 직접적인 표현보다는 승화를 촉진하기 때문에 가장놀이(pretend play)와 다르다고 주장하였다. 미첼과 마송(Mitchell & Masson, 1948)은 투쟁이 특정한 삶의 상황에 대한 본능적인 반응이기 때문에 게임은 공격성을 포함하고 있다고 이론화하였다. 투쟁은 위협적인 자극에 대한 생리적인 반응에 따라서 야기되는 강한 정서를 방출한다. 문명화된 사회가 발달함에 따라, 통제할 수 없는 공격성에 대항하여 법과 사회적인 금기들이 생겨났다. 그러므로 인간들은 기본적인 투쟁 반응의 파생물인 분노와 증오가 수용될 수 있는 배출구를 제공하기 위해서 놀이와 게임을 창조하였다.

게임들은 경쟁 수준이라는 측면에서 큰 차이가 있다. 사실상 게임에는 협력이 포함되어 있다. 그러나 거의 모든 현대의 게임들은 약간의 경쟁 형태를 띠고 있으며 그 자체가 공격성의 상징적인 표현이 된다. 상징적 공격성의 최고 수준은 한 명이 다른 상대방을 직접적으로 공격하는 게임, 예를 들면 상대방의 말들을 잡거나 무력화시키는 게임에서 나타난다.

2) 게임 놀이의 치료적 요소들

치료에서 게임을 효과적으로 사용하려면, 게임을 통해 아동들의 정서적 성장을 촉진시킬 수 있는 여러 가지 방법을 이해하는 것이 필수적이다. 게임 놀이의 치료적인 요인들에는 치료 동맹, 즐거움, 진단, 의사소통, 불안의 숙달감 및 사회화가 포함된다.

(1) 치료 동맹

게임들은 특히 6세 이상의 아동들에게 자연스럽고 즐거운 삶의 일부분이다. 게임은 심지어 반항적인 아동들에게도 흥미를 끌어낸다. 게임은 늘 2명의 게임자 간의 상호작용을 포함한다. 그러므로 치료자는 게임자이지 수동적인 관찰자가 아니다. 이런 상황에서 한 가지 이점은 성인과 아동의 경계가 희미해진다는 것이다—이로 인해 아동의 관점에서 보면, 아동이 성인의 세계에 참여하기보다는 성인이 아동의 세계에 참여하는 것으로 느끼게 된다.

(2) 즐거움

게임 놀이를 하면 심지어 치료적인 개입을 하지 않더라도, 특히 철수되어 있거나 정서적으로 위축되어 있는 아동들의 정서적 성장을 촉진한다. 즐거움이라는 개념은 상호호혜적이다. 즉, 아동은 게임 놀이를 하면서 즐거움을 얻으며, 또한 아동이 없다면 게임을 할 수 없는 치료자에게 게임은 즐거움을 주는 도구이기도 하다. 이 과정은 아동이 필요로 하고 원하는 감정을 가져다준다.

(3) 진단

서튼-스미스와 로버츠(Sutton-Smith & Roberts, 1971)가 주장했던 바와 같이, 정말로 게임이 '힘의 모델'이라면 그것은 아동의 자존감, 무력감, 그리고 일반적인 자아 강도를 탐색하기 위한 투사적인 도구로써 특히 유용할 것이다. 치료 장면에서 아동은 지적 능력과 권위 면에서 우월한 누군가에 대항하여 놀이를 하기 때문에 특히 그렇다. 게다가 아동의 성격에 대한 보다 일반적인 진단적 정보는 게임 놀이를 통해서 얻을 수 있다. 예를 들어, 한 강박적 아동은 경직된 규칙들을 주장할 수 있으며 패배를 받아들이는 데 어려움을 겪을 것이다. 아동의 지적인 강점과 약점, 대처양식은 궁극적으로 게임 놀이를 하는 동안의 반응에서 드러날 것이다.

(4) 의사소통

비록 어떤 사람들은 게임 놀이에 있는 규칙들과 목표를 자기표현에 방해가 되는 것으로 보기도 하지만, 게임의 규칙과 목표는 게임자들 간의 의사소통을 증진시키는 경향이 있다. 특정한 수준의 협동, 목적의 상호관련성, 나아가 사회적 의사소통은 게임 놀이의 고유한 특징이다. 게임 놀이에는 대개 높은 수준의 정동적 몰입이 수반된다. 게임 놀이에서의 중요한 개념은 '떠나는 지점(points of departure)' 이다(Frey, 1986; Gardner, 1986). 이는 게임자들이 게임 놀이를 하는 동안 일어난 문제들을 이야기하기 위해서 게임을 떠나는 것을 말한다. 따라서 게임 놀이들은 종종 간접적으로 자기표현을 이끌어 낸다. 한편, 여러 가지 새로운 치료적 보드게임들은 직접적인 감정 표현과 환상 소재의 표현을 촉진하기 위해서 특별히 고안되었다. 여기에 모든 새로운 게임을 열거하기보다는, 독자들이 치료적 보드게임들에 대해 광범위한 목록이 제공시되어 있는 아동놀이 목록(Childwork/Childplay catalog)을 살펴보는 것이 나을 것이다.

(5) 불안의 숙달

게임의 경쟁적 속성상 집중, 충동통제, 이기고자 하는 동기 등이 요구되기 때문에 게임은 자아가 처리되는 과정을 유발한다. 게임을 하는 동안에 자존감, 힘, 위험 감수 등과 관련된 불안이 빈번하게 발생한다. 게임은 아동들에게 이런 불안을 직면하고 숙달하는 기회를 제공한다. 게임을 하는 방법을 배우고 개인의 수행을 향상시키며 이기는 바로 그 과정이 아동에게 자신감과 숙달감을 향상시키도록 돕는다.

(6) 사회화

다른 사람들과 어울리는 방법을 배우는 것은 중요한 도전으로 아동기 초기에서 시작되어 전 생애에 걸쳐 지속된다. 게임들은 특별히 사회화에 유용하다. 왜냐하면 게임은 규칙의 형태, 그 게임을 규정하는 구조, 사회화된 행동을 위한 긍정적인 또래 압력 등으로 탈개인화된 권위를 경험해 보는 기회를 제공해 주기 때문이다. 게임에는 사람들과의 관계에서 승자와 패자가 어떻게 행동해야 하는지를 나타내는 규범들이 존재한다. 또한 아동들에게 제한된 경계 내에서 경쟁하고 주장하게 하므로, 통제된 공격성의 표현을 연습해 볼 수 있게 한다.

3) 게임 놀이치료의 과정

게임 놀이치료는 어떤 하나의 이론적 접근과 관련 있지 않으며, 어떤 특정한 일련의 절차나 적용 등으로 규정되지 않는다. 게임 놀이치료는 아동들의 정서적 고통을 완화하는 데 도움이 되는 다양한 게임의 형태들을 활용하는 심리치료적 방법으로써 정의되는 것이 가장 좋다. 게임 놀이치료에서 '치료'는 단지 아동과 게임을 하는 것 이상의 것을 포함한다. 게임 놀이치료자는 아동들이 정신건강을 향해 체계적으로 나아가도록 돕기 위해 자신의 이론적 지향을 일련의 치료적 게임 소재들에 통합하는 고도로 훈련된 임상가다.

게임 놀이치료는 전통적인 놀이치료 접근법들로부터 분리된 것이 아니다. 게임 놀이는 이론적으로 전통적인 놀이치료와 구별될 수 없다. 이는 전통적인 놀이치료의 대안이 아니라 잠재기 연령에 해당되는 아동들의 발달적 요구를 보다 잘 충족시키기 위한 놀이치료의 확장 및 연장으로 볼 수 있다.

이론적인 지향과 상관없이, 다른 것들보다 더 고유한 치료적 효과가 있는 게임을 선택하는 데는 어떤 지침들이 있다(Reid, 1992 참조). 인생 게임(Monopoly 또는 Stratego)과 같이 복잡하고 지적으로 자극이 되는 게임은 아동들에게 상호작용보다는 놀이 기제에 집중하게 하는 경향이 있기 때문에 게임 놀이치료에 적합하지 않다. 또한 2명 이상의 게임자가 요구되는 게임과 혼자 하는 게임의 경우는 적용하는 데 제한을 둔다. 게임은 그 공간에 적합해야 하며 과도하게 시끄럽지 않아야 한다. 게임 지속 시간은 치료 시간에 맞아야 한다. 치료에서 대부분의 아이들은 오랜 시간이 걸리는 게임에 집중할 수 없다. 한 회기 내에 하나의 게임을 여러 차례 하는 것은 학습을 증진시키고, 이전 게임에서 잘하지 못했던 수행을 즉시 만회할 기회를 제공한다. 치료자는 필요하다면 아동이 진전을 하거나 퇴행할 수 있는 다양한 게임을 갖추어야 한다.

속이기(cheating)는 종종 게임 놀이치료에서 문제가 된다. 대부분의 치료자들은 속이기가 아동의 부적절감에서 나온다는 데 동의한다. 그러나 속이기를 어떻게 다룰지에 대한 문헌들은 불일치를 보인다. 어떤 치료자들은 치료자를 속이는 것을 허용하는 것은 아동들에게 현실에 대처하는 것을 회피하도록 한다고 주장한다(Cooper & Wanerman, 1977; Meeks, 1970). 반면, 다른 치료자들은(예: Berlin, 1986) 치료자가 아동의 이기고자 하는 욕구를 인식한다면 약간의 속이기는 허용해야 한다고 주장한다. 일반적으로 속이기에 대한 나의 신념은 치료자가 그것을 허용하지 말아야 한다는 것이다. 왜냐하면 속이기는 오직 거기에 내재된 아동의 느낌들을 강화하고 지속하게 하는 역할을 할 뿐이기 때문이다. 즉, 나는 잘하지 못해서 규칙을 어기지 않고서는 이길 수 없다. 그렇지만 치료자는 아동의 속이기를 제거해야 할 필요가 있는 문제로 보기보다는 아동의 성격과 대처 양식의 표현으로서 보아야 한다. 속이고자 하는 욕구가 강한 아이의 경우 속이기를 다루는 한 가지 방법은 그 문제를 개방적으로 꺼내서 두 명의 게임자 모두 속이기를 할 수 있다고 제안해 보는 것이다.

유사하게 게임에서 아동이 이기도록 해 주는 것에 대해서도 불일치를 보인다. 한쪽에서는 아동을 이기게 하는 것이 자존감과 숙달감에 도움이 된다고 하고(Berlin, 1986), 다른 한쪽에서는 아동에게 혼자 힘으로는 이길 수 없다는 메시지를 전달할 수도 있다고 한다(O'Connor, 1991). 나는 아동을 이기게 하기보다는 치료자에게 불이익을 주는 방식을 더 선호한다. 아동에게 이기도록 허용하는 것은 대개 비밀과 불신이 담긴 은밀한 과정이다. 또 다른 기법은 성인의 우월성을 중화시키기 위해서 우연 게임을 선택하거나, 가능하다면 선택한 게임을 수정해서 우연이 이기는 데 중요한 요소가 되도록 한다. 우연의 요인에 지는 것을 귀인하는 것은 자존감에 훨씬 덜 위협적이다.

2. 문제와 배경자료

내가 놀이치료에서 처음 제이슨을 만났을 때 그는 여섯 살이었다. 당시에 그는 정서적으로 혼란스럽고 품행 문제가 있는 소년들을 위한 주거형 치료시설에 막 들어왔다. 신체적 학대와 방임에 대한 주장에 따라, 제이슨은 원래 2세 6개월 때 엄마로부터 분리되어 수양가정으로 옮겨졌다. 법원은 증거 부족 때문에 학대죄를 인정하지 않았지만, 제이슨의 엄마인 폴라가 제이슨을 방임했다는 것이 발견되었기 때문에 그는 수양가정에 계속 머물렀다. 또 폴라는 술과 마약 남용의 의심을 받았지만 그것도 입증되지 않았다.

제이슨의 초기 이력은 개략적으로 남아 있었다. 그는 노숙자들 속에서 자랐다. 건강이 좋지 않았던 그의 엄마는 안정된 거주지나 직장이 없었다. 그래서 폴라의 친구들과 친척들 여러 명에게 제이슨을 이리저리 떠넘겼다. 처음 아동복지기관의 이목이 집중되었을 때, 그는 영양실조였고 빈민굴의 마약거래 장소에서 불결하게 살고 있었다.

당국은 제이슨을 주거형 치료 프로그램에 알선해 주기 전에 수양가정을 세 군데 옮기게 했다. 과잉행동, 공격성 및 자기학대적 행동을 포함한 심각한 행동상의 문제들로 인해서 그는 세 가정 모두에서 나와야 했다. 첫 번째 가정에서는 거의 2년을 지냈고, 두 번째에서는 약 1년, 세 번째에서는 겨우 한 달 있었다.

그의 수양가정 배치를 담당했던 수양기관의 보고서에는 제이슨과 그의 첫 번째 수양가족 간의 관계가 서서히 악화되었던 것으로 기록되어 있었다. 이 가족은 두 명의 다른 수양자녀를 둔 따뜻하고 정겨운 가족이었다. 악화의 주된 요인은 제이슨의 생활에 그의 엄마의 존재가 점점 침투했기 때문이었다. 그 수양가족은 폴라가 제이슨을 그들에게 적대적이도록 만들었고, 계속적으로 그에게 거짓 약속을 했으며, 주말 방문을 할 때 제이슨을 혼자 내버려 두었다고 주장했다. 수양부모들은 제이슨의 행동으로 인해 깊이 상처받고 당혹해 한 것으로 기술되어 있었다. 그들은 제이슨이 항상 과잉행동적이고 다소 공격적이기는 했으나, 그의 엄마를 더 자주 만나기 시작한 후로는 성격의 '상냥한' 면을 잃었고 더 적대적이고 반항적이었다고 했다. 수양부모들은 그의 공격적인 행동을 이전에 미성숙과 빈약한 충동통제의 산물이라고 해석했으나, 그의 공격성에 고의성과 도발적인 면이 증가하고 있다고 생각하기 시작했다. 결국 그들은 제이슨에게 그 집에서 나가 줄 것을 요청했다.

보고서에 따르면 두 번째 수양가족은 처음부터 문제가 있었다. 그 무렵에 제이슨의 행동적 문제들은 더욱 확고하게 굳어졌고, 그는 자신을 물고 할퀴며 자기 얼굴을 때리는 등의 일련의 자해적 행동들을 하기 시작했다. 수양부모들은 세 명의 다 자란 아이들이 있는 중년 부부였고 세 자녀 중 한 명과 같이 살았다. 이 사람들은 제이슨의 잘못된 행동에 대해 참을성이 매우 부족했고, 신체적 처벌을 거리낌없이 사용한 것으로 보였다. 당국은 제이슨의 수양아버지가 금속 고리가 박힌 가죽 허리띠로 제이슨을 때렸다는 고발을 받고서 그를 그 집에서 나오게 했다. 그 시기에 제이슨의 행동 문제들이 너무 심각해져서 더 제한적인 곳으로 보내야 할 필요가 있다는 것이 명백해졌다. 그의 세 번째 수양가정은 주거형 치료기관에 들어갈 때까지 기다리는 동안 임시로 머무른 곳이었다.

제이슨의 발달력을 살펴보면 그는 출생 시 체중이 약 3.7kg이었고 개월 수를 제대로 채우고 태어났다. 생모는 임신 기간 동안 심장 상태가 매우 심각했고 생부는 약물 남용 경력이 있었다. 유아였을 때 제이슨의 기록을 보면 안정적이었지만, 후속되어야 할 발달상 중요한 과제들의 달성은 지연되었다. 특히, 그는 4세까지도 스스로 배변을 하지 못했다.

취학 전에 수행했던 공식적 발달 평가에서 제이슨은 보통 이하 지능 능력의 경계선 수준을 보였다. 집중력과 주의력의 손상을 보였고, 가벼운 신경학적 기능장애로 인해 보통 이하의 시각분석 능력과 시각운동 통합 능력을 보였다. 그는 학습장애와 관련된 유의미한 위험 요소들을 갖고 있는 것으로 기술되었다. 그의 충동통제의 결함은 빈약한 단기기억 기술을 초래했고 경험을 통한 학습능력에 어려움을 가져왔다. 제이슨은 보통 수준의 언어적 기술을 보였고, 사실상 보통 수준의 지적 잠재력이 시사되었다. 그는 주의력 결핍 과잉행동 장애(ADHD)와 반응성 애착장애로 진단되었다.

제이슨의 문제 행동들은 주거형 치료기관에서 지냈던 처음 몇 주 동안에는 특별히 나타나지 않았다. 그러나 얼마 지나지 않아 그는 그의 수양가족들이 보고했던 붕괴적이고 파괴적이며 공격적인 행동들을 보이기 시작했다. 가장 최악일 때 그의 과잉행동과 충동성은 매우 심각했다. 임박한 폭발에 앞서 작은 경고가 있는 것 같았다. 제이슨은 종종 다른 사람들로부터 뚜렷하게 자극받지 않아도 그들을 밀고 때리거나 무는 형태를 보이면서, 폭발 직전에 와해되고 안절부절못하는 행동을 보였다. 그러나 다른 때는 그는 차분해 보이고 심지어 무관심해 보였는데, 그러다가도 갑자기 다른 아이나 어른을 밀치거나 때렸다. 심지어 아주 가볍게 자극받아도 제이슨은 경고를 하기보다 과도하게 보복을 하였다.

그는 이 새로운 가정에서 10명의 아동들과 함께 여러 개의 작은 집 중 하나에서 살았다. 두 개의 집은 '부모용' 으로 그들은 아동상담가 훈련을 받은 사람들이었다. 상담가들은 제이슨이 그들을 자극하고 화나게 하는 것으로 느꼈고 실제로 제이슨에게 정서적 문제가 있는 것으로 보았다. 제이슨은 그 작은 집 생활의 구조화된 일과와 한계들에 비일관적으로 반응했으며 대개는 서투르게 반응했다. 한계를 설정하는 것은 전형적으로 과잉행동, 반항, 공격의 확대 그리고 후속되는 제한과 처벌의 악순환을 파생시켰다.

그럼에도 불구하고 제이슨은 애정을 원하고 애정을 받고자 하는 매우 우호적인 어린이로 보였다. 그는 끊임없이 상담가들의 관심을 끌려고 했고, 또래들에게는 거의 관심을 보이지 않았다. 그는 과장되게 돕는 이의 역할을 채택함으로써 어른들에게 맞서려고 했다. 상담가들은 그가 일상적인 자조 활동이나 과제에서 도움을 받는 것에 대하여 반사적으로 거절하는 것을 보고 그를 극단적으로 독립적이라고 여겼다.

제이슨의 엄마는 불규칙적으로, 대략 한 달에 두 번꼴로 그가 생활하는 장소를 방문했다. 폴라는 매우 가혹하고 충동적이며 그를 통제하려는 것처럼 보였고, 제이슨은 엄마가 있으면 더 과잉행동적이고 반항적으로 되는 경향이 있었다. 머물렀던 곳의 조사원이 폴라와 부모 회기를 했고, 폴라는 비학대적 훈육방법에 초점을 둔 부모-자녀 치료 집단에 비정기적으로 참석하였다. 폴라는 제이슨을 다루는 행동관리 방법으로써 무시하기와 다시 지시하기를 사용하는 데 약간의 진전을 보였다. 그러나 제이슨과 상호작용할 때의 적대감과 조급함은 결코 변하지 않았다. 그녀는 제이슨이 자신과 함께 살아야 한다는 소망을 강력히 표명했지만, 3년이 넘게 안정적인 직장이나 자기 소유의 아파트를 마련하는 데 별 진전을 보이지 않았다(그녀는 노숙을 하거나 친구와 함께 사는 것을 반복했다).

제이슨은 내가 심리학자로 근무하는 학교의 정서적 장해가 있는 것으로 분류된 아동들을 위한 특수교육반으로 들어왔다. 나는 이전에 몇 년 동안 주거형 치료기관의 자문자로서 일을 했기 때문에 제이슨의 사례에 친숙했다. 나는 접수 평가과정에 참여했다. 제이슨은 나에게 호감을 보였다. 학교와 거주형 치료기관 관계자들은 그가 나에게 학교에서 일주일에 2회씩 40분 회기의 놀이치료를 받도록 결정하였다. 나는 학교와 거주기관의 긴밀한 협조를 받으면서 사례를 계획하였다.

3. 이론적 개념화

제이슨은 학대와 방임 외상의 희생자로 거주기관과 학교에 다니는 대부분의 아동들과 다르지 않았다. 제이슨은 지적 결함, 부족한 충동통제, 빈약한 자아개념 및 과잉공격성의 측면에서 전반적인 자아 기능의 손상을 보였는데, 이 모든 것들은 아동기 초기 외상의 후유증으로 알려져 있는 것이다(Martin, 1972; Morse et al., 1970).

또한 제이슨은 대상관계에서 심각한 장해를 보였다. 그는 성인들과 고도로 양가적인 관계를 맺으면서 강한 정서적 기갈과 원초적인 분노를 특징적으로 보였다. 이것은 애착의 실패에서 기인된 것이었다. 나는 제이슨과 엄마 간의 역기능적 상호작용 양상뿐만 아니라, 낯선 사람에게 과도한 친밀함을 보이고 보호자들과의 정서적인 유대감을 유지하는 데 어려움을 보이는 것에서도 빈약한 애착의 증거를 찾을 수 있었다. 그는 처음에 나에게 친근하고 협동적이며 관계를 잘 맺는 아동이라는 인상을 주었으나, 이내 제이슨과 성인들 간의 관계가 여전히 피상적이라는 것을 분명하게 드러냈다. 그는 친밀감을 발전시키기 위해 시간을 들이지 않고 다른 성인에게로 휙 가 버리는 경향을 보였다. 양육자들에게 노출되는 것이 반복되자, 그는 점차 불안해 하고, 화를 냈으며 도발적으로 변했다. 그는 자신에게 스트레스가 되는 관계에 적응하기 위해서, 자신으로부터 거리를 두었고, 자신의 환경에 있는 어떠한 성인들과도 강한 관계를 발전시키지 못했다.

나는 안정된 애착관계를 수립하지 못하는 것이 아동의 정서적, 인지적, 사회적 발달에 영향을 미친다는 것을 알고 있었다(Mahler et al., 1975). 폴라와 제이슨의 모자관계에 대한 실제적 정보가 거의 없었음에도(유아였을 때), 그들의 초기 상호작용은 불안정하고 혼란스러운 환경이었을 것으로 보였다. 폴라는 안정적 애착을 발달시키는 데 필요한 일관적인 정서적 활용가능성, 관심 및 공감을 제공하는 것이 어려웠을 것이다(Ainsworth, 1979). 불우한 조건에서 자란 아동들은 심리적 문제에 취약하다(Farber & Egeland, 1987; Guttman, 1989).

또한 제이슨은 엄마로부터 분리된 것과 관련된 상실감과 비통으로 고통을 겪었다. 여러 차례 수양가정을 옮긴 것은 거부당하고 버림받았다는 감정을 가중시켰을 뿐이었다. 그의 첫 번째 수양가정은 그에게 이전에 그의 삶에서 결핍되었던 안정감, 일관성 및 정서적 지지를 제공해 주었다. 이런 종류의 대체양육은 아동이 부모로부터 떨어진 것에 대한 불편감을 완화시켜 줄 수 있다(A. Freud, 1970; Osofsky & Connors, 1979).

마지막으로 제이슨은 초자아의 발달과 남성에 대한 동일시에 있어서 지체와 틈이 있었다. 일관된 모성의 결핍과 아버지 상의 부재는 그에게 안정적인 자기감의 결여를 가져오게 했다. 그의 자존감은 낮았고 자기상은 왜곡되어 있었다. 투사적 그림들은 그의 손상되고 불완전한 자기감을 드러냈다.

이러한 좋지 않은 임상적 특징들에도 불구하고, 나는 제이슨에게서 온화함과 다정함을 인식할 수 있었다. 그는 정서적으로 반응적이고 돌봐 주었던 부모 또는 양육자에 의해 양육된 것이 틀림없었다. 따라서 인생 초기에서의 어려움에도 불구하고, 그는 여러 차례 양육자들과 건강한 상호작용(아마도 엄마와는 짧은 기간 동안에, 첫 번째 수양가족과는 보다 오랜 기간 동안에, 그리고 다른 수양가정과는 한때)을 경험했음이 분명해 보였다. 이러한 정보로부터 나는 두 가지를 가정했다. 첫째, 제이슨은 치료적 관계를 효과적으로 수립할 수 있다. 둘째, 그의 중다적인 애착의 긍정적인 면들은 그가 남겨져 상실감으로 고통받을 때만 두드러진다.

제이슨은 놀이치료가 시급하게 요구되는 상태였다. 초기에 나는 이 사례를 장기적 사례로 개념화하면서 전통적인 놀이치료 방법이 제이슨에게 고통스런 정서적 재료들을 표현하게 하고, 불안과 갈등을 반복하고 숙달하여 그 자신의 동기와 행동에 대한 통찰을 얻게 하는 데 도움이 될 것이라고 생각했다. 점점 더 늘어나는 연구들에 따르면, 학대와 방임, 그리고 여러 차례 수양가정이 옮겨진 경험을 한 아동들을 위한 놀이치료의 치료적 효과는 강력하다.

또한 나는 제이슨과 내가 발전시킬 관계가 그의 성장에서 매우 중요한 요인이 될 것이라고 느꼈다. 이 문제에 대한 나의 생각은 공격적 추동과 리비도 추동 간의 융합이 결여되면 억제되지 않는 독자적인 공격성이 일어날 수 있다는 안나 프로이트의 개념에서 영향을 받았다. 1949년 논문 「정서적 발달과 관련된 공격성(Aggression in relation to Emotional Development)」에서, 안나 프로이트는 비양육적인 환경에 노출되고 대상관계가 빈번하게 변화되는 것은 공격적 추동을 묶고 중성화시키는 자아의 안정적인 애정 대상의 발달을 저해한다고 가정했다. 프로이트가 주장했듯이, 적절한 치료는 아동의 공격적 행동을 줄이기 위해서 사용하는 측면에만 초점을 두는 것이 아니라, 방임되고 결손된 측면, 즉 정서적 리비도 발달을 지향한다.

케빈 오코너(Kevin O' Connor, 1991)는 그의 책 『놀이치료의 입문(The Play Therapy Primer)』에서 놀이치료의 실행에 대한 발달적 맥락을 제시했다. 이 틀에 따르면, 제이슨의 나이와 발달 수준은 수준 II 아동(2~6세)의 끝 부분이나 수준 III 아동(6~11세)의 시작 부분 정도에 위치한다. 이 정도의 발달 수준에 있는 아동들은 인지적 및 정서적으로 전통적인 놀이치료의 독특한 놀이 형식을 사용할 준비가 되어 있다. 즉, 가장놀이(pretend play), 특히 작은 인형을 가지고 놀기, 손인형 놀이, 옷 입히기, 그리고 예술 활동들, 특히 삼차원적 예술 과제를 사용한다. 놀이 발달에 대한 대부분의 이론들에 따르면, 제이슨은 너무 어려서 규칙이 있는 게임을 하는 놀이치료 프로그램에서는 이득을 얻을 수가 없었다.

전통적 놀이치료를 적용할 수 있는 이런 표면상의 지표에도 불구하고, 나는 여러 요인들에 따라서 치료계획에 대한 개념화에 자유 놀이에서의 게임 놀이의 개념을 적용하기로 했다. 먼저 심리적, 교육적 평가에서 제이슨은 일관되게 가장놀이에 대한 흥미가 없는 것으로 나타났다. 그는 인형, 손인형, 사람이나 활동 모형, 장난감 자동차, 트럭, 차고, 장난감 음식 및 인형의 집과 가구들을 가지고 노는 것을 거부했다. 그는 옷 입히기 놀이도 하지 않았고 소묘, 채색, 회화와 같은 표현적인 예술 형태도 좋아하지 않았다. 그는 심지어 컬러 믹스, 물, 모래와 같이 보다 원초적인 감각적 소재들을 갖고 노는 것조차 거부했다. 그는 행동화하게 하고 민감성을 증가시키는 상징적 놀이를 할 때마다 압도되는 정서를 경험한다고 여러 번 언급하였다. 이러한 놀이 형식에 대한 그의 거부는 자극에 압도되는 것에 대한 건강한 회피 반응이었다. 제이슨은 나무, 못을 꽂는 판, 퍼즐, 기계적이고 구조적인 장난감(블록, 단순한 모형)과 같은 보다 대상특정적이고 목표지향적인 놀이 재료를 선호했다.

놀이치료에 대한 제이슨의 저항이 예상되는 데다가, 그의 과잉행동은 치료과정에 참여하는 능력의 측면에서 문제로 작용하였다. 나는 선택의 자유, 허락받음, 그리고 놀이치료 환경의 모호함이 제이슨을 압도하고 과도하게 자극할까 봐 걱정되었다. 게다가 이전에 두 명의 놀이치료자들이 그에게 놀이치료를 시도하였는데, 한 명은 정신건강 상담소에 있는 사람이었고, 다른 한 사람은 유치원에서 특수교육을 담당했던 사람이었다. 두 경우 모두 치료자들은 치료에서 조기 중단의 원인으로 그의 과잉행동, 반항적인 태도, 의미 있는 놀이를 지속하는 능력의 부족 등을 들었다.

이 실패 경험을 마음에 새기고서 나는 놀이에서 선택의 수를 최소화하고 시각적인 산만함을 줄이며 과제의 시작과 끝을 명확히 하는 것과, 집과 학교 장면에서의 과잉행동 아동들을 위한 치료와 일치하는 치료 회기를 구성할 것을 계획하였다(Barkley, 1990). 나는 필요하다면 이런 접근들을 계속 사용하되, 회기의 구조를 점차적으로 줄이고, 선택의 자유를 더 제시하며, 더욱 자기지시적인 행동을 허용하는 방향으로 주의 깊게 바꾸어 나가기로 계획했다.

게임의 구조적인 특징, 즉 엄격한 규칙이 있고 협력과 자기통제를 요구하며 특정한 목적이 있다는 것은 내가 치료 프로그램을 수정하려고 하는 것과 잘 맞았다. 나는 제이슨이 즐거우면서도 위협적이지 않는 활동에 참여할 수 있도록 도울 뿐만 아니라, 그의 과잉행동을 즉각적으로 감소시킬 수도 있는 게임을 사용하려고 계획했다. 첫 회기에서 내가 선택한 게임들은 운동 행동이 게임의 중심 요소인 것들이었다. 많은 구조적인 운동 게임들이 주의력을 향상시키고 과잉행동을 감소시킨다는 것으로 알려져 왔다(Bow & Goldberg, 1986; Schachter, 1986; Swanson 1986). 특히, 공 던지기, 부드러운 표적 맞추기 게임, 링 던지기 등과 같은 소근육 운동능력을 요구하는 게임들은 과잉활동적인 아동들에게 유용하게 활용할 수 있는 장점이 많다. 이러한 게임들은 통제된 소근육 운동을 반복하기 때문에 충동통제를 연습할 수 있게 해 준다. 또한 과도하게 전념하게 하지 않고 시간이 오래 걸리지 않기 때문에, 소근육 운동 능력을 요구하는 게임들은 오랫동안 집중하지 않아도 되며 즉각적으로 피드백이 주어진다. 움직임 자체도 과잉행동 아동들을 이완시켜 주고, 감각 기능과 지각적 조직화를 개선시키는 데 효과적이다.

제이슨을 게임 치료에 몰입하게 하려는 나의 즉각적인 목표에서, 내가 생각하기에 필수적인 단계는 신뢰로운 관계를 수립하는 것이었다. 제이슨뿐만 아니라 누구에게나 불신과 거부에 대한 공포는 심리적 삶과 혼란된 대인관계 상호작용에서 무의식적인 결정 요인이며 핵심 역동이라고 말할 수 있다. 나는 치료에서 이러한 초기 탐색 및 관계수립 단계가 비교적 오래 지속될 것이라고 예상했다.

4. 놀이치료의 과정

처음 몇 회기 동안 제이슨은 일관된 양상을 나타냈다. 그는 교실에서 놀이치료실까지 기꺼이 왔고 협력적이며 비교적 자기통제적인 방식으로 회기를 시작했다. 그러다가 점점 활동적이 되더니 도발적으로 되었다. "천사와 같은 상태일 때 제이슨은 나와의 거리를 유지하였다. 그는 나와 눈을 맞추지도 않았고, 사회적 상호작용 없이 게임 도구에만 집중하였다. 나는 제이슨이 나에게 어떤 형태로든 거부당할 것이라는 불안에서 벗어나기 위하여 최선을 다해 그런 행동을 한다고 느꼈다. 마치 그는 나와의 상호작용을 회피하고 더 이상 스스로를 자제할 수 없는 것처럼, 그의 행동은 점차 과잉행동적이고 도발적으로 변했다. 예를 들면, 창문 블라인드를 걷기 위해 거칠게 줄을 잡아당기거나, 충동적으로 전화기를 잡아채서 버튼을 누르거나, 욕설을 하며, 내 얼굴을 때리려고 시도하거나 때렸다. 이러는 와중에 그는 가끔 다소 갑작스럽게, 나에게 다가와 나를 따뜻하게 포옹했고 그러다가 다시 짓궂은 행동을 했다.

나는 제이슨의 도발적인 행동에 대한 나의 반응을 점검하고, 그것들을 그가 의사소통하는 명시적 및 암시적 메시지를 측정하는 계기판으로 활용하였다. 나는 제이슨이 이런 방식으로 행동하는 단 하나의 목적이 나를 격노하게 하려는 것처럼 보였기 때문에 강한 짜증을 느꼈다. 그는 마치 나에게 처벌적인 반응을 이끌어 내려고 노력하는 것처럼 보였다. 치료과정 중에, 나는 그가 왜 그런 반응을 추구하고자 하는지 몇 가지 가설을 세웠다. 이런 가설 중에 가장 두드러진 것은 반복강박의 산물이다. 이것은 그에게 신체적 학대에 대한 고통스러운 기억들을 반복적으로 불러일으키고 인식하게 하며, 그것들과 관련된 감정들을 숙달하게끔 만든다. 또한 나는 그의 낮은 자존감은 부분적으로 비난받으려고 하는 것으로 인식했다. 공격적 아동들은 종종 사람들이 그들을 거부하는 것이 그들의 타고난 사랑스럽지 못하고 무가치한 점 때문이라는 위험한 감정을 느끼는 것보다, 고의적으로 나쁘게 행동하는 것을 더 낫게 느끼기도 한다(Willock, 1987). 마지막으로 성인들을 효과적으로 자극함으로써, 제이슨은 그의 어린 시절에 너무나 신뢰할 수 없었고 상처를 주는 것으로 입증된 성인 세계에 대하여 복수와 통제를 할 수 있게 된다.

제이슨의 잘못된 행동에 대한 나의 첫 반응은 반영을 사용한 것이었다(예: "너 지금 매우 화가 난 것처럼 보이는구나." "너는 진짜로 전화기를 부수고 싶어 하는구나."). 그의 행동이 빠르게 악화되어 한계를 정해야 할 시점이 되자 나는 반영을 사용할 수 없었다. 나는 제이슨에게 한계를 정하는 것이 중요한 치료적 개입이 될 것이라는 것을 알았다. 한편으로 한계를 정하는 것은 제이슨에게 강력하지만 온정적인 어른의 세계로부터 보호받는 어린아이로서 자신에 대한 관점을 재정립할 수 있게 하였다. 다른 한편으로 나는 한계를 설정하는 것이 나에게 분노, 짜증, 거부에 대한 의사소통을 하지 않게 하는 방식에서 결정적이라는 점을 알았다. 그러면 제이슨은 성인과의 부정적 상호작용의 악순환을 깨기 시작할 것이다. 나를 화나게 하려고 하는 그의 시도로 인해 생기는 짜증을 조절한다는 것이 항상 쉬운 일은 아니었다.

제이슨은 게임 재료들의 신기함에 상당한 관심을 보였다. 그는 다섯 개나 여섯 개의 게임들을 가지고 노는 데 몰두하였고, 어떤 도움이 필요할 때만 나를 포함시키는 경향이 있었다. 그는 한 게임에서 다음 게임으로 이동하거나, 어떤 게임은 절대 끝내지 않거나, 종종 게임의 목적과 일치하지 않는 자의적인 방식으로 게임을 하였다. 예를 들면, 그는 막대기 집어들기 게임의 플라스틱 막대기를 유리창을 향해 던지고 반복적으로 부저를 눌렀다.

나는 게임 놀이에서 제이슨의 행동을 두 가지 측면으로 해석하였다. 하나는 과잉행동의 기능으로써, 빈약한 주의력과 한 가지 자극 세트에 대하여 관심을 지속시키지 못하는 특징을 보인다는 점이었다. 다른 하나는 그가 환경과 관계를 맺는 방식을 반영하는 것이었다. 마치 제이슨은 어떤 사람이나 사물에 진실로 몰입하고 이완하는 것에 두려움이 있는 것 같아 보였다. 이런 대처양식은 현실에서 고립적이거나 불만족스러운 타협이었다. 그는 놀이 재료들의 종류가 별로 없어 지루해짐에 따라, 나와의 상호작용에 대한 압력이 증가하였다. 결과적으로 그는 자신이 할 수 있는 단 하나의 방식으로 나와 관계를 맺었다. 즉, 화를 내며 공격적인 행동을 하고, 가끔은 나에게 매달리고 다정하게 굴었다. 선택할 수 있는 게임의 종류가 적었던 것이, 실제로는 제이슨이 놀이에서 졌을 때 나를 회피하는 것을 막아 줌으로써 전이 반응을 촉진한 것으로 보였다.

네 번째 회기에서 제이슨은 나와 함께 게임을 하는 것에 관심을 보이기 시작하였다. 내가 예상했듯이 그는 활동적인 게임을 더 좋아했다. 제이슨이 제일 좋아하는 게임은 부착포로 싸인 작고 가벼운 공을 사용하여 표적을 맞추는 것이었다. 몇 회기가 지나서 제이슨의 놀이 방침에 미묘한 변화가 생겼고 그것은 그의 태도에 반영되었다. 그는 놀이치료실에 보다 차분하게 들어왔고, 더 이상 자신의 호의적인 면을 드러내려고 애쓰지 않았다. 그는 나를 향한 공격적인 행동을 멈추었다. 그리고 내가 계속해서 한계를 정할 정도로 화나게 했지만, 그의 난폭한 행동은 이전만큼 나를 화나게 하지는 않았다. 나는 내가 제이슨의 분노와 방어의 단단한 외벽을 깨뜨렸다고 느꼈다.

제이슨은 게임 놀이 과정을 완전히 주도하였다. 그는 전형적으로 조직화가 잘되지 않았고 열광적이었다. 그는 벽에 걸린 목표물을 향해 세 개의 공을 차례로 던졌고, 성공가능성을 높이기 위해 점차 목표물에 가까이 다가가 공을 던졌다. 교대로 하지는 않았지만, 제이슨은 이따금 나에게 몇 개의 공을 던져 보게 하였다.

나는 게임 놀이의 본래 목표 중 하나를 달성하기 위해 게임을 구조화하기로 결정하였고, 제이슨의 과잉행동을 줄이기 위해 게임의 치료적 측면을 이용하는 방식으로 게임을 했다. 나는 바닥에 테이프를 한 줄 붙여서 공을 던지는 선으로 삼았고, 공을 표적에 던질 때 그 선 뒤에 서야만 하는 규칙을 정했다. 제이슨은 이 새로운 도전에 열성적으로 동의하였지만, 이 단순한 규칙을 지키는 데 어려움을 보였다. 그는 목표물을 더 잘 맞히기 위해 충동적으로 그 선을 밟았다. 나는 새로운 규칙을 추가하였는데, 그것은 게임자가 선을 밟으면 기회가 다른 사람에게 넘어가는 것이었다. 내가 이 규칙을 몇 번 어김으로써 제이슨에게 이 규칙을 받아들일 수 있도록 하였다.

그렇게 나는 제이슨에게 게임 놀이의 기본적인 것들을 가르쳤다. 나는 그가 번갈아 가며 하기, 규칙 따르기, 목표를 향해 시도하기와 같은 기본적인 게임 놀이 기술들을 배운 적이 없다는 것을 알게 되었다. 그래서 나는 우리의 게임에 미켄바움과 굿맨(Meichenbaum & Goodman, 1971)이 소개한 목표물 맞추기 게임, 자기지시와 같은 인지행동 개입의 구성 요소를 추가하였다. 이 프로그램은 과제를 수행할 때 아동이 자기지시적 절차에 따르도록 가르치는 것을 포함한다. 자기지시에는 과제를 정의하고, 문제에 접근하는 전략을 계획하며, 과제에 주의를 집중시키고, 대답이나 해결책을 선택하며,

수행을 평가하는 것들이 포함된다. 자기지시의 효율성에 대한 이론적 근거는 행동과 연합된 생각을 매개로 하여 인지적 자각이 증가하면 충동적 반응이 감소한다는 것이다.

내가 제이슨을 위해 시범 보였던 자기지시는 다소 비공식적이었고 게임의 일부로서 자연스럽게 소개되었다. 내가 던질 차례가 되었을 때, "자, 지금은 내 차례야. 잘 봐. 나는 선 뒤에 서서, 목표물을 향해 조준을 할 거고 똑바로 던질 거야. 알겠지?" 와 같은 식으로 말했다(그가 듣고 있는 것을 강화해 주기 위해서 제이슨 쪽으로 돌아선다). "나는 셋을 세고 던질 거야(그러고 나서 세 차례 던지는 동작을 취한다). 하나, 둘, 셋, 이렇게, 어때? 잘 천천히 그렇게 던지는 거야. 나는 똑바로 던질 자신이 있어. 지금 봐 봐. 그렇지, 나는 목표를 맞추었어!"

제이슨이 던질 차례가 되었을 때, 나는 그에게 위에서 설명한 것에 따라 무엇을 할지를 얘기하도록 격려했다. 나는 곧 이것이 그에게 매우 추상적인 것임을 깨닫고, 목표물에 차례로 공을 던지는 것을 포함한 단계를 의례화하여 게임 안에 게임을 만들었다. 각 단계는 특정한 문구를 큰소리로 말하면서 특정한 행동을 하는 것이다. 예를 들어, 한 게임자의 차례가 끝난 후에, 다른 게임자는 다음 번 게임자를 위하여 세 개의 공을 플라스틱 바구니에 담는다. 다른 게임자가 바구니에서 공을 하나 꺼내면서, "공 하나!" 라고 말한다. 그리고 공을 던지는 선에 다가가서, "자, 선 뒤에 서는 거야." 라고 말하는 것 등이다.

제이슨은 이러한 다층적인 게임 놀이를 즐겼고, 놀이에서 덜 지배적이고 덜 통제적이 되었다. 그는 자발적으로 번갈아 가며 게임을 하기 시작했고, 나와 내가 하는 게임에 주의를 기울였다. 그리고 나와의 상호작용에서도 덜 감정적이고 덜 충동적인 방식으로 행동하였다. 제이슨은 나를 신뢰하게 되었다. 제이슨에게 게임 놀이 과정은 나와 덜 위협적인 방식으로 상호작용하는 매개체로서 작용했던 것처럼 보였다. 이것이 그의 난폭한 행동이 사라졌다는 것을 시사하지는 않는다. 그래서 나는 자주 한계를 설정할 필요가 있었으나, 그가 게임에 관심을 가졌기 때문에 직접적 제한보다는 재지향을 점점 더 많이 사용하게 되었다.

열 번째 놀이치료 회기까지 제이슨과 나는 놀이치료실에서 대개 소근육 운동 게임을 하였다. 나는 이런 게임들에 대해 공 던지기 게임과 유사한 방식으로 접근하였고, 제이슨이 이 게임을 잘할 수 있도록 구조화하고 수정했다. 우리가 새로운 게임을 함에 따라, 제이슨의 몰입과 자기통제력은 증진되었다. 그가 새로운 게임 형식을 경험할 준비가 된 것처럼 보였기 때문에 나는 몇 개의 간단한 보드게임들(예: Candyland, Chutes and ladders), 카드 한 벌, 카드게임(예: Go Fish card game) 및 스토리텔링 카드게임을 도입했다. 소근육 운동 게임들은 제이슨이 친숙한 것으로 돌아갈 필요가 있는 사건이 발생할 경우에 사용할 수 있도록 남겨 두었다.

나는 비교적 배우기 쉽고 승리가 기술보다는 우연으로 판가름 나며, 경쟁적 요소를 없애거나 수정하기에 충분히 융통성이 있는 새로운 게임들을 선택했다. 제이슨은 공 던지기 게임을 하는 동안에 경쟁하는 것에 관심을 보이지 않았는데, 이는 초기 잠재기 연령의 아동의 특징과 일치한다.

어느 회기에서 회기의 반 동안 처음 몇 회기들을 상기하는 방식으로 게임 재료들을 샅샅이 뒤진 후에, 제이슨은 마침내 캔디랜드 게임을 하기로 정했다. 놀랍게도 그는 게임을 정확하게 착수했고, 게임의 말들을 배정했으며, 카드들을 차곡차곡 쌓아 놓으면서 그 게임에 친숙함을 나타냈다. 또한 그는 게임에서의 경쟁을 이해하고 있는 것으로 보였고, 도착 지점에 먼저 도달하고자 하는 소망을 표현했다. 이는 승리하고자 하는 것이 그가 게임을 하는 동기라는 점을 분명하게 해 주었다.

캔디랜드는 그 다음 몇 회기 동안 주로 사용되었다. 게임 놀이 과정은 치료적 수재들과 상호작용을 풍성하게 했다. 우리는 빈번하게 새로운 규칙들을 타협했고, 게임 안에 게임을 만들어 냈으며, 게임판에 기초해서 이야기를 만들어 내기도 했다. 특히, 내가 새로운 게임의 시작점에 다른 게임의 말들을 포함시키자고 제안한 후에 중요한 결과가 나타났다. 내가 초기에 제안했던 것들을 지키면서, 제이슨은 각 말들에 이름을 지어 주었다(종종 빅 버드 또는 배트맨과 같이 비위협적인 상상 속의 주인공 이름을 선택했다). 이번에 그의 선택들은 점차 집에 가까워졌다. 다음의 결과는 어떻게 게임 놀이가 투사적 스크린이 되고 자기표현을 위한 촉매제가 될 수 있는지를 예시한다.

(1) 12회기

	대 화	논 평
내담자	좋아요. 나는 자완, 선생님은 스티브, 이 사람은 폴라예요.	나는 그의 엄마 이름과 학교 친구 중의 한 명의 이름이 사용된 것을 알아챘다. 나는 이것이 엄마인지 그에게 묻지 않았다. 나는 그가 마음 속의 근심을 막 표현하려는 듯할 때 그것을 방해하는 모험을 하고 싶지 않았다.

치료자	[내 말을 가리키며] 이게 나라고?	
내담자	예. 나는 자완이고 이 사람은 폴라예요.	
치료자	좋아.	
내담자	폴라가 맨 마지막에 해요. [폴라 차례가 됐을 때 제이슨은 카드를 집었다] 나는 폴라를 가게 할 거예요. [그는 카드를 뒤집었다] 빨간색. 여기로 가야 해요. [그는 말을 긴 길의 끝 근처에 있는 빨간 광장으로 움직였다]	
치료자	너는 그녀를 거기에 놓았구나.	
내담자	예, 폴라는 길로 갈 필요가 없어요. 가고 싶은 곳으로 어디든지 갈 수 있어요.	
치료자	가고 싶은 곳 어디든지?	
내담자	[침묵]	
치료자	원하는 곳 어디든지 갈 수 있다고?	
내담자	예, 우리로부터 멀리 있어요.	
치료자	오케이. 우리 얘기하자. [나는 제이슨과 나의 말을 함께 움직여 서로 마주 보게 한 다음 내 말을 통해 그의 말에게 얘기를 했다] 안녕, 자완. 도대체 어떻게 폴라는 멀리 저기에 갔지? 그것은 규칙 위반이야.	나는 전에도 자기표현을 더 끌어 내기 위해 이런 기법을 사용한 적이 있는데 약간의 성공을 거두었다.
내담자	왜냐하면 폴라는 엄마기 때문에 아무 데나 갈 수 있어요.	
치료자	그녀가 거기에 가길 원하니?	
내담자	예, 엄마는 우리와 함께 있고 싶어 하지 않아요.	
치료자	왜?	
내담자	몰라요. 아마 혼자 있고 싶어서일 거예요.	

제이슨은 엄마에게 버림받는 것에 대한 걱정뿐만 아니라, 엄마와 사이가 소원해진 것에 대한 감정을 게임에 투사했다. 제이슨이 규칙을 변용시킨 것에 따라 게임은 계속되었고, 그와 나는 이전에 규정된 방식으로 말들을 움직였다. 제이슨은 게임판에서 폴라의 말과 자신의 말을 가능한 멀리 떨어뜨려 놓는 방식으로 움직였다. 폴라의 말이 게임

판 끝에 도달했을 때, 제이슨은 그 말을 게임의 시작점에 되돌려 놓아 그녀가 이길 수 있는 기회를 부정했다. 제이슨과 나는 실제로 게임을 하면서 앞뒤로 움직였고, 주인공들에게 이야기를 하면서 감정을 표현하고 말들을 움직였다. 이때 제이슨과 폴라 사이에는 의사소통이 전혀 없었다.

이 회기에서 제이슨과 나 사이의 현실적인 대화는 미비했다. 제이슨은 게임의 주인공들을 통해서 대화에 몰입할 수 있는 안전한 구실을 필요로 하는 것처럼 보였다. 다음에 제시되는 부분은 엄마에 대한 그의 감정이 보다 잘 드러난다.

	대 화	논 평
내담자	['폴라' 말에게] 좋아. 하하, 이제 너는 지팡이 사탕으로 돌아가야 해. [폴라를 길이 시작하는 지점 근처로 돌려보내는 것에 대한 즐거움을 명백히 표현하며]	
치료자	이제 그녀가 지고 있네. 너는 그게 행복하구나.	
내담자	예, 나는 폴라를 싫어해요. 그 여자는 망할 여자예요.	나는 제이슨이 마침내 자기 엄마에 대한 분노와 접촉하기 시작했다고 생각했다. 그러나 그는 빨리 과도하게 흥분하고 있어서, 나는 그가 그의 정동을 통제하는 것을 도울 필요가 있을 때 개입할 수 있도록 예의주시했다. 제이슨은 더 강한 존재에 의해 상처받는 느낌을 과장하고 있다.
치료자	그녀가 나빠?	
내담자	그럼요. 그 여자는 전에 감옥에 있었던 살인자예요. 정말, 정말, 정말 나쁜 사람이에요. 그 여자는 전에 큰 총으로 두 사람을 쏴 죽였어요. [그리고는 제이슨은 자기 말을 써서 폴라 말을 차버렸다] 거기 있어, 나쁜 년. [제이슨은 실컷 웃었다]	
치료자	[나의 말을 통해 이야기하면서] 자완, 너는 그녀에게 아주 화가 났구나.	
내담자	[자완으로서] 예, 나는 그 여자 아들이고 그 여자가 나에게 그렇게 했기 때문이에요.	
치료자	뭘 했는데?	

〈계속〉

내담자	엄마는 날 총으로 죽였어요. 그렇지만 엄마는 아주, 아주, 아주 좋은 엄마기 때문에 저는 엄마를 사랑해요.	나는 이것을 양가적인 애착 양상의 증거일뿐만 아니라 반동형성으로 간주했다.
치료자	너는 너의 엄마를 사랑하는구나.	이 시점에서 나는 제이슨이 더 현실적인 대화를 견딜 것이라는 희망에서 게임에 사용하는 말을 통해 얘기하는 것을 그만뒀다. 재결합에 대한 환상은 버림받은 감정과 싸우는 어린이들에게 핵심이다.
내담자	물론이죠. 선생님은 엄마를 사랑하지 않으세요? 모든 사람이 엄마를 사랑해요. 우리 엄마는 지금 아프지만 다 나으면 저를 집으로 데리고 갈 거예요. 그럼 난 큰 학교 버스를 타고 학교에 다닐 수 있을 거예요.	
치료자	너 엄마와 함께 살고 싶구나.	
내담자	가끔요. 저는 여기서 살고 싶기도 해요.	
치료자	너는 여기를 좋아하는구나.	
내담자	예, 그런데 저는 엄마가 어디 있는지 몰라요. 선생님은 엄마가 나를 기다리고 있다고 생각해요?	이 말은 제이슨이 대상에 대한 항상성이 결여되어 있음을 나타냈다.
치료자	너를 기다린다고?	
내담자	예, 집에서 나를 기다리고 있어요.	
치료자	집이 어디에 있지?	
내담자	니콜이 사는 곳이요. 또 여기, 여기도 나의 집이에요. 나는 집이 많아요! 좋아요. 게임 해요.	니콜은 그의 첫 번째 수양가정에서의 누이의 이름이다.

게임 놀이 과정 내내, 제이슨은 엄마를 향한 사랑과 분노의 양가적 감정, 대상 항상성의 결여 및 가족과의 낮은 유대감을 계속해서 표현했다. 그는 엄마와 연결된 집에 대한 안정된 정신적 표상을 가지지 못했기 때문에 거주기관의 많은 아이들도 공유하고 있는, 엄마가 집에서 자신을 기다리고 있다는 믿음을 지니고 있지 않았다. 그러나 그의 첫 번째 수양가족과 관계를 맺는 동안, 그는 자신과 그 가족 간의 결합이 영원히 깨졌다는 것을 꽤 정확하게 감지하였다.

너무 어린 나이에 경험했던 엄마의 상실, 즉 깨지고 상실되며 불완전한 관계에 대한 애도를 능동적으로 표현하는 데 게임 놀이는 중요한 매개체가 되었다. 그가 거의 6회기 동안 오직 캔디랜드만 하자고 고집한 것은, 갇혀 있었던 감정에 대한 수용 가능한 출구를 제공해 주는 데 이 게임이 효과적이었음을 입증한다.

제이슨과 나의 관계는 점점 강해졌고, 나는 내가 제이슨의 인생에서 중요한 대상이 되고 있음을 알았다. 그가 계속해서 놀이실에서의 한계와 내가 그를 해치거나 거부할지에 대하여 시험하기는 했지만, 일반적으로 그의 행동은 덜 도발적이 되었다. 그리고 그의 과잉행동은 여전히 심했으나, 그의 거주기관 부모와 교사의 보고에 따르면 공격성은 뚜렷이 감소되었다. 이 진전은 공격성의 원인을 손상된 대상관계로 귀속시키는 안나 프로이트의 이론과 일치되었다(Freud, 1949).

애도작업에 초점을 맞추는 동안, 제이슨의 놀이는 환상의 표현과 마술적 사고를 벗어나 현실주의와 규칙에 지배를 받는 행동 쪽으로 점차 변화했다. 그는 체커, 커넥트 4 및 트러블, 카드게임(War) 및 우노와 같이 단순한 경쟁 게임에 더 많은 관심을 보였다. 나는 제이슨이 캔디랜드의 가장 게임을 하는 동안, 종종 무의식적 주제의 분출로 무너졌던 그의 방어를 재건하기 위해서 그에게 약간의 시간이 필요할 것으로 추측했다. 또한 나는 제이슨이 그가 겪어 왔던 다른 상실과 연합된 고통스러운 감정들을 동화하기 시작했다고 느꼈다.

제이슨은 자신이 선택한 경쟁적인 게임과 관련하여 많은 규칙과 규제를 고수하는 데 어려움을 겪었다. 소근육 운동 게임을 위해서 우리가 창출한 일련의 의례적인 움직임의 재미있는 부분으로서 보여졌던 규칙들과 달리, 제이슨은 이 새로운 규칙들이 지나치게 제한적인 것으로 여기는 것 같았다. 그는 게임에서 상징적 공격성, 통제 포기 그리고 지는 것에 대한 위험을 다루는 데 어려움을 겪었다. 다음에 제시되는 놀이 계열에서, 이런 어려움들은 그의 신뢰 부족과 손상된 대상관계와 밀접한 관련을 보였다. 내가 치료의 전환점이 될 수 있겠다고 생각한 그 회기는 제이슨이 게임에서 자신이 새로운 규칙을 정하는 것에 대한 그의 생각들을 설명하는 것으로 시작한다.

(2) 22회기

	대 화	논 평
내담자	좋아요. 이제 선생님은 내 말을 더 이상 처음 위치로 보낼 수 없어요. 선생님 말이 내 말 위치에 오면 선생님 말이 처음 위치로 가야 해요!	

〈계속〉

치료자	그건 좋아. 그러면 네 말이 나의 말 위치에 오면 같은 규칙을 적용한다, 알았지?	
내담자	아니, 아니, 아니요. 선생님 말이 처음 위치로 가야 돼요.	
치료자	그렇지만 그건 공평하지 않아.	
내담자	자, 게임해요.	그는 여기서 현실을 무시하기 위해 최선을 다하고 있다.
치료자	너는 네가 이길 수 있도록 규칙을 바꾸고 싶구나, 그렇지?	
내담자	예, 나는 이겨야 해요.	
치료자	그러면 네가 최고가 되겠구나.	그의 우월해지려는 욕구는 그가 자기보다 낫다고 여겼던 수양가정에서의 누이와 연관되어 있다. 아마도 그녀가 그 가족과 계속 살고 있기 때문에 제이슨은 그녀를 시기하는 것 같았다.
내담자	저는 온 세상에서 제일 잘 해요. 아무도 나를 이길 수 없어요. 선생님은 니콜이 게임하기를 바래요?	
치료자	니콜?	
내담자	걔는 내 여자 형제예요. 걔는 항상 나를 이겨요.	
치료자	너는 걔를 절대 못 이긴다고?	
내담자	절대로요. 걔는 나보다 커요. 니콜은… 걔는 파란 말을 쓰면 되겠어요. [파란 말들을 가리키며 전에 우리가 그랬듯이 없는 사람을 게임에 포함시키려는 욕구를 나타낸다]	

이 게임 전체를 통해 제이슨은 가능할 때마다 자신에게 벌칙을 주며 속임수를 써서, 처음에 자신에게 유리하게 하고자 했던 원래의 욕구와는 완전히 반대되는 결과를 보였다. 그는 니콜이 게임을 이기도록 조작했다. 그는 이 게임을 하는 동안 슬퍼 보였고 집착되어 있었다.

	대 화	논 평
치료자	와, 너는 정말로 이 게임을 지고 싶었구나.	
내담자	어떨 때는 지는 게 더 좋아요. 나는 이 게임이 싫어요. 나는 항상 져요. 나는 형편없어요. 너도 형편없어! [자기 말들 중의 하나에 소리지르며]	
치료자	그렇지만 니콜이 게임을 이겼네.	
내담자	니콜은 아주 좋은 애예요. 그렇게 생각하지 않으세요? 걔는 엄마, 아빠가 있고 나는 엄마도 없어요. 아빠인 매니는 있지만 진짜 아빠는 아니예요.	그는 자신의 가치를 가족이 없는 것에 연관시키고 있다. 매니는 그의 수양부모들 중의 한 명이다.
치료자	너는 엄마가 있니?	
내담자	예, 선생님도 알아요. 폴라예요. 그렇지만 엄마는 기차를 항상 놓치기 때문에 나는 절대 엄마와 함께 살게 되지 않을 거예요. 엄마는 항상 친구를 도와야 해요.	엄마가 집에서 만나기로 한 약속을 어겼던 얘기를 하고 있다. 그녀는 거기에 오기 위해 통근 기차를 탔다.
치료자	그게 엄마가 너를 만나러 오지 않았던 이유구나.	
내담자	예. 제가 선생님을 언제 만나러 오죠? 매주 화요일인가요?	제이슨은 이제 나를 그의 인생에서 중요한 대상으로 간주하는 것처럼 보인다.
치료자	그래. 화요일과 목요일이야.	
내담자	좋아요. 이 게임을 영원히 치워요.	
치료자	영원히?	
내담자	선생님이랑 더 이상 게임을 하고 싶을 것 같지 않아요.	
치료자	너는 나를 더 이상 만나러 오고 싶지 않구나.	
내담자	그래요. [제이슨은 이것을 확실한 목소리로 말하면서 내 눈을 직접 쳐다보았다]	제이슨은 내 감정을 상하게 하고 싶었다.
치료자	글쎄, 그건 나를 매우 슬프게 하는구나.	
내담자	[제이슨은 화를 내며 게임판 위로 주먹을 내려치기 시작했다. 그는 말들을 내 머리 바로 위로 던지기 시작했다. 그런 다음 게임판을 잡고서 문 손잡이 위로 계속 내리쳐서 부러뜨렸다] 나는 선생님이 미워요. 나는 이 게임이 미워요. [흐느끼며]	그는 나를 자극하려고 하는 시도에서 퇴행한 행동을 했다. 이것은 그가 한동안 보여 주지 않던 행동이다.
치료자	제이슨, 나에게 화가 났니?	

〈계속〉

내담자	아니요. 저는 선생님을 그저 껴안고 싶어요. [제이슨은 나에게 와서 나를 아주 오랫동안 아주 세게 껴안았다]	
치료자	나는 네 친구야, 제이슨. 항상 너의 친구일 거야.	

제이슨은 지쳤고 더 이상의 탐색을 보류했다. 이 회기에서 여러 가지 주제가 나타났다. 지고자 하는 그의 욕구는 평가절하된 자기감을 반영하는데, 특히 수양부모에게 수용되고 사랑받았기 때문에 가치 있는 것으로 여겨졌던 자신의 의붓누이와 대조를 이루었다. 이것이 니콜이 승리할 만한 이유였던 것이다. 이 개입을 통해서 제이슨은 버림받고 거부당한 것의 자기애적 손상을 드러냈다.

니콜에 대한 기억이 떠오르기 전에, 그리고 이 게임을 내던지고자 하기 전에, 제이슨은 전지전능감과 같은 속이고자 하는 강한 욕구를 드러냈다. 비록 이상의 계열에서 그것의 출현이 명백하지는 않지만, 이 시점까지 치료과정을 통틀어서 제이슨의 놀이의 주제는 두 가지로 꽤 보편적인 것이었다. 나는 이런 행동들을 코헛(Kohut, 1871)이 낮은 자존감을 부인하기 위해 작용하는 보상적 방어기제로 설명하는 웅대함(grandiosity)의 징후로 해석했다. 이 회기에서 독특한 것은 제이슨이 전지전능하고자 하는 그의 욕구에 매달리는 대신, 상징적인 형태로 내재된 무가치감을 드러낸 것이다(예: 나는 무가치해요. 나는 이길 수 없어요. 오직 니콜만이 이길 수 있어요. 그녀는 사랑받을 만한 존재예요). 제이슨의 과대함을 추구하고 속이는 것과 관련된 욕구들이 이 회기 이후로 점차 줄어들었기 때문에 이 사건은 전환적 의미가 있는 것으로 보였다.

또한 제이슨은 이 회기에서 의식적으로 자신의 엄마에 대해 이야기하곤 했다. 그는 엄마의 부재와 연합된 누적된 실망감과 상실감을 이해하려고 노력하는 듯했다. 실제적으로 고독감과 유기에 대한 경험은 제이슨이 나와 함께 하고자 하는 자신의 욕구를 표현하도록 하였다. 이것은 반대로 나에 대한 거부를 나타나게 하기도 했다("나는 당신이 싫어요. 나는 더 이상 당신이 보기 싫어요."). 먼저 나를 거부함으로써 제이슨은 나에게 거부당한다는 생각으로부터 자신을 보호했다. 그 다음 몇 회기 동안은 제이슨과 나의 관계가 중심이 되었다. 나를 나쁘게 대하고 거부하는 것이 계속되었고 그것은 논의에 풍부한 소재가 되었다. 그가 결코 의식적으로 인정하지는 않았지만, 논의에서 제이슨은 나를 그의 인생에서 아버지상으로 상상했다는 것을 분명하게 드러냈다. 나는 가능한 부드럽게 제이슨이 가장 두려워하는 우리 관계의 현실, 즉 내가 그의 인생에서 영원히 함께 있을 수 없다는 것을 분명하게 설명했다. 제이슨은 그의 감정을 행동화하지 않고 이 사실을 받아들였다. 나는 이것을 그의 정서적 성장의 긍정적인 징후로 보았다.

제이슨의 성인과의 관계는 계속 개선되었지만, 또래에 대한 그의 공격성은 증가하였다. 다음 12회기 동안 상실에 대한 주제가 다시 나타났고, 그의 현재 환경은 또래와의 관계에 더 집중되어 있었다. 제이슨이 엄마와 과거에 대해 말하는 경향은 점점 줄어들었다. 그는 과거에 대해 점점 편안하게 느끼게 되었지만, 거부에 대한 그의 두려움과 불신은 여전히 꽤 남아 있었다. 이것은 그의 대인 간 문제의 핵심이었다. 아직 어렸기 때문에 제이슨의 관찰 자아는 상당히 덜 발달되어 있어, 특정한 심리 내적 갈등(예: 대상 항상성과 상실)이 행동과 관련된다는 통찰을 그다지 활용할 수 없었다. 그는 주로 의식적 자각의 바깥에서 발생된 미묘한 성격 구조의 변화를 통해서 행동의 많은 부분들을 향상시킬 수 있었다.

게임 놀이는 특히 제이슨이 다른 사람과의 상호작용을 하는 문제를 다루는 데 유용했다. 그는 이런 문제들을 게임 상황에 쉽게 투사했다. 즉, 게임에서 나, 제이슨 및 주인공의 말들이 여러 수준에서 전형적으로 수반되는 상호작용을 하는 상황에서 그러했다. 제이슨은 스토리텔링 카드게임과 같은 게임을 했다. 이 게임은 게임 세트에 있는 그림에 기초하여 이야기를 하는 것이다. 게임의 사용 설명서에 따라 게임자는 칩을 얻거나 여러 종류의 카드에서 하나를 고르기 위하여 회전판을 사용한다. 주사위를 사용하여 15개의 사람 모형 중 한 번에 몇 개를 사용할지 결정하고 자기가 만든 이야기를 하며 도덕적인 설명을 하거나 교훈을 말하면 칩을 받게 된다. 칩이 가장 많은 사람이 승리한다.

우리가 이전에 해 왔던 대부분의 게임처럼, 우리는 제이슨의 욕구와 능력에 맞추기 위해 이 게임의 규칙을 수정했다. 그는 내가 나의 이야기를 하기를 원했지만, 나는 우리의 이야기를 함께 하자고 타협했다. 그는 게임을 경쟁적으로 하자고 주장했고, 그래서 우리는 더 나은 이야기를 하는 사람에게는 칩을 더 많이 주기로 결정했다. 또 다시 제이슨은 게임에서 이기길 원했지만, 나는 그의 이야기에서 투사적 소재에 더 많은 관심을 가졌다. 그래서 나는 우리가 말했던 각각의 이야기들이 얼마나 가치가 있는지에 대한 그의 결정에 대하여 별다른 의의를 제기하지 않았다.

다음의 녹취록은 제이슨이 상호작용하는 데 가장 어려움을 보였던 거주기관의 또래들에 대하여 그가 그들의 의도에 대하여 어떠한 신념을 가지고 있었는지를 확실하게 밝혀

준다. 그 신념은 다른 아이들이 '그를 누르려고 한다'는 것이었다. 제이슨은 소년들이 자신에게 공격적이고 적대적일 것이라고 기대했다. 이 불안을 다루기 위하여 제이슨은 종종 먼저 공격하는 방식으로 행동했다. 이 왜곡된 지각은 공격적인 아동의 귀인 편파라고 명명되어 왔다. 연구 결과들은 공격적인 아동들이 보통의 아동들에 비해 도발의 증거가 적거나 없거나 또는 도발의 의도가 약한 상황에서조차 다른 아동들의 의도를 보다 적대적인 것으로 생각한다고 제안한다.

(3) 31회기

	대 화	논 평
내담자	[자기 이야기를 시작하면서] 좋아요. 이제 이 남자애와 여자애가 체커 게임을 하고 있어요. 그들이 앉고 있습니다. [말들을 각자의 편에 놓으며]	
치료자	그들이 체커 게임을 하는구나. 그래 다음에 무슨 일이 일어날지 궁금하다.	나는 제이슨이 이야기를 하다가 정말로 막힌 경우를 빼놓고는 실제로 이야기에 기여하기 이전에 항상 이끌어 주고 중립적이려고 노력한다.
내담자	그들은 말이 부족해요.	
치료자	말이 부족해?	
내담자	예, 그녀는 나보다 말이 많아요. 그건 공평하지 않아요.	
치료자	그녀가 이긴다는 말이니?	
내담자	아니요. 내 말은 시작할 때 여자애가 남자애보다 말을 더 많이 갖고 있다는 뜻이에요.	
치료자	알겠다. 그래서 어떻게 되니?	
내담자	글쎄요…그들은 둘 다 누가 없어진 말들을 훔쳐갔는지 알아내려고 노력해요.	
치료자	그래.	
내담자	예, 그들이 여기저기 찾아보고는 마커스의 침대 아래에서 빨간 말들을 찾았어요.	마커스는 같은 집에 살았던 제이슨과 사이가 나빴던 아이의 이름이다.
치료자	와, 걔 침대 밑에. 도대체 어떻게 말들이 거기에 갔지?	
내담자	글쎄요. 마커스는 우리가 체커 게임을 하고 싶다는 것을 알고 그저 우리 게임을 망칠 목적으로 말들을 훔쳤어요.	

〈계속〉

치료자	와, 너는 그걸 어떻게 아니?	
내담자	그냥 알아요. 걔는 항상 나를 골탕먹이려고 노력해요.	
치료자	그래서 그 다음에는 무슨 일이 생기지?	
내담자	그래서…알았다! 다음에 마커스가 체커 게임을 할 때 내가 호스로 사방에 물을 뿌려야지. [매우 기뻐서 말한다]	
치료자	집 밖에 있는 호스 말이니?	
내담자	예, 알았어요. 그것을 안으로 가지고 와서 그에게 물을 잔뜩 뿌릴 거예요.	
치료자	그러면 걔는 흠씬 젖겠구나.	
내담자	그러면 다시 한번 싸울 거예요. 그리고 내가 걔 이빨을 부러뜨리고 이길 거예요.	
치료자	그러니까 보자. 너는 걔가 너에게서 체커 말들을 훔쳤기 때문에 걔에게 물을 뿌린다는 거니?	
내담자	맞아요.	
치료자	글쎄, 걔는 그것을 다른 이유 때문에 훔쳤을지도 몰라. 아마 걔는 무언가를 자기가 가지고 싶었는지도 몰라. 어쩌면 그걸 자기 하키 게임에 쓸 필요가 있었을지도 모르지.	나는 제이슨과 내가 한 적이 있는 페니 하키 게임 얘기를 하고 있다.
내담자	예, 아마도요. 그럴 수도 있어요. 잘 알지는 못해요.	

게임 놀이 과정 동안 나는 또래들의 의도에 대한 제이슨의 가정에 도전하고, 그가 공격적인 의도 탓으로 귀인한 또래들의 행동에 대하여 대안적인 설명을 제공할 수 있었다. 또한 나는 제이슨에게 공정함을 호소했고, 그는 점차 그 생각을 이해하고 존중하였다. 나는 특히 그 아동이 정말 그를 해치기를 원하는지 확신하지 못할 때 복수심 같은 것으로 앙갚음하려는 것은 공정하지 않다고 말했다. 그의 인지를 변화시키는 데 목적이 있는 이 치료적 전략에 대하여 제이슨의 반응은 일관되지 않았다. 나는 또래에 대한 공격적인 행동을 이끄는 사건들을 그가 재해석할 수 있도록 돕기 위해, 나는 거주기관에서 제이슨과 함께 살고 있는 직원들에게 같은 유형의 치료적 전략을 사용하도록 권장했다. 이 개입은 대체로 간단하고 구체적이었기 때문에, 그의 가정 환경에서도 쉽게 적용할 수 있었다.

5. 결과 및 추수

학교의 휴일과 방학으로 중단되었던 것을 포함하여, 나는 2년 동안 일주일에 두 번 제이슨에게 놀이치료를 했다. 내가 직장을 옮겼기 때문에 2년 후에 치료를 종결했다. 제이슨은 그 다음 해까지 거주 치료기관에 머물렀다. 3년째 되는 해에 그는 그 치료기관의 다른 치료사에게 놀이치료를 받았다. 그 해 그의 엄마는 제이슨과 자주 만나지 않았기 때문에 어머니로서 공식적인 권리를 상실했다. 그녀는 간단히 그 사실을 받아들였고 대단위 연구에도 협조하지 않았다. 제이슨의 영구적 계획은 입양으로 바뀌었고, 그는 입양을 위한 대기자 명단에 올려졌다. 나는 첫 번째 입양 시도가 실패해 그가 되돌아왔다는 것을 알고 있었다. 그러나 두 번째 입양은 훨씬 잘 이루어져서 그는 그 가족에 남아 있게 되었다.

제이슨은 치료의 종결에 대한 어려움을 보였다. 몇 가지 중요한 퇴행적인 삽화가 일어났다. 몇 주에 걸쳐 그는 교실에서 떠나는 것을 거부했고 치료실로 가는 것을 투쟁하기조차 했다. 결국 우리는 이러한 어려움을 극복했고, 제이슨은 우리의 치료관계를 좋게 끝낼 수 있게 되었다. 우리는 나와 치료실, 그의 교실과 선생님들, 우리가 치료에서 함께 했던 시간에 대한 이야기를 포함하는 스크랩북을 함께 만들었다. 이것은 나의 떠남에 대한 제이슨의 적응에 중요한 도움이 되었고, 스크랩북은 그에게 일종의 전이적 대상이 되었다. 또한 나는 종결의 긍정적인 면을 보았다. 제이슨은 이제 다른 사람들처럼 자신의 인생에서 부딪치게 될 어떤 분리를 경험할 것인데, 그것이 자신의 나쁜 특성 때문이 아니라 자신의 통제 밖의 비개인적 사건 때문이라는 것을 경험할 것이다.

나는 치료에서 제이슨에게 엄마와의 빈약한 애착, 사랑하는 중요한 대상과의 분리, 그리고 학대당한 경험과 연합된 많은 상실들을 애도할 수 있도록 도왔다고 생각한다. 그는 자신을 사랑받을 만하고 가치 있는 사람으로 보기 시작했다. 비록 내 통제 밖의 일이기는 했지만, 놀이치료 개입의 타이밍은 중요했다. 치료가 시작되었을 때 나는 제이슨이 큰 문제를 갖게 될 것이라는 것을 알 수 있었다. 품행장애나 청소년 비행은 피할 수 없을 것처럼 보였다. 그러나 제이슨은 아직 어렸다. 그는 아직 부모상에 대한 불신을 모든 권위 있는 사람들에게로 일반화하지는 않았다. 그리하여 그는 나와 함께 보다 교정적인 정서적 관계를 발전시킬 수 있었다.

제이슨은 자신의 공격적이고 도발적인 행동을 의미 있게 감소시켰다. 그는 새로운 스트레스에 부딪치면 퇴행하는 양상을 보였었다. 과잉행동성 때문에 그는 계속 문제를 일으켰지만, 향정신성 약물은 특히 학교생활에서 약간의 향상을 가져왔을 뿐이었다. 전반적으로 나는 제이슨에게 놀이치료를 한 것이 그가 장차 발달해 가는 데 도움이 되었으며, 이전 행동들에서 빚어진 적대감과 거부의 악순환을 끊을 수 있게 했다고 믿는다.

6. 논의

이 사례는 내가 경험한 가장 만족스러우면서도 어려운 사례 중의 하나였다. 내가 처음 제이슨을 만났을 때, 나는 그를 과잉행동적이고 격렬한 갈등을 겪는 아이가 될 것으로 보지 않았다. 치료가 끝날 때 나는 그것이 부분적으로는 이루어졌다고 느꼈다. 확실히 나아지기는 했으나, 그는 여전히 정서적, 사회적 기능상에 어려움을 보였다. 제이슨 앞에 많은 어려움이 놓여 있고, 그는 자기확증적 방식으로 변화를 이해해 주고 의지할 만한 좋은 친구가 필요할 것이다.

나는 치료 회기 동안에 해 왔던 게임 놀이의 치료적 효과성에 매우 기뻤다. 게임 놀이는 놀이에 대한 제이슨의 저항을 무너뜨렸다. 게임 놀이는 그의 과잉행동적인 면을 감소시켜 주었다. 따라서 그는 치료과정에 참여하여 나에 대한 신뢰를 쌓을 수 있었다. 게임 놀이는 빈 스크린이 되었고 제이슨은 그곳에 자신의 심리적 삶의 측면들을 투사하였다. 마지막으로 제이슨이 자신의 두려움, 상처, 희망 및 욕망에 직면할 수 있게 되었고, 이어 보다 새롭고 적응적인 사고 및 행동 방식을 배울 수 있었다는 점에서 게임 놀이치료가 적당한 치료양식이라는 점은 입증되었다.

내가 게임 놀이의 효과에 대해 놀랐던 것은 내가 치료를 시작할 때 게임 놀이의 잠재적 제한점으로 간주했던 걱정들이 완화되었기 때문이었다. 나는 다양한 게임의 법칙과 규제들을 제시하는 것이 제이슨의 자기표현을 방해할 것이라고 걱정했다. 이전에 내가 치료에서 했던 게임 놀이의 많은 부분은 더 나이든 잠재기의 아동(8~12세)을 대상으로 한 것이었고, 그들은 일반적으로 게임의 법칙을 따르는 데 훨씬 많은 관심을 가지고 있었다. 이런 아이들과 함께 하면서 나는 게임 밖에서 전형적으로 발생하는 갈등적 소재들에 대한 정서적 표현들과 논의들을 알게 되었다.

제이슨이 나에게 준 교훈은, 만약에 게임자들에게 의지가 있다면 어떠한 게임도 규칙을 벗어나지 않는 행동이 될 수 있도록 그 게임의 구조와 요구 조건을 완화하기 위해서 수정할 수 있다는 것이다. 치료자는 이야기와 환상을 쉽게 치료에 도입할 수 있다. 게임의 말들이 주인공이 되고, '도착지(home)' 에 도달하고자 하는 목표는 분리와 재통합에 대한 은유가 되며, 게임자들의 상호작용은 아동의 대처 기술과 상호작용 양식의 표현이다.

반면에 치료자는 게임의 지시 사항에 나타나 있는 것 이상으로 더 많은 구조를 만들기 위하여 행동에 대한 새로운 규칙과 규범을 소개할 수도 있다. 게임의 유연성은 게임을 특히 제이슨에게 더 알맞게 만들 수 있다는 것이었다. 초기에 제이슨은 게임의 구조에 의지했고, 나의 높은 수준의 지도에 힘입어 놀이과정에 가담하게 되었다. 동작 게임들은 제이슨을 위협하는 비구조적 놀이에 대한 대안이 되었다. 나중에 그는 치료에서 덜 구조화된 접근방법을 요구했고, 결국 게임은 표현을 촉진하는 데 유용하다는 것이 입증되었다.

참고문헌

Ainsworth, M. D. S. (1979). Infant-mother attachment. *American Psychologist, 34*, 932-937.

Barkley, R. (1990). *Attention Deficit Hyperactivity Disorder: A Handbook for Diagnosis and Treatment*. New York: Guilford.

Baumeister, R. F. (1986). *Identity: Cultural Change and the Struggle for Self*. New York: Oxford University Press.

Baumeister, R. F. (1987). How the self became a problem: a psychological review of historical research. *Journal of Personality and Social Psychology, 52*, 163-176.

Baumeister, R. F., and Senders, P. S. (1988). Identity development and the role structure of children's games. *The Journal of Genetic Psychology, 150*, 19-37.

Beiser, H. R. (1979). Formal games in diagnosis and therapy. *Journal of Child Psychology, 18*, 48-490.

Berlin, I. N. (1986). The use of competitive games in play therapy. In C. Schaefer and S. Reid (Eds.), *Game Play: Therapeutic Uses of Childhood Games*. pp. 197-214. New York: Wiley.

Bow, J. N., and Goldberg, T. E. (1986). Therapeutic uses of games with a fine motor component. In C. Schaefer and S. Reid (Eds.), *Game Play: Therapeutic Uses of Childhood Games.* pp. 243–256. New York: Wiley.

Cooper, S., and Wanerman, L. (1977). *Children in Treatment: A Primer for Beginning Psychotherapists.* New York: Brunner/Mazel.

Dodge, K. A., and Frame, C. L. (1982). Social cognitive biases and deficits in aggressive boys. *Child Development, 53*, 620–635.

Dodge, K. A., and Newman, J. P. (1981). Biased decision making processes in aggressive boys. *Journal of Abnormal Psychology, 90*, 375–379.

Erikson, E. (1968). *Identity: Youth and Crisis.* New York: W. W. Norton.

Farber, E. A., and Egeland, B. (1987). Invulnerability among abused and neglected children. In E. J. Anthony and B. J. Cohler (Eds.), *The Invulnerable Child.* pp. 253–288. New York: Guilford.

Freud, A. (1949). Aggression in relation to emotional development. In *The Writings of Anna Freud,* 1967–81, Vol. *3*. pp. 118–131. New York: International Universities Press.

Freud, A. (1970). The concept of the rejecting mother. In E. J. Anthony and T. Benedek (Eds.), *Parenthood: Its Psychology and Psychopathology.* pp. 376–386. Boston: Little, Brown.

Frey, D. E. (1986). Communication boardgames with children. In C. Schaefer and S. Reid (Eds.), *Game Play: Therapeutic Uses of Childhood Games.* pp. 21–40. New York: Wiley.

Gardner, R. A. (1986). The game of checkers in child therapy. In C. Schaefer and S. Reid (Eds.), *Game Play: Therapeutic Uses of Childhood Games.* pp. 215–232. New York: Wiley.

Gardner, R. A. (1988). *The Story Telling Card Game.* Cresskill, NJ: Creative Therapeutics.

Green, A. H. (1978). Psychiatric treatment of abused children. *Journal of the American Academy of Child Psychiatry, 17*, 356–371.

Guttman, H. A. (1989). Children in families with emotionally disturbed parents. In L. Combrinck-Graham (Eds.), *Children in Family Contexts: Perspectives on Treatment.* pp. 252–276. New York: Guilford.

In, P. A., and McDermott, J. F., Jr. (1976). The treatment of child abuse: play therapy with a 4-year-old child. *Journal of the American Academy of Child Psychiatry, 15*, 430–440.

Kohut, H. (1971). *The Analysis of the Self: A Systematic Approach to the Psychoanalytic Treatment of Narcissistic Disorders.* New York: International Universities Press.

Loomis, E. A. (1957). The use of checkers in handling certain resistances is child therapy and child analysis. *Journal of the American Psychoanalytic Association, 5*, 130–135.

Mahler, M., Pine, F., and Bergman, A. (1975). *The Psychological Birth of the Human Infant: Symbiosis and Individuation.* New York: Basic Books.

Martin, H. P. (1972). The child and development. In H. C. Kemp and R. E. Helfer (Eds.), *Helping the Battered Child and his Family.* pp. 94−103. Philadelphia: Lippincott.

Masur, C. (1991). The crisis of early maternal loss: unresolved grief of 6−year−old Chris in foster care. In N. B. Webb (Ed.), *Play Therapy for Children in Crisis: A Casebook for Practitioners.* pp. 164−176. New York: Guilford.

Mead, G. H. (1934). *Mind, Self, and Society.* Chicago: University of Chicago Press.

Meeks, J. (1970). Children who cheat at games. *Journal of Child Psychiatry, 9,* 157−174.

Meichenbaum, D., and Goodman, J. (1971). Training impulsive children to talk to themselves: a means of developing self−control. *Journal of Abnormal Psychology, 77,* 115−126.

Mitchell, E. D., and Masson, B. S. (1948). *The Theory of Play.* New York: Burns.

Morse, C. W., Sahler, O. J., and Friedman, S. B. (1970). A three−year follow−up study of abused and neglected children. *American Journal of Diseases in Children, 120,* 439−446.

Nasby, W., Hayden, B., and dePaulo, B. M. (1979). Attributional bias among aggressive boys to interpret unambiguous social stimuli as displays of hostility. *Journal of Abnormal Psychology, 89,* 459−468.

O'Connor, K. J. (1991). *The Play Therapy Primer.* New York: Wiley.

Osofsky, J. D., and Connors, K. (1979). Mother−infant interaction: an integrative view of a complex system. In J. D. Osofsky (Ed.), *Handbook of Infant Development.* pp. 519−548. Lexington, MA: Lexington Books.

Peller, L. E. (1954). Libidinal development as reflected in play. *Psychoanalysis, 3,* 3−11.

Piaget, J. (1962). *Play, Dreams, and Imitation in Childhood.* New York: W. W. Norton.

Reid, S. E. (1992). Game play. In C. Schaefer (Ed.), *Therapeutic Ingredients of Childhood Play* (2nd ed.). pp. 323−348. New York: Jason Aronson.

Remkus, J. M. (1991). Repeated foster placement and attachment failure: the case of Joseph, age 3. In N. B. Webb (Ed.), *Play Therapy for Children in Crisis: A Casebook for Practitioners.* pp. 143−163. New York: Guilford.

Schachter, R. S. (1986). Techniques of kinetic psychotherapy. In C. Schaefer and S. Reid (Eds.), *Game Play: Therapeutic Uses of Childhood Games.* pp. 95−107. New York: Wiley.

Serok, S., and Blum, A. (1983). Therapeutic uses of games. *Residential Group Care and Treatment, 1,* 3−14.

Sroufe, L. A., and Waters, E. (1977). Attachment as an organizational construct. *Child Development, 48*, 1184–1199.

Strachey, J. (1962). *The Standard Edition of the Psychological Works of Sigmund Freud. Vol. 1.* London: Hogarth.

Sutton–Smith, B., and Roberts, J. M. (1971). The cross–cultural and psychological study of games. *International Review of Sport Sociology, 6*, 79–87.

Swanson, A. J. (1986). Using games to improve self–control deficits in children. In C. Schaefer and S. Reid (Eds.), *Game Play: Therapeutic Uses of Childhood Games.* pp. 233–242. New York: Wiley.

Willock, B. (1987). The devalued self–a second facet of narcissistic vulnerability in the aggressive, conduct–disordered child. *Psychoanalytic Psychology, 4*, 219–240.

17
둘씩 둘씩: 부모-자녀 관계 놀이치료

Louise F. Guerney, Ph.D., & Ann D. Welsh, M.S.

1. 부모-자녀 관계 놀이치료 소개

부모가 자녀들을 위해 — 전문가의 긴밀한 지도 및 감독을 받으면서 — 변화의 대행자로서 작용한다는 개념이 일상현장에 있어온 것은 거의 30여 년이나 되었다(Axline, 1969; Guerney, 1983). 부모-자녀 관계 놀이치료(Filial Therapy: 이하 FT)에 대하여 다수의 옹호자들과 상당한 경험적 증거들이 있음에도 불구하고, 이 개념을 사용하는 방법은 폭넓게 활용되지 않고 있다. 그 이유를 확실히 알 수는 없지만, 우리가 비공식적으로 논평을 하자면, 많은 치료자들은 부모가 물리적 또는 심리적으로 너무나 활용 가능하지 않기 때문에 아동의 놀이치료에서 파트너가 될 수 없다고 생각한다. 또는 일부 아동치료자들이 지적한 것처럼, 그들은 진정으로 부모와 직접적으로 작업하는 방법을 모를 수도 있다. 그래서 그들은 부모를 이해하기 위해서 다른 전문가에게 의지한다. FT는 놀이치료자에게 부모와 가족 치료에서 치료자의 역할을 확장시키는 데 의미 있는 방법을 제공한다(Guerney, 1983; Guerney & Guerney, 1985). 놀이치료자는 엑슬린(Axline, 1969)의 아동중심 놀이치료의 방법으로 부모를 교육하고 지도감독할 수 있다. 이 강력한 방법은 아동 및 부모 모두의 행동을 변화시키기 위한 수단이 된다.

우리는 이 사례연구를 통해서 보다 많은 임상가들이 FT를 활용하는 것이 상당한 장점이 있으며, 더 중요한 것으로 치료하고 있는 아동 내담자에게 도움이 된다는 점을 알게 되기를 바란다. 우리는 임상가들이 자신들의 치료적 레퍼토리에 FT를 포함시켜서 역량을 증진시키는 것에 관심을 갖는다. 치료자들이 FT를 활용한다면, 일반적으로 상상하는 것 이상으로 훨씬 더 좋은 결과를 성취할 것이다. 예를 들면, 시내 아동복지기관에서 학대적인 엄마를 치료하는 경우를 들 수 있다. 자신의 자녀를 치료하는 데 부모에게 실질적인 역할을 할당하는 것은 자녀의 삶에서 부모의 중요성에 대한 인식뿐만 아니라, 부모가 자녀에게 파괴적인 영향보다는 긍정적인 영향을 줄 수 있다는 강력한 메시지까지 주는 것이다. 부모-자녀 관계에 대한 이런 희망적인 메시지는 부모에게 새로운 정보와 전문적인 도움을 받아들일 수 있는 개방적인 태도를 창출하게 한다. 더욱이 FT 방법은 특별한 지도와 부모가 자녀와 상호작용하는 것에 대한 관찰을 요구하기 때문에, 부모에게 단순히 모호한 조언을 주는 것으로 끝내지 못한다. 치료자가 다음과 같이 말하는 경우를 예로 들어 보자. "당신의 아이는 부모의 관심을 끌려고 해요. 부모님께서는 보다 자주 관심을 보여 주는 방법을 찾아보셔야겠네요." 일반적으로 엄격한 행동주의 접근방법을 제외하고, '찾아보라고 하는 것' 은 자녀에게 보다 활용 가능하고 기민해질 수 있는 것에 대하여 몇 가지 제안을 하는 것보다 더 못한 것이다. 피드백과 함께 구체적으로 지도하는 것이 놀이 회기 맥락에서 언제나 훨씬 더 용이하다. 일부 임상가들은 부모들에게 놀이치료를 할 만한 장소가 없다고 걱정하지만, 그들이 FT 방법이 유용하다고 확신한다면 가능한 방법을 찾을 수 있을 것이다. 앞서 언급한 시내 아동복지기관을 예로 들면, 사회사업가들은 부모들에게 그들의 사무실(이상적이지는 않지만)에서 놀이를 하도록 하는데, 부모에게 가정 상황에서 차별적으로 다룰 수 있는 방법을 말로만 설명해 주는 것보다 효과적이었다.

부모가 자녀에 대한 변화 대행자로서 작용할 수 있다는 기대는 치료자에게 부모를 교육하는 동안 그들에게 극단적으로 지지적이어야 한다는 부담을 지운다. FT 치료자는 부모의 책임감과 의무에 대한 걱정, 놀이 회기에서 구체적 행동을 수행하는 데서의 어려움, 그리고 자녀들이 공감적으로 의사소통을 시도하려고 하는 것에 대한 이해들을 다루어 주어야 한다. 공감은 앞서가는 반응을 하게 하는 경향이 있기 때문에, 부모들은 이 시

수용적인 역할을 하면서 '특별 시간' 을 갖도록 한다. 4단계에서 FT 치료자는 대개 놀이치료실을 넘어서 일상생활로 전이되는 데 필요한 부가적 양육 기술을 교육한다. FT 치료자는 교재로 가정 양육기술 훈련을 위한 자원으로서 『양육: 기술훈련 지침서(Parenting: A Skills Training Manual)』(Guerney, 1988)를 사용한다.

FT 치료자는 부모에게 모든 자녀를 참여시키도록 격려하는데, 이는 부모의 관심을 얻기 위해서 경쟁하는 것을 예방하고 의뢰된 아동만이 문제로서 지목되는 것을 막기 위해서다. 또한 만일 가족치료자들이 생각하는 대로 병리가 진행되는 것이라면, 이런 방법은 예방적 행위로 작용될 수 있다.

4) 기본적인 절차의 변형

참여하는 아동과 부모의 어려움에 맞게 치료방법의 중요한 부분을 수정한다고 할지라도, FT는 건실하고 효과적인 방법이다. FT 놀이 회기는 늘 한 명의 아동과 한 명의 부모로 이루어지기 때문에, 임상가들은 때로 여러 명의 자녀와 각각 개인 놀이 회기를 수행해야 할 필요가 있다는 것에 주의를 둘 필요가 있다. 특히, 한 명의 부모만이 관여되는 경우에 그렇다. 부모가 한 명만 있는 상황이 많아질 때 이 점은 정말로 쟁점이 된다. 여기서 덧붙이고 싶은 것은 두 명의 부모가 모두 있는 가정에서 오직 한 명의 부모만이 FT에 참여하는 경우에 문제가 될 수 있다는 것이다. 두 명의 부모 모두가 참여하는 것을 분명히 선호하기는 하지만, 이것이 비현실적인 기대일 수 있기 때문에 한 명의 부모만 참가한다고 해서 FT 적용을 배제해서는 안 된다. 우리의 연구 결과에 따르면(예: Guerney & Stover, 1971), FT에 엄마만 참여하여도 임상적으로 유의미한 호전을 보였다.

부모의 부담을 덜어 주기 위해서 놀이 회기의 배열을 바꾼다고 해도 일주일에 2회기 이상을 해서는 안 된다. 표적 아동(의뢰된)은 항상 주마다 회기를 하게 되지만, 부모는 아마도 필요성이 덜한 다른 자녀와의 놀이는 격주로 할 것이다. 만일 부모 두 명이 한 명의 표적 아동과 놀이를 하고 다른 자녀가 없다면, 그 아동은 주 2회 회기를 하는 것이 된다. 이것이 부모에게 지나치게 부담이 된다면, 부모가 한 주씩 번갈아 가며 할 수도 있다. 중요한 원칙은 부모에게 그 과제가 할 만한 것이 되도록 하여서 놀이를 중단하지 않게 하는 것이다. 우리는 FT가 부모에게 계속할 만한 계획으로 받아들여지기에 충분히 건실하다고 자부한다. 물론 여러 회기를 연달아 빼먹어서는 안 된다. 어떠한 종류의 치료법을 제정하는 것은 아니다. 회기가 가정에서 수행된다고 하더라도, 치료자는 최소한 격주로 부모와 전화 통화를 하거나 만나야 한다. 그렇게 하면 부모들이 FT를 계속해 나갈 만하다고 느끼게 될 것이다. 극단적인 경우에 부모가 실제적 이유(예: 장기화된 질병)로 포기하거나 단순히 협력에 실패한다면, 전문적인 놀이치료자가 놀이치료 회기에서 아동을 치료할 수 있다.

5) 가정에서의 치료 회기 대 상담소에서의 치료 회기

원래 개발된 FT에서는 부모들이 놀이 회기를 수행하는 데 충분히 익숙해지면 가정에서 놀이 회기를 수행하는 절차를 사용한다. 그러나 대부분의 임상가, 특히 사설 상담소의 경우에서는 모든 부모-자녀 회기를 상담소에서 수행하도록 계획하고, 치료자는 가정에서의 회기 없이 모든 회기를 관찰한다. 부모의 놀이 회기 이후에는 피드백이 주어지는데, 이때 가정에서의 진전에 대하여 논의를 하며 치료 시간을 계획한다. 이런 방법은 가정에서 놀이를 할 시간이 없거나, 놀이를 할 만한 장소가 없는 부모에게 활용하면 매우 효과적이다. 저자들은 부모가 가정에서 놀이 회기를 하고 피드백과 무관하게 회기를 진행시키는 것을 좋아한다. 우리는 이런 형태가 부모들이 놀이 회기에서 배운 기술과 태도를 외부 세계로 보다 쉽게 이행하도록 해 준다고 생각한다. 또한 우리는 소규모 집단으로 FT 작업을 하는 것을 선호하는데, 이를 통해 집단 지지라는 이득을 얻을 수 있기 때문이다. 가정에서 회기를 해 보는 것은 이런 소규모 집단 회기를 계획하는 것을 용이하게 한다.

그러나 이 장의 후반에 기술하겠지만, 때로 부모들이 가정에서 놀이를 하면 안 되는 때가 있다. 그럴 때 우리는 부모들을 치료실로 오게 해서 놀이 회기를 갖도록 한다. 정규적인 만남 동안 부모가 놀이 회기를 계속해서 보여 주고 우리는 부모를 관찰한다. 또한 우리는 부모에게 우리가 관찰하지 않은 회기에 대하여 서면으로 작성된 보고서를 제출하도록 한다.

부모가 가정에서 놀이 회기를 수행하는 곳에서의 전형적인 만남은 다음과 같은 계열에 따른다.

① 치료자가 관찰하는 동안 부모들은 각 자녀와 15분 정도 놀이 회기를 각각 수행한다(대개 매번 만날 때마다 이와 같은 회기를 두 번 갖는다).

② 치료자와 부모는 놀이 회기에 대하여 논의를 하며, FT 치료자는 부모에게 강화를 해 준다.
③ 놀이를 한 부모는 실생활에서 자녀, 부모-자녀 및 부모의 문제들에 대하여 이야기 한다.
④ 치료자는 다음 번 만남을 계획하고 부모에게 가정 실습을 하도록 필요한 과제를 내준다.

놀이치료 회기가 가정에서 이루어질 때의 장점 중의 하나(치료실에서는 오직 짧은 예증만을 관찰하지만)는 만일 회기가 구술된다면 FT 치료자는 2주 또는 3주마다 관찰과 논의를 위한 만남을 가질 수 있다는 점이다. 부모들은 어떤 문제에 대하여 치료자에게 전화를 걸어 격려를 받으면서 회기를 계속해 나간다. 놀이 회기와 관련된 문제가 제기되면 FT 치료자는 보다 잦은 상담을 계획한다. 지정학적 측면에서 상담소에 오가는 것이 어렵다면, 규칙적인 상담의 빈도를 줄일 수 있고 실제적인 측면에서 부모-치료자의 만남을 전화로 계획할 수도 있다.

부모-자녀 가정 놀이 회기를 없애는 것의 수요 장점은 FT 지료자가 성규적 치료 회기에서 수행하는 것 이상의 부가적인 상담소 회기를 관찰할 필요가 없다는 것이다. 이것은 FT에 요구되는 시간을 줄여 준다. 우리가 알고 있는 바, 가정에서는 하지 않고 상담소 장면에서만 놀이를 했을 때 놀이 회기에서 배웠던 기술 및 태도를 실생활로 이행되는 것이 저하되는지를 알아본 연구는 없었다.

2. 문제와 배경자료

펜실베이니아 주립대학의 개인 및 가족 상담센터에서, FT 치료 추천에 관해서 우리가 던지는 유일한 질문은 "이 사례에 FT가 적절할까, 적절하지 않을까?" 다. 대개 다른 치료에서 던지는 진단적 질문은 "치료자들이 제공할 수 있는 것 중에서 어느 유형의 치료가 가장 좋을까?" 다. 이와 달리, 우리는 아동과 부모에게 이득이 돌아가기 위해서는 어느 정도까지 FT를 적용할 것인지에 대하여 질문한다. 우리는 센터에서 제공하는 서비스를 FT와 놀이치료로 제한하고 있다. 그렇게 하는 것은 실행이 가능한 한 FT가 가장 유용한 치료라고 믿기 때문이다. 앞서 논의한 것처럼, 부모가 훈련생으로서 가용하지 않다면, 우리는 전문적 치료자가 수행하는 놀이치료를 추천하고 부모에게 양육 기술을 가르친다. 만일 평가 결과로 다른 방법이 제안된다면, 예컨대 행동치료나 정신과적 방법이 보다 적절하다면, 우리는 그 가족에게 다른 적당한 서비스기관과 연결될 수 있도록 돕고 의뢰를 해 준다.

여기에 기술되는 오스틴 가족(또는 빌리 가족) 사례의 경우에, 양쪽 부모 모두가 놀이 회기를 할 수 있고 그들에게 적당한 지도감독을 제공해 줄 수 있다는 것이 분명해서, 우리는 많은 선택권을 갖는 FT가 적절하다고 결론지었다. 우리는 부모를 4~8인의 집단에 참여시키려고 했으나, 그때 시작되는 집단이 없어서 2~3개월 정도 대기하도록 해야만 했다. 대기하면서, 부모들이 매우 치료적이라고 여기는 두 차례 접수 회기와 그들을 압박하는 문제를 다루기 위한 추가적인 치료 전 모임을 가졌다. 일부의 경우에 우리는 다음과 같은 문제가 있다면 즉각적으로 치료를 시작한다. 즉, (a) 아동과 부모가 경험하는 스트레스 수준이 높거나, (b) 가족이 곧 이사를 갈 예정이거나, (c) 외부(예: 학교)로부터 변화에 대한 압력이 있는 경우다.

오스틴 가족은 맨 마지막 범주에 해당되었다. 유치원 직원은 빌리가 다른 아동들에게 너무나 공격적이라고 호소했다. 종결되는 집단이 없었기 때문에, 우리는 이 가족에게 단일 가족형(single family variation)을 적용했다. 두 번째 변형은 이 가족에게 처음으로 적용한 것인데, 그 이유는 비좁은 공간 때문에 가정에서 놀이 회기를 수행할 수 없어 그들의 회기를 상담소에 와서 해야만 했기 때문이었다. 세 번째 변형은 상담소에서 시행된 가족 회기의 일부분에 관찰과 지도감독이 포함되었던 것이다. 즉, 전형적으로 이 회기들은 지도감독되지 않으며, 주마다 치료자와 함께 하는 모임과는 분리되고 독립적인 것이다. 이 장의 제2 저자고, FT 고급 훈련과정을 이수한 앤 웰쉬(Ann Welsh)는 빌리의 부모들이 초초하게 즉각적인 피드백을 원한 것에 대한 반응으로 이 추가적인 요소를 추가하고자 했다. 일단 그들이 상담소에서 놀이하는 것을 중단하였을 때, 나(A.W)는 가족이 정규 회기 이외의 놀이 회기를 관찰하지 않았다. 이 당시 부모들은 자신들만으로 회기를 수행하는 능력에 상당한 자신감을 느꼈다.

이 장에서 이 사례를 선정한 이유는 부분적으로 이러한 변형들 때문이다. 또한 피드백이 치료자와 집단 간에 교환된 것이 아니라 단일 가족에게 이루어졌기 때문에, 이 사례가 독자들에게 보다 명료하게 전달될 것이라고 생각했다. 우리는 집단에서 피드백에 상당한 가치를 두며 부모들 간의 교류를 격려한다. 그러나 보고된 피드백을 논의한 분량은 독자들이 따라가기에 부담이 될 수 있다.

이 사례를 선정한 또 다른 이유는 의뢰되지 않았으나 빌리의 누나에게 문제가 있음이 명백했고, 그것이 놀이 회기를 통해 드러남으로써 부모가 그것을 이해하게 되었다는 점 때문이었다. 부모들은 18회 정규회기가 모두 끝나기 전부터 가정에서 자녀들을 보다 효과적으로 다룰 수 있게 되었다.

1) 가족 배경

오스틴 가족은 4개월 반 동안 FT 훈련을 받았다. 빌리(4세 11개월)의 교사가 가족을 의뢰한 이유는 빌리가 교실에서 다른 아동을 뛰어넘고 소리를 지르는 등의 파괴적인 행동을 보였기 때문이었다. 빌리는 학교 수업을 싫어했고, 가정에서 공격적이었으며, 친구가 없었고, 시각과 운동 및 언어적 결함이 있었다. A부인(빌리의 엄마)은 아들을 영리하고 사랑스러우며 온순하기도 하지만, 공격적이고 자존감이 낮은 아이로 묘사했다. 엄마는 빌리의 사회적 기술을 향상시키고 싶어 하는 욕구를 인식했다. 빌리는 놀이치료 접수 회기에서 교사와 부모가 묘사하는 것과 일치하는 공격성을 표현했다.

빌리의 문제에 덧붙여서, 엄마는 베스(9세 4개월)에 대해서도 매우 걱정을 하고 있다는 점이 분명해졌다. 엄마는 지배적이고 과잉통제적인 베스와 애증관계에 있다고 말했다. 엄마는 베스가 부부 사이에 끼어든다고 느꼈다. 통제하려고 드는 베스의 행동은 세 명의 자녀(3세 여아로 문제가 없어 보이는 조이 포함)가 모두 포함된 접수 놀이 회기에서도 드러났다.

오스틴 가족의 생활은 완전히 혼란스러웠다—그들은 일과가 없었고 계획도 비규칙적이었다. 수입은 상대적으로 적었다. 빌리의 아빠는 기초도안자고, 엄마는 어린이집에서 시간제로 주방일을 했다. 그들은 비좁은 아파트에 살았으나 더 큰 집으로 이사하기를 희망했다. 그러는 동안, 그들의 매일의 일과를 구조화하는 데 문제들은 더욱 어려워졌다. 예컨대, 잠자리, 식사시간 또는 외출 준비하기가 그러했다. 아이들은 종종 10시 또는 11시 전에 잠을 자지 않았다. 특히, 베스의 잠자는 시간 문제가 심각했다. 졸릴 때만(자정에서 새벽 2까지) 자러 갔고, 부모가 자신이 잠들 때까지 옆에서 지켜 줄 때만 자러 갔다. 이는 부모가 먼저 잠이 들었다면 밤을 새운다는 것을 의미했다. 그리고 부모가 혼자서 자러 가라고 하면, 베스는 자정 이후까지도 소리를 질러서 때로 베스와 한방을 쓰는 조이를 깨우기도 했다. 엄마는 아이였을때 베스를 신체적으로 학대했다고 고백했다. 엄마는 자신이 가족을 학대하는 것을 막기 위해서 애를 썼으며, 화가 나서 통제할 자신이 없을 때는 30분 이상 화장실에서 문을 잠그고 나오지 않았다고 말했다.

3. 이론적 개념화

최초 면접 동안, A부인은 베스와 빌리의 문제에 대해서 아주 잘 인식했으나 FT를 하는 것에는 주저했다. 그녀는 자녀들에게 놀이치료를 하는 것을 선호했다. 두 번째 접수상담에서 부모는 모두 참석했고 다음과 같은 점들에 대하여 도움이 필요하다고 말했다. 즉, (a) 자녀들과 의사소통하는 것, (b) 베스에게 자신이 아이라는 점을 깨닫게 하는 것, (c) 빌리의 사회적 기술을 향상시키는 것이다. 되풀이되는 문제는 베스가 부모와 가족 활동을 통제하려고 하는 것에 대한 부모의 걱정이었다. 부모 모두는 베스가 자신을 성인으로 생각하고 있으며, 그녀가 가족을 통제할 수 없다는 것을 알 필요가 있다는 것에 동의했다. 그들은 취침 시간의 문제와 형제 간 경쟁의식에 대해서도 얘기했다. 그들은 자신들의 가정생활을 조절하는 데 무능하다는 것에 좌절감을 느꼈다.

이 접수상담을 하기 이전에, A부인은 상담기관에서 두 차례 상담을 받았었다. 처음의 경우에 그녀는 2회기로 계획된 접수 회기 중 첫 번째 회기를 참석했고 그 당시 치료를 계속하지 않기로 했다. 두 번째 경우는 전화로 치료 기간에 대해서 문의를 했고 접수상담의 양식을 우편으로 보내 달라고 요청했지만 상담을 하러 오지 못했다. 그녀는 빌리의 발달이 미숙한 팔을 수술해야 했기 때문에 아무것도 할 수 없었다고 했다. 이 세 번째 접촉은 신중한 관여를 가져왔다. 이는 앞선 접촉이 약 2년 경과한 후였다.

나는 치료를 권고하면서 부모-자녀 관계 치료(FT)를 제안했다. 나는 FT의 과정을 설명했고, 부모 자신들이 통제할 수 있는 장소와 시간에 아이들과 함께 상호작용을 하는 새로운 방법에 대해서 배우게 될 것이라고 강조하였다. 나는 그들에게 부가적인 기술, 예컨대 사회적 기술, 가정일 구조화하기와 같은 것들을 가르치게 될 가능성도 있음을 얘기했다. 그들은 FT를 할 것인지, 그리고 FT가 베스와 빌리의 개인적 문제에 도움이 되거나 베스가 협력적이 되고 장난감을 가지고 노는 데 도움될 수 있을지를 확신하지 못했다. 그러나 그들은 뭔가 해야 한다고 느껴서 약간 주저하면서 FT를 해 보는 것에 동의했다.

4. 부모-자녀 관계 치료의 과정

1) 부모

다음의 4회기는 내가 부모와 한 훈련/지도감독 회기 이후에 한 명의 자녀와 놀이 회기를 한 것의 예시다. 첫 번째 놀이 회기의 예시는 베스와의 회기다. 이 회기는 부모에게 상당한 감동을 주었다. 그들은 베스가 착하고 유쾌한 아이로서 행동하는 것을 관찰했는데, 가정에서는 그런 모습을 보지 못했던 것이었다. 놀이에 후속된 면접/훈련 회기 동안 부모들은 베스가 실제로 놀이를 한 것에 경탄을 표현했다. 나의 도움으로 그들은 베스가 진짜로 아이처럼 행동하였고, 가정에서 베스의 행동 때문에 그것을 인식하기 어려웠다는 것을 언어화할 수 있었다. 부모는 비록 베스가 지배적이고 통제적이었음에도, 꼭 유능감을 느끼면서 성장한 것이 아니라는 것을 알 수 있었다.

A부인은 자신이 베스에게 한계를 설정하는 것과 빌리의 공격적 행동에 대하여 도움이 필요하다고 말했다. 엄마는 특정한 행동의 숨겨진 의미를 찾는 경향이 있었다(예: 빌리와 놀이를 예시하는 동안 엄마는 빌리가 경찰 손인형을 묶었을 때 경찰을 두려워하고 있는 것이 틀림없다고 생각했다). 논의를 하면서 나는 그녀가 과정적 조망을 통해서 볼 수 있도록 도왔다(예: 빌리가 경찰 손인형을 결박했을 때 그는 그 상황을 통제하고 있다는 것에 즐거워했다).

A씨는 FT의 기술적 측면을 배우는 데 초점을 두었다. 부모 모두는 놀이 회기를 구조화하는 능력을 빠르게 발전시켰고 공감적으로 반응했으며 훈련 회기에서 한계를 설정했다. 이는 부분적으로 내가 지난 가을에 그들에게 권고한 양육 기술 집단에 참여했기 때문으로 귀인지을 수 있다. 그 집단에서 그들은 공감적으로 반응하기, 제한하기, 가족 상황을 구조화하기 등을 배우기 시작하였다.

통제가 계속되는 것이 부모 모두에게 문제였다. 베스는 첫 회기 이후로 오는 것에 저항했다. 2주가 경과한 후에 부모는 베스와 부딪히는 것을 주저하고 두려워했으나, 베스에게 이번 주는 그녀의 놀이 회기가 있는 주라고 말했다. 내가 치료진은 여전히 베스가 오기를 기대한다고 말하자, A부인은 아주 조용해졌고 놀이 연습을 하는 것을 빼 달라고 요청했다. 밝혀진 바에 따르면, 베스는 그 다음 주에 기꺼이 상담센터에 왔고 저항하지 않았다. 이러한 협력에도 불구하고, 엄마는 자녀를 두려워하는 부모에 대한 TV 쇼 프로그램을 언급했다. 부인은 다음과 같은 나의 반영을 수용했다. 즉, 부인은 베스에게 겁을 내고 있으며, 가정과 놀이실에서 베스와 단독으로 있을 때 비슷한 감정을 느끼는 것같이 보였다.

2) 베스

나와 함께 한 초기 놀이 회기 동안, 베스는 쾌활했고 공손했으며 놀이를 즐거워하는 것처럼 보였다. 여러 차례 베스는 자신의 능력을 폄하했고 좌절을 느꼈으며 자신을 경멸했다. 그녀는 이것을 얼굴 표정과 신체언어, 놀이 활동의 중단으로 나타냈다. 이를테면, 베스는 기둥에 링을 던질 수 없기 때문에 링 던지기 놀이를 중단했다. 그런 다음 링 던지기를 하는 사람 손인형을 가면으로 사용하여서, 남자애 손인형이 자신의 것보다 더 잘할 것이라는 생각을 표현했다. 가면과 손인형을 사용하여 자신에게서 거리를 둠으로써 실패하는 것으로부터 보호하는 것처럼 보였다. 베스는 크레용으로 그림을 그릴 때 자신이 아주 못한다고 말했다. A씨 부부가 가정에서 반영적 반응을 사용하자, 베스는 이에 대하여 말을 하지 않고 고함을 지르는 반응을 했다. 그녀는 아빠보다는 엄마에게 이러한 종류의 반응을 더 길게 했다. 그녀는 놀이 회기에 참석하지 않겠다고 협박했으나 와야 할 때가 되면 기꺼이 왔다.

3) 빌리

이 단계에서 빌리의 일반적인 주제는 로프, 총, 곰 및 손인형을 가지고 가볍게 공격적으로 놀이를 하는 것이었다. 그는 특히 장난감들을 묶고 통제하는 것을 즐겼다. 또한 탐색과 물놀이를 했고, 하나의 활동에서 다른 활동으로 옮겨가기도 했다. 그는 때로 과제를 완수할 수 없으면 도움을 청하곤 했다. 부모가 가정에서 반영적 반응을 사용하는 것이 빌리를 단기간 진정시키는 데 유용했다.

4) 부모들이 지도감독자와 함께 놀이 회기를 시작한다

4주 동안 치료자와 함께 놀이를 시범 보이고 연습한 후에 부모는 자녀와 연습하는 것에 동의했다. A씨는 빌리와의 놀이를 계획했다. A부인은 첫 놀이 회기를 조이와 했는데 그것이 그녀가 자녀와 처음으로 한 놀이였다. 엄마는 우리가 놀이를 하기에 가장 쉬울 것이라고 기대한 아이와 처음으로 놀이를 할 수 있었다.

그 당시, 부모들은 공감적인 반응을 해 주는 것이 보다 용이해지기 시작했다. 사실상 A씨는 직장에서 공감적 반응을 사용하여 좋은 결과를 얻었다. 그는 열성적으로 놀이 회기 시작을 고대했다.

A부인은 조이와 첫 회기를 한 후에 상당히 안도했고, 그 다음 주 지도감독 동안 그녀는 자신이 놀이치료자가 되기 위해서 언젠가 학교에 진학하고 싶다고 말했다. 이 시점부터 A부인은 완전히 몰두했고, FT 방법에 동화되었다. 그녀는 반영을 하는 데 점진적인 향상을 보였다. 그 달 내에 빌리를 위해서 한계를 설정할 수 있게 되었으며, 베스에게도 시간 제한을 할 수 있게 되었다. 그녀는 여전히 감정을 파악하는 데 생각을 해야 했지만, 두 번째 반영을 할 때는 정확하게 반영을 했다. A씨는 처음에 당황해 했고 자신 없어 했다. 그러나 좋은 반영적 반응을 여러 번 했고 대부분의 시간 동안 자녀에게 어떤 일이 벌어지는지에 대해서 이해하는 것처럼 보였다. 그 역시 빌리와 베스에게 제한을 설정할 수 있게 되었다.

부모는 베스와 빌리와 함께 일주일씩 번갈아 가며 놀이를 했다. 매주 한 명의 부모가 조이와 함께 짧게 놀이를 했다. A씨가 베스와 함께 한 첫 놀이 회기와 A부인이 상담센터에서 행해진 주말의 FT 회기 중 빌리와 함께 한 첫 회기를 나음과 같이 빌췌하였다.

베스와 아빠의 첫 놀이 회기	아빠(A씨)	지도감독 회기
베스는 들어와서 무엇을 해야 할지 잘 모르는 것처럼 보였고, 아빠에게 무엇을 해야 하느냐고 물었다.	아빠는 놀이실에서는 자신이 원하는 어떠한 행동도 할 수 있다고 답변했다.	지도감독 동안 A씨는 딸에게 아무런 제안을 하지 않았던 점에 대해 칭찬을 받았으나, 딸의 확신하지 못하는 감정을 반영할 수 있었다는 지적을 받았다. 또한 나는 그에게 한계란 '네가 원하는 것을 거의 대부분 할 수 있는 것' 임을 상기시켰다.

〈계속〉

베스는 서서 하는 세 가지 활동, 즉 링 던지기, 줄넘기 및 그리기를 하며 놀기 시작했다.	아빠는, "나는 그것을 볼 수 없어." 또는 "그것 참 놀랍겠다." 라는 식의 반영을 했다.	A씨는 활동을 넘어서 반영을 하려고 했음이 시사된다. 즉 "너는 내가 그것을 보는 걸 원치 않는구나."라는 식의 말을 했다.
회기가 시작된 지 얼마 되지 않아서 베스는 놀이실에 들어올 때 가지고 들어온 수수께끼 책에서 긴 문장의 글을 읽기 시작했다. 베스는 아빠에게 퍼즐의 빈 칸을 채우도록 질문을 했고 질문을 내는 것을 즐거워했다.	아빠는 질문에 답했고 한두 번 다음과 같이 반영했다. "너는 진짜 너의 이야기를 좋아하는구나." 그는 회기의 대부분 동안 퍼즐을 맞추어야 하는 것에 다소 당황해 했고 불편해 보였다.	A씨는 베스가 질문을 읽고 자신이 답변을 해야 하는 이런 상황에서 감정을 반영하는 것이 매우 어렵다는 것을 느꼈다. 그는 베스가 들고 들어온 책을 계속 읽는다면 놀이 회기는 어렵게 될 것이라고 걱정했다. 나는 그에게 베스가 즐거워하는 것을 반영해 준 것을 칭찬했고, 이런 문제가 다시 발생되는 경우라면 책을 가져오는 것에 제한을 설정할 수 있다는 것에 대해 토론했다. [책을 다시 가져오진 않았다] 그는 베스가 자신을 통제하려고 하는 것은 성공하고자 하는 욕구와 활동에 책임을 갖고자 하는 욕구와 관련 있다고 느끼는 것 같았다. 이것은 베스의 통제력 문제에 대하여 아빠의 이해가 증대되었음을 나타낸다.

빌리와 엄마의 첫 놀이 회기	엄마(A부인)	지도감독 회기
빌리는 엄마와의 첫 회기에서 곧장 물이 있는 곳으로 가서 대야를 집어들었다.	엄마는 다음과 같이 반영했다. "너 힘이 세구나."	지도감독 시간에 나는 엄마가 감정을 느끼려고 했던 점이 반가웠다고 말했다. 그리고 엄마에게 판단하는 것처럼 들리지 않도록 빌리의 입장에서 논평을 하는 방법을 찾아보도록 제안했다. 예를 들면, "네가 그렇게 했을 때 너는 진짜로 세다고 느끼겠구나." [빌리는 왼쪽팔의 움직임에 문제가 있다]
빌리는 여기저기 어슬렁거리다가 칠판을 닦았고, 링 던지기 놀이를 하려고 하면서 많은 질문들을 하였다.	엄마는 그를 쫓아다녔고 아주 가까이에 있었다. 한 번 다음과 같이 말했다. "너는 어떻게 해야 할지 궁리하고 있고, 그것을 이해하려고 노력하고 있구나."	나는 A부인이 빌리와 함께 머물렀지만, 빌리에게 보다 더 물리적인 공간을 주라고 했다. 질문에 잘 대처한 것을 칭찬하였다. 우리는 엄마가 "너는 궁금하구나…."라고 반영을 한 후에 그가 다시 질문을 한다면 어떻게 해야 할지에 대하여 논의했다. 나는 질문 뒤에 있는 감정을 찾는 방식에서 반영을 하거나, 아이에게 놀이실에서 아동이 결정할 수 있다고 말해 보라고 제안했다.

〈계속〉

"때때로 나는 여기서 놀이를 하는 것이 싫어요. 집에서 놀이를 할 때가 더 좋아." [놀이 회기에서 보이는 빌리의 미성숙한 언어는 퇴행 때문이 아니라 언어 발달 지체 때문이다]	엄마는 반응했다. "너는 진짜 집에 있는 것을 좋아하는구나." "너는 약간 슬프구나, 여기에 네 친구들이 없어서……."	나는 엄마에게 그녀가 빌리에게 친구들이 보고 싶을 것이라고 제안함으로써 빌리를 앞서 갔다고 말했다. 아마도 빌리는 새로운 상황에 자신 없었고 가정에서 안전감과 편안감을 느꼈을 수도 있었다. 우리는 아동들을 앞서가는 것과 우리가 문제라고 생각한 것을 해석해 주는 것이 아니라 아동들과 함께 머무는 것에 대하여 논의했다.

5) 놀이치료에서 베스와 빌리의 진전

처음 놀이 회기를 하고 난 일주일 후에, 부모들은 가정에서 부정적인 때가 적고 긍정적인 때가 더 많았다고 보고했다. 형제 간의 다툼과 경쟁이 감소되었다. 그들은 베스가 빌리에게 두 번이나 잠자리 이야기를 해 주었다고 감탄하였다. 베스는 반영해 주는 것에 한 번 반항하기도 했으나 대체로 주말을 잘 보냈다.

그 다음 6주가 경과한 후에 엄마와 아빠는 번갈아 가면서 놀이 회기를 가졌다. 베스와 빌리는 모두 장난감을 보다 잘 탐색했다. 장난감에 대해 보다 공격적이었으나 나중에는 더 이완했고 회기를 즐겁게 보냈다. 베스는 자신과 부모를 위해서 창조적인 역할을 하기 시작했다. 아빠가 학생이고 베스가 선생님인 놀이를 두 번 했다. 베스는 손인형으로 엄마와 전화 통화를 했다. 그녀는 자신의 역할을 매우 통제했으나 점차적으로 엄마와 아빠가 게임에서 몇 개의 결정을 하도록 허용하기 시작했다. 그녀는 세 가지 일과인 줄넘기, 링 던지기와 그림 그리기를 계속했다. 이런 활동에서 베스는 덜 좌절했고 자신의 수행에 대한 즐거움과 만족감을 높였다.

빌리는 총과 밧줄을 가지고 카우보이 놀이를 했고, 공룡을 쏘는 놀이를 통해서 일반적으로 힘과 권력을 나타냈다. 점차 그는 그림을 더 많이 그렸고, 학교에서 배운 것(자기 이름과 숫자 쓰기)을 시범 보이면서 자부심을 드러내며 즐거워했다. 그는 좀처럼 부모를 게임에 직접적으로 관여시키지 않았다. 물론 협조가 필요한 경우는 예외였다.

6) 부모들이 FT에서 치료 기술을 연마하고 통제하는 데 보다 편안감을 느낀다

(1) 엄마

A부인은 자신과 자녀들 간에 적절한 거리를 유지하는 방법을 배웠다. 그녀는 최소한 두 번째 반영에서는 감정을 반영하는 데 익숙해졌다. 처음에는 활동을, 그 다음에는 감정을 반영해 주곤 했다. 그녀는 다음과 같은 반영을 사용했다. " 너는 모르겠지만…." "너는… 걱정을 하고 있구나." "너는 행복하구나…." 혹은 "그것을 방 끝까지 던지다니 넌 참 힘이 세구나." A부인은 여전히 감정을 빠뜨리곤 했지만, 우리가 논의를 할 때 자신이 무엇을 했어야 했는지를 알 수 있었다. 예를 들면, 다음과 같다.

빌리와 엄마	엄마	지도감독 회기
빌리는 부엌 용품들을 뒤집어엎어 바닥으로 떨어뜨렸다. 그는 뒤로 물러섰고 아주 조용해졌으며 외현적으로 자신 없어 보였다.	엄마는 "네가 강하다고 느끼겠구나." 라고 말했다.	나는 부모들에게 다음과 같이 생각한다고 말했다. 빌리는 강하다는 감정보다는 자신의 공격성 수준에 압도당했으므로, 감정을 인식하게 한 후에 재구조화해 주는 것이 도움이 될 수 있었을 것이다. 빌리가 자신 없어 보일 때 다음과 같이 말하도록 예를 들었다." 만일 네가 해서는 안 되는 것이 있으면, 내가 말해 줄 거야." 따라서 그는 자신이 사실상 실수를 하지 않았다는 것을 알 수 있게 된다.
빌리는 언제 나갈 수 있냐고 물었고, 잠시 동안은 조용히 머물렀다. 그런 다음 시간이 다 될 때까지 불평하지 않고 치료실에 머물렀다.	엄마는 그가 나가고 싶어 한다는 것을 반영했다.	부모들은 빌리의 공격성에 대한 걱정은 나가겠다는 요청을 촉발시킨 것이지, 놀이 회기를 진짜로 그만두고 싶어 한 것은 아니라는 점에 동의했다.

A부인은 두 아이 모두에게 한계를 설정할 수 있었다. 빌리에게는 거울에 총을 쏘는 것을, 베스에게는 정시에 상담을 그만두는 한계를 설정할 수 있었다.

(2) 아빠

A씨는 각 자녀의 욕구에 맞게 조절하여 반영해 주는 방법을 배웠고, 베스보다는 빌리에게 보다 빈번하게 반영을 해 주었다. 그는 표면적 감정에 대하여 아주 잘 반영을 하게 되었다. 그는 다음과 같은 말을 하였다. “너는 그것이 완벽하기를 바라는구나.” “너는…을 좋아하는구나.” “너는 모든 것에 대해서 알고 있구나.” “…할 때 너는 기분이 좋구나.” 그는 베스가 오랫동안 그림을 그리고, 실제로 어려운 상황에서 반영을 잘 했지만 자신의 반영에 대하여 자기비판적인 모습을 보였다. 부모 모두는 통제력을 발휘하는 베스의 즐거움을 반영할 수 있었고, A씨는 회기 시간이 끝났다고 말하자마자 베스가 그에게 총을 쏘았을 때 위협을 느끼지 않았다. 이는 다음과 같이 진행되었다.

베스와 아빠	아빠	지도감독 회기
	아빠는 회기 시간이 끝났고 나갈 시간이라고 알렸다.	
베스는 총을 잡고서 고의적으로 아빠를 쐈다.		엄마는 베스가 화가 났다고 생각했다. 아빠는 이것이 베스가 자신의 통제력을 행사하려는 신호고 제한을 검증해 보는 것이라고 생각했다. 나는 아빠의 생각에 동의했다.
	아빠는 다음과 같이 말했다. “베스야, 아빠는 네가 해서는 안 되는 몇 가지 것들을 말해 줬는데 그것을 기억해봐, 이 방에서 너는 아빠에게 총을 쏠 수 없어.”	아빠는 제한을 두는 것이 좋겠다고 느꼈으나, 베스가 그만두고 싶어 하지 않았기 때문에 어려움이 있었다고 말했다.
베스는 총을 내려놓았고 잠시 킬킬 대다가 방에 남았다.		
	아빠는 방을 떠났다.	
베스는 아빠를 쫓아 나왔다.		A씨는 만일 베스가 따라오지 않는다면, 어떻게 해야 할지 확신이 서지를 않았다. 모든 것이 끝나자 아빠는 통제감으로 기분이 좋았다. 나는 제한을 확고하게 지키고 논쟁이나 타협하지 않은 태도를 칭찬했다.

7) 독자적인 가족 놀이 회기를 시작한다: 지도감독은 계속된다

이 가족의 경우 중요한 순간 중의 하나는 치료자 없이 가족회기를 시작하는 때였다. 이때까지 이 가족은 11번의 훈련 회기를 했고 지도감독 없이 놀이를 시작할 준비가 되어 있었다. A씨는 그들이 독자적으로 하는 첫 놀이 회기를 한 후에, 다음 날 곧바로 지도감독을 받을 수 있는지 확실하게 해 두고 싶어 했다. 우리는 그들이 단 하루만 지도감독 없이 놀이를 하고, 그 다음 날은 지도감독을 받으면서 회기를 하도록 계획했다. 지도감독 회기에서 그들은 자신들의 첫 회기에 대하여 잘 진행되었다고 보고했으나, 부모 모두 내가 요청한 대로 기록을 해 오지 않았다. 부모들은 독자적으로 놀이 회기를 수행하는 자신들의 능력에 즐거워했던 것이 명백했다. 그들은 좋은 시간을 보냈고, 자녀들은 내가 그들을 관찰하고 있다는 것을 알았을 때보다 더 이완되고 좋은 시간을 보냈다.

놀이 회기에서 A부인과 베스는 전화를 가지고 확장된 역할놀이를 하였다. A부인은 착각을 할 정도로 놀이치료에 열중했고 너무나 재미있어 했다. 나는 그녀가 감정을 반영하는 역할을 벗어났다는 것을 알아차릴 수 있도록 도왔다. 그녀는 동의했고 다음과 같이 반영해 주었어야 한다고 말했다. "저런, 너 진짜 재미있게 노는구나." 그녀는 놀이치료에서는 아주 분명할 때조차 반영을 해 주어야 한다는 것을 깨달았다.

A씨는 빌리와 놀이를 했고, 자신이 반영의 페이스(pace)를 유지하고 있음을 인식했다. 그는 카우보이 놀이를 할 때 반영하는 것이 쉽다고 생각했으나, 빌리가 부엌 용품을 떨어뜨렸을 때는 어려웠다고 했다. 나는 빌리가 '화가 났거나' '좌절' 한 것이라고 말해 주었다.

부모들은 또한 다른 영역에서 진보를 보고했다. 두 자녀 모두는 공감적인 반응들을 수용했고, 심지어 아이들이 그런 반응을 사용하기조차 했다. 빌리의 교사는 학교에서 빌리의 행동이 매우 좋아졌다고 보고했다. 그는 열심히 노력했고 더 이상 물건을 잡아채거나 다른 얘들을 때리지 않았다. 베스는 밤에 잠자리에서 소리를 지르지 않았다.

다음 발췌록은 빌리 가족이 처음으로 독자적인 회기를 한 날 저녁에 놀이 회기를 지도감독한 것이다.

베스와 아빠(12번째 훈련 회기)	아빠	지도감독 회기
베스는 아빠보다 먼저 방에 들어갔고 물건을 정리하기 시작했다.		
"잠깐만요. 아직 들어오지 마세요. 들어오지 마세요!"		
	아빠가 문으로 들어간다.	엄마는 다음과 같이 말했다. "베스는 진짜로 대장이 되고자 하지만, 그녀는 우리에게 아주 약간의 자유를 주고 엄마인 내게는 조금 더 많이 줘요." [엄마와 베스와 놀이하는 시간에]
"나는 여전히 뭔가 하고 있어요. 아빠가 들어와도 좋을 때가 되면 말할게요."	"너는 내가 그걸 보지 않기를 바라는구나."	
"거기 앉아 계세요."		
	아빠가 노크를 한다. 베스는 문을 연다. [아빠 쪽으로 의자가 있다] "베스야, 만일 누군가를 지켜보려면 먼저 물어봐야 해, 앤과 엄마가 지켜보고 있단다. 그들은 내가 (놀이치료 기법을) 잘 할 수 있는지 알아 보려고 지켜보는 거야.	우리는 베스가 관찰당하는 것에 대하여 궁금해 하는 것을 논의했고 A씨는 누가 왜 관찰하는지를 알려 주기로 결정했다.
"저쪽에 앉으세요." [손가락으로 가리킨다]	아빠가 앉는다.	아빠는 학생의 역할을 하면서 명령을 받는 것에 아주 편안해 한다.
베스는 학교놀이를 하기 시작하고 질문을 한다.	"너는 내가 답변하기를 원하니?"	
"누구 펜실베이니아에 대해서 아는 사람?"	"저요."	

〈계속〉

"그래. 톰, 말해 봐."	"주 중의 하나예요."	부모들은 게임에서 부모의 역할을 떠나서 놀이를 하고, 고급 지식이나 능력을 활용하지 않는다.
베스는 질문을 계속했다.	"너 좋은 질문을 떠올리려고 정말 열심히 생각하는 구나.	아빠는 베스의 의도와 능력을 반영했다. [그의 통찰을 칭찬했다]
누구 데이비드 볼에 대해서 아는 사람?	아주 어려운 질문을 했구나.	
누구 아는 사람?	몰라. 내가 질문에 답하지 못하면 너는 좋아하는 것 같구나.	아빠는 베스가 몸짓과 얼굴표정을 통해서 나타내는 유쾌함과 만족감을 반영했다. 그는 감정을 반영해 주는 역할을 벗어나서 게임에서 자신의 역할로 돌아왔다.
["그래요"] 데이비드 볼은…	아빠는 학생놀이를 계속 하다가 그 역할을 그만두고 베스가 결정하고 통제하기를 원한다는 것을 반영했다.	두 명의 자녀들은 부모가 정확하게 자신들의 감정을 반영해 주면 동의하기 시작했다.
베스는 계속해서 학교놀이를 확장했다. 그때 그녀는 [자신이 학생 역할로서 아빠에게 붙여 준 이름인] 톰에게 선택을 하도록 했다. 만일 베스가 그 선택을 좋아하지 않는다면, 그녀는 학생들의 머리를 책상에 숙이게 한 채, 그의 대답에 대한 투표를 했다. 그런 다음 자신에게 적당한 대답이 나올 때까지 상상으로 손을 헤아리는 시늉을 했다.		아빠는 베스가 선생님 역할을 하고 통제력을 발휘할 때를 제외하고는 베스의 감정에 대하여 확신할 수 없다고 말했다. 나는 그에게 그런 감정을 정확하게 반영한 점을 인정했다. 나는 학교 수업의 내용이 이사 가려고 하는 동네에 대한 것임을 언급하였다.
		앤: "동네와 학교에 대한 것이고… 베스는 학교를 옮기고 있어요."
		아빠: "베스는 그것을 연습해 보고 있었던 거네요. 나는 그것에 대하여 생각지 못했어요."

〈계속〉

		앤: "아버님은 베스가 결정을 내리고 통제력을 발휘하고자 하기를 원한다는 것을 이해하게 되셨네요."

부모는 모두 학교놀이의 의미를 알아채지 못했고 놀이 회기에 그런 주제가 나온 것을 놀라워했다. 부부는 자신들만의 집을 갖게 된 것에 너무나 흥분해서, 자녀들이 이사하는 것에 불편감을 가질 것에 대해서는 미처 생각해 보지 못했다. 우리는 그것을 빌리의 공격적인 놀이와도 연결지어서 얘기했다. 빌리는 놀이실에서 통제감을 느낄 수 있으며, 자신이 필요로 하는 만큼 강해질 수 있었다. 나는 가족에게 만일 회기의 내용을 계속해서 기록한다면, 어떤 문제가 생길 때 그것을 깨닫기가 훨씬 더 용이할 것이라고 제안했다. 그들은 동의했지만 끝까지 그렇게 하지는 못했다. 부모가 놀이 회기를 규칙적으로 기록하지 않는 사례는 이따금 발생한다.

빌리와 엄마(12번째 훈련회기)	엄마	지도감독 회기
빌리는 밧줄로 통상적인 터프가이 놀이를 했다.	엄마는 빌리가 원하는 방식으로 진행되어 가고 있으며, 빌리가 강하다는 것을 반영해 주었다.	엄마는 빌리의 감정 측면을 반영하려고 노력했다.
빌리는 흰색 크레용으로 종이에 "나는 도움이 필요해."라고 썼다.	"너는 도움이 필요하다고 느끼는구나."	
그는 칠판에 자신의 이름을 쓰기 위해서 움직였다. "나를 형들이 도와주길 원해."	"너는 Y를 어떻게 써야 할지 알고 싶어 하는구나."	
응.	"내가 분필로 써 주길 바라니?"	엄마는 반응을 추천하면서 지시를 해 달라고 청했다.
응.	"너는 분필을 잡아주기를 원하는구나." A부인은 도움을 주고 빌리는 이름을 계속 쓴다.	

〈계속〉

했다. 그녀는 계속해서 놀이 회기를 하고 있으며 잘 진행되고 있다고 했다. 2주 동안 회기를 하지 못해서 가족들이 말을 한다고 했다. 회기 기술 과정에서, A부인은 가정이 원만하게 유지되기 위해서는 계획이 필요하다는 것을 깨달았다. 따라서 빌리 가족은 놀이 회기를 계획할 필요성에 대하여 논의했다. 베스는 가족을 위해서 놀이 회기 계획표를 작성하자고 제안했다. 놀이 회기는 다시 규칙적이 되었고, 모든 것이 그들이 규칙적으로 놀이를 했을 때 경험했던 것과 동일하게 편안한 수준으로 되돌아갔다.

A부인은 자신이 자녀들과 놀이 회기를 가진 후에 자녀들과 더 많은 시간을 보내고자 한다는 것을 알게 되었다. 이것은 그녀가 놀이 회기를 갖지 않았을 때와는 다른 느낌이었다. 이와 같은 색다른 경험을 하였기에 그녀는 친구들에게 FT를 추천하게 되었다. 자녀들은 새로운 학교에서 보다 잘 적응했고 자신들을 좋아하며 친구를 사귀었다.

2) 1년 후 추수 회기

A부인과 전화 접촉을 통해서 모든 가족 성원들이 아주 잘 지내고 있다는 것을 알게 되었다. 모두가 학업적으로나 사회적으로 잘 지냈다. 베스는 생활하기에 훨씬 더 편해졌다. A부부는 규칙적으로 '특별 시간' 을 계속하였다. 특별 시간들은 놀이 회기보다 덜 구조화되고 더 비공식적인 형태였다. 아이들이 이것을 원했다. 가장 흥미로운 말은 A부인이 A씨에게 서로 자녀들에게 공감하고 자신들이 배운 양육 기술을 사용하도록 상기시켜 주자고 제안했다는 것이었다. 부부는 부모-자녀 관계의 향상이라는 목표에 도달하기 위해서 서로를 지지하였다.

6. 논의

이 사례에 대한 성공 경험과 FT 방법에 대한 우리의 열정으로 인해, 우리는 빌리 가족에게 FT 이외의 다른 방법을 사용하는 것을 상상조차 할 수 없다. 그들은 FT에 딱 맞아떨어지거나 FT가 그들에게 딱 맞아떨어지는 것으로 보인다. 빌리 가족의 문제는 2세 6개월된 조이를 제외하고(그는 부정적 가족 역동에서 벗어나 있었다), 전체 가족체계에 걸쳐 있었다. FT 치료를 시작하기 수년 전에 부부는 베스가 부모와 형제들에게 통제력을 행사하도록 허용했다. 그들은 그것을 좋아하지는 않았지만 변화시키는 데 무력감을 느꼈다. 이런 무력감 때문에 그들 부부는 베스에게 적당한 발달을 하는 데 필요한 적절한 양육과 지도를 해 주는 것이 어려웠다. 기본적으로 이들 부부는 베스에 대해 겁을 냈고, 그녀를 달랬으며, 그녀가 통제하는 방식을 강화해 주었고, 한편으로 정서적으로는 거리감을 느꼈다. 베스의 욕구는 접촉되지 못했고 가벼운 횡포를 통한 보복으로 이어졌다. 이것이 부모의 철수를 초래했다. 정도는 약하지만 동일한 양상이 빌리에게도 발생되었다. 빌리의 신체적 제한점들은 가족에게 빌리에 대한 합리적 기대를 갖는 데 혼란을 일으켰고, 그것이 베스와 유사한 역동을 만든 것으로 보였다.

빌리 가족에게 양육과 이해를 제공하기 위해서 교육하고, 놀이치료 접근방법에서 정동적인 반응들을 사용하여 자녀들의 정서적 욕구를 다루도록 했다. 동시에, 놀이 회기에서의 한계와 후속 결과 절차를 배운 것은, 부모에게 놀이 회기뿐만 아니라 외부의 실생활에서도 제한을 가하고 후속 결과를 성공적으로 따르게 하는 것을 연습해 보게 한다. 따라서 부모들은 혼동된 가정생활에서 통제력을 발휘하기 시작했다. 더욱이 빌리 가족은 그들에게 어려운 개념—즉, 부모가 자녀의 개별성과 자기표현에 대해 돌봐 주어야 하는 것처럼 자녀에게 적절한 통제를 가해야 한다는 논리—을 받아들였다.

우리는 A부인의 사적인 문제들을 충분히 다루지 못해서, 새로운 양육방식이 효율성을 발휘하는 데 방해가 될 수도 있다는 점이 좀 염려스러웠다. 베스가 청소년기에 접어들었을 때, A부인이 자신의 통제력과 자존감 갈등을 충분히 해결하지 않는다면, 가족 전체에게 추가적 도움이 필요할 것으로 생각한다. 앤은 이런 문제를 FT 원리와 실제 관계 측면에서 이들 부부와 어느 정도 얘기를 했으나, 이 영역에 보다 많은 작업이 있어야 할 것이라고 생각한다.

돌이켜 볼 때 만약 우리가 보다 전통적인 접근, 예컨대 개별적 부모상담과 아동 놀이치료를 사용했더라면 이처럼 상대적으로 짧은 기간 내에 좋아지지 않았을 것이라고 생각한다. FT는 부모에게 부모-자녀 간 역동이 어떻게 표현되는지를 직접적으로 알려 준다. 나아가 우리는 부모들이 스스로 변화를 개시할 수 있게 만드는 것이 변화에 대한 저항과 방어를 극복할 수 있게 해 준다고 믿는다. 사실 우리는 빌리 가족의 빠른 진전에 경탄했다. 그것은 럭비에서 방어선에 갑자기 구멍이 뚫려 공격 팀의 쿼터백이 출발해서 상당히 먼 거리를 혼자서 달리는 것과 같았다. 물론 성공에 따라 발생된 자연스러운 추진력이 일단 개시된 새로운 행동을 유지시키는 데 도움이 되었다. 우리는 실제 적절한 태도와 기술이 실생활로 이행될 수 있도록 천천히 한 단계씩 작업을 해야 한다고 생각했다.

치료는 성공적이었고 잘 지속되었으나, 치료의 시점은 그리 좋지 않았다. 빌리 가족은 이사 때문에 계획되었던 규칙적 가정 회기에서 두 번의 회기를 빠졌다. 이사는 가족의 에너지를 약간 흐트렸고 원하는 때 FT를 하는 것을 어렵게 했다. 이와 동시에 가족이 FT 회기를 했던 것이 과도기를 통과하는 데 그들에게 도움이 되었다는 점은 다행스러운 일이었다. 빌리 가족이 FT를 받지 않고 긴장 상태에 놓였다면 진짜 위기를 경험했을 것이다. 그들이 치료를 받기 이전의 양상은 그러했다.

요약하면, 두 명의 저자 모두는 이 사례가 성인-아동 관계 문제를 다루는 데서 FT가 가치 있다고 생각하는 우리의 확신을 지지해 준다고 믿는다. 가족과 치료자 모두에게 FT 과정의 긍정적인 속성에 더하여 빠르게 긍정적인 결과에 도달하는 것은 보상적인 경험이 된다.

참고문헌

Andronico, M., Guerney, B., Fidler, J., and Guerney, L. (1967). The combination of didactic and dynamic elements in filial therapy. *Intenational Journal of Group Psychotherapy, 27*, 10–17.

Axline, V. (1969). *Play Therapy* (Rev. Ed.). New York: Ballantine.

Eyberg, S. (1988). Parent–child interaction therapy: integration of traditional and behavioral concerns. *Child and Family Behavior Therapy, 10*, 33–45.

Forehand, R., and King, E. (1974). Pre–school children' s compliance: effects of short–term behavior therapy. *Joural of Community Psychology, 2*, 42–44.

Glass, N. (1986). Parents as therapeutic agents: a study of the effect of Filial Therapy. Unpublished doctoral dissertation, University of North Texas, Denton, TX.

Glazer–Waldman, H., Zimmerman, J., Landreth, G., and Norton, D. (1992). Filial Therapy: an intervention for parents of children with chronic illness. *Journal of the Association for Plat Therapy, 1*, 31–42.

Guerney, B. (1964). Filial Therapy: description and rationale. *Journal of Consulting Psychology*,

28, 303–310.

Guerney, B., and Stover, L. (1971). *Filial Therapy* (Final report on NIMH Grant No. 1826401). University Park. PA: Penn State.

Guerney, L. (1975). Brief report on a follow–up study on Filial Therapy. Paper presented at the Eastern Psychological Association Annual Meeting, New York, N.Y.

Guerney, L. (1983). Introduction to Filial Therapy. In P. Keller and L. Ritt (Eds.), *Innovations in Clinical Practice: A Source Book,* Vol. 2. pp. 26–39. Sarasota, FL: Professional Research Exchange.

Guerney, L. (1988). *Parenting: A Skills Training Manual* (3rd ed.). State College, PA: I.D.E.A.L.S.

Guerney, L., and Guerney, B. (1985). The relationship enhancement of family therapies. In L. L' Abate and M. Milan (Eds.), *Handbooks of Social Skills Training and Research.* pp.506–524. New York: Wiley.

Parpal, M., and Maccoby, E. (1985). Maternal responsiveness and subsequent child compliance. *Child Development*, *56*, 1326–1334.

Sensue, M. (1981). Filial Therapy follow–up study: effects on parental acceptance and child adjustment. *Dissertation Abstracts International*, *42*, 148A.

Stover, L., and Guerney, B. (1967). The efficacy of training procedures for mothers in Filial Therapy. *Psychotherapy: Theory, Research, and Practice*, *4*, 110–115.

Sywulak, A. E. (1979) The effect of Filial Therapy on parental acceptance and child adjustment. *Dissertation Abstracts International*, *40*, 155B.

Wall, L. (1979). Parents as play therapists: a comparison of three interventions into children' s play. *Dissertation Abstracts International, 40*, 155B.

18

오늘은 내 장난감을 가지고 왔어요!: 성인 놀이치료

Diane Frey, Ph.D.

나의 성인 내담자인 헬렌은 네 번째 회기를 시작할 때, 내 사무실로 들어와 "오늘은 내 장난감을 가지고 왔어요!" 라고 외쳤다. 이 내담자는 대기실에서 종종 아동 내담자들이 여러 가지 장난감, 게임, 찰흙, 미술 작품 등을 가지고 오가는 것을 보았다. 또 내 사무실에서 몇 가지 놀이 재료들을 본 적이 있었다. 헬렌은 이러한 모든 행동들을 분명히 목격했지만, 그 시점까지는 그것에 대해 어떤 의견도 말하지 않았다. 그녀는 성격에 맞지 않게 큰 흰색 비닐봉지를 꽉 쥐고 대기실에 서 있었다. 나는 그녀의 상난삼이 뭔시 아무런 짐작도 할 수 없었다. 그녀가 치료실에 뭘 가지고 온 걸까? 무슨 '장난감' 이길래 그녀가 그렇게 기뻐하며 외쳤을까? 나는 잠시 동안 기쁜 표정으로 큰 흰색 봉지를 들고 있는 이 66세 여인을 바라보며 서 있었다. 헬렌은 나의 호기심을 매우 자극했다.

헬렌은 서둘러 치료실로 들어서며 큰 흰색 봉지를 열고 나에게 "보세요. 내가 선생님에게 내 장난감을 가지고 왔다고 말했죠!" 라고 말했다. 봉지 안에는 셔닐(chenille, 역주: 대개 소파용으로 사용되는 고급 원단) 천으로 만들어진 봉제 곰인형이 있었다. 헬렌은 마치 아이들이 하는 것처럼 곰을 안고 셔닐 천을 어루만졌다.

내가 곰에 대해 물었을 때, 헬렌은 그녀가 호스피스 지원집단의 일부인 여성집단의 주말 모임에서 얻었다고 얘기했다. 내가 헬렌에게 참석하도록 권유한 그 주말 모임에서 그녀는 어머니의 죽음에 대한 자신 감정의 일부를 털어놓기 시작했다. 그러면서 그녀는 울기 시작했다. 어떤 여성들이 그 집단에 곰인형들을 가져왔다. 그들 중 한 명이 무언의 지지로 고개를 끄덕이면서 탁자 너머로 손을 뻗어 헬렌에게 곰인형을 건넸다. 헬렌은 또 다른 슬픔을 지닌 사람으로부터 이해와 지지를 받은 것에 정말로 감사했다. 곰인형을 건넨 것은 "나는 그 아픔을 알아요. 이해해요. 나는 여기에 당신을 위해 있어요."라고 말하는 또 다른 방법이었다.

이 일은 헬렌이 자기노출을 계속하도록 하는 데 도움을 주었다. 그녀는 장난감 곰을 꽉 쥐고서 아주 한참 동안 얘기했다. 주말 모임을 한 후에 그녀는 그 곰에 대해 점점 더 많이 생각했다. 그녀는 집단에서 자신이 얼마나 많이 마음을 털어놓았는지 믿을 수가 없었다. 그녀는 정말로 그 곰과 그 지지의 표현이 좋았다. 또한 셔닐 천으로 만들어진 것도 좋았다. 그것은 어렸을 때 덮었던 구식 누비이불을 떠올리게 했다. 그 곰과 원단은 편안함을 주었다. 또한 그녀에게 안정감을 주는 것처럼 보였다.

주말 모임을 마치고 치료 회기에 오기 전에, 헬렌은 이와 비슷한 자신만을 위한 곰인형을 찾아다녔다. 그녀는 나에게 자신이 발견한 인형이 집단원이 자신에게 건넸던 셔닐 천으로 만들어진 것보다 더 좋다고 말하면서 즐거워했다.

헬렌은 나에게 인형에 대하여 말을 하는 내내 그 곰을 껴안고 있다가 나에게 건넸다. "아주 멋진 곰인형이지요? 귀엽죠, 그렇죠? 아주 감촉이 좋아요! 이것이 옛날 셔닐 원단의 침대 커버를 생각나게 하지 않아요? 나는 이 눈들이 좋아요. 아주 온화하고 이해심이 있어 보여요. 나는 이 곰인형을 로지라고 이름지었어요."

나는 곰인형을 안아 보고, 헬렌이 나에게 말한 모든 것에 동의했다. 아주 눈길을 끄는 곰인형으로 이해심이 많아 보였다. 나는 치료적 과정에서 이 모든 것이 의미하는 바가 무엇인지, 그리고 헬렌이 나에게 상징적으로 말하려고 한 것이 무엇인지를 생각했다.

한편, 헬렌은 내가 로지를 좋아하는 것을 보고 기뻐하였는데 자신의 퇴행적 행동의 치료적 또는 상징적 시사점에 대해서는 고려해 보지 않는 것처럼 보였다. 그녀는 단순히 "나는 선생님이 로지를 좋아할 줄 알았어요. 아마 선생님도 곰인형을 하나 원할 거예요."라고 말했다.

회기가 진행됨에 따라 그 곰인형이 헬렌에게 상당한 가치가 있다는 것이 점점 더 분명해 졌다. 사실 나는 뉴스위크(Newsweek)에서 성인 성폭력 피해자에 대한 다양한 치료 장면에서 큰 봉제 인형이 활용되고 있다는 기사를 읽었다. 내담자들이 그 인형을 끌어안으면, 피해자들이 자기노출을 하고 보다 안전감을 느끼며 '아동 자기(child self)'와 접촉하는 데 도움이 되는 것으로 보였다. 이는 성인들에게 매우 효과적인 성인 놀이치료의 형태다. 헬렌은 이와 같은 방법으로 곰인형을 사용하고 있었다. 이것이 그녀에게 지지를 받고 있으며, 안정되고 안전하다고 느끼게 하는 데 도움이 되었다. 이는 그녀에게 고통스러운 문제들을 얘기할 수 있도록 비위협적인 방식으로 도움을 주는 것이었다. 그녀는 아동기의 정체성으로 되돌아가기 시작했다. 나는 이 곰인형이 이끌어 내는 긍정적인 속성들을 인식하면서 그 점을 그녀에게 알려 주어 헬렌의 엄마 죽음에 대한 고통과 그것이 그녀에게 미친 영향에 대해서 보다 자세히 말하도록 그녀를 격려했다. 그녀는 적극적으로 자신의 감정에 대해 얘기했다. 이전 회기들에서 그녀는 자신의 감정들에 대해 말했다. 그러나 이번 회기에서는 나에게 감정들에 대하여 이야기하는 대신에, 실제 그 감정을 느끼고 표현했다. 이것이 진정한 성인 놀이치료의 실제였다.

1. 성인 놀이치료 소개

19세기 초의 시인인 실러(Friedrich Schiller)는 다음과 같이 언급했다. "사람은 인간이라는 단어가 의미하는 상태에 완전히 있을 때만 놀이를 한다. 그리고 놀이를 할 때만 사람은 마침내 인간이 된다." 아마도 이 현명한 말은 20세기 말에 훨씬 더 적합할 것이다. 성인들은 점점 더 일을 많이하고 심각해지는 경향을 보임에 따라 놀이를 덜 하는 것 같다. 성인들이 놀이를 덜함으로써 성장은 억제된다.

성인들도 아동들이 하는 것만큼 놀이를 할 필요가 있다. 놀이는 성인의 능력을 고양시켜서 창조적이게 한다. 아인슈타인은 다음과 같이 말한 적이 있다. 즉, 보다 완벽한 생각을 하기 전에 생각들을 가지고 놀이를 하는 것이 필요하다고 했다. 놀이는 성인에게 육체적, 사회적, 정서적, 지적 성장을 지속하도록 돕는다. 또한 성인에게 큰 활력소가 될 수 있다. 노는 것은 신경생리학적 효과가 있다. 놀이는 공격성과 권위적 인물에 대한 불만을 방출하도록 허용한다. 놀이를 하는 동안에는 관습적인 규칙이 보류되기 때문에, 놀이는 일상적인 사회활동적 영역으로부터 이탈할 수 있게 한다.

위니코트(Winnicott, 1971)는 "개인은 놀이에서 그리고 오직 놀이를 할 때… 창조적일 수 있고, 전체 인격을 활용하며 창조적일 때만 개인은 자기를 발견한다."라고 말했다(p. 54). 또 다음과 같이 말했다. "심리치료는 두 가지 놀이 영역, 즉 내담자의 놀이 영역과 치료자의 놀이 영역이 겹치는 부분에서 이루어진다. 만일 치료자가 놀이를 할 수 없다면 그는 심리치료에 적합하지 않다. 반대로 내담자가 놀이를 할 수 없다면, 놀이를 할 수 있게 해 주는 뭔가가 필요하며, 그 이후에 심리치료가 시작될 수 있다."(p. 591)

1) 놀이의 유형

성인 놀이치료에서는 적절한 네 가지 기본적인 놀이의 유형들을 사용한다. 즉, 신체적 놀이, 조종적 놀이, 상징적 놀이 및 게임이다. 신체적 놀이 유형에서는 활동이 중요하다. 신체적인 성인 놀이에는 축구, 수영, 골프, 자전거 등과 같은 활동이 포함된다. 주로 행동지향적인 활동들이 이 범주에 해당된다. 놀이에서 강조점이 환경을 통제하고 조종하는 데 있다면 개인은 조종적 놀이에 가담한다. 이런 종류의 놀이에서는 질의응답을 시도한다. "누군가가 하려고 하는 것은 무엇일까?" 또는 "내가 이것을 하면 무슨 일이 벌어질까?" 이러한 유형의 놀이의 일례는 성인이 손인형을 사용하는 것이다. 헬렌은 곰인형을 가지고 옴으로써 일종의 조작적 놀이를 하였다. 게다가 이것의 또 다른 가치는 곰인형이 다음과 같은 질문에 대답하였던 것이다. " 누군가(예: 치료자)가 하려고 하는 게 뭘까요?" "내가 이것을 하면(곰인형을 사용하면) 어떤 일이 벌어질까?" 상징적 놀이는 공상을 활용하는 것과 관련 있다. 사회극(sociodrama)은 상징적인 성인 놀이치료의 한 예다. 성인에 대한 예술치료도 상징적인 놀이다. 게임은 놀이에 규칙과 대화가 포함되는 것이다. 보드게임, 카드게임, 체스 및 체커는 성인을 위한 게임 놀이의 형태다.

2) 성인 내담자는 놀이치료를 통해서 도움을 받을 수 있다

놀이치료는 대부분의 성인에게 적합하지만, 특히 놀이치료에 적합한 특정 집단이 있다. 어린 나이에 부모를 부양해야 했던 성인들은 종종 그들의 '아동 자기'를 상실하기도 하므로 성인 놀이치료를 통해 도움을 받을 수 있다. 알코올 중독자의 성인 자녀들(Adult Children Of Alcoholics, ACOA)과 이혼 가정의 성인 자녀들(Adult Children Of Divorce, ACOD)은 흔히 심각한 문제들을 겪어야만 했기 때문에 아동기를 잃어버리곤 한다. 놀이는 그들에게 '아동 자기' 를 되찾는 데 도움을 줄 수 있다. 주로 머리를 쓰며 사는 성인들이 놀이를 통해서 도움을 받을 수 있는 이유는 놀이가 그들에게 정서적인 측면과 연결지어 주기 때문이다. 포괄적이고 심도 있게 사고해야 하는 일에 종사하는 성인들은 종종 창의적인 측면과 접촉하지 못한다. 놀이치료는 고도로 스트레스를 받는 성인들에게 보다 이완할 수 있도록 도와줄 수도 있다. 놀이치료는 이런 내담자들에게 카타르시스를 제공할 수 있다. 놀이가 없는 일중독자들도 놀이치료에 적당한 후보자들이다. 놀이치료는 그러한 내담자들에게 지루함과 우울증을 피하거나 관리하도록 도울 수 있고, 그들의 삶에 다시 재미를 가져오도록 가르칠 수 있다. 발달이 지체된 성인들에게 전통적인 접근법은 너무나 추상적이기 때문에 이들 또한 성인 놀이치료의 적당한 후보자들이다. 노인들은 전통적인 치료방법에서 위협을 느낄 수도 있지만, 음악치료나 미술치료에 반응적이기 때문에 놀이치료에 적합한 내담자들이다. 성인의 어떤 정신 역동은 놀이치료에 특히 적합하다. 이러한 내담자들에는 저항적인 내담자, 부인하는 내담자, 심리적으로 자각하지 못하는 내담자, 언어적 결함이 있는 내담자, 억제된 내담자 및 자기를 개방하지 않는 내담자들이 포함된다. 헬렌은 여기서 마지막 경우에 해당된다. 그녀는 종종 매우 개방적이고 협조적이기도 했지만, 특히 죽음과 관련된 주제는 그녀에게 취약하고 어려운 주제였다. 성인 놀이치료는 그녀가 이러한 주제를 보다 철저히 논의하도록 하는 데 특히 유용했다.

3) 반대 징후

성인 놀이치료의 사용에 관한 반대 징후들이 있다. 만약 내담자가 놀이를 위협석인 것으로 본다면 그것은 적합하지 않은 양상이다. 때때로 어떤 성인들은 아동기에 놀이 유혹을 받았다고 느낀다. 어떤 친척이 근친상간을 '게임' 으로 소개했을 수도 있다. 어떤 성인들은 일종의 방어로 놀이를 사용할 수 있다. 그들의 놀이는 계산적이거나 조종된 것으로 이와 같은 것은 비치료적이다. 또한 놀이가 적대감과 분노를 가리고 있을 수도 있으며, 상호작용을 유용하지 않은 방향으로 이끌 수도 있다. 어떤 성인들은 경계심을 없애기 위한 일종의 유혹으로 놀이를 사용한다. 놀이치료는 이러한 유형의 내담자들에게 추천되지 않는다. 놀이는 치료를 조종하고 통제하는 데 사용될 수 있다. 만약 어떤 성인이 문제를 다루는 것을 피하기 위해 놀이를 활용한다면 그것은 역효과를 낳게 된다.

내담자들과 전통적인 접근방법으로 치료를 시작한 후에 내담자가 준비가 되었을 때 놀이치료를 도입하는 것은 가능하다. 모든 성인 놀이치료에서는 방어성, 유혹, 조종 및 전이를 감추기 위해서 놀이를 활용하는 위험을 피할 수 있도록 놀이가 내담자에게 미치는 영향을 감찰할 필요가 있다. 또한 치료자는 누가 놀이치료를 시작했는가(내담자, 치료자, 또는 둘다)와 관련하여 놀이치료를 검토해야 한다. 이러한 감찰은 가치가 있기는 하지만, 성인이 놀이 접근에 자발적이 되는 것 역시 중요하다. 놀이치료자는 그들 스스로 장난스러울 필요가 있다.

2. 문제와 배경자료

내가 헬렌을 치료하기 위해서 처음 보았을 때 그녀의 나이는 58세였고, 그것은 대략 곰인형을 회기에 가져오기 8년 전이었다. 그 당시의 호소 문제는 양육 기술과 3명의 자녀들을 효과적으로 관리하고자 했던 것이었다. 그녀는 기혼자였고 어머니를 모시고 살았다. 헬렌은 약물 처방을 받은 적은 없었지만 경미한 우울증으로 인하여 다소 어려움이 있다고 말했다. 그녀는 고등학교를 졸업했고 남편은 학사학위를 가지고 있었다. 헬렌의 언니는 같은 주의 약 200마일 떨어진 곳에서 살고 있었다.

헬렌의 양육에 대한 어려움을 해결한 후, 나는 약 8년 동안 헬렌과 그녀의 가족들을 보지 못했다. 일주일 간격으로 어머니와 언니의 죽음을 겪고 나서 헬렌은 치료를 자원했다. 헬렌은 약 15년 동안 집에서 어머니를 돌보았다. 헬렌의 어머니가 병이 나서 가정에서 간호가 필요해지자 헬렌은 호스피스의 도움을 요청했다. 그런데 대단히 놀라운 것은, 헬렌의 어머니가 점차적으로 호전되면서 호스피스의 도움을 덜 받았던 것이다. 이는 매우 드문 일이었다. 그러나 약 3개월 남짓 지나 어머니는 헬렌의 곁에서 죽음을 맞았다. 헬렌은 몇 개월 동안 호스피스의 도움으로 어머니의 죽음을 준비해 오다가, 어머니가 호전되면서 생각과 감정의 반전을 겪었다. 그러다 다시 어머니가 악화되고 돌아가실 때까지 또 다른 반전에 대처해야만 했다. 헬렌은 정서적 롤러코스트를 탔던 것이다.

이 기간 동안 헬렌의 언니는 어머니를 돌보는 일에 별로 관여하지 않았다. 그녀는 아주 가끔씩 방문할 뿐이었다. 그녀는 장례식 때도 심장발작의 합병증 때문에 참석하지 못했는데 장례를 치르고 나서 사망했다.

헬렌의 남편은 매우 지지적이었고 자녀들도 마찬가지였다. 그럼에도 불구하고 헬렌은 상당한 슬픔과 우울함을 경험했다.

헬렌은 도움을 원하는 동시에, 치료에 대해 다소 접근-회피 갈등을 겪었다. 전통적인 치료의 처음 3회기 동안 헬렌은 문제에 대해 말을 하기는 했지만, 이러한 삶의 사건들에 대한 느낌이 거의 없는 것처럼 보였다. 나는 헬렌에게 호스피스 지원집단에 참여하도록 권고했다. 헬렌이 네 번째 회기에 곰인형을 가지고 오도록 영감을 준 여성이 거기 있었다. 헬렌이 그 순간 자신의 기분에 대하여 확실하게 묘사하지 않은 채 곰인형에게 로지라는 이름을 붙인 것이 흥미로웠다.

3. 이론적 개념화

23년 동안 심리학사로 일하면서 나는 내담자의 말을 적극적이고 철저하게 들으면 그들로부터 치료에 대한 많은 것을 배울 수 있다는 것을 알게 되었다. 헬렌이 그 좋은 예다. 헬렌은 봉제 장난감을 자신이 온전하고 정직하게 관계를 맺고 있는 장난감으로써 나에게 소개했다. 헬렌이 인형을 잡고서 자신의 슬픔에 대하여 기꺼이 이야기하려 하고 언어화한 정도에 주목하면서, 나는 헬렌에게 이러한 기법의 치료 유형을 추구하기로 결심했다. 나는 항상 내담자가 이미 가지고 있는 강점들을 확인하기 위해서 내담자의 긍정적인 자산이 무엇인지를 찾으려고 접근한다. 나는 이 자산들에 기초해서 내담자가 현재 문제를 다룰 수 있도록 돕는다. 헬렌에 대한 나의 목표는 그녀가 자신이 경험하고 있는 슬픔과 우울함을 극복하도록 돕고, 어머니와 다른 사람들을 여러 해 동안 돌보느라 묻어버린 자신의 정체성을 재발견하도록 돕는 것이었다. 헬렌은 전 생애에 걸쳐 남을 도와 왔는데, 지금은 잃어버린 자신과 삶의 새로운 방향을 찾고 있었다. 헬렌은 반대 징후에 대한 지침에 해당되는 것이 없어 보였다. 그녀는 곰인형 놀이를 시작했고, 나는 그녀와 곰인형에게 자연스럽게 반응하고 교류했다.

성인 놀이치료에는 많은 쓰임이 있다. 이러한 쓰임들 중 몇 가지는 헬렌에게 적절하다는 것이 분명해졌다. 첫째, 놀이치료는 헬렌의 방어를 완화시킬 수 있었다. 헬렌은 지적으로 어머니의 죽음을 슬퍼할 필요가 있다는 것을 알았지만, 정서적으로는 그것을 다루는 것을 회피하려고 했다. 나는 "더 나은 곳으로 가는 길이 있다면, 그것은 최악을 온전히 보는 것이다."라는 토마스 하디(Thomas Hardy)의 말을 진심으로 믿는 데, 놀이치료가 헬렌에게 '최악'을 다루는 데 도움을 줄 수 있다는 것을 깨달았다. 둘째, 곰인형에 대한 논의를 통해 놀이치료가 헬렌에게 이 문제에 대한 언어화를 증진시키는 데 도움을 줄 수 있다는 것이 명백했다.

그녀는 이 곰을 안고 만지는 동안 자신의 감정에 대하여 말을 더 많이 했다. 셋째, 놀이치료는 헬렌이 무의식적인 재료들을 드러내게 하는 데 도움을 줄 수 있었다. 나는 이것을 그림 그리기와 놀이를 통해서 이루려고 생각했다. 헬렌은 많은 스트레스를 경험하고 있었다. 나는 이러한 긴장을 완화시키기 위해서 찰흙과 손인형을 사용하고자 했다.

때때로 헬렌은 자신에게 일어난 일에 대하여 혼란을 느끼는 것처럼 보였다. 나는 그녀에게 통찰을 주기 위해서 그림 그리기와 심상과 같은 놀이치료 기법을 사용하기로 결정했다.

역할놀이와 사회극을 통하여, 나는 헬렌이 놀이치료에서 현실을 검증해 보도록 돕기로 했다. 그녀는 다른 사람들의 부탁을 더 많이 거절하는 것을 통해 과도한 책임감에 짓눌리지 않게 되는 것을 배울 필요가 있었다. 헬렌은 감정을 표현하여 불협화음을 야기하는 것보다는 정서를 내면화하려고 하는, '어떤 대가를 치르더라도 평화를 원하는' 사람인 것 같았다.

성인 놀이치료의 다른 용도에는 치료적 관계 향상, 의사소통의 개선, 의사소통 장벽의 완화, 내담자와의 거리 축소, 내담자와의 의사소통 범위의 확장, 치료적 관계의 재구축, 방향을 잃은 자기의 통합, 개발되지 않는 자기 측면의 발견, 정동적 영역과 긍정적 연합의 개발 등이 포함된다. 나는 이런 모든 영역에서 놀이치료가 헬렌에게 도움이 될 수 있다고 믿었다.

성인들에게 적합한 많은 놀이치료 기법들이 있지만, 나는 다음과 같은 방법들을 선택했다. (a) 놀이 대상, 헬렌이 이미 치료에 놀이 대상을 가지고 왔기 때문에, (b) 음악, 헬렌이 취미로서 음악에 흥미가 있었기 때문에, (c) 미술, 무의식적인 내용을 드러나게 하기 위해서, (d) 상호작용 게임, 통찰력과 현실 검증력을 개발하기 위해서, (e) 유머, 헬렌이 전에도 이런 매체를 통해 나에게 반응을 해 왔기 때문, (f) 드라마, 통찰력을 개발하고 언어화를 향상시키기 위해서였다. 성인 놀이치료에서 적절한 다른 기법들로는 보드게임, 카드게임 및 역할놀이가 있다. 나는 이 사례에서 이러한 특정 기법들을 사용하지 않왔지만, 이것들은 모두 성인 내담자의 자기 성장과 향상을 촉진하는 데 유용하다.

4. 놀이치료의 과정

성인과의 놀이치료는 치료자, 내담자 또는 둘 다 어느 때라도 도입할 수 있지만, 이 사례의 경우는 헬렌이 자신도 모르게 놀이치료를 도입했다. 나는 그것을 지속시켰다. 나의 역할은 헬렌이 애도의 단계를 통과하도록 안내하고, 그녀가 우울감을 다루고 새로운 정체성을 개발하도록 돕는 것이다. 나는 놀이치료에 전통적인 치료방법을 가미하여 활용했다. 대개는 내가 이러한 전략들을 도입했지만, 가끔은 헬렌이 하기도 했다. 5회기에서 헬렌은 또 다른 물건을 가져왔다. 이번에 그녀가 가져온 것은 "나는 단지 당신이 들어 주기를 원해요."라고 적혀 있는 카드였다. 그녀는 내가 그 카드를 탁상용 액자에 끼워 줄 것이라고 생각했다고 말하면서 나에게 보여 주었다. 나는 그녀에게 그것이 회기와 관련된다면 좀 더 이야기를 하고 싶다고 말했다. 나는 헬렌에게 우리의 회기에 대하여 뭔가 말하고 싶은 게 있는지를 물었다. 우리의 논의는 말하고자 하는 것과 들어 주고자 하는 양가 감정과 관련되었으나, 그녀는 이 문제에 대하여 진정으로 이야기하고 싶어 하는지를 확신하지 못하였다. 헬렌은 애도의 부정단계에 머물러 있었다. 우리가 헬렌의 양가 감정에 대하여 논의하는 동안 그녀는 카드를 꽉 움켜쥐고 있었고 회기가 끝날 때까지 그것을 놓지 않았다. 헬렌이 내 책상에 그것을 놓았을 때, 나는 그녀에게 아주 많이 듣고 싶다고 말했다. 나는 그녀가 양가 감정을 다루는 데 고통과 좌절을 느끼고 있다는 것을 인식했다. 나는 카드를 가져오기로 했던 헬렌의 생각을 강화시켰고 내 책상의 조그만 이젤 위에 카드를 두었다.

나는 헬렌과의 이전 작업을 통해 그녀가 음악을 좋아한다는 것을 알고 있었다. 헬렌은 가끔 작곡을 했고, 이따금 여러 기관에서 자작곡과 다른 사람이 작곡한 곡을 부르곤 했다. 음악은 헬렌에게 위안이었고, 때로는 그녀가 다른 방법으로 표현하지 못하는 감정을 표현하는 하나의 수단이기도 했다. 음악에 대해 헬렌이 느끼는 긍정적인 감정을 인식하고, 음악이 치료과정에서 도움을 줄 수 있는 내담자의 자산이라는 점을 깨달았다. 그래서 나는 6회기에서 헬렌에게 거미 노래(Itsy, Bitsy Spider)를 소개했다. 이 잘 알려진 동요의 주제 중 하나는 참을성이다. 내가 이 노래를 헬렌에게 소개한 이유는 은유적인 메시지 때문이었다. 노래를 들려준 후에 나는 헬렌에게 내가 왜 이 놀이를 생각한 것 같으냐고 물었다. 그녀는 치료가 앞으로 나아갔다가 때로는 떨어지고, 그런 다음 다시 앞으로 나아갔다가 다시 떨어지는 것이 거미의 경험과 상당히 비슷하다는 것을 깨닫기 시작했다고 말했다. 헬렌은 더 나아가 자신이 치료과정에 계속 머무른다면 '태양이 나와서 모든 비를 말릴 것' 이라고 말했다.

놀이치료의 형태로서 음악을 사용한 것이 헬렌에게 그녀의 감정, 특히 그녀가 경험한 상실에 대한 분노의 감정에 대하여 논의하는 것을 더 수월하게 만드는 것 같았다. 헬렌은 비록 그것이 어렵지만(즉, 비가 오는 것), 이러한 단계들을 극복해 낸다면 결국 태양이 나타날 것이라는 것을 깨달았다. 치료에 대한 접근-회피 갈등이 완화된 것처럼 보였다.

헬렌이 놀이치료를 계속하고 비통의 분노단계에 보다 많이 몰입하게 되면서, 나는 놀이치료 매체로써 미술을 도입했다. 헬렌은 크레용으로 분노를 그렸고, 흙을 사정 없이 쳤다. 찰흙놀이를 하는 동안 헬렌은 언니 모형을 만들었다. 그 다음에 엄마가 돌아가시는 동안에 언니가 더 많이 도와주지 않았던 것에 대하여 얼마나 화가 났는지를 얘기하면서 상당 시간 동안 그것을 부수는 데 시간을 보냈다. 찰흙은 헬렌에게 수용될 만한 방식으로 화난 감정을 표현할 수 있도록 허용해 주는 것 같았다. 이전에 언니를 향한 분노를 논의한 것이 헬렌에게는 분노를 부인하게끔 했다. 그 이유는 지금은 사망하고 없는 누군가에게 화를 낸다는 것에 죄책감을 느꼈기 때문이었다. 보다 전통적인 치료방법인 논의는 이런 감정들을 다루는 데 헬렌에게 안전하지 않았다. 흙과 그림 그리기를 통하여 헬렌은 훨씬 덜 위협적으로 느끼는 것 같았다. 헬렌은 회기들 사이에 나에게 자신의 치료 회기에서 일어난 것과 그 주에 자신에게 일어났던 생각과 감정들을 처리하기 위해서 곰인형 로지를 사용하였다고 알려 주었다. 로지는 헬렌의 친한 친구이자, 카타르시스, 그리고 후속 회기에서 다루고자 했던 것을 처리하는 자원이 되었다. 나는 헬렌에게 로지를 이런 방식으로 활용하는 것을 칭찬해 주었고, 언제라도 로지를 치료실에 가져오는 것을 환영한다고 말했다. 로지는 이후의 여러 회기에도 참여했다.

헬렌과의 놀이에서 미술 효과를 고려하면서, 나는 애도과정에서 그녀를 돕기 위해 이러한 매체를 계속 사용하기로 결정했다. 나는 스트리커(Striker)의 책들을 사용하기로 했다(예: Anti-Coloring Book for Adults Only, 1983; Anti-Coloring Book, 1978). 각 페이지에는 시각적 자극이 있다. 치료자는 내담자에게 그림을 끝내도록 부탁한다. 나는 한 회기에서 헬렌에게 "실제 인물 또는 상상의 인물, 죽은 사람 또는 살아 있는 사람 중 아무에게

나 전화하는 데 그 전화를 사용할 수 있다."라고 제안하면서 전화기를 묘사한 그림을 완성하도록 요구했다. 헬렌은 지금 자신이 생각하는 엄마의 그림을 그렸다. 그 그림과 뒤따른 논의에서 나는 헬렌의 사후 세계에 대한 믿음체계에 대하여 커다란 통찰을 얻을 수 있었다.

우리는 '최악의 악몽' 그리기를 포함하여 그 책에서 다른 그림들을 사용했다. 헬렌의 악몽은 언니가 아픈데 자신이 아픈 언니를 도와줄 수 없는 것이었다. 우리는 이 기법을 통해서 헬렌이 지니고 있는 많은 의무들을 발견하였다. 그녀는 언니를 더 많이 돕지 못한 것에 대해서 죄책감을 느꼈고, 언니가 아픈 것을 알지 못했다는 데 대해서 분노감을 느꼈다.

어느 날 헬렌이 치료 회기에 또 다른 물건을 가져오기 전까지 치료는 이런 식으로 진행되어 헬렌이 애도단계를 극복할 수 있도록 도왔다. 천사가 사자와 양을 감싸기 위해서 날개를 뻗은 작은 조각품이었다. 이때는 크리스마스가 다가왔을 때였고 헬렌은 나에게 이것을 보여 주고 싶었다고 알려 주었다. 그녀는 세상의 조화와 평화를 믿기 때문에 그것을 샀다고 말했다. 그녀는 이 조각품이 평화와 조화를 상징하는 방식을 좋아했고, 사자와 양이 있는 크리스마스 카드를 사고 싶어 했다. 이 아름다운 조각품을 보았을 때, 나는 이 조상이 헬렌이 깨달은 이상의 것을 상징한다고 여겼다.

나는 6단계 과정을 사용하여 모든 놀이치료 개입을 진행한다(Frey & Carlock, 1991). 첫째 단계인 도입(introduction)에서는 내담자가 사용되는 기법을 이해하고 있는지를 확실히 하기 위해서 놀이치료 활동에 대한 이론적 근거를 내담자와 논의한다. 나는 헬렌에게 사자와 양이 그녀에게 부가적인 의미가 있으며, 이 물건에 대한 애호는 처음 언뜻 생각한 것보다 더 깊은 의미가 있는 것 같다고 말해 주었다.

그 다음에 나는 헬렌을 두 번째 단계인 참여(participation)로 나아가도록 이끌었다. 나는 그녀에게 이 조각품이 뭔가 다른 것을 의미할 수도 있는지를 생각해 보라고 했다. 나는 그녀에게 사자와 양이 나타내는 다른 측면들을 상상하도록 요구했다. 만일 다른 측면이 있다면, 사자와 양에 대하여 마음 속에 떠오르는 단어 또는 개념이 무엇인지를 말해 달라고 했다. 나는 그녀에게 각 대상을 설명해 달라고 요청했다. 헬렌은 사자를 화나고 비열하고 사악하고 무자비하며, 자신의 그림자 자기(shadow self)를 반영한다고 말했다. 그리고 양을 사랑스럽고 따뜻하고 돌봐 주며, 자신의 보다 이상적인 자기(ideal self)를 반영한다고 했다. 헬렌은 천사를 사자와 양을 통합시킬 수 있는 보다 통합된 자기를 반영하는 것으로 보았다.

헬렌은 세 번째 단계인 공표하기(publishing)에 가담하기 시작했다. 그녀는 조각품에 대한 자신의 지각과 관찰을 나누었다. 그녀는 이 활동의 이전 단계들에서의 상징성을 인식하기 시작했다.

네 번째 단계인 처리하기(processing)에서는 내담자가 기법에 참여하는 동안 알아챈 역동 양상들에 대하여 논의하는 것이 포함된다. 헬렌은 계속 조각품을 들고 각 모양들을 어루만졌다. 그녀는 일상생활에서 사자와 같은 자기를 억압한 반면, 양과 같은 자기를 추구했다고 설명하였다. 헬렌은 사자 같은 자기를 부인함으로써 우울해졌다. 그녀가 사자에 대하여 이야기했던 날 자신이 느낀 감정에 놀랐다고 말했다. 그녀는 더 이상 그것을 부인하지 않았다. 사실 그녀는 사자를 어루만지면서 편안함을 느꼈다. 헬렌은 그때까지 애도의 여러 단계들을 극복했고 분노단계로 상당 부분 나아갔다.

다섯 번째 단계인 인지(cognition)에서 나는 헬렌에게 이러한 기법으로부터 얻을 수 있는 일반화 원리에 대하여 생각해 보도록 했다. 헬렌은 두 사람의 죽음이 있기 오래 전에 분노를 부인했었다는 것을 알았고 그 죽음들이 분노와 부인을 증대시켰다고 말했다. 그녀는 그 죽음을 경험하기 전에도 상실을 경험할 때마다 대처방식이 동일했다는 것을 깨달았다. 그녀는 마치 양이 사랑을 받는 것처럼 다른 사람들에게 사랑받기 위해서 자신의 감정을 부인하려고 했다.

여섯 번째 단계인 적용(application)에서 헬렌은 이렇게 배운 것들이 일상생활을 하는데 많은 즐거움이 되었음을 밝혔다. 일상생활에 어떻게 적용할 수 있었는지를 묻자, 그녀는 자신의 분노를 보다 인식할 필요가 있었고 분노를 적으로 보지 않으려고 노력했다고 말했다. 그녀는 정말로 일상생활에서 자신의 사자와 양을 결합시키고 싶다고 말했다. 그렇게 할 수 있을 때, 그녀는 보다 평화롭고 조화로우며 완전하다고 느낄 것 같다고 말했다. 또한 그녀는 놀이기법이 얼마나 강력한지도 깨달았다. 그녀는 치료 회기 동안 이러한 활동들을 하는 것을 통해서 자신에 대하여 상당히 많이 배울수 있다는 것에 경탄했다. 헬렌은 자신이 더 이상 분노를 부인하지 않는 단계에 있다는 것에 기뻐했고, 정말로 자신의 이러한 다양한 측면들을 결합시키고자 했다.

나는 치료적 양식으로써 대상들이 헬렌에게 얼마나 강력했는지에 대하여 스스로 생각해 본다. 이 회기에서 헬렌이 그 조각품을 계속 잡고 있을 때 그녀는 더욱 자신을 노출했다. 그녀는 말을 하면서 그 조각품을 어루만졌다. 대상들이 헬렌에게 매우 치료적인 매체를 제공했다. 그것들은 그녀에게 감정을 논의하고 처리할 수 있는 길을 열어 준 것처럼 보였다. 다른 놀이치료 접근법도 헬렌에게 매우 유용했으나, 헬렌은 변화를 촉진하기 위해 대상들을 사용하고자 놀이실로 돌아왔다. 나는 이 양식이 다시 돌아올 것이 확실하다고 나 자신에게 말했다.

헬렌은 점점 덜 우울해졌고 애도과정의 마지막 단계에 있었다. 나는 그 다음 회기에서 놀이치료 기법으로서 그녀에게 유머를 사용하기로 정했다. 나는 헬렌에게 우디 앨런(Woody Allen)이 죽음에 대해 뭐라고 했는지 말해 주었다. 그는 죽음을 두려워하지 않는다고 말했다. 그는 단지 죽어야 할 때 거기에 있고 싶지 않을 뿐이었다. 우리는 둘 다 웃었다. 헬렌은 죽음과 자신의 죽음에 관한 감정에 대해 논의하기 시작했다. 그녀는 두 사람의 죽음을 경험하기 전이라면 자신도 아마 그의 말과 동일하게 느꼈을 것이라고 지적했다. 이제 그녀는 정말로 죽음에 대하여 보다 잘 이해하게 되었으며, 애도의 문제를 다루는 것을 통해서 자신의 죽음을 더 많이 받아들일 수 있게 되었다고 했다.

그 다음 주에 헬렌은 지기 만화를 가지고 왔다. 지기는 시간과 온도에 대해 물어보려고 전화를 하고 있었다. 지기가 한 말은 "나는 정말로 시간과 온도에 관심이 없어요. … 나는 단지 외롭기 때문에 전화를 걸었어요!" 였다. 나는 헬렌이 애도과정과 우울감을 벗어나서 자신의 정체성을 다시 찾기를 원하며, 다른 사람들의 욕구보다는 자신의 욕구에 더 초점을 맞추는 쪽으로 나아가고 있다는 것을 깨달았다. 우리는 그녀가 오랫동안 잃어버린 자기를 다시 찾도록 돕기 위해서 놀이치료를 활용할 준비가 되어 있었다.

헬렌이 어머니와 언니의 죽음을 더 많이 수용하게 되었기 때문에 우리는 자기수용의 여정을 시작했다. 나는 그녀에게 '부모로부터 해방되기(Cutting loose from parents)' 란 제목의 일종의 드라마 게임에 참여하도록 요청했다(Frey & Carlock, 1989). 나는 헬렌에게 눈을 감고 이완하며, 매우 안전한 방에 아이가 되어 앉아 있는 모습을 상상해 보라고 했다. 계속해서 나는 헬렌에게 부모님 중 한 분이 문을 통해 방으로 걸어 들어와서 그녀의 옆에 앉는 것을 상상해 보라고 했다. 이렇게 하는 동안 어떤 느낌이 드는지 주의를 기울이도록 했다. 나는 그녀가 잠시 동안 부모님과 함께 '앉아서', 부모님이 어떻게 보이고 어떻게 행동하는지를 주목하도록 했다. 나는 그녀에게 감정을 확인하고 그것을 부모님에게 표현하도록 했다. 나는 그녀에게 부모님에 대해 지니고 있었던 오래된 감정들도 표현해 보라고 했다.

그 다음 나는 헬렌에게 부모님 역할로 바꾸어 자신의 '아이' 가 말한 것에 반응하도록 했다. 나는 헬렌에게 아이에 대해 어떻게 느꼈는지를 '아이'에게 말해 주라고 했다. 헬렌은 이러한 활동들을 통해 부모님과의 상호작용이 자기개념과 자존감에 미친 영향에 대한 통찰을 얻기 시작했다. 이 활동에 이어서 우리는 자기개념과 자존감의 뿌리에 관한 다른 활동들을 했다. 헬렌은 자신의 정체감이 어떻게 발달했는지에 대하여 감을 잡기 시작했다.

나중에 어떤 회기에서 나는 헬렌에게 또 다른 놀이치료 기법을 소개했다. 나는 그녀에게 자존감 포춘 쿠키를 주었다. 이 포춘 쿠키 활동(Frey & Carlock, 1991)은 다양한 자존감의 인용구를 포춘 쿠키에 넣어 굽고, 내담자에게 내용을 읽도록 요구한 후에 그 내용이 그들의 삶과 어떻게 관련되는지를 논의하는 것으로 구성된다. 헬렌의 포춘 쿠키에는 "자신에게 무슨 말을 하느냐에 따라서 자존감은 더 낫게 건설되거나 철거될 수 있다."라는 인용구가 있었다(Frey, 1991). 그 후의 포춘 쿠키에는 "당신이 할 수 있다고 생각하든 할 수 없다고 생각하든 간에 당신이 옳다." "애벌레를 밟는 대신 나비가 될 것을 기대하라."와 같은 인용구들이 포함되어 있었다. 포춘 쿠키 메시지에 대하여 논의한 후, 나는 헬렌에게 포춘 쿠키를 먹도록 권유했다.

자존감을 향상시키기 위해 헬렌에게 제시한 또 다른 놀이치료 활동은 스티븐스(Stevens, 1991)가 채택한 '장미 봉오리(Rosebud)' 라고 부르는 시각화 기법이다. 나는 헬렌에게 이완하고 눈을 감고 자신을 장미 봉오리라고 상상하도록 청했다. 나는 헬렌에게 그녀가 어떤 종류의 장미 봉오리이고, 어디서 자라고 있으며, 어떤 유형의 뿌리를 가지고 있고, 계절이 바뀜에 따라 누가 자신을 돌보며, 장미 봉오리로서의 자신의 존재는 무엇과 같고, 장미 봉오리로서 어떻게 느끼는지 머릿속에 그려 보도록 안내했다. 우리가 시각화를 끝냈을 때, 나는 헬렌에게 파스텔과 종이를 주어 그녀가 본 것을 그려 보도록 부탁했다.

헬렌의 장미 봉오리는 만개한 노란 장미들로 가득했다. 장미들은 그녀의 집 구석에서 자라고 있었다. 뿌리는 탄탄했고, 가시는 거의 없었으며, 몇 개의 새 봉오리가 있었다. 장미 봉오리를 그리면서 헬렌은 나에게 장미 봉오리로서의 자신의 존재에 대해 말했다. 헬렌은 자신을 집의 전경에서 눈에 띄지 않는 이런 모퉁이 공간에서 자라는, 대부분 무시되고 보이지 않는 장미 봉오리였다고 지적했다. 계절이 변해도 아무도 그녀를 돌보지 않았다. 그럼에도 불구하고 그녀는 살아남았다. 그녀의 주위 사람들은 그녀 주위의 다른 나무들이 말라죽고 그녀가 수많은 꽃을 피우기 시작했을 때가 되어서야 그녀에게 주목하기 시작했다. 그녀가 꽃을 피우기 시작하면서 점점 더 많은 어린 봉오리들이 자라났다. 그녀는 아름다워 보였다. 그녀는 무시당하며 외롭다고 느꼈지만, 이제는 아주 만족감과 충족감을 느꼈다. 헬렌은 그림을 마치면서 장미 꽃봉오리로부터 다음과 같은 말을 자발적으로 덧붙였다. "안녕, 세상아! 나는 나야!"

물론 장미 봉오리는 헬렌을 나타냈다. 헬렌의 정체성과 자존감에 관련된 이러한 정보에 대한 놀이치료의 접근방법은 나와 헬렌에게 전통적인 치료에서는 할 수 없는 방식으로 헬렌의 진보하는 자기를 보다 잘 자각할 수 있도록 해 주었다. 이러한 시각화와 그림 그리기는 이 활동 이전에 헬렌과 내가 미처 깨닫지 못한 보다 무의식적인 감정을 상징했다.

헬렌과 나는 계속해서 '자존감 빙고', '자존감 사냥'과 같은 자존감 게임을 했다(Frey & Carlock, 1991). 나는 헬렌에게 그녀가 자신의 자존감을 해친 행위와 다른 사람들이 그들의 자존감을 키우는 긍정적인 방법을 찾아보도록 했다.

몇 회기 지나서 헬렌은 내가 좋아할 것이라고 생각한 두 가지 다른 수첩을 가지고 내 사무실에 왔다. 그녀는 자신을 위해서도 그것을 구입했다. 그녀가 나에게 보여 준 첫 번째 것에는 "너 자신이 되는 것을 선택하라."라는 말이 있었다. 다른 수첩에는 "마음의 소리를 들어라."라는 말이 있었다. 나는 그것들을 보면서 이것도 여전히 나와 의사소통하고 나와 관계를 맺기 위한 또 다른 대상 형태임을 깨달았다. 여러 가지 대상들은 분명 우리 두 사람의 의사소통을 향상시키는 수단으로 작용했다. 나는 헬렌이 그녀 자신이 되어 가고 있다고 느꼈다. 마침내 그녀는 정말로 자신이 되고 자신의 마음을 신뢰하는데 충분히 용감해졌다. 헬렌은 어머니로부터 배운 이전의 자신의 이미지를 벗어 버렸다. 66세에 그녀는 자기 자신의 정체성을 개발했다! 우리는 수첩과 헬렌이 가져온 작은 책의 글귀에 대해 이야기했다. 헬렌이 나에게 특별히 좋아하는 인용구라고 말한 것은 다음과 같다. "편안하게 다리를 저는 것을 배우기보다는 차라리 신발에서 양말을 벗어라." 헬렌은 정말로 절름발이였다. 그녀는 자신의 신발에서 양말을 벗어 버린 후 자기 자신의 페이스에 맞게 걸었다. 그것은 지켜보기에 훌륭한 과정이었다.

5. 결과 및 추수

나는 헬렌의 진전에 매우 기뻐했다. 나는 우리가 부인, 분노, 절충, 우울, 수용이라는 애도의 단계들을 극복하고자 한 목표를 달성했다고 믿었다. 헬렌은 새로운 정체성과 향상된 자존감을 개발했다. 많은 다양한 놀이치료 기법을 사용하여 우리는 정보를 배우고 처리하는 방법에 대한 헬렌의 이해를 증진시켰다. 치료과정은 약 1년에 걸쳐 대략 30회기를 하였다. 보통 상실의 문제를 다루는 치료는 이 정도의 시간이 소요된다. 일반적으로 애도 문제는 끝내는 데 1년에서 1년 반 정도 걸린다.

헬렌은 내가 일하는 곳과 같은 지역에 살기 때문에, 나는 가끔 영화관이나 슈퍼마켓에서 그녀를 만난다. 치료를 종결한 후 2년이 지났다. 헬렌은 나에게 다른 사람들이 우표나 골동품을 수집하는 것처럼 그녀는 나비와 관련된 것들을 수집하기 시작했다고 했다. 그녀는 여전히 자기이해의 한 방법으로서 놀이 대상들을 즐겼다. 그렇지만 이제 헬렌은 이러한 과정을 보다 의식적으로 자각한다.

크리스마스 연휴 동안 백화점 상가에서 우연히 헬렌을 만났을 때, 헬렌은 호스피스를 자원했고 원래 헬렌의 지원집단에 있었던 많은 여성들과 대략 한 달에 한 번씩 계속 만난다고 말했다. 이 여성들은 애도를 넘어서기도 했으나 서로 만나는 것을 너무나 좋아해서, 일반적인 지원집단으로서 각자의 가정이나 식당에서 돌아가면서 만나는 데 동의했다. 헬렌은 모든 사람이 호스피스에서 만났을 때와 같은 수준으로 자기를 개방하면서 이러한 만남들을 아주 잘 진행하고 있는 것에 대하여 기뻐했다. 그러나 어떤 레스토랑에서 모임을 가졌을 때, 헬렌은 자기개방의 수준이 감소하고 감정의 깊이가 얕아졌다는 것을 알아챘다. 헬렌은 걱정이 되어 변화의 원인에 대해 생각해 보았다. 그들은 일부 구성원이 지리적으로 멀고 기타 다양한 이유들 때문에 항상 구성원의 가정에서 만날 수는 없었다. 헬렌은 다음의 시를 우연히 알게 됐고, 그것을 다음 모임에 가지고 가기로 결심했다.

"방 안의 코끼리"
데이톤 호스피스
테리 케터링(Terry Kettering) 지음

방 안에 코끼리가 있다.

그것은 크고 웅크리고 앉아 있어서
지나가기가 어렵다.
그렇지만 간신히 지나가면서 우리는 서로 "안녕하세요."
그리고 "네, 저는 잘 지내요."
그리고 천 가지 다른 형태의 시시한 대화.
우리는 날씨에 대해 이야기하고
우리는 일에 대해 이야기한다.
우리는 모든 다른 것에 대해 이야기한다,
방 안의 코끼리 얘기만 빼고.
방 안에 코끼리가 있다.
우리 모두는 그게 거기에 있음을 안다.
우리는 서로 얘기하면서
코끼리에 대해 생각하고 있다.
그것은 끊임없이 우리 머릿속에 있다.
당신이 보듯이 그것은 매우 큰 코끼리여서
우리 모두를 다치게 했다.
그러나 우리는 방 안의
코끼리에 대해서 얘기하지 않는다.
오, 제발 그녀 이름을 말해 줘.
오, 제발 다시 한 번 '바바라' 라고 말해 줘.
오, 제발 방 안의 코끼리에 대해
얘기하자.
왜냐하면 우리가 그녀의 죽음에 대해 말한다면
아마도 우리는 그녀의 삶에 대해 말할 수 있지 않을까?
내가 당신에게 '바바라' 라고 말할 때 당신이
고개를 돌리지 않을 수 있을까?
그럴 수 없다면 당신은 나를
홀로 내버려 두는 것이다…
방 안에…
코끼리와 함께.

그 다음 헬렌은 기뻐하는 눈빛으로 시와 함께 할 좋은 아이디어를 나에게 말했다. 헬렌은 코끼리 봉제 인형이나 코끼리 조각품을 집단에 가지고 가기를 원했다. 헬렌은 돈이 별로 없었기 때문에 상점에서 그런 걸 사는 것은 너무 비싸다고 생각했다. 그녀는 할인점에서 장난감 코끼리를 찾아보기로 결심했다. 실제로 그녀는 어떤 할인점에서 분홍색 코끼리 장난감을 발견했다. 다음 번 집단 모임에서 헬렌은 시를 공유했다. 다른 사람들은 정말로 그것을 좋아했다. 그들은 어떤 식당에서 만나고 있었다. 헬렌은 누구든지 대화가 너무 피상적이라고 느낄 때마다, 또는 누군가가 매우 감정적인 것을 공유하고 싶지만 어떻게 시작할지 알지 못할 때, 테이블 중간에 장난감 코끼리를 놓으면 사람들에게 그 시와 함께 그 사람이 매우 중요한 무언가를 공유하고 싶어한다는 것을 상기시킬 것이라고 제안했다.

나는 헬렌의 삶에서 일어난 굉장한 순환고리에 대해 혼자 생각했다. 성인 놀이치료에서 장난감들을 통하여 헬렌은 자신의 성장을 엄청나게 도왔다. 이제 헬렌은 놀이치료 기법의 선물을 다른 사람에게 전하고 있었다. 헬렌이 참가하는 집단의 여성들은 그들의 논의를 촉진시키기 위해서 분홍색 장난감 코끼리를 사용한다. 나는 이러한 훌륭한 선물을 전수한 것에 대하여 헬렌에게 감사했다.

6. 논의

당신은 곰인형으로부터 많은 것을 배울 수 있다! 이는 헬렌을 치료하는 동안, 종결 시점에서, 그리고 그 후에 내가 우연히 동네에서 그녀를 만날 때마다 들었던 생각이었다. 나는 25년보다 더 이전에, 촉진적이려고 할 때마다 내담자의 말을 적극적으로 경청하고 내담자의 의제(agenda)와 함께 흘러가야 한다는 것을 배웠다. 헬렌의 경우에 이것이 매우 적절했다. 앞서 언급했듯이, 헬렌이 사무실에 곰인형을 가지고 옴으로써 그녀에게 놀이치료를 도입하게 되었다. 그녀에게 이끌게 하고 나의 놀이치료에 대한 지식을 활용하면서, 나는 치료 전반에 걸쳐 놀이치료 기법들을 소개했다. 음악, 미술, 게임, 유머, 드라마 및 시각화 접근들도 그녀에게 유용했지만, 헬렌이 도입한 놀이 대상들이 그녀에게 가장 효과적인 것 같았다. 나는 보드게임, 카드게임, 역할놀이를 헬렌과 함께 하지는 않았지만, 놀이치료에서 이러한 매체들도 효과적일 수 있다. 헬렌이 놀이치료 방법에 자신의 경험을 개방함에 따라 그녀는 보다 자발적으로 다양한 기법들을 시도하게 되었다.

내가 가장 놀란 것은 헬렌이 성인에 대한 전통적인 치료방법에서 놀이치료 방법까지 아주 쉽게 이행했다는 것이다. 나는 사무실에 내가 아동들과 함께 사용하는 여러 가지 놀이 도구들을 놓아둔 것이 분명히 유용했다고 믿는다. 이것 때문에 우리는 이행을 더 쉽게 할 수 있었다. 헬렌이 아동의 다양한 놀이 대상, 그림, 게임, 음악 등이 있는 대기실을 왔다갔다 하면서 보았던 것이 놀이기법에 대한 수용성을 증가시키는 데 도움이 되었다.

헬렌에 대한 나의 예후은 대단히 긍정적이다. 그녀는 이미 다른 성인들에게 놀이치료 과정을 소개했으며, 상당한 정도의 개인적 성장 경험을 계속하고 있다.

이 내담자로부터 내가 배운 것은 놀이치료 중이었던 어느 날 들었던 생각에서 비롯된다. 나는 박사 연구 동안 개인 성장집단에 참여했을 때, 이 양식을 누구에게 사용할 수 있는지에 대하여 숙고하고 있는 나 자신을 발견하였다. 나는 특히 이 접근법이 아동과 성인에게 참으로 효과적이라는 것에 놀랐다. 이 사례는 애도에 대한 것이지만, 놀이치료는 성인들이 치료에 가져오는 대부분의 문제에 효과적이다. 놀이치료 방법은 치료에서 시간을 매우 효과적으로 사용하게 한다. 종종 놀이치료에서는 성인 내담자에 대하여, 선동적인 치료를 통해서는 많은 회기에 걸쳐서 알게 될 것을 더 많이 드러나게 할 수 있다.

내가 배운 또 다른 것은 내가 놀이를 하면서 참으로 편안해 하며 이론 적용을 실습하는 것을 매우 중요하게 여긴다는 점이었다. 내가 놀이치료 학회에서 발표를 했을 때, 어떤 참석자가 나에게 어릴 때 놀이를 많이 했는지를 물었다. 나는 그 통찰에 즉각적으로 놀랐고 나의 놀이에 대한 사랑이 다른 사람들에게도 명백하게 보인다는 점을 깨달았다. 나는 메노파 교회(Mennonite church)에서 성장하면서 텔레비전과 영화 보는 것을 금지당했다. 그보다 가족의 가치와 단합이 매우 소중했다. 그 결과 나의 가족들은 함께 놀이를 많이 했다. 우리는 정말 즐거웠다. 우리는 서로에게서 배웠다. 나는 성인이 놀이를 즐기는 것을 보았다. 아마도 이것이 나에게 아동으로서, 그리고 성인으로서 놀이를 선택하게 한 첫 모델로 작용했을 것이다.

그때 이후 나는 많은 성인들의 마음 속에 아이들이 있다는 것을 배웠다. 나는 헬렌을 치료하는 동안, 브란덴이라는 일곱 살 소년 내담자도 치료하고 있었다. 어느 날 내가 브란덴과 그의 아버지와 관련된 어떤 고통스러운 문제를 논의할 때, 그는 나에게 우리가 분덴(Bunden)이라는 이름의 일곱 살 난 다른 소년에 대해 이야기해도 되는지를 물었다. 나는 동의했다. 분덴은 실제로 브란덴이었지만, 브란덴에게는 감정들이 너무 고통스러워서 그는 단지 분덴을 통해서만 그것들을 다룰 수 있었다. 헬렌도 이와 마찬가지였다. 그녀의 고통과 슬픔이 너무 컸기 때문에 그녀는 로지를 통하여 그것을 수월하게 다룰 수 있었다. 둘다 7세건 58세건 또는 3세건 108세건 간에 실생활 문제를 다루기 위한 상징적놀이치료방법이었다.

나는 최근에 "장난감은 전후세대의 필수품"이라는 제목의 글을 읽었다(New York Times New Service, 1992). 그 글의 주제는 전후세대 성인들이 그들의 자녀들을 위해 장난감을 살 뿐만 아니라, 스트레스를 피하고 효과적인 대처기제를 개발하기 위해서 자신을 위해서도 장난감을 산다는 것이다. 최근에 조사된 2만 명의 성인들 중 거의 45%는 지난해에 자신이나 다른 성인들을 위해 장난감이나 게임을 산 적이 있다고 말했다. 펜실베니아 대학 교수인 서튼-스미스(Sutton-Smith, 1989)는 "수십 년 동안 아동들은 놀이를 하지만 어른들은 놀이를 하지 않는다는 가정이 있었다."라고 말했다. 이제서야 사회는 어른들이 아이들보다 더 많이는 아니더라도 최소한 아이들만큼 놀이를 한다는 것을 깨달았다. 아마도 다소 직관적으로 성인들은 그들의 삶에서 놀이의 가치를 배우는 것 같다. 헬렌이 놀이를 사용한 것은 우연이었다. 이러한 초기의 도입을 통하여 헬렌은 그녀의 삶에서 놀이의 가치를 깨닫기 시작했다.

나는 헬렌에게 다른 전략들도 사용했다. 앞서 언급한 것처럼, 나는 헬렌이 호스피스를 통한 지원집단에 참여하도록 격려했다. 또한 그녀에게 특히 애도의 문제를 둘러싼 독서치료 방법을 사용했다. 헬렌은 일기도 썼고 지금도 쓰고 있다. 헬렌이 치료에 들어가기 전부터 나비를 좋아했었기 때문에, 나는 그녀에게 특히 나비와 관련된 은유를 사용했다.

내가 헬렌에 대한 치료방법을 바꾼다면, 아마도 유일한 변화는 그녀가 이 방법에 이미 준비가 되어 있었기 때문에 더 일찍 놀이치료 방법을 사용할 거라는 것이다. 헬렌이 도입하기 전에 내가 먼저 그것을 도입할 수도 있었다. 그녀는 아마 수용적이었을 것이다. 일단 우리가 이러한 방식으로 시작한 다음에는 각 회기의 일부 또는 전부를 놀이치료 방법으로 진행하였다.

나와 헬렌이 가진 가장 최근의 상호작용은 그녀가 나에게 "나는 나(I am Me)"라는 제목의 새티어의 포스터를 보냈을 때였다. 헬렌은 특히 끝 부분을 좋아한다는 사실에 특별한 표시를 했다. "나는 나를 소유한다. 그러므로 나는 나를 감독할 수 있다. 나는 나이고, 나는 괜찮다." 나는 그녀의 성장에 대해 강한 만족감을 느꼈다. 헬렌은 엄청나게 성장하고 배웠다. 나는 19세기에 실러가 "사람은 인간이라는 단어가 의미하는 상태에 완전히 있을 때 유일하게 놀이를 한다. 그리고 놀이를 할 때 사람은 마침내 인간이 된다."라고 썼을 때 그가 의미했던 것을 반긴다.

참고문헌

Frey, D. (1991). *100 Inspirational Quotations for Enhancing Self-Esteem*. La Mesa, CA: Educo Learning Systems.

Frey, D., and Carlock, J. (1989). *Enhancing Self-Esteem*. Muncie, IN: Accelerated Development.

Frey, D., and Carlock, J. (1991). *Practical Techniques for Enhancing Self-Esteem*. Muncie, IN: Accelerated Development.

New York Times News Service. (1992). Toys 'r' must for boomers. *Dayton Daily News*, Octorber 27, p. 11A.

Stevens, J. (1991). *Awareness: Exploring, Experimenting, and Experiencing*. Moah, UT: Real People Press.

Stricker, S. (1983). *The Anti-Coloring Book for Adults Only*. New York: Holt, Rinehart, and Winston.

Stricker, S., and Kimmel, E. (1978). *The Anti-Coloring Book*. New York: Holt and Company.

Sutton-Smith, B. (1989). *Practitioners and the modern state of play*. Paper presented at the Association for Play Therapy Conference, State College, PA, October.

Winnicott, D. W. (1968). Playing: its theoretical status in the clinical situation. *International Journal of Psycho-Analysis*, *49*, 591.

Winnicott, D. W. (1971). *Playing and Reality*. New York: Basic Books.

찾아보기

인명

내용

집필자 소개

John Allan 박사. British Columbia 대학교 상담심리학과 교수. 놀이치료학회 부회장
저서) *Inscapes of the Child's World: Jungian Counseling in Schools and Clinics.*

Ruth A. Anderson 박사. Texas Woman's University 가족학과 상담교육자. 전직 고등학교 교사

Donna Cangelosi 박사. Fairleigh Dickinson 대학교 심리상담센터 선임 임상심리학자
저서) *Play Therapy Techniques*

Jan Faust 박사. Nova 대학교 심리상담센터 조교수. 노바대학교 정신건강센터 Pediatric Psychology Program 개발

Diane Frey 박사. Wright State 대학교 상담심리 교수. 미국자존감협회 회장. *International Journal for Play Therapy / Journal of Counseling Psychology* 편집위원

Louise Guerney 박사. Pennsylvania State 대학교 인간복지 및 상담심리학과 교수 동 대학교 개인 및 가족상담센터의 Filial Therapy Program 지도감독자

Steve Harvey 박사. 공인 심리학자. 놀이치료 전문가. Narpoa Institute 교수. 콜로라도 스프링에서 상담 및 교육

Joop Hellendoorn 박사. 네덜란드 소재 Leiden 대학교 특수교육학과 교수. 네덜란드 학회지의 편집위원. 미국 놀이치료학회 놀이치료전문가-지도감독자

Ann Jernberg 박사. Chicago Theraplay Institute 대표
저서) *Theraplay* 외 다수

Emily Jernberg 미시간대학교 임상심리학 박사. 애착 및 상실 연구 분야에서 Powers Fellowship 수상

Susan M. Knell 박사. 공인 임상심리전문가. 클리브랜드 아동지도센터 소장
저서) *Cognitive-Behavioral Play Therapy*

Terry Kottman 박사. Northern Iowa 대학교 상담교육학과 조교수. North American Society of Adlerian Psychology 회장

Susan Levin 박사. 놀이치료 전문가-지도감독자. 이스라엘 Hadassah-Luizo Canada Research Institute 박사 후 연수

Jamshid A. Marvasti 박사. 소아정신과 의사. Manchester Sexual Trauma Center 소장. 아동 성학대와 관련된 다수의 논문 및 저서

Violet Oaklander 박사. 공인 게슈탈트치료자
저서) *Windows to Our Children*

Kevin O'Connor 박사. California School of Professional Psychology 심리학과 교수
저서) *The Play Therapy Primer / Handbook of Play Therapy*

Lessie Perry 박사. 놀이치료전문가-지도감독자. 공인 상담전문가.
저서) *Play Diagnosis and Assessment*

Karen Belinger Peterlin C.S.W.
Manhattan Children's Psychiatric Center 대표

Steven Reid 박사. Herbert G. Birch Children's Center 소장
저서) *Game Play: Therapeutic Use of Childhood Games*

Richard Sloves 심리학 박사. Brooklyn 정신건강센터 정신과 임상조교수. Kings County Hospital Center 아동 및 청소년 정신과의사. 단기치료 담당

Marie-Joze de Vroom 네덜란드 Leiden 대학교 박사수료. 시간제한 심상상호작용놀이치료의 효과에 대한 연구 진행 중

Ann D. Welsh Penn State 대학교 박사수료. Harrisburg Area Community College 심리학과 강사

편저자 소개

테리 코트만 (Terry Kottman)

미국 공인 상담가
미국 공인 정신건강 상담가
놀이치료-지도감독자
전) University of Northern Iowa 상담교육학 교수
University of North Texas 상담교육학 교수 및
Child and Family Resource Clinic 소장
현) Encouragement Zone 설립/대표
저서) Partners in Play: An Adlerian Approach to Play Therapy
Guidance and Counseling in the Elementary and Middle Schools 외 다수

찰스 셰이퍼 (Charles Schaefer)

뉴욕 및 뉴저지 주 공인 심리학자
놀이치료-지도감독자
포드햄대학 박사(임상심리학)
놀이치료학회 창시자
현) Fairleigh Dickinson University 심리학과 교수
경력) 미국심리학회 공로상
1993 Fellow status, Division 12 & 29, American Psychological Association
저서) Innovative Psychotherapy
Play Diagnosis & Assessment
Game Play 외 다수

역자 소개

김은정

서울대학교 임상심리학 박사
임상심리전문가/정신보건 임상심리사 1급
전) 삼성 사회정신건강 연구소 선임연구원
강동 소아정신과 임상심리학자
현) 아주대학교 심리학과 교수
아주심리상담센터 부소장
저서) 놀이치료의 기초
사회공포증
심리장애의 인지적 접근
우울증의 인지치료

정연옥

아주대학교 임상심리학 박사 수료
임상심리전문가/정신보건 임상심리사 1급
전) 중앙대학교 부속병원 신경정신과 외래임상 심리학 강사
강남병원 신경정신과 외래임상심리학 강사
현) 아주대학교 강사
아주심리상담센터 교육팀장

놀이치료 사례집
PLAY THERAPY IN ACTION

2006년 7월 10일 1판 1쇄 발행
2022년 4월 20일 1판 9쇄 발행

편저자 • Terry Kottman · Charles Schaefer
옮긴이 • 김은정 · 정연옥
펴낸이 • 김 진 환
펴낸곳 • (주) 학지사
04031 서울특별시 마포구 양화로 15길 20 마인드월드빌딩 5층
대표전화 • 02) 330-5114 팩스 • 02) 324-2345
등록번호 • 제313-2006-000265호
홈페이지 • http://www.hakjisa.co.kr
페이스북 • https://www.facebook.com/hakjisabook

ISBN 978-89-5891-309-2 93180

정가 **25,000**원

역자와의 협약으로 인지는 생략합니다.
파본은 구입처에서 교환하여 드립니다.